中国社会科学院大学
University of Chinese Academy of Social Sciences

笃学 慎思 明辨 尚行

中国社会科学院大学系列教材
马克思主义理论系列

马克思主义经济学说史

程恩富 主编
张福军 张新宁 张 杨 副主编

History of Marxist Economic Doctrines

社会科学文献出版社
SOCIAL SCIENCES ACADEMIC PRESS (CHINA)

本教材（编号：JCJS2022026）由中国社会科学院大学教材建设项目专项经费支持

前　言

自《共产党宣言》《资本论》出版100多年以来，马克思主义经典作家、革命领袖和马克思主义经济学家对马克思主义经济思想的发展和创新作出了卓越贡献。系统、深入地把握中外马克思主义经济学说的思想形成、发展和论争的历史轨迹，不仅是研究马克思主义经济学说史的需要，也是正确认识当代资本主义和当代社会主义经济发展出现的新情况和新趋势的需要。

《马克思主义经济学说史》分为五篇，第一篇是经典篇，对马克思恩格斯、列宁、斯大林、毛泽东、邓小平、习近平等的经济思想进行了总结和提炼；第二篇是中国篇，主要从马克思主义经济思想发展创新的角度，阐述近代中国马克思主义经济思想发展史、新中国马克思主义经济思想发展史，以及中国学者关于当代社会主义经济理论和当代资本主义经济的研究；第三篇是苏联俄罗斯篇，主要阐述十月革命前后俄国、苏联马克思主义经济学家的经济思想，以及当代俄罗斯马克思主义经济思想；第四篇是欧美篇，主要阐述欧美马克思主义经济思想在与西方主流经济思想的对峙中不断发展起来的各种思想流派；第五篇是日本篇，马克思主义经济思想在日本占有重要地位，这篇阐述马克思主义经济思想在日本的传播、形成和流派。

本书力求突出与时俱进和开放性的研究特色，简明系统地论述世界范围内马克思主义经济学说史上各经典作家、各流派人物间理论思想的继承性和发展性，勾勒出中外马克思主义经济学说史的基本框架和变动趋势。

本书是在本人主编的《中外马克思主义经济思想简史》（中国出版集团

东方出版中心2011年版）基础上展开写作的。作者分别为程恩富、周肇光、陶友之、马艳、漆光英、郝国喜、李新、姚鹏、刘军梅、赵晶晶、赵升平、王波业、朱奎、张忠任、张福军、张新宁、张杨、李卓儒。中国社会科学院马克思主义研究院政治经济学研究室主任张福军副研究员、复旦大学马克思主义学院副院长张新宁教授、中国政法大学马克思主义学院张杨副教授担任副主编。

十分感谢中国社会科学院大学及其马克思主义学院、社会科学文献出版社的各级领导和编辑的大力支持！本书参考了众多学者的研究成果，在此深表谢意，并欢迎读者批评指正！

程恩富

2024年7月于中国社会科学院大学

目 录

经 典 篇

第一章　马克思恩格斯经济思想 …………………………………………… 3
　　第一节　历史条件 …………………………………………………………3
　　第二节　马克思恩格斯经济观的初步形成 ………………………………8
　　第三节　马克思恩格斯政治经济学思想的若干创新 …………………19
　　第四节　马克思恩格斯政治经济学体系的全面阐述 …………………32
　　第五节　马克思恩格斯政治经济学理论的不断完善 …………………46

第二章　列宁经济思想 ……………………………………………………56
　　第一节　历史条件 ………………………………………………………56
　　第二节　早期经济思想 …………………………………………………57
　　第三节　对资本主义发展阶段理论的贡献 ……………………………61
　　第四节　关于社会主义的经济理论和政策 ……………………………64

第三章　斯大林经济思想 …………………………………………………69
　　第一节　关于资本主义总危机与一国建成社会主义的思想 …… 69
　　第二节　关于商品和社会主义经济规律的思想 ………………………71
　　第三节　关于社会主义经济建设与发展的思想 ………………………72
　　第四节　关于社会主义两种所有制的思想 ……………………………74

第四章　毛泽东经济思想 …… 76
第一节　新民主主义革命时期的经济思想 …… 76
第二节　过渡时期的经济思想 …… 78
第三节　探索社会主义建设道路时期的经济思想 …… 80
第四节　"文化大革命"时期的经济思想 …… 81

第五章　中国特色社会主义理论体系的经济思想 …… 83
第一节　邓小平理论中的经济学论述 …… 83
第二节　江泽民"三个代表"重要思想中的经济学论述 …… 90
第三节　胡锦涛科学发展观中的经济学论述 …… 97

第六章　习近平经济思想 …… 102
第一节　关于社会主义基本经济制度的重要论述 …… 102
第二节　关于科技引领生产力发展的重要论述 …… 106
第三节　关于五大新发展理念 …… 109
第四节　关于经济全球化和开放的重要论述 …… 111
第五节　关于中国式现代化的重要论述 …… 114

中 国 篇

第七章　近代中国马克思主义经济思想的传播与研究 …… 121
第一节　李大钊、陈独秀、郭大力等对马克思主义经济思想的传播 …… 121
第二节　王亚南、许涤新关于近代中国社会性质与状况的理论 …… 124
第三节　陈翰笙、薛暮桥、钱俊瑞等对近代中国农村社会性质的讨论 …… 127
第四节　漆琪生、陶大镛关于"农业立国"与"工业立国"的论争 …… 131

第八章　新中国马克思主义经济思想 ……………………………… 135

第一节　陈征、杨国昌、田光等对《资本论》创作史的研究 …… 135

第二节　张薰华、程恩富、刘永佶、白暴力等对政治经济学
　　　　方法论的探讨 …………………………………………… 140

第三节　丁冰、杨承训、顾海良等对马克思主义经济
　　　　思想的研究 ……………………………………………… 145

第四节　周新城、颜鹏飞等对国外社会主义经济
　　　　思想的评介 ……………………………………………… 162

第五节　程恩富、胡乐明等对当代国外马克思主义经济
　　　　思想的评介 ……………………………………………… 168

第九章　中国学者关于当代社会主义经济理论的研究 …………… 178

第一节　项启源、程恩富的社会主义发展阶段理论 …………… 178

第二节　孙冶方、于祖尧、刘国光等的商品经济和市场
　　　　经济理论 ………………………………………………… 181

第三节　苏星、吴树青、吴宣恭等的社会主义所有制
　　　　和产权理论 ……………………………………………… 188

第四节　蒋学模、谷书堂、卫兴华等的社会主义分配理论 …… 196

第五节　季崇威、高鸿业、王振中等的社会主义对外经济
　　　　关系理论 ………………………………………………… 204

第十章　中国学者关于当代资本主义经济的研究 ………………… 210

第一节　陶大镛、洪远朋、吴易风等关于经济性质和发展
　　　　阶段理论的探讨 ………………………………………… 210

第二节　滕维藻、关梦觉、吴健关于国家经济发展与经济
　　　　作用理论的探讨 ………………………………………… 217

第三节　高峰、傅骊元、倪力亚等关于所有制和阶级结构
　　　　理论的探讨 ……………………………………………… 225

第四节　宋涛、熊性美、吴大琨等关于基本矛盾和经济
　　　　周期理论的探讨 ………………………………………… 231

第五节　魏埙、刘涤源、高峰等关于垄断理论的探讨 …………237

第六节　蒋学模、胡代光等关于分配理论的探讨 ……………246

苏联俄罗斯篇

第十一章　十月革命前后俄国对马克思主义经济思想的探讨……… 253

第一节　马克思主义经济思想在俄国的传播 …………253

第二节　普列汉诺夫的经济思想 ………………257

第三节　布哈林的经济思想 ……………………262

第四节　普列奥布拉任斯基的新经济学 ………272

第五节　托洛茨基的经济思想 …………………277

第六节　沃兹涅先斯基与社会主义政治经济学的发展 …………281

第十二章　苏联马克思主义经济思想 ……………………… 289

第一节　关于社会主义和资本主义的经济思想 ……………289

第二节　后斯大林时期苏联经济改革理论 …………………309

第十三章　当代俄罗斯对马克思主义经济思想的探讨 ……………… 323

第一节　久加诺夫论全球化和俄罗斯的命运 ………………323

第二节　布兹加林的新马克思主义 ……………329

第三节　新社会主义思潮 ………………………334

欧 美 篇

第十四章　20 世纪初叶马克思主义经济思想的传播与论争 …………… 345

第一节　卢森堡、考茨基、希法亭等人对劳动价值论的探讨 ……345

第二节　鲍威尔、斯滕伯格等的帝国主义理论 …………… 350
第三节　格罗斯曼等论大萧条 …………………………… 354
第四节　关于社会主义经济计算问题的论争 …………… 360

第十五章　20世纪中叶马克思主义经济思想的发展 …… 365
第一节　斯威齐的资本主义发展理论 …………………… 365
第二节　多布、曼德尔等对战后繁荣问题的探讨 ……… 368
第三节　科里、多布等对凯恩斯经济学的回应 ………… 373
第四节　米克、吉尔曼等论垄断与利润率问题 ………… 378

第十六章　20世纪末叶马克思主义经济思想的复兴 …… 385
第一节　罗松、谢赫等对马克思主义经济思想基本
　　　　范畴的探讨 …………………………………… 385
第二节　沃勒斯坦、阿明等的不发达政治经济学 ……… 400
第三节　罗默等的分析马克思主义 ……………………… 403
第四节　诺夫、韦斯科普夫等论社会主义新模式 ……… 406
第五节　安德森等对新自由主义经济学的批判 ………… 412
第六节　赫尔曼等对资本主义新现象的解释 …………… 416
第七节　施韦卡特、迪德里奇等论资本主义的未来 …… 419

第十七章　21世纪初马克思主义经济思想的新动向 …… 424
第一节　莱伯威茨论未来的财产关系 …………………… 424
第二节　斯奎帕尼提论后现代主义马克思主义经济学 … 427
第三节　科茨论新自由主义与全球化 …………………… 429
第四节　德罗奈论金融垄断资本主义 …………………… 431
第五节　理查德·沃尔夫和斯蒂芬·雷斯尼克的多元
　　　　决定论 ………………………………………… 432
第六节　埃里克·欧林·赖特的阶级理论 ……………… 435
第七节　大卫·哈维的新帝国主义论 …………………… 437

第八节　安德鲁·克林曼对资本主义生产大衰退根本
　　　　原因的分析 ………………………………………………439
第九节　大卫·莱伯曼关于资本主义未来发展模式的设想 ……441

日 本 篇

第十八章　生成期的马克思主义经济思想 ……………………… 447
　第一节　幸德秋水、片山潜等人对马克思主义经济思想的
　　　　　传播 ………………………………………………………447
　第二节　讲座派与劳农派的经济思想 ……………………………454

第十九章　发展期的马克思主义经济思想 ……………………… 468
　第一节　宇野学派等的经济思想 …………………………………468
　第二节　数理经济学派的经济思想 ………………………………480

第二十章　创新期的马克思主义经济思想 ……………………… 491
　第一节　宇野派和两大学统的新发展 ……………………………491
　第二节　研究的新领域与新动向 …………………………………504
　第三节　研究特征和总体定位 ……………………………………511

参考文献 ………………………………………………………………… 520

经典篇

第一章 马克思恩格斯经济思想

19世纪40年代前后，资本主义生产方式已在西欧的一些主要国家居统治地位，该生产方式所固有的内在矛盾也充分暴露出来，阶级矛盾日益尖锐，无产阶级作为一个自觉的阶级出现在政治舞台上，要求自己的思想家对资本主义制度和无产阶级的斗争出路作出理论说明。马克思恩格斯在批判资产阶级庸俗经济理论及吸收古典经济学和空想社会主义合理成分的基础上，从政治经济学的研究对象、研究方法入手，以劳动价值论、剩余价值理论为基石，实现了其全部范畴和理论体系的全面变革，完成了政治经济学革命。马克思恩格斯经济思想的建立以《资本论》的完成为标志。[①]

第一节 历史条件

马克思恩格斯的经济思想形成于19世纪30~90年代。其间，资本主义在西欧主要国家已经取得了反对封建制度的彻底胜利，资产阶级开始牢固地掌握着国家的经济命脉和政治权力。英、法、德等国产业革命的兴起，为资本主义经济的迅速发展创造了物质条件。同时，政治上和思想理论上的发展变化，反映了19世纪资本主义生产方式业已成熟，并体现了资本主义生产方式的内在联系和发展规律的要求。马克思恩格斯的经济思想正是在这个时期的历史条件下形成和发展的。

一 经济条件

19世纪30年代，资产阶级开始牢固地掌握着国家的经济命脉和政治权力，为资本主义经济的迅速发展创造了物质条件。同时，这也为马克思恩格斯经济思想的形成提供了客观经济条件。

[①] 程恩富、冯金华、马艳主编《现代政治经济学新编》（完整版），上海财经大学出版社，2008，第5页。

当时，英国是资本主义经济发展最为迅速的国家，到 19 世纪 30~40 年代，产业革命已取得阶段性胜利。整个国家各主要生产部门普遍地采用了机器，原来的工场手工业生产方式被新的现代工厂制度所取代。因为，18 世纪 60 年代以来从轻工业开始的产业革命，使轻纺工业首先实现了机械化，之后，重工业的技术革命也取得了决定性胜利。重工业的机械化是工业发展的基础，为现代工厂制度的形成和整个资本主义制度的胜利奠定了强大的物质基础。法国和德国的产业革命起步较晚，但情况与英国类似。[①]

二 政治条件

马克思恩格斯经济思想的形成和发展，在英、法、德等国产业革命和资本主义经济的发展中找到了客观依据。而资本主义矛盾的发展，英、法、德等国工人革命运动的兴起，又为马克思恩格斯经济思想的形成和发展提供了政治条件。19 世纪 30~40 年代，英、法、德等国无产阶级发动了全国性的政治斗争，最著名的就是英国伦敦三次宪章运动、法国里昂两次丝织工人起义和德国西里西亚纺织工人起义。这些工人运动标志着无产阶级反对资产阶级的斗争进入了一个新的阶段。无产阶级不仅提出了消灭私有制的经济要求，而且提出了建立自己的政治组织的政治要求。这一切表明无产阶级已经作为独立的政治力量登上了历史舞台。

三 理论条件

马克思恩格斯经济思想的形成和发展，是建立在前人三个理论来源的基础之上的，即德国古典哲学、英法古典政治经济学和英法空想社会主义。

（一）德国古典哲学

马克思恩格斯经济思想形成的哲学基础，主要是在批判地吸取黑格尔的辩证法和费尔巴哈的唯物主义的基础上建立的。

（1）黑格尔的辩证法。马克思恩格斯认为，黑格尔辩证法是德国古典哲学最大的成果。但是，黑格尔的辩证法是建立在唯心主义基础之上的。它的对象不是客观物质世界，而是"绝对精神"。黑格尔的辩证法是主观辩证法、

[①] 于俊文:《马克思、恩格斯经济学史纲》，甘肃人民出版社，1984，第 10~15 页。

精神或概念辩证法。在黑格尔那里，主观辩证法不是现实世界客观辩证法的反映，现实世界的客观辩证法不过是精神或概念辩证法的表现。马克思批判了黑格尔辩证法的唯心主义糟粕，吸取了它的合理内核，创立了唯物辩证法。这个辩证法同黑格尔的唯心主义辩证法有本质区别。正如马克思指出："我的辩证方法，从根本上来说，不仅和黑格尔的辩证方法不同，而且和它截然相反。在黑格尔看来，思维过程，即甚至被他在观念这一名称下转化为独立主体的思维过程，是现实事物的创造主，而现实事物只是思维过程的外部表现。我的看法则相反，观念的东西不外是移入人的头脑并在人的头脑中改造过的物质的东西而已。"[①]

（2）费尔巴哈的唯物主义。费尔巴哈抛弃了黑格尔的唯心主义，宣扬了唯物主义。他认为，客观物质世界是离开意识或精神而独立存在的，是感觉和认识的来源，自然界是唯一的实在，所谓精神"外在化"为自然的学说，不过是改装了的上帝创世说。费尔巴哈坚持认为，人是自然的最高产物，人的认识不过是对客观事物的反映。存在是主体，思维来自存在，而存在绝非来自思维。世界是可以认识的，个人的认识是有限的，而人类全体的认识是无限的。他还认为，上帝和宗教不过是人们由于无知，对自然现象抱有幻想和恐惧，以为有一种神秘的力量在主宰一切并对其加以崇拜的结果。因此，上帝的本质不过是人类本质的一种虚幻的反映。然而在对社会现象的理解上，费尔巴哈始终是一个唯心主义者。他根据意识形式以及相互更替的宗教来区分人类发展的各个时期。他的唯物主义是人本唯物主义，他的全部论断的基础是抽象的人，即生物学上的"一般人"。他从来没有意识到，人们之间真正的社会联系是由人们在生产过程中结成的关系决定的。由于不懂得人类社会发展的真正原因，费尔巴哈也就无法理解宗教无非人们社会关系发展的产物，不能揭露宗教的阶级根源。费尔巴哈的唯物主义对马克思恩格斯早期哲学思想的形成产生过重大的影响。马克思恩格斯从费尔巴哈的唯物主义中摄取了"基本的内核"，摒弃了它的唯心主义和宗教伦理的杂质，使唯物主义发展为完全科学的哲学理论。

（二）英法古典政治经济学

马克思恩格斯经济思想形成的经济理论基础，主要是英法古典政治经济

[①] 《马克思恩格斯选集》第2卷，人民出版社，2012，第93页。

学。英法古典政治经济学作为一个整体对经济科学的贡献是多方面的。一是从政治经济学的对象和方法看，英法古典政治经济学一开始就把这一研究从流通领域转向生产领域，并把揭示资本主义生产方式的内在联系及其生理结构作为自己的首要任务，这就为政治经济学的建立奠定了良好的基础。二是从资本主义发展的逻辑看，为了揭示资本主义内在联系，英法古典政治经济学一开始就对商品、价值、货币作多方面的研究，这是完全正确的。在长达一个半世纪以上的研究中，英法古典政治经济学基本上揭开了价值的秘密，即劳动决定价值、劳动时间决定价值量的基本原理。但英法古典政治经济学还不了解创造价值的劳动的性质。英法古典政治经济学注意的是对价值量的分析，资产阶级的本能使其忽视了对价值本质的探讨。三是从剩余价值理论分析看，英法古典政治经济学已经接触到剩余价值的本质及来源。英法古典政治经济学不仅确切地了解马克思称为"剩余价值"的那部分产品价值的存在，而且已经有人多少明确地说过，这部分价值是由什么构成的。四是从研究的目的看，英法古典政治经济学在新兴资产阶级反对腐朽的封建制度的斗争中，讴歌新制度，批判旧社会，维护了作为先进阶级的资产阶级的利益，起了不可磨灭的进步作用。英法古典政治经济学探索新制度内在联系的科学结论，为政治经济学的革命准备了良好的政治条件。马克思恩格斯正是在批判、继承英法古典政治经济学家研究成果的基础上，创立了科学的政治经济学体系。

但是，英法古典政治经济学派的代表人物，都属于资产阶级经济学家。在他们看来，资本主义制度是永恒的制度，他们没有也不可能把政治经济学的研究对象自觉地确定为人们在生产过程中结成的社会关系即生产关系。由于方法上的形而上学，他们基本上不懂得创造价值的劳动具有二重性质——具体劳动与抽象劳动，因而也就无法认识在商品生产过程中，生产资料价值的转移和新价值的创造是怎样同时进行的。正如马克思指出："古典政治经济学的根本缺点之一，就是它始终不能从商品的分析，而特别是商品价值的分析中，发现那种正是使价值成为交换价值的价值形式。恰恰是古典政治经济学的最优秀的代表人物，象亚当·斯密和李嘉图，把价值形式看成一种完全无关紧要的东西或在商品本性之外存在的东西。"[①] 因此，他们既不能充分理

---

① 《马克思恩格斯全集》第 23 卷，人民出版社，1972，第 98 页。

解商品交换的矛盾，也无法理解货币的根源、本质及职能。马克思对资产阶级古典政治经济学的剩余价值理论进行总的评论时指出："所有经济学家都犯了一个错误：他们不是就剩余价值的纯粹形式，不是就剩余价值本身，而是就利润和地租这些特殊形式来考察剩余价值。"① 这个错误导致资产阶级经济学得出一系列错误结论。

（三）英法空想社会主义

圣西门、傅立叶和欧文是英法两国空想社会主义的主要代表人物，他们的空想社会主义理论是科学社会主义的主要来源，对马克思恩格斯经济思想的形成，同样具有重要的理论意义。

英法两国空想社会主义者的历史贡献，主要表现在以下几点。一是他们对未来社会作了天才的猜想，并论证了新制度较旧社会具有的无限优越性。这些闪耀着人类智慧火花的预见和猜想，对科学社会主义和无产阶级经济学说的创立是有重大意义的。二是他们提出了实行社会改革的方案。设想在未来的社会中，劳动将成为人们生活中不可缺少的快乐事业，而不再是人们一种沉重的负担。在新制度下，旧的分工将被消灭，实行工农结合，城乡对立和脑体对立等消失；整个社会将有计划地组织生产，而劳动产品也将按劳动或按需要进行合理的分配；国家将转变为生产管理机构，成为社会不可缺少的组织形式。三是在方法论上，他们接近于承认世界的物质性。尽管他们的体系不同程度地带有唯心主义和形而上学的色彩，但在社会发展问题上，却提出了发展规律和发展阶段的思想。他们在世界观和方法论上存在的某种唯物主义思想，使他们在经济方面的学说存在一系列有价值的东西。这表明，空想社会主义作为资产阶级经济学的对立物，在加速资产阶级经济学庸俗化进程方面是起了促进作用的。

英法两国空想社会主义者的根本缺陷在于，他们不了解社会发展的客观规律和资本主义生产方式的本质，不能阐明资本主义发展的历史趋势，也找不到实现他们的社会改革方案的阶级力量。马克思恩格斯在评价19世纪初期英法三大空想社会主义的历史地位时指出："批判的空想的社会主义和共产主义的意义，是同历史的发展成反比的。阶级斗争越发展和越具有确定的形式，

---

① 《马克思恩格斯全集》第26卷第1册，人民出版社，1972，第7页。

这种超乎阶级斗争的幻想，这种反对阶级斗争的幻想，就越失去任何实践意义和任何理论根据。所以，虽然这些体系的创始人在许多方面是革命的，但是他们的信徒总是组成一些反动的宗派。"①

综上所述，19世纪初期，欧洲的工业革命、工人运动和理论研究成为马克思恩格斯经济思想形成与发展的历史条件，并不是偶然的，而是探索人类社会发展进程的一种必然结果。马克思恩格斯经济思想综合了人类先进思想的一切优秀成果，批判地继承了德国古典哲学、英法古典政治经济学、英法空想社会主义的优秀遗产，经过革命实践的历史性变革才最终得以完成。

第二节　马克思恩格斯经济观的初步形成

马克思恩格斯的经济思想，是在青年时期逐步形成与发展起来的。青年时期的马克思恩格斯都是属于青年黑格尔派的唯心主义者，后来才开始转为唯物主义者。马克思恩格斯公开表明自己反对有神论，主张哲学应该积极地面对现实，并致力于运用哲学观点分析社会经济问题，合作撰写了《神圣家族》《德意志意识形态》《政治经济学批判大纲》《1844年经济学哲学手稿》等早期著作，初步形成了自己的经济观点，为后来经济思想走向成熟奠定了思想理论基础。

一　马克思恩格斯经济观的转变

（一）马克思经济观转变的社会条件

马克思于1841年获得博士学位，早在这一时期，马克思就开始主张哲学应该积极地对待现实。1842年初，马克思写了题为《评普鲁士最近的书报检查令》的第一篇政论文章，坚决谴责普鲁士整个国家制度和封建专制制度。作为一个革命的政治家，马克思的革命民主主义立场是十分鲜明的。1842年4月，马克思成为《莱茵报》的撰稿人和编辑，10月15日起，马克思担任该报的主编。从此，报纸的革命民主主义色彩日益浓重，对专制制度及其御用工具的批判也日趋尖锐。

---

① 《马克思恩格斯选集》第1卷，人民出版社，2012，第432~433页。

马克思为了坚持为"政治上和社会上备受压迫的贫苦群众"进行辩护的立场，开始运用哲学观点分析社会经济问题。在《关于林木盗窃法的辩论》一文中，马克思指出，莱茵省议会支持对砍伐林木的人加重治罪，甚至对捡枯枝的贫民也实行严厉惩罚的法案，是十分荒唐的。这表明省议会不过是保护私有制的机构，而且整个国家也不过是私有制的保护者。他指责普鲁士国家已经堕落成为按私有制的性质而不按自己本身的性质来行动的组织，并力求揭示私有制与国家政策的内在联系。① 在《摩塞尔记者的辩护》一文中，马克思对普鲁士国家的反动实质作了进一步的揭露。当时有人企图把摩塞尔的酿酒农民的贫困状况说成自然条件不佳和个别官员失职造成的。马克思指出："人们在研究国家状况时很容易走入歧途，即忽视各种关系的客观本性，而用当事人的意志来解释一切。但是存在着这样一些关系，这些关系既决定私人的行动，也决定个别行政当局的行动，而且就像呼吸的方式一样不以他们为转移。"② 只要人们能够站在这种立场上观察问题，就不会忽左忽右地去寻找人们的善意或恶意，而会准确地把人民的苦难归之于这些客观关系的作用，即归之于国家方面。这篇文章严重触痛了反动制度的疮疤。为了把批判同政治运动和社会运动结合起来，从根本上改造社会和国家，马克思和青年黑格尔左派分子阿尔诺·卢格等人共同创办了激进刊物——《德法年鉴》。发表在《德法年鉴》上的马克思的著作有《〈黑格尔法哲学批判〉导言》《论犹太人问题》《马克思致卢格的书信》。恩格斯青年时代的天才著作《政治经济学批判大纲》以及《英国状况》也发表在《德法年鉴》上。

马克思在《莱茵报》工作的时间虽然很短，但这为马克思经济观的转变提供了条件。由于他积极参加当时实际的政治活动，他在理论和思想上的发展是十分迅速的。他不仅热情维护人民群众的利益，而且旗帜鲜明地反对封建专制制度。通过社会实践的斗争，马克思逐渐发现经济问题在社会生活中的作用，这就促使他关心和研究社会经济问题。这一时期发表的著作反映了马克思恩格斯的活动和思考，标志着他们开始从唯心主义转向唯物主义，从革命民主主义转向共产主义。

---

① 于俊文：《马克思、恩格斯经济学史纲》，甘肃人民出版社，1984，第55页。
② 《马克思恩格斯全集》第1卷，人民出版社，1995，第363页。

（二）马克思恩格斯合写的第一部著作《神圣家族》

马克思恩格斯合写的第一部著作就是1845年出版的《神圣家族》。在书中，马克思恩格斯首先对青年黑格尔主义的一个反动流派——布鲁诺·鲍威尔等人进行了批判。布鲁诺·鲍威尔等人不仅坚持思辨的唯心主义观点，反对干预政治和社会现实问题，而且醉心于自满自足的"批判的批判"。他们在批判黑格尔法哲学的过程中最初接触到的思想，即法的关系和国家形式一样，共同根源在于当时被称为"市民社会"的经济关系。他们写道："正是自然必然性、人的本质特性（不管它们是以怎样的异化形式表现出来）、利益把市民社会的成员联合起来。他们之间的现实的纽带是市民生活，而不是政治生活。因此，把市民社会的原子联合起来的不是国家，而是如下的事实：他们只是在观念中、在自己想象的天堂中才是原子，而实际上他们是和原子截然不同的存在物，就是说，他们不是超凡入圣的利己主义者，而是利己主义的人。在今天，只有政治上的迷信还会妄想，市民生活必须由国家来维系，其实恰恰相反，国家是由市民生活来维系的。"[①] 这就相当明白地说明了使市民社会联系起来的"不是政治生活，而是市民生活"，即人们之间的经济生活。马克思恩格斯指责鲍威尔等人，企图超过某一历史时期的工业和生活本身的直接的生产方式去认识这个历史时期。《神圣家族》作为哲学著作，没有过多涉及经济问题，但其中的历史唯物主义思想，为马克思恩格斯之后对经济问题的深入分析提供了前提条件。

马克思恩格斯当时还把蒲鲁东和资产阶级经济学家对立起来考察。他们推崇前者，抨击后者。他们写道："蒲鲁东永远结束了这种不自觉的状态。他严肃地看待国民经济关系的人性的假象，并让这种假象同国民经济关系的非人性的现实形成鲜明的对照……他迫使这些关系抛弃它们关于自身的这种想象而承认自己是真正非人性的。"[②] 在他们看来，只有蒲鲁东与众不同，只有他才把"整个私有制十分透彻地描述为经济关系的伪造者"[③]。其实，资本主义私有制的"外观"同它的本质的矛盾是客观存在的。经济学家的任务是去揭示这种矛盾的根源、实质及发展趋势，而不是用道义去谴责和用是否合乎"人性"来衡量。在这里，马克思恩格斯肯定了蒲鲁东的观点。但是，马克思

[①] 《马克思恩格斯文集》第1卷，人民出版社，2009，第322页。
[②] 《马克思恩格斯文集》第1卷，人民出版社，2009，第257页。
[③] 《马克思恩格斯全集》第2卷，人民出版社，1957，第40页。

恩格斯的观点是发展的。我们看到，马克思恩格斯在《神圣家族》中正在逐渐摆脱价值（交换价值）是在市场上受供求关系和竞争的影响而偶然被决定的观点，并开始把劳动时间看作决定价值的"本质"要素。至于除"本质"要素之外，是否还有"劳动材料""预付费用"等要素的影响，以及竞争是否决定价值等，他们都没有论及。但在《德意志意识形态》一书中，马克思恩格斯就鲜明地站到劳动价值论的立场上来了。

（三）马克思恩格斯合写的第二部著作《德意志意识形态》

通过对社会经济问题的研究，马克思恩格斯的观点得以快速发展，而鲍威尔等人的反动活动又日益嚣张，这就使马克思恩格斯感到，有必要在《神圣家族》的基础上对黑格尔以后的德国哲学进行进一步的清算。为此，他们立即着手写作他们第二部合作的哲学著作《德意志意识形态》。

该著作完成于1845~1846年，是一部内容非常丰富的著作，对历史唯物主义的探讨在其中占主要地位。在该书的第一章，马克思恩格斯初次详细地叙述了历史唯物主义的基本原理。在这部著作中，马克思恩格斯虽然不曾专门研究政治经济学问题，但已经接触到一系列的政治经济学原理。主要包括以下几点。一是以真正科学的方法武装了经济科学，这个方法就是辩证唯物主义与历史唯物主义。二是对经济规律和经济范畴的客观性质作了明确的阐释。马克思恩格斯批判了资产阶级经济学家的唯心主义和形而上学的观点，认为经济规律和经济范畴是受历史限制的、暂时的社会关系在理论上的表现。"地租、利润等这些私有财产的现实存在形式是与生产的一定阶段相适应的社会关系。"[①] 三是第一次提出了社会经济形态这个重要的经济范畴，并根据生产关系与生产力相互作用的规律，科学地论证了人类社会的发展进程。马克思恩格斯指出人们之间的相互关系如何"根据个人与劳动的材料、工具和产品的关系"的不同而不断变化，同时说明了所有制各种历史形式如何相互更替；并进一步指出，一定的生产关系（"交往形式"）的总和是在一定时期的生产力的基础上产生的，它适合于生产力的性质，并构成生产力发展的条件，其后又逐渐成为生产力进一步发展的桎梏，与生产力相矛盾。解决的办法是以新的生产关系代替旧的。同时还明确指出，一切历史冲突都根源于生产力

[①] 《马克思恩格斯全集》第3卷，人民出版社，1960，第255页。

和交往形式之间的矛盾，而这个矛盾发展到一定阶段则不免要爆发革命。

总之，从这个时期马克思恩格斯经济观的转变来看，至少有三点应该引起注意。一是马克思恩格斯经济观的转变不是靠主观臆想，而是来自社会革命实践。如1848年革命前夕笼罩在普鲁士和整个德意志精神上和政治上的阴影对马克思恩格斯世界观的转变是有积极意义的。面对当时的社会现实，马克思开始分析德国社会的阶级结构，揭露普鲁士专制国家在社会生活中的反动作用。他深深地同情劳动人民在封建贵族、土地所有者和资产者的奴役下的悲惨处境，控诉专制制度的极端黑暗和不合理，公开为"穷人""要求权利"。二是马克思恩格斯经济观的转变不单是立场的转变，还来自理论斗争的需要。在理论斗争中，马克思恩格斯从反对劳动决定价值的理论转向接受这一理论，并把劳动决定价值的观点作为与青年黑格尔分子斗争的理论工具。三是马克思恩格斯经济观的转变来自唯物史观。尽管马克思恩格斯从《神圣家族》到《德意志意识形态》的合作是短暂的，但这段时间是马克思恩格斯最终接受劳动价值论的时间。这个重要的理论进展之所以发生在这个时期，同他们在此期间创立了唯物史观是分不开的。因为，人们的生产活动、劳动在社会生活中的地位、意义和作用，正是历史唯物主义的基本观点之一。它不仅标志着马克思主义哲学进入一个新的阶段，而且标志着马克思主义经济学达到了一个新的高峰，标志着马克思恩格斯经济观转变阶段的结束和无产阶级经济学产生阶段的到来。

二 恩格斯最初的经济观点

（一）恩格斯最初的经济观点形成的社会条件

1839年3~4月，恩格斯在《德意志电讯》上发表了第一篇政论性文章——《乌培河谷来信》。他深刻地揭露了德国资产阶级和僧侣的愚昧无知和伪善，认为工人和劳动者的非人生活不过是他们长期遭受残酷剥削的结果。

1842年在英国期间，他继续研究英国经济情况和无产阶级斗争状况，密切注视英、法、德、比利时以及其他国家的工人运动和群众斗争。他写了一系列通讯、报道和文章，对英国的经济问题和社会矛盾作了评述。他认为，工人阶级是实现社会变革的社会力量，在社会解放事业中具有决定性的作用。

1842年12月~1844年8月，恩格斯对空想社会主义思潮作了深入的研究。他在1843年的《大陆上社会改革运动的进展》一文中指出:"共产主义不是英国或任何其他国家的特殊状况造成的结果,而是从现代文明社会的一般实际情况所具有的前提中不可避免地得出的必然结论。"[①] 在政治经济学方面,他研究了亚当·斯密、李嘉图、萨伊、麦克库洛赫、穆勒以及其他经济学家的著作。恩格斯在英国居留期间所发表的一系列文章表明,他已经独立地从唯心主义转向唯物主义、从革命民主主义转向共产主义。如果说,马克思哲学思想和政治立场的转变,主要是通过哲学批判实现的,那么,恩格斯确立唯物主义观点和共产主义立场,更多的是对英国经济状况和阶级斗争深刻理解的结果。

在恩格斯这个时期的许多文章,包括发表在《德法年鉴》上的论文中,对英国的经济问题和社会结构问题的研究已经占了主要地位。他在分析英国工人阶级状况和他们的社会作用时,已经得出无产阶级是实现英国社会变革的社会力量的重要结论。特别是恩格斯发表在《德法年鉴》上的文章,清楚地表明他已转向了唯物主义和共产主义。

(二)恩格斯最初的经济观点代表作

《英国工人阶级状况》一书,是恩格斯在对英国经济和政治制度进行深入研究的基础上写成的,是对资本主义生产方式一系列经济现象作了精辟阐述的杰出著作。这部著作的伟大意义在于:一是它突出地强调了无产阶级的作用,第一次论证了无产阶级作用的经济根源;二是第一次论证了工人运动和社会主义结合的必要性,指出了英国工人运动与社会主义平行发展而不结合的不幸,强调社会主义只有成为工人阶级的政治斗争的目标时,才会成为一种力量;三是深刻地研究了英国的经济和政治制度,考察了资本主义经济发展的一系列规律。

1843年底至1844年初完成的《政治经济学批判大纲》是恩格斯研究无产阶级政治经济学的处女作,发表在《德法年鉴》上。文章一开始就对资产阶级政治经济学和资本主义制度展开批判。资产阶级经济学家,包括斯密和李嘉图都认为,资本主义制度及其发展规律是永恒不变的。恩格斯蔑视这种教条,他从社会主义的观点出发考察了现代经济制度的主要现象,认为那些

[①]《马克思恩格斯全集》第3卷,人民出版社,2002,第474页。

现象是私有制统治的必然结果，因而是历史的、暂时的。该文的主要经济观点包括以下几点。一是批判资产阶级政治经济学，其中包括重商学派以及以斯密为代表的自由贸易派。恩格斯虽然尚未区分古典经济学与庸俗经济学，但实际上已经指明，随着资本主义制度的发展和矛盾的加深，资产阶级政治经济学的辩护性也将进一步加强。二是抨击了马尔萨斯的反动理论。恩格斯断言，资本主义社会"人口过剩或劳动力过剩是始终与财富过剩、资本过剩和地产过剩联系着的。只有在整个生产力过大的地方，人口才会过多"①。三是指出了私有制是政治经济学一切范畴的基础，因此要对私有制以及由此产生的经济范畴展开彻底的批判。四是阐明了私有制产生商业，商业产生价值、工资、利润、地租等一系列经济范畴的观点。恩格斯在探索价值在生产上的意义时，探讨了效用与价值的关系，这成了后来马克思在《资本论》中充分展开探讨的"价值规律进一步展开的表现"②这一问题的萌芽。按照这一原理，即使在共产主义条件下，社会在决定生产时，仍然要正确处理对各种使用价值的需要量与用于生产的劳动总量在各个特殊部门的分配关系问题。五是指出了私有制导致劳动与资本的分裂，使利润成为可能，并使一部分人成为资本家，另一部分人成为工人。而土地脱离资本和劳动，又使地租得以产生。这一切都是私有制带来的后果。如果我们撇开私有制不谈，那么所有这些反常的分裂现象就不会存在。在这里，恩格斯已经看到了竞争和垄断之间的联系。竞争会转化为垄断，但垄断挡不住竞争的洪流，并且它本身还会引起竞争。这后来被自由资本主义发展为垄断资本主义的历史事实所证实。六是从竞争规律中得出了资本主义经济危机不可避免的结论。他指出，这个规律是纯自然的规律。"这种危机就像彗星一样定期再现。"③危机势必使更多的小资本家破产，使专靠劳动为生的阶级人数剧增，使亟待就业的人数显著增加，其结果必然是引起社会革命。

在《政治经济学批判大纲》中，恩格斯首次站在无产阶级立场上，从理论上分析资本主义经济结构并给予其有力的批判。这些分析和批判以萌芽的形式为未来的无产阶级政治经济学的形成提供了某些基本原理。因此，《政治

---

① 《马克思恩格斯选集》第1卷，人民出版社，2012，第41页。
② 《马克思恩格斯全集》第2卷，人民出版社，2012，第613页。
③ 《马克思恩格斯选集》第1卷，人民出版社，2012，第35页。

经济学批判大纲》无论在理论上还是在经济科学的发展史上，都是具有重大意义的。但是，《政治经济学批判大纲》也存在某些不足之处，主要在于没有区分资产阶级古典政治经济学和庸俗政治经济学，尚未认清劳动价值论的科学意义，把价格同价值的背离看作价值的破坏、商业道德的丧失。在这里可以看到恩格斯受空想社会主义影响的某些痕迹。

三　马克思最初的经济观点

马克思在研究政治经济学的过程中，逐渐认识到只有深入分析现存的资本主义经济制度，才能认清这个制度的本质并找到彻底变革它的正确途径。马克思早期的经济观点，体现在他对西方经济学家一系列著作的研究及为之所作的读书摘录中。关于这些研究的手稿共有三个：第一手稿共36页，标有"工资""资本的利润""地租"三个标题；第二手稿只剩下4页，内容是关于私有财产关系的；第三手稿写在17张大纸上，内容包括在国民经济学中反映的私有财产的本质，共产主义需要、生产和分工，货币，对黑格尔辩证法及整个哲学的批判。这显然是一些未完成的著作草稿，第三个手稿亦即著名的《1844年经济学哲学手稿》的草稿。在该手稿中，马克思通过对经济学的哲学批判，提出了异化劳动概念，并把人的自由、有意识的活动视为人的类本质，认为共产主义将通过异化的扬弃实现人的类本质的复归。《1844年经济学哲学手稿》初步体现了马克思早期的经济观点。

从《1844年经济学哲学手稿》中可以看出，马克思在批判资产阶级政治经济学中已经发现，资本主义制度是私有财产发展的结果，而政治经济学不过是私有制度的历史演变在资产阶级学者头脑中的理论反映。私有制使劳动异化，形成资本所有者和工人的对立。而这种对立的直接基础则是物质生产条件的分配以及由此产生的财富分配的不平等。马克思在研究过程中，一开始就抓住了工资、利润和地租这三种主要分配形式，并试图从这三种分配形式入手，追索它们借以产生的共同基础——劳动异化和产生这种异化的私有制度。在《1844年经济学哲学手稿》中，马克思主要有以下观点。

（1）关于异化劳动，特别是资本主义的异化劳动。异化概念最早出自黑格尔的哲学体系。在黑格尔看来，异化只是精神的一种产物，在精神即抽象思维领域中不存在任何异化，因为精神即自我意识不仅是自在的，而且是自为的。费尔巴哈与此相反,他认为,异化并非精神的产物,而是实在的人的一种产物,但在存在可感觉的现实领域中不存在任何异化。费尔巴哈根本不理解存在同时是社会特定的、由人本身所创造的人的存在。马克思吸取了黑格尔异化学说的合理内核,并以此来分析"当前的经济事实"。这个事实就是随着工人生产的财富的增长,工人的生活日益贫困。马克思把异化分为两种,即意识的异化和现实生活的异化(即经济生活的异化)。与此相对应,克服异化的方法也包括两种。而私有制的扬弃则是一切异化的积极扬弃。这样,马克思就把注意力从意识和精神方面转向经济和现实生活方面。马克思由此得出以下结论。一是劳动产品的异化,在私有制的条件下,劳动产品作为一种异己的存在物同劳动相对立。二是劳动的异化。所谓劳动的异化,即劳动对工人来说是外在的东西,也就是说,是不属于他的本质的东西。因此,工人在自己的劳动中不是肯定自己,而是否定自己,不是感到幸福,而是感到不幸,不是自由地发挥自己的体力和智力,而是使自己的肉体受折磨、精神遭摧残。这就势必产生这样的反常现象,"他的劳动不是自愿的劳动,而是被迫的强制劳动"[①]。三是人的"类生活"的异化。"类生活"是费尔巴哈的术语,表示"真正人的生活"的概念。他认为,真正人的生活以"爱""友谊""善良"为前提,而人们之间实际存在的利益对立和敌对关系不过是人的真正本质即类本质的异化表现。类本质的退化或"人同人相异化"是物质生活的生产条件所造成的人们之间关系的敌对。因此,要恢复正常的、符合人类本性的社会联系和人们之间的相互关系,只有从根本上改造所有制关系、改造社会才有可能。费尔巴哈的"爱",或以另一种高级的宗教代替传统的宗教的设想,只是一种幻想。

(2)关于资本主义与雇佣劳动关系。马克思运用异化劳动理论揭露了资本主义的剥削实质。私有财产是劳动异化的原因和基础,劳动异化使私有财产不断得到再生产,私有财产不过是异化劳动的物质的、概括的表现。因此,要消除劳动异化,使工人从经济上和政治上得到解放,必须使社会从私有财产中解放出来。

(3)关于雇佣劳动和资本的关系。马克思首先研究了工资。其间,马克

[①] 《马克思恩格斯选集》第1卷,人民出版社,2012,第54页。

思几乎全面接受了亚当·斯密的工资理论,认为工资是由资本家和工人之间的斗争决定的。而这种斗争的结局是,胜利者总是资本家,失败者总是工人。这是因为,资本家既掌握着工人劳动不可缺少的生产资料,又占有着工人生存所不可缺少的生活资料。雇佣工人为了生存,不得不接受资本家提出的苛刻条件,把自己的劳动力当作商品来出卖。马克思从这里看到,资本、土地所有权和劳动的分离对资本家和土地所有者来讲,是发财致富的根本,而对工人来说是致命的。

(4)关于社会发展对工人阶级的影响。社会发展对工人阶级产生影响有三种情况。一是意味着工人的劳动产品越来越多地被剥夺,工人自己的劳动越来越作为别人的财产同他相对立,而他的生存资料和活动资料越来越多地集中在资本家手中。二是资本的积累扩大了分工,而分工则增加了工人的人数;反过来,工人人数的增加进一步扩大了分工,而分工又增加了资本的积累。这一切的后果是工人日益完全依赖于劳动,依赖于一定的、极其片面的、机械般的劳动。工人越被贬低为机器,他就越受市场价格波动的控制。同时,由于单靠劳动为生的阶级队伍的扩大,工人之间的竞争也日益加剧,这就使他们的价格更加被降低。三是在福利增长的社会中,资本家之间的竞争也在加剧,资本的积聚也因此在加速,大资本家使小资本家破产,沦为工人,从而技术工人队伍壮大,工人不仅要经受工资降低之苦,而且更加依赖少数大资本家。这里,马克思实际上已经触及以后被他充分展开论述的资本主义积累一般规律和资本主义人口规律的某些方面。马克思的分析不仅触及资本主义积累及其后果,而且涉及产生这种后果的原因和解决这种矛盾的途径,即"通过工人解放这种政治形式"来解决这种矛盾,而"工人的解放包含全人类的解放"①,因此,解决劳动异化和消灭私有制的革命,必然是人类解放的历史性变革。

(5)关于资本家追求利润而产生的后果。在资本主义发展中,资本家总是处于优越地位,得到"双重的好处"。一是分工为资本家提供了增加利润的条件。二是人的劳动加进商品的份额越大,死资本的利润就越大。资本所有者的利益同社会的利益是相对立的。斯密认为,对抗资本家追求利润和

---

① 《马克思恩格斯全集》第42卷,人民出版社,1979,第101页。

抬高价格的最好办法是竞争。而马克思主义则认为，竞争和垄断是由资本的本质决定的，是资本运动的必然结果，绝不是和资本相敌对的。竞争是许多资本相互排斥的表现，它一方面促进资本积累，加速技术革新，推进生产规模的扩大；另一方面，它使大资本不断战胜小资本，最终导致少数大资本的垄断。

（6）关于资本主义地租理论。根据斯密的观点，地租的数量取决于土地的肥力，以及土地的位置。在这个前提下，地租是通过租地农场主和土地所有者之间的斗争确定的。从上述前提出发，马克思分析了土地所有者和租地农场主之间的关系以及土地所有者如何榨取社会的一切利益。他认为，地租实际上是为使用土地而支付的价格，土地所有者是社会一切利益的榨取者，因而它同社会是敌对的。斯密从土地所有者榨取社会一切利益这一事实得出结论说，土地所有者的利益始终同社会利益一致，这就荒谬了。在土地所有者同社会各阶层的利益的对立上，马克思赞赏李嘉图等人的观点。在后者看来，土地所有者和农产品生产者的利益始终是对立的。土地所有者依据他们占有的土地不劳而获；而租地农场主，无论是工场手工业时代，还是工厂生产初期，在英国都占人口的大部分，他们雇佣工人生产的成果，相当一部分要作为贡赋交给土地所有者。这种情况无疑要引起农场主、工人以及社会其他部分对土地所有者的敌视。

（7）关于社会未来发展趋势。马克思从哲学角度提出了共产主义改造的基本原理。一是认为真正的共产主义是废除私有制的高级形式，亦即废除人的任何异化现象之后的社会高级形式。二是共产主义是私有财产即人的自我异化的积极扬弃。这阶段将使人得到充分发展，使人的物质和精神需要得到充分满足，使个人利益和社会利益和谐一致。三是共产主义的胜利是在私有制社会内部准备好了的。"要扬弃私有财产的思想，有思想上的共产主义就完全够了。而要扬弃现实的私有财产，则必须有现实的共产主义行动。"[①]

马克思的《1844年经济学哲学手稿》代表了马克思这一时期最初的经济观点。这个时期，马克思恩格斯的经济观点还不是很成熟，容易引起人们的误解或评论。特别是第二次世界大战以后，西方资产阶级学者和现代修正主

---

① 《马克思恩格斯文集》第1卷，人民出版社，2009，第231~232页。

义者，别有用心地把《1844年经济学哲学手稿》说成马克思思想的顶峰，在马克思的异化理论上大做文章。毫无疑问，异化理论作为理论认识工具，在马克思主义发展中起到过重要的作用。但是，异化这一概念本身过于一般化，在详细研究社会的经济结构及其本质，特别是表达经济关系的量的规定性时，是不尽适用的。因此，马克思此后不久也就有条件地使用这个理论工具，代替劳动异化的主要是劳动价值论。这在19世纪40年代后期表现得极其明显。这些经济观点尽管是不成熟或不全面的，但对马克思以后经济思想的发展起到了重要作用，对我们完整、准确地理解马克思经济思想具有积极意义。

第三节 马克思恩格斯政治经济学思想的若干创新

在19世纪50~60年代，马克思恩格斯深入地分析了资本主义经济关系，批判地研究了资产阶级经济学家大量的政治经济学著作，接受了古典政治经济学的优秀成果，并在新的世界观的基础上提出了一些新的见解，发展了自己的经济思想。其中最具有代表性的著作有马克思所著的《哲学的贫困》《雇佣劳动与资本》，以及马克思恩格斯共同创作的《共产党宣言》等，这标志着无产阶级政治经济学的诞生。

一 马克思经济思想研究方法

马克思经济思想的研究方法，主要体现在1847年马克思的论战式哲学与经济学著作《哲学的贫困》以及《〈政治经济学批判〉导言》等著作中。

（一）《哲学的贫困》中的研究方法

《哲学的贫困》是马克思反对法国小资产阶级思想家蒲鲁东的主要论著之一。《哲学的贫困》在《德意志意识形态》的基础上发展了辩证唯物主义历史观，使马克思主义哲学达到一个新的高度，从而为揭示政治经济学规律提供了科学的方法论基础。主要表现为以下几点。一是认为蒲鲁东在人类历史中看到了社会在发展、历史在进步，但他无法解释它们为什么发展和如何发展，而不得不将其归结为"一种普遍理性的自在表现"。在马克思看来，蒲鲁东不理解人类的历史发展，根源在于他"不能理解经济发展"。而政治经济学的任务不是其他，正在于从"经济发展"中理解一系列经济和社会现象的本质及其规律。二是认为基于对经济范畴的不同理解,会产生性质不同的经济学。蒲鲁东把经济范畴视为人们的"观念"或"不依赖实际关系而自生的思想",因而他只能到纯理性的运动中找寻这些思想的来历,并将现实关系看作抽象范畴的体现。马克思以唯物主义历史观为武器,一针见血地揭穿了蒲鲁东唯心主义历史观的谬误,在政治经济学的发展史上第一次科学准确地提出,经济范畴只不过是社会关系在生产方面的理论表现。这就为政治经济学研究提供了科学的方法论。三是马克思精辟地阐明了经济关系与经济范畴的联系。人们在一定的生产关系范围内进行生产,并再生产出一定的社会关系。社会关系和生产力密切相关。当人们获得新的生产力,就会改变自己的生产方式,当生产方式即保证自己生活的方式发生改变时,人们就会改变自己的一切社会关系。人们按照自己的物质生产的发展水平建立相应的社会关系,正是这些人又按自己的社会关系创造了相应的原理、观念和范畴。马克思指出:"所以,这些观念、范畴也同它们所表现的关系一样,不是永恒的。它们是历史的暂时的产物。"[①]

马克思在《哲学的贫困》中所阐明的唯物主义历史观,不仅彻底分析了经济范畴与经济关系的内在联系,揭示了社会发展的基本规律,而且揭穿了小资产阶级社会主义者蒲鲁东历史唯心主义的社会观,并与资产阶级古典政治经济学的唯心史观划清了界限。同时,马克思在《哲学的贫困》中还以许多篇幅论述了资本的原始积累过程,科学地分析了资本主义工厂的某些特点,揭示了资产阶级生产方式的对抗性质,为无产阶级正确认识自己的历史使命指明了方向。

(二)在《〈政治经济学批判〉导言》中的研究方法

唯物辩证法是马克思恩格斯分析和研究一切社会问题的科学方法,是马克思恩格斯在19世纪40年代研究德国古典哲学、批判黑格尔唯心主义辩证法的重大成果。但马克思恩格斯真正对这一方法作集中和正面的论述,是在1857~1858年《〈政治经济学批判〉导言》的手稿中。在这里,马克思第一次详细地论述了他的政治经济学方法,说明了从抽象到具体这一逻辑方法同现实(即历史过程)的一致性,从而为研究政治经济学和叙述政治经济学问题

[①] 《马克思恩格斯选集》第1卷,人民出版社,2012,第222页。

提供了科学的方法论。

（1）马克思指出政治经济学存在两种方法。第一种是从实在事物和具体事物开始。例如，人口是由阶级构成的，如果离开阶级来分析人口，"人口"就会变成空洞的抽象。在资本主义条件下，要分析阶级，就会碰到作为阶级形成前提的"雇佣劳动"和"资本"，以及价值、价格、货币、劳动力商品等一系列经济范畴。可见，从具体事物开始叙述经济生活的内在联系是不正确的。第二种是从劳动、分工、需要、交换价值等"简单的东西""抽象的概念"出发，上升到国家、国际交换和世界市场体系。这种分析研究方法是科学的。但这种方法离不开第一种方法，它是第一种方法发展的结果。

（2）马克思指出叙述方法和研究方法是相互联系的。从抽象到具体的政治经济学的叙述方法，并不意味着排斥从具体到抽象的研究方法。从抽象到具体的叙述方法是以完成从具体到抽象的研究过程为前提的。同时，从抽象上升到具体的逻辑思维运动和客观经济发展进程大体上是一致的。因为，客观经济关系的发展是由简单到复杂、由低级到高级发展的；而从抽象到具体的思维过程也是从简单的低级关系开始，逐渐上升到复杂的高级关系的。所以，从抽象到具体、从简单到复杂的逻辑方法同现实历史发展是一致的，逻辑的方法是符合历史的真实进程的。但是逻辑思维的进程和历史发展的现实进程只能大体一致，无法绝对一致。因为历史常常是跳跃式地和曲折地前进，往往会出现例外或偶然情况。逻辑思维对历史的反映，也不是简单地、直观地、摄影式地，而是排除种种偶然的和例外情况，作本质的反映。

（3）马克思强调经济范畴的历史性。即使是最抽象的范畴，甚至由于抽象而可以适用于一切时代，就这个抽象的规定性本身来说，同样也是历史关系的产物。马克思指出："资产阶级社会是最发达的和最多样性的历史的生产组织。因此，那些表现它的各种关系的范畴以及对于它的结构的理解，同时也能使我们透视一切已经覆灭的社会形式的结构和生产关系。"[1]

（4）马克思根据历史唯物主义原理，精辟地论述了政治经济学的对象。摆在政治经济学面前的对象"首先是物质生产"[2]。物质生产可从物质方面和

---

[1]《马克思恩格斯选集》第2卷，人民出版社，2012，第705页。

[2]《马克思恩格斯选集》第2卷，人民出版社，1995，第1页。

社会形式方面分别进行研究。前者是工艺学的对象，后者是政治经济学的对象。生产的社会形式不外就是在生产过程中所结成的人与人之间的关系。马克思批判了资产阶级学者把政治经济学的对象归结为孤立个人的企图，指明政治经济学研究的是物质资料生产中人与人之间的社会关系。既然社会生产表现为生产、分配、交换、消费四个要素的统一，那么，人们在生产过程中结成的关系，必然是生产、分配、交换和消费诸关系的统一。因此，只有弄清人类社会各个发展阶段上生产、分配、交换、消费在社会生产总过程中各自的地位以及它们之间的相互关系，才能揭示生产关系的矛盾运动及其规律。这就为政治经济学的发展指明了具体方向。

《〈政治经济学批判〉导言》这部手稿，是马克思经济思想发展过程中的重要文献。在马克思恩格斯的全部经济理论著作中，只有《〈政治经济学批判〉导言》全面、系统地叙述了关于无产阶级政治经济学这门科学的研究对象和方法，为无产阶级政治经济学的发展提供了方法论遵循。

二 马克思经济思想的核心

19世纪50~60年代，马克思经济思想的核心内容，主要体现在《雇佣劳动与资本》和《工资、价格和利润》这两部著作中。

（一）《雇佣劳动与资本》的经济观点

《雇佣劳动与资本》是马克思经济思想发展时期具有代表性的著作。该书的写作目的是让工人阶级了解，在资本主义社会中，资产阶级与无产阶级的阶级矛盾和阶级斗争的经济基础是什么。该书中所阐述的关于经济思想的核心内容，主要包括以下几个方面。

（1）马克思是从分析资本主义工资开始的。因为，在当时的资本主义社会中，流行着一种麻痹工人意志的说法，即工人用自己的劳动获得"公平的工资"，厂主用自己的资本取得"公平的利润"。资产阶级热衷于这种有利于自己而不利于工人的说教。而一些社会主义者则设计种种方案，幻想提出一个合理的分配比例，从而创造一个和谐一致的社会。马克思驳斥了这些谬论，揭示了工资的本质。工人出卖自己的劳动（力），而资本家按工人的劳动时间或生产产品的数量支付工资。因此，工资不过是工人出卖的商品即劳动（力）的价格。既然价格是由供求关系决定的，那么供求关系是由什么决定的呢？马克思认为，供求关系是由商品的生产费用决定的。如果商品价格上涨到生产费用以上，大量资本会向这个繁荣的部门转移，这种现象一直要持续到该部门的利润跌到普通水平为止，反之亦然。马克思还指出，如果从另一个角度来研究，需求也是由生产费用决定的。因为需求总是与支付能力相适应的，而不是人的自然需求。有支付能力的需求同需求产品的生产费用是分不开的。这就不难看出，需求和供应的波动，归根结底是由商品的生产费用决定的。在回答生产费用如何由劳动时间决定并由此决定商品价格时，马克思清楚地表明了劳动决定价值的观点。他写道："价格由生产费用决定，就等于说价格由生产商品所必需的劳动时间决定。"[①] 因为生产费用本身是由物化劳动和直接劳动组成的，它们都是以劳动时间来计算的。既然商品的价格是由生产费用即生产它的费用决定的，那么劳动（力）本身的价格也是由生产劳动（力）"这一商品所需要的劳动时间来决定"[②] 的。

（2）马克思对资本的分析取得了重大进展。在《雇佣劳动与资本》中，马克思第一次为"资本"这个重要范畴下了经典性的定义。他指出，在资产阶级经济学家看来，"作为进行新生产的手段的积累起来的劳动就是资本"[③]。马克思认为，"资本也是一种社会生产关系。这是资产阶级的生产关系，是资产阶级社会的生产关系"[④]。这种生产关系的本质在雇佣劳动与资本的交换中得到充分的体现。在这种交换中，"工人拿自己的劳动力换到生活资料，而资本家拿他的生活资料换到劳动，即工人的生产活动，亦即创造力量。工人通过这种创造力量不仅能补偿工人所消费的东西，并且还使积累起来的劳动具有比以前更大的价值"[⑤]。这个附加价值就是后来导致整个政治经济学革命的剩余价值。

（3）马克思深刻地论述了资本与雇佣劳动的关系。他指出："资本只有同劳动力交换，只有引起雇佣劳动的产生，才能增加。雇佣工人的劳动力只有在它增加资本，使奴役它的那种权力加强时，才能和资本交换。"[⑥] 工人若不

[①] 《马克思恩格斯选集》第1卷，人民出版社，2012，第337页。
[②] 《马克思恩格斯选集》第1卷，人民出版社，2012，第338页。
[③] 《马克思恩格斯选集》第1卷，人民出版社，2012，第339页。
[④] 《马克思恩格斯选集》第1卷，人民出版社，2012，第341页。
[⑤] 《马克思恩格斯选集》第1卷，人民出版社，2012，第342页。
[⑥] 《马克思恩格斯选集》第1卷，人民出版社，2012，第344页。

受雇于资本家就会灭亡，资本若不剥削劳动就会灭亡，而资本要剥削劳动，就得购买劳动。因此，资本的增加就是无产阶级的增加，就是资本对工人统治权的增加，就是资产阶级统治力量的增强。在资本统治的社会里，无产者的命运始终是取决于资本的。

（4）马克思对生产资本作了有价值的分析。在《雇佣劳动与资本》中，他把生产资本分为三个部分：①供加工用的原料；②机器和开动机器所需要的材料、建筑物等；③用于工人生活费的那部分资本。这里，马克思虽然不曾把①与②归结为不变资本，把③归结为可变资本，但马克思已经提出前两部分资本的共同点是，它们的价值只是转移到新产品中去，它们并不创造价值，也不能改变自身的价值量。而生产资本的第三部分，即用于工人生活消费的那一部分，亦即变为工资的那一部分资本，将随着生产资本的增加而相对减少。同时，他不仅提出了后来被称为资本有机构成理论的基本思想，而且对资本有机构成的提高对无产阶级的影响也作了科学的概括。

（二）《工资、价格和利润》的经济观点

《工资、价格和利润》是1865年6月马克思在第一国际总委员会上所作的报告。这是他针对国际委员约翰·韦斯顿关于货币工资普遍提高对工人无益，从而工会活动"有害"的主张所作的报告。为了批判韦斯顿的机会主义观点，彻底揭露资产阶级对雇佣劳动者的剥削，马克思第一次论证了劳动力这一特殊商品的性质，重点分析了劳动与资本的交换关系和剩余价值产生的源泉。

（1）马克思正确区分了劳动和劳动力的界限。马克思认为："工人出卖的并不直接是他的劳动，而是他的暂时让资本家支配的劳动力。"[①] 劳动力既然成为可以出卖的商品，就必然有它的内在价值。马克思认为："劳动力的价值，也像其他一切商品的价值一样，是由生产它所必需的劳动量决定的。"[②] 对劳动力的使用，则不受劳动量的限制，而只受工人工作能力和体力的限制。举例说，一个纺纱工人要保证自己劳动力的再生产，必须每天再生产3先令的价值（假设要6小时劳动）；而这并不妨碍他每天工作12小时。这样，资本家就迫使这个纺纱工人一天劳动12小时，其中6小时创造的价值用来支

---

① 《马克思恩格斯选集》第2卷，人民出版社，2012，第45页。
② 《马克思恩格斯选集》第2卷，人民出版社，2012，第46页。

付工人的工资（即补偿劳动力价值），其余6小时叫作"剩余劳动"，剩余劳动时间创造的价值叫作"剩余价值"，这正是资本家发财致富的源泉。

（2）马克思正确分析了劳动力的价值和价格到工资的转化及剩余价值到利润、利息和地租的转化，并在工资和剩余价值的对比关系中，得出工资的普遍提高只会引起一般利润率的降低，并不影响商品价值或价格的结论。因此，他大力支持工人争取提高工资以及反对降低工资的斗争。但是，工人阶级不应夸大日常斗争的结果。"他们不应当忘记：在日常斗争中他们反对的只是结果，而不是产生这种结果的原因；他们延缓下降的趋势，而不改变它的方向；他们服用止痛剂，而不祛除病根。"①

《雇佣劳动与资本》《工资、价格和利润》所阐述的基本经济思想在《哲学的贫困》中已有论证，但两者是有区别的。如果说在《哲学的贫困》中，马克思是用论战的方式阐明自己的经济观点。那么在这里，马克思则是用系统的、通俗易懂的形式，正面地表述了自己的经济观点。这些观点在1867年出版的《资本论》第1卷中得以系统阐述。

三 马克思恩格斯经济思想的纲领

1847年11月29日~12月8日，共产主义者同盟召开第二次代表大会，大会接受了马克思恩格斯关于无产阶级政党纲领的科学论述，同时委托他们以宣言的形式草拟纲领全文。这就是科学共产主义最伟大的纲领性文献——《共产党宣言》，这也是代表马克思恩格斯经济思想形成和发展的理论纲领。《共产党宣言》的基本思想主要包括以下几个方面。

（1）《共产党宣言》首先分析了资本主义生产方式的产生。从中世纪的农奴中间产生了初期城市的自由居民；从这个市民等级中间发展出最初的资产阶级分子。美洲和环绕非洲的航路的发现，给新兴资产阶级开辟了新的活动场所。国内和国外市场的扩大，大大地增强了对商品的需要。于是，工场手工业就代替了行会手工业。但是，市场总是在扩大，需求总是在增加。工场手工业也不能再满足这种需求了。于是，蒸汽和机器就引起了工业的革命。工业的发展，从而大工业的发展，使资产阶级也更加成长壮大了。

---

① 《马克思恩格斯选集》第2卷，人民出版社，2012，第68页。

（2）《共产党宣言》深刻地揭露了资本主义生产关系的实质。"它用公开的、无耻的、直接的、露骨的剥削代替了由宗教幻想和政治幻想掩盖着的剥削。"① 资产阶级不仅在经济上和政治上统治着本国内部，并用它的廉价商品征服世界。它迫使一切民族都在灭亡的恐怖下采取资产阶级的生产方式。随着生产力的迅速发展，它同资本主义生产关系之间的矛盾也急剧地尖锐化了。这种矛盾的集中表现就是周期性爆发的经济危机。"所以，几十年来的工业和商业的历史，只不过是现代生产力反抗现代生产关系、反抗作为资产阶级及其统治的存在条件的所有制关系的历史。"②

（3）《共产党宣言》第一次深刻地揭露了危机的根源。危机是资本主义生产关系同生产力之间的矛盾发展的结果。危机发展的一般趋势为：危机的规模和破坏性一次比一次更加扩大和加深。危机通常是靠破坏生产力、夺取新的市场与加深掠夺原有的市场解救的，这就为下一次更大的危机爆发准备了条件。马克思关于经济危机的学说，此时尚未成形，它是在19世纪60年代的《资本论》（包括《剩余价值学说》）和19世纪70年代的《反杜林论》中才得到充分发展了的。只有当生产发展为社会化大生产的时候，私有制的统治才会产生经济危机。换言之，经济危机的根本原因是生产社会性和资本主义私人占有形式之间的矛盾。

（4）《共产党宣言》明确地指出了资本主义在生产积聚和集中方面的作用。主要表现为资本主义生产使生产资料和财富日益集中到少数富有者手中，而无产阶级却随着生产力的发展而日益贫困化，工人本身变成机器的单纯的附属品。马克思恩格斯正是在分析资本主义矛盾和阶级斗争的基础上得出了资本主义灭亡和无产阶级革命的必然性。"但是，资产阶级不仅锻造了置自身于死地的武器；它还产生了将要运用这种武器的人——现代的工人，即无产者。"③

（5）《共产党宣言》宣告了共产党人的奋斗目标——消灭一切私有制。"无产阶级将利用自己的政治统治，一步一步地夺取资产阶级的全部资本，把一切生产工具集中在国家即组织成为统治阶级的无产阶级手里，并且尽可能

---

① 《马克思恩格斯选集》第1卷，人民出版社，2012，第403页。
② 《马克思恩格斯选集》第1卷，人民出版社，2012，第406页。
③ 《马克思恩格斯选集》第1卷，人民出版社，2012，第406页。

快地增加生产力的总量。"①《共产党宣言》还对当时存在的各种社会主义流派进行了批判。

《共产党宣言》不仅系统地阐明了资本主义生产方式产生、发展和必然灭亡的规律,揭示了从资本主义过渡到共产主义的客观规律,指明了无产阶级的伟大历史使命,论述了无产阶级革命和无产阶级专政的原理,从而全面地阐明了马克思主义关于社会主义和共产主义的基本思想。而且,第一次全面地论证了无产阶级先锋队即共产党的作用,明确了无产阶级的基本要求,并从原则上制定了无产阶级夺取政权后的施政纲领,至今还鼓舞着、推动着文明世界全体正在有组织地进行斗争的无产阶级。

四 马克思经济思想的一种体系

《〈政治经济学批判〉(1857—1858年手稿)》是后来出版的《资本论》的初稿。马克思在这里制定了以劳动二重性学说为基础的价值理论和他的第二个伟大发现——剩余价值理论。这个发现同唯物主义历史观一起使社会主义从空想变成科学。

(一)《〈政治经济学批判〉(1857—1858年手稿)》的基本特点

从提纲初稿的计划来看,马克思把《政治经济学批判(1857—1858年手稿)》全书分为5篇,主要有:①一般的抽象的规定;②资本、雇佣劳动、土地所有制,它们的相互关系,城市和乡村,三大社会阶级,它们之间的交换,流通,信用事业(私人信用);③国家,"非生产"阶级,税,国债,公共信用,人口,殖民地,向外国移民;④生产的国际关系,国际分工,国际交换,输出和输入,汇率;⑤世界市场和危机。后来几经改动,到1858年3月,提出整个著作分成6册。第1册考察资本,而在阐述资本之前,先写出若干绪论性的章节,其中包括价值、货币。第2~6册,分别为地产(土地所有制)、雇佣劳动、国家、对外贸易、世界市场。1858年初,马克思决定分册出版这部著作,同年6月,《政治经济学批判》第1分册正式出版。

第1分册"序言"精辟地概括了作为马克思政治经济学出发点和基础的历史唯物主义基本原理。马克思把经济领域从社会生活的各种领域中划分出

---

① 《马克思恩格斯选集》第1卷,人民出版社,2012,第421页。

来，把生产关系从一切社会关系中划分出来，而一切其他关系的基础则是生产关系。生产关系的总和构成社会的经济基础，一定的经济基础产生一定的上层建筑和一定的意识形态。这样，马克思就为研究和揭示社会经济形态的产生和发展规律指明了方向。"序言"阐明了生产关系与生产力相互关系的客观规律。马克思认为："社会的物质生产力发展到一定阶段，便同它们一直在其中运动的现存生产关系或财产关系（这只是生产关系的法律用语）发生矛盾，于是这些关系便由生产力的发展形式变成生产力的桎梏。那时社会革命的时代就到来了。"[①] 资本主义的生产关系已经同以社会化大生产为特征的新生产力发生了对抗性的矛盾。这一矛盾的发展，必将导致无产阶级革命的发展和最终胜利。在《〈政治经济学批判〉序言》中，不仅彻底完成了把生产关系从社会关系的全部总和中分离出来，而且对整个历史唯物主义的基本原理作了精彩的概括。这个序言在历史唯物主义的形成史上，标志着马克思经济思想已完全成熟而具有典范形式。它为马克思政治经济学的彻底完成奠定了坚实的理论基础。

从方法论方面看，《〈政治经济学批判〉（1857—1858年手稿）》的基本特点就在于，在《资本论》中占主要地位的是经济理论的"叙述"，而这部手稿则侧重于"理论研究"。马克思在《资本论》第二版跋中写道："在形式上，叙述方法必须与研究方法不同。研究必须充分地占有材料，分析它的各种发展形式，探寻这些形式的内在联系。只有这项工作完成以后，现实的运动才能适当地叙述出来。这点一旦做到，材料的生命一旦在观念上反映出来，呈现在我们面前的就好像是一个先验的结构了。"[②] 这就说明，理论研究方法和理论叙述方法是有区别的。

（二）《〈政治经济学批判〉（1857—1858年手稿）》的主要观点

《〈政治经济学批判〉（1857—1858年手稿）》的主要观点包括以下几点。

（1）马克思第一次提出自己的劳动价值理论。马克思这个伟大的发现是从货币着手的，他不仅研究了货币范畴，而且研究了价值范畴。价值的物质承担者不仅是货币，而且首先是商品。商品是资本主义经济的细胞，因此研

---

① 《马克思恩格斯选集》第2卷，人民出版社，2012，第8页。
② 《马克思恩格斯选集》第2卷，人民出版社，2012，第21~22页。

究资本主义经济必须从分析商品开始,这个结论是马克思在《〈政治经济学批判〉(1857—1858年手稿)》中第一次提出来的,是研究资本主义经济和资产阶级政治经济学所取得的伟大成果之一,就是这一发现为揭示资本主义内在联系和发展规律提供了前提。当时,马克思在研究商品是使用价值和价值的辩证统一时还发现,生产商品的劳动是创造使用价值的具体劳动(私人劳动)和创造价值的抽象劳动(社会劳动)的统一。马克思从质和量两个方面分析生产商品的劳动性质,认为抽象劳动只是一种和自身的质相分离、仅仅在量上不同的劳动,而具体劳动则表现为自然规定的、在质上和其他劳动不同的劳动。在这里,马克思第一次系统地阐述了以劳动二重性学说为基础的无产阶级劳动价值理论。

(2)马克思第一次提出自己的货币理论。马克思以自己的价值理论为基础,从价值形式的发展入手,阐明了货币的起源和本质,揭示了价值和货币的有机联系,货币是价值形式的历史发展的最终结果,货币的五种职能是货币本质的具体体现等。马克思批判了重商主义和李嘉图及其追随者的货币数量论,划清了马克思的货币理论同古典经济学有关理论的界限。在经济科学发展史上,第一次揭开了金属货币和纸币的流通规律,为人类认识货币流通的复杂现象并自觉地驾驭它创造了理论前提。

(3)马克思第一次科学地分析劳动力商品的含义。劳动力的出卖是按价值进行的。决定劳动力价值的是体现在工人身上的物化劳动量,亦即生产工人本身体力与脑力所必需消耗的劳动量,劳动力的使用价值即工人创造价值、保存资本并使资本增殖的能力。资本家购买工人的不是劳动,而是劳动力,即劳动力的支配权。工人出卖的是对自己劳动的支配权,这种支配权本身只限于一定的劳动和一定的时间(若干劳动时间)。正是这种劳动力的支配权,为资本家带来了剩余价值,剩余价值不过是劳动力在生产过程中创造的价值和资本家作为劳动力的代价而支付的工资之间的差额。

(4)马克思第一次提出剩余价值理论。资本是不通过交换、不付出等价物但在交换的假象下占有他人劳动的力量。因为,资本家在这个交换过程中处于同工人不同的地位,这种地位使他能够换来这样一种生产力,这种生产力使资本得以保存和增殖。而在这个交换过程中,工人既不占有生产资料也不占有劳动产品,他所占有和能够用来交换的只有自己的劳动能力,所以,他只能把自己的这种能力卖给资本家,这就是资本与劳动能力的交换。资本主义生产关系必然使工人的劳动以及劳动产品及其价值为资产阶级所有。同时,等价交换的价值规律完全允许劳动创造的价值大于劳动力本身的价值。因此,无论是从资本主义生产关系上看,还是从这种关系的运动规律(这里指价值规律)上看,剩余价值的产生都有其客观必然性。在《〈政治经济学批判〉(1857—1858年手稿)》中,马克思还分析了剩余价值生产的两种方式、资本主义必然灭亡的命运,以及从剩余价值到利润的转化、利润率下降和利润平均化等重大理论问题。

(5) 马克思第一次提出关于社会资本再生产和流通的重要理论。在"资本的流通过程"一篇中,马克思分析了资本主义积累过程,指出剩余价值转化为资本是资本主义积累的本质,并在这个基础上从实物形式和价值形式两个方面划分了社会资本,从而发展了其早期的经济思想,为社会资本再生产和流通理论的提出奠定了基础。

(6) 马克思第一次提出巨大的生产力和剩余劳动将成为共产主义物质前提的理论。马克思认为:"资本的伟大的历史方面就是创造这种剩余劳动,即从单纯使用价值的观点,从单纯生存的观点来看的多余劳动,而一旦到了那样的时候,即一方面,需要发展到这种程度,以致超过必要劳动的剩余劳动本身成为从个人需要本身产生的东西,另一方面,普遍的勤劳,由于世世代代所经历的资本的严格纪律,发展成为新的一代的普遍财产,最后,这种普遍的勤劳,由于资本的无止境的致富欲望及其唯一能实现这种欲望的条件不断地驱使劳动生产力向前发展,而达到这样的程度,以致一方面整个社会只需用较少的劳动时间就能占有并保持普遍财富,另一方面劳动的社会将科学地对待自己的不断发展的再生产过程,对待自己的越来越丰富的再生产过程,从而,人不再从事那种可以让物来替人从事的劳动,——一旦到了那样的时候,资本的历史使命就完成了。"[1]资本家把剩余劳动转化为剩余产品,再转化为剩余价值,这就为社会向更高阶段过渡创造了条件,决定了在资本主义社会本身内部必然会创造出消灭资本主义经济的物质条件,这正是共产主义生产方式产生的重要经济基础。

---

[1] 《马克思恩格斯文集》第8卷,人民出版社,2009,第69页。

（7）马克思第一次提出时间节约规律理论。在商品生产条件下，时间节约规律表现为商品和价值关系的物质内容。价值规律的物质内容就是节约时间。在资本主义条件下，社会生产的调节和劳动时间的运用是在生产者的背后自发地通过市场价格实现的。剩余劳动已经是潜在的自由时间，自由时间是剩余劳动时间的物质内容，资本主义力图把自由时间转化为剩余价值这一具有对抗性质的社会形式。只有到了共产主义社会，劳动者占有自己的剩余劳动，才意味着自由时间摆脱了它的对抗形式。那时，社会的个人需要就成为必要劳动时间的尺度，财富的尺度将不再是劳动时间而是自由时间。时间节约规律取代价值规律，成为共产主义经济的调节者。正如马克思所说："正像在单个人的场合一样，社会发展、社会享用和社会活动的全面性，都取决于时间的节省。一切节约归根到底都归结为时间的节约。正像单个人必须正确地分配自己的时间，才能以适当的比例获得知识或满足对他的活动所提出的各种要求一样，社会必须合乎目的地分配自己的时间，才能实现符合社会全部需要的生产。因此，时间的节约，以及劳动时间在不同的生产部门之间有计划的分配，在共同生产的基础上仍然是首要的经济规律。这甚至在更加高得多的程度上成为规律。然而，这同用劳动时间计量交换价值（劳动或劳动产品）有本质[Ⅰ—28]区别。"① 也只有在这个时候，时间节约规律才能得到最大的利用，只有最大限度地利用时间节约规律，它才能成为个人自由发展的基本条件，才能实现共产主义的最终目标。

（8）马克思第一次提出科学就是生产力的理论。在《〈政治经济学批判〉（1857—1858年手稿）》中，马克思第一次提出科学就是生产力，指出科学转化为直接生产力的趋势。在1861~1863年的手稿中，他又对这一原理作了详细的论证。马克思突出地强调了科学技术在社会发展中的作用。他认为，只有在机器生产的条件下，才能使自然力大规模地从属于直接的生产过程，成为社会劳动的因素。为了阐明资本主义生产方式的产生过程，马克思在手稿中系统地总结了从古代到19世纪中叶的技术发展史。马克思在分析资本主义技术进步的同时，也客观地指出了资本主义应用机器的前提和后果，揭示了资本主义应用机器和发展技术的矛盾和局限性。

---

① 《马克思恩格斯文集》第8卷，人民出版社，2009，第67页。

19世纪50~60年代是马克思恩格斯经济思想发展史上极为重要的时期。科学的劳动价值论、剩余价值理论、货币理论、再生产理论、危机理论和生产价格理论等都是在这一时期得到详细论证和初步建立的。这为《资本论》的正式出版打下了坚实的基础，同时这些理论在《资本论》中也得到了进一步发展和完善。

第四节 马克思恩格斯政治经济学体系的全面阐述

马克思恩格斯经济思想日益成熟最突出的标志就是《资本论》的完成。马克思创作他的《资本论》巨著是以过去的三个手稿为基础的。①《1857—1858年经济学手稿》。在这里，马克思奠定了自己的价值理论和剩余价值理论的基础，并提出了自己未来的政治经济学著作的结构，同时对剩余价值理论史也作了初步的概括。②《1861—1863年经济学手稿》。在这里，马克思建立了剩余价值理论、平均利润和生产价格理论以及地租理论等，同时详尽地阐明了剩余价值理论史。③《1863—1865年经济学手稿》。在这里，马克思在原手稿的基础上按《资本论》的三卷结构，系统地表述了资本的生产过程、资本主义生产的总过程以及资本的流通过程。

一 对资本主义生产过程的分析

1867年9月14日《资本论》（德文版）第1卷出版发行。《资本论》第1卷除序言之外，共分为7篇。各篇以严密的逻辑性紧密地联系在一起，共同组成资本生产过程，从而深刻地揭示了资本主义生产方式的内在规律。在第1卷中，马克思经济思想主要体现在对资本主义生产过程的分析上。马克思深刻地阐明了劳动和资本的关系，冲破了资产阶级政治经济学家无法冲破的难关，揭示了利润发生的整个过程，一直追溯到它的根源，从而创立了科学的剩余价值理论，揭示了资本主义产生和发展的规律。

《资本论》第1卷的经济思想主要包括以下几点。

（一）阐明了劳动价值论是政治经济学的理论基础

马克思在劳动价值论的基础上发现了剩余价值的秘密，建立了以剩余价值理论为核心的无产阶级政治经济学。正因为如此，马克思在《资本论》第

1卷论资本的生产过程中,一开始就在绪论中首先阐明了商品的二重性,突出地论证了以劳动二重性为特征的劳动决定价值的理论。有关劳动价值论的思想,在《资本论》第1卷中具有以下几个特点。

第一,对交换价值与价值的分析。交换价值首先表现为一种使用价值同另一种使用价值相交换的量的关系或比例,而形成这种比例的共同的基础不可能是商品的几何的、物理的、化学的或其他的天然属性。因为商品交换关系的明显特点,在于抽去商品的使用价值。作为使用价值,商品首先有质的差别;而作为交换价值,商品只能有量的差别,因而不包含任何一个使用价值的原子。如果把商品的使用价值撇开,商品就只剩下一个属性,即劳动产品这个属性。马克思分析了形成价值的劳动的性质。在商品的交换关系或交换价值中表现出来的共同的东西,就是商品的价值,而交换价值不过是价值的必然表现方式或表现形式。马克思随后首次提出了价值表现的两极,即相对价值形式和等价形式的理论。马克思通过对历史上继起的几种价值形式的分析,深刻地阐明了作为使用价值和价值统一体的商品,在交换过程中产生的矛盾如何展开并获得解决,从而为揭示货币的起源及其本质提供了充分的科学依据。

第二,对商品拜物教性质的分析。马克思在《〈政治经济学批判〉(1857—1858年手稿)》一书中,只是提到商品拜物教,未展开分析,而在《资本论》第1卷中,马克思深刻地揭示了商品生产者之间的社会关系的本质。商品拜物教既不由使用价值产生,也不由价值的内容产生,而"来源于生产商品的劳动所特有的社会性质"[①],亦即来源于私人劳动与社会劳动的矛盾。一旦商品生产不存在,劳动产品不再采取商品的形式,商品拜物教也就随之消失了。

第三,对劳动二重性的分析。马克思从19世纪50年代起已经弄清了决定价值的劳动的本质,从而批判地分析了资产阶级古典政治经济学的价值理论。在1857~1858年的经济学手稿中,马克思虽然没有提出具体劳动与抽象劳动这两个概念,但在理论上已经完全弄清了。手稿中对剩余价值理论的重大发展同劳动二重性理论的发现是分不开的。在1859年的《〈政治经济学批判〉序言》中,马克思第一次全面地表述了这一重大发现,而在1867年的

[①] 《马克思恩格斯选集》第2卷,人民出版社,2012,第124页。

《资本论》第1卷中,不仅劳动二重性理论体系已经成熟,而且其作为理论基础,贯穿于整个政治经济学体系之中,成为劳动价值理论的核心与理解政治经济学的枢纽。

(二)阐明了剩余价值学说是马克思主义政治经济学的核心

对剩余价值生产过程的研究和分析是《资本论》第1卷的主题。

第一,对剩余价值起源的分析。重商主义者、斯密和李嘉图都从不同角度研究过剩余价值,但正如恩格斯指出:"在马克思以前很久,人们就已经确定我们现在称为剩余价值的那部分产品价值的存在,同样也有人已经多少明确地说过,这部分价值是由什么构成的,也就是说,是由占有者不付等价物的那种劳动的产品构成的。"[1]但这些人都为其既有的经济范畴所束缚。在马克思看来:"这里的问题不是在于要简单地确认一种经济事实,也不是在于这种事实与永恒公平和真正道德相冲突,而是在于这样一种事实,这种事实必定要使全部经济学发生革命,并且把理解全部资本主义生产的钥匙交给那个知道怎样使用它的人。"[2]

第二,对剩余价值生产过程的分析。马克思在分析资本主义劳动过程时,揭示了工人的劳动及劳动产品归资本家所有的特点。在分析价值增殖过程时,马克思发现了剩余价值生产的两种形式,即绝对剩余价值生产和相对剩余价值生产。根据剩余价值形成的实际过程的不同,马克思提出了不变资本和可变资本的理论,从而为具体地阐明剩余价值的生产过程提供了强大的理论根据。相对剩余价值与劳动生产率是成正比例的。资本主义社会生产力的发展、生产社会化的提高,以及对工人阶级剥削的加强,都是在剩余价值规律的作用下为追逐更多的剩余价值而实现的。剩余价值规律是资本主义的绝对规律。

第三,对资本主义生产管理的分析。正是由于对相对剩余价值的追求,资本主义生产形式在其发展中经历了协作、工场手工业和机器大工业三个阶段。马克思不但详细阐述了什么是协作、工场手工业和机器大工业,以及它们与相对剩余价值生产的关系,而且深入地分析了管理的二重性及分工的基

---

[1] 《马克思恩格斯选集》第2卷,人民出版社,2012,第302页。
[2] 《马克思恩格斯选集》第2卷,人民出版社,2012,第303页。

本形式,第一次阐明了社会分工和工场手工业内部分工的特点和区别。

(三)阐明了资本积累理论是资本主义发展的必要条件

在《资本论》第1卷中,马克思进一步发展了资本理论。马克思提出了资本有机构成的概念,同时阐明资本有机构成的提高必然对工人阶级造成严重影响。因为,"一方面,在积累进程中形成的追加资本,同它自己的量比较起来,会越来越少地吸引工人。另一方面,周期地按新的构成再生产出来的旧资本,会越来越多地排斥它以前所雇用的工人"[①]。这样,在资本积累过程中必然会形成相对过剩人口。过剩人口是资本积累的必然产物,同时又是资本主义生产方式存在和发展的必要条件。

马克思还对资本主义再生产问题进行了论述。从简单再生产的角度来看,再生产本质上是生产关系的再生产。资本主义生产过程不仅生产商品、剩余价值,而且生产和再生产生产关系本身:一方面是资本家,另一方面是雇佣劳动者。马克思在分析资本主义扩大再生产时,提出了商品生产所有权规律转变为资本主义占有规律。这是马克思在政治经济学方面的又一新贡献。资本主义占有规律就是指占有生产条件的资本家不付任何代价而对工人的劳动产品实行占有,商品占有规律与此相反,它不容许无偿占有,只能实行等价交换。在资本主义生产过程的伊始,似乎资本家也按等价交换的原则购买工人的劳动力。但马克思认为,在资本积累过程中,资本家用来购买劳动力的资本不过是资本家无偿占有的工人创造的剩余价值。所以,"所有权对于资本家来说,表现为占有别人无酬劳动或产品的权利,而对于工人来说,则表现为不能占有自己的产品。所有权和劳动的分离,成了似乎是一个以它们的同一性为出发点的规律的必然结果"[②]。

总之,马克思通过对上述资本主义生产过程的分析,不仅揭露了资本主义剥削的实质,揭示了这种剥削是怎样被掩盖起来的,而且提出了生产社会化和资本主义私人占有之间的矛盾是资本主义基本矛盾的理论。这是资产阶级古典经济学家、小资产阶级经济学家和空想社会主义者所无法企及的。他们不同程度地发现这一矛盾的个别表现,但不了解这些矛盾的共同基础。

[①] 《马克思恩格斯选集》第2卷,人民出版社,2012,第283页。
[②] 《马克思恩格斯选集》第3卷,人民出版社,2012,第543页。

二　对资本主义流通过程的分析

马克思对资本主义流通过程的分析，主要体现在《资本论》第2卷中。《资本论》第2卷共分三篇。第一篇主要考察资本在循环中所采取的不同形式和这个循环本身的各种形式。除了第1卷所考察的劳动时间，又加上了流通时间。第二篇主要把资本循环作为周期的循环，分析了资本周转。第三篇主要考察了作为社会总资本组成部分的各个单个资本的流通过程，在此基础上考察了社会总资本的流通过程。前两篇研究个别资本的运动，第三篇则把个别资本综合起来的社会资本作为考察对象。这就为彻底揭示作为生产过程与流通过程统一的产业资本的运动规律提供了完备的条件。

在《资本论》第2卷中，马克思阐明了以下两大经济思想。

（一）阐明了资本循环和周转理论

资本循环必须经过三个阶段（购买阶段—生产阶段—售卖阶段），用公式可表示为：

$$G-W{<}_{P_m}^{A}\cdots P\cdots W'-G'$$

资本循环的关键在于资本运动的连续性，货币资本、生产资本和商品资本三种职能形式必须在时间上具有继起性、在空间上具有并存性。货币资本循环是产业资本循环的一般形式。从货币资本循环开始，最易于反映价值增殖的过程，从而揭露资本的剥削实质。货币资本的循环公式：$G-W\cdots P\cdots W'-G'$。表现为$G\cdots G'$。以货币开始，而以货币增殖结束，其变化是一目了然的。货币资本的循环是表现资本的目的和动机（价值增殖或赚钱）的明显形式。因此，考察货币资本的循环及其特征，是理解其他资本循环形式的基础和出发点。货币资本的循环、生产资本的循环和商品资本的循环这三种循环形式是统一的。因为"不仅每一个特殊的循环都把其他的循环作为前提（包含在内），而且一种形式的循环的反复，已经包含着其他形式的循环的进行"[①]。但是，货币资本循环明显地表明资本运动的目的就是追求价值的增殖。生产资

---

① 《马克思恩格斯文集》第6卷，人民出版社，2009，第117页。

本循环突出了生产的地位。商品资本循环以包含资本价值与剩余价值的商品运动为起点,并同其他资本的运动发生联系。

马克思认为,资本循环与资本周转具有关联性。他指出:"资本的循环,不是当做孤立的过程,而是当做周期性的过程时,叫做资本的周转。"[①] 一般来说,资本周转时间越短,周转的速度就越快。马克思分析了影响资本周转速度的诸多因素及资本周转速度对预付总资本量、年剩余价值量和年剩余价值率的影响。

马克思分析了产业资本循环的三个阶段,阐明了资本在其循环中相继采取的三种形式,概括了三种循环的统一,从而揭示了产业资本各种形态的并存性和运动的连续性,并从生产和流通的结合上,揭示了资本流通过程的运动规律,进一步揭露了资本主义的矛盾和资本主义生产关系的本质。

(二)阐明了社会总资本再生产和流通理论

社会总资本再生产和流通问题,在《资本论》第2卷中占有中心地位。马克思在批判继承前人的研究成果的基础上,阐明了自己的社会总资本再生产理论。社会总产品的价值应当由 c+v+m 三部分组成,这是马克思科学再生产理论的第一个原理。马克思确定了研究社会总资本再生产的两个基本前提,即按照社会总产品的实物形态,把社会的总生产分成两大部类。同时,按照总产品的价值构成的不同,把两大部类生产的全部年产品的价值科学地分成:不变资本(c)、可变资本(v)和超过可变资本而形成的剩余价值(m)。这样,各个部类全部年产品的价值,与每个个别商品的价值一样,被分成三部分。马克思关于社会总资本再生产的前提的科学分类为解决社会实际问题开辟了广阔的道路。

马克思阐明了资本主义再生产的形式和特征。资本主义再生产分为简单再生产和扩大再生产。简单再生产是指全部剩余产品都用于资本家的个人消费,而没有积累。扩大再生产,就是生产过程在扩大的规模上再现,其特点即必须有一部分剩余产品用于资本的积累。在简单再生产条件下,产品的实现条件:Ⅰ(v+m) = Ⅱc,即第Ⅰ部类消耗掉的生产资料,第Ⅱ部类消耗掉的消费资料,在各自的部类内部解决。两大部类需要交换的只有第Ⅰ部类以

[①]《马克思恩格斯选集》第2卷,人民出版社,2012,第338页。

生产资料形式存在的 v+m，以及第Ⅱ部类以消费资料形式存在的 c。二者交换，则使第Ⅰ部类消耗掉的消费资料得到补偿，而第Ⅱ部类消耗掉的生产资料也得到了补偿。这样，社会简单再生产就可以顺利进行。

马克思在分析简单再生产的基础上，考察了扩大再生产的实现条件。为了实现扩大再生产，首先要有追加的生产资料和消费资料，因此必须满足前提条件：Ⅰ(c+v+m) > Ⅰc+Ⅱc 和 Ⅱ(c+v+m) > Ⅰ(v+m/x) + Ⅱ(v+m/x)。进而可得扩大再生产的实现条件：Ⅰ(v+m+m/x) = Ⅱ(c+m)。这意味着两大部类之间存在互为条件、相互依存的内在联系，即第一部类原有的可变资本价值，加上追加的可变资本价值，再加上本部类资本家用于个人消费的剩余价值，这三者之和必须等于第二部类原有的不变资本价值与追加的不变资本价值之和。总之，马克思关于社会资本再生产和流通理论，在政治经济学发展史上第一次解决了资本积累和扩大再生产问题，阐明了社会生产两大部类的积累和扩大再生产的关系，并在两个部类的相互关系中揭示了生产资料生产的主导地位。资本主义生产和流通，正是在社会生产两大部类之间和同一部类内部各部门之间必须保持的比例经常遭到破坏、经济危机周期地爆发中前进的。正如马克思指出："商品生产是资本主义生产的一般形式这个事实，已经包含着在资本主义生产中货币不仅起流通手段的作用，而且也起货币资本的作用，同时又会产生这种生产方式所特有的、使交换从而也使再生产（或者是简单再生产，或者是扩大再生产）得以正常进行的某些条件，而这些条件转变为同样多的造成过程失常的条件，转变为同样多的危机的可能性；因为在这种生产的自发形式中，平衡本身就是一种偶然现象。"①

三 对资本主义生产总过程的分析

从《资本论》第3卷结构看，它共分七篇五十二章。第一、二、三篇论述作为剩余价值的转化形式，利润的平均化运动及其规律，即从总体上对利润作分析。第四、五、六篇阐明利润的各种具体形式。首先是商业资本和商业利润，其次是生息资本和利息，最后是地租。第七篇是全卷的总结，全面分析资本主义社会各种收入及其源泉。

---

① 《马克思恩格斯选集》第2卷，人民出版社，2012，第415页。

《资本论》第 1 卷研究的是将资本主义生产过程本身作为直接生产过程考察时所呈现的各种现象，而撇开了这个过程以外的各种情况引起的一切次要影响。但是，这个直接的生产过程并没有结束资本的运动过程。在现实世界里，它还要由流通过程来补充，而流通过程则是第 2 卷研究的对象。第 3 卷要揭示和说明将资本运动过程作为整体考察时所产生的各种具体形式。在第 3 卷中，马克思指出了研究资本主义生产方式不能只限于分析生产和流通，还必须进一步在上述具体形式研究基础上研究资本主义的现实运动。其主要内容包括以下几点。

（一）阐明了《资本论》第 1、2 卷同第 3 卷的内在联系

（1）马克思首先把不变资本与可变资本的价值称为"成本价格"。从现象上来看，剩余价值就成了预付总资本的产物。这样，利润与可变资本的关系模糊不清了。进而阐明，剩余价值率与利润率是同一个量的两种计算方法。

（2）马克思阐述了资本周转对利润率的影响。流通时间的缩短而造成的资本周转的加速，有可能扩大剩余价值的生产。正因为如此，一些从现象出发作出经济结论的经济学家坚持流通是利润的源泉。其实流通领域解决的不过是剩余价值的实现问题。因为，"如果一个商品高于或低于它的价值出售，这时发生的只是剩余价值的另一种分配；这种不同的分配，即在不同个人之间分割剩余价值的比率的变更，既丝毫不会改变剩余价值的大小，也丝毫不会改变剩余价值的性质"[①]。同时，在其他条件不变的情况下，资本周转时间越短，总资本中处于闲置状态的资本部分就越小，所占有的剩余价值量就越大，从而利润率得以提高。

（3）马克思阐明了节约不变资本的使用对利润率的影响。节约不变资本的使用，一方面会使资本有机构成降低，另一方面会使产品价值中由生产资料转移过来的那部分价值减少，结果都会有利于利润率的提高。进一步地，节省不变资本方面的支出，主要是减少劳动条件方面的支出，这就势必造成劳动条件的进一步恶化，这对工人是不利的。

（4）马克思阐明了不变资本的流动部分对利润率的影响。原料是预付总资本的重要组成部分，它的价格变动必然影响利润率。在其他条件不变的情

[①]《马克思恩格斯选集》第 2 卷，人民出版社，2012，第 415 页。

况下,利润率与原料价格成反比例变化。正因为如此,资本家为了提高利润率,总是极力压低原料价格和农产品收购价格,并把它看作提高利润率的重要途径。

(5)马克思阐明了利润转化为平均利润的客观必然性。不同生产部门的资本有机构成不同,表明总资本中的可变资本所占比重不同,进而可变资本所推动的活劳动量就不同。如果各部门的剩余价值率相等,那么它们所创造的剩余价值量就不等,剩余价值量同投资量的比率就不会相同。这就必然出现不同的利润率。各部门资本的周转速度不同,也将引起利润率的差别。但资本主义社会的现实表明,等量资本是要获得等量利润的,资本必然会在不同部门之间流动,直至各部门利润率趋同。

(6)马克思阐明了生产价格同价值的关系。从个别部门看,资本有机构成高的部门资本家获得的平均利润高于本部门工人创造的剩余价值,资本有机构成低的部门资本家获得的平均利润低于本部门工人创造的剩余价值,但从全社会来看,整个资产阶级获得的平均利润总额和整个工人阶级所创造的剩余价值总额总是相等的。一些部门资本家多得的利润正是另一些部门资本家少得的利润。平均利润只不过是剩余价值在各个部门资本家之间重新分配的结果。商品价值是由不变资本和可变资本以及剩余价值构成的,而生产价格是由不变资本、可变资本和平均利润构成的。既然从全社会来说,剩余价值总额和平均利润总额相等,那么,全社会的价值总额也必然和全社会的生产价格总额相等。马克思从历史上考察价值与生产价格的形成条件时认为:"商品按照它们的价值或接近于它们的价值进行的交换,比那种按照它们的生产价格进行的交换,所要求的发展阶段要低得多。按照它们的生产价格进行的交换,则需要资本主义的发展达到一定的高度。"[①]

可见,马克思阐明的三个"转化"理论,揭示了平均利润的形成和价值转化为生产价格的过程。这表明,一个国家资本主义生产方式越发展,利润平均化的速度就越快。因为,在这种条件下,资本有更大的活动性,亦即更容易从一个部门到另一个部门自由转移,从一个地点向另一个地点转移。劳动力的自由转移也只有在资本主义生产方式相当发达的条件下才有可能。这

[①]《马克思恩格斯选集》第2卷,人民出版社,2012,第477页。

就从根本上克服了导致资产阶级古典政治经济学解体的理论难关之一，并彻底摧毁了庸俗经济学家对马克思价值理论的诽谤和攻击。

（二）阐明了利润率趋向下降规律

在《资本论》第3卷第二篇中，马克思提出了利润率趋向下降的事实，并在第三篇中对这一规律进一步作了详尽的论述。

根据马克思的论述，如果资本有机构成的提高发生在一切生产部门，或者至少发生在具有决定意义的生产部门，必然会引起在剩余价值率不变情况下一般利润率的逐渐下降。可变资本相对减少，是资本主义生产方式的内在规律。也就是说，一般利润率日益下降的趋势，只是劳动的社会生产力日益发展在资本主义生产方式下所特有的表现。另外，利润率下降只能是"趋向"，而不是绝对的。劳动剥削程度的提高、工资被压低到劳动力的价值以下、不变资本各要素变得便宜、相对过剩人口的存在和对外贸易等因素都会增加剩余价值、减少预付资本，从而阻碍利润率下降。马克思认为利润率趋向下降的规律是一个二重规律，即它一方面使利润率下降，另一方面又使利润量增加。这种情况是由资本积累引起的，因为它一方面提高资本有机构成，使利润率降低；另一方面，它也增加了预付资本总量，使利润总量增加。

可见，马克思阐明的利润率趋向下降的规律表明，资本有机构成的提高就是在这一规律以及资本主义积累一般规律的基础上进行的，资本有机构成的提高又是资本主义生产方式生产力发展的表现形式，从而揭露了资本主义生产力的发展与其生产关系的严重矛盾，这就揭示了资本主义制度的历史过渡性质。

（三）阐明了商业资本和商业利润的关系

在《资本论》第3卷第四篇中，马克思考察了商业资本的历史渊源及其特征。

商业资本家为了获取利润，必须预付一笔货币资本，从产业资本家手中购买商品，再把商品卖给消费者。商业资本使产业资本循环的流通过程大大缩短。产业资本家一旦把商品推销给商业资本家，就完成了从商品到货币的决定性跳跃，就可以实现再生产过程。商业资本是在流通领域内执行自身任务的资本，它不形成价值，因而也不产生剩余价值，但它参加剩余价值的分配，这就必然要一般地压低平均利润。产业资本通常是在商品的生产价格以下把商品卖给商业资本家，商人再按生产价格把商品卖给消费者，买卖之间的差价即归商业资本家所有的商业利润。商业资本家除了为购买商品必须预付的货币资本外，在销售商品时还必须支付流通费用。流通费用分为：①纯粹流通费用；②保管费用；③运输费用。马克思不仅科学地分析了商业可变资本的补偿及其获取利润的方式，而且指出亚当·斯密和李嘉图等资产阶级经济学家根本不了解商业资本与产业资本的区别，而把二者直接混为一谈的错误。

（四）阐明了利润分为利息和企业利润形式的必然性

在《资本论》第3卷第五篇，马克思以十六章的篇幅考察了生息资本的产生，以及利润如何被分为利息和企业主收入。

在资本主义社会，生息资本主要是产业资本和商业资本在其循环和周转过程中必然出现的暂时闲置的货币资本，表现为借贷资本。它是借贷资本家为取得利息而暂时贷给职能资本家的货币资本。职能资本家作为利息支付给借贷资本家的，归根结底还是雇佣劳动者创造的剩余价值。因此，借贷资本同样体现资本家和雇佣工人之间的生产关系，以及货币资本家和职能资本家之间的关系。生息资本的运动具有自己的特殊性，其特殊性在于它是资本商品。在《资本论》第3卷中，恩格斯还综合了马克思关于生息资本与利息的大量手稿和札记，这些手稿和札记系统而全面地论证了利息的本质和表现，深刻地揭露了借贷资本的资本主义实质。

（五）马克思阐明了资本主义地租的性质和形式

在《资本论》第3卷第六篇"超额利润转化为地租"中，马克思把逻辑和历史相结合，阐述了自己的地租学说，主要内容包括：资本主义地租的实质、资本主义地租产生的历史过程、级差地租、绝对地租、地租的其他形式及土地价格等。

从资本主义土地所有制的形成中可以看到，资本主义地租是剩余价值的一部分，即农产品价格中所包含的剩余价值超过平均利润的余额，资本主义地租的交付者是剥削农业工人的租地资本家。这种地租体现了资本主义社会中的三个阶级，即无产阶级、资产阶级和地主阶级之间的关系。马克思认为，地租在资本主义条件下有两种形式，即级差地租和绝对地租。级差地租总是产生于支配着一种被垄断的自然力的个别资本的个别生产价格和投入该生产部门的一般资本的一般生产价格之间的差额中。级差地租是土地的资本主义经营垄断造成的,由于特殊自然力有限,而对这种特殊自然力的利用为一部分资本主义企业所垄断,因而产品的市场价格就不是取决于平均的生产条件,而取决于劣等的生产条件。这样,利用特殊自然力的资本主义企业或农场,由于有较高的劳动生产率,其产品的个别生产价格,要低于由劣等生产条件所决定的市场生产价格,其差额就是形成地租的超额利润。马克思还探讨了级差地租Ⅰ和级差地租Ⅱ两种形态。绝对地租理论在《资本论》第4卷中得到详尽的论述,《资本论》第3卷第六篇只作了简要的概括。由于土地私有权的垄断,无论租种任何等级的土地都绝对地要交付的地租,叫绝对地租。土地私有权的垄断是产生绝对地租的原因。绝对地租作为农产品的价值在它的生产价格以上的超过额,来自农业工人创造的剩余价值。农产品的价值超过生产价格的余额之所以能成为它们的一般市场价格的决定要素,是因为在农业中存在土地私有权的垄断。

(六)马克思阐明了资本主义各种收入及其源泉

在第3卷最后一篇,在"三位一体"公式中,资本、土地和劳动,分别表现为利息(代替利润)、地租和工资的源泉,从而掩盖了资本主义的剥削的实质。这种分配理论隐藏着资本主义生产过程的一切秘密,因而必须对包括各种分配形态的总生产过程作集中的揭露;而要做到这一点,必须揭示与竞争的假象有关的斯密教条,根据这个教条,商品的价值被分解为工资、利润和地租,这三种收入就构成商品的价值。马克思从分析分配关系转到分析它同生产关系的内在联系,彻底揭露了资本主义社会三个阶级分别依据什么取得三种不同的收入。这样,就从抽象到具体科学地揭示了资本主义生产方式的发展规律。

四 对剩余价值学说史的分析

在19世纪50年代,马克思对资产阶级政治经济学的批判,可以看作《资本论》第4卷即《剩余价值理论》的最初手稿的基本内容。20世纪初期,考茨基以《剩余价值学说史》为标题将《剩余价值理论》分三卷、作为与《资本论》平行的著作出版。这个版本割裂了《资本论》理论部分与历史部分的有机结合,破坏了其内在联系和科学结构。20世纪50~60年代,苏联共产党中央马克思列宁主义研究院根据马克思《1861—1863年经济学手稿》的"剩余价值理论"部分,重新出版了《资本论》第4卷(共三册)。

《剩余价值理论》作为《资本论》的重要组成部分,不仅分析了政治经济学核心问题即剩余价值理论的发展史,同时又以论战的形式阐述了一系列重要的经济思想。其中一些论述是对前三卷理论部分的重要补充。

(1)进一步阐明了资本主义生产劳动与非生产劳动的关系。在《1857—1858年经济学手稿》及《1861—1863年经济学手稿》中,马克思曾探讨过生产劳动与非生产劳动这一政治经济学的重大问题。在《1863—1865年经济学手稿》中,马克思写了生产劳动与非生产劳动的专节。在现行的《剩余价值理论》(《资本论》第4卷)的第1册中,主要以《1861—1863年经济学手稿》中的这一内容为主体。

研究生产劳动理论具有重要意义。因为"生产劳动不过是对劳动能力出现在资本主义生产过程中所具有的整个关系和方式的简称。但是,把生产劳动同其他种类的劳动区分开来是十分重要的,因为这种区分恰恰表现了那种作为整个资本主义生产方式以及资本本身的基础的劳动的形式规定性"[①]。区分生产劳动与非生产劳动的标准是劳动的社会规定性,而不是它的物质规定性。因为,从资本主义生产的意义上说,生产劳动是这样一种雇佣劳动,不仅把这部分资本再生产出来,而且还为资本家生产剩余价值。马克思指出:"只有生产资本的雇佣劳动才是生产劳动……只有创造的价值大于本身价值的劳动能力才是生产的劳动。"[②]

生产劳动与劳动的物质内容是有关系的。因为,资本主义生产过程是劳动过程(生产物质产品或使用价值)和价值增殖过程(生产价值与剩余价值)的统一。同时,非物质生产领域中具有"资本主义生产的表现"。马克思指出:"这里的大多数情况,都还是向资本主义生产过渡的形式,就是说,从事各种科学或艺术的生产者,工匠或专家,为共同的商人资本即书商而劳动,这种关系同真正的资本主义生产方式无关,甚至在形式上也还没有从属它。"[③] "资本主义生产在这个领域中的所有这些表现,同整个生产比起来是微不足道的,因此可以完全置之不理。"[④] 但在资本主义条件下按资

[①] 《马克思恩格斯选集》第2卷,人民出版社,2012,第856页。
[②] 《马克思恩格斯文集》第8卷,人民出版社,2009,第213页。
[③] 《马克思恩格斯选集》第2卷,人民出版社,2012,第872页。
[④] 《马克思恩格斯选集》第2卷,人民出版社,2012,第873页。

本主义生产方式组织起来的学校、医院、剧院中的雇佣劳动者（教师、医生、艺术家）的劳动仍可以视为生产劳动，这是一种派生的现象。这就表明，物质领域中的生产劳动与非物质领域中的生产劳动既有密切的联系又有区别。

（2）进一步阐明了资本主义地租理论。对于资本主义地租的性质和形式，马克思在《资本论》第3卷第六篇中作了详细的论述，但主要分析的是级差地租。而在《剩余价值理论》第2册中，马克思对绝对地租理论作了充分的阐述。因为，第2册主要是批判地分析李嘉图的理论体系。李嘉图把价值与生产价格混为一谈，因而在地租理论上否认绝对地租的存在，马克思要批判他的这种重大理论错误，就必须以绝对地租作为"价值与生产价格的区别的例解"。这样，绝对地租理论研究就成为《剩余价值理论》第2册的主要内容。同时，马克思以地租理论为基础，进一步论述了平均利润和生产价格理论，使平均利润和生产价格理论得到科学的验证。

（3）进一步阐明了经济危机理论。在《剩余价值理论》中，马克思详尽地批判了李嘉图的积累理论，从而发挥了自己的资本主义经济危机学说。主要观点有以下几点。一是论述危机从可能性向现实性过渡的条件。由货币作为流通手段和支付手段的职能而形成的危机的可能性，是抽象的，因为这里还缺少危机爆发的动因。现实的危机只有在资本主义条件下才会产生，因为资本主义的基本矛盾是生产过剩经济危机的基础。二是系统地批判了从穆勒、萨伊到李嘉图否认生产过剩经济危机的理论，揭露了这种理论的实质。李嘉图从人类消费无限性出发，否定生产过剩的现实性。然而，在资本主义条件下，有现实意义的是有支付能力的消费，而这种消费由于受资本主义制度的制约而总是被降低到与生产发展不相适应的水平上。因此，生产过剩只与有支付能力的消费有关，根本谈不上绝对的生产过剩，在商品生产严重过剩时期，劳动者的物质生活状况仍然会比资本主义周期的其他时期更为恶化。如果生产过剩是相对于劳动群众的绝对需要而言，那么在资本主义制度下，只能永远存在生产不足。三是分析了资本主义经济矛盾的发展和生产周期的变化。经济危机是资本主义一切矛盾的总爆发，它反映这个生产方式的生产力与生产关系矛盾的尖锐化。

第五节　马克思恩格斯政治经济学理论的不断完善

在19世纪70~90年代，马克思恩格斯领导的国际工人运动，已进入了一个新的发展时期。马克思恩格斯根据当时工人运动的需要，一方面积极制定无产阶级政党的任务和策略，并从政治上和组织上培养工人群众；另一方面，继续研究经济问题，力求进一步发展和完善自己的经济理论。其中一个重要特点就是，他们经济思想的发展和完善，是同反击形形色色的资产阶级经济学家攻击、歪曲和造谣中伤，以及批判小资产阶级、空想社会主义和无政府主义的理论结合在一起的。恩格斯这时的经济思想主要体现在《论住宅问题》《反杜林论》《家庭、私有制和国家的起源》《社会主义从空想到科学的发展》《关于历史唯物主义的若干通讯》等著作中，马克思这时的经济思想主要体现在《哥达纲领批判》这部论著中，这些论著不仅丰富和发展了科学社会主义理论，而且为社会主义和共产主义政治经济学的创立奠定了牢固的基础。

一　恩格斯关于政治经济学的若干新思想

恩格斯关于政治经济学的若干新思想主要体现在《论住宅问题》《反杜林论》《家庭、私有制和国家的起源》等著作中。

（一）《论住宅问题》的主要经济思想

恩格斯的《论住宅问题》在理论上完成了马克思于1847年在《哲学的贫困》中开始的批判蒲鲁东主义的任务，并在政治经济学上创立了用马克思的经济学说，特别是价值与剩余价值学说分析资本主义社会住宅这个特殊现象的范例。

恩格斯通过批判德国资产阶级和小资产阶级社会改良主义者的错误观点，阐明了住宅缺乏现象是资本主义剥削实质的一个表现。19世纪70年代，德国仍然是一个封建残余浓厚、资本主义经济发展迟缓的国家。但是，德国资本家是怎样残酷地压低工人的工资，从而取得在世界市场上的竞争能力的呢？恩格斯深刻地揭露了这个秘密："资本的全部利润取自正常工资的扣除部分，并且可以把全部剩余价值送给买主。"①恩格斯认为，当一个古老的文明国家急剧地从工场手工业向大工业过渡时，"住宅缺乏"是必然产生的现象。"靠这样不正常地从工资中扣除的钱过活和发财的大资产阶级和小资产阶级，总是醉心于农村工业，醉心于占有住房的工人。"②资产阶级社会学家孤立地研究住宅问题，其目的是引诱无产阶级忘掉反对资本主义社会基础的阶级斗争。蒲鲁东主义者在住宅问题上夸夸其谈，所造成的社会效果正是如此。

要创立现代革命阶级即无产阶级，就必须割断先前的把工人束缚在土地上的脐带。正是现代大工业把先前被束缚在土地上的工人变成了一个完全没有财产、能够摆脱历来的枷锁而被置于法外的无产者，正是在这个经济革命造成的条件下才可能推翻剥削劳动阶级的最后一种形式，即资本主义生产形式。恩格斯指出：蒲鲁东"哀叹工人被逐出自己的家园是一个大退步，而这正是工人获得精神解放的最首要的条件"③。

（二）《反杜林论》的主要经济思想

杜林是德国折中主义哲学家、庸俗经济学家及反动的小资产阶级社会主义的代表。杜林的理论给当时在理论上还不成熟的德国工人党造成了极大的混乱，迎合了机会主义者的需要，因而受到机会主义分子伯恩斯坦、莫斯特、恩斯等人的欢迎。为此，恩格斯于1875年5月~1876年7月写下了《反杜林论》一书。《反杜林论》首先是一部哲学著作，其核心是用彻底的辩证唯物主义粉碎唯心主义，同时也以马克思主义哲学为指导，阐明了一系列经济思想。

（1）恩格斯探讨了广义政治经济学问题。恩格斯在《反杜林论》政治经济学篇中，提出了政治经济学的研究对象和方法问题。从广义上说，政治经济学是研究人类社会中支配物质生活资料的生产和交换的规律的科学。但是，政治经济学不可能在一切国家和一切历史时代都是一样的。恩格斯认为："政治经济学本质上是一门历史的科学。"④广义政治经济学作为一门科学，研究人类各种社会进行生产和交换并相应地进行产品分配的条件和形式；狭义政治经济学只限于研究资本主义生产方式的发生和发展的规律。恩格斯首次对

---

① 《马克思恩格斯选集》第3卷，人民出版社，2012，第187页。
② 《马克思恩格斯选集》第3卷，人民出版社，2012，第187页。
③ 《马克思恩格斯选集》第3卷，人民出版社，2012，第198页。
④ 《马克思恩格斯选集》第3卷，人民出版社，2012，第525页。

广义政治经济学和狭义政治经济学作了区分。

（2）恩格斯批驳了杜林在劳动价值论上所制造的混乱。杜林把价值与价格混为一谈，认为商品的价值就是以货币来表现价值的各种价格，既然同一价值有极其不同的价格，因而也有同样多的不同的价值。杜林提出了五种互相矛盾的价值概念，即来自自然界的生产价值、由暴力决定的分配价值、由"力的花费"计量的价值、由再生产计量的价值和由工资计量的价值。在这里，他最欣赏的是"工资决定价值"和"暴力决定价值"。然而，如果商品的价值由工资决定，那么工人在他的工资中就得到了他的劳动产品的价值，这样，资本家阶级对雇佣劳动者阶级的剥削就成为不可能的事情，产品的剩余也将成为不可能的事情，这显然是一种谬论。

（3）恩格斯揭示了科学社会主义的经济根源。恩格斯分析了资本主义基本矛盾即生产社会化和资本主义私人占有之间的矛盾，阐明了该基本矛盾的两种表现形式：无产阶级和资产阶级的对立、个别工厂生产的组织性与整个社会生产的无政府状态之间的矛盾。恩格斯认为资本主义基本矛盾的激化必然爆发经济危机，进而从生产过剩的危机中得出资本主义生产方式必然退出历史舞台的结论。他认为，"在危机中，社会化生产和资本主义占有之间的矛盾剧烈地爆发出来。商品流通暂时停顿下来；流通手段即货币成为流通的障碍；商品生产和商品流通的一切规律都颠倒过来了。经济的冲突达到了顶点：生产方式起来反对交换方式，生产力起来反对已经被它超过的生产方式"[1]。

这种生产方式迫使人们日益把社会化的生产资料变为国家财产，同时它本身就指明了完成这个变革的道路。但是，这样一来，无产阶级作为无产阶级自身，从而阶级差别和阶级对立就将消失，作为国家的国家也将不再存在。恩格斯指出，随着生产社会化的发展，无论是股份公司还是国有化企业，都没有消除生产力的资本属性。"现代国家，不管它的形式如何，本质上都是资本主义的机器，资本家的国家，理想的总资本家。"[2] 资本主义国有化不仅不意味着任何社会主义因素的出现，相反，在国有化企业里这种资本关系已被

---

[1] 《马克思恩格斯选集》第3卷，人民出版社，2012，第664页。
[2] 《马克思恩格斯选集》第3卷，人民出版社，2012，第810页。

推到了顶点。资本主义向垄断阶段发展的进程,完全证实了恩格斯对资本主义国家所有制的分析。

(4)恩格斯阐明了一系列科学社会主义原理。恩格斯在批判杜林主观臆造社会主义时认为,一旦社会占有了生产资料,商品生产就将被消除,而产品对生产者的统治也将随之消除。社会生产内部的无政府状态将为有计划的自觉的组织所代替。从这时起,人们才完全自觉地创造自己的历史。"这是人类从必然王国进入自由王国的飞跃。"① 恩格斯科学地探讨了社会主义社会消灭生产过剩经济危机的必然性,预见到未来社会将合理配置和利用生产力发展生产、消灭城乡对立的情景,以及社会主义体系的其他优越性。恩格斯关于一旦社会占有生产资料,商品生产将被取消,个人的劳动将成为直接的社会劳动的论断,为共产主义高级阶段描绘了蓝图。同时,恩格斯针对杜林反对无产阶级革命和专政,宣扬国家的超阶级性,断言国家将永世存在的观点,提出无产阶级取得国家政权后,将消灭一切阶级差别和阶级对立,因此也就不再需要国家这种特殊的镇压力量了。"国家不是'被废除'的,它是自行消亡的。"②

二 马克思关于共产主义的科学预见

19世纪50~60年代,德国资本主义有了相当的发展,但政权仍然操纵在大地主阶级手中,一方面资产阶级同封建势力的矛盾不断加剧,另一方面资产阶级同无产阶级的矛盾也在加深。阶级斗争的复杂性不能不在德国工人运动内部有所反映。以德国工人联合会为中心的拉萨尔派和以德国社会民主工党为核心的爱森纳赫派,就是工人运动中两个对立的派别。拉萨尔派是一个机会主义的派别,其代表人物是拉萨尔,他们反对无产阶级革命,热衷于争取普选权和依靠"国家帮助",通过生产合作社来实现社会主义;爱森纳赫派是德国工人运动的左派,其代表人物是李卜克内西。1874年,拉萨尔派为了摆脱困境,主动提出了两派合并。李卜克内西等人背着马克思恩格斯同拉萨尔派起草了浸透着拉萨尔机会主义的纲领草案,即《〈德国社会主义工人党

---

① 《马克思恩格斯选集》第3卷,人民出版社,2012,第815页。
② 《马克思恩格斯选集》第3卷,人民出版社,2012,第812页。

纲领〉草案》，并在哥达城两派合并大会上通过了这个机会主义纲领，这就是国际共产主义运动史上的《哥达纲领》。马克思于1875年撰写了《对德国工人党纲领的几点意见》，即《哥达纲领批判》，其主要思想包括以下几点。

（1）马克思针对拉萨尔错误的社会主义革命理论，阐明了建立社会主义公有制的正确途径。《哥达纲领》作为无产阶级政党的纲领，回避了《共产党宣言》关于无产阶级夺取政权后要立即剥夺资产阶级占有的生产资料、消灭私有制的原则。在资本主义条件下，无产阶级要挣脱奴隶的枷锁，把自己的劳动与劳动的物质条件结合起来，除了取消资产阶级生产资料所有制、建立社会主义公有制之外，显然没有别的途径，然而，《哥达纲领》恰恰回避了这个要害问题，认为"有益的劳动只有在社会中和通过社会才是可能的"[1]，这就彻底暴露了《哥达纲领》的机会主义本质。

（2）马克思针对拉萨尔关于分配方面的错误观点，阐明了共产主义条件下生产与分配的原理。拉萨尔认为，只要改善资本主义的分配方式，用"公平的分配"代替"分配中的极端个人主义"，资本主义一切弊端就迎刃而解了，并以此来反对马克思关于资本主义基本矛盾的观点。另外，拉萨尔还从分配决定论出发，把社会主义描写为公平分配的理想王国。在这个社会里，劳动所得将"不折不扣"地按"平等的权利"属于社会一切成员所有。马克思认为，"劳动所得"本身就是一个模糊的观念，至于"公平分配"，在资本主义私有制的条件下，不可能产生另一种分配方式。为此，马克思指出："难道经济关系是由法的概念来调节，而不是相反，从经济关系中产生出法的关系吗？"[2]

根据马克思的观点，社会总产品的分配要依据如下的客观原则，即根据经济上的必要，应该首先从社会总产品中扣除一部分用作社会基金，一部分用来补偿消费掉的生产资料，进行扩大再生产，另一部分用作后备基金和保险基金，剩下的总产品用来作为消费资料。而在进行个人分配之前，还得从中扣除三个部分：第一，和生产没有关系的一般管理费用；第二，用来满足共同需要的部分；第三，为丧失劳动能力的人等设立的基金。只有做了上述

---

[1] 《马克思恩格斯选集》第3卷，人民出版社，2012，第358页。
[2] 《马克思恩格斯选集》第3卷，人民出版社，2012，第361页。

六项扣除之后,才能谈到个别生产者的分配。如此一来,拉萨尔的"不折不扣的劳动所得"就变成"有折有扣"的了。

(3)马克思通过对拉萨尔机会主义观点的批判,阐明了共产主义社会形态必须经过两个发展阶段的原理。一是共产主义的第一阶段,它是刚刚从资本主义社会中产生出来的,因此它在经济、道德和精神等方面都还带着它脱胎出来的那个旧社会的痕迹。在这个阶段上,平等都以劳动这个同一的尺度来计量。但在现实社会中,每一个人在体力或智力上是各不相同的,因而他们所能提供的劳动是不相等的。劳动不等,他们所得到的报酬必然不等。"但是这些弊病,在经过长久阵痛刚刚从资本主义社会产生出来的共产主义社会第一阶段,是不可避免的。权利决不能超出社会的经济结构以及由经济结构制约的社会的文化发展。"①

二是共产主义的第二阶段即高级阶段,在共产主义高级阶段上,"在迫使个人奴隶般地服从分工的情形已经消失,从而脑力劳动和体力劳动的对立也随之消失之后;在劳动已经不仅仅是谋生的手段,而且本身成了生活的第一需要之后;在随着个人的全面发展,他们的生产力也增长起来,而集体财富的一切源泉都充分涌流之后,——只有在那个时候,才能完全超出资产阶级权利的狭隘眼界,社会才能在自己的旗帜上写上:各尽所能,按需分配!"②

马克思在分析共产主义两个发展阶段时,阐明了关于国家、无产阶级专政的学说。马克思根据无产阶级革命斗争经验,总结出一条重要的关于国家学说的原理,即在人类历史上,要有一个从资本主义向共产主义过渡的特殊历史阶段以及与之相适应的国家形式,这就是"在资本主义社会和共产主义社会之间,有一个从前者变为后者的革命转变时期。同这个时期相适应的也有一个政治上的过渡时期,这个时期的国家只能是无产阶级的革命专政"③。

(4)马克思通过批判拉萨尔"铁的工资规律"的错误观点,揭示资本主义制度的剥削实质。所谓"铁的工资规律",是拉萨尔于1863年提出来的。

---

① 《马克思恩格斯选集》第3卷,人民出版社,2012,第364页。
② 《马克思恩格斯选集》第3卷,人民出版社,2012,第305~306页。
③ 《马克思恩格斯选集》第3卷,人民出版社,2012,第373页。

他认为,"铁的工资规律"是指"平均工资始终停留在一国人民为维持生存和繁殖后代按照习惯所要求的必要的生活水平上"。所谓"铁的工资规律"理论无非要证明工人阶级的贫困与社会制度无关,而是由工人人口繁殖规律决定的。作为"铁的工资规律"的论据的是马尔萨斯反科学的人口论。

资本主义工资的实质,就是劳动力价值或价格的转化形式。因此,工资由劳动力价值决定,而与工人人口的繁殖无关。只要推翻资本主义制度,消灭雇佣劳动,资本主义的工资规律从而无产阶级的贫困化就会消失。如果把工人的工资变动与工人人口的自然增减联系在一起,那么,即使消灭了资本主义雇佣劳动制度,工人的工资和生活水平也无法提高。

三 恩格斯关于家庭、所有制和国家的理论

关于家庭、所有制和国家的理论,是马克思恩格斯经济思想的重要组成部分,主要体现在1884年恩格斯创作的《家庭、私有制和国家的起源》这部著作中。该书是恩格斯按照马克思生前的愿望,以摩尔根1877年出版的《古代社会》为基础完成的。该书按照唯物史观,第一次系统地对人类社会早期阶段的历史作了科学的分析,揭示了原始公社制度的解体和私有制、阶级以及国家产生的根源,阐明了在不同的经济发展阶段上家庭关系的不同特点,论证了国家的发展规律、共产主义社会的实现和国家逐渐消亡的历史必然性,为揭示人类社会发展规律作出了重大贡献。其经济思想具体表现在以下几点。

(一)阐明了人类社会存在两种生产及其相互关系

(1)恩格斯在该书第一版序言中,阐明了人类社会存在两种生产及其相互关系。他指出:"根据唯物主义观点,历史中的决定性因素,归根结底是直接生活的生产和再生产。但是,生产本身又有两种。一方面是生活资料即食物、衣服、住房以及为此所必需的工具的生产;另一方面是人自身的生产,即种的繁衍。一定历史时代和一定地区内的人们生活于其下的社会制度,受着两种生产的制约:一方面受劳动的发展阶段的制约,另一方面受家庭的发展阶段的制约。"[①] 恩格斯的这个见解是对唯物主义历史观基本原理的发展和

---

① 《马克思恩格斯选集》第4卷,人民出版社,2012,第13页。

具体化，它为揭示家庭、私有制、阶级以及国家产生与发展的历史提供了科学的方法论基础。

（2）恩格斯第一次系统地阐明了人类社会家庭演变的历史。恩格斯批驳了资产阶级历史学家人为地编造婚姻和家庭史，他们提出所谓内婚制和外婚制的对立。恩格斯根据摩尔根的考察，认为内婚制和外婚制根本不构成对立。恩格斯在摩尔根发现的基础上，以辩证唯物主义和历史唯物主义观点，系统地阐明了家庭演变的历史。在恩格斯看来，从远古的群婚制到私有制条件下的对偶家庭的演变，不过是生产方式发展的结果。社会生产力越发展，血缘关系对社会制度的影响就越小，随着私有制的确立，家庭制度将完全受所有制的支配。

（二）阐明了人类历史上各种所有制产生和发展的历史必然性

恩格斯以大量史料揭示了人类历史上各种所有制产生和发展的历史必然性，同时阐明了各种社会制度对所有制的从属关系。

（1）恩格斯认为私有制不是从来就有的，在很长的原始社会时期，生产资料是共有的，那里没有阶级，没有剥削和统治关系，也不存在国家。私有制、阶级和国家的产生是生产力发展的结果。因为，当生产有了某种剩余，使占有他人的劳动成果成为可能时，私有制、阶级和国家才会逐步形成。

（2）恩格斯根据摩尔根的史料阐明了社会分工、商品交换对私有制、阶级和国家形成的影响。摩尔根的史料证明，人类的史前史可以分为蒙昧时代和野蛮时代，而每一个时代又分为低级阶段、中级阶段和高级阶段。在野蛮时代的低级阶段，生产力的发展出现两种现象：一种是偶然地、间或地有了某些剩余；另一种是制造武器和工具的特殊技能，可能导致暂时的分工。在野蛮时代的中级阶段，金属工具已经出现，由此带来了第一次社会大分工，第一次大分工造成了社会大分裂——人们被分成主人和奴隶、剥削者和被剥削者。在野蛮时代的高级阶段，铁制工具的出现，带来了第二次社会大分工，即手工业从农业中分离出来。随着生产分为农业和手工业这两大主要部门，直接以交换为目的的生产便出现了。随着生产力的发展，前一阶段刚刚出现的奴隶制，现在已成为社会制度的一个组成部分。这样，商品形式和货币就侵入公社内部的经济生活，破坏了这个社会组织的各种纽带，而把它分解为一群群私有生产者，这种新的社会组织形式最终占据了统治地位。这样，我们就走到文明时代的门槛了。文明时代巩固和加强了已经发生的两次社会大分工，同时又带来了第三次社会大分工。在第三次社会大分工中，商人虽然不直接参加生产，却通过商品买卖关系对生产者实行剥削。随着耕地向私有财产过渡，对偶婚制也向一夫一妻制转化了，这是个体家庭成为社会经济单位的必然结果。随着个体经济的出现，氏族制度就逐渐瓦解了，氏族制度已经过时了，它被分工及其后果即社会之分裂为阶级所炸毁。它被国家代替了。因此，"国家决不是从外部强加于社会的一种力量……国家是社会在一定发展阶段上的产物"①。

这样，恩格斯就以《家庭、私有制和国家的起源》这本巨著，为运用广义政治经济学分析原始社会和人类社会从野蛮到文明的转变奠定了科学基础。

（三）阐明了经济基础与上层建筑的相互作用

生产力是人们的实践能力的结果，但是这种能力本身决定于人们所处的条件，决定于先前已经获得的生产力，决定于在他们以前已经存在、不是由他们创立而是由前一代人创立的社会形式。人们借以进行生产、消费和交换的经济形式是暂时的和历史性的形式。马克思指出："随着新的生产力的获得，人们便改变自己的生产方式，而随着生产方式的改变，他们便改变所有不过是这一特定生产方式的必然关系的经济关系。"②

恩格斯从经济规律的历史性角度论述了经济基础与上层建筑的关系，他认为："所谓'经济规律'并不是永恒的自然规律，而是既会产生又会消失的历史性的规律，而现代政治经济学大全，只要是由经济学家正确地客观地编纂出来的，对我们来说不过是现代资产阶级社会所赖以存在的规律和条件的总汇，一句话，是这个社会的生产条件和交换条件的抽象的描述和概括。因此，在我们看来，任何一个只要是表现纯粹资产阶级关系的规律都不是先于现代资产阶级社会而存在的；那些或多或少地对过去的全部历史起过作用的规律则仅仅表现了以阶级统治和阶级剥削为基础的一切社会状态所共有的关系。"③

总之，这个时期，马克思恩格斯对巴黎公社的经验作了深入系统的总

---

① 《马克思恩格斯选集》第1卷，人民出版社，2012，第186页。
② 《马克思恩格斯选集》第4卷，人民出版社，2012，第410页。
③ 《马克思恩格斯选集》第4卷，人民出版社，2012，第459~460页。

结，写下了一系列具有历史意义的理论著作。在回击对马克思主义的攻击中，他们不仅对广义政治经济学进行了新的探索，而且还研究了社会主义和共产主义生产方式的一些重大理论问题，同时也对前资本主义经济形态作了科学的分析，不断发展和完善自己的经济思想，为无产阶级政治经济学的发展作出了巨大贡献。

第二章　列宁经济思想

列宁经济思想的形成与当时俄国经济、政治和理论条件是分不开的。列宁是接受马克思主义经济思想，并在世界上建立第一个社会主义国家，使社会主义由理论变成现实的第一人，他的经济思想具有鲜明的时代特征和理论特色。

第一节　历史条件

列宁经济思想的形成和发展，是由俄国当时的经济、政治、理论等社会历史条件所决定的。

在经济上，19世纪下半叶，俄国经济社会状况出现了一系列引人注目的新变化。1861年，沙皇政府废除了农奴制，尽管这一改革极不彻底，如仍旧保留了农奴制的残余，农民还没有完全摆脱对地主经济的依附等，但在农业中，这种改革也加速了地主经济向资本主义转化以及农民分化的过程。在工业中，农奴制废除后，资本主义也得到颇为迅速的发展。第二次产业革命也给俄国经济社会带来了巨大变化，主要表现在：①蒸汽机的使用，加速了产业革命的完成；②工业垄断成了俄国资本主义的重要特点；③工农业经济发展存在非均衡状态，"一方面是最落后的土地占有制和最野蛮的乡村，另一方面又是最先进的工业资本主义和金融资本主义！"[①]

总之，十月革命前夕，俄国经济、社会矛盾尖锐，革命形势日趋成熟。列宁在要不要走向社会主义、如何走向社会主义的问题上，提出将资产阶级民主革命转变为社会主义革命，规定了布尔什维克党的经济纲领，并具体制定了使俄国走向社会主义的若干经济措施。列宁经济思想就是在这样的经济环境下逐步形成和发展起来的。

在政治上，随着资本主义的发展和第二共产国际运动的兴起，俄国工人

---

① 《列宁全集》第16卷，人民出版社，2017，第400页。

阶级迅速成长起来，群众性工人罢工运动兴起，俄国工人运动的发展，第一批工人团体的建立，为在俄国建立马克思主义组织准备了条件和奠定了基础。列宁在积极支持和领导第二共产国际运动的同时，与民粹主义也进行了坚决的斗争，列宁把马克思主义的原理同俄国的具体实践相结合，提出了一系列重要的战略策略和政策措施。19世纪末20世纪初，俄国资本主义发展比西欧各主要资本主义国家晚一些，在20世纪初进入垄断资本主义阶段。但从总体上来看，俄国是一个军事封建帝国主义国家，夹杂着封建主义、帝国主义和民族的矛盾，这些矛盾只有采取人民革命的方式才能得到解决，这为列宁经济思想的形成和发展提供了良好的政治条件。

在理论上，俄国沙皇专制政府的反动统治，迫使俄国的革命家、思想家转向寻求救国的真理。在19世纪40~90年代这大约半个世纪，俄国进步的思想界处在空前野蛮和反动的沙皇制度的压迫之下，如饥如渴地寻求正确的革命理论，孜孜不倦地、密切地注视着欧美在这方面的每一种"最新成就"。列宁经济思想的形成离不开马克思主义在俄国知识界传播的影响。19世纪40年代开始，俄国的革命者赫尔岑、别林斯基、普列汉诺夫等人为马克思主义在俄国知识界的传播作出了重要贡献。19世纪末，列宁系统地研究了《资本论》《哲学的贫困》等马克思主义经典著作；20世纪初，列宁通过办报、撰写文章、组织和领导党的活动等形式，积极从事马克思主义传播活动。

由此可见，列宁经济思想的形成与当时俄国特定的经济、政治和理论条件是分不开的，这也决定了列宁经济思想具有鲜明的时代特征和理论特色，成为马克思主义与俄国革命实践相结合的光辉典范。

第二节 早期经济思想

1893~1914年是列宁对马克思主义经济思想发展的早期阶段，这一时期列宁主要在《论所谓市场问题》《俄国资本主义的发展》《土地问题和马克思的批评家》等著作中，对马克思的再生产等理论进行了创新性研究，同时依据马克思《资本论》中的原理和方法，分析了俄国社会经济结构与阶级结构，探讨了俄国资本主义发展过程与市场形成的历史过程，并提出了进行民主革命的土地纲领与政策。

一 关于社会再生产规律和运行机制的分析

19世纪末的俄国有几种错误的思潮比较活跃,如"民粹主义"和"合法马克思主义"。"民粹主义"是一种代表小资产阶级的社会主义,其代表小资产阶级的利益。合法马克思主义是一种打着马克思主义旗帜维护资本主义制度的理论,它因俄国一些自由资产阶级知识分子在沙皇政府准许出版的报刊上宣扬有利于资产阶级的言论而得名。列宁在与"民粹主义"和"合法马克思主义"斗争的过程中写了《论所谓市场问题》等著作,论述和发展了马克思主义关于社会资本再生产的理论。首先,列宁把因技术进步引起资本有机构成提高的情况,引入了社会再生产理论分析,并得出下述论断:"增长最快的是制造生产资料的生产资料生产,其次是制造消费资料的生产资料生产,最慢的是消费资料生产。"[1] 在此基础上,列宁提出和论证了生产资料生产的增长最终必须依赖消费品生产增长的原理。列宁通过对社会再生产规律的分析,把技术进步的因素纳入自己制定的再生产理论公式之中,补充和发挥了马克思的再生产学说。其次,列宁又对社会再生产的运行机制问题展开了分析。第一,列宁批判了民粹派的"市场缩小"论,认为"市场缩小"论是不切合实际的。一方面,资本家生产的新产品扩大了国内市场,同时,他们又向市场提出对生产资料的新的消费需求;另一方面,农民变成工人后,也扩大了生活消费品的市场需求。资本主义生产的发展,也就是国内市场的扩大,这种扩大主要靠生产资料的增长超过消费品的增长。第二,列宁通过对俄国的社会经济做出具体分析,论证了马克思主义市场实现论,在方法论上力图通过分析国民经济的主要方面和主要指标证实国内市场形成的特点和过程。第三,列宁阐明了国内市场和国外市场的关系问题:"资本主义之所以必须有国外市场,决不是由于产品不能在国内市场实现,而是由于资本主义不能够在不变的条件下以原有的规模重复同样的生产过程……在资本主义所固有的发展不平衡的情况下,一个生产部门超过其他生产部门,力求越出旧的经济关系区域的界限。"[2] 同时,列宁认为,国

---

[1] 《列宁全集》第1卷,人民出版社,2013,第66页。
[2] 《列宁选集》第1卷,人民出版社,2012,第229~230页。

内市场与国外市场的界限如果以国家的政治界限为标准,那么将是一种机械的划分方法。

列宁认为,商品经济在俄国发展具有客观必然性。社会分工和市场是商品经济发展的共同基础,因此,哪里有社会分工和商品生产,哪里就有市场,而市场的容量与社会劳动专业化的程度又有着密切的联系。商品经济和资本主义的发展本身创造了俄国国内巨大的市场。

列宁货币思想的形成与发展经历了两个阶段:十月革命初期的消极货币思想和新经济政策时期的积极货币思想。所谓消极货币思想,是指货币中掺杂了一些道德、伦理的因素,并以此为出发点,认为它最好不存在,但同时又对它无能为力。而后来的新经济政策时期的积极货币思想,其主要论点在于:第一,承认货币在社会主义经济的恢复和建设中是一种积极的因素;第二,通过货币来"稳定卢布",并进一步发展;第三,强调发展国内外贸易,通过国家来恢复黄金流通和卢布币值。

二 关于俄罗斯资本主义发展道路的分析

19 世纪下半叶特别是 1861 年改革废除农奴制以后,俄国经济社会状况出现了一系列引人注目的新变化。废除农奴制的改革促进了俄国经济发展,这种改革也加速了农民分化和地主经济向资本主义经济转化的进程。同时,俄国开始了第二次产业革命,蒸汽机的使用加速了产业革命的完成;工业等垄断成了俄国资本主义的重要特点;俄国工农业比例失调造成了农业生产技术落后以及农业经济严重滞后,工农业经济发展存在非均衡状态。在这种状态下,俄国如何发展就成为一个焦点问题。列宁在同"民粹派"的论争中,写下了《俄国资本主义的发展》等著作,从农业和工业两个角度分析了俄国资本主义发展道路。

首先,列宁根据俄国和西欧各国农业发展的新材料,证明马克思关于资本主义发展规律的学说不仅适用于工业,而且也适用于农业。在俄国农业资本主义发展道路上,有三种经济形式演变为资本主义。第一,农民经济形式演变为资本主义。列宁认为,农民分化使中等农民的数量减少,逐渐形成两种新式农民——贫苦农民和富裕农民。一方面,商业资本和高利贷资本的发展,会促进资本主义生产方式的发展;另一方面,也应看到"我国农村中商业资本和高利贷资本的独立发展阻碍着农民的分化"①。但是，农村商业的发展以及移民运动的发展，将对农民的分化起到促进作用。第二，地主经济形式演变为资本主义。在徭役经济制度下，全部土地被分为地主的土地和农民的土地，农民在其土地上的劳动为必要劳动，而在地主土地上的劳动为剩余劳动。但是，从徭役制过渡到资本主义需要一个过程。第三，商业性农业形式演变为资本主义。农业演进的基本特点是农业越来越带有商业即企业的性质。俄国商业性农业的发展，第一次彻底摧毁了工役制和农民的人身依附关系。因此，用自由雇佣劳动代替工役制是俄国农业资本主义的巨大功绩。俄国农业资本主义发展使农业生产和农业劳动日益社会化，造成市场波动这种无政府状态的矛盾，即各个农业企业的私人占有同资本主义大农业的生产社会化之间的矛盾日益尖锐。②

其次，列宁在《俄国资本主义的发展》等著作中，根据俄国生产力发展水平和技术结构的差别，详细地研究了俄国工业资本主义发展的阶段问题。列宁认为，资本主义的简单协作是从分散的小生产中发展起来的，小商品生产者建立较大的作坊，是向比较高级的工业形式的过渡，工场手工业是一种以分工为基础的协作。他详细地论述了俄国资本主义机器大工业发展，指出：民粹派"令人发笑地把大机器工业的发展问题仅仅归结为工厂统计问题。这不仅是统计问题，而是一个国家工业中资本主义发展所经历的形式和阶段问题。只有弄清楚这些形式的实质及其特点之后，用经过妥善整理的统计资料来说明某一种形式的发展，这才有意义"③。可见，列宁在分析俄国资本主义形成过程的同时，阐明了它的历史进步作用及其社会矛盾。因为资本主义既具有历史进步作用的一面，同时又使社会阶级矛盾和斗争尖锐化，所以它必然被更高的生产方式——社会主义所代替。

三 关于地租和土地国有化问题的分析

首先，列宁发展了马克思的地租理论。通过阐明资本主义农业中大生产排挤小生产的规律，列宁第一次明确地提出了土地私有制垄断和土地经营权

---

① 《列宁全集》第3卷，人民出版社，2013，第157页。
② 商德文：《列宁经济思想发展史》，经济科学出版社，1992，第49~51页。
③ 《列宁全集》第3卷，人民出版社，2013，第415页。

垄断的概念，从而发展了马克思关于两种垄断、两种地租的理论。列宁认为，由土地有限造成的垄断是指作为经营对象的土地，而不是指对土地的所有权。土地占有者凭借对土地的所有权，向农业资本家索取土地租金，这种租金就是绝对地租。绝对地租是农业工人为资本家所创造的剩余价值的一部分，因为资本主义农业落后于工业，加之农业中可变资本在社会资本构成中所占比重比工业高，所以农产品的价值一般地高于它的生产价格，剩余价值一般地高于利润。但是，因为农业中土地私有权的垄断妨碍这一差额参与利润平均化的过程，这种超额剩余价值被固定在农业中，并以绝对地租形式被土地所有者占有，所以把两种垄断加以区分是十分必要的。列宁关于两种垄断的思想，是对马克思关于农业垄断思想的丰富和发展。同时，列宁认为，土地肥力递减规律在现实生活中是根本不存在的，因为这抛开了技术水平和生产力状况这些最重要的东西。

其次，列宁早在俄国社会民主工党统一代表大会（第四次代表大会）召开前夕，便提出了土地国有化纲领。列宁认为，土地私有制的垄断妨碍自由竞争，阻碍利润平均化。这样，农产品就不是按照高额生产价格出售，而是以更高的个别价值出卖。因此，这种超额剩余价值被固定在农业经营者手中，并以绝对地租的形式被转交给土地占有者。绝对地租会抬高农产品价格，降低工人的实际工资，减慢资本主义积累的速度，因此，土地私有制和与此相连的绝对地租是资本主义生产方式发展的障碍物。土地国有化反映了广大农民的要求和愿望，促进了农业生产力的发展，为资本主义发展扫除了障碍。

第三节　对资本主义发展阶段理论的贡献

19世纪末20世纪初，资本主义经济由自由竞争阶段进入垄断资本主义阶段。资本主义的发展经历了自由竞争和垄断这两个阶段，前者从14世纪开始，到19世纪60年代结束；后者从19世纪70年代开始，到20世纪初形成。在马克思创立其政治经济学理论体系时，资本主义正处于自由资本主义时期，因此，马克思主要阐述了这一时期资本主义经济的特征，并揭示这一历史条件下资本主义经济的发展规律。当资本主义进入垄断资本主义阶段时，资本主义经济有了许多新的变化，并呈现许多新的特征，如何在新的历史条件下，以马克思自由资本主义经济理论为指导继续发展马克思主义经济学，对已经发生新变化的资本主义作出新的分析和解释，便成为列宁这一代马克思主义经济学家的重要理论任务和革命责任。在第一次世界大战期间，列宁为了揭露战争的经济和社会根源，写了《第二国际的破产》《社会主义与战争》《论欧洲联邦口号》《无产阶级革命的军事纲领》《帝国主义是资本主义的最高阶段》《帝国主义与社会主义运动中的分裂》等著作，系统地阐述了垄断资本主义理论、关于帝国主义的历史地位和国家垄断资本主义理论。

第一，列宁对帝国主义的特征进行了深刻的剖析。他认为，帝国主义具有五大基本特征：生产和资本的集中发展到这样高的程度，以至于造成了在经济生活中起决定作用的垄断组织；银行资本和工业资本已经融合起来，在这个"金融资本"的基础上形成了金融寡头；与商品输出不同的资本输出有了特别重要的意义；瓜分世界的资本家国际垄断同盟已经形成；最大的资本主义列强已把世界上的领土分割完毕。

第二，列宁认为帝国主义具有三个方面的特殊性，主要表现在：帝国主义是垄断的资本主义；帝国主义是寄生的或腐朽的资本主义；帝国主义是垂死的资本主义。其中，帝国主义的寄生性和腐朽性可以概括为五种表现：一是无论其国家政体如何，帝国主义的腐朽和寄生的趋势都是由垄断引起的；二是资本主义的腐朽性表现在，以"剪息票"为生的资本家这一庞大食利者阶层的形成；三是资本输出表明资本主义"加倍的寄生性"；四是金融资本追求的不是自由而是统治，政治上的全面反动是帝国主义的特性；五是帝国主义的兼并政策和对殖民地的掠夺，特别是少数大国对殖民地的剥削，使"文明"世界愈来愈变成叮在数万万"不文明"的民族身上的寄生虫。帝国主义最深厚的经济基础就是垄断，这种垄断也同任何垄断一样，"必然要引起停滞和腐朽的趋向"[①]。

第三，列宁指出了帝国主义的历史地位，并为世界无产阶级革命指明了方向。列宁依据生产关系与生产力相适应的规律，从对帝国主义时代资本主义基本矛盾变化和发展的分析中得出一个科学结论，即帝国主义是过渡的资本主义。在这个帝国主义时代，垄断促进了生产社会化，但是，这并没有改

---

① 《列宁全集》第2卷，人民出版社，1972，第818页。

变资本主义私有制性质，资本主义已经达到"过度成熟"的地步，资本主义私有制的外壳，已经同高度社会化了的生产力不相容了。过渡的资本主义是由帝国主义具有的基本矛盾所决定的，主要表现为帝国主义国家内部无产阶级和资产阶级的矛盾、帝国主义国家之间的矛盾以及殖民地和帝国主义之间的矛盾。帝国主义同殖民地、半殖民地的矛盾，促使这些国家的民族、民主运动高涨，从根本上动摇着帝国主义的统治基础，加速了帝国主义殖民体系的崩溃。

第四，列宁认为，经济政治发展的不平衡是资本主义的绝对规律，具体表现在：国家和地区发展的不平衡性突出；各部门和工业企业发展的不平衡日益加剧；不平衡性必然导致后起的资本主义国家与老牌的资本主义国家之间在经济、政治、军事方面的竞争、斗争、摩擦和冲突，导致各国经济、军事实力的不平衡。

列宁根据资本主义经济政治发展不平衡规律的分析，得出社会主义革命可能首先在一国或几国取得胜利的结论。他认为，在帝国主义时代，社会主义革命不能在所有国家内同时取得胜利，它将首先在一个或几个国家中取得胜利，而其余的国家在一段时期内将仍然是资产阶级统治的国家。

根据列宁对资本主义经济政治发展不平衡规律的分析，我们可以正确认识帝国主义战争的掠夺性质及其与无产阶级革命的关系，也可以科学地认识无产阶级革命论。

第五，国家垄断资本主义是垄断资产阶级的国家同垄断资本相结合的资本主义。这种结合的客观基础是生产社会化的发展，目的是要保证资本赢利，特别是要维护垄断组织和整个垄断资产阶级的利益。所以，国家垄断资本主义标志着当代垄断资本主义，即帝国主义的新发展。

列宁的国家垄断资本主义思想是以对私人垄断组织和国家作用的结合、融合或混合生长的分析为出发点的，并强调要把国家垄断资本主义作为向社会主义过渡的一种形式。同时，列宁还阐明了国家垄断资本主义的形式和作用。他认为，国家垄断资本主义对生产的调节主要表现在三个方面：一是在生产领域中实行国家垄断；二是通过所谓"混合企业"系统，将生产资料转归国家或垄断组织所有；三是对私人企业生产过程实行管理，如强制生产以及对生产方法的管理。在调节经济生活方面，国家垄断资本主义的作用日益加强；在调节消费方面，面包配给制是战争时期资本主义国家调节消费的一个典型范例。

在国家垄断资本主义性质的问题上，列宁认为国家垄断资本主义是国民经济的一种特殊形式。为"国防"工作的资本家不是完全为市场工作的，而是按照国家订货甚至是为了得到国家贷款而工作的，资本家为了攫取高额垄断利润而掩盖这种特别交易中的利润量就是盗窃国库的行为。列宁认为，国家垄断资本主义是社会主义的"入口"和"阶梯"，在真正的革命民主国家下面的国家垄断资本主义必然是实现社会主义的一个或一些步骤。列宁批判了第二国际修正主义者所鼓吹的"国家社会主义"的谬论，认为尽管托拉斯是有计划地调节生产，但还是处在资本主义下，国家垄断资本主义的计划性说明，这种资本主义已经"接近"社会主义，因此强调国家垄断资本主义在从民主革命转变为社会主义革命过程中的过渡作用是有必要的。

第四节 关于社会主义的经济理论和政策

1917年十月革命后，如何建设社会主义被提上议事日程。社会主义经济建设是一项崭新的事业，既没有现成的理论作为指导，也没有先例可以模仿，因此，在领导苏俄革命和社会主义建设的过程中，列宁科学地运用辩证法，在科学分析、判断社会形势的基础上，对马克思主义作出了创造性的发挥和灵活性的运用。这一时期，列宁的主要著作有《十月革命四周年》《论粮食税》《论合作制》等。在这里，列宁阐述了过渡理论和社会主义经济理论，分析了社会主义经济发展的两种理论模式以及关于产品经济论和商品、货币关系等理论。这一时期，他不仅系统阐述了新经济政策学说，而且对国家资本主义理论、租让制的理论、政策与引进外资的方针，以及合作社经济思想、计划经济、分配与宏观经济管理等都进行了阐述与分析。

一 关于过渡时期经济思想

列宁根据俄国革命的经验，科学地阐明了从资本主义向社会主义过渡时期的性质、任务、形式及其在俄国的特殊性。马克思曾在《哥达纲领批判》一书中指出资本主义与社会主义之间有一个过渡时期。列宁在1919年5月

《向匈牙利工人致敬》指出存在一个过渡时期,在《无产阶级专政时代的经济和政治》《论合作制》等著作中,又进一步分析了从资本主义到社会主义这一过渡时期在经济上和政治上的特点。

首先,列宁分析了过渡时期的性质。列宁强调了过渡时期的长期性和必然性、社会经济结构的二元性以及与此相适应的政治思想文化领域里的阶级斗争的尖锐性、复杂性。过渡时期虽然属于社会主义,但是不等于社会主义经济制度。列宁区分了五种经济成分,并考察了五种经济成分之间的关系,指出在这五种经济成分中,不是国家资本主义在这里同社会主义作斗争,而是小资产阶级和私人资本主义共同一致地既反对国家资本主义又反对社会主义。其次,谈到过渡时期的主要任务,列宁认为,无产阶级在推翻资产阶级、夺取政权以后,阶级地位已经上升成为统治阶级。无产阶级将掌握国家政权,支配公有化的生产资料,领导动摇不定的中间分子和中间阶级,镇压剥削者日益强烈的反抗,这些都是阶级斗争的特殊任务。在无产阶级专政下,剥削阶级即地主和资本家阶级虽已被击溃,可是还没有被消灭,也不可能一下子被消灭。社会主义过渡时期虽然还存在阶级和阶级斗争,但这已经不是原来意义上的阶级的含义了。因此,要善于正确认识和处理这些问题。最后,在涉及过渡时期的形式时,列宁根据俄国革命和建设的初步经验,先后提出了向社会主义直接过渡和间接过渡这两种方法和途径。直接过渡,指从西欧、北美发达的资本主义向社会主义过渡的方式,即直线模式;间接过渡,则解决东方落后国家(包括资本主义发展程度低或殖民地半殖民地社会)如何向社会主义过渡的问题。

总之,列宁过渡时期经济思想的核心是通过商品货币关系,在无产阶级专政的国家掌握土地、矿山、大工业的条件下,在社会主义国家所有制经济和国家资本主义经济共同控制下,允许资本主义"适度"发展,以活跃城乡、工农业、商业经济,为社会主义经济恢复和建立奠定经济技术基础,这是列宁的一个创造性贡献。

二 关于新经济政策思想

新经济政策(1921~1929年),是列宁对1920年底至1921年初国内外政治经济形势进行客观分析的基础上形成的,在列宁经济思想中占有特别重要的地位。

新经济政策的内容极为丰富，主要是利用商品、货币关系和市场机制。关于新经济政策的内容，列宁在许多著作中作了阐述，具体可以表述如下：大力加强和巩固工人阶级领导下的工农联盟的经济基础；加强无产阶级专政国家对经济命脉的领导和控制；利用商品、货币关系和市场机制来发展国民经济；利用物质利益原则调动城乡劳动者的生产积极性；在国家限制和调节的情况下，暂时容许（在最初阶段）农业、国内贸易、小工业和部分中型工业中资本主义成分的存在；利用国家资本主义并发挥其监督作用；发展国营和合作社商业；把小农经济引导到合作制的轨道上；在电气化的基础上全力发展社会主义工业，相应地完全排挤和消灭资本主义成分。

列宁认为，新经济政策实质上是一种战略政策，是一个长期的任务，至少需要20~25年时间或者几代人的努力才能完成，具体的实施方案包括以下五点。第一，从余粮收集制向粮食税过渡。从战时共产主义的余粮收集制过渡到新经济政策的粮食税，完成从战时经济体制到和平经济恢复和建设体制的过渡。第二，允许自由贸易和周转自由。列宁把社会主义同商品、货币经济关系、市场、商业联系在一起，这是在新的历史条件下对马克思恩格斯经济思想的应用和创新。第三，采用商业原则。列宁强调，国家必须学会经商，尽快采用商业原则，使工业满足农民的需要，使农民能够通过商业来满足自己的需要。第四，积极发展对外贸易。第五，利用外资和技术。新经济政策的基本出发点就是要利用外国的资本、技术、设备和管理方法，为社会主义经济建设服务。

国家资本主义思想是列宁新经济政策的一个重要方面，也是他设计的东方落后国家走向社会主义道路的过渡形式之一。列宁的这一思想是对马克思恩格斯经济思想的新发展，具有非常重大的理论意义和现实意义。

首先，列宁在他的著述中，从不同的角度表述了国家资本主义的性质和定义。列宁认为，国家资本主义的性质首先取决于国家的政权性质。他把国家资本主义分为一般和特殊两类：一般的国家资本主义和特殊的国家资本主义。前者指资本主义制度下的国家资本主义，后者指无产阶级专政条件下的国家资本主义。在资本主义国家中，国家资本主义为国家所承认并受国家监督，它有利于资产阶级而不利于无产阶级；在无产阶级国家里，国家资本主义也为国家承认并受国家监督，但它有利于工人阶级。列宁认为，国家资本主义的主要内容，包括苏维埃国家与本国资本家或外资企业签订的协议、契约和合同，即由国家把一部分工厂、企业、矿山、林场等租让（或租借）给资本家经营，按照法律和租让合同，资本家用产品向国家支付回报，余下的利润归己，到期后由国家收回租让权。

其次，列宁认为，实行国家资本主义具有以下几个作用。第一，国家资本主义是向社会主义过渡的中间站和桥梁。第二，国家资本主义既能吸收外资和技术，又能把国家暂时无力经营的中小企业划归私人资本家经营，从而促进大工业的恢复和发展，促进工农业产品的交换。第三，在利用国家资本主义时，必须采用法律和行政手段来限制国家资本主义。

可见，列宁阐明的国家资本主义，是无产阶级专政条件下向社会主义过渡过程中一种具有多功能的、特种的国家资本主义，它显然与其他国家中的国家资本主义的性质与作用是不同的。这是列宁在新的历史条件下对马克思恩格斯关于从资本主义过渡到社会主义的理论的创造性发展。

三 关于社会主义经济规律

首先，列宁认为，在全国范围内提高劳动生产率，是实施社会主义经济建设的重要物质条件。要提高劳动生产率，就要有更高形式的劳动组织，在国有化企业里，新的劳动组织的建立对提高劳动生产率具有头等重要的意义。应当把加强劳动者纪律、提升劳动者工作技能、改善劳动组织条件，作为提高劳动生产率的重要条件之一。

其次，列宁在社会主义经济建设的管理问题上的基本观点，就是要贯彻民主集中制原则，而发扬经济民主是进行集中管理的重要前提。列宁认为，给经济管理者个人以独裁的权力并不背离社会主义民主制原则。

再次，列宁于1917年提出建立社会主义经济建设的消费体系即消费合作社，并提出要使全体居民都被囊括于其中，这是列宁这个时期社会主义建设思想的重要组成部分。列宁认为，要在全国范围内建立若干个消费合作社，使全国公民在居住地域加入当地合作社，以便节省劳动、提高劳动生产率。

最后，列宁认为，掌握政权的无产阶级要坚决地、尽快地转向经济建设，灵活确定经济政策，大力发展社会生产力。这主要包括：向资产阶级专家付给高额报酬；加强计划管理、监督和组织工作；加强社会主义经济基础建设；重视个人物质利益原则；学习资本主义管理方法；等等。

四 关于合作经济思想

马克思主义认为，在资本主义不发展、阶级分化不彻底的国家，无产阶级夺取政权以后，可以将合作社作为向社会主义过渡的形式，逐渐地把广大农民引向共产主义。恩格斯在他晚年的著名著作《法德农民问题》中，广泛地探讨了这一问题，这为列宁合作经济思想的形成和发展奠定了理论基础。列宁在《论合作制》等著作中，结合俄国特点，进一步阐明和完善了合作经济思想。

首先，列宁提出将合作社作为引导小农、小生产向社会主义过渡的基本途径和方式。合作社应当确立一些基本原则，主要有以下几点。一是必须在农民关心自己物质利益的基础上把他们的个人利益和公共利益结合起来，使农民由普通形式的合作社逐渐过渡到社会主义的大型农业。二是国家必须给予合作社以财政援助。列宁认为，举办合作社应该采用社会主义的新形式，其具体措施包括自愿入社、实行合作社集团所有制、加强社员对物质利益的关心、实行股金制度、独立经营等。

其次，列宁分析了合作经济的性质和作用。列宁认为，在无产阶级专政条件下，合作社的性质和作用已经发生了质的变化。社会主义国家应在经济、财政、银行等方面给合作社以优惠和援助，只有普及教育和科学技术，改革国家机构，反对官僚主义，才能使全体农民走上合作社的道路。列宁还指出，消费合作社是工人和农民的一种联合，其目的是获取和分配他们所必需的各种产品，而其作用在于"保证迅速、合理、费用较省地分配产品"[①]。

[①] 《列宁全集》第41卷，人民出版社，2017，第240页。

第三章　斯大林经济思想

斯大林在列宁社会主义建设实践基础上，结合新的经济情况，丰富和发展了马克思主义政治经济学，提出了一国建成社会主义、社会主义国家的工业化等经济思想，具有重要的理论和实践意义。斯大林的《苏联社会主义经济问题》一书，是马克思主义政治经济学说史上第一部阐述社会主义建设理论问题的著作，其阐述的关于社会主义经济建设与商品经济的思想是对马克思主义政治经济学的新发展。

第一节　关于资本主义总危机与一国建成社会主义的思想

苏联是在资本主义包围中建设社会主义的，因此资本主义世界的发展和变化状况是苏联制定对内对外政策的重要依据。斯大林作为苏联的最高领导人，极为重视对资本主义世界的研究，相应地提出了自己新的经济理论观点。

首先，斯大林把帝国主义的主要矛盾总结为三个方面：劳动和资本之间的矛盾；各财政集团之间以及帝国主义列强之间为争夺原料产地、争夺别国领土而发生的矛盾；为数极少的占统治地位的文明民族和世界上10多亿殖民地和附属国人民之间的矛盾。他的这一概括全面地揭示了资本主义的内外矛盾。

其次，斯大林还指出资本主义世界不可能具有稳定性。原因在于，一些帝国主义大国为了恢复和发展，就要在国内增加税收，从而使工人阶级物质生活进一步变差，进而引起工人阶级的反抗，造成不稳定，而国外被压迫民族的反抗，也说明资本主义的稳定在这方面是不巩固的。在帝国主义国家方面，战胜国和战败国之间的条约孕育着以后的纷争，战胜国之间又因争夺霸权而存在利害冲突。世界历史已充分证明，斯大林这一科学论断是正确的。

最后，在以上两方面的分析之后，斯大林提出了资本主义总危机理论。斯大林认为：世界资本主义的总危机是"世界资本主义体系的总危机，是既包括经济、也包括政治的全面危机"①。他认为，资本主义总危机的形式和第一次世界大战密切相连，因而会在经济危机爆发以前就给资本主义造成困难，而在危机期间会出现更复杂的情况，这反映了资本主义社会已进入全面的危机，资本主义社会已进入总危机时期。斯大林的总危机理论，是对马克思恩格斯关于资本主义必然灭亡、列宁关于帝国主义是垂死的资本主义的思想的进一步发展。

随着苏联国家工业化和农业集体化取得重大进展，斯大林认为苏联的经验证明，社会主义在单独一个国家内获得胜利是完全可能的，并由此形成了斯大林的一国建成社会主义的思想。

1936年斯大林在《关于苏联宪法草案》的报告中指出："人剥削人的现象已被铲除和消灭，生产工具和生产资料的社会主义所有制已经确立而成为我们苏联社会不可动摇的基础……已经没有能够剥削工人阶级的资本家阶级了……苏联社会已经做到在基本上实现了社会主义，建立了社会主义制度，即实现了马克思主义者又称为共产主义第一阶段或低级阶段的制度。这就是说，我们已经基本上实现了共产主义的第一阶段，即社会主义。"②

首先，斯大林把苏联社会主义建设面临的问题区分为国内问题和国际问题。他认为，当时苏联国内存在的主要矛盾就是工人阶级、农民阶级与资产阶级的矛盾。关于国际问题，斯大林认为，只要资本主义包围存在，就会有武装干涉的危险。这种思想成为斯大林制定社会主义"一国建成"和"最终胜利"两个不同目标的理论基础。

其次，斯大林根据社会主义"一国建成"和"最终胜利"两个不同目标的差别，明确提出了仅凭苏联一国能够建成社会主义的思想。他认为，苏联社会主义建设遇到的国内问题是无产阶级、农民阶级与资产阶级的矛盾问题，既然这个问题可以在国内通过建立工农联盟的办法得到解决，那么，在苏联一国就能够达成消灭剥削阶级、建立没有阶级的新社会的目标。

随后，斯大林阐明了一国建成社会主义的条件和任务。在斯大林看来，建成社会主义的主要标志包括政治和经济这两个基础。斯大林认为，当时的

---

① 《斯大林选集》下卷，人民出版社，1979，第582页。
② 《斯大林文集》(1934~1952年)，人民出版社，1985，第101~108页。

苏联已经具备了建成社会主义的政治基础，所以建成社会主义的基本条件就是，建成社会主义经济基础，巩固和发展无产阶级政权。因此，为了建成社会主义，苏联就必须实现生产资料所有制的变革，建立社会主义生产资料公有制，建立社会主义工农业经济体系，使苏联具有生产机器和设备的能力，而这些任务将通过工业化、农业集体化去完成。

最后，斯大林提出了解决社会主义建设矛盾的两种方式。他认为，就国内矛盾来说，是能够克服的，也就是说，无产阶级能够而且必须和农民一起依靠工农联盟来建成完全的社会主义社会；关于外部矛盾，斯大林指出："没有几个先进国家中无产者的共同努力，能不能解决这个任务，能不能在一个国家内获得社会主义的最终胜利呢？不，不能……为了达到这个目的，就必须有几个先进国家中无产者的共同努力。"[1]

第二节 关于商品和社会主义经济规律的思想

在商品生产和价值规律方面，斯大林第一次论述了在建成社会主义的条件下商品生产存在的必要性，明确指出不能把社会主义商品生产同资本主义商品生产混为一谈，还肯定了价值规律的存在及其作用。

斯大林认为："在社会主义制度下，政治经济学的规律是客观规律，它们反映不以我们的意志为转移的经济生活过程的规律性。"[2] 斯大林认为，要正确区分经济规律和经济政策，政策可以依据人们的意志制定，而科学规律，无论是自然科学的规律还是政治经济学的规律，都是不以人们的意志为转移的客观过程的反映，具有自身特点：一是它与自然科学的规律不同，经济规律不是长久不变的，其中大多数是在一定历史时期中发生作用，以后就会让位给新的经济规律；二是在政治经济学领域，发现和应用那些触犯社会衰朽力量利益的规律，会遇到这些力量的强烈反抗。

在分析具体的社会主义经济规律时，斯大林着重强调了以下经济规律。

第一，生产关系一定要适合生产力性质的规律。斯大林强调，生产关系一定要适合生产力性质的规律是一个普遍规律，在社会主义社会中生产关系

---

[1] 《斯大林选集》上卷，人民出版社，1979，第435页。
[2] 《斯大林文集》，人民出版社，1985，第603页。

一定要适合生产力性质的规律依然起作用,马克思的再生产理论具有普遍指导意义。

第二,商品生产和价值规律。斯大林认为,社会主义社会仍然存在商品生产和商品流通的客观必然性。公有制两种形式并存是社会主义商品生产的直接原因和客观依据,只要公有制两种形式存在,商品生产和商品流通就仍然是必要的东西,仍然要作为国民经济体系中有用的因素保存着,为发展和巩固社会主义事业服务。同时,斯大林反对商品生产一定会导致资本主义的观点。他解释道,只有在国内存在资本家剥削工人的制度的条件下,商品生产才会导致资本主义,而且社会主义商品生产是特种的商品生产,是没有资本家参加的商品生产。在社会主义制度下,价值规律的作用不能不限制在一定范围之内,例如在生产领域中,价值规律只有影响作用,而没有调节的意义。他还提出采用逐渐过渡的办法使产品交换制代替商品流通的总设想,强调要一步一步地缩小商品流通的活动范围,扩大产品交换的活动范围。因此,在社会主义条件下价值规律必然会发生作用。

第三,社会主义基本经济规律。斯大林提出并阐述了社会主义基本经济规律的内容,他指出:"社会主义基本经济规律的主要特点和要求,可以大致表述如下:用在高度技术基础上使社会主义生产不断增长和不断完善的办法,来保证最大限度地满足整个社会经常增长的物质和文化的需要。"[1]

第四,国民经济有计划按比例发展的规律。斯大林认为:"国民经济有计划发展的规律,是作为资本主义制度下竞争和生产无政府状态的规律的对立物而产生的。"[2] 它是当竞争和生产无政府状态的规律失去效力以后,在生产资料公有化的基础上产生的,国家的计划机关有可能去正确地计划社会生产,即实现国民经济计划化。

第三节 关于社会主义经济建设与发展的思想

斯大林认为,实现工业化是巩固社会主义制度的重要保障,是在苏联一

---

[1] 《斯大林选集》下卷,人民出版社,1979,第569页。
[2] 《斯大林选集》下卷,人民出版社,1979,第544页。

国建成社会主义的前提。

在具体的实施内容上,斯大林分析认为,社会主义工业化的具体道路就是优先发展重工业,特别是机器制造业。"工业化的中心,工业化的基础,就是发展重工业(燃料、金属等等),归根到底,就是发展生产资料的生产,发展本国的机器制造业。"[1] 斯大林认为,社会主义工业化必须高速度发展,如果不迅速发展社会主义大工业,就不算最终克服了工农之间的矛盾,不能算建成社会主义,国内资本主义仍有复辟的可能。

斯大林认为,实现社会主义工业化需要大量的投资,从农业获得资金是从内部积累工业化资金的主要途径。这种内部积累办法,尽管暂时加重了农民的负担,但对解决苏联社会主义工业化资金积累的难题却非常有效。除此之外,还必须在国营企业中采取合理的增加积累的方法,必须坚持社会主义的方向。他认为,国民经济的发展和国家工业化所应遵循的方向为:使社会主义经济形式在生产方面和商品流转方面所占比重提高、领导作用增强,而使私人商品经济和资本主义经济所占比重降低。

社会主义农业集体化思想是斯大林领导苏联社会主义建设过程中形成的重要经济思想,这一思想也是在同布哈林等人争论的过程中形成的,主要包括以下几个方面内容。

第一,确立了农业集体化的方针。斯大林确立农业集体化方针的目的有三个。一是认为解决农业相对落后问题的出路就在于把分散的小农户转变为以公共耕种制为基础的联合起来的大农庄,就在于转变到以新技术为基础的集体耕种制;二是认为实现农业集体化是建立和巩固社会主义制度的需要;三是认为实行农业集体化需要有前提条件,即全党要统一认识,广大农民群众要拥护,国家要资助集体农庄建设等。

第二,在农业集体化建设上采取城乡分别政策。他认为要使小农跟着社会主义城市走,必须对之进行积极的领导,并从城市中抽调大批工人去领导集体化运动。

第三,集体农庄运动要坚持三个原则:必须实行自愿原则;按照不同地区的不同条件,分期分批实行全盘集体化;集体农庄运动的主要形式不是劳

---

[1] 《斯大林选集》上卷,人民出版社,1979,第462页。

动协作社，也不是农业公社，而是农业劳动组合。

第四，主张农业全盘集体化。全盘集体化使苏联的农业集体化进入一个新的阶段。它主要采取行政措施，通过群众运动的形式，把个体农民经济转变为集体经济中的一分子。

斯大林的农业集体化经济思想对于推进苏联社会主义现代化具有一定的积极意义。首先，农业集体化是社会形势的客观需要。只有这样才能摆脱农村工作的被动局面，才能摆脱城市缺粮和国家工业化受阻的困境。其次，农业集体化是建成社会主义的必然要求。为了建成社会主义，就必须建立起与现代化大工业一致的、能够由国家进行统一计划的大型农业组织形式。最后，农业集体化有利于解除粮食危机和推动工业化发展。

第四节　关于社会主义两种所有制的思想

斯大林指出，苏联"存在着社会主义生产的两种基本形式：一种是国家的即全民的形式，一种是不能叫作全民形式的集体农庄形式"[1]。他论证了集体农庄形式的社会主义所有制性质，即在集体农庄中实现了在国家的土地上基本生产资料的公有，也即拖拉机和各种主要的农业机器都是全民所有的。

集体所有制与全民所有制之间的差别在于，集体农庄是合作企业，它组织自己的庄员劳动，按照劳动日把收入分配给庄员，而且集体农庄有自己年年更换的用于生产的种子，可以完全自由任意地支配自己的财产，除了建筑物和集体农庄庄员的个人副业外，这些财产就是集体农庄生产的产品，这些产品会通过商品流通系统进入市场。所以，在斯大林看来，如果将集体农庄生产的剩余品从商品流通中排除出去，纳入国家工业和集体农庄之间的产品交换系统，就可能把集体农庄所有制提高到全民所有制的水平。

关于社会主义两种所有制与商品生产的关系，斯大林认为，因为社会主义所有制存在全民和集体农庄两种基本形式，在两种不同所有制之间必然存在商品形式的交换，所以一定会存在商品生产。

斯大林针对社会主义消灭阶级差别内涵的问题展开了讨论。他认为，在

---

[1] 《斯大林选集》下卷，人民出版社，1979，第550页。

社会主义条件下，不仅资产阶级与无产阶级之间的这种利益对立状态已经被消除，而且为城市与乡村之间、脑力劳动与体力劳动之间实现共同利益创造了必要条件。但是它们之间的差别还存在，消灭这些差别无疑是社会主义向共产主义发展的必要步骤。斯大林在阐述消灭三大差别时，把差别区分开来，分为两类，一类是本质的差别，另一类是非本质的差别。这两类差别情况不同，其发展趋势也不一样，相应地，制定的政策也就不同。

对于本质的差别，斯大林认为消灭这种本质的差别具有头等重要的意义。这种本质差别主要有两个。一是工业是全民所有制，而在农业中却有着不是全民的，而是集团的、集体农庄的所有制。工业和农业之间差别的存在使商品流通被保存下来，只有在这种差别消灭时，商品生产及其一切后果才会消失。二是在脑力劳动和体力劳动之间的差别，主要是文化技术水平的悬殊，即工人的文化技术水平低，远远落后于技术人员的水平。斯大林要求用提高工人文化技术水平到技术人员水平的方法，来消灭体力劳动和脑力劳动之间的本质差别。

对于非本质的差别，斯大林指的是由工作条件的不同所引起的差别。斯大林主张通过提高工人的文化技术水平的方法来消除差别，这种观点对于社会主义建设无疑是有意义的。但是他主张通过提高所有制水平即通过将集体所有制转变为全民所有制来消灭工农差别，并将其与消灭商品生产相联系，而完全没有提及提高社会生产力水平的这种观点，并不正确。苏联和其他一些社会主义国家后来急于搞所有制的过渡，不能说没有受到斯大林的这种思想的影响。

第四章　毛泽东经济思想

1840年鸦片战争以后，中国逐步沦为半殖民地半封建社会。为了挽救中国，一些先进知识分子前赴后继地求索救国救民、民富国强的发展道路。十月革命一声炮响给中国送来了马克思主义，1921年7月中国共产党成立，在中国共产党的领导下，中国人民历经艰苦卓绝的斗争，取得了革命的胜利，于1949年成立了新中国。毛泽东经济思想包含新民主主义革命时期的经济思想、过渡时期的经济思想和社会主义建设时期的经济思想。

第一节　新民主主义革命时期的经济思想

新民主主义革命指推翻帝国主义、封建主义和资本主义三座大山建立新中国的革命过程。这一时期毛泽东经济思想的主要内容包括对中国社会性质、社会矛盾、土地改革、新民主主义经济形态和结构的分析以及对新中国经济发展蓝图的描绘等，具体内容如下。

（一）对中国社会性质和社会矛盾的分析

近代中国社会的主要的矛盾是"帝国主义和中华民族的矛盾，封建主义和人民大众的矛盾……帝国主义和中华民族的矛盾，乃是各种矛盾中的最主要的矛盾"[①]。帝国主义对中国的影响表现为多个方面：多次发动侵略战争、强迫中国订立许多不平等条约、控制中国一切重要的通商口岸、直接经营许多轻工业和重工业、垄断中国的金融和财政等。

（二）土地改革理论的提出和政策的制定

土地改革是新民主主义革命的重要内容，在毛泽东新民主主义经济思想中占有极重要的地位。毛泽东在1940年1月所著的《新民主主义论》中提出："没收地主的土地，分配给无地和少地的农民，实行中山先生'耕者有其田'

---
① 《毛泽东选集》第2卷，人民出版社，1991，第631页。

的口号,扫除农村中的封建关系……这就是'平均地权'的方针。这个方针的正确的口号,就是'耕者有其田'。"[1] 同时,毛泽东强调农业生产是第一位的生产,要厉行节约与精兵简政。

(三)对新民主主义经济形态和经济结构的构想

毛泽东关于新民主主义经济形态和经济结构的构想,是毛泽东新民主主义经济思想的核心内容,也是毛泽东新民主主义经济思想形成的主要标志。

毛泽东对新民主主义经济的论述,概括起来主要有以下五个方面:没收帝国主义者和汉奸反动派的大资本大企业,关系到国民之生计的大银行、大工业、大商业归国家所有,建立起社会主义性质的国营经济;没收地主阶级土地,将之分配给无地和少地的农民,把土地变为农民的私有财产;需要保存一般的私人资本主义,并使之有一个相当程度的发展;在"耕者有其田"的基础上,发展各种合作经济;"必须采取切实的步骤,在若干年内逐步地建立重工业和轻工业,使中国由农业国变为工业国"[2]。

新民主主义的经济形态和经济结构包括三个方面:一是多种所有制形式并存,即既存在全民所有制和集体所有制,又存在私人资本主义所有制和劳动者个体所有制;二是国营经济在整个国民经济中居于领导地位,是整个国民经济的领导力量;三是新民主主义经济的发展,必须是统一的、有计划的。

新民主主义革命的"三大经济纲领",即没收封建阶级的土地归农民所有;没收官僚资本归国家所有;保护民族工商业和外资企业。

(四)对新中国经济发展蓝图的描绘

从毛泽东对新民主主义经济纲领的论述,我们可以清楚地看出新中国的基本经济结构包括四个部分:一是国营经济,它是社会主义性质的,是国民经济的领导力量;二是合作社经济,主要是在"耕者有其田"基础上由农民和手工业者组织起来的集体经济,它具有社会主义的因素;三是私人资本主义经济,即中小资本主义企业;四是个体经济,主要指个体农民和个体手工业者。

关于新中国经济制度和经济政策,毛泽东提出要"发展生产、繁荣经

---

[1]《毛泽东选集》第2卷,人民出版社,1991,第678页。
[2]《毛泽东选集》第3卷,人民出版社,1991,第1081页。

济、公私兼顾、劳资两利"①。具体来说，主要体现在以下几个方面：在领导方针上，应防止将农村中同地主富农作斗争、消灭封建势力的办法错误地应用于城市，要将消灭地主富农的封建剥削和保护地主富农经营的工商业严格地加以区别；在发展工业的方向顺序上，必须确定以国营工业的生产、私营工业的生产、手工业的生产为序；在发展私人资本主义上，坚持既要保护它们的存在和发展，又要防止它们自由泛滥的态度；在对待个体农业经济和手工业经济上，必须可能和谨慎地、逐步地而又积极地引导它们向现代化方向发展；在对外贸易上，必须有明确的对外贸易的统制政策。

第二节　过渡时期的经济思想

过渡时期是指从中华人民共和国成立到1956年底社会主义改造基本完成这一段时期。"党在这个过渡时期的总路线和总任务，是要在个相当长的时期内，逐步实现国家的社会主义工业化，并逐步实现国家对农业、对手工业和对资本主义工商业的社会主义改造。"② 关于过渡时期的期限和条件，从时间上讲，毛泽东指出："要在十年到十五年或者更多一些时间内"③；从条件上讲，需有三个：一是工业发展到一定程度，二是经济和文化事业的大兴盛，三是全国人民的成熟和认同。

随后，毛泽东在《共同纲领》中提出一系列反映过渡时期与私人资本主义和个体经济有关的经济政策，概括起来，主要有以下几方面。

第一，关于国家的总政策。《共同纲领》总纲中规定："中华人民共和国必须取消帝国主义国家在中国的一切特权，没收官僚资本归人民的国家所有，有步骤地将封建半封建的土地所有制改变为农民的土地所有制，保护国家的公共财产和合作社的财产，保护工人、农民、小资产阶级和民族资产阶级的经济利益及其私有财产，发展新民主主义的人民经济，稳步地变农业国为工业国。"④

---

① 《毛泽东选集》第4卷，人民出版社，1991，第1255页。
② 《毛泽东文集》第7卷，人民出版社，1991，第316页。
③ 《毛泽东年谱（一九四九——一九七六）》第2卷，中央文献出版社，2013，第116页。
④ 《建国以来重要文献选编》第1册，中央文献出版社，1992，第2页。

第二，关于国家经济建设的根本方针。毛泽东提出"公私兼顾，劳资两利，城乡互助，内外交流"的城市经济工作政策，以达到发展生产、繁荣经济的目的。

第三，关于国家的经济职能，毛泽东提出："国家应在经营范围、原料供给、销售市场、劳动条件、技术设备、财政政策、金融政策等方面，调剂国营经济、合作社经济、农民和手工业者的个体经济、私人资本主义经济和国家资本主义经济，使各种社会经济成分在国营经济领导之下，分工合作，各得其所，以促进整个社会经济的发展。"①

第四，关于过渡时期的所有制结构，毛泽东也明确指出："国营经济为社会主义性质的经济。凡属有关国家经济命脉和足以操纵国民生计的事业，均应由国家统一经营。""合作经济为半社会主义性质的经济，为整个人民经济的一个重要组成部分。""凡有利于国计民生的私营经济事业，人民政府应鼓励其经营的积极性，并扶持其发展。"②国家资本与私人资本合作的经济为国家资本主义性质的经济。在必要和可能的条件下，应鼓励私人资本向国家资本主义方面发展，例如为国家企业做加工，或与国家合营，或用租借形式经营国家企业、开发国家的资源等。

第五，关于劳资关系方面的问题，毛泽东认为："私人经营的企业，为实现劳资两利的原则，应由工会代表工人职员与资方订立集体合同。公私企业目前一般应实行8小时至10小时的工作制，特殊情况得斟酌办理。"③

第六，关于商业外贸和金融政策，毛泽东提出要保护一切合法的公私贸易，依法营业的私人金融事业应受国家的监督和指导。

在1953年6月15日召开的中央政治局扩大会议上，毛泽东对党在过渡时期的总路线和总任务的内容作了较为完整的概括，其主要内容有：提出新民主主义革命的结束就是社会主义革命开始的观点；全面吸取苏联共产党关于过渡时期的理论思想。此外，毛泽东还指明了两大问题：一是对"过渡时期"作了界定，"过渡时期"指从中华人民共和国成立到社会主义改造基本完成；二是明确了过渡时期的任务，即"一化三改造"，其中"一化"指逐步

---

① 《建国以来重要文献选编》第1册，中央文献出版社，1992，第7页。
② 《建国以来重要文献选编》第1册，中央文献出版社，1992，第7~8页。
③ 《建国以来重要文献选编》第1册，中央文献出版社，1992，第8页。

实现国家的社会主义工业化;"三改造"指逐步实现对农业、手工业和资本主义工商业的社会主义改造。

除此之外,新中国成立后制定和实施了第一个五年计划。这里面主要体现了毛泽东关于优先发展重工业的思想、有计划按比例发展的思想、在自力更生基础上积极利用外援的思想、要求经济快速发展的思想等。

第三节 探索社会主义建设道路时期的经济思想

在生产资料私有制的社会主义改造基本完成后,毛泽东开始思考和探索社会主义建设的道路问题。

首先,毛泽东开始对社会主义社会基本矛盾进行有益探索。毛泽东运用对立统一规律研究社会主义社会,明确了社会主义的基本矛盾及其特点。毛泽东指出:"在社会主义社会中,基本的矛盾仍然是生产关系和生产力之间的矛盾,上层建筑和经济基础之间的矛盾。"[1] 毛泽东把社会主义社会矛盾分为两类,一类是敌我矛盾,另一类是人民内部矛盾,在剥削阶级作为阶级被消灭以后,人民内部矛盾开始处于突出地位。毛泽东继而提出了处理人民内部矛盾的基本公式,即"团结——批评——团结"[2]。这些理论对当前和今后仍有重大的指导作用。

其次,毛泽东对工业化的含义、原则、条件等作出了具体的论述。

一是关于工业化的含义。工业化不仅是工业某一方面的"化",而且是一个独立的、完整的、现代化的工业体系;这个体系也不只是工业本身,还包括交通运输业和农业等。

二是关于实行工业化的原则。中国革命是以工农联盟为基础获得成功的,在实行社会主义工业化的过程中,当然只能加强工农联盟而不能损害农民的利益,这是一条基本原则。

三是关于工业化的条件。工业化既有国内条件又有国外条件,既有经济条件又有思想条件,既有政治条件又有组织条件,是全面而具体的,缺一不可。

四是关于工业化道路。工业化道路的问题,主要指重工业、轻工业和农

---

[1] 《毛泽东文集》第7卷,人民出版社,1991,第214页。
[2] 《毛泽东文集》第7卷,人民出版社,1991,第290页。

业的发展关系问题，我国的经济建设要以重工业为中心，但是同时必须充分注意发展农业和轻工业。

五是关于工业化时间。在中国当时的条件下，毛泽东估计了两个时间：一个是实现初步工业化的时间；另一个是接近或赶上世界上工业最发达国家的时间。

六是关于工业化布局。工业化除了技术上的要求外，还有布局上的要求。毛泽东指出："我国全部轻工业和重工业，都有约百分之七十在沿海，只有百分之三十在内地。这是历史上形成的一种不合理的状况。沿海的工业基地必须充分利用，但是，为了平衡工业发展的布局，内地工业必须大力发展。"①

七是关于工业化办法。毛泽东指出："凡是真正愿意为社会主义事业服务的知识分子，我们都应当给予信任，从根本上改善同他们的关系，帮助他们解决各种必须解决的问题，使他们得以积极地发挥他们的才能。"②在建设社会主义工业化过程中，需要有知识分子的参加，必须尊重知识，重视发挥知识分子的作用。

最后，毛泽东重点对社会主义主要经济关系展开分析。他提出"十大关系"，即：重工业和轻工业、农业的关系；沿海工业和内地工业的关系；经济建设和国防建设的关系；国家、生产单位和生产者个人的关系；中央和地方的关系；汉族和少数民族的关系；党和非党的关系；革命和反革命的关系；是非关系；中国和外国的关系。在社会主义建设中，这十个关系都会碰到，都需要处理好。其中，工业和农业，沿海和内地，中央和地方，国家、集体和个人，国防建设和经济建设是最主要的。③

第四节 "文化大革命"时期的经济思想

"文化大革命"时期，毛泽东主要有以下方针性的思想。

第一，"抓革命，促生产"。"抓革命"，是用"无产阶级专政条件下继续

---

① 《毛泽东文集》第7卷，人民出版社，1991，第25页。
② 《毛泽东文集》第7卷，人民出版社，1991，第225页。
③ 参见《建国以来重要文献选编》第8册，中央文献出版社，1994，第244~261页。

革命"的理论开展"文化大革命",坚持以阶级斗争为纲,批判资产阶级反动路线和经济挂帅;"促生产",是要求促进企业发展和实现整个国民经济的新飞跃。

第二,"备战、备荒、为人民"。这是毛泽东政治与经济结合的又一种思想。根据"备战、备荒、为人民"的战略方针,毛泽东除了抓紧"以粮为纲"外,在工业生产上主要重视两件事。一是调整产业布局,加快"大小三线"建设。为了战备需要,当时将全国划分为一、二、三线三类地区,一线地处战略前沿,三线地区为全国的战略后方,在一、二线地区内,又依本地区情况,划出若干地方作为区内的三线地区。习惯上,称前者为"大三线",后者为"小三线"。全国重点保证"大三线"建设,区内保证"小三线"建设。二是以战备目的为出发点,大力发展"五小"工业。所谓"五小"工业,开始是指小钢铁、小机械、小化肥、小煤窑、小水泥,后来泛指主要由地、县两级举办的小型企业。

第三,逐步实现四个现代化。这就是工业、农业、国防和科技的现代化。其中,毛泽东指出要充分发挥地方的积极性,逐步实现农业机械化。自此以后,全国上下都把农业机械化作为一件大事来抓,使农业机械化以从未有过的速度向前发展。

第五章 中国特色社会主义理论体系的经济思想

第一节 邓小平理论中的经济学论述

邓小平理论中的经济学论述以经济文化落后国家如何建设、巩固和发展社会主义经济关系为研究对象,以现阶段怎样建设和发展具有中国特色的社会主义经济关系、探索有中国特色社会主义经济体制和经济运行的规律为主题,其中,最重要的是提出了社会主义初级阶段理论和社会主义市场经济的理论。

一 关于社会主义初级阶段的理论

当社会主义由理论成为实践而且社会主义制度确立以后,把社会主义社会划分为不同的发展阶段,从而正确认识各国所处的历史发展阶段,并把握这个阶段社会经济生活的主要矛盾及其运动规律,就成为社会主义各国制定路线、方针、政策的依据以及指导社会主义建设的立足点。我国对社会主义社会所处的发展阶段的认识,经历了一个长期曲折的摸索过程。党的十一届三中全会重新确立了实事求是的马克思主义思想路线,冲破了"左"的一套和教条主义的束缚,解放了思想,为正确地总结社会主义建设的经验教训和实事求是地分析我国国情,从而正确地判断我国所处的社会主义发展阶段开辟了道路。

邓小平对于我国社会主义的初级阶段理论的提出,以及社会主义初级阶段的长期性的正确判断作出了重大贡献。1987年8月29日,邓小平在同意大利共产党领导人约蒂和赞盖里的谈话中指出:"我们党的十三大要阐述中国社会主义是处在一个什么阶段,就是处在初级阶段,是初级阶段的社会主义。社会主义本身是共产主义的初级阶段,而我们中国又处在社会主义的初级阶段,就是不发达的阶段。一切都要从这个实际出发,根据这个实际来制订规划。"①"我们搞社会主义才几十年,还处在初级阶段。巩固和发展社会主义制度,还需要一个很长的历史阶段,需要我们几代人、十几代人,甚至几十代人坚持不懈地努力奋斗,决不能掉以轻心。"②

我国仍处在社会主义初级阶段的论断,是完全符合我国国情的,这主要是由我国较低的社会生产力水平决定的。所谓较低的社会生产力水平,是从两个方面来衡量的。一方面,从生产力内在的尺度或绝对尺度来衡量,较低的社会生产力水平就意味着还没有为社会主义制度建立起自身应有的完全的物质技术基础;另一方面,从生产力的相对尺度来衡量,较低的社会生产力水平意味着社会生产力的发展在整个世界经济发展的整体状况中还没有达到发达的程度,甚至还没有达到中等水平。因此,这种较低的社会生产力水平决定了与之相适应的不成熟的社会主义生产关系和上层建筑,形成了社会主义的初级阶段。

社会主义初级阶段是一个长期的历史过程。邓小平指出,我国社会主义的初级阶段"不是泛指任何国家进入社会主义都会经历的起始阶段,而是特指我国在生产力落后、商品经济不发达条件下建设社会主义必然要经历的特定阶段"③。邓小平认为,中国是有着5000年文明的古国和10亿多人口的大国,必须实事求是从中国的具体国情出发,建设有中国特色的社会主义。他指出:"我们的现代化建设,必须从中国的实际出发。无论是革命还是建设,都要注意学习和借鉴外国经验。但是,照抄照搬别国经验、别国模式,从来不能得到成功。这方面我们有过不少教训。把马克思主义的普遍真理同我国的具体实际结合起来,走自己的道路,建设有中国特色的社会主义,这就是我们总结长期历史经验得出的基本结论。"④ 我国是在生产力落后和商品经济不发达的基础上进行社会主义经济建设的,我们逾越了资本主义经济制度的阶段,但从建设成熟的或高级阶段的社会主义来说,我们既不能逾越生产力高度发展的阶段,也不能逾越商品经济充分发展的阶段。

---

① 《邓小平文选》第3卷,人民出版社,1993,第252页。
② 《邓小平文选》第3卷,人民出版社,1993,第379~380页。
③ 《十三大以来重要文献选编》(上),人民出版社,1991,第12页。
④ 《邓小平文选》第3卷,人民出版社,1993,第2~3页。

二 关于社会主义本质及其基本经济制度的理论

对于社会主义的本质,马克思恩格斯曾经有过明确的概括,他们关于未来社会的理论为社会主义制度的建立提供了科学指南。但是,马克思恩格斯的论述只是一种科学的预测,需要在实践中根据实际情况加以科学运用和发展,特别是在中国这种落后国家建设社会主义,更需要充分考虑具体的国情。

邓小平根据我国社会主义经济建设的实践,对社会主义本质这一根本问题作了创新性的概括:"社会主义的本质,是解放生产力,发展生产力,消灭剥削,消除两极分化,最终达到共同富裕。"①邓小平认为,社会主义的本质,是生产力发展得更快一些,只有生产发展比资本主义国家快一些,人们生活才能富裕,才能避免贫富分化。"搞社会主义,一定要使生产力发达,贫穷不是社会主义。我们坚持社会主义,要建设对资本主义具有优越性的社会主义,首先必须摆脱贫穷。现在虽说我们也在搞社会主义,但事实上不够格。只有到了下世纪中叶,达到了中等发达国家的水平,才能说真的搞了社会主义,才能理直气壮地说社会主义优于资本主义。"②

为此,邓小平提出了判断社会主义优越性的标准是"三个有利于",邓小平在1992年南方谈话时对判断工作的标准进行了精辟的概括。"改革开放迈不开步子,不敢闯,说来说去就是怕资本主义的东西多了,走了资本主义道路。要害是姓'资'还是姓'社'的问题。判断的标准,应该主要看是否有利于发展社会主义社会的生产力,是否有利于增强社会主义国家的综合国力,是否有利于提高人民的生活水平。"③

党的十五大对社会主义本质有了进一步深入的认识,明确提出:"公有制为主体、多种所有制经济共同发展,是我国社会主义初级阶段的一项基本经济制度。"④党的十六大进一步阐明了坚持和完善社会主义基本经济制度的方向和要求。社会主义基本经济制度的提出揭示了社会主义经济制度的本质,而这一理论的发展首先源于邓小平社会主义初级阶段理论。

---

① 《邓小平文选》第3卷,人民出版社,1993,第373页。
② 《邓小平文选》第3卷,人民出版社,1994,第225页。
③ 《邓小平文选》第3卷,人民出版社,1993,第372页。
④ 《十五大以来重要文献选编》(上),人民出版社,2000,第20页。

邓小平认为，中国进行的是社会主义经济建设，社会主义的特点集中体现为：在生产资料所有制上，以公有制为主体；在分配方式上，以按劳分配为主体。也就是说，社会主义区别于资本主义的一个重要特点就在于实行以公有制为主体的生产资料所有制形式。邓小平指出："现在我们搞四个现代化，是搞社会主义的四个现代化，不是搞别的现代化。我们采取的所有开放、搞活、改革等方面的政策，目的都是为了发展社会主义经济。我们允许个体经济发展，还允许中外合资经营和外资独营的企业发展，但是始终以社会主义公有制为主体。"[1]

邓小平在1980年答意大利记者问时指出，"社会主义是共产主义第一阶段，这是一个很长的历史阶段，必须实行按劳分配，必须把国家、集体和个人利益结合起来，才能调动积极性，才能发展社会主义的生产"[2]，"我们一定要坚持按劳分配的社会主义原则。按劳分配就是按劳动的数量和质量进行分配。根据这个原则，评定职工工资级别时，主要看他的劳动好坏、技术高低、贡献大小"[3]。

中国的经济落后，资金、技术有限，经济发展面临资源的瓶颈，如果全面展开，就可能因资金、资源的约束、瓶颈，而使任何地方都摆脱不了低水平的贫困陷阱。因此，中国只能集中有限的资金、资源，让一部分人先富起来，让一部分地区先发展起来，非均衡的发展道路是中国的必然选择。1988年5月25日，邓小平在与捷克斯洛伐克共产党中央总书记雅克什的谈话时说："社会主义的特点不是穷，而是富，但这种富是人民共同富裕。"[4]

实行按劳分配与按要素分配相结合的制度，有利于鼓励各种生产要素的积极性，但是由于不同人的天赋是不同的，有的人存在先天的缺陷，实行按劳分配的目的，就是要让一部分人先富起来，带动其他人共同富裕。"在经济政策上，我认为要允许一部分地区、一部分企业、一部分工人农民，由于辛勤努力成绩大而收入先多一些，生活先好起来。一部分人生活先好起来，就必然产生极大的示范力量，影响左邻右舍，带动其他地区、其他单位的人们

---

[1] 《邓小平文选》第3卷，人民出版社，1993，第110页。
[2] 《邓小平文选》第2卷，人民出版社，1994，第351页。
[3] 《邓小平文选》第2卷，人民出版社，1994，第101页。
[4] 《邓小平文选》第3卷，人民出版社，1993，第265页。

向他们学习。这样，就会使整个国民经济不断地波浪式地向前发展，使全国各族人民都能比较快地富裕起来。"①

三 关于社会主义经济改革的理论

实行按劳分配与按要素分配相结合的制度，有利于鼓励各种生产要素的积极性，传统的计划经济体制统得过多、管得过死，不利于调动人们的积极性，存在束缚生产力发展的因素，因此，要通过改革建立社会主义市场经济体制，促进生产力的发展。邓小平认为："革命是解放生产力，改革也是解放生产力。推翻帝国主义、封建主义、官僚资本主义的反动统治，使中国人民的生产力获得解放，这是革命，所以革命是解放生产力。社会主义基本制度确立以后，还要从根本上改变束缚生产力发展的经济体制，建立起充满生机和活力的社会主义经济体制，促进生产力的发展，这是改革，所以改革也是解放生产力。过去，只讲在社会主义条件下发展生产力，没有讲还要通过改革解放生产力，不完全。应该把解放生产力和发展生产力两个讲全了。"② 1985年3月28日，邓小平在会见日本自由民主党副总裁二阶堂进谈话时说："现在我们正在做的改革这件事是够大胆的。但是，如果我们不这样做，前进就困难了。改革是中国的第二次革命。这是一件很重要的必须做的事，尽管是有风险的事。"③ "十一届三中全会决定进行改革，就是要选择好的政策。改革的性质同过去的革命一样，也是为了扫除发展社会生产力的障碍，使中国摆脱贫穷落后的状态。从这个意义上说，改革也可以叫革命性的变革。"④

传统的观点认为计划经济属于社会主义制度，市场经济属于资本主义制度，计划和市场具有社会制度的属性，邓小平关于社会主义市场经济的理论是对这一传统理论的重大突破。当然，邓小平关于社会主义市场经济改革取向问题的认识也有一个发展过程。1987年2月，邓小平与几位中央负责同志谈话时提出："我们以前是学苏联的，搞计划经济。后来又讲计划经济为主，现在不

---

① 《邓小平文选》第2卷，人民出版社，1994，第152页。
② 《邓小平文选》第3卷，人民出版社，1993，第370页。
③ 《邓小平文选》第3卷，人民出版社，1993，第113页。
④ 《邓小平文选》第3卷，人民出版社，1993，第135页。

要再讲这个了。"①循此指导思想，在同年召开的党的十三大的报告中，已不再讲以计划经济为主，既然放弃了以计划经济为主，自然也就取消了以市场调节为辅的提法，报告中提出了一些新的理论观点，诸如：社会主义经济是公有制基础上的有计划的商品经济；社会主义经济体制应是计划与市场内在统一的体制；要善于运用计划调节和市场调节这两种形式和手段；不能把计划调节和指令性计划等同起来，要逐步缩小指令性计划的范围；新的经济运行机制，总体上来说应当是"国家调节市场，市场引导企业"②。这种经济运行机制实际上是指导性计划和市场经济的运行机制，扩大了市场调节的范围。

1992年，邓小平在南方谈话中公开提出："计划经济不等于社会主义，资本主义也有计划；市场经济不等于资本主义，社会主义也有市场。计划和市场都是经济手段。"③这一论述突破了把计划经济与市场经济作为区别社会主义与资本主义的特征的传统观点，为社会主义市场经济体制改革的顺利进行扫清了思想认识上的障碍。同年召开的党的十四大指出："我国经济体制改革的目标是建立社会主义市场经济体制。"④

四 关于对外开放和经济发展的理论

随着交通信息技术的发展，世界经济越来越融合为一体，经济全球化是经济发展的必然趋势，因此，要对外开放，充分利用外国的资金技术，加快经济的发展。1984年10月6日，邓小平在会见参加中外经济合作问题讨论会全体代表时说："关起门来搞建设是不能成功的，中国的发展离不开世界。"⑤"现在的世界是开放的世界。中国在西方国家产业革命以后变得落后了，一个重要原因就是闭关自守。建国以后，人家封锁我们，在某种程度上我们也还是闭关自守，这给我们带来了一些困难。三十几年的经验教训告诉我们，关起门来搞建设是不行的，发展不起来。"⑥

同时，邓小平指出，要大胆吸收借鉴资本主义的先进经验，对于资本主

---

① 《邓小平文选》第3卷，人民出版社，1993，第203页。
② 《十三大以来重要文献选编》（上），人民出版社，1991，第27页。
③ 《邓小平文选》第3卷，人民出版社，1993，第373页。
④ 《十四大以来重要文献选编》（上），人民出版社，1996，第18~19页。
⑤ 《邓小平文选》第3卷，人民出版社，1993，第78页。
⑥ 《邓小平文选》第3卷，人民出版社，1993，第64页。

义的东西要大胆地改造、利用。"社会主义要赢得与资本主义相比较的优势，就必须大胆吸收和借鉴人类社会创造的一切文明成果，吸收和借鉴当今世界各国包括资本主义发达国家的一切反映现代社会化生产规律的先进经营方式、管理方法。"①

经济的发展要按照规律循序渐进。邓小平根据中国的国情，确立了经济发展的近期目标和长远规划，这样就有利于克服冒进主义，促进经济平衡健康有序地发展。1987年4月30日，他在会见西班牙副首相格拉时首次全面地阐述了"三步走"战略步骤。他说："我们原定的目标是，第一步在八十年代翻一番。以一九八〇年为基数，当时国民生产总值人均只有二百五十美元，翻一番，达到五百美元。第二步是到本世纪末，再翻一番，人均达到一千美元……我们制定的目标更重要的还是第三步，在下世纪用三十年到五十年再翻两番，大体上达到人均四千美元。做到这一步，中国就达到中等发达的水平。这是我们的雄心壮志。"②

后来，邓小平又提出："我们的第一个目标是解决温饱问题，这个目标已经达到了。第二个目标是在本世纪末达到小康水平，第三个目标是在下个世纪的五十年内达到中等发达国家水平。我们现在真正要做的就是通过改革加快发展生产力，坚持社会主义道路，用我们的实践来证明社会主义的优越性。要用两代人、三代人、甚至四代人来实现这个目标。到那个时候，我们就可以真正用事实理直气壮地说社会主义比资本主义优越了。"③

邓小平还强调，农业生产是人类生活资料的主要来源，农业是国民经济的基础。"农业搞不好，工业就没有希望，吃、穿、用的问题也解决不了。"④"从中国的实际出发，我们首先解决农村问题。中国有百分之八十的人口住在农村，中国稳定不稳定首先要看这百分之八十稳定不稳定。城市搞得再漂亮，没有农村这一稳定的基础是不行的。"⑤必须大力发展农业。但中国农业的现实是，人口多土地少，技术落后。因此对于农业的发展，1982年10

---

① 《邓小平文选》第3卷，人民出版社，1993，第373页。
② 《邓小平文选》第3卷，人民出版社，1993，第226页。
③ 《邓小平文选》第3卷，人民出版社，1993，第256页。
④ 《邓小平文选》第1卷，人民出版社，1994，第322页。
⑤ 《邓小平文选》第3卷，人民出版社，1993，第65页。

月 14 日邓小平在同国家计委负责同志的谈话时指出:"农业的发展一靠政策,二靠科学。科学技术的发展和作用是无穷无尽的。"①

1990 年邓小平在《国际形势和经济问题》中提出了农业发展的"两个飞跃",即"中国社会主义农业的改革和发展,从长远的观点看,要有两个飞跃。第一个飞跃,是废除人民公社,实行家庭联产承包为主的责任制。这是一个很大的前进,要长期坚持不变。第二个飞跃,是适应科学种田和生产社会化的需要,发展适度规模经营,发展集体经济。这是又一个很大的前进,当然这是很长的过程"②。

第二节 江泽民"三个代表"重要思想中的经济学论述

江泽民"三个代表"重要思想中的经济学论述是从我国基本国情出发,根据中国社会主义建设的历史经验教训和改革开放的实践经验,在建设有中国特色社会主义道路的过程中形成和发展起来的思想理论。其中,最重要的是把公有制为主体、多种所有制经济共同发展确定为我国社会主义初级阶段的基本经济制度,以及提出我国经济体制改革的目标是建立社会主义市场经济体制。

一 关于所有制和分配制度的理论

马克思主义认为,考察一个社会的性质,首要考察生产资料所有制的结构,中国特色社会主义之所以是社会主义而不是其他什么主义,就在于它坚持公有制为主体、多种经济成分共同发展的基本经济制度。江泽民在一系列讲话中对我国的基本经济制度进行了科学阐释。江泽民在党的十五大报告中明确提出:"公有制为主体、多种所有制经济共同发展,是我国社会主义初级阶段的一项基本经济制度。"③ 这是在党的文件中第一次把公有制为主体、多种所有制共同发展,明确升华为我国社会主义初级阶段的一项基本经济制度。

在党的十六大报告中,江泽民旗帜鲜明地指出:"根据解放和发展生产力

---

① 《邓小平文选》第 3 卷,人民出版社,1993,第 17 页。
② 《邓小平文选》第 3 卷,人民出版社,1993,第 355 页。
③ 《江泽民文选》第 2 卷,人民出版社,2006,第 19 页。

的要求,坚持和完善公有制为主体、多种所有制经济共同发展的基本经济制度。第一,必须毫不动摇地巩固和发展公有制经济。发展壮大国有经济,国有经济控制国民经济命脉,对于发挥社会主义制度的优越性,增强我国的经济实力、国防实力和民族凝聚力,具有关键性作用。集体经济是公有制经济的重要组成部分,对实现共同富裕具有重要作用。第二,必须毫不动摇地鼓励、支持和引导非公有制经济发展。个体、私营等各种形式的非公有制经济是社会主义市场经济的重要组成部分,对充分调动社会各方面的积极性、加快生产力发展具有重要作用。第三,坚持公有制为主体,促进非公有制经济发展,统一于社会主义现代化建设的进程中,不能把这两者对立起来。各种所有制经济完全可以在市场竞争中发挥各自优势,相互促进,共同发展。"① 这是在党的文件中第一次明确提出非公有制经济是我国社会主义市场经济的重要组成部分,从根本上清除了对非公有制经济长期以来存在的偏见和歧视,使不同经济主体之间的相对独立性、平等性和竞争性得到充分的体现。

此外,江泽民还进一步界定了公有制经济的新内涵和公有制经济的实现形式。在党的十五大报告中,江泽民指出:"公有制经济不仅包括国有经济和集体经济,还包括混合所有制经济中的国有成分和集体成分。"② "公有制实现形式可以而且应当多样化。一切反映社会化生产规律的经营方式和组织形式都可以大胆利用。"③

收入分配关系国计民生,关系改革发展稳定的大局。江泽民指出:"把按劳分配和按生产要素分配结合起来,坚持效率优先、兼顾公平,有利于优化资源配置,促进经济发展,保持社会稳定。"④ 按生产要素分配有其客观必然性与合法性,把按劳分配和生产要素分配有机地结合起来,是为了更好地促进社会主义市场经济的发展。江泽民还提出要通过合理调整收入分配格局,为我国改革开放和经济发展营造良好环境。江泽民指出:"正确处理一次分配和二次分配的关系,在经济发展的基础上普遍提高居民收入水平,逐步形成一个高收入人群和低收入人群占少数、中等收入人群占大多数的'两头小、

---

① 《江泽民文选》第 3 卷,人民出版社,2006,第 547~548 页。
② 《江泽民文选》第 2 卷,人民出版社,2006,第 19 页。
③ 《江泽民文选》第 2 卷,人民出版社,2006,第 20 页。
④ 《江泽民文选》第 2 卷,人民出版社,2006,第 22 页。

中间大'的分配格局,使人民共享经济繁荣成果,促进国民经济持续快速健康发展和社会长治久安。"① 在社会主义市场经济条件下,这些论述充分体现了我国分配制度的创新,为我国的收入分配改革指明了方向。

二 关于社会主义市场经济体制的理论

在马克思主义经典作家看来,商品经济或者市场经济是资本主义特有的经济范畴,计划经济才是社会主义经济的基本特征。在新中国成立初期,我国也沿袭了这种认识,直到 1978 年召开党的十一届三中全会之后,随着邓小平提出"社会主义也可以搞市场经济"和"社会主义的市场经济",这一传统观念才逐步被突破。1992 年春,邓小平在南方谈话中指出:"计划多一点还是市场多一点,不是社会主义与资本主义的本质区别。计划经济不等于社会主义,资本主义也有计划;市场经济不等于资本主义,社会主义也有市场。计划和市场都是经济手段。"② 正是在这一认识基础上,江泽民指出:"我国经济体制改革确定什么样的目标模式,是关系整个社会主义现代化建设全局的一个重大问题。这个问题的核心,是正确认识和处理计划与市场的关系。"③ 江泽民在党的十四大报告中把建立社会主义市场经济体制作为改革的目标,实质是为社会主义经济找到了一种高效率的资源配置方式。江泽民阐述了社会主义市场经济的基本要求与基本特征,科学完整地解答了社会主义市场经济的含义。

江泽民指出:"我们要建立的社会主义市场经济体制,就是要使市场在社会主义国家宏观调控下对资源配置起基础性作用,使经济活动遵循价值规律的要求,适应供求关系的变化;通过价格杠杆和竞争机制的功能,把资源配置到效益较好的环节中去,并给企业以压力和动力,实现优胜劣汰;运用市场对各种经济信号反应比较灵敏的优点,促进生产和需求的及时协调。同时也要看到市场有其自身的弱点和消极方面,必须加强和改善国家对经济的宏观调控。"④ 这就指明了社会主义市场经济同计划经济的根本区别,指明了社

---

① 《江泽民论有中国特色社会主义(专题摘编)》,中央文献出版社,2002,第 59 页。
② 《邓小平文选》第 3 卷,人民出版社,1993,第 373 页。
③ 《江泽民文选》第 1 卷,人民出版社,2006,第 225 页。
④ 《江泽民文选》第 1 卷,人民出版社,2006,第 226~227 页。

会主义市场经济的共性和基本要求，并对社会主义市场经济体制的科学内涵作了明确界定。

一是坚持社会主义基本经济制度是我国建立市场经济体制的根本制度基础，什么时候也不能去掉"社会主义"这个定语，放弃社会主义就不是真正的社会主义市场经济体制，离开了社会主义基本制度就会走向资本主义。江泽民指出："我们搞的是社会主义市场经济，'社会主义'这几个字是不能没有的，这并非多余，并非'画蛇添足'，而恰恰相反，这是'画龙点睛'。所谓'点睛'，就是点明我们市场经济的性质。西方市场经济符合社会化大生产、符合市场一般规律的东西，毫无疑义，我们要积极学习和借鉴，这是共同点，但西方市场经济是在资本主义制度下搞的，我们的市场经济是在社会主义制度下搞的，这是不同点，而我们的创造性和特色也就体现在这里。"①

二是使市场机制在资源配置中起基础性作用，这也是社会主义市场经济体制的根本要求和关键所在。江泽民指出："市场是配置资源和提供激励的有效方式，它通过竞争和价格杠杆把稀缺物资配置到能创造最好效益的环节中去，并给企业带来压力和动力。而且，市场对各种信号的反应也是灵敏迅速的。"②在社会主义市场经济中，要充分发挥价值规律的作用，利用价格传导机制，引导社会资源合理配置，并利用竞争机制，激励企业竞争，发挥市场经济优胜劣汰的作用。

三是在充分肯定市场经济积极作用的同时，也要清醒地看到市场经济的自发性、盲目性和滞后性，加强政府的宏观调控，充分发挥计划调节的优势，弥补市场调节的不足，优化资源配置，提高经济效率。江泽民特别强调："国家宏观调控和市场机制的作用，都是社会主义市场经济体制的本质要求，二者是统一的，是相辅相成、相互促进的。在当今世界，没有哪一个国家的市场经济是不受政府调控的。我国是社会主义国家，应该而且也更有条件搞好宏观调控。"③要充分发挥政府和市场的作用，保持经济总量平衡，抑制通货膨胀，促进重大经济结构优化，实现经济稳定增长。

---

① 《江泽民论有中国特色社会主义（专题摘编）》，中央文献出版社，2002，第69页。
② 《江泽民文选》第1卷，人民出版社，2006，第200页。
③ 《江泽民论有中国特色社会主义（专题摘编）》，中央文献出版社，2002，第73页。

三 关于经济全球化的理论

20世纪80年代以来,经济全球化迅猛发展,成为不可逆转的历史潮流,对世界各国的经济发展和社会生活产生了深刻的影响。江泽民从历史唯物主义的视角出发,基于经济全球化的生产力动因及其在世界范围内的表现,指出:"经济全球化是当今世界的一个基本经济特征。随着生产力的发展和科学技术的进步,技术创新、知识应用、贸易投资、金融活动日益国际化,各国经济的相互交流、相互依存日益加深。经济全球化,是社会生产力发展的客观要求和必然结果。"[1] 因此,从生产力角度来看,经济全球化是社会生产力和科学技术发展的客观要求和必然结果,有利于促进资本、技术、知识等生产要素在全球范围内的优化配置,有利于各国各地区加强经济技术合作,也有利于世界经济的发展和国际社会的稳定,从而为世界经济带来"新的发展机遇"。

但由于它是由发达资本主义国家发动并主导的,这也就决定了经济全球化具有鲜明的二重性色彩。江泽民指出:"经济全球化,是由发达国家首先推动起来的,而且他们在其中一直起着主导作用。因此,目前的这种经济全球化,一方面是社会生产力和科学技术发展的表现,一方面又是资本主义生产方式和资本主义市场经济在全球范围内的延伸。这是现代资本主义发展中出现的一个现象。"[2] 因此,经济全球化是一个利弊兼有的发展过程,参与全球化的国家不得不为生存发展展开激烈竞争。江泽民指出,"经济全球化有利于各国各地区加强经济技术合作,也有利于世界经济发展和国际社会稳定",但"我们也应看到,经济全球化是一把双刃剑。现在,经济全球化是西方发达国家主导的。他们经济、科技实力雄厚,掌握着国际经贸组织以及国际经济规则的主导权,在全球化中获益最大,而广大发展中国家总体上处于不利地位。目前的经济全球化进程,正在导致南北差距进一步拉大,一些经济技术条件比较差的发展中国家面临着进一步被边缘化的危险"[3]。

---

[1] 《江泽民文选》第3卷,人民出版社,2006,第159页。
[2] 《江泽民文选》第2卷,人民出版社,2006,第199页。
[3] 《江泽民文选》第3卷,人民出版社,2006,第159页。

由于世界经济发展的不均衡性，世界各国经济水平产生很大的差异，在全球化竞争中，发达国家通过国际制度规则最大化地保障自身的利益，持续强化与发展中国家之间地位的不平等，增加发展中国家在经济发展中的不确定性，从而有效转嫁危机，规避风险，成为经济全球化的最大受益者；而大多数发展中国家则是被动卷入经济全球化，自身不掌握游戏规则和话语权，存在进一步被边缘化的危险。因此，经济全球化在促进人类社会生产力提高的同时，并没有使世界各国尤其是广大发展中国家受益，反而使不少国家处境更加恶化。江泽民指出："中国人民和各国人民，都不愿看到任何国家或国家集团再推行新的霸权和强权，都不愿看到南北之间的发展差距、贫富鸿沟再扩大下去。"①为此，江泽民呼吁建立平等、互惠、共赢、共存的经济全球化，呼吁国际社会为"建立公正合理的国际政治经济新秩序"而付出努力。江泽民指出："趋利避害，实现共赢共存，使经济全球化朝着有利于世界经济平衡、稳定和可持续发展的方向前进，以缩小南北差距，防止贫者愈贫、富者愈富现象继续发展。这不仅是实现各国共同发展的需要，也是维护世界和平稳定的要求。"②"如果发达国家能够本着平等、公平和互利互惠的原则，切实支持和帮助广大发展中国家发展经济文化，使之尽快摆脱贫困落后状态，世界的和平与发展问题就有了解决的重要基础。"③因此，引导经济全球化健康发展的关键是建立一个公正合理的国际经济新秩序，这些论述为国际社会推动经济全球化健康发展提供了重要理论依据。

四 关于区域经济协调发展的理论

区域经济协调发展是国民经济持续、健康发展的基本要求。我国区域经济如何发展，不仅是一个重大的经济问题，而且是一个重大的社会问题、政治问题，关系到改革、发展和稳定的大局。在充分总结我国改革开放以来区域经济发展的经验教训的基础上，江泽民及时提出了区域经济协调发展的构

---

① 《江泽民文选》第3卷，人民出版社，2006，第296页。
② 《江泽民文选》第3卷，人民出版社，2006，第474~475页。
③ 《江泽民文选》第3卷，人民出版社，2006，第297页。

想,并指出"要用历史的、辩证的观点,认识和处理地区差距问题"①,"一是要看到各个地区发展不平衡是一个长期的历史的现象。二是要高度重视和采取有效措施正确解决地区差距问题。三是解决地区差距问题需要一个过程。应当把缩小地区差距作为一条长期坚持的重要方针"②。

在党的十四届五中全会上,江泽民特别强调:"解决地区发展差距,坚持区域经济协调发展,是今后改革和发展的一项战略任务。"③他指出:"中西部地区,要适应发展市场经济的要求,加快改革开放步伐,充分发挥资源优势,积极发展优势产业和产品,使资源优势逐步变为经济优势。这次全会已作出了部署,提出了包括中央财政转移支付、优先安排资源开发和基础设施建设项目、鼓励到中西部地区投资、理顺资源性产品价格体系等措施。东部地区要继续充分利用有利条件,进一步增强经济活力,在深化改革、转变经济增长方式、提高经济素质和效益方面迈出更大的步伐。同时,东部地区要通过多种形式帮助中西部欠发达地区和民族地区发展经济,促进地区经济协调发展。"④1999年6月,江泽民在视察陕、甘、宁、青、新五省区时发表讲话,系统地阐述区域经济协调发展问题,首次明确提出了西部大开发战略,这标志着我国区域经济发展进入一个新阶段。区域经济协调发展是通过适度倾斜与协调发展相结合的方式,在保持东部地区经济较快发展的同时,加大对中西部地区的开发力度,扶持帮助中西部地区发展,只有实现区域协调发展、共同提高,才能保持国民经济持续稳定健康发展。

区域经济协调发展和全体人民共同富裕,是体现社会主义本质的基本要求,也是改革开放和社会主义现代化建设的重要内容,关系到改革、发展和稳定的大局。江泽民指出:"要以邓小平同志关于让一部分地区、一部分人先富起来,逐步实现共同富裕的战略思想来统一全党的认识。实现共同富裕是社会主义的根本原则和本质特征,绝不能动摇。"⑤至于如何实现全体人民共同富裕,江泽民指出:"办法就是通过一部分人、一部分地区先富起来的带动

---

① 《十四大以来重要文献选编》(中),人民出版社,1997,第1466页。
② 《十四大以来重要文献选编》(中),人民出版社,1997,第1466页。
③ 《十四大以来重要文献选编》(中),人民出版社,1997,第1467页。
④ 《十四大以来重要文献选编》(中),人民出版社,1997,第1467页。
⑤ 《十四大以来重要文献选编》(中),人民出版社,1997,第1466页。

和促进作用,通过国家的宏观调节和地区自身的努力,在共同发展生产力的基础上,使这种差距逐步得到缩小,最终达到共同富裕。"①

第三节 胡锦涛科学发展观中的经济学论述

胡锦涛科学发展观中的经济学论述在科学分析我国发展阶段性特征的基础上,着眼于把握发展规律、转变发展方式、破解发展难题,在继续回答"怎样建设社会主义"的过程中,围绕"实现什么样的发展、怎样发展"这一重大时代课题,提出实施创新驱动发展战略,不断完善社会主义市场经济体制。

一 关于完善社会主义市场经济体制的理论

完善社会主义市场经济体制是随着我国社会主义市场经济的不断发展而提出来的,并随着社会主义市场经济实践的推进而不断完善。"建立和完善社会主义市场经济体制,是我们党对马克思主义和社会主义的历史性贡献。"②从党的十六届三中全会提出"完善社会主义市场经济体制的目标和任务"③,到党的十七大报告提出"要在加快转变经济发展方式、完善社会主义市场经济体制方面取得重大进展"④,社会主义市场经济体制经历了诸多理论和实践的创新,并随着经济发展水平的不断变化而不断调整,逐步形成了一套相对完整的理论体系。

在党的十六届四中全会上,胡锦涛对完善社会主义市场经济体制的目标和主要任务作了系统阐述。胡锦涛指出:"按照统筹城乡发展、统筹区域发展、统筹经济社会发展、统筹人与自然和谐发展、统筹国内发展和对外开放的要求,更大程度地发挥市场在资源配置中的基础性作用,增强企业活力和竞争力,健全国家宏观调控,完善政府社会管理和公共服务职能,为全面建设小康社会提供强有力的体制保障。主要任务:完善公有制为主体、多种所有制经济共同发展的基本经济制度;建立有利于逐步改变城乡二

---

① 《江泽民论有中国特色社会主义(专题摘编)》,中央文献出版社,2002,第170页。
② 《十七大以来重要文献选编》(上),中央文献出版社,2010,第800页。
③ 《十六大以来重要文献选编》(上),中央文献出版社,2005,第465页。
④ 《十七大以来重要文献选编》(上),中央文献出版社,2010,第17页。

元经济结构的体制;形成促进区域经济协调发展的机制;建设统一开放竞争有序的现代市场体系;完善宏观调控体系、行政管理体制和经济法律制度;健全就业、收入分配和社会保障制度;建立促进经济社会可持续发展的机制。"①

二 关于坚持和完善基本经济制度的理论

为了巩固我国公有制经济的主体地位,胡锦涛在党的十六大报告中指出:"坚持和完善基本经济制度,深化国有资产管理体制改革。根据解放和发展生产力的要求,坚持和完善公有制为主体、多种所有制经济共同发展的基本经济制度。第一,必须毫不动摇地巩固和发展公有制经济。发展壮大国有经济,国有经济控制国民经济命脉,对于发挥社会主义制度的优越性,增强我国的经济实力、国防实力和民族凝聚力,具有关键性作用。集体经济是公有制经济的重要组成部分,对实现共同富裕具有重要作用。第二,必须毫不动摇地鼓励、支持和引导非公有制经济发展。个体、私营等各种形式的非公有制经济是社会主义市场经济的重要组成部分,对充分调动社会各方面的积极性、加快生产力发展具有重要作用。第三,坚持公有制为主体,促进非公有制经济发展,统一于社会主义现代化建设的进程中,不能把这两者对立起来。各种所有制经济完全可以在市场竞争中发挥各自优势,相互促进,共同发展。"②

一是毫不动摇地巩固和发展公有制经济。在巩固和发展公有制经济层面,胡锦涛明确指出:"大力发展国有资本、集体资本和非公有资本等参股的混合所有制经济,实现投资主体多元化,使股份制成为公有制的主要实现形式。"③"公有制经济不仅包括国有经济和集体经济,还包括混合所有制经济中的国有成分和集体成分。"④ 要通过大力发展混合所有制经济,扩大这"两个成分"在公有制经济中的比重,同时要增强公有制经济的"控制力"。胡锦涛多次强调,在经济命脉、重要行业和关键领域有强大的控制力是公有制经

---

① 《十六大以来重要文献选编》(上),中央文献出版社,2005,第465页。
② 《江泽民文选》第3卷,人民出版社,2006,第547~548页。
③ 《十六大以来重要文献选编》(上),中央文献出版社,2005,第464~482页。
④ 《十五大以来重要文献选编》(上),人民出版社,2000,第21页。

济占主体地位和国有经济占主导地位的重要体现。在完善国有资产管理体制层面，除了建立健全国有资产管理和监督体制，加快推进和完善垄断行业改革外，胡锦涛还指出："完善公司法人治理结构。按照现代企业制度要求，规范公司股东会、董事会、监事会和经营管理者的权责，完善企业领导人员的聘任制度。"[①]

二是毫不动摇地鼓励、支持和引导非公有制经济发展。我国对非公有制经济的认识也是一个逐步深化的过程，党的十五大报告指出："公有制为主体、多种所有制经济共同发展，是我国社会主义初级阶段的一项基本经济制度。"[②]从这个表述可以看出，非公有制经济发展的速度、规模还没有被明确指出，非公有制经济发展的定位和作用还没有被系统阐述。接着，在党的十六大及之后的领导人的数次讲话中，明确指出了非公有制经济发展的定位和作用。

三 关于加快转变经济发展方式的理论

改革开放以来，经济体制由高度集中的计划经济体制转变为社会主义市场经济体制，已经基本解决了长期物资供应短缺的问题，随着经济运行由大起大落转变为快速平稳，经济发展方式也必然要从强调"数量"向强调"质量"转变。胡锦涛在党的十七大报告中提出"实现国民经济又好又快发展"[③]，从而使经济发展思路发生了转变，这体现了科学发展观的本质要求和经济发展理念的重大变化。从"又快又好"到"又好又快"的转变，是根据经济形势的不断发展和变化，针对经济运行中出现的新情况、新问题，在充分发挥市场机制在资源配置中的基础性作用的同时，不断加强和改善宏观调控的需要，这一转变提高了经济增长方式的可持续性、经济增长态势的稳定性、经济增长结构的协调性和经济增长效益的和谐性。

为了进一步深化经济体制改革，实现国民经济"又好又快"发展，胡锦涛在党的十七大报告中指出："实现未来经济发展目标，关键要在加快转变经

---

① 《十六大以来重要文献选编》（上），中央文献出版社，2005，第467页。
② 《十五大以来重要文献选编》（上），人民出版社，2000，第20页。
③ 《胡锦涛文选》第2卷，人民出版社，2016，第634页。

济发展方式、完善我国社会主义市场经济体制方面取得重大进展。"① 转变经济发展方式的理论,是在总结我国经济建设的实践经验,以及借鉴国际经验教训的基础上逐步形成发展的,涉及我国发展理念的转变、发展模式的创新和发展道路的选择。从本质来说,加快转变经济发展方式就是为了解决如何实现国民经济"又好又快"发展的问题。转变经济发展方式,不仅包括国民经济总量的增长,而且更加强调经济结构的优化与调整,以及经济运行质量和效益的提高,从而实现经济社会更高质量的发展和更好的整体性协调。因此,从"经济增长方式"到"经济发展方式"的转变,强调更多的是方式创新、结构改善、范围扩大和收益提高。

四 关于坚持独立自主与经济全球化相结合的理论

随着我国改革开放进程的不断加快,我国经济已成为世界经济体系的重要组成部分,对世界经济增长和国际贸易增长的贡献率快速提升。为了重新审视中国和世界的发展问题,更加注重我国的经济安全,胡锦涛在党的十七大报告中提出:"我们必须把坚持独立自主同参与经济全球化结合起来。"② 2008 年,胡锦涛在纪念党的十一届三中全会召开三十周年的讲话中指出:"任何时候都必须把独立自主、自力更生作为自己发展的根本基点,任何时候都要坚持中国人民自己选择的社会制度和发展道路,始终把国家主权和安全放在第一位,坚决维护国家主权、安全、发展利益,坚持中国的事情按照中国的情况来办、依靠中国人民自己的力量来办,坚决反对外部势力干涉我国内部事务。同时,我们在坚持和平共处五项原则的基础上同所有国家开展交流合作,积极促进世界多极化、推进国际关系民主化,尊重世界多样性,反对霸权主义和强权政治。我们不断扩大对外开放,把'引进来'和'走出去'紧密结合起来,认真学习借鉴人类社会创造的一切文明成果,坚持趋利避害,形成经济全球化条件下参与国际经济合作和竞争新优势,推动经济全球化朝着均衡、普惠、共赢方向发展。"③

在对外开放中,我国更加注重坚持独立自主的原则,更加强调经济安

---

① 《十七大以来重要文献选编》(上),中央文献出版社,2009,第 17 页。
② 《十七大以来重要文献选编》(上),中央文献出版社,2009,第 103 页。
③ 《十七大以来重要文献选编》(上),中央文献出版社,2009,第 805 页。

全。以金融业开放为例，必须坚持以我为主、循序渐进、安全可控、竞争合作、互利共赢的方针，努力提高对外开放的质量和水平。同时，我国要加大对外开放的力度，拓展对外开放的广度和深度，优化开放结构，提高开放型经济发展水平。在扩大开放的领域上，重点强调开放区域的扩大，深化沿海开放，加快内地开放，扩大沿边开放，使原有的开放领域进一步拓展。

第六章　习近平经济思想

习近平经济思想是一个科学完整、逻辑严密的理论体系，系统回答了新时代中国特色社会主义经济发展的时代背景、制度基础、根本立场、主题主线、政治保障、发展路径、发展理念、内外关系和工作方法等一系列重大问题，以全新的视野深化了对共产党执政规律、社会主义建设规律和人类社会发展规律的认识。

第一节　关于社会主义基本经济制度的重要论述

社会主义基本经济制度决定着我国经济制度的性质与经济发展的方向，对我国社会主义现代化建设起到根本性和全局性作用。新中国成立以来尤其是改革开放以来，我们党运用科学社会主义基本原理，从我国实际出发，不断丰富和发展社会主义基本经济制度的科学内涵。党的十九届四中全会提出："公有制为主体、多种所有制经济共同发展，按劳分配为主体、多种分配方式并存，社会主义市场经济体制等社会主义基本经济制度，既体现了社会主义制度优越性，又同我国社会主义初级阶段社会生产力发展水平相适应，是党和人民的伟大创造。"[①] 这次会议第一次将社会主义分配制度和社会主义市场经济体制并入社会主义基本经济制度，是对社会主义基本经济制度内涵作出的新概括，也是习近平经济思想的重大创新，标志着我国社会主义基本经济制度更加成熟、更加定型。

一　公有制为主体的所有制制度决定社会主义经济性质的总体格局

从所有制的性质上看，一个社会生产关系的性质是由该社会占主体地位的所有制性质决定的。作为社会主义国家，公有制为主体的所有制制度是维

---

① 《十九大以来重要文献选编》（中），中央文献出版社，2021，第280~281页。

护我国社会主义社会形态的本质要求,也是坚持社会主义基本经济制度的核心基础。改革开放之初,邓小平同志就指出"一个公有制占主体,一个共同富裕,这是我们所必须坚持的社会主义的根本原则"[1],并告诫全党要始终坚持这两条根本原则。党的十八大以来,习近平总书记也反复告诫,"公有制主体地位不能动摇,国有经济主导作用不能动摇"[2],这是保证我国各族人民共享发展成果的制度性保证,也是巩固党的执政地位、坚持我国社会主义制度的重要保证。

只有坚持和完善公有制为主体的所有制制度,才能保证我国的社会主义事业顺利推进,我们既不走封闭僵化的老路,也不走改旗易帜的邪路,否则,会改变我国的社会主义社会性质,存在被"分化"和"西化"的危险。这是因为:坚持公有制经济为主体和国有经济为主导,有利于党驾驭市场经济的有序健康发展,提高国家调控经济的效能,避免市场经济中的无序状态,增强经济系统的稳定性和高效性,确保经济安全,从而显示我国社会主义市场经济相比于私有制为主体的资本主义市场经济的制度优势。从这个角度来说,公有制为主体的所有制结构决定了社会主义经济性质的总体格局。

邓小平曾说过:"讲社会主义,首先就要使生产力发展。这是主要的。只有这样,才能表明社会主义的优越性。社会主义经济政策对不对,归根到底要看生产力是否发展,人民收入是否增加。这是压倒一切的标准。"[3]由此可见,生产力标准是体现社会主义优越性的首要标准,在坚持公有制为主体的前提下,也应该坚持发展多种非公有制经济,这有利于发挥多层次生产力和人力资源的作用,调动一切积极因素,促进就业、投资、科技、增长和开放,增强我国的国际竞争力和综合国力。同时,要构建亲清政商关系的政策体系,健全有利于非公有制经济发展的市场环境,不断提升非公有制经济的发展质量。

二 按劳分配为主体的分配制度决定社会成果共富共享的总体格局

党的十八大以来,习近平总书记特别强调,"必须始终把人民利益摆在至

---

[1] 《邓小平文选》第3卷,人民出版社,1993,第111页。
[2] 《十八大以来重要文献选编》(下),中央文献出版社,2018,第5页。
[3] 《邓小平文选》第2卷,人民出版社,1994,第314页。

高无上的地位，让改革发展成果更多更公平惠及全体人民，朝着实现全体人民共同富裕不断迈进"[①]，解决好人民群众最关心的现实利益问题。毋庸置疑，按劳分配为主体的分配制度，为实现收入公平分配创造了必要的条件，有助于逐步走向共富共享，因而完全符合社会主义国家的国情，能相对公平有效地满足人民物质文化生活的需要，并始终得到广大人民的真心拥护。

按劳分配是把劳动量作为收入分配的主要标准，按照劳动者在一定时间内提供的劳动数量和质量进行分配的分配方式，多劳多得，少劳少得，体现了社会主义社会收入分配的公平性，让人民群众有更多获得感。按劳分配通过把不断做大的"蛋糕"分好，让人民共享改革发展的成果，推动全体人民逐步走向共同富裕。在坚持按劳分配为主体的前提下，由于存在不同的市场竞争主体，生产要素所有者凭借要素所有权也要参与分配。按生产要素分配就是社会根据资本、土地、知识、技术、管理、数据等生产要素在生产经营过程中的投入比例、产权关系和贡献大小给予生产要素所有者相应的报酬，这为人民共享企业和经济发展的成果作了制度安排。

三　社会主义市场经济体制是决定市场与政府双重调节的总体格局

市场经济作为一种资源配置方式，可以与不同的生产资料所有制相结合。改革开放以来，如何实现社会主义经济制度与市场经济的有机结合，一直是我们党在积极探索的一个带有全局性和方向性的重大问题，也是我们党在探索社会主义建设规律进程中的一个伟大创造。两者相结合的关键在于建立它们之间相互融合、相互促进的有效机制，核心问题就是要正确处理政府与市场的关系。

习近平总书记在十八届中央政治局第十五次集体学习时特别强调要发挥市场与政府双重调节的作用，"在市场作用和政府作用的问题上，要讲辩证法、两点论，'看不见的手'和'看得见的手'都要用好，努力形成市场作用和政府作用有机统一、相互补充、相互协调、相互促进的格局，推动经济社会持续健康发展"[②]，要使市场在资源配置中起决定性作用，推动资源配置效

[①]《十九大以来重要文献选编》(上)，中央文献出版社，2019，第32页。
[②]《习近平关于社会主义经济建设论述摘编》，中央文献出版社，2017，第58页。

率最优化。要充分发挥政府在国家宏观调控中的引导作用,克服市场失灵的弊端,消除私有经济在市场经济中的无序状态。

习近平总书记特别指出:"我们是在中国共产党领导和社会主义制度的大前提下发展市场经济,什么时候都不能忘了'社会主义'这个定语。之所以说是社会主义市场经济,就是要坚持我们的制度优越性,有效防范资本主义市场经济的弊端。"[1]因此,社会主义市场经济中的"社会主义"是前提,不能去掉,这是与西方资本主义国家所推行的市场经济在本质上的区别,也是我国社会主义市场经济体制的独特优势。同时,既要把社会主义市场经济体制作为社会主义基本经济制度的组成部分,也要防止迷信市场,盲目崇拜市场经济。市场在资源配置中起决定性作用,并不是说市场是无所不能的,在一些公共产品的生产方面和特殊资源的定价方面,市场发挥作用的空间就很小,这时就需要更好发挥政府作用。因此,政府和市场的关系是辩证统一的,是一个系统的、协同的有机整体,绝不能割裂两者的关系,片面地进行理解。

四 坚持社会主义基本经济制度的内在统一

马克思主义政治经济学基本原理告诉我们,生产、分配、交换等社会再生产诸环节是一个有机统一整体,它们之间相互联系、相互作用,其中生产环节处于支配地位。在构建中国特色社会主义经济体系中,生产、分配、交换之间的辩证统一关系,具体表现为社会主义基本经济制度中所有制制度、分配制度以及社会主义市场经济体制之间的辩证统一,三者彼此之间相互联系、相互支撑、相互促进,统一于社会主义基本经济制度中。

马克思指出:"消费资料的任何一种分配,都不过是生产条件本身分配的结果;而生产条件的分配,则表现生产方式本身的性质。"[2]因此,生产决定分配,生产资料所有制形式决定分配方式,有什么样的所有制就有什么样的分配制度,公有制为主体的所有制结构决定了按劳分配为主体的分配制度。因此,公有制承担按劳分配的功能,而非公有制承担按要素分配的功能。推行公有制与非公有制的分配功能互补,就是将两种分配功能结合起来,使劳

---

[1] 《十八大以来重要文献选编》(下),中央文献出版社,2018,第6页。
[2] 《马克思恩格斯选集》第3卷,人民出版社,1995,第306页。

动所得和资产收益等有机结合起来。当然，不同所有制主体只有在社会主义市场经济中进行交换，才能产生进行分配的价值。

按劳分配为主体、多种分配方式并存的分配制度受到所有制关系的制约，但又对所有制关系及其实现方式的变革起到重要作用。因为按劳分配存在于公有制经济中，所以应在公有制经济内部不同主体间建立起平等的劳动关系，设计出体现多劳多得、少劳少得、不劳不得的按劳分配原则，按劳分配应当是公有制经济中劳动者获得收入的主要来源，同时，非公有制经济中的劳动者凭借劳动要素所有权与其他要素所有者一起参与按要素分配，按照提供要素的多少获得相应的收益。

市场经济带有盲目性和自发性，不能反映国民经济发展的长远目标，也不可能真正实现公平，而我国的社会主义市场经济体制是在社会主义制度下实行的，能有效克服市场经济的这些弊端，并且是通过公有制为主体的所有制制度来实现的。作为公有制重要代表的国有企业，能够快速响应国家号召，在国家宏观调控上快速推进执行，克服市场经济的盲目性，熨平经济周期性波动。同时，公有制为主体的经济制度决定在整个社会的分配中就必然以按劳分配为主体，进而会克服市场经济中不能解决的收入公平问题。

在我国社会主义市场经济中，既有公有制企业之间的交换关系，又有非公有制企业之间的交换关系，不同性质的交易主体能够在市场经济中展开竞争，实现双赢或者多赢，让一切创造财富的源泉充分涌流，这极大地激发了市场的活力，加快了现代化经济体系的建设。同时，社会主义初级阶段的收入分配也需要通过市场来实现，按劳分配的主体作用在一定程度上也要通过市场来体现。当前，我国的按劳分配主要采用货币形式，主要表现为企业在市场上销售产品获得收益，然后劳动者以货币形式获得工资。同样，要素所有者也要通过各类要素市场来对要素进行定价并获取收益，按照市场价格决定要素报酬。

第二节　关于科技引领生产力发展的重要论述

科学技术从来没有像今天这样深刻影响着国家前途命运，从来没有像今天这样深刻影响着一国生产力的发展。当前，我国既要实现前瞻性基础研究、引领性原创成果的重大突破，夯实科技强国建设的根基，又要加大应用基础研究力度，把科技成果充分应用到现代化事业中去。

创新是加快科技强国建设的必由之路，也是国家可持续发展的原动力。在逆全球化的大环境下，国际竞争有时会脱离市场逻辑，呈现高度的不确定性，我国在一些关键核心技术上的"卡脖子"问题，严重威胁着我国产业链供应链的自主、安全、可控。为了加快解决关键核心技术的"卡脖子"问题，习近平总书记在《努力成为世界主要科学中心和创新高地》中指出："我国基础科学研究短板依然突出，企业对基础研究重视不够，重大原创性成果缺乏，底层基础技术、基础工艺能力不足，工业母机、高端芯片、基础软硬件、开发平台、基本算法、基础元器件、基础材料等瓶颈仍然突出，关键核心技术受制于人的局面没有得到根本性改变。"①

在中国科学院第二十次院士大会、中国工程院第十五次院士大会、中国科协第十次全国代表大会上，习近平总书记发表重要讲话强调："坚持把科技自立自强作为国家发展的战略支撑，立足新发展阶段、贯彻新发展理念、构建新发展格局、推动高质量发展，面向世界科技前沿、面向经济主战场、面向国家重大需求、面向人民生命健康，深入实施科教兴国战略、人才强国战略、创新驱动发展战略，把握大势、抢占先机，直面问题、迎难而上，完善国家创新体系，加快建设科技强国，实现高水平科技自立自强。"②

在2021年7月30日召开的中共中央政治局会议上，习近平总书记再次提出："要强化科技创新和产业链供应链韧性，加强基础研究，推动应用研究，开展补链强链专项行动，加快解决'卡脖子'难题，发展专精特新中小企业。"③可见，破解"卡脖子"难题，不仅要加强和畅通基础研究和原始创新、优化学科布局和研发布局、完善共性基础技术供给体系，还要强化国家战略科技力量，发挥新型举国体制优势，集中力量打好关键核心技术攻坚战，只有这样才能有效突破产业瓶颈，牢牢把握创新发展主动权。

习近平总书记还对如何推动科技发展进行战略安排。习近平总书记在

---

① 习近平：《努力成为世界主要科学中心和创新高地》，《求是》2021年第6期。
② 《两院院士大会中国科协第十次全国代表大会在京召开》，《人民日报》2021年5月29日。
③ 《分析研究当前经济形势和经济工作》，《人民日报》2021年7月31日。

发表的《国家中长期经济社会发展战略若干重大问题》中指出:"要拉长长板,巩固提升优势产业的国际领先地位,锻造一些'杀手锏'技术,持续增强高铁、电力装备、新能源、通信设备等领域的全产业链优势,提升产业质量,拉紧国际产业链对我国的依存关系,形成对外方人为断供的强有力反制和威慑能力。"① 因此,我国推动科技发展的当务之急是要加快推动产业向全球产业链的高端延伸,尽快进入研发设计、供应链管理、营销服务等高端环节,坚持以创新为引领,在目前受制于人的技术领域尽早实现突破,掌握一批"杀手锏"技术,唯此方能破解"卡脖子"难题,不断增强竞争力、发展力、持续力,从而更好地构建高水平社会主义市场经济体制及社会治理体系。

对于如何激励科技工作者开展研究,习近平总书记多次强调,关键核心技术攻关可以搞"揭榜挂帅",把需要的关键核心技术项目张出榜来,英雄不论出处,谁有本事谁就揭榜。习近平总书记在2021年两院院士大会和中国科协第十次代表大会上提出,要"研究真问题,形成真榜、实榜";要"真研究问题";"推行技术总师负责制、经费包干制、信用承诺制,做到不论资历、不设门槛";等等。②《中华人民共和国国民经济和社会发展第十四个五年规划和2035年远景目标纲要》也提出:"改革重大科技项目立项和组织管理方式,给予科研单位和科研人员更多自主权,推行技术总师负责制,实行'揭榜挂帅'、'赛马'等制度,健全奖补结合的资金支持机制。"③ 由此可见,"揭榜挂帅"是依托于健全的社会主义市场经济条件下的新型举国体制,能够发挥中国特色社会主义制度集中力量办大事的优势,能够充分激发创新主体的积极性,实现关键核心技术的突破创新,提高创新链整体效能。

在经济实践中,推动产业链创新链融合发展是以科技推动经济增长的重要路径,是技术与产业实现良性互动的坚实基础,也是实现经济社会高质量发展的必然选择。将"卡脖子"变为"杀手锏",要善于做好创新链和产业链的对接,将两块"好铁"熔成一炉"好钢"。习近平总书记指出:"要坚定

---

① 习近平:《国家中长期经济社会发展战略若干重大问题》,《求是》2020年第21期。
② 《两院院士大会中国科协第十次全国代表大会在京召开》,《人民日报》2021年5月29日。
③ 《中华人民共和国国民经济和社会发展第十四个五年规划和2035年远景目标纲要》,《人民日报》2021年3月13日。

不移实施创新驱动发展战略,培育新动能,提升新势能,建设具有全球影响力的科技和产业创新高地。要围绕产业链部署创新链、围绕创新链布局产业链,前瞻布局战略性新兴产业,培育发展未来产业,发展数字经济。"① 由此可以看出,加强创新链和产业链对接是发挥创新引领作用、构建科技与经济良性互动关系、实现大国经济内循环畅通的现实基础。对此,习近平总书记在省部级主要领导干部学习贯彻党的十九届五中全会精神专题研讨班开班式上的重要讲话中指出:"加强创新链和产业链对接,明确路线图、时间表、责任制,适合部门和地方政府牵头的要牵好头,适合企业牵头的政府要全力支持。中央企业等国有企业要勇挑重担、敢打头阵,勇当原创技术的'策源地'、现代产业链的'链长'。"② 这就需要逐步完善围绕产业链部署创新链、围绕创新链布局产业链的体制机制,强化企业技术创新主体地位,完善成果转化和激励机制。要从国家需要出发,针对产业链的断点、痛点、难点、堵点进行科技攻关,创新处于国际前沿的核心技术,推动产业链关键核心技术自主可控,确保产业链供应链在关键时刻不掉链子。

第三节 关于五大新发展理念

中国共产党领导人民治国理政,很重要的一个方面就是要回答好"实现什么样的发展、怎样实现发展"这个重大问题。2015 年 10 月 29 日,习近平总书记在党的十八届五中全会上指出:"理念是行动的先导,一定的发展实践都是由一定的发展理念来引领的。发展理念是否对头,从根本上决定着发展成效乃至成败。实践告诉我们,发展是一个不断变化的进程,发展环境不会一成不变,发展条件不会一成不变,发展理念自然也不会一成不变。"③ 党的十八大以来,以习近平同志为核心的党中央针对经济社会发展提出了许多理念和论述,其中新发展理念是最重要的、最主要的,社会各界对贯彻新发展

---

① 习近平:《论把握新发展阶段、贯彻新发展理念、构建新发展格局》,中央文献出版社,2021,第 410 页。
② 习近平:《论把握新发展阶段、贯彻新发展理念、构建新发展格局》,中央文献出版社,2021,第 485 页。
③ 习近平:《论把握新发展阶段、贯彻新发展理念、构建新发展格局》,中央文献出版社,2021,第 39 页。

理念已经形成高度共识。习近平总书记指出:"新发展理念是一个系统的理论体系,回答了关于发展的目的、动力、方式、路径等一系列理论和实践问题,阐明了我们党关于发展的政治立场、价值导向、发展模式、发展道路等重大政治问题。全党必须完整、准确、全面贯彻新发展理念。"[①] 因此,新发展理念是实现中华民族伟大复兴的核心理念,为我国现代化建设的各个方面提供了指导原则。

作为一个整体,新发展理念强调要坚持创新发展、协调发展、绿色发展、开放发展、共享发展,五个部分之间相互联系、有机统一,构成了系统的理论体系。新发展理念作为发展实践的思想引领,也是一个内涵丰富的有机整体。其中,创新是引领发展的第一动力,注重的是解决发展动力问题;协调是持续健康发展的内在要求,注重的是解决发展不平衡问题;绿色是永续发展的必要条件和人民对美好生活追求的重要体现,注重的是解决人与自然和谐共生问题;开放是国家繁荣发展的必由之路,注重的是解决发展内外联动问题;共享是中国特色社会主义的本质要求,注重的是解决社会公平正义问题。

完整把握和准确理解新发展理念,将其贯彻到经济社会发展全过程和各领域,需要加强顶层设计和统筹协调。《中华人民共和国国民经济和社会发展第十四个五年规划和2035年远景目标纲要》指出,坚持新发展理念是"十四五"时期经济社会发展必须遵循的原则之一,强调要"把新发展理念贯穿发展全过程和各领域,构建新发展格局,切实转变发展方式,推动质量变革、效率变革、动力变革,实现更高质量、更有效率、更加公平、更可持续、更为安全的发展"[②]。这意味着,要站在统筹发展和安全的高度,密切关注来自国内外各种风险挑战,坚持新发展理念,推动经济社会高质量发展,尽快构建以国内大循环为主体、国内国际双循环相互促进的发展新格局。从这个角度来说,构建新发展格局是深入贯彻新发展理念的重大举措,也是应对内外部环境变化的最可靠力量,以国内循环为主体现了我国经济发展的自主性,通过国内国外循环相互促进,经济发展的活力和韧性得到了增强。

[①] 习近平:《论把握新发展阶段、贯彻新发展理念、构建新发展格局》,中央文献出版社,2021,第479页。

[②] 《十九大以来重要文献选编》(中),中央文献出版社,2021,第791页。

随着我国进入新发展阶段，构建新发展格局必须把新发展理念完整、准确、全面贯彻到发展的全过程和各领域，找准加快构建新发展格局的着力点和突破口。坚持创新驱动发展，巩固增强国内大循环主体地位；实行高水平对外开放，推动国内国际双循环相互促进；推进城乡区域协调发展，培育壮大发展动力源；大力推动绿色发展，促进人与自然和谐共生；切实保障和改善民生，不断增强人民群众获得感、幸福感、安全感。由此可见，构建新发展格局，离不开创新发展、协调发展、绿色发展、开放发展、共享发展的协同推动。随着社会生产条件的变化，进入新发展阶段之后，要想使新发展格局在形态上成型、功能上成熟、运行上成势，最关键的环节就是坚定不移地把新发展理念贯穿到发展的全过程和各领域中。正如习近平总书记指出："进入新发展阶段、贯彻新发展理念、构建新发展格局，是由我国经济社会发展的理论逻辑、历史逻辑、现实逻辑决定的，三者紧密关联。进入新发展阶段明确了我国发展的历史方位，贯彻新发展理念明确了我国现代化建设的指导原则，构建新发展格局明确了我国经济现代化的路径选择。把握新发展阶段是贯彻新发展理念、构建新发展格局的现实依据，贯彻新发展理念为把握新发展阶段、构建新发展格局提供了行动指南，构建新发展格局则是应对新发展阶段机遇和挑战、贯彻新发展理念的战略选择。"①

第四节 关于经济全球化和开放的重要论述

改革开放是我国经济社会发展取得巨大成就的重要法宝，更是实现"两个一百年"奋斗目标、实现中华民族伟大复兴的关键一招。从世界范围来看，当今全球供应链和产业链已高度关联，全球经济一体化与贸易投资自由化的趋势不可逆转。根据在资源禀赋、劳动力成本、资本和技术实力等方面的差异，不同国家能够优势互补，开展合作交易并形成多赢的局面，这也是我国深化对外开放的客观要求。在 2020 年 7 月 21 日中央召开的企业家座谈会上，习近平总书记强调："中国开放的大门不会关闭，只会越开越大。以国内大循

---

① 习近平：《论把握新发展阶段、贯彻新发展理念、构建新发展格局》，中央文献出版社，2021，第 486~487 页。

环为主体,绝不是关起门来封闭运行,而是通过发挥内需潜力,使国内市场和国际市场更好联通,更好利用国际国内两个市场、两种资源,实现更加强劲可持续的发展。从长远看,经济全球化仍是历史潮流,各国分工合作、互利共赢是长期趋势。我们要站在历史正确的一边,坚持深化改革、扩大开放,加强科技领域开放合作,推动建设开放型世界经济,推动构建人类命运共同体。"[1]

在新形势下,我国不应该也不可能走回"闭关锁国"的道路。事实上,在全球化条件下,各国经济活动都不可能完全封闭起来运行。中国早已深度融入经济全球化和国际分工体系,实施扩大内需战略,也需要国际产业链、供应链的协同配合,产业技术进步同样离不开参与国际合作和竞争,封闭起来只会拉大与国际先进水平的差距。可以说,国内大循环与国际循环是相辅相成、不可分割的。2021年11月4日,习近平主席在第四届中国国际进口博览会开幕式上发表主旨演讲强调:"一个国家、一个民族要振兴,就必须在历史前进的逻辑中前进、在时代发展的潮流中发展。中国扩大高水平开放的决心不会变,同世界分享发展机遇的决心不会变,推动经济全球化朝着更加开放、包容、普惠、平衡、共赢方向发展的决心不会变。"[2]

开放是由自主能力决定的,并随着自主能力的发展而发展变化。与此同时,对外开放有助于增强独立自主能力。在对外开放过程中,吸收和利用世界先进科技、管理经验等,不仅能够加快本国经济发展,增强经济实力和综合国力,而且可以增强本国独立自主的能力。开放的过程也是经受锻炼并不断提升能力的过程,从这种意义来讲,独立自主与对外开放是相互贯通、相互促进的。这就需要从国家利益的层面来认识维护国家安全的重要性,在坚持独立自主原则的同时,突出国家意志和国家战略,始终把握对外开放自主权。只有实行"保护优先、适度开放"的思路,才能防止新自由主义经济思想的错误引导,对外资不能放任自流,资本市场亦不宜过度开放。历史反复告诉我们,一个国家要发展繁荣,必须把握和顺应世界发展大势,反之必然会被历史抛弃。在新的历史条件下坚持和发展中国特色社会主义,必须坚

---

[1] 习近平:《论把握新发展阶段、贯彻新发展理念、构建新发展格局》,中央文献出版社,2021,第362~363页。
[2] 《习近平谈治国理政》第4卷,外文出版社,2022,第237页。

持走自己的路，必须顺应世界大势，在构建新发展格局中掌握对外开放主动权。

要更好地掌握对外开放的主动权，我们就不能当国际经贸规则制定的旁观者、跟随者，而是要做参与者、引领者。当前国际经贸规则正面临新一轮重构，我们要抓住机遇，积极主动地为国际经贸规则贡献更多"中国智慧"。加快推进制度型开放，建设更高水平开放型经济新体制，要顺应新趋势，主动引领全球经贸规则变革，推动对外开放由商品和要素流动型开放向规则和标准等制度型开放转变，推进全球治理体系变革，将经贸合作和可持续发展、环境保护和互联互通等有机结合起来，塑造我国参与国际合作和竞争新优势。

当今世界正处于百年未有之大变局，国际形势风云变幻、错综复杂，要想化危为机、把握机遇、于变局中开新局，就必须立足自身，全力把自己的事情办好，把自身的优势发挥好。在《把握新发展阶段，贯彻新发展理念，构建新发展格局》这篇重要讲话中，习近平总书记指出，构建新发展格局"是把握未来发展主动权的战略性布局和先手棋，是新发展阶段要着力推动完成的重大历史任务，也是贯彻新发展理念的重大举措"[1]。因此，新发展格局是基于我国发展环境的变化，主动改变发展格局的战略安排。国际局势的不确定性因素日益增加，习近平总书记在浙江考察时指出："危和机总是同生并存的，克服了危即是机。随着境外疫情加速扩散蔓延，国际经贸活动受到严重影响，我国经济发展面临新的挑战，同时也给我国加快科技发展、推动产业优化升级带来新的机遇。要深入分析，全面权衡，准确识变、科学应变、主动求变，善于从眼前的危机、眼前的困难中捕捉和创造机遇。"[2] 因此，构建新发展格局不是权宜之计，而是着眼于我国开放型经济向更高层次发展的主动战略部署。只有发展国内循环，融入国际循环，变压力为动力、化危为机，赢得发展主动权，才能将内在潜力充分地发挥出来，有效应对外部因素对我国经济环境的冲击。

---

[1] 习近平:《把握新发展阶段，贯彻新发展理念，构建新发展格局》,《求是》2021年第9期。

[2] 习近平:《危和机同生并存，克服了危即是机》,《人民日报》（海外版）2020年4月2日。

第五节　关于中国式现代化的重要论述

中国式现代化，破解了人类社会发展的诸多难题，改变了长期以来西方现代化占主导的世界现代化格局，开创出一条不同于西方现代化模式的中国式现代化新道路，展现了世界现代化模式的多样性，为发展中国家走向现代化提供了中国方案。

习近平同志在党的二十大报告中指出，中国式现代化是人口规模巨大的现代化，是全体人民共同富裕的现代化，是物质文明和精神文明相协调的现代化，是人与自然和谐共生的现代化，是走和平发展道路的现代化。[1] 这一论断系统阐述了中国式现代化的五大特征。

一是中国式现代化是人口规模巨大的现代化。作为大型经济体，我国要实现中国式现代化，必须充分考虑中国人口规模巨大的特殊国情。当前我国14亿多人口整体迈进现代化社会，规模超过现有发达国家人口的总和，艰巨性和复杂性前所未有，发展途径和推进方式也必然具有自己的特点。

二是中国式现代化是全体人民共同富裕的现代化。共同富裕是中国特色社会主义的本质要求。作为经济社会发展的宏伟目标，共同富裕伴随全面建设社会主义现代化国家的整个进程，是一个长期的历史过程。进入新时代，我国经济社会结构加快调整变化，高速增长转向高质量发展，人民的美好生活需要呈现许多新特点。为此，习近平同志在党的二十大报告里指出："坚持把实现人民对美好生活的向往作为现代化建设的出发点和落脚点，着力维护和促进社会公平正义，着力促进全体人民共同富裕，坚决防止两极分化。"[2]

三是中国式现代化是物质文明和精神文明相协调的现代化。物质富足、精神富有是社会主义现代化的根本要求。物质贫困不是社会主义，精神贫乏

---

[1] 习近平：《高举中国特色社会主义伟大旗帜　为全面建设社会主义现代化国家而团结奋斗——在中国共产党第二十次全国代表大会上的报告》，人民出版社，2022，第22~23页。

[2] 习近平：《高举中国特色社会主义伟大旗帜　为全面建设社会主义现代化国家而团结奋斗——在中国共产党第二十次全国代表大会上的报告》，人民出版社，2022，第22页。

也不是社会主义。习近平总书记指出:"只有物质文明建设和精神文明建设都搞好,国家物质力量和精神力量都增强,全国各族人民物质生活和精神生活都改善,中国特色社会主义事业才能顺利向前推进。"① 当前我国不断厚植现代化的物质基础,逐步夯实人民幸福生活的物质条件,同时确立和坚持马克思主义在意识形态领域指导地位的根本制度,使社会主义核心价值观广泛传播,在此基础上,要不断满足人民群众多样化、多层次、多方面的精神文化需求,大力发展社会主义先进文化,加强理想信念教育,传承中华文明,更好构筑中国精神、中国价值和中国力量。

四是中国式现代化是人与自然和谐共生的现代化。习近平同志指出:"尊重自然、顺应自然、保护自然,是全面建设社会主义现代化国家的内在要求。"② 人与自然是生命共同体,无止境地向自然索取甚至破坏自然必然会遭到大自然的报复。党的十八大以来,以习近平同志为核心的党中央坚持绿水青山就是金山银山的理念,坚持山水林田湖草沙一体化保护和治理,坚持可持续发展,坚持节约优先、保护优先、自然恢复为主的方针,像保护眼睛一样保护自然和生态环境,坚定不移走生产发展、生活富裕、生态良好的文明发展道路,实现中华民族永续发展,这已经成为中国式现代化的一大重要特征。

五是中国式现代化是走和平发展道路的现代化。中国坚定奉行独立自主的和平外交政策,中国全面建设社会主义现代化国家沿着和平发展的道路前进。我国不走一些国家通过战争、殖民、掠夺等方式实现现代化的老路,那种损人利己、充满血腥罪恶的老路给广大发展中国家人民带来了深重苦难。习近平同志在党的二十大报告中指出:"我们坚定站在历史正确的一边、站在人类文明进步的一边,高举和平、发展、合作、共赢旗帜,在坚定维护世界和平与发展中谋求自身发展,又以自身发展更好维护世界和平与发展。"③

---

① 《习近平关于社会主义精神文明建设论述摘编》,中央文献出版社,2022,第17页。
② 习近平:《高举中国特色社会主义伟大旗帜 为全面建设社会主义现代化国家而团结奋斗——在中国共产党第二十次全国代表大会上的报告》,人民出版社,2022,第49~50页。
③ 习近平:《高举中国特色社会主义伟大旗帜 为全面建设社会主义现代化国家而团结奋斗——在中国共产党第二十次全国代表大会上的报告》,人民出版社,2022,第23页。

中国式现代化涵盖了富强、民主、文明、和谐、美丽的奋斗目标，其艰巨性和复杂性前所未有，其实现基础、发展途径和推进方式必然具有自己的特点。习近平同志在党的二十大报告中指出："中国式现代化的本质要求是：坚持中国共产党领导，坚持中国特色社会主义，实现高质量发展，发展全过程人民民主，丰富人民精神世界，实现全体人民共同富裕，促进人与自然和谐共生，推动构建人类命运共同体，创造人类文明新形态。"[①] 这一论断深刻阐述了中国式现代化的本质要求，为我们以中国式现代化全面推进中华民族伟大复兴提供了根本遵循。

中国共产党是中国式现代化理论和实践的开创者和领导者，是中国式现代化各项事业的统领者和开拓者，中国式现代化必须坚持中国共产党领导。习近平同志指出："全面建设社会主义现代化国家、全面推进中华民族伟大复兴，关键在党。"[②] 从现在起，中国共产党的中心任务就是团结带领全国各族人民全面建成社会主义现代化强国、实现第二个百年奋斗目标，以中国式现代化全面推进中华民族伟大复兴。习近平同志在党的二十大报告中指出："中国式现代化，是中国共产党领导的社会主义现代化，既有各国现代化的共同特征，更有基于自己国情的中国特色。"[③] 在中国共产党诞生之前，没有任何政治力量能承担起实现中华民族伟大复兴和中国的现代化这一历史使命。在长期探索和实践基础上，经过党的十八大以来在理论和实践上的创新突破，中国共产党成功拓展中国式现代化的丰富内涵，积累了很多成功经验，党的领导为实现中国式现代化提供了根本保障。

中国式现代化，不仅是摒弃了西方以资本为中心、两极分化的现代化，而且是在坚持中国特色社会主义的前提下所追求的现代化。习近平总书记指出："中国特色社会主义道路是实现社会主义现代化、创造人民美好生活的

---

① 习近平：《高举中国特色社会主义伟大旗帜　为全面建设社会主义现代化国家而团结奋斗——在中国共产党第二十次全国代表大会上的报告》，人民出版社，2022，第23~24页。

② 习近平：《高举中国特色社会主义伟大旗帜　为全面建设社会主义现代化国家而团结奋斗——在中国共产党第二十次全国代表大会上的报告》，人民出版社，2022，第63页。

③ 习近平：《高举中国特色社会主义伟大旗帜　为全面建设社会主义现代化国家而团结奋斗——在中国共产党第二十次全国代表大会上的报告》，人民出版社，2022，第22页。

必由之路。"①党的十八大以来，以习近平同志为核心的党中央坚持和发展中国特色社会主义，全面贯彻党的基本理论、基本路线、基本方略，统筹推进"五位一体"总体布局，协调推进"四个全面"战略布局，解决了许多长期想解决而没有解决的难题，经受住了来自政治、经济、意识形态、自然界等方面的风险挑战，彰显了中国特色社会主义的强大生机与活力，这为实现中国式现代化提供了坚实的制度基础。

发展是党执政兴国的第一要务，实现中国式现代化需要坚实的物质技术基础。习近平同志指出："高质量发展是全面建设社会主义现代化国家的首要任务。"②党的十八大以来，以习近平同志为核心的党中央提出我国进入新发展阶段，必须贯彻新发展理念，构建新发展格局，着力推进高质量发展，实施供给侧结构性改革，并据此作出一系列具有全局性意义的重大决策。我国经济实力、科技实力、综合国力跃上新台阶，经济迈上更高质量、更有效率、更加公平、更可持续、更为安全的发展之路，高质量发展夯实了中国式现代化的物质基础。

民主是全人类的共同价值，是人类文明发展进步的重要标志和政治现代化的集中体现。全过程人民民主实现了过程民主和成果民主、程序民主和实质民主、直接民主和间接民主、人民民主和国家意志的统一，是全链条、全方位、全覆盖的民主。习近平同志指出："全过程人民民主是社会主义民主政治的本质属性，是最广泛、最真实、最管用的民主。"③党的十八大以来，以习近平同志为核心的党中央立足新时代的历史方位，坚持以人民为中心的发展思想，创造性地提出了"全过程人民民主"的重大理念，不断健全全面、广泛、有机衔接的人民当家作主制度体系，为中国式现代化注入更多内涵、提供强大动力。

当前，世界正处于百年未有之大变局，我国正处于实现中华民族伟大复

---

① 《十九大以来重要文献选编》（上），中央文献出版社，2019，第12页。
② 习近平：《高举中国特色社会主义伟大旗帜　为全面建设社会主义现代化国家而团结奋斗——在中国共产党第二十次全国代表大会上的报告》，人民出版社，2022，第28页。
③ 习近平：《高举中国特色社会主义伟大旗帜　为全面建设社会主义现代化国家而团结奋斗——在中国共产党第二十次全国代表大会上的报告》，人民出版社，2022，第37页。

兴的关键时期，面临着前所未有的机遇和挑战。习近平同志指出："中国始终坚持维护世界和平、促进共同发展的外交政策宗旨，致力于推动构建人类命运共同体。"[1] 构建人类命运共同体是中国式现代化区别于奉行扩张主义、霸权主义的西方现代化的显著标识和鲜明优势。我国始终坚定站在历史正确的一边，站在人类文明进步的一边，高举和平、发展、合作、共赢旗帜，提出全球发展倡议和全球安全倡议，倡导共建"一带一路"，为建设一个持久和平、普遍安全、共同繁荣、开放包容、清洁美丽的世界提供了中国智慧和中国方案。

"党领导人民成功走出中国式现代化道路，创造了人类文明新形态"[2]。中国式现代化破解了人类社会发展的诸多难题，摒弃了对外扩张掠夺的现代化老路，拓展了发展中国家走向现代化的途径，创造了人类文明新形态。党的十八大以来，以习近平同志为主要代表的中国共产党人创立了习近平新时代中国特色社会主义思想，实现了马克思主义中国化时代化新的飞跃，把弘扬中华优秀传统文化同坚持马克思主义立场观点方法结合起来，推动了中华优秀传统文化创造性转化、创新性发展，创造出了人类文明新形态。中国式现代化给世界上那些既希望加快发展又希望保持自身独立性的国家和民族提供了全新选择，开创了中华文明和人类文明更加光明的前景。

---

[1] 习近平：《高举中国特色社会主义伟大旗帜　为全面建设社会主义现代化国家而团结奋斗——在中国共产党第二十次全国代表大会上的报告》，人民出版社，2022，第60页。

[2] 《中共中央关于党的百年奋斗重大成就和历史经验的决议》，人民出版社，2021，第64页。

中 国 篇

第七章 近代中国马克思主义经济思想的传播与研究

马克思主义经济思想在近代中国的传播，以及中国理论界对于近代中国社会性质和经济发展的探讨是中国马克思主义经济思想发展史上的一个重要篇章。

19世纪末20世纪初，中国思想界有了很大的变化，李大钊、陈独秀等开始把马克思主义经济思想引入中国。20世纪初，中国社会性质（包括农村社会性质）问题引发了中国学术界的大论战。马克思主义学者从马克思主义经济学的立场出发，运用马克思主义经济学的基本方法，科学地论证了中国社会的"半殖民地半封建"性质和资本主义在中国的发展状况。近代中国社会性质的变化使如何救国与强国也成为当时马克思主义学者探讨的另一个主旋律。

第一节 李大钊、陈独秀、郭大力等对马克思主义经济思想的传播

李大钊和陈独秀是中国马克思主义经济思想的早期传播者。他们通过对马克思主义经济思想的介绍和宣传，影响了一批具有共产主义思想的知识分子，诸如郭大力、王亚南等人。马克思主义经济思想在中国的传播对于冲破旧思想的束缚起到了至关重要的作用，对于中国马克思主义经济思想的建立以及中国社会主义革命的胜利起到了重要的作用。

一 李大钊对马克思主义经济思想传播的贡献

在十月革命的启迪下，李大钊在世界观和经济思想上开始由激进民主主义向共产主义转变，由崇尚孙中山的民主主义转变到信仰马克思主义经济学说。五四运动爆发后，李大钊筹划、发起并组织马克思学说研究会和共产主义小组，通过开设大学讲坛、组织社团、创办刊物，为马克思主义经济思想在中国的早期传播做了许多艰巨的开创性工作。

1919年5月，李大钊在《新青年》上发表了《我的马克思主义观》一文。这是我国最早比较系统地宣传、评论马克思主义的文献。首先，《我的马克思主义观》论述了马克思主义在经济思想史上的地位，提出了马克思是社会主义经济学鼻祖的重要观点。其次，关于马克思主义的理论体系，李大钊认为，马克思社会主义的理论可分为三部分：一是关于过去的理论，就是他的历史论，也称社会组织进化论；二是关于现在的理论，就是他的经济论，也称资本主义的经济论；三是关于将来的理论，就是他的政策论，也称社会主义运动论，就是社会民主主义。再次，该文对马克思唯物史观和阶级斗争的学说，予以较为全面深入的论述。李大钊指出，马克思的唯物史观有两个要点：其一是关于人类文化经验的说明；其二即社会组织进化论。其一是说人类社会生产关系的总和，构成社会经济的构造。凡是精神上的构造，都是随着经济的构造变化而变化。其二是说生产力与社会组织有密切的关系。生产力一有变动，社会组织必须随之变动。最后，李大钊较为详细地介绍了马克思的经济思想，包括剩余价值理论、资本积累理论等。

1920年后，李大钊不仅宣传马克思主义经济思想，还运用马克思主义的经济思想的基本观点和方法分析中国经济问题。李大钊应用马克思主义经济思想的基本观点和分析方法考察了中国历史上所经历的各种社会经济形态及其演变过程，着重剖析了中国封建经济结构变动缓慢的历史特点，剖析了资本帝国主义入侵后近代中国社会经济结构变化情况以及社会历史发展动因。李大钊还运用马克思经济分析的方法，对中国的经济情况进行了大量的社会调查，先后考察和分析了中国社会各阶级的经济状况和政治地位。另外，李大钊对未来的社会主义的许多经济问题都提出了设想，如社会主义经济过渡时期的社会主义改造问题、未来的社会主义经济交流与合作的问题等。

二　陈独秀对马克思主义经济思想的传播

陈独秀作为中国共产党的主要创始人，在共产党的创立过程中一直坚定地传播马克思主义以及其经济思想，系统地宣传和出版了马克思主义的经典著作，为马克思主义经济思想在中国的传播作出了重要的贡献。

陈独秀与李大钊等于1918年发起创办了《每周评论》，该刊物发表了大量的关于社会主义革命的报道，摘译了马克思的《共产党宣言》，介绍了马克思主义的学说，刊登了关于中国劳动者状况的描述文章，李大钊和陈独秀宣传马克思主义经济思想的文章许多都发表在该刊物上。1919年，陈独秀领导了五四运动，这场运动为马克思主义经济思想在中国传播奠定了思想基础。

1920年3月，陈独秀发表了《马尔萨斯人口论与中国人口问题》，在文中他用马克思主义的经济观点批判了马尔萨斯的人口理论；5月，他发表了《劳动者底觉悟》的演说，通俗地解释了劳动创造世界这一马克思主义的重要经济观点；同月，陈独秀在《答知耻》的通信中，宣传了马克思的剩余价值理论；陈独秀通过筹备和建立中国共产党更加有组织地传播了马克思主义的经济思想。同时，陈独秀还组织翻译了《共产党宣言》《马克思资本论入门》等著作。

陈独秀在社会主义和无政府主义的论战中，通过与反社会主义者的论争，更加具体地传播了马克思主义的经济思想。陈独秀针对张东亦等主张在中国发展资本主义、反对社会主义的言论，在《新青年》发表《独秀复东荪先生底信》和《社会主义批评》等文章，提出只有社会主义才能救中国。陈独秀针对无政府主义关于生产和分配问题的观点进行了批判，他指出资本主义存在"资本私有"和"生产过剩"的两大缺点。[①]

1922年，陈独秀在《新青年》上发表的《马克思学说》是继李大钊《我的马克思主义观》之后又一篇系统介绍马克思学说的重要文章。在这篇文章中，陈独秀对马克思的剩余价值理论和资本积累的理论作了较系统的介绍和概括，并且还加入他自己的认识和理解。陈独秀认为，资本家追求剩余价值的结果造成了资本集中，同时也造成了大规模的无产阶级，"造成了无产阶级对于资本主义革命之危机"[②]。陈独秀的《马克思学说》较之李大钊《我的马克思主义观》在对马克思经济思想的认识和理解上向前迈进了一步。

1929年，陈独秀开始转向托派，脱离马克思主义的思想轨迹，这些主要表现在他的"二次革命论"中。"二次革命论"的主要内容：中国是一个半殖民地半封建国家，经济十分落后，必须首先进行资产阶级民主革命；在民主革命阶段，应当由资产阶级掌握领导权，待中国资本主义获得充分发展，工人阶级的力量充分壮大，有了物质基础和阶级基础之后，再进行社会主义革命，建立无产阶级专政的国家制度。

---

① 《陈独秀文集》第2卷，人民出版社，2013，第120页。
② 《陈独秀文章选编》（上），生活·读书·新知三联书店，1984，第186页。

三 郭大力和王亚南对马克思经济学著作的翻译

1928~1949年,郭大力和王亚南把三卷《资本论》和三卷《剩余价值学说史》全部译成了中文,使马克思的这部伟大巨著得以完整地引入中国。

郭大力和王亚南在传播马克思主义经济思想的过程中,不仅翻译马克思经济学著作,而且还积极地参与宣传和研究马克思主义经济思想。他们还用《资本论》的方法,着眼于马克思经济学的视角来分析和研究中国的实际经济问题,从而在更加深入的层次上传播了马克思主义的经济思想。王亚南于1946年出版了《中国经济原论》,运用《资本论》的体系范畴,从商品经济入手,揭示了近代中国商品形态的经济属性。郭大力于1947年出版了《生产建设论》一书,该书主要内容是结合中国经济的实际,系统地介绍马克思主义经济思想,并试图论证生产建设如果走资本主义的道路,将会导致什么样的结果,这本书不仅具有较高的理论水平,而且提出的许多见解在今天看来仍有一定的价值。

第二节 王亚南、许涤新关于近代中国社会性质与状况的理论

自19世纪初以来,近代中国的社会性质由于外来帝国主义的入侵而发生着急剧的变化。资产阶级改良派、资产阶级革命派都进行过分析和研究,但未能揭示其本质。20世纪初,王亚南、许涤新等马克思主义学者,运用马克思主义的理论和观点对近代中国社会性质作出了理性的分析和科学的认识。

一 王亚南关于近代中国社会性质和状况的研究

王亚南依据马克思主义经济思想的基本方法,独创了既符合马克思主义经济学方法论又适合中国经济现实的研究方法,然后使用这种科学的方法,依据马克思主义经济学的基本理论,对近代中国的社会经济性质和状况进行了科学的探索,创建了半封建半殖民地理论经济学,其代表作为《中国经济原论》。

王亚南认为:"中国的经济现象形态,只有在政治经济学上才能看出它的

第七章 近代中国马克思主义经济思想的传播与研究

本质。"① 王亚南依据陶直夫在《中国现阶段土地问题》中的统计数据，指出在中国农村人口中，仅占4%的地主却拥有总耕地面积的50%，仅占6%的富农占有总耕地面积的18%，即合计10%的地主及富农占有总耕地的68%，而全农村中90%的中小农仅占总耕地面积的32%。② 他指出，这是"中国土地集中的轮廓"，而"当作土地集中结果看的大土地所有制，原是资本主义经营所要求的最重要的前提条件之一"，"我们的大土地所有有一个明显的特征，即它仅是地权的集中，而非地段地块的集中"③。在他看来，研究半封建半殖民地社会经济形态的特点、特质及其特殊规律的方法论基础应当是马克思主义的唯物辩证法。在这个基础上还需要借助比较的、全面的和发展的研究方法。王亚南用他的比较的、全面的和发展的方法论——归根结底是马克思主义的唯物辩证法——来分析中国半封建半殖民地的社会经济性质和状况。把经济学和经济史结合起来的研究方法，是20世纪30年代在中国社会性质的论战激发下兴起的，王亚南则是这一研究方法的开拓者，也是将这一研究方法应用到经济学研究领域的创新者。

王亚南对中国社会经济状态进行了分析，得出中国不易走资本主义道路的结论。他对领主经济型封建制和地主经济型封建制进行了比较。王亚南认为，因为中国奴隶制不发达，经过春秋战国大动乱后形成的不是领主经济型封建制，而是自秦汉开始的地主经济型封建制，所以在经济上形成了一个表现为资本主义萌芽的商品经济场面，在政治上形成了中央集权专制官僚统治的局面。这种中央集权的政治也是造成中国"资本主义早产儿"无法正常成长的原因。帝国主义入侵把不利于帝国主义发展的封建因素破坏掉，把有利于它发展的封建因素保留了下来，把妨碍帝国主义扩展的民族资本主义压倒，把依附于帝国主义的官僚资本主义扶持起来，结果是使占统治地位的封建经济由地主经济变为半殖民地半封建经济。④

王亚南从社会结构变化的角度对中国封建社会的性质作了进一步的分析，并最终确定了近代中国的社会性质。他指出："我们的土地问题，就不仅

---

① 《王亚南文集》第1卷，福建教育出版社，1987，第151~152页。
② 吴汉全主编《中国马克思主义学术史》第4卷，人民出版社，2019，第279页。
③ 《王亚南文集》第3卷，福建教育出版社，1988，第249~250页。
④ 王亚南：《中国经济原论》，广东经济出版社，1998，第22页。

是关系地主与佃农的利害的问题,而是整个大小势力者,地主、豪商、高利贷业者以及与他们保持着极密切关系的官吏,和那些为他们所支配宰割的所谓'小民'或'下民'之间的社会的经济的问题。"[1] 在他看来,中国的封建制度是地主经济型的,这虽然使土地在相当程度上可以自由买卖,佃耕农民在相当程度上可以自由流动转移,但地主经济型封建制度与领主经济型封建制度有一点是相同的,即它们都把土地当作榨取直接生产者的重要手段。所以,中国农村就将依据种种原始、半原始的榨取方式所积累起来的资本,不是投入生产,而是依旧分别当作原始资本流转着,甚至通过农村买办官僚商业资本、高利贷资本等中间剥削榨取环节而作用着。这样一来,必然出现买办官僚政权乃至帝国主义势力,在一个产业不发达的国家,它们都是直接或间接地依存于农村,依存于农村的封建剥削的限度内,所以,由于帝国主义入侵而形成的半封建社会,同时必然又有了半殖民地社会的性质。

二 许涤新关于近代中国半封建半殖民地性质的分析

许涤新是从中国资本主义发展史的视角来探讨近代中国的社会性质和社会状况的。他认为考察中国资本主义发展史是认识近代中国社会的一把钥匙。

许涤新指出:"一个社会的发展会出现或长或短时间的停滞以至倒退,完全是可能的。在中国历史上,有过几次辉煌发展的时代,也不乏停滞和倒退。"[2] 中国封建社会内部资本主义萌芽的存在是可以明确地观察到的,但是它的出现甚迟,比西欧差不多晚了两个世纪;它的发展极缓,到第一次鸦片战争前,在整个国民经济中还只占微不足道的比重。这是因为,中国的地主制经济是一种比较成熟的封建经济,经过长期的自发的调整,确实比较稳定,尤其是它的小农业与家庭手工业相结合的生产结构十分坚固。然而,它并不是一个凝固的体系,它尽管可能推迟,但不能阻止新生产关系出现。中国的资本主义萌芽尽管微弱,但毕竟是一种新的生产关系。这种新的资本主义生产关系对中国近代半殖民地半封建社会的经济发展起着重要作用。一方面,它为近代中国资本主义的发展创造了社会条件;另一方面,原来资本主义萌芽所代表的生产方式,即工场手工业和商人支配生产的形式,反而作为近代

---

[1] 《王亚南文集》第3卷,福建教育出版社,1988,第293~294页。
[2] 许涤新等主编《中国资本主义发展史》第1卷,人民出版社,2003,第31页。

中国的一种重要经济形式长期存在，许多产业仿佛仍处于资本主义萌芽状态。

中国资本主义萌芽作为一种新的先进的生产关系是有强大的生命力的，也是历史发展的一个过程，而不是一个历史插曲，它不会突然发生，也不会骤然消灭。鸦片战争以前，中国还是一个封建社会，发达的封建经济和地主制经济的灵活性使资本主义在中国发展比较困难。如果没有外国资本主义的侵入，中国也将慢慢地发展到资本主义社会。但是，鸦片战争以后，由于帝国主义的侵略和外国资本的侵入，中国社会经济发生了急剧的变化，逐步沦为一个半殖民地半封建的社会。

为此，许涤新以外国资本、官僚资本和民族资本为线索考察了近代中国半殖民地半封建的社会性质和状况。

关于外国资本，许涤新分析到，资本主义这些早期的海外投资，实际是一种殖民主义制度，是一种原始积累性质的掠夺。特别是，"对外贸易的对手，主要是一些强大的资本主义先进国家。比较起来对方是处在优势的地位，而中国处在劣势的地位，处在入超的负债的地位。要克服这种弱点，只有用集体的力量，即是说，用新民主主义的国家管理；而同时，为了使对外贸易有利于国内建设，亦非由国家作有计划的措置不可"①。官僚资本的实质，就是这些不同政权下的国家资本主义，而国家资本主义的性质决定于政权的性质，以及它的多种不同形式等。官僚资本对中国经济的最大危害就是限制和阻碍了中国民族资本主义的发展。中国民族资本产生较晚，一开始就受到外国资本的压迫和官僚资本的排挤。

总之，如果没有资本主义一定的发展，没有中国资产阶级和中国无产阶级，就不会有鸦片战争以来资产阶级领导的旧民主主义革命，也不会有五四运动以来无产阶级领导的新民主主义革命。

第三节　陈翰笙、薛暮桥、钱俊瑞等对近代中国农村社会性质的讨论

农村问题是中国社会最重要、最根本的问题。一批马克思主义经济思想

---

① 许涤新：《中国经济的道路》，生活书店，1946，第191页。

家在1933年成立了中国农村经济研究会,被称为"中国农村派"。20世纪30年代中期关于中国农村社会性质的论战,影响颇为深远。

一 陈翰笙对近代中国农村经济的研究

陈翰笙是中国马克思主义农村经济学的先驱,他以马克思主义经济思想为指导,组织和领导了一批中国马克思主义农村经济学家,从对中国农村经济的实际调查入手研究和探讨了中国社会的性质和中国农村社会的性质,为中国社会性质尤其是中国农村社会性质的论战,提供了符合马克思主义经济思想的理论观点和实证依据。

1928~1934年,陈翰笙对中国农村进行了实际调查。他的调查以马克思主义为指导,用阶级分析方法,将重点放在农村生产关系方面,揭露阶级矛盾、阶级压迫。[①]陈翰笙用马克思主义科学的分析方法得出了中国社会性质的正确结论,认清了中国社会的发展方向及中国革命必须依靠的基本力量。

陈翰笙认为:"大多数的调查侧重于生产力而忽视了生产关系。它们无非表现调查人的观察之肤浅和方法之误用罢了。"[②]大量的调查材料表明,当时中国是个落后的农业国,农村人口约占全国人口的90%。因此,农村的经济问题是中国经济的主要问题,农村问题的实质无一例外都是封建性的土地所有制关系问题。实际上,土地问题反映出复杂的社会经济政治关系,而这些复杂的社会经济政治关系反映出了中国社会的半殖民地半封建性质。他分析指出,这个问题是由商业资本、封建余孽、帝国主义三方面的重大剥削而造成的,三者剥削的方式虽然各自不同,但都以农民为共同的对象,中国田地问题就在这三种剥削的形态之下形成了。为此,陈翰笙提出要解决中国的问题,必须废除封建土地制度,而进行土地革命是解决农村问题唯一正确的道路。

二 钱俊瑞、薛暮桥等对近代中国农村社会性质的论争

作为农村派的主要代表人物,钱俊瑞、薛暮桥等直接参与了关于中国农

[①] 陈翰笙:《中国田地问题》,载《解放前的中国农村》第2辑,中国展望出版社,1985,第78页。
[②] 《陈翰笙文集》,复旦大学出版社,1985,第44页。

村社会性质的论战。他们基本坚持了马克思主义经济思想的基本原理,对中国社会经济关系的本质特征,作了比较正确的说明。

钱俊瑞注重农村土地问题的研究。钱俊瑞指出:"土地问题是中国农村问题的核心。"他认为,中国农村经济的研究对象问题应是中国农村的生产关系,或是在农业生产、交换和分配过程之中人与人间的社会关系,"这里统治的关系依旧是半殖民地半封建的关系",国统区的整个社会"特别是农村社会本身的关系没有起很大的变化",在沦陷区,则是"从半殖民地的经营形态变成十足的殖民地经营形态"[1]。

针对王宜昌关于中国农村社会性质是资本主义已占优势的商品经济的观点,钱俊瑞批评说,那种强调在中国农村经济中资本主义已占优势的观点,完全忽视列强资本与民族资本的矛盾,完全忽视帝国主义摧毁民族生产力独立发展的影响。针对王景波"中国的一般的经济关系,无论是在城市或乡村,都是资本主义的""中国是一个'资本主义社会',但不是一个独立的资本主义国家""中国是一个殖民地,殖民地就是世界资本主义的一个乡村"等观点[2],钱俊瑞指出,不能把中国已是资本主义社会跟中国已经加入世界资本主义的体系这两个概念混淆起来,帝国主义国家尽管把落后的殖民地半殖民地国家牵入资本主义体系,使它们成为提供高额利润最好的场所,可是殖民地和半殖民地本身并不因此变成资本主义社会,"'中国的土地属于中国的人民'。这就是今天我们解决土地问题的主要方式"[3]。

薛暮桥也对农村经济研究对象问题发表自己的见解,他认为:"任何经济问题,都是生产力与生产关系的矛盾的反映;这就是说,只有在生产关系阻碍生产力的发展时候,才会产生各种经济问题。所以,现今中国土地问题所以如此严重,不仅因为分配不均,最主要的还是这种土地关系妨碍农业生产力的自由发展。"[4] 不能离开生产关系来研究生产力,或把生产力当作某种技术上的东西,而同生产关系分割开来研究。关于农村社会性质的问题,薛暮

---

[1] 钱俊瑞:《略论抗战中几个农村经济的问题》,《中国农村》1940年第6卷第10期。
[2] 王景波:《关于中国农村问题的研究之试述》,载中国农村经济研究会编《中国农村社会性质论战》,新知书店,1935,第147~174页。
[3] 钱俊瑞:《略论抗战中几个农村经济的问题》,《中国农村》1940年第6卷第10期。
[4] 薛暮桥:《薛暮桥学术精华录》,北京师范学院出版社,1988,第100页。

桥也批判了王景波的观点。在他看来，王景波过于单纯化了帝国主义对于中国农业生产的统治方式，忽视了农村内部的对立，即农业生产关系中的内在矛盾。

孙冶方同样也看到农村经济学的研究对象应当是农业生产过程中人与人的关系，而不是人与自然界的关系。在 20 世纪 30 年代，中国农村在帝国主义、封建主义的双重压榨下，已经濒临破产。如何使农村摆脱绝境，是一个迫切需要解决的问题。当时出现了两种理论和做法：一是主张推翻帝国主义和封建主义的统治，在农村继续进行土地革命；二是主张改良主义，出现了"乡村建设""平民教育""土地村公有"等做法。孙冶方指出："只要没有被某一社会阶层的主观利害关系所蒙蔽，不戴了有色眼镜去观察事物，那就决不会看不到中国农村以至于整个国民经济破产和衰落的原因是帝国主义侵略和封建榨取。"① 在改良主义者看来，帝国主义者的侵略和封建残余势力的统治都不是他们的斗争对象，他们所应做努力的是怎样来重建这个被破坏了的社会秩序——引入帝国主义侵略，产生半封建剥削，并造成农村破产的那个社会秩序。

李平心对中国农村社会经济的性质也进行了分析。他指出，中国的农村经济包含无数错综的对立与矛盾，同时也与一般的世界帝国主义经济以及附属于它之下的全国经济都会发生有机的联系。② 接着李平心提出，此种庞杂的农村经济之研究绝不是低级的形式逻辑方法所能胜任的，只有借助于最高级的、为一切科学基础的唯物辩证法，才能使我们的研究获得丰富的内容和正确的结论。③ 不能孤立地从土地买卖、高利贷的发达等来断定中国农村社会的"资本主义"性质，而应看到这些因素在中国社会现实中反而转化为封建性剥削的现象。另外，既要看到中国与世界联系（殖民地）的普遍性，又要看到特殊性，必须认识这种普遍性和特殊性的统一。

---

① 《孙冶方全集》第 1 卷，山西经济出版社，1998，第 192 页。
② 李平心：《研究中国农村经济的方法论》，载《解放前的中国农村》第 1 辑，中国展望出版社，1985，第 438 页。
③ 李平心：《研究中国农村经济的方法论》，载《解放前的中国农村》第 1 辑，中国展望出版社，1985，第 438 页。

第四节　漆琪生、陶大镛关于"农业立国"与"工业立国"的论争

20世纪30~40年代，关于中国"农业立国"与"工业立国"问题的讨论，实际上就是要解答如何挽救处于危难中的近代中国的问题，就论战的主题而言，已经超越了学术研究的范畴。

一　漆琪生关于"以农村建设为重心"的思想

在中国"农业立国"与"工业立国"的论战中，漆琪生以马克思主义经济思想为基础，根据中国特殊的国情和特殊的经济状况提出，虽然工业化是中国经济发展的必然趋势，但在当时条件下要以农业经济建设为重心，而不能走工业化的道路。

漆琪生分析了当时中国理论界的三派意见：重工主义、重农主义和重商主义。[①] 重工主义者认为，建设农业是违反历史发展的，不能改善中国国民经济的结构。同时，工业建设应居先，而后才可反哺农业，不建设工业，则是为帝国主义制造新的经济侵略之机会。漆琪生认为，重工主义者忽视了现阶段中国国民经济建设之特质，而将现在的问题与将来的问题混为一谈。农村健全的发展必须借助于工业化，但这是农业资本主义化更进一步之后的事情。

漆琪生同时也认为，坚持农业本位、否定工业化的主张，完全违反经济发展的历史法则，会使中国经济永续地停滞不前。漆琪生强调指出，主张农业建设，是因为现今中国经济危机之中心对象，在于使农村经济复兴，使农民贫困减轻，为将来的工业化准备发展的前提条件。[②] 所以，他认为自己只是重农论，而不是绝对的农本论。

漆琪生分析指出，在现阶段开展积极的工业化不可能，其最主要的原因在于帝国主义势力的抑制与摧毁以及中国商品市场的狭小。工业化的后果也

---

① 漆琪生:《中国国民经济建设的重心安在》,《东方杂志》1935年第32卷第10期。
② 漆琪生:《中国国民经济建设的重心安在》,《东方杂志》1935年第32卷第10期。

决定中国以工业化为重心是行不通的,中国工业化的后果之一是,资本大规模集中,农村资本流入城市,从而使农业资本更为匮乏,激化农村经济矛盾,造成农村经济危机;后果之二是,必将会发展帝国主义所需要的粗制工业,为帝国主义提供侵略中国市场的资源与原料;后果之三是,不仅不能解决农村过剩人口的问题,并且还将制造出大批的都市之过剩人口。①

漆琪生指出,中国农业建设是当前的主要任务。理由有八点:第一,农业生产是占国民最大多数的农民群众生存与生活之根本;第二,中国农业经济的重心地位是中国半殖民地社会性质所决定的,所以农业经济之消长,关系整个国民经济的兴衰;第三,中国的农村经济,乃是工商各业发展的前提与基础;第四,在中国发展农业经济要比发展工业经济来得容易;第五,就国际大势来看,中国农业资本主义化的前途比工业化要光明一些;第六,建设农业、改良农作,可以增进中国农产品的输出贸易,调整入超关系;第七,发展农村、建设农业可以解决过剩人口问题;第八,救济农村、建设农业,不只是一个重要的经济问题,还是政治问题、社会问题。②

除此之外,漆琪生还主张从中国国民经济的客观条件去考察中国农村建设,指出要通过改变农业生产关系来建立新的农村经济体制。他还阐述了当时中国农村经济的核心问题是土地问题,本质是土地分配即土地所有关系和使用关系的矛盾问题。

二 陶大镛关于近代中国"工业化前途"的观点

针对到底是"农业立国"还是"工业立国",陶大镛提出"农工皆不得偏废",理由是"我国得天独厚,有广大的农田,能够得上一农工俱备的国家,我们不愿意做侵略国家,所以必须有农业,我们尤其不愿为他国的殖民地,所以必须尽力发展工业"③。

陶大镛剖析了工业化的前提条件以及我国工业化发展的一些问题。他认为:"工业化是一段艰苦需要埋头苦干努力的工程,但和平是工业建设的先决

---

① 漆琪生:《中国国民经济建设的重心安在》,《东方杂志》1935 年第 32 卷第 10 期。
② 漆琪生:《中国国民经济建设的重心安在》,《东方杂志》1935 年第 32 卷第 10 期。
③ 陶大镛:《中国工业化前途》,载《新民主主义经济论纲》,北京师范大学出版社,2002,第 320 页。

第七章 近代中国马克思主义经济思想的传播与研究

条件，民主又是和平的大前提，这是有事实可以证明的。"①

谈到我国工业化的情况，陶大镛认为我国工业是畸形发展，战前工业的特点为：一是国际资本的操纵；二是工业区域集中，在国际资本操纵之下，中国工业大多集中于沿海口岸；三是重轻工业失调。战时工业的特点为：一是官僚资本发达；二是小手工业复活；三是军事工业发展蓬勃。陶大镛揭示了当时中国工业的危机及出路。陶大镛认为，中国工业处于危机状态，外来危机是国际资本经过国人之手而成为买办资本；内在的危机就是官僚资本摧残民族资本。

陶大镛还对中国工业化的几个具体问题进行了分析和展望。一是关于工业化与资本主义的关系问题，陶大镛认为，"今日中国仍处于半殖民地的经济地位，所以应该利用近代资本主义的前进方法，高速度发展工业"②。二是国营与民营、放任与统制的问题，陶大镛认为，"放任与统制——各有其优点，惟皆须得法，统制而不得其法，不若放任，放任不当，不若统制。国营应统制，民营应放任，国营企业若放任就酿成官僚资本的猖獗，民营企业若统制，则无自由竞争"③。三是国内资本与国外资本问题，陶大镛认为，在互惠不损害主权的条件下，应适宜引进国外资本投资于工业建设。④

陶大镛还对由农业国转化为工业国的具体途径作了分析。陶大镛认为，首先必须实行土地改革，土地改革是发展生产力和国家工业化的必要条件。他强调，土地改革可以解放农村生产力而为工业化开辟道路。农村的劳动力不再被浪费，劳动生产率一定会空前提高。土地改革后，剥削不存在了，高利贷资本和寄生性的消费也没有了，农村的剩余价值就会转化为扩大再生产的资金，结果必然是农村生产力的提高，农民生活也必然会随之得到改善。同时，还可以提高农民的购买力，城市工业也可以获得更丰富的原料和更广

---

① 陶大镛：《中国工业化前途》，载《新民主主义经济论纲》，北京师范大学出版社，2002，第321页。
② 陶大镛：《中国工业化前途》，载《新民主主义经济论纲》，北京师范大学出版社，2002，第324页。
③ 陶大镛：《中国工业化前途》，载《新民主主义经济论纲》，北京师范大学出版社，2002，第324页。
④ 陶大镛：《中国工业化前途》，载《新民主主义经济论纲》，北京师范大学出版社，2002，第325页。

阔的市场。[1]

陶大镛认为，把农业国造就为工业国，首先要有计划、按步骤地恢复和发展重工业，以建立国家工业化的基础；其次要进行生产关系方面的改革与调整。

---

[1] 陶大镛：《中国工业化前途》，载《新民主主义经济论纲》，北京师范大学出版社，2002，第289页。

第八章 新中国马克思主义经济思想

新中国成立后,特别是文化大革命结束后,马克思主义经济思想研究涉及的面很广,包括对《资本论》创作史的研究、对马克思主义经济思想方法论的研究、对马克思主义经济思想史的研究、对苏联东欧及西方关于社会主义经济思想的研究等。

第一节 陈征、杨国昌、田光等对《资本论》创作史的研究

随着马克思《资本论》及各种手稿中译本的陆续出版,我国学者开始了对马克思《资本论》创作史的研究,这一研究不仅可以让我们更好地了解马克思经济思想发展的全过程,而且也会加深对马克思《资本论》乃至整个经济思想的理解。

一 陈征、杨国昌等关于《资本论》创作史的探讨

(一)陈征等关于《资本论》创作史的研究

在陈征等看来,1843~1847年是马克思研究政治经济学的第一个时期,其间马克思摘录了70个不同作者的著作,写了24本有关政治经济学的笔记。马克思在这一时期的研究,已把政治经济学提高到一个质的新高度,这就是开始按照自己的整个理论体系的发展观点来创立政治经济学。1850~1853年是马克思研究政治经济学的第二个时期,其间马克思搜集和阅览了大量的经济文献,全面探讨了政治经济学中的一系列重大问题,批判地研究了前人的理论,详细地考察了资本主义国家,特别是英国经济生活中发生的一切重大事件和事实,并整整作了24本笔记摘录。1857~1859年,是马克思研究政治经济学的第三个时期,1857~1858年间,马克思写下了7个笔记本的经济学手稿,这些手稿批判了资产阶级经济学家关于价值、货币等问题的各种观点,第一次详细而系统地研究了商品、劳动、价值、货币、资本和剩余价值的基

本原理。1859年马克思写了商品章，又对手稿货币章进行加工，并以《政治经济学批判》为书名，于1859年6月出版。1861~1863年，是马克思研究政治经济学的第四个时期，这一时期马克思主要写了23本手稿，名称仍为《政治经济学批判》，副标题是"第三章 资本一般"。这部分手稿，除去《剩余价值理论》即《资本论》第4卷的草稿外，实际上写的是《资本论》第1、2、3卷的第二稿。在这批手稿中，马克思在19世纪50年代所研究的价值理论和剩余价值理论的成果基础上，继续分析劳动和资本之间的关系，进一步区分了劳动力本身和使用劳动力的劳动过程，深刻论证了相对剩余价值和绝对剩余价值的增长，分析了资本主义的工厂制度。1863年8月~1865年底，是马克思研究政治经济学的第五个时期，这一时期马克思完成了新的篇幅很大的手稿，可称为《资本论》的第三稿。①

（二）杨国昌关于《资本论》创作史的研究

杨国昌将《资本论》创作史分为如下几个阶段：①《资本论》萌芽；②《资本论》创作的最初尝试；③《资本论》草稿完成；④《资本论》的出版和进一步的完善；⑤恩格斯在整理和出版《资本论》方面的贡献。

杨国昌分析指出，从《资本论》的创作过程可以看到，在工人阶级处于被压迫被剥削的资本主义社会里，要对庞大杂乱的社会经济现象作出详尽而又系统的科学分析，对非无产阶级的各派学说作出严肃而又透彻的批判，从而创立无产阶级的革命理论，是多么的艰难。杨国昌指出，马克思为了无产阶级和全人类的解放，不怕任何艰难险阻，付出无比艰巨的劳动，创作了这部彪炳史册的科学巨著，他这种崇高的献身精神，在历史上是罕见的。在他看来，在当代，我们不仅要学习《资本论》中所阐明的科学真理，还要学习马克思创作《资本论》的那种高度革命精神和科学态度。②

（三）关于《资本论》创作史的分期问题

我国对《资本论》创作史的研究，争论较大是对《资本论》创作史的分期问题。经济学界有两种不同的意见，一种意见主张按写作的自然过程和阶段来划分，另一种意见主张按马克思经济理论形成过程的每个阶段所达到的

---

① 陈征等:《〈资本论〉创作史研究》，福建人民出版社，1983，第41~51页。
② 陈征等:《〈资本论〉创作史研究》，福建人民出版社，1983，第7~22页。

发展水平来划分。①

陶大镛主张划分为:①从马克思学习政治经济学到《政治经济学批判》出版(1859年);②从《政治经济学批判》出版到《资本论》第1卷完成;③从《资本论》第1卷出版到马克思逝世。②

丁之江主张划分为:①《资本论》创作前史(1843~1849年);②《资本论》创作完成的初阶段(1850~1859年);③《资本论》创作彻底完成(1860~1883年)。③

萧灼基主张划分为:① 1843~1849年,创造《资本论》的准备阶段,马克思经济思想初步形成;② 1850~1865年,写作《资本论》手稿,马克思经济思想基本建立;③ 1866~1883年,《资本论》第1卷出版,马克思经济思想广泛传播。④

二 田光、马健行、郭继严等对《资本论》创作史的研究

田光、陆立军认为,关于《资本论》观点体系一体的建立,1842~1857年上半年,是准备时期,这个时期孕育了这本巨著的观点体系一体。根据马克思的《〈政治经济学批判〉序言》,可以把准备时期划分为:第一次研究(1842~1847年)、深入认识社会各阶级(1848~1849年)以及第二次研究(1849~1857年)等阶段。⑤

1857年下半年~1863年7月,是马克思系统撰写《政治经济学批判》的时期。这是这本巨著的观点体系一体的形成时期。这个时期可以分为:①撰写《〈政治经济学批判〉(1857—1858年手稿)》,包括《政治经济学批判》第一分册付印稿阶段;②撰写《〈政治经济学批判〉(1861—1863年手稿)》,包括《〈资本论〉第4卷手稿》阶段。

---

① 中国《资本论》研究会:《〈资本论〉研究资料和动态》第1集,江苏人民出版社,1981,第65~67页。
② 中国《资本论》研究会:《〈资本论〉研究资料和动态》第1集,江苏人民出版社,1981,第65~67页。
③ 中国《资本论》研究会:《〈资本论〉研究资料和动态》第1集,江苏人民出版社,1981,第65~67页。
④ 中国《资本论》研究会:《〈资本论〉研究资料和动态》第1集,江苏人民出版社,1981,第65~67页。
⑤ 田光、陆立军:《〈资本论〉创作史简编》,浙江人民出版社,1992,第5~6页。

1863年8月~1883年，是马克思系统撰写《资本论》的时期。这是这本巨著的观点体系一体发展和完善的时期。这个时期马克思撰写了《〈资本论〉(1863—1883年手稿)》，其中包括《资本论》第1卷德文第一、二版和法文版付印稿。1883~1895年，恩格斯编辑了《资本论》第1卷第三、四版和英文版，以及《资本论》第2卷和第3卷。

马健行、郭继严从劳动价值理论和剩余价值理论的形成与发展来阐述《资本论》的形成，并以此再现《资本论》所阐述的各个理论原理形成的历史和规律。马健行、郭继严认为，再现马克思创作《资本论》的过程，还必须再现《资本论》结构的形成过程。为此，马健行、郭继严分几个阶段阐述了《资本论》的创作史。一是阐述了《资本论》创作的起点——19世纪40年代马克思研究政治经济学的主要成就；二是阐述了马克思《资本论》创作的直接准备——《伦敦笔记》；三是阐述了《资本论》的最初草稿——《1857—1858年经济学手稿》，阐明政治经济学的研究对象，对研究方法和叙述方法的区分、逻辑和历史的统一，以及《资本论》结构的最初设想等作了叙述；四是阐述了马克思在深入研究中修订《资本论》的结构草案的过程；五是阐述了马克思对从前没有完全弄懂的理论问题的探讨——《资本论》的第二部草稿包括《1861—1863年经济学手稿》对剩余价值理论的发展、对资本主义生产体系中生产劳动与非生产劳动的分析，以及对社会资本再生产过程的第一次全面考察，系统地阐明了价值转化为生产价格的一系列中间环节和绝对地租与价值规律；六是阐述了《资本论》结构的确立，描述了马克思再一次研究自己经济学著作的内部结构的细节与过程，包括《资本论》的四卷结构与"六册结构"的关系、"六册结构"演化为"四卷结构"的原因等；七是阐述了《资本论》的第三部草稿的创作过程及主要内容。

马健行、郭继严在阐述马克思《资本论》创作史时非常注重介绍马克思对古典经济学的吸收与纠正和对资产阶级各种各样的错误观点的批判。[①]

三 刘新刚和张钟朴关于《资本论》创作史的研究

2012年新《马克思恩格斯全集》历史考证版（MEGA²）第Ⅱ部类"《资

---

① 马健行、郭继平:《〈资本论〉创作史》，山东人民出版社，1983，第488页。

本论》及其准备材料"全部出齐。该文献的丰富性和编辑特点赋能了当今学者对《资本论》创作史诸多重大难题的"再解答"。[1] 刘新刚提出,基于 MEGA² 研究《资本论》创作史问题需具备"世界观方法论—解答实践问题—形成理论创新"的视野。[2] 刘新刚基于这一视野考察"马克思恩格斯关系""续篇之谜"等《资本论》创作史问题,提出恩格斯在《资本论》中增订的对垄断问题的研究是对《资本论》方法论的继承和具体观点的发展[3];"六册计划"的其他内容是《资本论》"可能的续篇",原因在于"续篇"和《资本论》在世界观、方法论上具有一致性,但马克思个人状况及历史发展不足以为"续篇"的成熟提供条件。[4] 此后刘新刚的研究向《资本论》理论体系的微观层面展开,开始考察《资本论》"虚拟资本概念"[5]"恐慌范畴"[6]"经济危机理论"[7]的形成过程,这些研究对科学掌握《资本论》一系列重大创新理论并在新时代推动理论创新具有重大价值。

张钟朴对《资本论》创作史的研究涵盖创作史各时期的重要文献。首先,他考察了马克思从《克罗茨纳赫笔记》到《伦敦笔记》的这些著作对《资本论》创作的意义。他认为,《克罗茨纳赫笔记》应被视为《资本论》创作起点;马克思在《巴黎笔记》《布鲁塞尔笔记》《曼彻斯特笔记》中制定了唯物史观;《穆勒笔记》体现了马克思向劳动价值论的转变;《伦敦笔记》为《资本论》创作打下全面基础。[8] 其次,他研究了《资本论》的三大手稿。他认为,《1857—1858 年经济学手稿》的"劳动二重性理论"是经济思想史上的突破成就,并且该手稿在资本的生产性和局限性、大机器生产和科学在生产中的应用等问题

---

[1] 刘新刚:《〈资本论〉创作史再研究:新文献与新视野》,《清华大学学报》(哲学社会科学版)2014 年第 3 期。

[2] 刘新刚:《〈资本论〉创作史研究》,人民出版社,2023,第 62 页。

[3] 刘新刚:《"恩格斯在〈资本论〉创作中的地位"问题再考察》,《湖北大学学报》(哲学社会科学版)2018 年第 6 期。

[4] 刘新刚:《〈资本论〉续篇之谜与解答》,《马克思主义研究》2020 年第 9 期。

[5] 刘新刚:《〈资本论〉中的虚拟资本范畴及其中国语境》,《马克思主义与现实》2020 年第 2 期。

[6] 刘新刚、田曦:《〈资本论〉中的恐慌范畴及其当代启示》,《马克思主义与现实》2023 年第 2 期。

[7] 刘新刚、田曦:《〈资本论〉经济危机理论及其时代语境》,《思想理论教育导刊》2022 年第 6 期。

[8] 张钟朴:《〈资本论〉创作史系列讲座之一——从〈克罗茨纳赫笔记〉到〈伦敦笔记〉》,《马克思主义与现实》2012 年第 5 期。

的研究上取得了成果。① 马克思在《1861—1863 年经济学手稿》中创立广义剩余价值理论②,《1863—1865 年经济学手稿》确立了《资本论》三卷结构。③ 张钟朴此后的研究转向具有独立价值的《资本论》法文版及恩格斯编辑稿等。他介绍了《资本论》第 1 卷从德文第一版到德文第二版等版本的发展④,并结合对《资本论》第 1 卷诸多版本的研究,展现了马克思恩格斯如何根据时代变化更新《资本论》的过程。⑤ 他认为,恩格斯的重要贡献是保留了马克思设想的结构,对一些重要概念进行了区分,吸收了其他片段手稿并补写了部分内容。⑥

第二节　张薰华、程恩富、刘永佶、白暴力等对政治经济学方法论的探讨

改革开放以后我国经济学界对马克思主义经济学的方法论研究进入高潮期,我国一批经济学家,如汤在新、张薰华、程恩富等都较深入地研究了马克思主义经济学的方法论问题,并作出了较大贡献。从 20 世纪 90 年代以来,随着马克思主义经济学方法论研究的理论积淀越来越深厚,加之中国学者对西方经济学方法论研究的深入,我国经济学界关于马克思主义经济学方法论的视野更加宽广、思路更加开阔,从而这一研究开始有了一个质的飞跃。

一　张薰华、白暴力、张衔关于马克思经济学方法论的研究

(一)张薰华对《资本论》数量分析方法的研究

张薰华认为,马克思在《资本论》中,始终对各个经济范畴既进行定性

---

① 张钟朴:《〈资本论〉第一部手稿(〈1857—1858 年经济学手稿〉)——〈资本论〉创作史研究之二》,《马克思主义与现实》2013 年第 5 期。
② 张钟朴:《〈资本论〉第二部手稿(〈1861—1863 年经济学手稿〉)——〈资本论〉创作史研究之三》,《马克思主义与现实》2014 年第 1 期。
③ 张钟朴:《〈1863—1865 年经济学手稿〉——〈资本论〉创作史研究之四》,《马克思主义与现实》2015 年第 1 期。
④ 张钟朴:《〈资本论〉第一卷德文版——〈资本论〉创作史研究之五》,《马克思主义与现实》2015 年第 6 期。
⑤ 张钟朴:《〈资本论〉第一卷法文版及其他版本——〈资本论〉创作史研究之六》,《马克思主义与现实》2016 年第 3 期。
⑥ 张钟朴:《马克思晚年留下的〈资本论〉第二册手稿和恩格斯编辑〈资本论〉第二卷的工作——〈资本论〉创作史研究之七》,《马克思主义与现实》2017 年第 3 期。

分析又在定性分析的基础上进行定量分析。《资本论》的数量分析不限于资本主义生产关系方面的范畴，还包括作为一般商品生产关系的范畴。《资本论》的目的是揭示资本主义商品经济运动规律，其所揭示的经济规律都是质和量的分析结合在一起的。《资本论》第1卷所揭示的价值规律，《资本论》第2卷所揭示的单个资本的周转速度与资本占用量的关系，以及社会总资本按比例生产所形成的两大部类的平衡条件，无不表现为量的分析；《资本论》第3卷所揭示的剩余价值分配的规律以及生产价格规律则是以平均利润率为中心展开的，为此第3卷手稿一开始就有大量的数学计算。[①]

同时，张薰华按商品与货币、资本的生产过程，资本的再生产和流通过程，资本的再生产、流通和分配过程等几个部分，对马克思《资本论》中的数量分析方法一一进行了研究和探讨。他还对马克思《资本论》中关于两种含义的劳动与市场价值、市场价格的关系学说进行了更深入的探讨，分析了供求平衡对社会生产力的影响、两种含义的劳动与价值决定、马歇尔的均衡价格论以及怎样理解价格与价值的一致、价格比价与价值比价等问题。张薰华还对《资本论》第1、2、3、4卷中的某些计算问题进行分析与校正。他还注意到，马克思在《资本论》中的数量分析特别注意平均数规律。张薰华指出，平均数所处理的是同质异量的大量现象，平均数规律是大量现象在数量方面的规律，大量现象还有其本质方面的规律，两者相互渗透、相辅相成。[②]

（二）白暴力等对《资本论》方法论的研究

白暴力和白瑞雪于2009年出版了《马克思经济理论（〈资本论〉读书笔记）》[③]，在这本著作和一系列论文[④]中，研究了马克思主义经济学的方法论问题。

白暴力指出，马克思主义经济学的方法论与其研究对象和理论体系密切

[①] 张薰华：《〈资本论〉中数量分析》，山东人民出版社，1993，第1~2页。
[②] 张薰华：《〈资本论〉中数量分析》，山东人民出版社，1993，第7~8页。
[③] 白暴力、白瑞雪：《马克思经济理论（〈资本论〉读书笔记）》，经济科学出版社，2009。
[④] 主要论文有：白暴力：《数学方法与马克思主义经济学》，《国外理论动态》2005年第4期；白暴力、白瑞雪：《〈资本论〉抽象法的若干思考》，《中国特色社会主义研究》2009年第5期；白暴力、白瑞雪：《〈资本论〉历史唯物主义与辩证法的若干思考》，《当代经济研究》2009年第10期；白暴力、白瑞雪：《〈资本论〉方法、体系与基本内容》，《中国特色社会主义研究》2010年第4期。

相关，依据历史唯物论的基本方法，《资本论》的研究对象被确定为资本主义制度、资本和资产阶级（政治）经济学，这三者是一体的。资本是资本主义经济制度的物质承担者，资本与资本主义制度是同一的。《资本论》通过对资本（剩余价值）的运动的研究，揭示了资本主义制度的本质、运动规律及趋势，同时阐明了资本（剩余价值）运动如何在经济当事人的头脑中表象出来，并理论化为资产阶级政治经济学，从而实现了"政治经济学批判"。

白暴力指出，《资本论》的表述体系体现了辩证法的精神，借鉴了"黑格尔特有的表达方式"。《资本论》运用的辩证法主要有辩证范畴、矛盾分析法和范畴的辩证运动。范畴的辩证运动表现为从抽象到具体的演进，范畴演进的逻辑过程与历史过程并非完全一致，而是有时一致有时不一致。相较于古典经济学和现代西方经济学而言，马克思抽象法的特点在于：经济现实是研究的起点；在抽象与具体之间介入中间环节；抽象层次是资本主义制度。

白暴力认为，区分经济规律及其实现形式是马克思经济理论的重要方法，也是理解《资本论》的一个关键。任何经济规律都必须通过一定的经济活动和经济过程才能够实现，这就是经济规律的实现机制或实现形式。经济规律存在原因及其实现形式、生产和分配的规律及其交换实现形式、宏观经济规律及其微观经济实现形式、一般经济规律及其社会实现形式等，是有关经济规律实现机制和形式的重要论题。

白暴力还讨论了马克思主义政治经济学中数学方法使用的问题，指出马克思精通数学，很重视经济学中的数学应用，《资本论》使用了不少数学方法。数学方法既能比较精确地研究问题，又能使问题简单明了、一目了然，还能够对经济过程中的数量关系作精确分析，从而有助于我们了解经济过程中的规律。在经济学中使用数学方法，要坚持"从马克思出发""工具性""简单性""不同问题用不同方法"四项基本原则。

（三）张衔对《资本论》数理分析方法的研究

张衔认为，数理方法是《资本论》方法论体系的重要组成部分。在《资本论》中，马克思将通过理论分析得到的资本主义经济范畴直接作为经济变量，并用定义方程来描述经济范畴的数量—结构特征，这些定义方程通常可以转化成相应的函数方程。同时，马克思将经济范畴之间所体现的经济关系表示成函数关系，并用函数方程来描述具有因果性质的经济规律。

马克思精练出了一套关于资本主义社会生产的符号言语和体系,并用符号言语建构与理论分析等价的经济模型。马克思不仅在对资本主义生产方式的量的关系的分析上运用数理方法,而且在对资本主义生产方式内在本质及其相互关系的定性分析上也运用数理方法。马克思所运用的数理方法,不仅涉及常量数学,而且涉及变量数学和博弈论(对策论)方法,甚至涉及随机数学方法。

张衔认为,马克思运用数理方法有两种情况:一种情况是采用马克思精练的资本主义社会生产的符号语言,直接给出数理模型和数学方程式;另一种情况是用自然语言表达数理关系,给出蕴含形式化的理论概括或论证。张衔以《资本论》第 1 卷为例,以概要的方式显性化了马克思运用数理方法的第二种情况。[1]

二 程恩富、胡乐明等关于马克思主义经济学方法论的创新

程恩富、胡乐明等在 2002 年出版的《经济学方法论——马克思、西方主流与多学科视角》一书中,全方位、多视角地从重建符合时代要求的社会主义理论经济学的角度出发,提出要站在超越马克思经济学和西方经济学的高度来研究经济学方法论。他们的研究突破了传统研究的某些方法局限,并力图囊括马克思经济学、西方主流经济学以及其他交叉学科的方法论,使经济学方法论体系得以有机地整合。他们主要分析了三个紧密相关的方面:一是深入挖掘马克思经济学的方法论;二是批判性地借鉴西方主流经济学的方法论;三是吸收其他社会科学与自然科学的方法和知识。

程恩富、胡乐明等重点论述了马克思经济学方法论的核心,即唯物史观和唯物辩证法。同时,从另一个角度来认识马克思经济学方法:一是对价值导向的规范经济分析,这是马克思经济学的鲜明特色之一;二是对马克思经济学的实证经济分析,证明马克思经济学并非不具有实证分析能力;三是通过与西方经济学相比较,论述了马克思经济学中的宏观与微观分析方法,并在此基础上,主张将马克思的经济学方法论进一步拓展与深化。

程恩富、胡乐明等围绕经济学理性主义对西方主流经济学方法论进行了

---

[1] 张衔:《马克思经济学的形式化:概要性尝试——以〈资本论〉第一卷为例》,《政治经济学研究》2020 年第 2 期。

批判性研究。西方经济学"理性主义"的各个发展阶段，尽管有着不同的理论表现，但确定性的、轨道世界的经济社会观，理性经济人，以及个体主义是其不变的"硬核"。程恩富、胡乐明等对它们进行了批判，并指出这三种形而上学的猜想的不足与缺陷。他们认为，要走向新理性的经济学，必须摒弃传统理性主义封闭的局部性思维，确立开放的整体性思维；将"人"拉回复杂的社会系统中，结合社会、文化、历史、制度、心理等因素来"重新理解人"；必须对"理性"本身持一种辩证的态度，确立一种辩证的理性思维方式。程恩富、胡乐明等创造性地提出了经济学"理性"重建的初步构想：引入马克思经济学方法论，使传统的理性主义转为辩证的理性思维方式。为此，他们提出在重建社会主义理论经济学过程中，应进行七个方面的跨学科方法研究，要借鉴现代政治学、法学、社会学、现代伦理学、现代美学、系统论和生物学的方法和知识，以了解人类外在经济活动的深层因子，挖掘经济活动的内在规律。①

三 刘永佶、董瑞华关于政治经济学方法论的分析

刘永佶在 2000 年出版的《政治经济学方法论纲要》中，从创建中国社会主义政治经济学的角度出发，在马克思主义辩证法的基础上，探讨了政治经济学方法论，提出了"主义主导方法，方法实行主义"的观点。他认为，主义是基本观点和主张的集合，它制约着方法；方法是主义的贯彻和实现，而过去人们在论述研究方法时，很少把研究方法和阶级性、主义等联系起来。刘永佶阐述了政治经济学方法的历史演变过程，他认为历史沿革体现着主义与方法论的统一及方法论的要点。②

刘永佶对政治经济学对象、目的、方法的基本点作了规定，重点论证了辩证法的原则、系统，辩证法与政治经济学方法论的关系。他认为系统抽象是政治经济学方法论的主体内容和基本形式，并从不同方面阐述了系统抽象法的基本内容。他提出概念运动是系统抽象的核心和主体，体系是概念运动的形式，是对经济学矛盾论证方法的展开，而理论发展则是概念

---

① 程恩富、胡乐明等：《经济学方法论——马克思西方主流与多学科视角》，上海财经大学出版社，2002。
② 刘永佶：《政治经济学方法论纲要》，河北人民出版社，2000。

运动和论述体系的统一,反映方法论存在和作用的历史过程。他特别从理论发展中,对政治经济学方法论在现代的演进趋势及其所要解决的主要问题在总体上作了概括。他还提出了研究政治经济学方法论的一些原则问题,即政治经济学方法论的核心问题是如何对待经济矛盾,政治经济学是经济矛盾演化的产物,只有正确揭示矛盾、说明矛盾,提出解决矛盾的途径,才能真正发展政治经济学。他认为,政治经济学方法论的根本点是要有发展的方法,要在揭示和论证发展了的经济矛盾的过程中发展政治经济学。[①]

董瑞华、傅尔基在 2001 年出版的《经济学说方法论》中指出,马克思主义经济学的科学意义,不仅在于其理论,而且在于其方法。马克思主义经济学是开放的、发展的科学。因此,马克思主义经济学方法论必然能够通过兼容、吸收来自各个学科的有用成分来充实和完善自己。他强调,社会主义经济科学的研究和发展需要正确的方法论,社会主义经济体制改革和经济发展也需要科学的方法论。他指出,马克思主义经济学方法论的现实意义,不仅在于通过分析资本主义经济及其矛盾来揭示资本主义经济运动的规律,而且在于它是发展的。在对社会主义经济进行分析研究时,应该也能够运用马克思主义经济学的方法。[②]

第三节 丁冰、杨承训、顾海良等对马克思主义经济思想的研究

中国学者对马克思主义经济思想的研究,既有对总体的研究,也有对个人的研究。其中对马克思主义经济思想史的研究属于总体研究,而研究和编撰马克思主义经济思想史,是一项开拓性的工作。马克思主义经济思想史过去一般是包含在马克思主义学说史或外国经济学说史著作中的。

一 丁冰、蔡中兴等关于马克思主义经济思想史的研究

(一)丁冰、吴世泰关于马克思主义政治经济学史的研究

丁冰、吴世泰在 1983 年出版的《马克思主义政治经济学简史》一书中将马克思主义政治经济学史划分为四个时期,并以马克思主义经典作家的著作

---
① 刘永佶:《政治经济学方法论纲要》,河北人民出版社,2000。
② 董瑞华、傅尔基:《经济学说方法论》,中国经济出版社,2001。

为线索,简明扼要地分析和阐述了马克思主义政治经济学产生、形成和发展的历史过程。

首先,该书阐述了19世纪40年代马克思主义政治经济学的产生。他认为《论犹太人问题》《〈黑格尔法哲学批判〉导言》《国民经济学批判大纲》标志着马克思恩格斯最终完成了由唯心主义到唯物主义、由革命民主主义到共产主义的转变。《1844年经济学哲学手稿》借助异化概念,揭示了人类发展的共产主义远景;《哲学的贫困》批判了蒲鲁东的错误观点,提出了在价值论、剩余价值论和方法论上自己的观点;《雇佣劳动与资本》则阐述了资本的来源,揭示了雇佣劳动的性质、剩余价值的产生,阐述了无产阶级贫困化的必然性;《共产党宣言》则进一步论述了马克思主义政治经济学基本原理。

其次,描述了19世纪50~60年代马克思主义政治经济学体系的形成,并且选出两部著作来阐述。《政治经济学批判》完成了劳动价值论和货币理论的革命变革;《资本论》第1卷的出版,实现了政治经济学的伟大革命变革,标志无产阶级政治经济学理论体系已经形成。

再次,论述了19世纪70~90年代马克思恩格斯对马克思主义政治经济学的发展。在这方面他选出了三部著作来阐述:一是《哥达纲领批判》,批判拉萨尔机会主义思想,阐明共产主义发展阶段原理,第一次把共产主义划分为两个阶段,并分析它们的基本特征及其辩证关系;二是《反杜林论》,这是马克思主义的百科全书和广义政治经济学的重要经典文献,在政治经济学的对象和方法、资本主义社会的基本矛盾及共产主义社会的基本原理上,进一步发展了马克思主义政治经济学;三是《家庭、私有制和国家的起源》,这篇著作第一次系统地对人类社会早期阶段的历史作了科学的唯物主义阐述。

最后,叙述了在帝国主义和无产阶级革命时代,列宁、斯大林对马克思主义政治经济学的进一步发展。

(二)马健行关于马克思主义经济思想史的研究

马健行在1991年出版的《马克思主义经济思想史》一书中介绍了马克思恩格斯的早期著作,阐述了异化劳动理论、历史唯物主义基本原理、劳动价值理论及剩余价值理论的早期观点,叙述了马克思主义经济思想的产生。书中介绍了《〈政治经济学批判〉导言》及《〈政治经济学批判〉(1857—1858年手稿)》，认为马克思在这里奠定了马克思主义政治经济学的理论基石，建立了马克思主义关于资本主义政治经济学的理论体系；阐述了马克思恩格斯对信用和股份资本等资本主义发展新阶段的重要经济现象和特征的研究，以及对前资本主义的经济形式的研究，对未来社会的经济问题的探讨，叙述了广义政治经济学的研究和建立。

马健行还阐述了考茨基、希法亭对庞巴维克、伯恩斯坦将马克思的劳动价值论与边际价值论等同的批判，卢森堡、考茨基对伯恩斯坦否定马克思关于资本积累一般规律理论的批判，以及考茨基、卢森堡和希法亭对伯恩斯坦否定马克思危机理论的批判；阐述了拉法格对美国垄断资本问题的研究，希法亭的《金融资本》对资本主义新阶段的研究，卢森堡的《资本积累论》关于帝国主义的分析，考茨基的"超帝国主义"及其同库诺夫的论战。另外，马健行还重点介绍了马克思主义经济思想在俄国、苏联的传播与发展，尤其是普列汉诺夫、布哈林及列宁的经济思想。

(三) 蔡中兴、蒋自强等关于马克思主义经济思想流派的研究

1989年，蔡中兴、蒋自强等主编了《马克思主义经济思想流派》，该书是国内不多见的从流派的角度来研究马克思主义经济思想史的著作。

他们认为，马克思主义经济思想发展过程中存在派别是客观事实，而之所以出现派别，原因很复杂，其中有国情的不同，有代表的阶层的不同，也有个人的差异等。各派之间存在差别、矛盾，甚至进行过残酷的斗争，同时各派之间又是互相影响的。所以，马克思主义经济思想不仅在与资产阶级思想的斗争中得到发展，而且也在马克思主义经济思想的各派斗争中得到发展。马克思主义经济思想各流派都源于马克思主义，但它们不一定都是正确的，正确与否，要靠新的社会实践去检验。[①]

该书系统地介绍了马克思主义经济思想流派。首先介绍马克思恩格斯经济思想，接着叙述了第二国际的破产与马克思主义经济思想流派的产生。其次，介绍了第二国际各派的经济思想，介绍了列宁对马克思恩格斯关于资本主义经济学说的进一步发展，介绍了该时期形成的左、中、右三派的经济思

[①] 蔡中兴等主编《马克思主义经济思想流派》，上海人民出版社，1989。

想,即左派卢森堡、列宁,中派希法亭、考茨基和普列汉诺夫,右派伯恩斯坦的经济思想。他们认为,把"中派"和"右派"当作马克思主义经济思想发展中的一个派别,是因为它们"源"于马克思主义。

该书介绍了社会主义时期形成的六派经济思想,即列宁、托洛茨基派(托洛茨基、普列奥布拉任斯基)、布哈林、斯大林、兰格及毛泽东的经济思想。该书认为,列宁之后,其后继者分为三派:托洛茨基派、布哈林、斯大林,这是历史事实。该书还介绍了当代马克思主义经济思想各流派:苏联的赫鲁晓夫经济改革与利别尔曼改革学派、数理学派、西伯利亚改革学派与戈尔巴乔夫的改革新思维;东欧的南斯拉夫学派、卡莱茨基与布鲁斯的经济模式、涅尔什雷日的经济改革理论与科尔内的"短缺论"、捷克斯洛伐克学派;中国的刘少奇社会主义经济理论、陈云社会主义经济理论、孙冶方社会主义经济体制理论及邓小平的经济改革思想;西方发达国家无产阶级政党的"欧洲共产主义"经济观点、美国激进学派、曼德尔的晚期资本主义与不发达经济论、诺夫的社会主义可行模式论。

(四)颜鹏飞关于马克思主义经济思想史的研究

颜鹏飞1995年所著的《马克思主义经济学史》,是一部研究马克思主义经济思想史的有特色的专著。他的研究特点是将马克思主义经济思想史的历史发展分为五个阶段:16~19世纪,空想社会主义经济学说的产生和发展;19世纪40年代~19世纪末,马克思恩格斯创立狭义和广义政治经济学;19世纪末~1917年,以列宁为首的马克思主义者创立帝国主义理论或垄断资本主义经济学;1917年~20世纪50年代中期,创建社会主义政治经济学;20世纪50年代末至今,揭示国家垄断资本主义的本质和发展规律,探寻社会主义经济体制改革和模式。

他还把空想社会主义经济学说作为马克思主义经济思想的前身和一个重要来源,这就将研究马克思主义经济思想史的时期提前到16世纪。此外,他将列宁的经济理论单独作阐述,对苏联经济学界的理论成果和主要倾向也作了阐述,这有助于了解对我国影响极大的苏联经济思想的发展和社会主义政治经济学的形成过程。①

---

① 颜鹏飞:《马克思主义经济学史》,武汉大学出版社,1995。

（五）顾海良、颜鹏飞、张雷声、赵晓雷等关于马克思主义经济思想史的研究

2016年，顾海良、颜鹏飞作为总主编，编撰了《新编经济思想史》（10卷本，另有序卷），其体系特色在于，主张对经济思想史进行整体性研究，同时涵盖中国经济思想史、西方经济思想史和马克思主义经济思想史，将三者结合在一起研究，以呈现经济思想史的整体面貌，并展现中国学者的学术影响力。其中，除了顾海良编著的序卷《新编经济思想史》概论外，张雷声主编的第四卷《马克思恩格斯经济思想的形成及在世纪之交的发展》、顾海良主编的第八卷《十月革命以来国外马克思主义经济学的发展》、赵晓雷主编的第十卷《中国现代经济思想的发展》，也较为系统地分别研究了马克思主义经济思想的形成及其在十月革命之前的发展、十月革命之后在国外的发展、1949~2010年在中国的发展。

张雷声在第四卷《马克思恩格斯经济思想的形成及在世纪之交的发展》中，系统地阐述了空想社会主义理论的兴衰，马克思恩格斯经济思想的前提、开端和形成，马克思在政治经济学领域的"革命"和理论体系探索，《资本论》的经济理论研究，马克思恩格斯晚年经济思想的发展，19世纪与20世纪之交马克思主义经济思想面临的"修正"挑战和卢森堡、希法亭等的研究拓展，列宁对马克思主义经济学的初步研究、帝国主义理论的创立、对社会主义革命及其发展前景的理论探索，布哈林对帝国主义和世界经济的探讨等。

顾海良在第八卷《十月革命以来国外马克思主义经济学的发展》中，系统地研究了十月革命后列宁和布哈林的过渡经济思想、两次世界大战时期西方国家对马克思主义经济学的研究，斯大林对苏联社会主义经济模式、经济规律的探索和对政治经济学理论体系、教科书体系的探索等，20世纪后半期苏联东欧学者和西方学者对当代资本主义理论、社会主义经济理论、社会主义改革理论和不发达问题的探讨，苏东剧变后马克思主义经济学的多形态发展，日本马克思主义经济学的发展，西方学者关于劳动价值论、剩余价值理论、转形问题、经济危机等马克思主义经济学基本理论的论争等。

赵晓雷在第十卷《中国现代经济思想的发展》中，将中国现代经济思想的发展分为三个阶段：初期（1949~1978年）、繁荣时期（1979~1991年）、

转型时期（1992~2010年），重点介绍了1949~1978年毛泽东、陈云等对社会主义经济理论的探索与发展，1979~1991年中国对经济体制改革和社会主义政治经济学体系的探索、对社会主义商品经济及所有制改革等基本理论的研究、经济发展战略的演进等，1992~2010年社会主义市场经济理论的产生与发展、所有制理论和分配理论的思想变革、"中国经济学"的构建、经济发展战略思想、中国共产党与马克思主义经济学中国化等。

二 杨国昌、汤在新等关于马克思经济思想的阐述

20世纪90年代以后，对马克思主义经济思想的研究有了新的发展，一方面开始关注马克思经济学手稿的研究，另一方面更注重发展和创新。

（一）杨国昌关于马克思经济学说的研究

杨国昌1992年在《马克思经济学说研究》一书中着重研究了马克思经济理论的两大问题：价值货币理论和剩余价值理论。在分析价值理论和货币理论时，具体阐述了六个问题。一是《1857—1858年经济学手稿》在马克思价值理论形成中的历史地位。二是关于商品价值的源泉问题的探索，着重分析目前对商品价值源泉问题的几种解释。三是关于生产价格理论的几个问题。四是关于马克思对资产阶级经济学货币理论的批判。五是对欧文、格雷及蒲鲁东的"劳动货币论"的剖析。六是论述马克思货币理论的创立过程，阐述该理论发展的三个阶段：从《论犹太人问题》到《哲学的贫困》为萌芽阶段；从《伦敦笔记》到《1857—1858年经济学手稿》为基本形成阶段；从《政治经济学批判》到《资本论》为完成阶段。对于马克思的剩余价值学说，具体阐述了五个问题：一是论述马克思剩余价值学说的创立过程；二是分析了马克思区分不变资本和可变资本的贡献；三是探讨了相对剩余价值生产与科学技术的发展；四是阐述了马克思怎样看待"最低工资论"；五是论证坚持剩余价值理论的科学性和革命性。

（二）汤在新关于马克思经济学手稿的研究

汤在新在1993年所著的《马克思经济学手稿研究》中重点研究了《资本论》的三个手稿，概要地论述了这些手稿的主要成就及其在马克思理论形成史上的地位，对这些手稿的写作时间、写作阶段、思考进程、篇章划分等问题进行了考证。

汤在新着重讨论了国际学术界争论最多而又最为关键的一个问题,即《资本论》与马克思在手稿中计划写作的六部著作(以下简称"六册计划")之间的关系。汤在新论述了"六册计划"依此建立的理论(对象)和方法、它们之间的逻辑联系和内容要点,在此基础上对争论的问题作出了回答。

汤在新还研究了《资本论》四卷及其各个部分基本理论的形成,侧重于探讨内部结构的演变,即考察理论要素之间的内在逻辑联系的形成过程。他认为,内部结构与体现为篇、章、节划分的外部结构不同,它是理论和方法的表现形式,它的形成是理论和方法完善的结果,同时又是理论和方法成熟的标志,研究内部结构有助于深化对《资本论》的理解。

(三)顾海良关于马克思中年经济思想的研究

顾海良1993年所著的《马克思"不惑之年"的思考》是一本以《1857—1858年经济学手稿》为对象,对中年马克思在经济、哲学、政治学、历史学和社会学等领域中取得的成就作综合探讨的专著。这部著作只研究了马克思经济思想发展过程中的一个文本,即只研究1857~1858年写作的经济学手稿。

顾海良认为,对《1857—1858年经济学手稿》中经济思想发展的研究,既不能脱离《1857—1858年经济学手稿》的整体结构,也不能脱离马克思经济思想发展的整个过程,所以在阐述《1857—1858年经济学手稿》中的劳动价值论和剩余价值理论时,不是用成熟的劳动价值论和剩余价值论去"套"《1857—1858年经济学手稿》中的有关论述,而是通过对《货币章》《资本章》整体结构的理解,结合马克思经济思想发展的全过程,说明在《1857—1858年经济学手稿》中发起的经济学革命的伟大意义。[①]

顾海良还概述了《1857—1858年经济学手稿》的形成史,即1843~1857年马克思思想的发展轨迹,《1857—1858年经济学手稿》的主要内容,《1857—1858年经济学手稿》对《政治经济学批判》的恢宏构思;介绍了马克思在导言中对总体方法论的创立及运用;介绍了马克思在《货币章》中对劳动价值论的科学革命;介绍了马克思在《资本章》中对剩余价值理论的发现。顾海良分析了国内外学术界对《资本章》结构的三种见解和对《资本章》

---

① 顾海良:《马克思"不惑之年"的思考》,中国人民大学出版社,1993。

总体结构的辨析,提出在《资本章》中马克思还没有论及价值范畴和生产价格范畴之间的总体转化关系,但已形成生产价格理论的局部内容。[①]

三 商德文、罗郁聪等关于恩格斯经济思想的探讨

商德文、李善明、周成启、张钟朴等人 1985 年撰写的《恩格斯经济思想研究》是一本研究恩格斯经济思想的专著,而罗郁聪 1985 年所著的《恩格斯经济思想研究》则重点从广义政治经济学理论的角度研究恩格斯的经济思想。

(一)商德文、李善明等关于恩格斯经济思想的研究

商德文、李善明等在《恩格斯经济思想研究》中首先论述了恩格斯在马克思主义政治经济学的产生阶段的特殊作用。恩格斯对政治经济学的贡献主要体现在以下几点。一是撰写《政治经济学批判大纲》,这是马克思主义政治经济学的第一篇文献,它为无产阶级政治经济学的科学方法提供了唯物史观的萌芽,为它的研究对象作了新的启示,并且在若干基本经济理论方面贡献了不少新的科学因素。二是撰写《英国工人阶级状况》,其基本思想是资本主义固有的矛盾必然导致社会主义革命。恩格斯分析了工资、工人阶级贫困化、资本主义生产的周期性和危机、资本积累和人口过剩等问题,这是一部包含一系列马克思主义政治经济学理论的萌芽和轮廓的著作。三是共同写作《神圣家族》和《德意志意识形态》,这是马克思恩格斯合作研究历史唯物主义的初步成果,标志着历史唯物主义体系的初步建立。

其次,论述了恩格斯在马克思主义政治经济学的形成和创立阶段的贡献。阐述了恩格斯 19 世纪 50 年代的经济思想与《政治经济学批判》体系的形成;阐述了恩格斯对 1848 年革命经验的总结和关于德国社会各阶级的经济分析及对蒲鲁东经济观点的批判,这一批判形成了《政治经济学批判》体系;论述恩格斯对经济危机问题的研究,对货币流通、银行信用制度,对萧条和危机影响的探讨。

最后,论述恩格斯在晚期活动中对捍卫和发展马克思主义政治经济学的贡献,阐述了恩格斯对狭义政治经济学基本原理的捍卫和发展,着重阐述他对劳动价值学说及资本和剩余价值学说的阐释、捍卫和发展。阐述了恩格斯

---

① 顾海良:《马克思"不惑之年"的思考》,中国人民大学出版社,1993。

对原始社会、奴隶社会及封建社会经济形态的分析；对社会主义社会和共产主义社会的经济论证，如对未来社会的基本态度，对资本主义必然灭亡、共产主义必然胜利的论证，对未来社会的基本特征的论述，关于过渡时期和共产主义社会不同发展阶段的学说，关于共产主义社会的物质基础问题，关于未来社会的计划生产和对经济规律的认识利用问题，关于共产主义社会的劳动和分工的理论，关于城乡对立的理论，关于人的全面发展的理论，关于未来社会阶级消亡和国家命运问题，关于未来社会中商品生产、价值和货币的命运问题等。①

（二）罗郁聪关于恩格斯经济思想的研究

罗郁聪重点研究恩格斯对广义政治经济学的开创性贡献，解析恩格斯关于广义政治经济学的对象和方法，人类社会的原始状态，家庭的演变过程，私有制、阶级和国家的产生，文明时代的特征，资本主义生产方式的发展趋向与"和平长入社会主义"，不经过资本主义而走向社会主义的可能性等理论。

罗郁聪介绍了恩格斯对未来社会的推测和对科学社会主义主要经济问题的探索。罗郁聪指出，恩格斯科学预见的未来社会是广义政治经济学的组成部分，并认为这一科学的预见绝不是空想，罗郁聪还阐述了恩格斯关于生产资料公有制，对土地私有制的改造，生活消费品的分配，对"全部劳动所得"的批判，按劳分配和各取所需，社会生产的有计划调节等观点。

四 杨承训、商德文等关于列宁经济思想的研究

列宁经济思想内容十分丰富，在马克思主义经济思想史上构成一个特殊的发展阶段。我国关于列宁经济思想的研究内容十分丰富，杨承训、商德文、王元璋、杨会春等人的研究都具有一定代表性。

（一）杨承训关于列宁商品经济理论研究

杨承训认为，列宁的经济思想包括三个基本内容：①揭示资本主义市场经济发育阶段的发展和运行规律；②论析资本主义市场经济发达阶段的内在矛盾和客观规律；③探索社会主义建设初期经济发展和改革的道路及其运行

---

① 商德文、李善明、周成启、张钟朴：《恩格斯经济思想研究》，北京出版社，1985。

规律，找寻公有制实现形式。这三个基本内容的联结点就是商品经济理论。列宁商品经济理论的内容和形式与马克思相比有很多新的特色。[①]

杨承训认为，从内容上说，马克思恩格斯所剖析的是比较纯粹的资本主义商品经济的次发达阶段。列宁则不同，他首先面临的是资本主义商品经济比较落后的俄国，面临的是大量的马克思恩格斯未能深入分析的问题。其次，他面临资本主义经济进入垄断阶段。最后，他把马克思恩格斯的社会主义设想，变为社会变革和经济建设的伟大实践。正是新的丰富实践对列宁发展马克思关于商品经济的理论体系提出了求索的任务，也提供了研究的资料。从形式上说，马克思的商品经济理论主要集中于《资本论》，而列宁在各个时期根据不同的重点写了许多书籍和论文，鲜明地体现了"螺旋式上升"的认识运动过程。

关于社会主义制度和市场经济能否结合，列宁在新经济政策的探索和实践过程中对这个问题作出了创造性的探讨。杨承训把列宁的这一思想概括为：①商品经济的机制有利于生产力的发展，此为立足点；②商品经济的基础是生产社会化，这是它同公有制相通的基本因素；③把市场关系引入社会主义建设中来，符合社会经济发展的自然历史过程；④利益关系是商品经济与公有制最重要的结合点；⑤根据生产力发展水平和劳动人民的意愿调整所有制结构，形成以公有制占支配地位的多种所有制结构，并利用国家资本主义加以调节和引导；⑥公有制采取适应市场关系的多种形式；⑦宏观上探寻计划与市场相结合的形式，抑制和弥补商品—市场关系的缺陷；⑧大力发展对外经济，利用国际资本和世界市场发展自己，保持在经济上的独立性；⑨充分利用上层建筑的保证作用。[②]

（二）王元璋关于列宁经济思想研究

王元璋1995年出版的《列宁经济发展思想研究》是从经济发展的视角出发来研究列宁经济思想的专著。王元璋将列宁的经济发展思想与西方发展经济学的理论相联系，分析了列宁的经济思想。

---

① 杨承训：《市场经济理论典鉴——列宁商品经济理论系统研究》，天津人民出版社，1998，第2~5页。

② 杨承训：《市场经济理论典鉴——列宁商品经济理论系统研究》，天津人民出版社，1998，第2~5页。

王元璋分11个专题对列宁有关经济发展的思想进行分析，其主要研究有：①列宁为改变经济落后的俄国，提出国民经济电气化的计划与理念；②列宁研究科学技术进步与经济落后国家的经济发展问题；③关于配置方式与经济发展；④关于所有制及其结构与经济发展；⑤关于个人收入分配与经济发展；⑥关于微观经济管理与经济发展；⑦关于二元经济结构与经济发展；⑧关于重点增长、优先增长与经济发展；⑨关于对外经济关系与经济发展；⑩宏观调控与经济发展；⑪关于未来社会经济发展的趋势。

（三）张雷声关于列宁经济思想发展史的研究

张雷声在《列宁对马克思经济思想的创新性贡献》一文中指出，列宁是马克思的事业和学说的继承者，在领导伟大的十月革命和苏维埃俄国走向社会主义的过程中，列宁以政治、哲学、文化、党的建设等思想丰富和发展了马克思主义，在马克思主义发展史上具有极其重要的地位，尤其是在马克思经济思想方面，列宁是一位作出创新性贡献的理论家、思想家。①

列宁对马克思经济思想的创新性贡献主要表现在：以对社会主义经济问题的深刻研究，把马克思经济思想的主题由发达与不发达资本主义生产关系并存的研究，拓展为资本主义与社会主义生产关系并存的研究；以对帝国主义时代特征的精辟阐释，深化并续写了马克思的资本主义理论研究成果；以对垄断、垄断价格问题的精湛分析，研究了马克思劳动价值论在垄断资本主义商品经济中的新发展；以对新经济政策理论和实践的深入探讨，书写了马克思商品经济理论运用的新篇章。

五 孙冶方、薛暮桥关于斯大林经济思想的评价

（一）孙冶方、薛暮桥对斯大林经济思想的质疑

斯大林的《苏联社会主义经济问题》实际上是对苏联过去几十年社会主义经济实践和经济理论争论的总结。斯大林发展了马克思主义关于商品生产的理论。但是，斯大林仍然把商品生产、价值规律看成外在于社会主义生产关系的东西。

孙冶方认为，价值规律作为价值决定和运动的规律是社会化大生产的客

---

① 张雷声：《列宁对马克思经济思想的创新性贡献》，《马克思主义研究》2020年第3期。

观规律。它在社会主义生产乃至共产主义生产中都有节约劳动时间和按比例分配社会劳动的调节作用，因而社会主义的经济计划必须放在价值规律的基础上。①

孙冶方给了价值规律以更广泛的含义。他认为在社会主义社会存在两种价值规律，一种是商品价值规律，另一种是产品价值规律。后者在商品经济消灭后的共产主义社会要继续起作用。现在所有社会主义国家，都没有用社会必要劳动量来表示的价值指标，而只有用货币量来表示的价值指标，也就是通常所说的产值。这不是价值的实体，而是价值的货币形态，是用货币来表现的交换价值。这种价值规律，在商品生产和商品交换消灭以后，自然也就不存在了。"产品价值规律"，是共产主义社会最重要的经济规律。他认为产品价值规律不但存在于共产主义社会，而且在社会主义社会的全民所有制经济中也已经存在。

薛暮桥在《社会主义经济理论问题》一书中认为，价值规律如果是客观规律，就永远只会自发发生作用，绝不会自觉发生作用。他不赞成在计划规律起作用大的地方、价值规律起的作用就小，计划规律起作用小的地方、价值规律起的作用就大的思想，而赞成国家计划和价值规律同时起作用，国家计划唯有遵守价值规律，才能有效地调节生产和流通。②

薛暮桥并不十分同意孙冶方关于价值规律的一些见解。他把价值规律的作用分为两种，第一种是要求各种产品按照社会必要劳动来进行等价交换，鼓励大家节约劳动消耗；第二种是通过价格的调整来保证各类产品供求数量的平衡。他认为在同全民所有制的国营企业进行交换的过程中，不但要遵守价值规律的第一种作用，而且要利用价值规律的第二种作用，即调节产品供求的作用。③

（二）毛立言、王绍顺等关于斯大林经济思想的重新研究

毛立言指出，在社会主义政治经济学发展史上，斯大林第一个提出了在社会主义经济形态中，也存在一个起主导作用的、决定生产发展的一切主要

---

① 孙冶方:《社会主义经济的若干理论问题》（续集增订本），人民出版社，1983，第14页。
② 薛暮桥:《社会主义经济理论问题》，人民出版社，1979。
③ 薛暮桥:《社会主义经济理论问题》，人民出版社，1979。

方面和主要过程的基本经济规律,从而开辟了研究社会主义基本经济规律的先河。但是,斯大林表述的社会主义基本经济规律简单空泛,没有抓住根本,失去了经济规律应有的许多内容。"斯大林模式"的失败绝非马克思主义和社会主义的失败,而是实践中的社会主义由于出现历史定位和模式选择的失误而结出的苦果。实际上,对"斯大林模式"的校正,正是对科学社会主义的发展;真正有生命力的社会主义则会在这种校正中走向复兴。①

王绍顺认为,斯大林依据马克思列宁主义的基本原理,反复论证了社会主义条件下经济规律的客观性质。在商品生产和价值规律方面,斯大林第一次论述了在建成社会主义的条件下存在商品生产的必要性,明确指出不能把社会主义商品生产同资本主义混为一谈,还肯定了价值规律的存在及作用。但是,王绍顺也认为,斯大林在表述社会主义生产的目的和达到目的的手段时,是从整个社会一元化的角度出发的。王绍顺还对斯大林把优先发展重工业看成决定国家生死存亡的重大问题的观点提出了质疑。他认为,资本主义国家工业化的历史证明,工业化可以从优先发展轻工业开始,但这不是绝对规律,后起的资本主义国家也可以轻重工业并举,到一定阶段之后再使重工业超过轻工业。而且,优先发展重工业也并非社会工业化的本质特征,把它夸大到适用于任何国家和任何时期,是不适当的。因此,王绍顺认为,斯大林时期苏联的经济管理体制是一种中央集权型的体制,它的突出特点是自上而下的指令性计划,排斥市场调节;不能充分利用价格、利率、汇率、税收等一系列经济杠杆;权责利不结合,企业的经营成果同劳动者的物质利益不直接挂钩,缺乏内在的经济动力;不承认竞争,企业外部没有压力。②

(三)陶大镛、蔡中兴关于斯大林垄断资本主义经济思想的研究

陶大镛在20世纪50年代就探讨了斯大林关于资本主义体系总危机的理论,他是从国际政治经济领域发生的重大变化来论述斯大林这一理论的正确性的。陶大镛指出,资本主义体系总危机表现为:社会主义体系的经济实力日益增长,而资本主义世界经济体系的瓦解现象日益加剧;资本主义的寄生性和腐朽性大大加深;各资本主义国家政治经济的发展表现出极端的不平衡;

---

① 毛立言:《社会主义的历史定位和模式选择》,《马克思主义研究》1999年第3期。
② 王绍顺:《从斯大林经济模式到邓小平有中国特色的社会主义》,《学习与探索》1998年第6期。

殖民地制度的危机空前加剧;随着资本主义总危机的尖锐化,资产阶级政权愈加反动。相对而言,我们必须澄清,苏联的第五个五年计划,是一个和平的经济和文化建设计划,因而它的公布会使全世界的劳动人民感到欢乐,使每一个爱好和平民主的人对保卫世界和平增强信心。①

蔡中兴在 20 世纪 90 年代对斯大林关于资本帝国主义的理论进行了探讨。蔡中兴分析指出,1929 年的经济危机和随后爆发的第二次世界大战,证明了斯大林的资本主义的稳定具有暂时性的观点是正确的。他分析到,斯大林提出的资本主义总危机的论点与马克思恩格斯关于资本主义的必然灭亡和列宁关于帝国主义的垂死性的论点是一致的。但是,这一论点过于笼统,不能反映资本主义发展的复杂情况。他还指出,斯大林对垄断资本主义基本经济规律和国家垄断资本主义的看法,符合马克思恩格斯关于国家与资产阶级利益的观点,以及列宁关于国家与垄断资本利益的论述,也符合资本主义社会总的情况。但是,斯大林的观点存在过于简单化的缺陷,不利于分析国家政权和垄断组织之间的各种复杂情况。此外,他认为,斯大林把垄断资本主义看成绝对不适合生产力发展的观点,是背离战后资本主义现实的,并认为斯大林所提出的资本主义"相对稳定"的论点就是在论证资本帝国主义的基本矛盾仍然存在,资本主义经济不可能得到根本改造。②

(四)顾海良关于斯大林社会主义经济思想的研究

顾海良在 2008 年出版的《斯大林社会主义思想研究》一书中,力求对斯大林的社会主义思想作出客观、辩证的研究和评价,通过较为合理的结构和框架,在对斯大林社会主义思想做出总体概述的基础上,突出了对斯大林社会主义思想的哲学基础以及斯大林社会主义总体观的研究,对"斯大林模式"的理论基础及其与马克思主义、列宁主义的关系作出了论述。顾海良着重从社会主义经济模式与体制、计划与市场、经济增长与发展、政治体制、阶级和阶级斗争、党的建设、民族发展、文化教育和意识形态工作、关于世界经济与政治关系的理论、关于国际共产主义运动的理论和实践等方面,勾画了斯大林社会主义思想的基本内容和主要特点,还对"斯大林模式"与中国特

---

① 陶大镛:《苏联新五年计划的伟大历史意义》,《世界知识》1952 年第 36 期。
② 蔡中兴:《国外垄断资本主义经济理论研究概述》,《学术月刊》1995 年第 5 期。

色社会主义进行了比较研究。对于经济体制相关的争议问题，他认为，计划经济和市场经济都是发展生产的方法、调节经济的手段，必须根据具体的历史条件进行选择；在20世纪20年代末30年代初的国际国内的具体历史背景下，高度集中的计划经济体制有它的历史由来，并起到过积极作用；同时，由于斯大林在理论上和政策方法上的局限，其本人应对苏联及其他社会主义国家经济体制的僵化负有重要责任。①

六 蒋学模等关于毛泽东经济思想的探索

（一）蒋学模关于毛泽东经济思想研究

蒋学模在《毛泽东思想研究大系：经济卷》一书中认为，毛泽东的经济思想主要体现在他的新民主主义经济理论、社会主义经济理论和读苏联教科书的谈话记录中。毛泽东的新民主主义经济理论主要回答了在一个半殖民地半封建社会的中国，能不能走向社会主义和怎样走向社会主义的问题。毛泽东的社会主义经济理论主要包括：①没收大资本和改造中小资本的理论；②农业合作化的理论；③社会主义工业化的理论；④自力更生为主、争取外援为辅的理论；⑤统筹国家、集体、个人三者利益的理论；⑥正确处理社会主义建设中的各种关系，调动一切积极因素的理论；⑦社会主义基本矛盾的理论等。蒋学模认为，毛泽东关于社会主义经济的上述理论是对马克思主义的丰富和发展。②

蒋学模认为，根据《读苏联〈政治经济学教科书〉谈话记录》可以看出，在毛泽东看来，物质刺激、按劳分配、等级工资制和商品制度是属于资本主义范畴的东西，而政治挂帅、差距不大的供给制、公共消费、社会福利和计划经济才是属于社会主义范畴的东西。当然，区分资本主义和社会主义的最根本的东西是生产资料的私有制和公有制，这在毛泽东的思想里是很明确的。③

（二）陈益寿关于毛泽东经济思想的研究

陈益寿主要从如下几个方面阐述了毛泽东经济思想：①新民主主义经济思想；②有中国特色的社会主义改造思想；③探索适合中国情况的社会主义

---

① 顾海良:《斯大林社会主义思想研究》，中国人民大学出版社，2008。
② 蒋学模:《毛泽东思想研究大系：经济卷》，上海人民出版社，1993。
③ 蒋学模:《毛泽东思想研究大系：经济卷》，上海人民出版社，1993。

经济建设思想；④毛泽东经济思想的活的灵魂。陈益寿指出，中国的基本国情是毛泽东经济思想的出发点，一切为了群众是毛泽东经济思想的核心，独立自主、自力更生是毛泽东经济思想的立足点。陈益寿重点研究了毛泽东社会主义经济建设思想。陈益寿认为，毛泽东经济思想是马克思列宁主义基本原理在中国经济革命和经济建设中具体实践的产物，探索了一条适合中国国情的、有中国特色的革命和建设道路。①

（三）倪大奇关于毛泽东经济思想的探讨

倪大奇把毛泽东经济思想的发展划分为三个阶段：1933~1934年在江西苏区时期；1941~1943年抗日战争时期；20世纪50年代末到60年代初。

倪大奇着重研究了第三个阶段，主要研究如下一些内容：①新中国成立初期的经济纲领和毛泽东的建设构想；②过渡时期总路线的提出和毛泽东的革命转变思想；③毛泽东的工业化及"农轻重关系"思想；④社会主义经济建设发展战略，毛泽东对政治在经济发展中的作用的独特理解；⑤社会主义经济的本质和形式，毛泽东的"为人民服务的经济"思想及其商品观；⑥社会主义经济协调发展原则，毛泽东关于社会主义经济波浪式发展及综合平衡思想；⑦社会主义经济管理原则，毛泽东对改革我国经济体制的探索；⑧社会主义物质利益原则，毛泽东的认识及统筹兼顾的思想，社会主义建设中的独立自主原则，以及毛泽东的对外开放思想；⑨社会主义社会的历史地位，毛泽东晚年关于巩固和发展社会主义的若干思考；⑩毛泽东战友对毛泽东经济思想的重要贡献，刘少奇、周恩来、张闻天、陈云等党中央第一代其他领导人的经济建设思想。

七 顾海良、倪大奇等关于邓小平理论中的经济学论述的分析

（一）顾海良、张雷声关于邓小平理论中的经济学论述的研究

顾海良、张雷声提出邓小平理论中的经济学论述的发展有两个主要时期：①建设有中国特色社会主义经济理论的探索时期；②邓小平理论中的经济学论述的发展与成熟时期，建设有中国特色社会主义经济理论的形成与发展。

---

① 陈益寿：《毛泽东关于中国社会主义经济建设的思想》，《中国人民大学学报》1993年第6期。

他们集中研究第二时期的邓小平理论,重点研究邓小平的建设有中国特色社会主义经济理论的形成与发展,主要分八个专题进行分析与探讨。

(1)关于研究对象。他们认为邓小平理论中的经济学论述是关于落后国家如何进行社会主义经济建设、发展生产力的独创性理论体系。

(2)关于经济制度。他们论证了邓小平关于公有制为主体是社会主义的根本原则,按劳分配是社会主义经济制度的基本特征的观点,以及邓小平对社会主义本质的新概括。

(3)关于强国富民。他们论述了邓小平关于实现社会主义现代化是强国富民的根本之路,以经济建设为中心是实现强国富民的必然选择,发展生产力是实现强国富民的经济基础的经济学论述,以及邓小平关于实现强国富民的战略构思。

(4)关于市场经济。他们研究了邓小平对社会主义市场经济体制的探讨。

(5)关于经济管理。他们阐述了邓小平关于改革中的管理与管理中的改革的经济学论述,以及邓小平关于宏观经济管理的职能、微观经济管理的体制与方法等思想。

(6)关于发展战略。他们阐述了邓小平关于发展的主题与战略的论述。

(7)关于对外开放。阐述了邓小平关于社会主义国家推进对外开放、利用国际市场的论述。

(8)关于历史反思。着重研究了邓小平对我国社会主义建设中一些失误的思考。①

(二)倪大奇关于邓小平理论中的经济学论述的研究

倪大奇关于邓小平理论中的经济学论述的研究,主要体现在1992年出版的《邓小平经济思想研究》一书中。该书主要阐述了邓小平的一系列经济学论述:①社会主义根本任务和全面建设;②科学技术是第一生产力;③关于改革及其设计的改革蓝图;④关于对外开放及其重大决策;⑤关于社会主义所有制结构;⑥社会主义经济运行机制;⑦关于社会主义分配制度;⑧关于国防经济;⑨社会主义物质文明建设与精神文明建设的关系;⑩社会主

---

① 顾海良、张雷声:《邓小平的经济思想》,中国经济出版社,1996。

经济建设与社会政治稳定的关系；⑪社会主义经济建设与国际环境的关系；⑫共产党的领导是社会主义事业胜利的根本保证。

另外，李治国 2003 年出版了《邓小平经济思想原旨与概貌研究》。该书主要用邓小平个人的资料来表现其关于经济的论述，力图突出其"原旨"和"概貌"。他运用辩证唯物主义和历史唯物主义方法研究了邓小平理论中的经济学论述，并说明其红线是发展社会主义生产力，其相关论述的形成和发展有一个过程，运用比较方法说明了邓小平理论是对马克思列宁主义、毛泽东思想的继承和发展。

第四节 周新城、颜鹏飞等对国外社会主义经济思想的评介

中国学者也致力于研究国外社会主义经济思想，围绕对社会主义经济理论具有重大影响的苏联社会主义经济学、与传统苏联社会主义经济理论模式不同的东欧社会主义经济思想等开展研究，尤其是东欧社会主义改革的经济思想。同时，西方马克思主义经济学派对社会主义经济理论的研究与探讨也非常重要，许多学者对于这些经济思想也进行了系统的研究与剖析。

一 周新城、洪银兴等关于苏东社会主义经济思想的探讨

20 世纪 80 年代末 90 年代初，苏联解体，由一个社会主义的高度集中管理的国家变为以私有制为基础的实行市场经济体制的国家。20 世纪 90 年代以后，我国经济学界开始从这一角度反思苏联社会主义经济思想。东欧各国的发展和苏联的发展是联系在一起的，我国学者对东欧社会主义经济思想发展的研究大多是和对苏联经济思想的研究结合在一起的，各个阶段研究的情况大致相同。

（一）周新城等关于苏联"人道民主社会主义"的剖析

20 世纪 80 年代末 90 年代初，人道民主社会主义思潮在国际共产主义运动内部泛滥开来。自戈尔巴乔夫提出所谓的"新思维"以后，人道民主社会主义成为苏联东欧国家共产党的指导思想和奋斗目标。

周新城等 1998 年在《评人道的民主社会主义》一书中指出，人道民主社会主义的哲学基础是抽象的人道主义；人道民主社会主义的政治纲领是"政

治多元化";人道民主社会主义的经济纲领的核心是要取消国家所有制垄断,实行非国有化和私有化;人道民主社会主义的思想纲领是意识形态多元化,其实质是要化资产阶级意识为"人类意识"。周新城等认为,尽管戈尔巴乔夫"新思维"的基本理论、基本原则与西欧社会民主党是完全一致的,都是直接源自第二国际的机会主义、修正主义观点,但是,因为它是在社会主义国家执政的共产党内产生和泛滥起来的,所以不能不带有其自身的特点。[①]

(二)洪银兴等关于东欧社会主义经济思想研究

洪银兴等1988年在《当代东欧经济学流派》一书中重点介绍了东欧各国改革学派的经济理论及其经济分析方法。

他们分析指出,20世纪50年代初南斯拉夫的改革首先突破苏联传统模式。波兰、捷克斯洛伐克等国在20世纪60年代先后作过改革的尝试,社会主义经济学也相应地趋向多元化,从而东欧经济学也形成了不同的流派。

(1)南斯拉夫学派。他们的研究重心是所有制特别是国有制的改革。基本的改革主张是变国有制为社会所有制。洪银兴等认为,南斯拉夫学派批判了传统的国有制理论,并在此基础上创立了社会所有制和自治理论。

(2)波兰的布鲁斯。布鲁斯的研究重心是经济运行模式,其基本的改革主张是变集权模式为分权模式,并在计划调节结构中导入有调节的市场机制。

(3)捷克的锡克和考斯塔。他们的研究重心是社会主义条件下的经济利益关系和商品货币关系。其基本改革主张是充分发挥竞争性市场机制对生产的调节作用,计划调节的主要形式为通过宏观收入分配计划对需求总量和结构进行调节。

(4)苏联的改革学派。他们的研究重心是企业权限和利益刺激、经济机制等。其基本的改革主张是减少国家下达给企业的计划指标,全面改革经济机制,企业实行完全的自主经济核算、自筹资金和自负盈亏。

(5)苏联的数理经济学派。他们的研究重心是最优计划。其基本的改革主张是完善中央计划的形成,改变计划的管理方法。洪银兴等认为,他们的最优化理论在现实经济中有一定的局限性。如社会主义初级阶段还不可能在全社会范围内实现最优化计划,还需要广泛地、充分地利用市场机制,发展

[①] 周新城等:《评人道的民主社会主义》,中国人民大学出版社,1998。

商品货币关系。

（6）匈牙利的科尔内和里斯卡。科尔内研究的重心是经济运行机制。其基本的改革主张是硬化预约束。里斯卡研究的重心是深化所有制改革，其基本改革主张是在所有权和经营权分离的基础上，按个人社会所有制要求完善承包经营制。

（7）波兰的明兹。明兹的理论总的来说倾向保守。洪银兴等认为，明兹在保持传统政治经济学结构层次的同时，对涉及社会主义现实矛盾的一系列问题提出了一些独特的见解，并且，明兹的研究同传统的方法论的顺序不同。

洪银兴等认为，介绍和比较现阶段东欧各个经济学派时，还必须追溯他们的理论渊源，主要有以下三种。①布哈林过渡时期经济思想。洪银兴等指出，其理论构成了经济落后国家建设社会主义的特殊模式。②兰格的计划模拟市场的思想。其基本特征为：消费品价格由市场决定，工资由劳动市场决定，生产资料由计划当局模拟的市场机制来调节。③卡莱茨基的社会主义经济增长理论。洪银兴等认为，卡莱茨基的社会主义经济增长理论为社会主义的宏观动态经济学奠定了一个基础，揭示了社会主义经济增长的内在机制，他反对公认的生产资料生产优先增长的规律，强调生产资料和消费资料、投资和消费、积累率和消费率的协调增长；他反对用市场机制代替中央计划的思想也很独特。①

（三）程恩富、李新等关于东欧、俄罗斯社会主义经济思想研究

程恩富、李新等2002年在《经济改革思维——东欧俄罗斯经济学》一书中系统地探讨了东欧、俄罗斯的社会主义经济思想。

他们认为，在东欧、俄罗斯经济学家中，大多数学者都对社会主义经济的基本运行机制持赞同态度，但同时又直率地分析了实际经济运行过程中暴露出来的问题，提出了不少深邃和独到的见解。如南斯拉夫的社会所有制和自治理论打破了传统理论将公有制和国家所有制等同起来的教条；锡克系统地考察了传统的社会主义理论对马克思经济学说的偏离，分析和批判了斯大林对马克思主义的简单化和教条化的理解；布鲁斯则较早就认识到社会主义改革不仅是经济的，而且主要是政治的、文化的、意识形态的，并极力反对

---

① 洪银兴等：《当代东欧经济学流派》，中国经济出版社，1988。

官僚主义和既得利益集团；苏联的西伯利亚学派等则进一步突破了生产关系和生产力的自动适应论，提出在社会主义条件下生产关系并不会自动地适应生产力的发展，而需要人们有意识地进行变革；科尔内对社会主义经济的实际运行状况作了深入的分析，并产生了广泛和深远的影响，但他对社会主义经济运行的态度是复杂和含混的。①

二 黄泰岩、颜鹏飞等关于西方社会主义经济思想的述评

（一）黄泰岩关于西方社会主义经济理论的述评与研究

黄泰岩对西方社会主义经济理论研究的成果主要体现在《西方社会主义经济理论述评》这本书中。他在书中介绍和评述了西方比较有影响的社会主义经济理论流派。

黄泰岩分析指出，纽伯格和达菲把经济体制看作进行决策的机制，从决策机制、决策协调机制和决策实现机制三方面，把经济体制划分为决策结构，强调这三部分相互配套是经济体制协调高效运行的关键，通过对经济体制内部结构的这种解剖，深入具体地研究计划与市场的协调机制及不同结合模式。不过他们没有分析经济制度对经济体制的决定作用，这会混淆不同制度下经济体制的不同特征。②

黄泰岩认为，格雷戈里与斯图尔特提出，经济体制与经济成果之间不是简单的对应关系，经济成果受经济体制、政策、环境三方面的影响，这一观点反映了他们作为西方学者所固有的局限性，即在分析社会主义经济体制模式时忽视经济制度的本质特征。

黄泰岩认为，佐藤经明提出的"企业经济活动受市场机制约束，市场本身受中央计划约束"的新模式很有新意，但他误解了马克思的过渡时期理论。黄泰岩指出，博丁顿认为社会主义必须建立一种不同于计划和市场这两种体制的新模式的观点无疑是正确的，但他很少触及经济活动的前提——财产所有权和经济活动的结果这一产品分配问题。

黄泰岩指出，伊利里亚模式的可贵之处在于它十分强调工人、劳动在经

---

① 程恩富、李新等：《经济改革思维——东欧俄罗斯经济学》，当代中国出版社，2002。
② 黄泰岩主编《西方社会主义经济理论述评》，中国人民大学出版社，1991。

济运行中的地位和作用,强调工人的个人利益对经济的刺激及相应的工人管理、企业决策的民主机制等的重要性。熊彼特的社会主义计划经济模式抹杀了资本主义生产关系与生产力之间矛盾日益尖锐化的不可避免性。特纳和科利斯关于计划和市场的关系以及在实践中如何结合的基本观点,即分权和有参数的基本模式,这对当时社会主义各国的改革运动,无疑在理论分析上起到了推动作用。

黄泰岩认为,埃尔曼把社会主义计划工作的必要性仅仅归结为赶超,显然没有从社会主义经济的本质规定性去揭示计划的必要性,而伯恩斯坦则正确地指出了经济计划作为一种管理经济的调节手段,无论是社会主义还是资本主义制度都可以运用。雷诺兹也正确地指出,在集中计划体制下发展战略不成功,原因不在于战略本身,而在于集中体制。但雷诺兹理论的缺陷在于,他对计划和市场相结合的设计在一些方面缺乏清晰的描述。①

(二)颜鹏飞、何玉长关于西方激进经济学的社会主义经济思想的研究

颜鹏飞在《激进政治经济学派》一书中对激进政治经济学派关于社会主义的经济思想进行了研究和探讨。狭义激进政治经济学者对理想的社会主义社会进行了初步的探讨。他们区别于其他激进派的重要特征之一就是,主张结束垄断资本主义而不是挽救、改良和稳定这种制度,得出了社会主义必然取代资本主义的结论,并对理想的社会主义社会进行了初步的探讨。

20世纪70年代,林德贝克对激进政治经济学家所向往的社会主义经济制度基本框架作了初步的概括。第一,激进经济学家一般支持分散化经济决策,但也赞成制订宏观的社会计划和经济计划,以消除资本主义经济制度所固有的无政府状态。第二,关于市场与行政管理两种机制的选择。激进政治经济学派对这两种传递情报、分配资源和协调决策的方法均加以反对。第三,普遍赞成以生产资料公有制取代私有制。第四,具有严重的平均主义倾向,并极大依赖利他主义的道德力量,反对各种经济刺激和行政命令。第五,普遍厌恶竞争。第六,对把各国国民经济并入国际经济体系的做法都持批判态度。

颜鹏飞认为,激进政治经济学派的大多数所鼓吹的社会主义的共同特

---

① 黄泰岩主编《西方社会主义经济理论述评》,中国人民大学出版社,1991。

征,是实行公众参与有关各种公共事务的决策,生产资料公有制,不准私人占有利润,真正均等地再分配收入和财富,非集中化的计划制度。①

进入20世纪80年代,激进政治经济学派内部开展了关于"可行的社会主义"与"民主计划"社会主义的论战。前者以亚历克·诺夫、谢尔曼为代表,后者为曼德尔、安德森、查托帕德海伊等人。约翰·罗默还对"当代市场社会主义诸模式"作了下述理论概括:工人管理企业的模式,保留传统管理模式但应着重考虑收入分配公平性的模式,以及不实行所有权的大规模变革,只是通过改革企业和银行的管理结构来逐步实现收入平等的模式。颜鹏飞认为,这些关于市场社会主义模式的理论总体上是一种改良主义的趋同论。

何玉长等在《激进经济学》一书里,阐述了激进经济学关于社会主义经济思想的研究。何玉长等认为,激进经济学对未来社会的劳资关系、社会公平、社会财产组织形式、国家架构等方面提出了新的设想,但他们不是真正科学的社会主义,提出把社会引导到"第三条道路"上来,模糊了社会主义的真正内涵。②

何玉长等指出,"新社会主义"是在对现实的资本主义、现有的社会主义进行批判的基础上提出来的对未来社会的构想:政治上不分左与右、经济上创造混合经济、分解国家的权力、建立世界主义的民族国家、变福利国家为社会投资国家。民主社会主义的主要特征是在政治经济领域奉行多元主义,在实现道路上采取渐进改良主义。市场社会主义的特征是力图证明市场机制能够实现社会主义的目的。"可行的社会主义"的要素包括:国营企业仍然是必要的,它由中央监督管理;建立拥有充分自治权的社会化企业及合作社企业;对于有一定规模的私营企业,其存在是有合理性的,但要求其服从一定的规章;除了私营企业外,还存在较大范围的个体经济。何玉长等认为,从比较的角度来考察激进经济学,激进经济学的许多观点与我国的社会主义市场经济体制建设的现实有相通之处,尤其是激进经济学对未来社会的构想与中国的市场化改革的举措非常相似,许多观点对于我国的社会主义市场经济体制改革有直接的借鉴意义。③

---

① 颜鹏飞:《激进政治经济学派》,武汉大学出版社,1996。
② 何玉长等:《批评与超越——西方激进经济学述评》,当代中国出版社,2002。
③ 何玉长等:《批评与超越——西方激进经济学述评》,当代中国出版社,2002。

第五节　程恩富、胡乐明等对当代国外马克思主义经济思想的评介

国外马克思主义经济思想随时间发展而愈加在当代彰显出新的理论生命力，中国学者不断对最新的马克思主义经济理论进行观察、分析、解读，形成了具有独到特色的马克思主义经济思想全球研究视野。学者们就当代国外马克思主义经济学的基本理论进行深入研讨，对国外马克思主义经济危机理论进行切实分析，并且对国外马克思主义经济思想的新潮流、新学派进行前沿跟踪和创新研究，成果颇丰。

一　程恩富、胡乐明等关于当代国外马克思主义经济学基本理论的研究

国内学者对于当代国外马克思主义经济学产生的一系列新变化、新发展、新成果进行了及时跟进和深入探索。程恩富、胡乐明主编的《当代国外马克思主义经济学基本理论研究》是其中极富代表性的文献著述。

（一）程恩富、胡乐明对当代马克思主义经济理论演进的研究

程恩富、胡乐明指出，第二次世界大战之后，国外马克思主义经济理论研究的演进大致可以划分为三个阶段。第一阶段是从第二次世界大战以后到 20 世纪 60 年代中期，随着西方世界马克思主义研究重心向西欧和北美的转移，英、美等国许多学者力图运用比较研究和数学工具"沟通"马克思主义经济学与非马克思主义经济学，同时结合现实的变化发挥和改造马克思主义经济学的某些原理。第二阶段是 20 世纪 60 年代中期至 80 年代末，国外马克思主义经济理论研究呈现更加多样化的发展态势，各种各样的研究成果和分析工具被用来克服马克思主义经济分析的"缺陷"或被用于增强马克思主义的经济分析。第三阶段是进入 20 世纪 90 年代以后，随着冷战结束和经济全球化的不断推进，国外马克思主义经济理论研究出现了许多新的动向，对于全球资本主义尤其是新自由主义与新帝国主义的分析批判以及社会主义模式的分析解剖，构成其主要的问题框架与研究主线。[①]

[①] 程恩富、胡乐明主编《当代国外马克思主义经济学基本理论研究》，中国社会科学出版社，2019，第1页。

第一阶段是第二次世界大战以后到20世纪60年代中期。其间西方发达资本主义国家不仅没有出现预想的严重危机，反而进入了"长期繁荣"，这使马克思主义者不得不面临对其整个政治经济学进行重新审视的压力。因此，如何看待劳动价值论和利润率下降规律等马克思主义经济学基本理论以及资本主义发展趋势和不发达经济等问题，成为第二次世界大战以后到20世纪60年代中期国外马克思主义经济理论研究的主要论题。

第二阶段从20世纪60年代中期至80年代末。随着以福特制生产方式为基础的组织化资本主义转向以弹性生产方式为基础的后组织化资本主义，"长期繁荣"终结迹象逐步显现，以及1968年"五月风暴"的冲击，国外马克思主义经济理论研究呈现再度复兴和更加多样化的发展态势。在这一时期，"转形问题"和利润率下降规律等马克思主义经济学基本理论以及资本主义发展趋势和不发达经济等前期主要论题得到更加深入的研究，同时马克思主义经济理论研究的各种流派不断涌现，呈现"千面马克思"的理论景观。

第三阶段是进入20世纪90年代以后。在这一阶段，随着冷战的结束和经济全球化的不断推进，以及社会主义国家的市场经济实践的发展，对于全球资本主义尤其是新自由主义与新帝国主义的分析批判以及社会主义模式的分析解剖，构成国外马克思主义经济理论研究主要的问题框架与论争主线。

尽管第二次世界大战之后国外马克思主义经济理论研究经历了艰难而曲折的发展，但从整体而言，马克思主义经济理论研究的队伍不断壮大，研究的领域日趋拓展，研究的热度愈益升温。英国经济学史学家马克·布劳格指出："马克思作为经济学家至今仍然活在我们心中，没有谁能像他那样让我们有如此多的思考。马克思被重新评价、被修正、被驳斥、被埋葬了数千次，但仍在人类文明史上占据了重要一席，他的思想已经成为今天我们思考问题的观点之一。"[1]

（二）程恩富、胡乐明对当代国外马克思主义经济理论研究取向的研究

程恩富、胡乐明指出，第二次世界大战之后，国外马克思主义经济理论研究存在多种理论取向和发展方向。除曼德尔、福斯特等人坚持的经典马克

---

[1] Mark Blaug, *Economic Theory in Retrospect* (Cambridge University Press, 1999), p.215.

思主义经济学理论传统的取向之外,另有三种重要取向也值得关注和研究。[①]

第一,马克思主义经济学与非马克思主义经济学的"融合"。第二次世界大战之后,各种各样的非马克思主义经济学观点和分析工具被不断用来进行马克思主义经济理论研究,以"沟通""融合"马克思主义经济学与非马克思主义经济学。其中,部分学者试图"沟通"马克思主义经济学与西方主流经济学的"联系",部分学者则试图"沟通"马克思主义经济学与西方非主流经济学的"联系"。

第二,马克思主义经济学的后现代主义阐释。20世纪70年代之后,随着后现代主义思潮的兴起,马克思主义经济学的后现代主义阐释成为国外马克思主义经济理论研究的一种重要取向。其中,部分学者,如奥康纳等努力在马克思主义的问题框架内展开研究,尝试对马克思主义经济学进行后现代主义的建构性思考;另有一些学者,如让·鲍德里亚等则试图以后现代主义"解构"马克思主义经济学。

第三,马克思主义经济学的"泛经济学化"。1867年《资本论》第一卷的出版,标志着马克思主义经济学作为一门独立学科的诞生。同时,马克思的经济分析与政治、社会、文化等方面的分析相互依赖、相互支撑,共同构成完整的马克思主义理论体系。因此,马克思之后尤其是当代国外马克思主义经济理论研究除经济学专业化的努力之外,也存在一种跨越经济学学科边界、融合多学科研究的"泛经济学化"取向。伊曼纽尔·沃勒斯坦及其"世界体系的马克思主义"是这一取向的典型代表;也有其他学者离开马克思经济分析的理论传统,使之成为一种"经济"的哲学批判、文化批判甚至语言批判。

(三)程恩富、胡乐明对当代马克思主义经济理论意义的研究

程恩富、胡乐明指出,马克思主义经济学是一个开放的理论体系,当代国外马克思主义经济理论研究是马克思主义经济学传播和发展的重要推动力量,也是中国马克思主义经济学创新和发展的重要学术资源。合理汲取和科学借鉴国外马克思主义经济理论研究的优秀成果与发展经验,对于繁荣和发

[①] 程恩富、胡乐明主编《当代国外马克思主义经济学基本理论研究》,中国社会科学出版社,2019,第12页。

展中国的经济理论研究和政策探讨,具有十分重大的意义。[①]

第一,应借鉴其传承与创新相结合的学术原则。国外众多学者如斯威齐、巴兰、曼德尔、阿明和沃勒斯坦等人的马克思主义经济理论研究,坚持让"马克思的《资本论》继续居于最高统治地位",又不全然固守马克思经济理论的"原旨",而是结合现实情况的发展变化,提出了"经济剩余""晚期资本主义""中心—外围""世界体系"等创新概念和理论,实现了传承与创新的有机结合。

第二,应学习其原论与应用相结合的务实精神。国外许多学者如弗兰克、福斯特、伊藤诚等人的马克思主义经济理论研究,在马克思主义经济学原理与方法的导引下,广泛研究其他理论经济学和应用经济学学科,深入探究各国和世界经济的多样化具体实践,实现了马克思主义经济学的原论与应用的有机结合。

第三,应规避错误的理论取向和发展方向。对于发展马克思主义经济学而言,国外马克思主义经济理论研究的各种取向或探索,既具有重要的启发意义,也具有重要的警醒作用。21世纪马克思主义经济学和当代中国马克思主义经济学的未来发展,应当在唯物史观的指导下,以马克思主义经济学内核为根本,借鉴国外经济学知识的合理元素,结合当代国内外新的经济实践,力避无原则的"理论融合",进行可持续的科学综合创新和理论超越。

二 胡乐明等关于国外马克思主义对资本主义经济危机理论的研究

资本主义的发展历史从不缺乏危机和波动,但是如何认识这种历史则存在极大的分歧。关于资本主义的经济运行和经济发展,"均衡"之于西方主流经济学与"危机"之于马克思主义经济学都是不可缺少的重要词语,"均衡"与"危机"的理解和证成也同样存在十分不同的理路。胡乐明等著的《资本主义经济危机与经济周期:历史与理论》提供了富有启发性的研究内容。

(一)胡乐明等对"大萧条"之后国外马克思主义经济危机理论的研究

胡乐明等指出,20世纪30年代大萧条之后,马克思的危机理论呈现多

[①] 程恩富、胡乐明主编《当代国外马克思主义经济学基本理论研究》,中国社会科学出版社,2019,第19页。

样化的发展态势，在经历了各种各样的"停滞"和"崩溃"的"乐观主义"以及"修正主义"的"改造"之后，关于"黄金年代"以及"资本主义为何与如何能够经久不衰"的多样化探寻成为马克思主义危机理论研究的主题。

胡乐明等论述，面对资本主义的"剧烈"变化，马克思恩格斯之后的马克思主义学界关于资本主义经济危机与经济周期的分析也在发生"裂变"。列宁提出了自己的帝国主义理论，创立了影响深远的分析资本主义经济危机的"教科书模型"。随着"黄金年代"的到来，第二国际许多理论家的理论局限日益显露，卢森堡关于资本主义的横向扩展和资本主义与非资本主义经济形态相互关系的研究以及资本积累必须以非资本主义环境为前提的论断，深刻影响着第二次世界大战后西方马克思主义学界关于资本主义经济危机的研究。保罗·巴兰以"经济剩余"为核心，指出发达资本主义国家的经济发展直接以落后国家的不发达为代价。巴兰与斯威齐共同指出，若没有外部因素的作用，垄断资本主义必定会在长期萧条的泥沼中越陷越深。弗兰克、沃勒斯坦和阿明等人发展出各种依附论模型以解释资本主义的发展危机，阐释资本主义世界体系"中心"与"外围"的关系问题。

胡乐明等总结指出，对于马克思主义学者而言，马克思所遗留下来的"空白"以及时代的变化催生了他们关于资本主义经济危机与经济周期的多样化解读。作为"危机缓和论"的批判，希法亭早期的研究无疑是对马克思的危机与周期理论的一个较为有力的补充，但是"金融资本"与资本主义经济危机的关系的系统研究显然有待于金融资本主义时代的真正到来。卢森堡拓展了关于资本主义经济危机研究的空间维度，并以其"三阶段危机论"构筑了较为完整的危机形态体系，但是她的资本主义与非资本主义环境的二分框架以及将"外部空间"视为危机唯一的解决出路和资本主义存在的根本条件的观点无疑已使她的研究偏离了"资本主义"。影响深远的"教科书模型"以资本主义的发展变化为依据，将马克思抽象的危机模型拓展为结构稳定的一般模型，方便了人们把握资本主义的本质关系和发展趋势，但是资本主义必然灭亡的历史趋势与在反方向起到抵消作用的增长因素之间的逻辑关系在其中并没有得到令人信服的具体阐释。产生于时代也囿于时代的"资本主义总危机论"试图"跳脱""经济性的"和"周期性的"危机从而全面、历史地理解资本主义的时代命运，但是，阶级、战争、革命、国家以及世界市场等因素与资本主义危机之间的关系仍然需要得到科学而非机械的解释。①

（二）胡乐明等对金融资本主义时代国外马克思主义经济危机理论的研究

胡乐明等指出，20世纪70年代，资本主义开始步入金融资本主义时代。在此时期，基于信息技术、网络技术等新兴技术的第三次产业革命不断拓展，资本主义的金融化、自由化、全球化不断深化，福特主义生产方式逐渐转向后福特主义生产方式。随着资本积累的"技术结构"与"社会结构"不断变化，资本主义的经济危机与经济运行也出现了新的特点，马克思主义经济学界则与时俱进地呈现关于资本主义经济危机的更加多样的阐释。

胡乐明等阐明，"滞胀"的到来推动了马克思主义经济学界关于资本主义经济危机研究的"复兴"，尤其是关于资本主义经济长波的研究。欧内斯特·曼德尔指出，一般利润率趋向下降规律必然导致资本主义经济由扩张性长波转入萧条性长波。法国调节学派致力于对马克思主义危机理论的"中间环节"的挖掘，以此解释资本积累的利润率动态和长期波动以及资本主义生产方式的"终极危机"。积累的社会结构学派认为，由一整套经济、政治、文化制度构成的"积累的社会结构"所决定的社会力量关系，决定着一般利润率的长期波动，主导着资本主义的发展阶段及其向社会主义的过渡。罗伯特·布伦纳认为国际制造业的"过度竞争"是导致整个西方资本主义体系长期萧条的根源。约翰·B.福斯特则认为"过度剥削"才是资本主义停滞和危机日益加重的原因。同时，马克思主义危机理论的研究维度在此时期也得以极大地拓展。詹姆斯·奥康纳提出了一个在突出国家作用基础上综合生产、交换和分配各个领域的经济危机理论，阐明了20世纪50年代以来发达资本主义国家经济增长趋势和危机的特征及其根源。此后，奥康纳与福斯特等人之间的论争凸显了关于资本主义危机研究的生态维度的意义。大卫·哈维等人认为，资本积累向来就是一个深刻的地理事件，资本的空间扩展也不仅仅是理解资本主义生产方式不断得以延存的关键。

胡乐明等总结到，与西方主流经济学乏力而肤浅的辩护不同，马克思

---

① 胡乐明等：《资本主义经济危机与经济周期：历史与理论》，中国社会科学出版社，2018，第12~14页。

主义经济学界回应时代的变化，深化和发展了马克思主义危机理论。资本主义经济长波的发现与研究无疑是马克思主义经济学对人类经济思想的重大贡献，曼德尔等人的理论则是推进这一研究的重要基石，尤其是他们尝试建立"中间环节"的理路，为增强马克思主义危机理论的现实解释力提供了富有张力的分析框架。但是，如何使"中间环节"更好地承担起准确分析资本主义生产方式的本质的重任，尚需更为科学的理论抽象而非经验的堆积。至于一般利润率下降趋势规律，尽管马克思主义学者付出了艰辛的探索，但是他们仍不得不继续努力弥合在如何理解马克思的平均利润率下降趋势规律、作为可观察现象的利润率下降趋势的经验检验，以及资本主义危机根源的"利润率下降规律解释"与"去利润率下降规律解释"等问题上的分歧。此外，对于国家以及资本与跨国国家、空间生产、自然条件之间的关系如何有机地融入马克思主义危机理论框架而非机械地"嫁接"这一问题，也需要做更多的努力。①

三 马艳、丁晓钦等关于积累的社会结构（Social Structure of Accumulation，SSA）理论的研究

国内学者对国外马克思主义经济理论的新潮流、新学派的研究始终未曾中断，并且在时代的研究中不断涌现新的研究成果。马艳、丁晓钦等对 SSA 的研究代表了其中优秀的研究导向。

（一）马艳等对 SSA 中马克思主义研究方法的研究

马艳、严金强等发表的《论 SSA 理论对马克思主义研究方法的继承、发展与创新》集中论述了 SSA 对马克思主义研究方法的发展。②

第一，SSA 理论继承了马克思主义的根本研究方法。一是 SSA 理论重视研究生产关系、制度变革和阶级矛盾，将历史唯物主义贯穿于研究过程的始终。① SSA 以生产过程的变革为线索，分析制度变革的诱因；② SSA 将制度的发展变化视为一个自然历史过程；③ SSA 基于唯物史观视角，进一步阐述

---

① 胡乐明等:《资本主义经济危机与经济周期：历史与理论》，中国社会科学出版社，2018，第18~19页。
② 马艳、严金强等:《论SSA理论对马克思主义研究方法的继承、发展与创新》，《上海财经大学学报》2015年第1期。

了资本主义生产方式的历史性;④SSA 强调了阶级冲突在制度变革中的重要作用。二是 SSA 理论从资本积累与其内置的社会结构之间的矛盾关系发展角度出发分析不同 SSA 的制度交替。①处理资产阶级与劳动阶级矛盾的相关制度安排;②国家在经济中的地位和职能以及处理资本与社会之间矛盾的制度安排;③处理资本之间竞争关系的制度安排;④主流意识形态及其相关制度;⑤处理国际资本矛盾关系的相关制度。三是 SSA 方法体现了唯物辩证法中的"质量互变规律"和"否定之否定规律"。

第二,SSA 理论对马克思主义制度分析法的继承与发展。一是由于 SSA 是指资本主义特定发展阶段对应的特殊的社会结构,所以:①在对 SSA 的概念与特征的界定和阐释中,制度分析方法贯穿始终;②制度变化是理解 SSA 的功能与解释经济长期周期的关键词;③就 SSA 核心矛盾与资本主义制度变革的研究来看,制度分析是基本方法。二是 SSA 理论不仅成就了其整个理论体系与西方主流经济学的差别性,以及其对于当代资本主义经济现实的解释力,也在一定程度上发展了马克思的制度分析方法。这体现在三个方面:① SSA 制度分析层级有具体性;② SSA 对资本主义制度危机趋势理解具有整体性;③ SSA 重视探索经济运行矛盾的制度解决逻辑。三是 SSA 理论一方面在资本主义新时期与时俱进地发展了马克思《资本论》的研究方法,另一方面吸收了其他流派有价值的研究理念:① SSA 对凯恩斯主义研究方法的吸纳;② SSA 对制度主义研究方法的吸纳。

第三,SSA 理论对马克思主义其他方法的运用和创新。一是 SSA 使用和发展了统计方法与计量分析法;二是 SSA 使用和发展了案例分析法;三是 SSA 使用和发展了比较研究方法。其中,比较分析法建立在案例分析的基础上,案例分析法和比较分析法的结合,在经济全球化的背景下具有重要作用。

(二)丁晓钦、谢长安等以 SSA 分析当代资本主义发展阶段的研究

丁晓钦、谢长安等发表的《从积累的社会结构理论看当代资本主义的发展阶段》以 SSA 理论的视角分析了当代资本主义的阶段性特点。[①]

第一,积累的社会结构理论分析方法与当代资本主义的具体发展阶段。

---

① 丁晓钦、谢长安等:《从积累的社会结构理论看当代资本主义的发展阶段》,《马克思主义与现实》2017 年第 3 期。

一是在 SSA 理论视角下，有利于资本积累的特定制度在资本主义的不同发展阶段呈现的特征不同。表现为：①劳资关系是 SSA 理论关于影响资本积累制度设计的基础方面；②实体经济是价值创造的主要领域，产业资本在实体经济中占据重要位置；③生产资料私有制和社会化大生产之间的矛盾需要国家介入市场经济，发挥调节作用；④在资本积累和竞争的过程中，资本的有机构成比例有不断提高的趋势；⑤在垄断资本与全球化背景下，国家与国家之间的关系成为影响甚至制约资本积累的制度体系设计中的重要方面。二是当代资本主义存在三大发展阶段。第一阶段从第二次世界大战后到 20 世纪 70 年代中期，是当代资本主义快速发展时期；第二阶段从 20 世纪 70 年代中后期到 2008 年金融危机，是当代资本主义的转型时期；第三阶段从 2008 年金融危机至今，是当代资本主义的艰难调整期。

第二，当代资本主义在世界资本主义发展中所处的阶段。一是从代表经济绩效的增长与分配差距指标看，当代资本主义出现的黄金时期并非首次，而是在历史上出现过多次。二是从世界资本主义发展史的几次积累中心迁移看，当代资本主义的积累体系中心在美国，突出表现为美元霸权和美国的全球霸主地位。三是从发展路径特点看，在世界资本主义发展史上，资本主义经济不断重复着扩张—调整、繁荣—危机的周期性现象，物质资本扩张和金融资本扩张不断交错进行。四是当代资本主义未来走向取决于三大因素：①西方资本主义国家人民的觉悟和组织程度，尤其是工人阶级；②发展中国家和第三世界国家的团结及与西方金融寡头斗争的程度；③一些国家尤其是新兴经济体能否走出一条新的发展模式，引领人类社会走向新的时代。

（三）张沁悦、马艳等对 SSA 的衍生理论的研究

张沁悦、马艳等发表的《基于 SSA 新进展的 SSSA 和 CSSA 理论创新》体现了国内学者对 SSA 理论发展的前沿关注。[①]

第一，关于可持续资本积累的社会结构（Social Structure of Sustainable Accumulation，SSSA）理论相关问题与基本研究架构的研究。一是 SSSA 的功能理念。张沁悦、马艳等指出，SSSA 的功能应该是寻求资本积累与包含资源

[①] 张沁悦、马艳等：《基于 SSA 新进展的 SSSA 和 CSSA 理论创新》，见《外国经济学说与中国研究报告（2015）》，社会科学文献出版社，2014。

环境约束在内的一系列矛盾冲突的制度解决办法。具体包括：如何在生态约束的条件下实现经济稳定的目标；如何在经济稳定的基础上寻求人民生活水平不断提高与一系列矛盾冲突的制度解决办法。二是 SSSA 理论的基本架构，包括：生态文明制度与国内国际劳资矛盾、资本竞争关系、国家经济地位、社会意识形态等的交互作用。

第二，关于中国资本积累的社会结构（China's Social Structure of Accumulation, CSSA）理论相关问题探讨与基本研究架构的研究。一是 CSSA 的阶段划分。分为 1945 年以前的国家资本主义阶段、1945~1978 年的计划经济阶段、1978 年至今的"转型 SSA"阶段。二是 CSSA 理论的基本架构。包含：①与劳动关系矛盾处理有关的制度变化及其对中国经济发展的影响；②资本竞争矛盾处理制度的演变以及对中国经济发展的影响；③政府作用的转变以及对中国经济发展的影响；④意识形态的转变以及对中国经济发展的影响；⑤中国参与全球经济事务的方式的转变以及对中国经济发展的影响；⑥生态文明制度建设对中国经济发展的影响。

第九章 中国学者关于当代社会主义经济理论的研究

中国的经济学者分别在新民主主义社会向社会主义社会过渡时期、全面建设社会主义的计划经济时期、社会主义计划经济向社会主义市场经济的转型时期，进行了社会主义经济理论的创新，主要包括：社会主义发展阶段理论、社会主义商品经济和市场经济理论、社会主义所有制和产权理论、社会主义分配理论及社会主义对外经济关系理论等。

第一节 项启源、程恩富的社会主义发展阶段理论

项启源主要从政治经济学角度分析了马克思的社会形态演进三形态论，主张在考察某一时期的社会发展阶段和发展水平时，应该以马克思的五形态论和三形态论的统一为衡量社会发展的尺度。程恩富则提出了"社会主义三阶段论"，并在此基础上，提出和论证了重构和完善社会主义初级阶段四种基本经济形态，从而进一步具体化了社会主义初级阶段的理论内涵。

一 项启源的社会主义发展阶段思想

项启源指出，在如何看待马克思的五形态论和三形态论在判断社会发展阶段中的作用的问题上，一种观点认为，五形态论是马克思的主体思想；一种观点则认为，五形态论不太符合历史实际；还有一种观点认为，三形态论与五形态论是分不开的。

项启源认为，第一种观点贬低了交换关系在社会发展中的地位和作用，把生产资料所有制作为衡量社会发展水平的唯一尺度。第二种观点是对马克思原意的误解。马克思恩格斯曾多次说过五种社会形态依次更替从总体上看是社会发展的一般趋势。事实上不同民族、不同国家具体的发展道路不可能完全相同。第三种观点认为三形态论与五形态论不可分，其失误在于把马克思提出的两种有独特意义的重大理论观点简单归结为同一观点的不同表述，

贬低了五形态论和三形态论的不同意义。项启源认为，马克思在研究社会形态演进时，把所有制的变化与交换关系的变化分开来加以考察，并探求各自的运动规律，这种分析方法对认识我国目前所处的社会发展阶段有特别重要的意义。①

项启源认为，科学把握社会主义初级阶段的历史定位，需要进一步明确若干基本理论问题。第一，社会主义社会同共产主义社会的关系问题。项启源不同意把社会主义同共产主义第一阶段严格区别开来的说法。项启源认为，既然共产主义第一阶段是一个很长的历史发展过程，要从不成熟逐步走向成熟，那么怎么能够说共产主义第一阶段的理论完全不适用于我国的社会主义初级阶段呢？第二，社会主义初级阶段同我国新民主主义社会和过渡时期的关系问题。项启源认为，改革开放以来，以公有经济为主体、国有经济为主导始终是我们必须坚持的根本原则，另外，我国政权性质早已是人民民主专政，这又同新民主主义有明显的区别。如果认为我国的社会主义初级阶段还是被包容在过渡时期之中，那就是说我们还要把工作重点继续放在改变生产关系上，而不是把发展生产力放在首位，这显然不符合我国现阶段的基本国情。第三，马克思的社会发展五形态论和三形态论的关系问题。有的学者主张从五形态论和三形态论两种视角来衡量社会主义初级阶段。项启源指出，所有制和交换归根结底都是由生产力决定的，不存在直接还是间接、深层还是浅层的区别，更不是以交换关系为中介来决定所有制的。这种观点认为以交换关系演变为核心的社会发展三形态具有不可逾越性，而以占有关系变化为核心的社会发展的五形态并不存在依次更替的必然联系。项启源分析说，历史的发展已经证实生产关系的这种演变过程。这种观点主张，公有制必须适应市场经济。项启源认为，三形态论与五形态论在社会主义初级阶段的交汇点，恰恰在于公有制与市场经济相结合，不是谁服从谁的问题，而是相互适应、相互交织。

二 程恩富的社会主义三阶段论

程恩富在坚持马克思主义基本观点的基础上，结合新时期中国社会发展

---

① 项启源:《论我国社会主义初级阶段的历史定位》，经济科学出版社，2001，第1~25页。

变化的现实，创新性地提出了"社会主义三阶段论"，并着重对社会主义初级阶段的四种基本形态进行了论述。

（一）"社会主义三阶段论"

程恩富的"社会主义三阶段论"，即初级阶段、中级阶段和高级阶段。他认为，社会主义初级阶段的总体特征：一是生产力不发达；二是生产资料公有制不成熟，实行以多种公有制形式为主的多元所有制结构；三是计划经济不完全，实行有计划的商品经济或国家主导型市场经济；四是按劳分配不充分，实行以多种按劳分配形式为主体的多元分配结构；五是民主制度不够健全。社会主义初级阶段从规范意义上分析，它又可以分为两个小阶段：初步建立阶段和巩固发展阶段。

社会主义中级阶段的总体特征：一是生产力较发达；二是生产资料公有制较成熟，实行多种形式的生产资料公有制；三是计划经济较完全，实行以公有制为主体的产品经济；四是按劳分配较充分，实行多种形式的按劳分配；五是民主制度较健全，专政只在防御外国侵略的意义上存在。国内阶级斗争已消失，但是，国家要维护按劳分配等权利，专政还没有消亡。

社会主义高级阶段的总体特征：一是生产力已发达；二是实行社会主义性质的单一全社会所有制；三是计划经济已完全，实行完全计划化的产品经济；四是按劳分配已充分，实行单一的全社会按劳分配；五是民主制度已健全，专政仍在防止外来侵略的意义上存在。国家要维护按劳分配等权利，专政还没有完全消亡。

（二）社会主义初级阶段四种基本经济形态思想

程恩富提出社会主义初级阶段具有四种基本形态，即公有主体型的多种类型产权形态、劳动主体型的多要素分配形态、国家主导型的多结构市场形态、自力主导型的多方位开放形态。

程恩富认为，我国经济改革的走向之一，是从过去完全公有制的单一经济形态向公有制为主体、多种所有制经济共同发展的经济形态转变。这里讲的主体地位，表现的是公有经济具有一定功能、作用和地位基础上的数量比例，要有量和质的双重优势，主体涵盖主导。

程恩富认为，我国经济改革摒弃了带有平均主义色彩的计划型按劳分配的模式，从单一的按劳分配形态向市场型的按劳分配为主体、多种生产要素所有权共同参与分配的经济形态转变。共同富裕作为一个长期动态过程和结果，得到了较充分的体现，这是生产发展和经济改革的双重成就。

程恩富认为，我国经济体制的改革，就是从传统的官僚主义计划经济形态向以国家调节为主导、多种市场结构共同发展的经济形态转变。程恩富主张，参考我国历史上成功的经验及日本、德国和韩国等"跳跃式"发展的做法，有必要在廉洁和科学管理的前提下确立"小而强的政府"主导地位或主脑地位，建立强市场和强政府的"双强"格局，使国家的经济职能和作用略大于资本主义国家。

程恩富认为，我国经济体制改革的理论模式和现实特征，就是从以往过分突出自力更生的较封闭经济形态向以自力更生为主导、多方位开放共同发展的经济形态转变。

第二节 孙冶方、于祖尧、刘国光等的商品经济和市场经济理论

在中国社会主义经济建设实践过程中形成的，并将成为世界社会主义经济思想宝库中重要组成部分的，是社会主义商品经济理论到社会主义市场经济理论的发展及其在中国的实践。

一 孙冶方以价值规律为核心的商品经济思想

在孙冶方的社会主义商品经济理论中，最为突出的是他对价值规律学说的贡献。

（一）价值规律是社会主义其他经济规律的基础

孙冶方认为，价值规律是在任何社会化大生产中都不能取消的规律，它不仅在资本主义社会，而且在社会主义社会，甚至在共产主义社会中都将仍然起作用。

这是因为价值规律同时也是社会化大生产的客观规律。[1] 孙冶方进一步指出，价值规律是社会主义基本经济规律的基础，是国民经济有计划按比例发展规律的基础。孙冶方认为，社会主义基本经济规律中所讲的"最大限度

---

[1] 《孙冶方选集》，山西人民出版社，1984，第680~702页。

地满足整个社会经常增长的物质和文化的需要",是社会主义国民经济发展的任务和目的,要完成这个任务或达到这个目的就要大力提高劳动生产率,为此,就必须掌握价值规律。孙冶方认为,价值规律同国民经济的计划管理既不是互相排斥,也不是各行其是。国民经济的有计划按比例发展必须建立在价值规律的基础上才能实现。

(二)价值规律在社会主义经济中的表现形式

针对有些学者用商品价值规律作用的表现形式来理解产品价值规律作用的表现形式,孙冶方阐述了社会主义条件下产品价值规律作用表现形式的特点。[①]

统计、计划是产品价值规律的表现形式。孙冶方指出,社会主义公有制条件下的产品价值规律,不再需要通过价格与价值相背离的表现形式,它可以通过统计和会计来把握产品的价值并使价格向价值靠拢,促进国民经济有计划地发展,这就排除了它的消极的一面,保留并且发扬了它的积极建设的一面。

净产值是表现产品价值规律的好形式。孙冶方认为,净产值指标能够比较准确地评价企业的好坏,能够推动企业节约物化劳动和活劳动,促使落后企业赶上先进企业。

以利润为计划和统计的基本指标。孙冶方进一步认为,应该用利润指标作为计划的基本指标。因为净产值和利润没有原则上的差别,后者只是比前者多扣除了一个工资,因而更"净"些。孙冶方强调说,社会主义利润在阶级本质、生产目的和手段以及取得的途径等方面不同于资本主义利润。

二 卓炯的计划商品经济思想

在社会主义商品经济的研究中,卓炯在20世纪60年代提出社会主义经济是"计划商品经济"这一命题。

卓炯指出,把商品生产和所有制联系在一起的观点是不正确的。他根据马克思的有关观点指出,商品经济的实质是一种社会分工制度,因此,商品生产和商品交换是由社会分工决定的。卓炯认为,所有制归属于财产关系即

---

① 《孙冶方选集》,山西人民出版社,1984,第130~142页。

财产归属在法律上的所有权关系，因此说所有制决定商品经济，将会产生由法律等构成的上层建筑决定经济关系的错误结论。① 李炳炎、卓炯认为，社会分工不消灭，共产主义也是商品经济。②

卓炯指出，作为社会主义经济的本质特征的只能是公有经济。计划经济是无政府状态的对立物，它是公有制派生的必然产物。社会主义的特征是生产资料公有制，因而社会生产可以做到有计划性。但因为社会主义经济中也存在社会分工，所以社会主义经济也是商品经济。卓炯指出，要真正做到有计划性，就必须做到按比例分配社会劳动。在商品经济条件下，这种按比例分配社会劳动的表现形式就是价值规律。国家计划是宏观计划，企业计划是微观计划，国家计划和企业计划必须相结合。市场调节中的价值规律在微观调节方面是企业每生产一件产品都必须按照社会必要劳动时间把它生产出来，在宏观方面是使商品在微观方面符合社会必要劳动时间的要求。

三 于光远的交换关系决定商品经济的思想

于光远从交换关系角度分析了社会主义存在商品经济的原因，得出了商品经济和价值规律永存的结论。

于光远认为，把公有制两种形式的存在看作社会主义存在商品经济的唯一原因，是一种片面的看法。他指出，既然社会主义制度下存在性质不同、各有特点的几种商品关系，造成商品生产的必要的原因也就不止一个。于光远把社会主义存在商品生产的原因归纳为三方面：一是社会主义两种公有制形式的存在；二是国营企业的经济核算；三是按劳分配。他指出，即使到了公有制两种形式消失后的共产主义社会，生产资料的商品交换是否仍将存在，还要看那时社会对生产资料的直接分配是否需要通过企业之间进行产品交换的方式来实现。如果那时仍然需要经过交换来实现生产资料的分配，如果还需要采取等价交换的原则来实行经济核算，那么，在共产主义各经济单位之间就还会存在商品交换，所交换的生产资料就仍然会是商品。因此，尽管商品的社会性质会随着历史的发展而不断改变，可是作为商品的共性，即以一

---

① 卓炯：《论社会主义商品经济》，广东人民出版社，1981，第12页。
② 李炳炎、卓炯：《经济学的革命》，广东经济出版社，2000，第63页。

定的方式进行交换,则没有也不可能有什么改变。①

于光远是从交换关系的角度探讨商品经济存在的原因的,因此,他提出了商品生产是社会主义本质特征的观点。他认为,列宁的社会主义等于生产资料公有制加按劳分配这个公式应改写为:社会主义=生产资料公有+(按劳分配+社会主义商品生产)。

四 于祖尧的社会主义市场经济思想

于祖尧在20世纪70年代末就撰写了《试论社会主义市场经济》一文,在这里,他最早正式提出了"社会主义市场经济"概念。他指出,社会主义既然实行商品制度,那么,社会主义经济在本质上就不能不是一种特殊的市场经济,只不过它的性质和特征同资本主义市场经济有原则上的区别。

(一)对社会主义商品经济的分析

于祖尧认为,社会主义经济的商品性是社会主义生产关系内在的固有的属性,是社会主义生产关系体系的本质特征之一。他分析指出,我国社会主义商品经济是随着社会主义公有制的产生而产生,随着社会主义公有制统治地位的确立而居支配地位的。因此,社会主义经济的商品性质不是旧社会的遗留物,不是与社会主义生产关系不相容的、强加给社会主义的外部因素。社会主义公有制代替生产资料私有制,这一过程不能改变生产的商品性质,只能改变商品生产的私有性,使它具有新的质的规定性。

他认为,社会主义商品经济能够适应社会化的生产力性质,必然在质和量的方面趋向深化和发展。他指出,与传统观念相反,社会主义商品经济不是开始消亡,而是日趋发展;不是质的方面消亡、量的方面发展,而是在量和质的方面均趋向发展和深化。这一客观必然的趋势,是由生产关系一定要适合生产力性质的规律决定的。

(二)提出社会主义经济的本质是市场经济

于祖尧认为,社会主义经济在本质上依然是市场经济,一是由生产力发展的状况决定的,二是价值规律的客观要求,三是国内社会主义市场同国际资本主义市场同时并存,决定了必须利用市场调节。

---

① 于光远:《政治经济学社会主义部分探索》(一),人民出版社,1980,第147~148页。

他指出，市场经济是发达的商品生产共有的经济范畴。社会主义市场经济既具有市场经济的一般特征又具有同其他市场经济相区别的特殊本质。①社会主义市场经济是建立在生产资料公有制基础上的新型的市场经济；②社会主义市场经济所体现的交换关系，是根本利益一致的劳动者集体之间、劳动者之间的互助合作关系；③社会主义市场经济是为活跃城乡物资交流、促进社会主义建设、满足人民不断增长的需要服务，而不是为私人资本谋利的；④社会主义市场经济消除了资本主义竞争和生产无政府状态，它是有计划的市场经济。在这里，价值规律对生产和交换的调节作用，是通过计划实现的。计划调节和市场调节互相渗透、互相补充、相辅相成。

（三）中国特色的社会主义市场经济体制的改革

于祖尧认为，我国要按照社会主义商品经济及其规律办事，全面地改革经济体制，建立具有中国特色的社会主义经济体制，也就是顺应生产力发展的要求，以社会主义经济是有计划的商品经济为基点，对原有体制进行全面改革，建立能够促进生产力发展的充满生机和活力的社会主义市场经济体制。改革要从以下几个方面入手：一是要把单一化的经济结构改为以全民所有制经济为主导、公有制占优势的多种经济形式、多种经营方式并存的经济结构；二是改革过分集中的决策体系；三是改革指令性计划体制，自觉运用价值规律；四是建立和健全完备的计划调节体系，改变单纯依靠行政手段和行政命令进行计划管理的办法，充分发挥价格、税收、信贷等市场机制和经济杠杆的积极作用；五是建立各种形式的经济责任制；六是实行政企职责分开。

五 刘国光的市场取向改革理论

改革开放初期，刘国光提出的关于经济体制改革的"双重模式转换"理论，对我国经济体制改革产生过深刻的影响。从时间上划分，这一理论的形成可分为两个阶段：第一阶段是改革开放初始阶段围绕经济管理体制市场改革取向的论断，第二阶段是改革开放前期逐步形成的"双重模式转换"理论。

（一）关于我国经济体制改革市场取向的基本论断

刘国光在1979年7月一次关于经济体制改革取向问题的座谈会上明确提出，高度集权的苏联模式仅是社会主义市场经济体制模式之一，东欧国家偏重分权、偏于分散的市场体制和用经济办法管理经济的模式也是社会主义经济体制的重要模式之一，市场机制是实行分权管理体制的重要手段。随后，在与赵人伟合著的《论社会主义经济中计划与市场的关系》一文中，刘国光从生产与需求脱节、计划价格脱离实际、供给制资金分配体制的缺陷、企业结构上自给自足倾向的原因等方面，翔实论证了社会主义经济中计划与市场相结合的必然性，并对在计划经济条件下如何利用市场的问题和如何在利用市场机制条件下加强经济发展的计划性问题，提出了完整、系统的改革措施与政策建议。

（二）"双重模式转换"理论

1980~1985年，刘国光先后在《人民日报》《经济研究》等媒体与期刊上发表了《坚持经济体制改革的基本方向》《略论计划调节与市场调节的几个问题》《再论买方市场》《略论两种模式转换》《试论我国经济的双重模式转换》等论著，并于1984年接受国家经济体制改革委员会委托，组织课题组提出了《建设有中国特色的经济体制的总体设想》的体制改革方案。至此，刘国光关于中国经济体制改革的"双重模式转换"理论基本成型，并在1988年《中国经济体制改革的模式研究》一书中得到进一步充实和完善。

"双重模式转换"理论提出的时期正是在我国经济体制改革从农村经济体制改革向城市经济体制改革推进的关键时期。我国经济属于典型的"二元"经济，始于农村经济体制改革的"包产到户""家庭联产承包责任制"等改革措施，难以直接运用于以工业为主的城市经济体制改革。"双重模式转换"理论明确提出了经济体制改革需要发展模式的转换与体制模式的转换协同进行的主张，论证了经济发展模式从粗放式的外延扩张型向以满足多样化消费需求和提高经济效益为主的内涵发展模式转换的必要性，以及内涵发展模式对经济体制从集权模式向分权模式转换的客观要求。在1996年与沈立人合著的《中国经济体制的两个根本性转变》一书中，刘国光从我国经济发展的历史、双重模式转换的理论、经济体制转变与经济增长方式转变的必要性与可能性、双重模式转换的基本思路与对策方面，对"双重模式转换"理论进行了翔实的论证与阐述。

六 简新华的社会主义市场经济思想

简新华以马克思主义经济学的经典商品经济理论为基础，参考借鉴西方经济学市场经济理论中的合理部分,从中国特色社会主义经济的实际和经验教训出发,提出了几点有新意的见解。[1]

(一)市场经济与共同富裕的一致性与矛盾性的观点[2]

简新华在中国刚刚提出要建立社会主义市场经济体制的时候,就明确指出:"从推动生产力发展这一根本点来说,市场经济与社会主义是一致的,但市场经济与社会主义的最终目标——共同富裕又存在矛盾","因为市场经济会产生较大的收入差距,本身不能消灭剥削,不能消除两极分化,不能自动实现全体劳动者的共同富裕"。市场经济有利于促进生产力的发展,能够为共同富裕创造必要的物质条件,但与此同时,市场竞争优胜劣汰不可避免地会产生贫富两极分化,甚至造成"赢家通吃"的局面,这又是不利于共同富裕的,因此,社会主义市场经济必须尽可能发挥两者的一致性,克服两者的矛盾性。

(二)发展市场经济没有必要搞私有化的观点[3]

传统的经济学理论都认为市场经济只能建立在私有制基础上,国内外许多人都认为社会主义特别是公有制与市场经济是不相容的,社会主义国家要发展市场经济,就必须实行私有化。简新华从中国开始提出社会主义市场经济体制是中国经济改革的目标模式时就在《经济日报》发表文章,明确提出"市场经济并不必然要求私有化,社会主义市场经济必须以国有经济为主导、以公有经济为主体"。此后又在坚持马克思主义经济学基本原理的前提下多次写文章,从学理上说明在中国社会主义初级阶段市场经济存在的客观原因和市场经济对企业制度的要求,论证社会主义特别是公有制与市场经济的相容性,提出国有企业通过转机改制、建立现代企业制度,是能够与市场经济相结合的,批驳私有化的主张,旗帜鲜明地指出社会主义市场经济理论没有否定而是发展了马克思主义政治经济学的社会主义、共产主义的计划经济理论,不仅社会主义市场经济应该具有计划性,而且计划经济即国民经济有计划按比例协调发展依然是

---

[1] 参见简新华、余江《中国社会主义市场经济理论的创新和发展》,人民出版社,2022。

[2] 参见简新华《社会主义市场经济与共同富裕》,《求是内部文稿》1995年第22期;《论市场经济与共同富裕的关系》,《市场经济研究》1996年第2期。

[3] 参见简新华《改革以来社会主义所有制结构理论的发展》,《学术月刊》2000年第3期;简新华、余江《市场经济只能建立在私有制基础上吗?——兼评公有制与市场经济不相容论》,《经济研究》2016年第12期。

未来社会主义、共产主义发展的大趋势。

（三）社会主义市场经济应该是供求协调平衡经济的观点[①]

对比资本主义市场经济是"过剩经济"（即生产过剩不断发生是经济运行的常态）、传统的高度集中的计划经济是"短缺经济"（即经济运行的常态主要是供不应求），简新华首次明确提出社会主义市场经济的运行状态，既不能是短缺经济，也不能是过剩经济，应该是供求协调平衡经济。为此，必须既发挥社会主义制度的优越性、克服市场失灵，又发挥市场机制能够提高经济效率的积极作用、避免政府失灵。

第三节　苏星、吴树青、吴宣恭等的社会主义所有制和产权理论

所有制和产权问题是我国经济体制改革进程中的一个重大理论与实践问题。在探索过程中，我国经济学者的认识也在不断深化。

一　苏星的公有制主体论和股份制思想

苏星在坚持马克思主义经济学基本理论的基础上，根据我国经济发展的实际，提出了公有制为主体是社会主义的根本原则。同时，他也是推行国有企业股份制改革的最早倡导者。

（一）坚持公有制为主体是社会主义的根本原则

苏星指出，公有制为主体，是社会主义的经济基础。不容否认，其他社会也有公有制，但是，对公有制和对私有制一样，都必须作具体分析，因为既有不同性质的私有制也有不同性质的公有制。资本主义的国有制，也可以说是公有制，但它并没有改变资本属性，仍然属于整个资产阶级；社会主义国家公有制，是以劳动者自己劳动为基础的公有制，属于全体劳动人民所有的是全民所有制，属于部分劳动群众所有的是集体所有制。这两种公有制都消灭了剥削制度。因此，讲公有制为主体，不单指全民所有制，也包括集体所有制。[②]

[①] 参见简新华《发展和运用中国特色社会主义政治经济学引领经济新常态》，《经济研究》2016年第3期。
[②] 苏星：《试论工业公司》，《红旗》1983年第14期。

单一的公有制实践证明，至少在社会主义初级阶段，搞单一的公有制会阻碍生产力的发展。现在的方针是，以公有制为主体、多种经济成分共同发展，同时，反对私有化。在资本主义国家，由于私有和国有都是资本主义所有制，私有化不会动摇资本主义基础，相反地，还可能巩固这一基础；社会主义国家则不然，私有化实际上是对劳动人民所有财产的剥夺，它必然会动摇和瓦解社会主义的经济基础，因此，我们要坚持社会主义，必须坚持以公有制为主体。①

（二）公司制是国有企业制度改革的发展方向

1983年，苏星在《红旗》第14期上发表了《试论工业公司》一文。该文明确指出，社会主义社会的物质技术基础也是社会化的大生产，在消灭生产资料的资本主义私有制、建立生产资料公有制以后，依然需要利用股份公司和托拉斯一类的社会化大生产组织形式，利用它们的管理经验，使之为社会主义经济服务。他认为股份公司一类的经济组织，作为社会化生产的组织形式，按理应当更适合于生产资料公有制的性质，因为在生产资料公有制的条件下，企业之间的根本利益是一致的，它们在国家政策的引导下，可以遵循自愿互利的原则，广泛组织公司和其他各种形式的联合体，不存在私有制的限制。当然，社会主义的公司和资本主义的公司在性质上是根本不同的。我们向资本主义的公司和托拉斯学习，主要是学习它们组织社会化大生产，特别是专业化和联合的经验，而不能照抄照搬。

苏星认为，现代企业制度的主要形式是股份制或者公司制，国有企业实行股份制，不会改变公有制的性质，作为一种企业组织形式，它可以容纳不同的所有制，而且可以通过控股保持公有制的主体地位。国有企业实行股份制以后，可以有国家股、个人股，就是说，既有个人所有，也有国家所有，但这不是重建个人所有制。苏星强调，公司制是国有企业制度改革的发展方向，但我国的国有企业不可能全部改组为股份公司。在国有企业中，大中型企业适宜搞股份制的，都应逐步依法建立公司；中小企业则可以实行租赁、承包经营、转为股份合作制，或出售给私人经营，这样做，不会改变公有制为主体的原则。②

---

① 苏星：《试论工业公司》，《红旗》1983年第14期。
② 苏星：《苏星自选集》，学习出版社，2002，第48~57页。

二 杨培新的承包制改革思想

从1983年开始，对于国有企业搞利改税还是承包的问题，争论很多。杨培新从1986年开始建议推广承包制，并对承包制的理论基础、实行承包制的战略意义、如何完善承包制等问题进行了阐述。

（一）承包制的理论基础

杨培新认为，高度中央集权的指令性计划经济体制窒息了企业、职工、农民的积极性，消灭了生机和活力，使经济增长率下降、经济效益下降。[1]

国有企业被指令性计划经济的计划和指令捆绑着。怎样才能把国营企业、军工企业搞活，让它也成为商品经济的活跃成员呢？企业界自己摸索、创造出来的是承包制这个形式。不去改变全民所有制的性质，但是要完善全民所有制的内容，这就是以国家为最终所有者，但全厂职工作为全民的组成部分，代表自己、代表全民，或为所有权的担负者，成为企业的主人翁，而经营权即占有、使用、处分、收益权等将从政府机关转移到企业厂长和全体职工，实行全员承包。企业职工成为企业的主人，拥有这些财产的占有、使用、处分的经营自主权，唯此才能转变政府职能，达成政企分开的目标。[2]

（二）实行承包制的战略意义

杨培新认为，承包制是对中国社会主义企业经营模式的改革，是具有长远意义的战略措施。推广承包制以后，企业有了自我积累、自我发展能力，成为社会扩大再生产的投资主体，进而带动整个投资体制的改革，使政府职能发生变化。

推行承包制还将有力地推动宏观经济形势的好转。杨培新认为，城市企业承包制，将保证财政收入的增加，大大节减重点建设投资，从而促成财政赤字的消灭。在银行系统中推行承包制，有助于节减货币发行，依靠推广承包制能够制止投资膨胀和消费基金膨胀，压减总需求，同时，调动企业生产积极性，迅速增加社会总供给，在两三年内实现社会总需求、总供给的基本平衡。[3]

---

[1] 杨培新：《承包制——企业发达必由之路》，中国经济出版社，1990，第198页。
[2] 杨培新：《承包制——企业发达必由之路》，中国经济出版社，1990，第198~199页。
[3] 杨培新：《我国经济体制改革的新思路》，生活·读书·新知三联书店，1988，第138~140页。

（三）如何完善承包制

杨培新认为，承包制进一步完善需要解决的问题不是改变所有制，而是在国有企业职工承包之后，逐步废除国家的统制经济体系，以完善承包制为中心，进行计划、物资、投资、财政、外贸、银行体制的配套改革。在这个过程中应当考虑：①给企业以用人、劳动、工资权，给厂长以任命、辞退职工的权力，允许工资总额和税利挂钩，在不突破工资总额的前提下，允许采取各种不同的工资形式；②要随着社会总需求大于总供给问题的缓解而逐步减少指令性计划，允许企业为市场需要而生产；③要使企业有积累、投资自主权；④要使企业有外贸自主权。[①]

三 卫兴华、吴树青等的中国社会所有制结构思想

卫兴华、吴树青等指出，不同类型的生产关系代表历史发展的不同阶段，是有高低区别的。但具体到每一个历史发展阶段，某一种生产资料所有制形式有没有优越性，不是取决于它是高级还是低级，而是取决于它适合不适合生产力的要求。如果它适合生产力的需要，低级的也有优越性；高级的，如果超越生产力的需要反而没有优越性。卫兴华、吴树青等认为，一种新的生产力的出现，需要有一个很长时间的量的积累的过程，所以当新的生产关系建立起来以后，很长时间的任务不应该是从根本上改变生产关系，而应当使它稳定下来。过去我们混淆生产关系变革前后的不同任务，总把变革生产关系放在首位，使生产关系不断处在变化之中，生产力的发展没有一个稳定的适合它需要的形式，其结果只能是破坏生产力的发展。[②]

卫兴华、吴树青等指出，马克思从理论上分析社会主义取代资本主义，必然要求由社会来占有生产资料，使社会占有同生产力的社会性质完全一致。如果生产力发展到了马克思分析社会主义时所依据的程度，社会主义所有制当然只能有一种形式，问题是我国的生产力水平低、发展不平衡，所以只能以多种所有制并存与之相适应。

卫兴华、吴树青等认为，社会主义所有制是社会主义性质的所有制，即

---

① 杨培新：《承包制——企业发达必由之路》，中国经济出版社，1990，第201~202页。
② 卫兴华、吴树青等：《经济体制改革若干理论问题探讨》，中国经济出版社，1988，第28~40页。

公有制，公有制可以有多种形式。同时社会主义社会也允许保持一定数量的非社会主义所有制，但这不是多元的社会主义所有制，而是社会主义社会有多元的所有制结构。卫兴华、吴树青等指出，国有制是从宏观上协调各种利益的需要，这是国有制存在的最根本的理由。另外，在社会主义经济中要调节好利益关系，要达到宏观效益的最大化除了国有没有其他形式。[①]

四 吴宣恭的所有制改革思想

国内外有些学者抓住公有制在发展中出现的问题，试图从理论予以否定。吴宣恭认为，对此必须从理论上加以驳斥。[②] 要坚持以公有制为主体、全民所有制为主导的多种所有制形式。吴宣恭认为，这是坚持社会主义生产关系、维护社会主义基本特征的保证。只有社会主义经济制度才能在促进社会生产迅速和协调地发展的基础上较快地提高劳动人民的物质文化生活水平。只有坚持全民所有制的主导作用，才能将其他各种所有制的经济活动纳入社会主义轨道，使各种所有制形式成为统一的社会主义经济的有机组成部分，共同为社会主义经济的发展服务。同时，社会主义公有制特别是全民所有制是实现社会主义现代化的强大物质力量，是加强人民民主专政的经济基础。

吴宣恭认为，全民所有制是社会主义经济的主要标志，因此中国的经济体制改革绝不是为了废除全民所有制，而是要适应社会主义商品经济的要求，探索全民所有制的实现形式。

吴宣恭指出，国内主张废除全民所有制的观点有两种理由。一种是认为我国目前生产力水平不高。这种认识具有片面性。第一，把全民所有制企业的生产力水平一概说成不高，不够全面；第二，对生产力决定生产关系这个问题，不能单纯以设备、技术的先进程度和生产能力的高低去衡量，而是还要从生产社会化程度去考察。另一种是认为全民所有制不适应发展商品经济的要求。其要害实际上是想按照发达资本主义商品经济的要求去改革全民所有制，这违背了社会主义经济体制改革的方向。

[①] 卫兴华、吴树青等：《经济体制改革若干理论问题探讨》，中国经济出版社，1988，第28~40页。

[②] 吴宣恭：《社会主义所有制问题》，载《政治经济学若干问题研究》，经济科学出版社，1991，第164~178页。

吴宣恭指出，全民所有制的所有权和经营权只能适当分开。因为，全民所有制代替资本主义私有制，是为了解决私有制和生产社会化的矛盾，促进国民经济的协调发展和劳动人民生活水平的提高。实现这个根本目的，不仅要使社会化的生产资料归全社会所有，还要使之在全社会范围内由社会中心有计划地加以支配，否则社会生产无政府状态就可能重演。

对于全民所有制改革的基本原则，吴宣恭指出，一是全民所有制的实现形式必须适应生产力性质和发展的要求；二是全民所有制的改革必须有利于充分调动广大的劳动者的积极性；三是全民所有制的改革必须有利于国民经济的协调发展；四是全民所有制的改革必须使企业有可能形成健全的运行机制。

吴宣恭指出，要破除"所有制中性论"的错误认知。他认为，人类社会出现过的不同所有制各有特定的主体。它们在社会生产目的、经济活动方式以及社会生产体系中所处的地位不同，在生产过程、流通过程中所起的作用、获得社会财富的方式和份额也各不相同。所有制主体的这些差别决定了各种所有制具有不同的社会性质。将某些国际经济组织使用的"竞争中立"立场，偷换为市场关系没有性质区别的"竞争中性"，并过度引申而提出所谓"所有制中性论"，主张要促进市场公平竞争（即他们所说的实现"竞争中性"）就不要讲企业的所有制属性的这种说法，既抹杀了生产资料所有制及其性质对社会经济关系的基础性决定作用，也是对历届党代会报告精神和习近平总书记的一系列重要指示的曲解，在理论上是错误的。[①]

五 刘诗白的主体产权论

刘诗白在1998年出版的《主体产权论》中认为，在传统计划体制中一个重大的制度缺陷就是主体产权的模糊和缺损。因此，实行社会主义市场经济体制，必须要进行产权制度的改革和创新。他认为，多元财产所有权的市场主体是市场微观主体普遍化的基础。产权结构多样化有利于动员和吸引多种经济资源，激发市场经济的活力，这就需要以包括多层次的国家所有制、各种集体所有制、混合所有制、个体与私营所有制在内的多元主体为前提。刘

---

① 吴宣恭：《破除"所有制中性论"的错误认知》，《当代经济研究》2020年第2期。

诗白还认为，主体财产权是市场体制下的微观单位开展合理经济行为和提高活动效率的制度基础。

针对国有企业改革在经过放权让利和两权分离等阶段后存在的问题，刘诗白认为，国有企业进一步改革必须以产权制度改革为突破口。他认为，计划经济体制下的产权存在四个方面弊端：一是产权结构单一；二是产权高度集中；三是个人产权缺损；四是产权模糊。这些弊端影响了国有企业的发展，因此要进行产权制度改革。国有企业一方面无法摆脱上级行政机构的干预而实现自主经营；另一方面，虽然企业有了留利支配权，有了一定的利益驱动，但亏损仍由国家承担。这种负盈不负亏使企业不需要更多地关心归其使用的资产的保值和增值，从而出现了企业不顾所有者利益，追求经营者最大短期利益的扭曲行为。

传统的国有制的组织形式和财产结构与市场经济是格格不入的。因此，要通过产权结构的调整与重组，使企业成为真正的企业，使其在市场竞争和优胜劣汰中自谋生存、自求发展。刘诗白强调说，为了实现这一组织模式转换，国有企业要以现代企业制度为改革方向，主要实行公司制，组建各种形式的股份制企业。

由于产权改革的背景是要建立社会主义市场经济体制，刘诗白在力主产权改革的同时，始终强调我国产权制度的改革目标是要增强公有经济的控制力。

六　林岗、张宇的两种产权范式论

林岗、张宇认为，马克思主义的所有制理论和西方的产权理论都是以产权和制度为研究对象的，但是，从整体上看，这两种理论范式是建立在完全不同的世界观和价值观基础上的，具有完全不同的方法、概念和理论逻辑，是两种对立的理论体系。

林岗、张宇指出，西方经济学和马克思主义经济学在这两种产权理论范式上的根本区别主要表现在以下几个方面。[①]

[①] 林岗、张宇主编《马克思主义与制度分析》，经济科学出版社，2001，第155~178页。

（一）研究产权问题是坚持个体主义的方法还是坚持整体主义的方法

西方新制度经济学认为，对产权问题的分析完全可以建立在以成本收益分析为核心的新古典经济学理性经济人范式的基础之上。马克思对于产权问题的分析是建立在整体主义方法基础上的，是一种整体的政治经济学的方法。根据这种整体主义的方法，一定社会的所有制形式和产权结构就不是个人之间自由交易和自由契约的结果，而是社会结构的整体即生产力与生产关系、经济基础与上层建筑矛盾运动的产物；不是理性的个人的自由选择导致了产权制度的变迁，相反，是社会结构和产权制度的变迁决定个人的行为方式和选择空间。因此，产权制度首先不是个人之间的一种交易关系，而是不同阶级或不同社会集团之间的一种生产关系。

（二）经济关系决定法权关系还是法权关系决定经济关系

西方经济学认为，产权首先是一个法权概念，它是由凌驾于社会之上的立法者创造的，法权关系决定经济关系。马克思的历史唯物主义的创立是从认识到法权关系和经济关系的根本区别并把法律上的财产关系当作生产过程中的所有制关系的表现开始的。马克思恩格斯把对财产关系的研究纳入了政治经济学的范围之内，并把财产关系的经济内容即所有制关系当作对财产关系进行研究的重点，财产关系的法律形式只是在必要的时候才涉及。

（三）产权关系是一种交易关系还是一种生产关系

按照西方产权经济学的理论，产权问题之所以重要，是因为市场交易需要花费成本，不同的产权机构可以产生不同的效率结果。因此，交易费用的大小就成了决定和选择产权结构的主要依据。从马克思恩格斯对所有制关系进行分析的具体方法来看，作为一个生产概念的所有制关系本质上是直接生产过程中发生的生产关系，是一个客观的经济过程，这一过程与分配和交换不是割裂开的，而是相互联系的。

（四）财产权利是一种自然权利还是一种历史权利

把财产制度当作某种先验的、超历史的自然权利，是资产阶级经济学的一个重要传统。他们认为资本主义社会形成的财产制度不是历史发展的产物，而是历史发展的起点；不是从客观历史条件中产生出来的，而是自然的人类本性造成的。这种观点把资本主义社会的自发秩序当作了人类社会永恒不变的自然规律。

马克思主义认为,人类社会是一个自然的历史过程,处在不断的发展变化之中。任何一种制度都是历史的,都是特殊历史阶段中特殊社会结构的产物。

(五)西方产权经济学范式的重大缺陷与马克思主义产权理论的坚持和发展

林岗、张宇认为,西方产权经济学范式具有重大缺陷,主要表现为以下三点。一是关于个人主义的方法。这种理论的最主要缺陷是把社会当作个体的简单加总,从而无法对社会有机体作出科学的解释。二是关于契约主义的方法,契约关系并不是独立存在的,它在本质上是生产关系的一种反映,并归根结底受生产力发展的支配。三是关于成本收益分析法,交易费用理论把交易作为制度选择和制度分析的基本单位,将人与人的关系简单地归结为抽象的契约关系,从而就在根本上否定了不同历史和不同社会环境下人类行为的差异和生产过程对交易过程的决定作用。[①]

林岗、张宇认为,西方产权经济学的根本缺陷恰恰是马克思所有制理论的优势所在。因此,在理论上,要坚持马克思主义产权经济学,在实践中,只有坚持马克思的所有制分析范式,才能使国有企业产权制度的改革沿着完善而不是否定社会主义经济制度的正确方向发展。

第四节 蒋学模、谷书堂、卫兴华等的社会主义分配理论

个人消费品的按劳分配是社会主义经济的基本特征之一。现实的社会主义经济体制与马克思的设想存在一定的差异,因而如何理解和贯彻按劳分配原则等问题引起了我国经济学者的关心和研究。

一 蒋学模对马克思按劳分配思想的阐述

蒋学模20世纪60年代所著的《社会主义的分配》,以及发表的有关对按劳分配中劳动形态分析的论文,基本上代表了当时我国学者从历史发展角度看待按劳分配的主要观点。

[①] 林岗、张宇主编《马克思主义与制度分析》,经济科学出版社,2001,第155~178页。

蒋学模认为，社会主义社会中对个人消费品的分配采取"各尽所能、按劳分配"的原则，有其历史发展的客观必然性。他指出，在社会主义社会的生产力发展水平、生产关系状况和人们的思想觉悟水平没有根本改变以前，按劳分配原则是不可能被废除的。

（一）社会主义实现按劳分配的历史进步性和局限性

蒋学模指出，社会主义制度在生产资料公有制基础上实行按劳分配原则，完成了分配制度中的一场革命。因为，按劳分配在分配关系中消灭了人对人的剥削。按劳分配的历史进步性还体现在它实现了社会主义的平等；按劳分配制度的缺点，就是在按劳分配的条件下人们在消费水平上必然会形成事实上的不平等。因此，他主张在社会主义阶段，在消费品的分配上贯彻按劳分配原则的同时，必须通过某些措施在一定范围内和一定程度上弥补这种缺点。

（二）对按劳分配依据的"劳"作进一步探讨

蒋学模认为，在贯彻按劳分配的过程中，对作为统一分配尺度的劳动的理解是否正确，极其重要。

按劳分配的"劳"依据的是劳动者当前提供给社会的劳动。如果职工劳动的熟练程度（复杂程度）没有增长，仅仅由于工龄的增长而增加工资，就物质生产部门来讲，这就意味着职工为社会创造的物质财富没有增加，而他从社会领去的物质财富却增加了，这就不可避免地会引起社会主义积累率的降低和社会主义生产发展速度的减慢。如果单纯只是工龄的增长就可以构成工资增长的条件，那就会使那些不积极努力提高劳动技术的人得到鼓励，不利于激发职工学习技术的积极性。

劳动的流动形态是按劳分配中作为分配尺度的劳动。蒋学模认为，从理论上讲，作为按劳分配尺度的劳动，最理想的是它的流动形态。原因有三。第一，当劳动者在生产过程中其劳动力被使用时，劳动就处于流动形态中，这时我们所看到的是劳动自身；而当劳动处于其他形态的时候，都只是劳动的某种体现而不是劳动自身。第二，潜在劳动是劳动者自身而不是劳动自身。第三，以物化劳动作为按劳分配的尺度也是不适宜的。

二 谷书堂的按生产要素贡献分配思想

谷书堂的按生产要素贡献分配的思想最初是在 1988 年《按贡献分配是社

会主义初级阶段的分配原则》一文中提出的,随后又于1992年在《对"按贡献分配"的再探讨》一文中进行了再探讨。

(一)按生产要素贡献分配的内涵与优点

谷书堂认为,按贡献分配指在整个社会范围内,各种生产要素以其对社会财富的创造所做出的实际贡献取得报酬份额。[①] 其优点有:①在按贡献分配中对各要素的分配份额是在市场中统一确定的;②它建立在对现实所作的切实考察基础上,是对现实的分配方式所作的一种理论概括,可对现实分配的进一步发展发挥理论指导意义;③由于在按贡献分配理论中公有生产要素统一地参加市场分配,这既可保证公有资产的保值和增值,也可避免公有资产收入对劳动力收入的侵占。

(二)按生产要素贡献分配与马克思的劳动价值论没有矛盾

谷书堂指出,如果仔细地体会马克思在《资本论》中关于商品价值形成过程、资本主义的分配过程及对"三位一体"公式批判的有关论述,就可以发现:①马克思在论证劳动价值论的同时,从来没有否认过在资本主义条件下新创造的价值应该在利润和工资之间进行分配的必然性,也从没有否认过剩余价值即利润在各类资本家之间进行分配的必然性,恰恰相反,马克思认为正是资本主义所有制才使劳动创造的剩余价值在各类资本家之间的分配得以进行,因为消费资料的分配不过是生产条件分配的必然结果;②马克思在批判"三位一体"公式时,批判的并不是它在现象上所具有的价值分配形式,即资本—利息、土地—地租、劳动—工资,马克思批判的只是"庸俗"经济学家错误地把这种表面现象当作价值形成的本质,即认为价值是由资本、土地、劳动共同创造的观点。

(三)按生产要素贡献分配的现实必然性

谷书堂认为,社会主义现实中的所有制关系是按要素贡献分配的必然要求。在社会主义经济现实中,"公有制为主体,多种经济成分并存"的所有制格局,包括公有制本身的实现方式(即国家所有、企业经营的实现方式),以及劳动力所有制的个人所有,决定了社会总产品或社会总产品价值必须在各生产要素之间进行分配。

---

① 谷书堂等:《社会主义经济学新论》,人民出版社,1995,第124~135页。

（1）市场经济体制为按贡献分配提供了实现条件。市场经济体制为各种生产要素分配份额的确定提供了实现条件。市场对各种生产要素在生产中贡献的评价，是通过整个市场体系中产品市场和各要素市场的共同作用实现的。

（2）按贡献分配与现存分配政策之间的关系。现存的分配政策是"按劳分配为主，多种分配方式并存"。要理解按贡献分配与现行分配政策二者之间的联系，首先就必须理解这一政策性命题本身的含义。一是说明了所有制关系与分配关系的相互对应；二是这一政策性命题的"多种分配方式并存"，肯定了个人拥有的其他生产要素获得分配份额的合理性和必要性；三是"按劳分配为主"仅仅是"公有制为主体"的对应物。这一政策性命题与按贡献分配在本质上是一致的，不仅如此，按贡献分配还为这一政策性命题提供了理论依据。

按贡献分配是基于对现实生产力发展程度及由此决定的所有制结构的实际分析而得出的分配原则，它建立在市场上各要素所有者与使用者相互之间的平等交换关系基础之上。因此，按贡献分配所体现的正是现实社会中大多数人所具有的"等价交换"式的公平观。

三 卫兴华、胡钧的按劳分配与按要素分配思想

卫兴华、胡钧坚持马克思的生产方式决定分配方式的基本原理，对按劳分配和按生产要素分配相结合的个人消费品分配制度作了新的理论上的阐述。

（一）卫兴华关于按生产要素分配不能取代按劳分配

卫兴华 2003 年在《我国现阶段收入分配制度若干问题辨析》一文中指出，按生产要素（包括劳动要素）分配意味着劳动者不是企业的主人，而只是雇佣劳动者，他们只能作为劳动要素的提供者参与生产和分配。按劳分配是由社会主义生产方式决定的社会主义分配方式；而按生产要素分配，属于与特定的私有制经济相联系的分配方式。"社会主义分配方式"同"社会主义初级阶段的分配方式"，并不是同一概念。

卫兴华认为，我国现阶段的收入分配制度的确立，是以现阶段的所有制结构为基础的。我国现阶段存在两个不同层面的经济制度范畴：一个是"社会主义经济制度"，另一个是"社会主义初级阶段的基本经济制度"。按劳分配是"社会主义经济制度"的组成部分，是社会主义公有制经济实行的分配

原则；而"社会主义初级阶段的基本经济制度"的基础是公有制为主体、多种所有制经济共同发展。在这种所有制结构基础上必然只能实行按劳分配为主体、多种分配方式并存的分配制度。卫兴华强调指出，根据生产方式决定分配方式的原理，以公有制为基础的社会主义生产方式所决定的分配方式应是按劳分配。同样，在公有制为主体、多种所有制经济共同发展的社会主义初级阶段中，也只能是实行按劳分配为主体、多种分配方式并存的分配制度。

对于如何看待按劳分配以及按生产要素分配与劳动价值论的关系，卫兴华指出，我国理论界存在一种误解，认为马克思是根据劳动价值论提出社会主义社会实行按劳分配原则的。卫兴华在反驳这种观点的同时阐述了他的看法。

按劳分配的理论依据不是劳动价值论。卫兴华认为，马克思讲按劳分配，不是从劳动价值论出发，而是根据社会主义生产资料公有制和人们的劳动特点提出的。马克思设想的按劳分配，是在不存在商品经济的条件下个人消费品的实物分配，因而不可能是按劳动创造进行的价值分配。

按生产要素分配的理论依据也不是生产要素价值论。卫兴华认为，按生产要素分配的根据是要素所有权。只要承认非劳动生产要素所有权的合法性，它就必然要求在经济上参与收入分配，离开生产要素所有权，是难以说明生产要素按贡献参与分配的问题的。

卫兴华指出，生产要素按贡献参与分配，要以不同生产要素掌握在不同主体手中为前提。如果各种生产要素为同一主体所有，无论是私有制还是公有制，都不会存在按生产要素分配的问题。[1]

（二）胡钧关于按生产要素贡献分配的阐释

胡钧 2003 年在《论按生产要素分配——阐释生产要素按贡献参与分配的原则》一文中指出，生产要素是各种不同的物体，它们在产品生产中发挥不同的作用，但是把这种作用说成"贡献"，似乎不妥。一是生产要素的贡献难以计量；二是生产要素本身也不要求获取报酬。合理的说法应当是生产要素的所有者按其贡献参与分配。

胡钧解释到，产品的分配是由生产资料所有制形式决定的。既然以公有

---

[1] 卫兴华：《我国现阶段收入分配制度若干问题辨析》，《宏观经济研究》2003 年第 12 期。

制为主体，就决定了按劳分配是我们分配关系的主体。在多种所有制经济共同发展的情况下，就必然存在多种分配方式。资本等非劳动要素的贡献在于它提供了劳动者借以劳动的条件，从而有利于促进生产力的发展和社会财富的增长。对于这种贡献，应当运用马克思主义关于一种制度存在的历史正当性来解释。[①]

四 程恩富的五种分配方式论

程恩富认为，扎实推动共同富裕，使全体人民共同富裕取得更为明显的实质性进展，可以通过"五种分配方式"来充分释放正效应，它们在总体分配中分别起不同的作用。具体来说，包括以下五点。

一是运用好起决定作用的"劳主资辅"分配方式。在公有制为主体、非公有制为辅体的产权基础上，坚持按劳分配为主体、按资分配为辅体的分配原则和方式，按劳分配为主体已表明了其主方式和主渠道的地位。

二是运用好起辅助作用的"国家法策"分配方式。国家的法律法规和政策，既会影响到作为微观主体的企事业单位的初次分配（如国家规定每小时或每月的最低工资），又会较全面地影响个人、家庭、群体、阶层、城乡、地区、产业和民族等的再分配。

三是运用好起调节作用的"物价变动"分配方式。市场主体和政府制定或调整与生活有关的消费资料（含住房）和劳务价格，都会影响财富和收入的重新分配。

四是运用好起胀缩作用的"资本市场"分配方式。证券、债券等资本市场的价格变动，会引起参与者财富和收入的膨胀或收缩变动。

五是运用好起微补作用的"捐赠穷弱"分配方式。应鼓励有条件的个人和单位向社会捐赠财物。此外，"家庭关系"等因素也会产生财富和收入的各种重置、转移等分配效应。

程恩富认为，"五种分配方式论"是包含"三次分配论"的有关内容的，而且更加准确。这是由于，国民收入初次分配是在提供国民收入的单位，其

[①] 胡钧:《论按生产要素分配——阐释生产要素按贡献参与分配的原则》，《中国会议》2003年10月11日。

分配原则和性质是由单位的所有制或产权关系决定的，而不是由单位外部的市场决定的。撇开所有制和分配原则对初次分配的决定性力量和主要调节作用，只讲"市场力量""市场机制力量的作用"，属于背离基本事实的西方经济学的错误观点。①

五 文魁的商品经济条件下按劳分配新见解

文魁认为，在社会主义市场经济条件下，为了真正使按劳分配成为社会主义分配体系中的主旋律，必须变消极的按劳分配为积极的按劳分配。② 马克思设想的实行按劳分配是以生产资料的全社会直接和全面占有、直接的社会劳动以及商品和货币关系的消亡为基础的。但是，在社会主义商品经济条件下实行按劳分配具有客观必然性。第一，按劳分配决定社会主义经济发展的动力；第二，与按劳分配平等通行的是商品生产者的权利。

与社会主义初级阶段相适应的分配方式只能是按劳分配为主体、多种分配方式并存。文魁对这一分配格局形成的原因从两方面进行了分析。③

（1）按劳分配是社会主义市场经济分配格局中的主体。文魁认为，按劳分配是社会主义公有制的铁律。第一，按劳分配是社会主义公有制的实现。第二，分配格局既是生产格局的反映，又是为生产格局服务的。文魁指出，从某种意义上说，按劳分配的优越性，就是公有制经济的优越性。第三，按劳分配居社会主义市场经济体制中分配格局的主体地位。第四，按劳分配的主体地位，关系到劳动人民在政治上的主人翁地位，关系到中国经济社会发展目标的最终实现。

（2）多种非按劳分配方式与按劳分配并存的原因。一是多种所有制的存在；二是多种经营方式的存在；三是存在资源的市场配置方式；四是存在按劳分配的变形。文魁指出，过去讲按劳分配是分配个人消费品，而现在则是一种价值形态的分配，这部分价值在向实物形态转化过程中，大部分转化为个人消费品，但劳动者也可以用来购买股票和集资，从而形成对部分资产的

---

① 参见本刊编辑部《程恩富：当前共同富裕讨论中须明确的若干主要观点》，《晨刊》2022年第2期。
② 文魁：《新格局与新秩序中的分配》，陕西人民出版社，1991，第81~92页。
③ 文魁：《新格局与新秩序中的分配》，陕西人民出版社，1991，第108~138页。

所有权，它可以使劳动者以资产所有权参加收入分配，或存入银行购买债券成为债权人，从而形成对利息的索取权。

六 侯为民关于完善社会主义分配制度与促进共同富裕的观点

关于分配制度的地位和作用，侯为民认为有以下几个问题值得重视。一是不能割裂化地理解生产和分配的关系，在经济发展起来以后产生的收入分配差距，并不是一个可以单独调节的现象。二是要正确认识非劳动要素的范围界定。在社会主义商品生产条件下，非劳动性质的生产要素在现实中是不断发展的，最初是科技和管理要素，后来拓展到知识、土地和资本，目前更是将数据这一全新要素纳入其中，它们都构成价值和财富创造的条件，其贡献应得到承认。三是承认非劳动要素的贡献，并不构成其参与分配的理论依据。特别是在公有制经济内部，资本、土地、科技、信息和数据等生产要素并不能按其贡献参与分配，而是以按劳分配为基本原则。

关于按劳分配与公有制的关系，侯为民认为不能将两者简单和直接地挂钩。一方面，按劳分配并不内在于公有制要求，公有制实现形式的变化也暗含对按劳分配实现形式变革的要求；另一方面，坚持和完善按劳分配原则，既要化解非公有制经济中其他生产要素对劳动要素贡献的过度侵蚀问题，也需要面对公有制内部不同单位间和个人间的收入差距过大问题。要在基本经济制度范畴内对收入分配制度进行再认识，并重构政府在收入分配领域的角色和调节功能。[①]

关于社会主义分配制度的改革目标和共同富裕发展要求，侯为民认为，共同富裕具有三个维度，一是从最终消费的意义上来理解，即从人民生活水平的提高上体现出来；二是从社会生产目的的意义上来理解，即社会主义生产的内在特征，体现为共同富裕的目标驱动；三是从社会主义的制度属性来认识，就是要保障劳动者利益，解决社会成员的共同占有和共享分配问题。从中国收入分配制度的改革历程看，中国走了一条从偏重平均分配到公平和效率有机结合，再到促进全体人民共同富裕取得实质性进展的道路，这体现了中国式现代化的独特性与渐进性，也反映出共同富裕目标的约束条件的阶

---

① 侯为民：《论社会主义基本经济制度范畴中的分配因素》，《经济纵横》2020年第9期。

段性变化。

关于扎实推动共同富裕与过去的"先富带后富"策略的区别,侯为民认为,前者与后者相比具有了新的内涵。一是提出共同富裕发展要求的出发点不同;二是实现共同富裕的路径不同;三是共同富裕目标所蕴含的物质内容不同;四是衡量共同富裕的标准不同。因此,推进全体人民共同富裕取得实质性进展,单纯构建收入分配的橄榄型分配结构是不够的,还要注重财产分配的合理化和相对均等化,特别是要注重居民实际生活水平的同步提升。

针对发挥第三次分配的作用,侯为民认为,三次收入分配方式的地位并不相同,有主与从、原生与衍生、主体与补充的本质区别。初次分配中按劳分配的主体地位是由公有制经济的地位作用决定的,其核心是界定劳动和资本等要素之间的利益关系;政府在再分配中占有的重要调节地位是衍生于公有制的,也是由社会主义国家政权的性质决定的,调节的是不同社会群体间的利益关系;而国民收入的三次分配涵盖的是个人意义上的、次生的利益关系,所调节的也只能是社会成员间的利益关系,在分配制度中不能发挥主体性作用。[①]

第五节 季崇威、高鸿业、王振中等的社会主义对外经济关系理论

社会主义对外经济关系是中国经济学者在改革开放后重点关注的一个领域。我国的许多学者在这一时期都探讨过这一理论问题,并提出了许多具有理论价值和实践效应的观点。

一 季崇威对我国实行对外开放政策的理论阐述

经济体制改革后的中国要加快社会主义经济的现代化建设,对外开放政策具有十分重要的战略地位,季崇威从四个方面进行了分析。[②] 第一,发展现代化商品经济需要借鉴别国的经验;第二,对外开放有利于吸收先进科技、

---

① 侯为民:《共同富裕取得实质性进展的若干理论问题》,《当代经济研究》2021年第12期。
② 季崇威:《对外开放在我国经济发展战略中的地位》,载《论中国对外开放的战略和政策》,社会科学文献出版社,1995,第23~25页。

促进我国经济活动走向集约化经营，提高经济效益；第三，利用对外贸易，用我国富余的资源去交换国内不足的资源；第四，对外开放有利于利用外国资金。

如何正确认识对外开放与自力更生的关系。季崇威对此进行了分析。①对外开放和自力更生是互相促进的，要正确处理引进和保护的关系。季崇威指出，在利用外资和发展对外贸易的过程中要正确处理两个重要的关系：一是利用外资与独立自主、平等互利的关系；二是进口商品、引进技术与保护发展民族工业、提高国内科研设计水平的关系。另外，应该把学习吸收外国的经验和总结本国的实践经验相结合。他进一步分析说，资本主义社会在几百年的经济活动中积累了丰富的经验，在运用国家宏观调控体系和企业的经营管理制度方面做了许多的改进，虽然社会制度不同，但其中有不少符合现代社会化生产规律要求的经济管理办法是值得我们借鉴的。

二 刘国光、高鸿业、程恩富的自力主导型多方位开放思维

对外开放促成了中国经济的快速发展，但是在全球贸易、金融、投资等经济要素日益融合的背景下，也凸显了一些制约中国经济继续进一步高速发展的因素，它引起了中国马克思主义学者的思索。

（一）刘国光的全方位对外开放思想

20世纪90年代初，刘国光在《论全方位的对外开放》一文中认为，随着开放的逐步发展，我国对外经济技术交流的规模不断扩大，但仅是沿海地区直接开放，而广大内地处于间接开放和相对与世隔绝的地位，不利于外经、外贸的更好发展。对沿海地区采取优惠政策，在一定时期是可行的，而持续过久不免会造成某些矛盾。由此导致的后果是沿海地区经济得到较快增长，而内地相形见绌，两地之间的差距有所扩大，不利于生产力配置走向均衡。②

为此，他提出中国要从逐步开放走向全方位开放。首先，全方位开放就是组织全部国力投入国际市场；其次，全方位开放就是调动各地的积极性，

---

① 季崇威：《对外开放在我国经济发展战略中的地位》，载《论中国对外开放的战略和政策》，社会科学文献出版社，1995，第26~31页。
② 刘国光：《论全方位的对外开放》，载《刘国光经济文选（1991~1992）》，经济管理出版社，1993，第236~243页。

发挥各地的优势;再次,全方位开放就是更广泛地开展双边、多边和区域性的对外交流,实行市场和国际合作的多元化;最后,全方位开放还将深化改革,并将推动各地较均衡的发展和战略目标的实现。

刘国光还探讨了我国全方位开放的战略、政策和措施。①本着"全国一盘棋"的原则,从各地的实际出发,分别考虑各有特色的发展外向型经济的具体战略;②在统一政策的前提下,针对不同要求,区别对待,防止一哄而起,优惠无边;③继续加强内部协作,重视东中西之间和南北之间的优势互补,切忌"对外开放,对内封闭";④要有计划、有重点地搞好基础设施,培训人才,重视精神文明建设。

刘国光认为,衡量开放的程度和素质,不能仅看进出口额占国内生产总值的比重及其结构状况,还要看我们与国际市场的融合度、与国际惯例的对接度以及我们对经济运行机制的适应度。按此标准,我们要做的工作还有很多。

(二)高鸿业的自主开放思想

1995 年和 1997 年,高鸿业分别在《引入外资是一个利用和反利用的过程》《跨国公司与民族工业之间的经济关系》两篇文章中认为,外资大量涌入和跨国公司不断介入,对我国的经济和民族工业既是机遇也是挑战。为此,必须采取相应的措施和对策。

第一,坚持以取得技术为主要目标。跨国公司由于直接投资,转移的技术往往不是最先进的。对于我们来说,即使不是最先进的技术也需要经过努力学习的阶段才能加以掌握,而且任何技术都会随着时间而老化。日本在这方面的经验对我国很有借鉴价值。

第二,要以我为主对外资加以引导和控制。对于外资或跨国公司的直接投资,我们必须以民族工业的利益为前提并且使用关税、税收、合同规定等手段来加以引导和控制,以便得到下列几个有利于民族工业的结果。①使外资投资于高、精、尖技术的行业;②使外资投资于基本建设项目;③使跨国公司投资于需要兴建的民族工业;④使外资投资逐渐变成民族工业;⑤使外资投资于带动性较大的企业。

第三,对外资要谨慎小心从事。一是不要给外资抓住债务的把柄;二是要尽量把跨国公司排除在国内金融市场之外;三是要严防民族败类,防止国外势力与国内腐败现象相勾结，控制中国经济命脉。

（三）程恩富关于自力主导型多方位开放观

程恩富认为，我国应该通过建立"三控型民族企业集团"，在国际交往中争取"对半式双赢"并创造和培育知识产权优势，使中国经济发展避免受经济全球化危害。

所谓的"三控"，指控股（资本）、控牌（品牌）和控技（技术）。程恩富这一观点的提出，源于他对中国民族产业安全的忧患。程恩富从四个方面进行了阐述。第一，我国对外资的客观需求已大大减小；第二，民族品牌亟待振兴；第三，只有发展国有技术才是可靠的基础；第四，从跨国公司产生的后果看，也要求我们建立"三控"企业。

程恩富十分强调我国在经济全球化进程中要维护和增进民族利益。他认为，第一要争取"对半式双赢"，以求在全球化过程中实现利益均沾；第二要尽快对外资企业实行国民待遇，为本国企业争取平等的竞争环境。

在经济全球化的新时代，我国应如何在对外贸易和创建世界工厂的过程中发挥自己的优势？程恩富在论证中国要发挥动态比较优势和一般竞争优势的基础上，第一次提出，必须重点地突出培育和发挥第三种经济优势，即"知识产权优势"或"知识产权型竞争优势"。他认为，拥有自主知识产权的经济优势，是相对于比较优势、竞争优势而言的第三种优势。这一观点避免了笼统的竞争优势的理论缺陷，而突出了以技术和品牌为核心的经济优势或竞争优势。为此，国家必须加大科教投入，有效地实施国家科技创新体系，创造知识资源，创造和培育知识产权优势，以确立应对全球化的根本之策。

三 王振中、左大培的对外开放战略思路

（一）王振中关于非过剩资本型国家对外直接投资的战略思想

王振中1991年在《非过剩资本型国家海外直接投资的理论思索》一文中指出，长期以来，人们有一种模糊的感觉：国际资本的流动似乎只是从发达国家向不发达国家的单向输出，资金短缺的发展中国家似乎不可能进行对外直接投资。

王振中认为，理论深化是中国发展对外投资的基础。他指出，应结合中国的实际，着重深化对国际分工及世界市场问题的认识。因为商品经济是一

个历史范畴,所以同商品经济运行相适应的组织形式和分工形式也不是永恒的,特别是现代的分工和世界市场是分不开的。在产业革命以后,大机器工业的技术进步使生产摆脱了布局的地方局限性。大机器工业生产的低廉产品打破了过去各国和各民族的闭关自守状态,加深了各国之间的相互依赖性,形成了一种新的国际分工格局。马克思主义认为,在这种格局下,各国的内部组织以及一切国际关系都是某种分工的表现,而且这一切都将随着分工的改变而改变。到目前为止,我们可以清楚地看到,不同制度的国家都需要寻求外国市场。当初马克思在其伟大的巨著中以极严密的推理阐述了对于商品来讲,普遍地展开价值的场所是在世界市场上,是在世界贸易中。①

(二)左大培关于调整我国对外开放战略的思路

左大培认为,外向型经济只在某些时期对某些国家是比较好的经济发展战略,而在另一些时期特别是对另一些国家却可能是不利于经济持续发展的。一是外向型经济可能使该国的贸易条件恶化;二是为发展外向型经济而实施的出口补贴,其带来的好处远远小于坏处;三是外向型经济易产生对国外资金的严重依赖;四是外向型经济可能导致资源配置的扭曲,降低整个经济的效率。②

为此,左大培主张,必须改变过去那种不顾我国的具体国情和当前世界经济形势的变化,片面地推行外向型经济发展战略的倾向,要以促进产业升级的产业政策为中心来构建新的对外贸易战略,使我国的对外贸易战略完全转到为产业结构技术密集化服务的轨道上来。具体内容包括:①以产业升级为核心安排经济发展和对外贸易战略;②重点保护和扶持国内尚缺乏国际竞争力的高技术产品的生产和市场;③要采取措施保护本国的投资机会。

四 贾根良关于"国内大循环经济发展战略"和"不对称全球化道路"的思想

贾根良认为,国际大循环经济发展战略虽然曾一度推动中国高速增长,但存在三种缺陷:技术依附、金融依附和市场依附。首先,该战略从价值链

---

① 王振中:《非过剩资本型国家海外直接投资的理论思索》,《经济研究》1991年第5期。
② 左大培:《混乱的经济学》,石油工业出版社,2002,第422~439页。

低端融入发达国家跨国公司控制的全球价值链,出口价值链低端产品,进口价值链高端产品和核心技术,不利于核心技术自主创新;其次,迷信贸易顺差和引进外资助长了美元霸权,导致了我国对美国的金融依附;最后,低工资竞争和出口导向型发展模式的思维忽视了全国统一大市场的建设,内需不足与对国外市场的依赖相互强化,使我国陷入内需市场长期不振的"结构性陷阱"。在贾根良看来,2008年国际金融危机爆发后,因为发达国家对中国产品需求的趋势性下降和保护主义的兴起,国际大循环经济发展战略将日益走向衰亡,所以,他于2009年提出"国内大循环经济发展战略":"大力推进人民币结算以及作为国际储备货币的战略目标,而且更重要的是要及早做出战略规划,通过把注意力转向'内部改善',经过若干年调整,逐步抛弃出口导向型经济,限制乃至最后取消引进外国直接投资,保护民族产业和国内市场,转向以工人农民以及中产阶级收入增长作为经济增长发动机、大力推进创新型国家建设、抓住第六次技术革命的机遇、实施主权信贷并实现工业中心向中西部转移等内容为核心的国内经济大循环战略。"①

正如迪尔特·森哈斯指出的,欧洲的历史经验说明,与发达国家之间的"选择性脱钩是后发展取得成功必不可少的先决条件"②。基于这种历史经验,贾根良在2010年提出"中美经济脱钩"的概念:"中国要摆脱美元霸权的支配地位并贯彻独立自主的发展方针,应该考虑中美经济'脱钩'的可能性和途径。"③ 为了与"国内大循环经济发展战略"相配合,贾根良在2013年提出了"外围包围中心"和"不对称全球化道路"的对外经济关系新战略。所谓"不对称全球化道路"是指与发达国家处于半隔绝、半脱钩状态(浅度全球化),同时又与同等发展程度或比自己落后的国家建立高度密切的经贸关系,由此实现经济崛起,这是世界经济史中一种带有规律性的后发经济大国崛起的道路。

---

① 贾根良:《化危为机:中国外向型经济需作战略大转型》,《广东商学院学报》2009年第5期。《马克思主义文摘》2010年第3期全文转载。
② [德]迪尔特·森哈斯:《欧洲发展的历史经验》,梅俊杰译,商务印书馆,2015,第3页。
③ [美]迈克尔·赫德森:《保护主义:美国经济崛起的秘诀(1815~1914)》,贾根良等译校,中国人民大学出版社,2010,第312~313页。

第十章　中国学者关于当代资本主义经济的研究

当代资本主义从时间上划分是指以第二次世界大战结束为起点的资本主义，从阶段上划分则正处于垄断资本主义阶段。第二次世界大战以来，在科技革命的推动下，资本主义生产力有了很大发展。

中国马克思主义学者结合当代资本主义发展变化的实际情况，对当代资本主义经济诸多问题，如当代资本主义经济性质、发展阶段、经济全球化、资本主义国家经济发展等，都进行了分析和研究。

第一节　陶大镛、洪远朋、吴易风等关于经济性质和发展阶段理论的探讨

资本主义经济一直在不断变化，尤其是战后发展变化的速度远远超过了战前。当代资本主义经济这些新变化，不仅引起了资本主义经济性质和发展阶段的变化，也推进了经济全球化的进程。

针对当代资本主义经济的这些新变化和新特征，如何界定已经变化的资本主义经济性质、如何划分资本主义发展阶段、如何认识经济全球化问题一直是国内外经济学界研究的重要问题。

一　陶大镛、钱俊瑞、洪远朋等的当代资本主义性质研究

（一）陶大镛关于资本主义新变化及其性质的理论分析

陶大镛认为，随着产业结构的演进与变化，虽然资本主义生产关系在生产剩余价值的具体方式和资本积累的具体形式上发生种种变化，但这些变化却使剩余价值和资本积累的来源扩大化了，一定程度提高了剩余价值率和资本积累率。[①]

[①] 陶大镛：《现代资本主义论》，江苏人民出版社，1996，第294页。

第十章　中国学者关于当代资本主义经济的研究

就现代资本主义企业的新变化来论,陶大镛认为,资本主义企业制度的变化是资本主义生产关系适应生产力发展的要求所作出的一些内部调整,它在不同程度上反映了市场关系、阶级力量、意识形态、法律和政府等多种因素的作用。这些变化具有积极的历史意义,它有利于生产力发展和社会进步。但资本主义企业制度和组织形式的性质没有根本性的改变。就现代资本主义的宏观调控的新变化而言,陶大镛认为,现代资本主义宏观调控是建立在国家垄断资本主义基础之上的,是在资本主义生产关系总框架内展开的,它没有也不可能消除资本主义生产方式的基本矛盾。从现代资本主义垄断经济特征论,陶大镛指出,在现代资本主义国家中,垄断不仅没有削弱,相反已从国内垄断扩大到国际垄断。垄断仍是现代资本主义最本质的特征。[①]

陶大镛认为,在现代资本主义社会内部,随着社会生产力的发展,生产社会化程度的提高,必然孕育着越来越多的社会主义因素。随着生产社会化和资本社会化进一步发展,从一般垄断发展到国家垄断,社会主义因素必然在现代资本主义的各个窗口中实际地表现出来。[②]

(二)钱俊瑞、洪远朋关于资本主义和社会主义关系的探讨

钱俊瑞提出:"资本主义和社会主义两种社会制度将在今后一个长时期内同时并存着,它们之间的关系将是长期相互依存和相互斗争的关系。"[③]原因如下。

第一,国际垄断资本主义高度发展本身,就是资本主义寄生和腐朽性加深的根本表现。这说明资本主义经济已经不能靠自己运行,而必须依靠外力。

第二,资本主义在向社会主义的方向前进。钱俊瑞认为,在当代资本主义发达国家的社会经济中,产生了并不断发展着种种过渡时期所特有的现象和特点。但是,钱俊瑞强调指出,资本主义生产关系不是完全僵死不变的,当不适应生产力发展的要求时,它会发生某些变化,以求在一定程度上适应生产力发展的要求。

洪远朋在1981年和1998年分别撰文《资本主义社会内部不可能产生社会主义经济因素吗?》和《再论资本主义社会内部的社会主义经济因素》指

[①] 陶大镛:《现代资本主义论》,江苏人民出版社,1996,第419~420页。
[②] 陶大镛:《现代资本主义论》,江苏人民出版社,1996,第970页。
[③] 钱俊瑞:《资本主义与社会主义纵横谈》,世界知识出版社,1983,第18页。

出，资本主义社会内部有可能产生社会主义经济因素。他认为，资本主义的合作社是社会主义经济因素，它是对资本主义制度的"积极扬弃"；国家垄断资本主义是社会主义的入口，国家垄断资本主义的发展部分地改变了资本主义经济运行机制，不仅为向社会主义的过渡做好了物质准备，而且从某种意义讲已具有共有的某些属性；股份经济的发展正在使资本主义内部产生越来越多的社会主义经济因素，它是资本主义转化为社会主义经济的过渡形式；经济计划化也是一个社会主义经济因素，它使资本主义社会的无计划生产向行将到来的社会主义社会的计划生产投降；社会福利制度的社会化是对资本主义分配关系的局部调整，它在收入分配方面带有某些社会主义因素。

简言之，洪远朋认为，在垄断资本主义条件下，社会主义经济因素在资本主义母体中具有日益增加的趋势。当然，由于整个社会形态还处于资本主义统治之下，这种新的经济关系的因素不仅不能改变整个社会的性质，而且它还处在资本主义统治之下，但它展示了人类社会发展的历史趋势——社会主义必然代替资本主义。

二 于光远、褚葆一、顾海良等的当代资本主义发展阶段分析

我国经济学界关于当代资本主义发展阶段问题的研究成果很多，并随着研究的逐步深入形成了一批创新性成果。

（一）褚葆一、张幼文的"第三阶段论"

褚葆一、张幼文在《当代帝国主义经济》一书中，依据马克思列宁主义的基本原理，将资本主义划分为三个阶段，并详尽、具体地分析了国家垄断资本主义不同于私人垄断资本主义的基本经济特征，从而得出"第三阶段"的结论。

褚葆一、张幼文首先从马克思主义经典作家关于历史分期的理论入手，为其"三阶段理论"寻求理论支点。他们分别分析了马克思主义经典作家关于历史分期的基本理论，指出这些理论中不仅包括不同生产关系的历史分期的观点，而且也包含同一生产关系内部发展的各个不同阶段划分的基本理论。褚葆一、张幼文根据上述理论认为，资本主义发展过程可以划分为自由竞争、一般垄断、国家垄断三大历史过程，第三阶段是国家垄断代替私人垄断而占支配地位。这种事物内部各种要素相互关系的变化，构成资本主义发展中的

一个大历史阶段。

褚葆一、张幼文阐明了"第三阶段"理论的主要根据。①国有经济是当代资本主义的新经济成分,而且是占据主导地位的经济成分,这是资本主义进入新阶段的主要依据之一;②国家是现代经济生活中的万能垄断者,垄断组织在经济生活中的支配地位,已经让位给了国家,而处于第二位,这是资本主义进入第三阶段的又一标志;③国家垄断是新阶段中居于支配地位的决定力量,垄断组织对经济生活的支配和影响是通过国家来实现的;④当代资本主义的国际关系具有国家垄断的性质。①

赵汇在《关于资本主义发展阶段的划分与论争》中分析到,第三阶段论的主要缺陷在于他们对于20世纪90年代至今新自由主义思潮对发达国家政府政策的影响,从20世纪80年代开始到90年代末结束的西方国家的国有资本私有化浪潮,以及国家对经济活动干预的全面削弱、福利政策的减少、跨国公司对全球生产和消费的控制等资本主义最新的发展没有给予充分的注意。②

(二)顾海良等的国际垄断资本主义阶段论

顾海良对当代资本主义发展阶段的理论观点主要体现在《如何认识资本主义发展的历史进程问题》等文章中。他提出资本主义迄今的发展历程大体可分为三个阶段,即17世纪40年代~18世纪60年代,是资本主义发展的最初阶段;18世纪60年代~19世纪80年代,是自由竞争资本主义的发展阶段,也是自由竞争资本主义转向垄断资本主义的阶段;19世纪80年代至今,是垄断资本主义的发展阶段。

顾海良着重分析到,资本主义从19世纪80年代以来是以垄断的发展为主线的,整个20世纪,资本主义经历了从私人垄断到国家垄断,再到国际垄断的发展过程或发展阶段。20世纪70年代初,国家垄断资本主义有了进一步的发展,20世纪90年代以来,随着经济全球化趋势的发展,国家垄断资本主义向国际垄断资本主义发展的趋势明显增强。国际垄断的新发展产生了一系列新的问题,其中主要有:国际垄断发展的新趋势与特点;金融资本

---

① 褚葆一、张幼文:《当代帝国主义经济》,安徽人民出版社,1985。
② 赵汇:《关于资本主义发展阶段的划分与论争》,《教学与研究》2002年第11期。

全球化过程以及金融衍生工具和国际金融市场的新的作用与特点；在信息经济的背景下，资本输出形式在同技术、信息、人才等资源配置结合中的新的变化与特点；国际经济组织的新作用；世界范围内发达与不发达两极分化的趋势及其特点；经济全球化过程中世界政治格局的变化趋势，特别是政治格局的多极化与单极化的冲突及其走势；在世界社会主义运动遭受严重挫折的背景下，当代资本主义的矛盾及其变化；当代资本主义的发展阶段及其历史趋势。

顾海良认为，资本主义垄断已经走到了它的最高形式，也是它的极端形式。垄断在很大程度上缓和了资本主义制度的基本矛盾，但并没有消除这一基本矛盾，相反在新的形式上加剧了这一基本矛盾。顾海良预言，21世纪，国际垄断资本还将有一个长时期的发展，资本主义经济关系也将可能作出新的调整。①

刘国平、范新宇在他们合著的《国际垄断资本主义时代——世界经济与政治的最新发展》一书中，也提出了国际垄断资本统治是资本主义发展的最新阶段的论点，并对这一论点进行了系统的论证和较全面的解释。

（三）于光远、高放等的社会资本主义论

于光远1987年在《马克思主义研究》发表了《马克思主义创始人关于私有制社会后社会发展阶段的理论——研究我国社会主义初级阶段问题的一个笔记》一文，他在文中提出了"社会资本主义发展阶段"问题。高放也从20世纪80年代开始对社会资本主义发展阶段问题进行系统研究。

（1）于光远关于社会资本主义论。于光远认为，19世纪后期，资本主义出现了一种具有重大意义的发展趋势，那就是从私人资本主义向社会资本主义和从自由资本主义向垄断资本主义的发展。这两者实际是同一发展趋势的两个侧面。于光远指出，不应该认为资本主义只是私人资本主义的一种形式，社会资本主义也是资本主义的一种形式，当然还有国家资本主义也是资本主义的一种形式。

于光远强调，对私人资本主义的一种扬弃是扬弃私人资本主义后的社会

---

① 顾海良：《关于"如何认识资本主义发展的历史进程"问题》，《教学与研究》2001年第6期。

仍然是资本主义,只不过不再是私人资本主义,而是社会资本主义。这个扬弃即私人资本主义被扬弃是第一个扬弃,接着还有一个资本主义的被扬弃。

于光远认为,马克思在《资本论》中对私人资本主义到社会资本主义的发展和对从自由资本主义到垄断资本主义的发展这一发展过程的两个侧面都给予注意和有所论述,并且比较注重前者,而当前的世界局势要求我们要更多地揭示私人资本主义到社会资本主义发展阶段这个侧面。①

(2)高放关于社会资本主义论。高放认为,当代资本主义被称为社会资本主义的重要原因是当代资本主义已具有新的特征,主要体现为六大基本特征。

第一,社会生产力的社会化程度更高了,范围更广了,层次更多了;第二,适应社会生产力新革命的需要,资本主义生产关系社会化的程度也更高了,范围也更广了,层次也更多了;第三,资本主义社会的结构发生了很大变化,这在经济、政治、文化和社会生活各个方面都有很明显的表现;第四,国家政府的社会职能大为增强;第五,全球各国之间的竞争与协作大为增强,国际关系更加社会化;第六,社会主义因素在逐步增长。

高放提出,既然从生产力到生产关系,从经济基础到上层建筑,从社会结构到社会生活,从内部关系到国际关系,社会化的程度都越来越高,范围都越来越广,层次都越来越多,社会主义的因素又在逐步增长,所以将具有以上六个基本特征的当代资本主义称为社会资本主义,比之其他名称更为恰当、准确。②

三 吴易风、李琮等的当代经济全球化探讨

吴易风、李琮、何自力、程恩富等从马克思主义经济学视角对当代经济全球化进行了探讨,他们的研究着重于在理论上科学地认识经济全球化现象,在实践上把握经济全球化带来的挑战和机遇。

(一)吴易风、程恩富等关于资本主义全球化的理论分析

吴易风指出,当前现实的全球化实质是资本主义全球化,是西方国家利用全球化推行新殖民主义。谈到全球化的发展趋势,吴易风认为,如同马克

---

① 于光远:《马克思主义创始人关于私有制社会后社会发展阶段的理论——研究我国社会主义初级阶段问题的一个笔记》,《马克思主义研究》1987年第4期。

② 高放:《社会资本主义是资本主义的最高阶段》,《江汉论坛》2001年第8期。

思主义创始人科学地证明了资本主义最终将被社会主义所代替,当前现实的全球化也具有历史的必然趋势,但这只是资本主义历史阶段上的必然趋势,而不是具有历史永恒性的必然趋势。[①]

吴易风指出,对西方发达国家尤其是对美国来说,全球化确实是利大于弊,因为全球化的主要受益者是美国和其他西方发达国家。然而,对发展中国家来说,一方面,全球化可能给发展中国家带来一些机遇和利益;另一方面,全球化可能给发展中国家带来风险甚至灾难。

程恩富2003年4月20日在《文汇报》撰文对经济全球化的成因与特点进行了分析,他认为:①当今经济全球化是与知识经济相适应的;②当今经济全球化是以多元的行为主体来构成世界经济和国际关系的;③当今经济全球化是以市场体系和市场经济体制来沟通各国之间的经济联系的;④当今经济全球化是资本主义发达国家主导的;⑤当今经济全球化同经济区域化和经济集团化并存。

程恩富认为,经济全球化的正面效应表现为以下几点。一是它为资源在全球范围内的优化配置提供了新的有利条件;二是它使世界市场成为一个不断扩大的统一的整体,客观经济规律将在全球范围内发挥作用;三是它加速了世界性产业结构的调整;四是它为解决经济、社会发展面临的一些共同问题,可能提供了有利的条件。经济全球化的负面效应有三个。一是可能加大世界经济发展的不平衡性;二是可能加大世界经济发展的波动性;三是可能加大世界经济发展的矛盾性。[②]

(二)李琮关于资本主义主导的经济全球化的理论分析

李琮2001年在《经济全球化与当代资本主义》一文中指出,全球化是资本主义主导的全球化。主要表现为:①发达国家的经济规模在世界经济总规模中占绝大份额;②在全球贸易和国外直接投资等国际经济活动中,发达国家同样占绝大比重;③经济全球化的重要推动力量来自信息技术革命,而在信息技术方面,发达国家更占绝对优势;④当今世界的科学技术力量,特别是高科技力量,主要集中在发达国家,其科研与开发资金的投入大大超过发

---

① 吴易风:《马克思主义经济学和西方经济学——吴易风文选》,经济科学出版社,2001,第424~426页。

② 程恩富:《经济全球化负面效应的三个"可能加大"》,《文汇报》2003年4月20日。

展中国家；⑤发达国家集中了全世界大量优秀科学家和各种专业人才，巨额资金投入教育，教育在国民经济中所占的比重很大，也远远高于发展中国家；⑥当今全球经济活动，包括生产、流通、投资、科研等，主要是由跨国公司进行的，跨国公司是全球经济的行为主体；⑦在经济全球化条件下，世界各国经济交往需要遵守一定的"游戏规则"，这些规则由国际经济组织来制定和负责执行。

李琮认为，全球化是资本主义主导的全球化。由于资本主义固有规律也在当今全球经济中占支配地位，资本主义固有矛盾也扩展成为当今世界经济中的各种矛盾。例如，资本主义发展不平衡规律、周期和危机规律、资本积累的规律已扩散至全球。同时，全球化是资本主义全球扩张的新阶段。他认为世界经济形成后，就在深度和广度上不断发展，而这个发展过程与资本主义的发展是同步的，世界经济的发展乃是资本主义发展的一个重要方面，或是一个重要的、不可或缺的前提条件。目前世界经济进入了一个新阶段，即进入从国际化向全球化过渡的阶段。①

第二节　滕维藻、关梦觉、吴健关于国家经济发展与经济作用理论的探讨

第二次世界大战后，发达资本主义国家经济基本上处于相对稳定发展状态。我国经济学界在20世纪80年代对当代资本主义经济长期稳定发展的现象给予了极大关注，进入20世纪90年代后则进行了更加深入的研究。发达资本主义经济的发展对不发达资本主义国家经济的作用，以及发达资本主义国家相互之间的经济影响也是我国经济学界研究的重要内容。

一　滕维藻、张伯里等的当代资本主义经济发展研究

第二次世界大战后，发达资本主义国家经济发展经历了高速增长和低速增长两个阶段，当代资本主义经济长期稳定发展这一现象成为中国经济学界的重要研究课题。

---

① 李琮：《经济全球化与当代资本主义》，《当代世界与社会主义》2001年第2期。

(一)张伯里、李琮关于战后资本主义经济新发展的理论分析

张伯里指出,当代资本主义经济有着当代世界最发达的生产力水平,从发展趋势看,发达资本主义国家的生产力将会继续发展。与当代资本主义发达的生产力相适应,当代资本主义的生产关系也发生局部的质变,即资本主义进入国家垄断资本主义阶段,这是资本关系社会化的又一次新发展。这种资本关系的社会化具有适应和促进生产力、生产社会化发展的一面,但并没有改变资本主义的根本性质,从而始终具有不适应生产力、生产社会化发展的另一面。

张伯里还强调,当代资本主义的市场经济体制和国际经济体系也都获得了新发展。尽管如此,当代资本主义经济发展仍然受不平衡规律的作用。这是因为,首先,国家垄断资本主义为资本主义经济发展不平衡规律注入新的内容;其次,科技进步对资本主义经济发展不平衡作用有重要的影响。因此,世界经济从动态发展来看是不平衡的,而且对于世界的南北两方而言已不是一般的不平衡,它已带来贫富两极分化。①

李琮认为,在当代垄断资本主义国家,随着产业结构的变化,就业结构也发生新变化。当代垄断资本主义国家经济的发展还表现为企业制度,包括企业所有制、企业组织形式和管理体制的新改革。② 同时,还包括当代垄断资本主义经济体制的改革和经济模式的新调整。③

另外,李琮还认为,当代垄断资本主义国家经济的发展还表现为当代垄断资本主义国际经济关系的新变动。第二次世界大战后,经济国际化又发展到一个新阶段,即全球化阶段。现阶段,西方国家之间的经济关系,既有矛盾与冲突,又有协调与合作,这两种趋势都将加强。④

(二)滕维藻、房宁等关于当代资本主义国家经济发展原因的分析

滕维藻认为,正是第二次世界大战后资本主义垄断资本实力的增长,垄断程度的不断提高,使它们对当代资本主义的国民经济的统治也不断地加强,这是第二次世界大战后资本主义经济发展的重要原因。他强调,第二次世界

---

① 张伯里:《略论全球化与世界其他主要趋势的关系》,《理论前沿》1999年第6期。
② 李琮:《当代资本主义的新发展》,经济科学出版社,1998,第90~160页。
③ 李琮:《当代资本主义的新发展》,经济科学出版社,1998,第160~214页。
④ 李琮:《当代资本主义的新发展》,经济科学出版社,1998,第214~294页。

大战后科学技术的迅速发展是资本主义经济获得稳定发展的重要原因。他还认为，第二次世界大战后资本主义经济的发展还得益于国家垄断资本主义的发展。①

房宁在 1997 年和 1999 年分别撰文《怎样看待当代资本主义的发展问题》和《当代资本主义经济持续发展原因辨析》认为，科技进步是第二次世界大战后资本主义经济持续发展的一个重要原因。同时，第二次世界大战后资本主义国家主动实施的财政与金融扩张，也是第二次世界大战后西方资本主义国家的经济复苏和持续发展的重要原因。一方面，扩张性财政政策增加了投资和生产性消费，消化了一部分生产过剩，另一方面，虚拟化的金融资产膨胀在西方社会中产生了强大的所谓"财富效应"，促进了企业与个人消费。房宁指出，从本质上看，第二次世界大战后资本主义国家经济的持续增长富裕繁荣，是发达资本主义国家在国际垄断资本的背景下，通过与发展中国家进行不平等的经济交换，剥削发展中国家而换来的。②

二 关梦觉、吴健、洪文达等的资本主义经济发展趋向分析

20 世纪 70 年代以来，我国经济学界在注重对当代资本主义经济增长与发展的研究的同时，也对其经济的停滞与衰退现象进行了较深入的研究，进而对资本主义经济发展的趋势进行了深入探讨。

（一）关梦觉、唐思文、甄炳禧对当代资本主义经济停滞与衰退的分析

关梦觉在《帝国主义经济的新痼疾——"停滞膨胀"》一文中认为，垄断资本主义在 20 世纪末 70 年代初出现了经济停滞与通货膨胀，其根本原因是资本主义基本矛盾的发展变化。他指出，20 世纪 60 年代末以前，由于第二次世界大战后的种种条件，特别是由于第三次科技革命方兴未艾，以及与此相适应的固定资本更新也正在势头上，资本主义经济还处于一个比较迅速发展的时期。到了 20 世纪 60 年代末 70 年代初以后，资本主义基本矛盾再也抑制不住了，于是"停滞膨胀"的局面终于形成。③

---

① 滕维藻:《战后资本主义生产集中和垄断的新发展》，见《论当代帝国主义经济》，红旗出版社，1982，第 1~11 页。
② 房宁:《当代资本主义经济持续发展原因辨析》，《教学与研究》1999 年第 7 期。
③ 关梦觉:《帝国主义经济的新痼疾——"停滞膨胀"》，《红旗》1982 年第 4 期。

唐思文 1995 年在《现代资本主义经济研究与借鉴》一书中针对 20 世纪 90 年代后的经济衰退指出，其主要原因还是经济危机，主要体现在生产相对过剩严重及调控手段乏力上。这两方面的严重性表明，西方经济危机根源已然深化。

甄炳禧在《当代资本主义的变化及对中国的影响和要求》和《初析 21 世纪首次美国经济衰退》两篇文章中则着重分析了进入 21 世纪初美国经济的衰退。他认为，与过去的衰退相比较，这次衰退有其不同的特点：一是工业生产特别是高技术产业衰退首当其冲；二是经济衰退比较温和；三是经济减速和衰退是由供给而非需求问题所带动的；四是衰退的同步性加强，全球化使各国经济相互依存加强，美国的经济衰退对世界其他经济体的影响大大加强。甄炳禧指出，美国经济衰退的发生是直接、基本和关键因素共同作用的结果。就直接因素来看，投资和进出口的萎缩与生产下降直接相关。就基本因素而言，甄炳禧认为，衰退的基本因素系周期性、政策性和结构性因素。就关键因素来分析，"9·11"事件是导致美国经济从减速转变为衰退的关键因素。甄炳禧指出，美国经济衰退是基本符合标准的，更主要的是这次经济衰退也就是资本主义经济危机，尽管在表现形式和具体进程上有所不同，但它们作为资本主义基本矛盾的产物是不可避免的。[①]

（二）陈耀庭、洪文达、吴健等对当代资本主义经济发展两种趋向的研究

20 世纪 80 年代，陈耀庭在《论帝国主义经济发展的两种趋势》一文中指出，应完整、准确、辩证地理解列宁关于帝国主义经济停滞腐朽和迅速发展两种趋势的理论。这样，才不至于在帝国主义经济一时迅速发展的面前迷惑不前，而对帝国主义经济发展的停滞腐朽性产生怀疑，甚至否定这一科学理论。

陈耀庭认为，在帝国主义经济迅速发展的时候，垄断所特有的停滞和腐朽的趋势还在继续起作用。垄断对于帝国主义经济发展的促进作用和阻碍作用，并不是并行和相等的。促进作用占优势时，发展趋势就占上风；阻碍作用占优势时，停滞腐朽就占上风。从总体上和发展上看，垄断对帝国主义经济发展的阻碍作用是主要的，占主导地位。[②]

---

① 甄炳禧：《初析 21 世纪首次美国经济衰退》，《国际问题研究》2002 年第 3 期。
② 陈耀庭：《论帝国主义经济发展的两种趋势》，载《经济研究》编辑部编《论当代帝国主义》，上海人民出版社，1984，第 70 页。

洪文达 1984 年在《帝国主义腐朽性和垂死性的若干理论问题》中提出，现代资本主义的相对稳定中确实存在不稳定，而且这种不稳定正在发展。在资本主义制度下，一切暂时缓和矛盾的因素，到头来都是进一步加剧矛盾的火种。国家垄断资本主义的发展与国家经济职能的加强，是现代资本主义出现相对稳定的重要因素，但是两者具有两重性：它们虽然能促使生产能力无限膨胀，但不可能从根本上解决与生产能力相比社会需求总是相对有限这个固有的矛盾。[1]

黄安年根据社会生产力和实践第一的检验标准考察了资本主义在 20 世纪的发展。他在《论 20 世纪资本主义发展的历史定位》一文中提出，垄断资本主义处在发展和停滞的两重趋势中，20 世纪资本主义的主要趋势仍然是发展。

黄安年指出，就人类社会的发展史来看，尽管资本主义的一统天下在 20 世纪已经被打破，然而一个明显的事实是迄今为止在自有阶级社会以来人类社会发展史上，从来没有出现过一种单一社会制度一统天下的局面。在 20 世纪的世界上虽然还有少数实际上推行前资本主义制度的国家，有少数国家推行社会主义的经济和政治制度，但是，20 世纪的资本主义整体发展，无论在广度和深度上都大大超过了 19 世纪的资本主义，这是毫无疑问的。[2]

三　郭寿玉、陈其人等的当代资本主义国家经济作用的探讨

中国经济学界一直将发达资本主义国家对发展中国家的经济作用以及对社会主义经济的影响作为研究的中心内容，同时也非常注重对发达资本主义国家之间的经济关系的研究与探讨。

（一）郭寿玉等的资本主义南北关系理论

郭寿玉 1988 年在《资本主义南北经济关系新论——马克思主义中心外围论》一书中，以马克思主义中心外围观为中心线索，系统地阐述了当代资本主义南北经济关系。他首先从马克思《资本论》及其手稿和书信中，发掘马克思观察国际资本主义经济制度的总观点，简称它为马克思主义中心外围观。

---

[1] 洪文达：《帝国主义腐朽性和垂死性的若干理论问题》，《中国社会科学》1984 年第 7 期。

[2] 黄安年：《论 20 世纪资本主义发展的历史定位》，《史学月刊》2000 年第 1 期。

郭寿玉指出，在中心外围式的经济结构背景下，当代发达资本主义国家通过跨国公司和南北借贷关系、南北贸易中的隐秘剥削途径迅速拉大了南北差距，并暴富起来，这是发达资本主义国家经济由中心向外围作用的结果。郭寿玉首先分析了第二次世界大战后发达资本主义国家与发展中国家在中心与外围的关系作用下，在生产力方面的差距和在国际生产关系方面的不平等问题。他还认为，当代国际性资本主义经济制度在国际生产关系方面的作用途径有三个：第一个是当代中心区金融资本伸向外围区的产业资本剥削网的作用；第二个是当代中心区金融资本伸向外围区的借贷资本剥削网的作用；第三个是当代中心区金融资本伸向外围区的国际贸易从属关系网的作用。①

所以，中心区和外围区的差距通过跨国公司、国际借贷资本关系和国际贸易扩大了。郭寿玉指出，在国际性资本主义经济制度中表现为两极对立，一极集中和垄断了庞大的物质财富、先进科技，成为生产的剥削与控制中心、债权中心和国际贸易垄断中心；另一极是贫困、文化沙漠化的积累，它们承担了当代笨重的、低技术的、污染大的物质资料生产活动，并日益成为债务危机不断加深、贸易条件不断恶化的地区。

张伯里在《论世界经济全球化、两极分化与开放战略的若干问题》一文中认为，21世纪经济全球化下的世界经济南北不平衡已不是一般的不平衡，而是南北的两极分化。他指出，从动态观察的角度看，世界经济南北不平衡已呈现为南北两极分化；从发展前景的角度看，南北之间贫者愈贫、富者愈富的两极分化仍在加剧；从静态观察的角度看，当代世界南北经济不平衡可概括为南北实力地位悬殊。②

（二）巫宁耕、陈其人的经济殖民主义理论

我国经济学者在20世纪80年代提出了新殖民主义理论并进行了系统的阐述与讨论。

（1）巫宁耕的"新殖民主义"。巫宁耕1983年在《怎样认识帝国主义的新殖民主义》一文中认为，第二次世界大战后帝国主义各国对亚非拉国家的

---

① 郭寿玉：《资本主义南北经济关系新论——马克思主义中心外围论》，首都师范大学出版社，1993。
② 张伯里：《论世界经济全球化、两极分化与开放战略的若干问题》，《中共中央党校学报》2000年第1期。

政策,已经逐渐转变为在承认亚非拉国家享有民族自决权的同时,主要通过经济手段来保持其自身在世界资本主义体系中的垄断地位,加强对亚非拉各国的经济渗透和剥削,以实现不带政治"兼并"的经济"兼并"。因此,这种殖民主义被称作为新殖民主义,也可以称作经济殖民主义。

他指出,第二次世界大战后迅速发展起来的国际垄断组织——跨国公司,成为帝国主义推行新殖民主义、对亚非拉国家实行不带政治"兼并"战略的主要工具。与此同时,发达国家政府也在政治、经济外交和军事等各个方面予以积极配合和支持。

巫宁耕得出结论,在帝国主义新殖民主义政策之下,今天发达国家与发展中国家之间的经济关系,绝不是什么平等的相互依赖关系。发达资本主义国家把发展中国家当成了自己的商品市场、投资场所、原料产地和转嫁经济危机的对象。[①]

(2)陈其人的"经济殖民主义"。陈其人在《从马克思和列宁的殖民地理论看战后帝国主义和殖民地问题》一文及《帝国主义经济与政治概论》一书中,提出了帝国主义就是垄断资本主义向其统治下的其他经济成分攫取垄断利润,并使之成为为垄断资本主义经济提供垄断利润的经济殖民地的世界体系的论点。

陈其人认为,从商品关系分析来看,宗主国对殖民地的剥削表现在商品交换上是以小量劳动换取大量劳动。工业资本有机构成高,其生产价格高于价值,农产品资本有机构成低,其生产价格低于价值,两种产品按生产价格交换,就是小量劳动换取大量劳动。从货币关系分析来看,工业国借此剥削农业国。他指出,在世界市场上换取同量货币,发达国家花的劳动本来就比落后国家小,即货币价值小,而发达国家在世界市场上花的劳动又比国内小,即货币价值在国外市场小,在国内市场大,但在自由流通条件下,货币价值趋于均等,即比没有外贸时低些。这两者结合起来就是,发达国家的货币价值降低,物价因而升高,落后国家的货币价值升高,物价因而降低。这样,前者以少量劳动交换后者大量劳动的情况更为严重。[②]

---

① 巫宁耕:《怎样认识帝国主义的新殖民主义》,《中学政治课教学》1983年11期。
② 陈其人:《帝国主义经济与政治概论》,复旦大学出版社,2013。

(三)杨国昌的发达资本主义国家之间经济关系理论

杨国昌1996年在《论发达资本主义国家之间的经济关系》一文中指出,长期以来,我们重视对资本主义国家之间矛盾的研究,而对其相互依存关系却涉猎甚少。他认为,发达资本主义国家的相互联系和相互依存,已经成为发达资本主义国家经济关系的一个基本特征。在经济领域主要表现在以下几个方面:一是在商品流通领域;二是在生产投资领域;三是在货币金融领域。

杨国昌特别指出,资本主义是一个对立统一的体系,在这个体系里,既相互竞争又相互合作;既相互依存又相互矛盾。研究发达资本主义国家之间的经济关系时,既要看到它们之间相互依存的一面,也要看到它们之间相互矛盾的一面。从总体上说,资本主义国家之间相的竞争是绝对的,而合作是相对的;矛盾是普遍的、长期的,而妥协是个别的、暂时的。①

(四)伍山林的资本主义霸权国家的政策论

伍山林2018年撰文《从战略高度认识和应对中美贸易争端》和《美国贸易保护主义的根源:以美国重商主义形态演变为线索》认为,第一次世界大战之前,美国借助贸易保护主义等政策形成了内需主导型工业化道路,这种国家记忆对第二次世界大战之后的美国政治家产生了深远影响;布雷顿森林体系解体后,美国重商主义呈现新形态:非关税壁垒成为管制进口和保护产业的主要手段,出口管制避免了技术溢出但引致了贸易逆差,保护自身利益成为订立国际条约和设立或采择国际组织的依据,维护霸权地位成为美国政府对外政策的中心任务,美国的经济运行呈现"双赤字"特征;美国重商主义新形态的核心是美元霸权主义,它是重金主义的一种歪曲表达。2018年以来美国启动保护主义政策,对华发动贸易战,目的依然是维护其霸权地位。但是,美国政府的目标具有两重性。一方面,它要为美国资本家特别是国际垄断资本家的资本增殖提供政策服务;另一方面,它要为维持美国霸权地位相机采择对外经济战略和政策。这两个目标并不总具有一致性。其他大国利用美国政府目标的异质性,一定程度上可以影响美国政府的政策决策。②

---

① 杨国昌:《论发达资本主义国家之间的经济关系》,《北京师范大学学报》(社会科学版)1996年第1期。
② 伍山林:《美国贸易保护主义的根源:以美国重商主义形态演变为线索》,《财经研究》2018年第12期。

第三节 高峰、傅骊元、倪力亚等关于所有制和阶级结构理论的探讨

当代垄断资本主义国家的所有制（尤其是国家垄断资本主义），以及当代垄断资本主义阶级结构等问题，是中国经济学界关于当代资本主义经济研究的重要内容。

一 高峰、丁为民、何自力等的当代资本主义所有制研究关于垄断资本所有制理论的探索

高峰、何自力等1998年在《发达资本主义国家的所有制研究》一书中分析指出，垄断资本所有制的最主要特征是垄断性。在资本主义国家中，垄断资本所有制采取了股份资本所有制的形式。从所有制的形式来看，法人资本所有制是私人资本所有制的新形式，在一定程度上适应了生产社会化的要求，缓和了资本主义基本矛盾。垄断资本家就是通过这种日趋复杂的所有制结构，驾驭着发达资本主义国家的先进生产力，并实现其对社会和政治生活的统治。

高峰、何自力等还指出，从这个意义上讲，法人资本所有制就是在现代资本主义条件下的垄断资本集体所有制。这是因为法人资本所有制与私人资本所有制、私人股份资本所有制相比，其典型特点是财产占有主体非个人化。这些法人股东凭借对大公司多数股份的持有而占据支配和控制地位，形成对公司经理阶层的强有力约束，以至于使公司的所有权和控制权趋向合一。[1]

（一）关于国家所有制的理论分析

高峰、李元亨等认为，资本主义国家所有制的形成原因是多方面的，其根本原因是资本主义基本矛盾的加剧，直接动因是利润率下降趋势的压力，外部原因是资本国际竞争的加剧，政治原因是第二次世界大战到20世纪80年代中期一些主张国家直接干预经济的党派执政。

他们还认为资本主义国有制企业的目标是多元的，至少包括三个方面：

---

[1] 高峰等:《发达资本主义国家的所有制研究》，清华大学出版社，1998。

政治目标、社会目标和经济目标。此外,他们还强调了资本主义国有企业的重要作用,具体表现为以下五点。①国有企业兴建和经营利润低、耗资大、风险高的基础和科研产业,为私人垄断资本提供社会不变资本,降低私人资本的有机构成,提高私人资本的利润率;②国有企业发挥技术先导和新兴部门开拓者的作用;③国有企业可以弥补私人资本实力不足,从而增强某些行业的生存能力;④国有企业还充当"企业病医院",即凭借国家的强大资本对处于困境中的私人企业进行援助,帮助其脱离危境;⑤资本主义国有制企业还发挥着其他政策调节手段不可替代的作用。

(二)关于资本主义国家的合作社所有制的理论探讨

高峰、丁为民等认为,合作社行为是在个人拥有资源的基础上以平等互利为直接目的的经济活动,这种行为在资本主义社会能够成为普遍行为,能够制度化存在下去,并且能够作为资本主义所有制的形式长期存在和发展下去,主要原因在于:资本主义生产关系的确立为每个经济主体自由地支配自己拥有的资源提供了可能;资本主义生产关系的内在矛盾和弊端,使部分劳动者产生了利用合作行为和合作社制度(不同程度地)摆脱资本主义剥削和满足自身某些需要的要求;资本积累和以此为基础的资本向非资本统治部门的扩张,直接威胁了一部分劳动者的生存,迫使这部分劳动者利用合作行为和合作社来维护自己的生存和发展;资本主义条件下的工厂制度和信用制度也为各种合作行为的制度化,从而为合作社的产生,提供了制度基础。此外,拥护和倡导合作社的各派思想家的宣传和鼓动及某些地区的文化传统,对合作社的产生和发展也起到一定的推动作用。

高峰、丁为民等还认为,资本主义合作社最初的、最核心部分的所有制框架是合作社的原始投资的所有权归投资者所有,投资者退社时可以撤走;合作社里的社员保留投资的所有权和受到限制的收益权,而资金的支配和使用权却是集体的;合作社的根本目的不是利润最大化,劳动与资本的关系是劳动对整合的资本的支配和使用,对资本主义资本进行否定。为此,他们指出,西方合作社的初始资本金所体现出来的所有制性质,既不是社会主义的,也不是纯粹资本主义的。[①]

[①] 高峰等:《发达资本主义国家的所有制研究》,清华大学出版社,1998。

二 李慎明、傅骊元、佟福全等的国家垄断资本主义理论

李慎明、傅骊元、佟福全等对国家垄断资本主义产生的原因、国家垄断资本主义背景下国家的性质、国家干预经济和保守主义关系等问题，提出了独特的或有影响的见解。

（一）李慎明关于国家垄断资本主义的理论探讨

李慎明认为，当今世界依然处在马克思主义所指明的历史时代，同时处于列宁所说的帝国主义时代。[①] 当前，以国际金融垄断资本为统领并与工业特别是高新科技垄断资本相结合，甚至本来就是一体的这样的"独角兽企业"的直接或间接的触角已经伸向全球各国的各个角落，穷国、穷人甚至各国的中小微企业已经没有多少血液可供它们吞食。从产品上看，生产社会化乃至生产全球化所生产的琳琅满目的商品堆放在货架上和仓库里而找不到需求。从货币上看，相当多的企业破产或正在破产，一些原有放贷出去的高利息贷款甚至利息都根本无法回笼，堆放在银行里的资金因怕形成新的呆坏账不敢贷出或无人敢贷。随着经济的不断衰退以及贫富差距的急剧扩大，西方世界两大阶级分化和对立愈加严重，失业率不断攀升、财政收支严重失衡、社会严重撕裂，党派斗争加剧，社会问题不断显现，全球各主要资本主义国家游行、示威、罢工等接连不断。所有这些，都在空前加剧资本主义社会的基本矛盾即生产社会化乃至生产全球化与生产资料私人占有之间的矛盾。这一基本矛盾的激化，亦是正在加剧资本主义国家与广大发展中国家之间、资本主义国家与资本主义国家之间、资本主义国家内部无产阶级与资产阶级之间、资本主义国家内部资本与资本之间这四种从属矛盾的激化。

（二）傅骊元关于保守主义思潮背景下的国家垄断资本主义理论分析

傅骊元认为，面对西方20世纪70年代经济滞胀的困境，人们对凯恩斯主义产生了怀疑，保守主义随之兴起。[②] 其影响主要体现在：一是西方各国实行经济自由化；二是非国有化浪潮；三是"经济计划化"受到削弱。但是，社会化大生产的发展，客观上要求国家对经济进行干预。科学技术的发展也离不开国家的干预。因此，保守主义的政策不可能从根本上改变国家的这些

---

① 李慎明：《科学判定当今世界所处的时代方位》，《红旗文稿》2019年第1期。
② 傅骊元：《现代资本主义经济与政治》，黑龙江人民出版社，1988，第106页。

作用。

根据国家干预经济与经济自由化的交替发展的实际状况,傅骊元认为,在保守主义思潮兴起下的国家垄断资本主义社会中,保守主义经济政策和国家干预经济政策在一定范围的结合将是一种新的趋势。①

(三)佟福全关于国家垄断资本主义经济干预的理论

佟福全1992年在《正确认识当代资本主义生产关系的新变化》一文中认为,国家垄断资本主义区别于垄断资本主义的主要标志是国家干预经济和调节经济,主要表现为:①形成巨大的国家垄断资本;②国家积极参与私人垄断资本的再生产过程;③国家干预经济的稳定性、经常性和全面性;④国家的宏观调控成为资本主义经济运行机制的主要组成部分;⑤凯恩斯主义和新保守主义成为国家垄断的理论基础。

佟福全认为,国家干预经济促进了资本主义经济较快地发展,缓解了危机的进程。此外,国家的宏观调控还对资本主义产业结构的日益升级、社会矛盾的不断缓和以及国际经济关系的日趋调整等发挥了正面作用。但从根本上说,宏观调节机制没有越出资本主义生产关系的范畴。第二次世界大战后的几十年中,国家垄断资本主义追求的宏观调节四大目标并未全部落实,宏观经济政策调整使旧的矛盾暂时解决了,但又出现了新矛盾、新问题。

三 倪力亚、黄安淼等的当代资本主义阶级结构剖析

(一)倪力亚关于当代资本主义国家社会阶级结构的分析

倪力亚在《当代资本主义国家的社会阶级结构》一书中对当代资本主义阶级结构的基本理论问题作了探索性的研究,对当代资本主义社会的主要阶级和阶层作了分析,对第二次世界大战后主要发达资本主义国家的阶级结构作了考察,对反映阶级结构新变化的各种学说作了评论。

倪力亚认为,马克思主义关于资本主义社会的阶级结构的基本观点依然有效,但在当代资本主义不断发展的背景下,也需要不断地发展与创新。他指出,当代资本主义社会的阶级结构在科技革命和国家垄断资本主义等因素的作用下发生了重要的变化,并呈现一些新的特征。工人阶级数量有了较大

---

① 傅骊元:《现代资本主义经济与政治》,黑龙江人民出版社,1988,第117页。

的增长，物质生产领域的工人相对减少，体力劳动工人减少，工人的文化教育水平和技术水平有了普遍的提高，出现了专业技术人员和管理人员这样一种工人阶级的新阶层，工人的生活水平明显提高。食利资本家越来越多，中等资本家的数量稳中有增，成为资产阶级中人数最多的部分。中间阶层最突出的变化是农村小资产阶级在最近几十年急剧减少，城市中间阶层在自立人口中的比重没有缩减，其绝对人数往往还有所增加。城市中间阶层的一个重要结构性变化就是，在传统的城市小资产阶级和自由职业者外兴起了由中级职员和中级官员组成的阶层，即新中间阶层。游民是资本主义社会的特殊阶层，它脱离了无产阶级，失去了无产阶级的特性，所以也被称为中间阶层。

倪力亚批判了西方资产阶级学者几十年来提出的各种否认阶级存在、混淆阶级阵线和抹杀阶级矛盾的观点。倪力亚意识到当代资本主义阶级结构理论与国际社会主义运动密切相关。他指出，在当前的国际社会主义运动中，对当代资本主义阶级结构的新变化没有一个理性的认识，它们支持一些过于狭隘的工人阶级概念，不把受雇佣的相当一部分已经无产阶级化的脑力劳动者认作工人阶级，缺乏联合中间阶层的深刻观念。①

（二）黄安淼关于当代资本主义国家阶级结构变化特点的分析

黄安淼在《当代资本主义的发展与马克思主义》一书中对当代资本主义国家的阶级结构的变化特点也进行了很有价值的分析。他认为第二次世界大战后，发达资本主义国家科学技术的突飞猛进，推动了生产力的迅速发展，使这些国家的社会经济结构发生了重大变化。与此同时，这些国家的阶级结构也发生了值得注意的变化，并呈现新的特点。②

一是第二次世界大战后随着垄断资本主义向国家垄断资本主义发展，发达资本主义国家的垄断资产阶级无论在经济实力方面还是在政治实力方面，都比第二次世界大战前有很大的发展。

二是当代资本主义国家的工人阶级队伍出现扩大和多层次趋向。第二次世界大战后，由于工业化的进一步发展，广大农民流入城市加入工人阶级队伍，大批妇女进入劳动力市场成为工人。脑力劳动者增多，第三产业的从业

---

① 倪力亚：《当代资本主义国家的社会阶级结构》，福建人民出版社，1993。
② 黄安淼：《当代资本主义的发展与马克思主义》，中国人民大学出版社，1994，第55~68页。

者迅速增长，大量妇女加入劳动大军，外籍工人大量流入。

三是资本主义国家的中间阶层的地位和作用的变化。他认为中间阶层是资本主义国家阶级结构中的一个比较复杂的阶层，他们的经济地位和政治态度也都处于中间状态。

为此，黄安淼指出，第二次世界大战后发达资本主义国家阶级结构发展的总趋势是，仍然存在两极化，但中间阶层也日益扩大。

（三）李其庆等关于"中间阶层"的讨论

"中产阶级论"是现代资本主义国家颇为流行的一种关于资本主义社会阶级变化的理论。这种理论歪曲第二次世界大战后垄断资本主义国家阶级变化的性质，宣称整个资本主义社会正在变成一个中产阶级的社会，随着中产阶级的发展，工人阶级和资产阶级必将"消失"，而中产阶级将成为统治阶级。

吴大琨等认为，中产阶级作为一个阶级是不存在的，当代资本主义社会阶级结构变化的基本趋势仍然是两极分化，其主要过程仍然是中间阶层向工人阶级转化，不过，这一过程在资本主义发展的历史中主要表现为农民转化为工厂工人；而在当代资本主义条件下，这一过程无论在内容上还是形式上，都更为多样和复杂了。[1]

李其庆1997年在《现代资本主义社会"中间阶层"探析》一文中指出，工人阶级内部结构起了很大变化，但是这种变化并没有改变他们的阶级属性。从对社会生产资料的关系来看，"白领工人"都是与生产资料分离的劳动者，是为资本直接或间接提供剩余价值的劳动者。除少数高级雇员外，大多数科技人员、管理人员和专业人员仍然是靠出卖劳动力换取工资的方式领取自己支配的那份社会财富的人员，他们的工资仍属资本家的可变资本。

李其庆认为，"中产阶级论"把脑力劳动者拥有的知识作为生产资料并进而作为划分阶级的标准的做法是不正确的。"中产阶级论"关于第二次世界大战后西方国家社会已经雇佣劳动化，进入所谓"职员社会"，社会大部分成员都属于中产阶级的论点也是错误的。[2]

---

[1] 吴大琨等：《当代资本主义：结构·特征·走向》，上海人民出版社，1991。
[2] 李其庆：《现代资本主义社会"中间阶层"探析》，《真理的追求》1997年第6期。

第四节 宋涛、熊性美、吴大琨等关于基本矛盾和经济周期理论的探讨

当代资本主义经济新发展和新变化的根本原因在于资本主义基本矛盾的发展与变化。自 20 世纪 80 年代以来，我国许多学者都对当代资本主义基本矛盾进行了理论探讨。经济周期问题是当代资本主义的重要理论问题，我国经济学界在 20 世纪 50 年代后期 60 年代初期，就这一理论问题展开了讨论。进入 80 年代，在思想解放的大背景下，我国经济学者对当代资本主义的经济危机和经济周期理论进行了更加深入和广泛的研究。

一 宋涛、熊映梧等的当代资本主义基本矛盾分析

我国经济学界自 20 世纪 80 年代以来，对资本主义基本矛盾进行了系统的理论探讨。20 世纪 80 年代以后，垄断资本主义呈现许多新的特征，随着资本主义经济的全球化扩展，资本主义基本矛盾也发生了新的变化，因此，我国经济学者对这一现象也进行了分析和探索。

在 20 世纪 80 年代，针对在垄断资本主义条件下资本主义基本矛盾的一些新变化和新特征，宋涛、仇启华等学者进行了关于垄断资本主义基本矛盾趋向激化的理论研究。仇启华提出："在垄断条件下，一方面生产的社会化达到了很高的程度；另一方面社会财富越来越集中到少数垄断组织手里，这就不能不使资本主义基本矛盾日益尖锐。"[1] 其主要表现在以下几个方面：一是生产能力巨大增长和劳动人民有支付能力的需求相对缩小之间的矛盾进一步尖锐化；二是个别企业生产的有组织性和社会生产无政府状态之间的矛盾进一步尖锐化；三是现代化大企业发展所需巨额投资和私人资本积累的有限性之间的矛盾加剧；四是国民经济协调发展的客观要求和私人资本追逐利润的目的之间的矛盾加剧；五是科学研究社会化和个别资本局限性之间的矛盾加剧。

仇启华等学者指出，资本主义基本矛盾的加剧是资本主义由垄断资本主

---

[1] 仇启华主编《现代垄断资本主义经济》，中共中央党校出版社，1987，第 26 页。

义发展到国家垄断资本主义的根本原因。世界范围内各种矛盾的发展，也是垄断资本主义发展为国家垄断资本主义的重要条件，如为了应对社会主义体系的出现，垄断资本与国家不得不日益密切地结合起来。

宋涛1990年在《列宁关于帝国主义和无产阶级革命的理论并未过时》一文中也认为，第二次世界大战后兴起的新技术革命在使帝国主义国家的社会生产力有巨大的进步、生产社会化程度有很大提高的同时，也全面加剧了帝国主义一切固有的矛盾。一是加剧生产社会化和生产资料及产品私人占有之间的矛盾；二是加深生产扩大趋势与支付能力的购买力相对缩小的矛盾；三是加剧资产阶级和无产阶级的矛盾；四是新技术革命发展的不平衡将进一步加剧帝国主义国家之间的矛盾；五是新技术革命会加剧帝国主义国家与发展中国家之间的矛盾。[①]

二 熊性美、洪远朋、陈寿益等的当代资本主义经济危机探讨

20世纪50~60年代，对于资本主义经济危机问题探讨较多，争论较多的问题是关于经济危机的原因及基础等。20世纪80年代以后，我国关于第二次世界大战后资本主义经济危机的特点与原因的理论研究更加深入。熊性美在《战后资本主义再生产周期和经济危机的特点》一文中认为，当代资本主义再生产周期和经济危机具有一些与前不同的特点。一是周期进程的四个阶段不如过去明显，各阶段的波动起伏较小，其间往往被局部性危机或生产停滞所间断；二是经济危机的非同步性和同期性交错出现；三是经济危机的冲击力相对减弱；四是经济危机和货币金融危机交织并发。

洪远朋1996年在《马克思主义经济周期理论在当代》一书中认为，当代资本主义经济周期，在危机阶段，工业生产比第二次世界大战前有明显缩减，主要资本主义国家的失业率明显低于第二次世界大战前，而经济危机爆发时物价水平不再明显下降，反而有所上升，同时，各国政府普遍采取各种反经济周期的宏观政策，政府干预经济的程度不断加强，财政赤字日趋严重。[②]

陈寿益在《战后资本主义经济危机的特点》一文中认为，造成第二次世

---

① 宋涛:《列宁关于帝国主义和无产阶级革命的理论并未过时》,《高校社会科学》1990年第5期。
② 洪远朋:《马克思主义经济周期理论在当代》,复旦大学出版社,1996。

界大战后经济危机具有上述特点的主要原因有两方面：一方面，第二次世界大战后的科学技术革命产生了很大的影响；另一方面，第二次世界大战后国家垄断资本主义的空前发展和垄断资本主义国家的反危机措施产生了一定的影响。

刘颂尧1980年在《略论中间性危机》一文中认为，马克思曾经把经济危机分为总危机和局部危机，把周期性危机称作总危机，把局部危机称作"不规则的波动"，这种局部危机同恩格斯所提出的中间危机或中间性波动是十分类似的。所以，刘颂尧把中间性危机的主要特点归结为三点，即派生性、地方性和特殊性。他认为，在现代资本主义经济条件下，由于国家垄断资本主义的高度发展，科技革命的突飞猛进，19世纪上半叶那种频繁爆发中间性危机的历史条件已经不存在了。1981年在《现代资本主义经济和中间性危机》一文中，他认为，中间性危机这个概念，已经不完全适用于现代资本主义经济了。[①]

薛伯英1982年在《关于"中间危机"的几点质疑》中则对中间性危机持完全否定态度。他认为，不能将中间性危机与局部危机等同起来。早在19世纪50年代初期以前，马克思恩格斯根据当时的观察，认为资本主义再生产周期的期限大约是5年一次，19世纪50年代中期以后，他们提出了工业周期大致为10年一次的判断，正是在这种情况下，恩格斯才把这种发生在每10年一次的两次危机中间的危机称为"中间危机"，因此，中间危机指危机发生的时间，而不是概括它的性质。薛伯英还认为，第二次世界大战后不存在中间性危机。[②]

（一）熊映梧、李琮等关于垄断资本主义基本矛盾趋向缓和的理论研究

熊映梧等1988年在《对当代资本主义的再认识》一文中提出了与宋涛、仇启华等不同的观点，他们认为"资本的社会化缓解了资本主义社会的基本矛盾"。这是因为：一是资本主义国家出现了相当多的国有企业，资本主义国家的国有经济不但不是专门为资本家服务的，有时还是以限制私人企业的利益为目的而创立的；二是当代资本主义社会出现了股份分散化趋势，遏制了个人或家族垄断以及资本家以少数股票控制企业的企图；三是"技术结构

[①] 刘颂尧：《略论中间性危机》，《世界经济》1980年第10期。
[②] 薛伯英：《关于"中间危机"的几点质疑》，《世界经济》1982年第3期。

阶层"代替资产者管理企业；四是职工参加企业管理。他们还指出，当代资本主义基本矛盾的缓和，改变了资本主义经济周期，使劳动者生活水平大大提高，中产阶级化取代两极分化，阶级矛盾趋于缓和。①

李琮认为，第二次世界大战后，垄断资本主义转变为国家垄断资本主义，资本主义基本矛盾及其在各方面的表现，比过去有所缓和。国家对经济进行宏观调控，使社会生产的计划性加强，资本主义经济比例失调和由此产生的危机有所缓和；国家之间的相互政策协调加强，旧殖民主义瓦解，工人阶级的状况有很大的改善。在第二次世界大战后半个世纪的时期内，在资本主义矛盾总的看来趋向缓和的情况下，在不同国家、不同年份、不同领域，矛盾往往表现得同样十分尖锐，冲突和斗争十分激烈。

（二）郭宏宝、房宁关于垄断资本主义基本矛盾在经济全球化下扩展的观点

郭宏宝2003年在《资本主义基本矛盾之我见》一文中认为，世界市场的扩展使资本主义社会化生产有了一定的回旋空间，从而可能使资本主义基本矛盾得到一定程度的缓和。跨国公司在整个社会生产方面的无政府状态的容许度，使个别工厂生产的组织性和整个社会的生产的无政府状态之间的矛盾难以在跨国公司母公司所在国激化起来。他还认为，资产阶级剥削全世界所获得的财富也因而高速增长，资本主义生产的盲目增长与劳动群众有支付能力的缩小之间的矛盾也难以在发达资本主义国家一国内激化起来。②

房宁2001年在《论当代资本主义的基本矛盾》一文中，从发达资本主义国家内部和全球范围两个层面分析了资本主义基本矛盾在当代经济中的变化特征。他指出，经济全球化在把资本主义生产方式扩展到全球范围的同时，也不可避免地把资本主义基本矛盾及其弊端扩展到全球范围。在当代，生产社会化与生产资料资本主义私人占有制之间的矛盾已经从一个资本主义国家内部演化到全世界范围，成为世界资本主义经济体系中的基本矛盾。③

全球资本主义今后面临的矛盾和危机会越来越多，其终将因固有的基本矛盾无法解决，而被社会主义所代替。

---
① 熊映梧等：《对当代资本主义的再认识》，《世界经济》1988年第12期。
② 郭宏宝：《资本主义基本矛盾之我见》，《海派经济学》2003年第3期。
③ 房宁：《论当代资本主义的基本矛盾》，《科学社会主义》2001年第2期。

三 吴大琨、薛敬孝、赵涛等的当代资本主义经济周期理论

我国学者在马克思主义经济周期理论的指导下,对当代资本主义的经济周期的新变化系统地进行了研究。

(一)吴大琨的当代资本主义经济周期缩短变形理论

吴大琨1991年在《当代资本主义:结构·特征·走向》一书中认为,第二次世界大战后资本主义再生产周期的发展进入垄断阶段的第二个时期,即国家垄断资本主义阶段,出现了影响资本主义再生产过程的新因素,特别是资产阶级对经济的广泛干预和调节,使这个时期的资本主义再生产周期发生了变形。概括讲主要表现在两个方面。

一方面,资本主义再生产周期的阶段性的长度的变化。再生产周期四个阶段的依次交替不像过去那样明显,各个阶段的独特性也不像过去那样鲜明可见。这种情况的产生,同第二次世界大战后国家在干预经济过程中所采取的扩张或紧缩的财政政策、投资政策等所谓"反危机"措施有密切联系。

另一方面,在周期的各个阶段上生产停滞和通货膨胀同时并存。第二次世界大战后在国家垄断资本主义高度发展条件下,凯恩斯主义的反危机政策和措施缓和了经济危机。一方面,危机不能充分展开;另一方面,又必然造成通货膨胀。这一矛盾终于在20世纪70年代以后,导致出现了"滞胀"的局面。[①]

(二)赵涛的当代资本主义经济长波理论

赵涛运用马克思主义的历史唯物主义理论,引用大量的统计资料,证实了资本主义世界经济发展过程中长波运动的客观存在。[②]

他认为,在资本主义生产方式中,生产力与资本主义生产关系之间矛盾会周而复始,周期过程每重复一次,生产力总量与资本主义生产关系的容纳能力都会相对于原有水平提高一步。当资本主义生产关系是发展形式时,经济速度变化率是加速的,为上升波;当资本主义生产关系为桎梏形式时,经济速度变化率是减速的,为下降波。所以,在自产业革命后的资本主义历史

[①] 吴大琨:《当代资本主义:结构·特征·走向》,上海人民出版社,1991。
[②] 赵涛:《经济长波论》,中国人民大学出版社,1988,第243~246页。

时期，资本主义世界经济增长速度会随着资本主义生产方式内部矛盾运动周期运动出现一个个波动。因此，他断定资本主义世界经济中的长期波动是由资本主义生产方式内部矛盾运动周期所引起的。①

赵涛还指出，资本主义生产方式内部矛盾运动周期的物质基础是劳动工具的更新换代，它导致了资本主义生产方式矛盾运动周期长，从而导致了经济长波的周期也较长。他特别探讨了科技革命在经济长波中的作用及其限度，并用英美和其他主要资本主义国家大量的统计资料证实了经济长波的存在。

（三）薛敬孝的当代资本主义经济周期叠加波动理论

薛敬孝将资本主义短周期波动、再生产周期和长波周期运动综合起来加以考察。薛敬孝通过考察资本主义经济周期的历史，证明了以往的资本主义经济周期没有一个是和另一个完全相同的。每一个周期的长度、进程并不完全相同，往往表现为一个50年左右的长周期包容着2~3个20年左右的中长周期；一个中长周期包容着两个10年左右的主周期；一个主周期又包容着2~3个3~5年的短周期。同时，由于在一个时域上同时存在四种周期的运行，它们之间必然相互影响、相互制约，从而出现叠加现象。

薛敬孝分析了资本主义经济周期交替叠加的机理与原因。他认为，马克思恩格斯不仅提出过5年周期的理论，而且还提出过10年周期的理论以及长期萧条的理论。这是他关于资本主义经济周期交替叠加的理论支撑。②除此，薛敬孝指出，研究经济周期问题不可忽视的一个重要问题，是马克思在《资本论》第3卷第15章专门讲到的利润率下降与经济危机的关系。实际上，利润率下降是经济危机爆发的一个原因。即一方面，资本主义基本矛盾的展开会引起利润率下降；另一方面，生产与市场的矛盾也会造成利润率下降。利润率下降会导致资本过剩和商品过剩，从资本整体上看，终究会有一部分资本被闲置下来，或者是所有资本发生不同程度的贬值；商品过剩会引起商品价格的大幅度下降，价格的普遍下降，又会使再生产过程陷入停滞和混乱。③

---

① 赵涛：《经济长波论》，中国人民大学出版社，1988，第247~273页。
② 薛敬孝主编《资本主义经济周期——理论与预测》，人民出版社，1992，第16页。
③ 薛敬孝主编《资本主义经济周期——理论与预测》，人民出版社，1992，第24~25页。

第五节 魏埙、刘涤源、高峰等关于垄断理论的探讨

20世纪50年代以来,许多学者开始对当代资本主义的垄断价格和垄断利润等问题进行分析与探索,不仅探究垄断价格和垄断利润以及在垄断条件下的平均利润规律的问题,而且也探索了垄断价格在营运中的具体特征和运行机理,从而推动了这一理论研究的不断深化。

一 魏埙、龚维敬等的垄断价格和垄断利润理论论争

魏埙是较早对垄断价格及其相关问题作出新解释的经济学家。高峰、龚维敬等经济学家对这些问题也作出了较系统的研究,高峰还针对理论界的争议观点进行了述评。

早在20世纪50年代,魏埙、谷书堂在《价值规律在资本主义各个阶段中的作用及其表现形式》一书中就对垄断价格系统地进行了分析。在20世纪80年代,根据经济变化的新情况,魏埙在1980年发表的《关于垄断价格问题》一文中又提出,应把垄断价格看成市场价格的调节者。这引起了较大的争议。[1]

李达昌1981年在《也谈垄断价格——与魏埙同志商榷》一文中认为,垄断价格不是市场价格,其具有价格目标或目标价格的性质,实际价格或市场价格是以这种目标价格为基础的,它是市场价格的调节者,而生产价格应是理论的出发点。但在垄断资本主义条件下,由于垄断和竞争的并存,生产价格发生了扭曲或变形,形成了垄断生产价格,这是市场价格的价值基础或调节者。[2]

针对李达昌的这些观点,魏埙在1986年发表的《再论垄断价格》中进一步明确地指出,垄断价格不单纯指市场价格,而且还包括市场价格的基础或调节者。魏埙指出,目标价格就是垄断生产价格,这个目标价格不是主观范畴,而是一种客观范畴。他还分析了这个目标价格性质的垄断价格或垄断生产价格的形成,他认为是垄断部门利润率的平均化,形成了垄断部门范围内

---

[1] 魏埙:《关于垄断价格问题》,《南开学报》1980年第1期。
[2] 李达昌:《也谈垄断价格——与魏埙同志商榷》,《财经科学》1981年第2期。

的生产价格即垄断价格。

高峰基本赞同魏埙关于垄断价格的新解释。他指出,魏埙把垄断价格看作市场价格的调节者的观点是正确的。高峰认为,垄断价格作为在垄断部门中通行的、直接保证垄断企业获得垄断利润的产品价格,应从几个方面进一步作出解释。一是就范畴而言,高峰认为,垄断价格可以同时概括这两个范畴,但精确地说,作为市场价格的垄断价格,应称为垄断市场价格;二是作为垄断市场价格调节者的垄断价格,应称为垄断生产价格。[①]

关于垄断价格是不是一种包括垄断高价和垄断低价在内具有多种价格的价格体系,也是理论界分歧较大的问题。魏埙认为,垄断价格一般是垄断高价,高于生产价格或价值。当然,垄断企业有时也以低价采购非垄断企业和小生产者的产品。这种凭借其垄断地位所制定的价格,也是一种垄断价格,是垄断低价。[②]

李达昌不赞同魏埙的这个观点,他指出,垄断价格体系反映的只是垄断资本家为了取得高额垄断利润而灵活运用的各种价格手段,价格手段绝不等于客观的价值基础,这个体系的背后必然还存在一个决定它的变化的客观基础。既然它本身都可高可低,变化不定,那它怎么成为调节垄断市场价格变动的相对稳定的基础呢?[③]

龚维敬也对魏埙的观点提出了异议。龚维敬认为,垄断低价是垄断资本家以其垄断地位,将同一种商品价格压低到价值以下的市场价格,而以削价倾销的办法,击败竞争对手。[④]所以,他把垄断低价称为倾销价格。

高峰认为把垄断价格定名为垄断低价是不恰当的。第一,垄断价格就其本意是指垄断企业所生产的产品的销售价格;第二,把垄断企业购买某些原料时压低的价格称作垄断低价,必然导致混同垄断价格与非垄断价格的界限。同时,高峰认为,像龚维敬那样把垄断企业的倾销价格称为垄断低价也不合适。以低于价值的价格出售商品是垄断企业在某些市场或一定时期所暂时采

[①] 高峰:《发达资本主义经济中的垄断与竞争——垄断资本理论研究》,南开大学出版社,1996,第224~228页。
[②] 魏埙主编《政治经济学(资本主义部分)》,陕西人民出版社,1991,第208页。
[③] 李达昌:《也谈垄断价格——与魏埙同志商榷》,《财经科学》1981年第2期。
[④] 龚维敬:《当代垄断资本主义经济》,生活·读书·新知三联书店,1991,第271页。

取的一种价格策略,并不是垄断市场价格的常态,与其说它是一种垄断价格,不如说它是维持垄断价格的一种手段。①

高峰、龚维敬等关于垄断利润问题的理论探讨。高峰认为,关于垄断利润的量的界定,应该可以有狭义和广义之分。狭义的或严格意义的垄断利润,当然是指资本主义企业因其垄断地位而获得的额外利润,这符合马克思主义的基本思路;而广义的或不太严格意义的垄断利润,则是指资本主义垄断企业所获得的全部利润。②

关于垄断利润的来源问题,龚维敬不同意垄断利润来自生产过程以外的观点,他认为垄断利润主要来自垄断企业本身的生产过程,垄断企业由于更高的劳动生产率所产生的巨额超额利润是垄断利润的主要来源。资本主义生产是榨取工人创造的剩余价值的主要环节,而流通领域里占有的劳动只是把生产和消费联结起来,是不创造价值的。垄断资本主义为垄断企业在生产过程获得垄断利润提供可能。它们完全有可能以其高度的生产和资本集中进行大规模的生产,在庞大规模的扩大再生产中进行巨额的资本增殖。③

高峰既不同意垄断利润源于流通领域,也不同意垄断利润源于生产过程的观点。他认为,垄断利润的来源包括两个方面。一个是垄断企业内部雇佣劳动者所创造的剩余价值,这是垄断利润的第一个源泉。就广义的垄断利润来说,垄断企业职工生产的剩余价值是其基本源泉,另一个是存在于垄断企业外部但通过价格等机制转移到垄断企业中的价值或剩余价值。垄断利润外部来源对于狭义的垄断利润来说是主要的源泉。④

高峰还强调了垄断高额利润的客观性和稳定性,以及垄断价格和垄断利润的存在从根本上说并不能否定和超越价值规律等问题。⑤

---

① 高峰:《发达资本主义经济中的垄断与竞争——垄断资本理论研究》,南开大学出版社,1996,第232页。
② 高峰:《发达资本主义经济中的垄断与竞争——垄断资本理论研究》,南开大学出版社,1996,第247~249页。
③ 龚维敬:《当代垄断资本主义经济》,生活·读书·新知三联书店,1991,第258~260页。
④ 高峰:《发达资本主义经济中的垄断与竞争——垄断资本理论研究》,南开大学出版社,1996,第276~277页。
⑤ 高峰:《发达资本主义经济中的垄断与竞争——垄断资本理论研究》,南开大学出版社,1996,第276~278页。

二 刘涤源、陈恕祥等的垄断价格机理研究

虽然自20世纪50年代我国经济学界就开始对资本主义垄断价格和垄断利润进行广泛的探讨,但这些研究探讨的视点,更多的是放在了垄断价格的性质和垄断利润的内容等方面,而对于垄断价格机理的深入探讨则不多见。

刘涤源、陈恕祥等认为,垄断价格机理是垄断企业赖以获取高额垄断利润的一根强有力的杠杆。在西方经济社会中,每个产业部门都是少数巨型垄断企业与众多中小企业并存,而垄断企业居于统治地位。因此,在价格机理方面也是垄断价格与非垄断价格(自由竞争价格)两个体系并存,而垄断价格体系居于主导或统治地位。

刘涤源、陈恕祥等提出,垄断价格高于生产价格的部分不过是非垄断产品价格低于生产价格的部分,垄断利润不过是非垄断企业的一部分利润向垄断企业的转移,因此垄断价格和非垄断价格的总和仍然等于生产价格总和或价值总和,三者恒等。总之,垄断价格以价值为基础,又同价值相偏离,而这种偏离在总体上最终却以价值为依归、极限和基础。这便是垄断价格形成的本质特征。

刘涤源、陈恕祥等认为,在垄断资本主义条件下,垄断价格运行机制的基础是价值规律。他们指出,在垄断资本主义阶段,价值规律的作用得到了比垄断前更为充分的发展,作用的范围不是缩小了,而是进一步扩大了。这是因为,在垄断资本主义阶段,资本主义商品生产和交换的范围空前扩大,商品生产的范围空前扩大,必然造成价值规律作用的范围的扩大。在垄断资本主义阶段,垄断组织控制和国家干预,在一定程度上改变了单纯的市场机制,使资本主义发生一个大的变化。但是,资本主义私有制的存在,以及垄断组织和国家的有限调节对价值规律的顺应,使价值规律的作用范围并没有缩小。在形式上,尽管在垄断资本主义阶段,资本在部门间的自由转移受到垄断统治的阻碍,但是,在实际上,垄断资本主义阶段资本在各产业部门间的运动,仍在经常而大量地进行,并且采取更加复杂的形式。[①]

[①] 刘涤源、陈恕祥等:《垄断价格机理研究:垄断价格机构的理论探索和实证分析》,中国物价出版社,1995,第35页。

刘涤源、陈恕祥等认为，在垄断程度较高的生产部门，垄断价格体系不仅仅是作为价格领袖的垄断企业产品的价格，它也是处在价格追随地位的较弱垄断企业以及非垄断中小企业产品的价格。在这种价格水平下，只有垄断企业能获得高额利润，非垄断企业在这一价格水平下则会受到损害，只能获得低额利润。在垄断程度较低的产业部门，尽管垄断企业力图维持较高的垄断价格，但由于竞争性较强，垄断势力较弱，价格的统一性会弱于其差别性。这就是说，各种企业有较多的机会和可能，去采取有差别的价格。他们认为，垄断价格体系的特点是高昂的垄断价格和长期的刚性趋势。①

三 高峰、陈恕祥等的在垄断条件下平均利润率规律探讨

对于在垄断资本主义条件下，不同生产部门利润率趋于平均化的规律是否仍然有效和起作用的问题，经济学界有着较激烈的争论。许多学者主张利润率平均化规律在垄断资本主义条件下具有两重化的趋势。但是，在具体分析时他们的观点又有所不同。

（一）刘涤源、陈恕祥等关于在垄断资本主义条件下平均利润率规律新特征的分析

刘涤源、陈恕祥等认为，在垄断资本主义条件下，利润平均化趋势仍然存在。这是因为，垄断资本主义代替了自由资本主义，却没有改变资本主义的根本性质和资本主义经济运行的基本轨道，所以，资本在不同部门之间流动有着必要性和可能性。但是，垄断毕竟构成了资本自由流动的壁障。②

他们认为，在较短的时间内，利润率平均化趋势会在垄断程度相近的部门各自范围内有所表现；从较长的时期看，存在利润率在大多数部门间进一步平均化的趋势。③ 魏埙1986年在《再论垄断价格》一文中也持相同的看法。

（二）高峰关于在垄断资本主义条件下平均利润率规律的新见解

高峰较多地肯定了美国"垄断资本学派"的观点而否定了所谓"宗教激

---

① 刘涤源、陈恕祥等：《垄断价格机理研究：垄断价格机构的理论探索和实证分析》，中国物价出版社，1995，第169页。
② 刘涤源、陈恕祥等：《垄断价格机理研究：垄断价格机构的理论探索和实证分析》，中国物价出版社，1995，第110页。
③ 刘涤源、陈恕祥等：《垄断价格机理研究：垄断价格机构的理论探索和实证分析》，中国物价出版社，1995，第110~112页。

进主义"的观点。他指出,"这两种对立的观点或多或少都有其合理因素,也各有其片面性"①。为此,高峰提出,在垄断资本主义条件下,社会统一的平均利润率已经难以形成,垄断部门的利润率大多经常高于非垄断部门的利润率。但在垄断部门之间和非垄断部门之间,分别存在利润率的平均化趋势,从而形成两种不同水平的平均利润率。平均利润率的二重化,正是利润率平均化规律在垄断资本主义条件下的具体作用形式。

但是,高峰又不完全同意魏埙和刘涤源、陈恕祥等的观点,他指出:"如果社会范围内的利润率平均化趋势表现为垄断利润率与非垄断利润率逐渐接近的趋势,那么,即使这两类利润率的差别趋于接近又再趋于扩大的长期波动现象的确存在,对这种现象的理论解释也可能与魏埙教授恰恰相反:这并不是全社会利润率平均化的表现,而正好是全社会利润率平均化受到阻碍的表现。"②

(三)龚维敬关于在垄断资本主义条件下平均利润率规律两种变动趋势的观点

龚维敬也认为,在垄断资本主义条件下,一方面是部门间利润差异的存在,另一方面又存在利润率平均化的趋势。他认为,垄断资本主义竞争较之自由竞争阶段更为激烈,垄断资本转移的广度、深度和速度,都是过去所不可比拟的。③ 因此,利润率平均化的规律仍然存在。只不过现代垄断资本主义经济中部门间的利润率水平还是不平衡的,不同部门之间还存在利润率的差异。

龚维敬进一步认为,在现代垄断资本主义条件下,利润率下降规律并没有改变。但是,垄断资本集团依靠控制技术,提高了个别企业劳动生产率,榨取了工人阶级创造的剩余价值。同时,垄断资本家通过高价出售、低价收购等手段,转化部分中小垄断资本家所拥有的一部分剩余价值。这样,就出现了大垄断资本集团的利润量大和利润率高的特征。④

---

① 高峰:《发达资本主义经济中的垄断与竞争——垄断资本理论研究》,南开大学出版社,1996,第288页。
② 高峰:《发达资本主义经济中的垄断与竞争——垄断资本理论研究》,南开大学出版社,1996,第293页。
③ 龚维敬:《当代垄断资本主义经济》,生活·读书·新知三联书店,1991,第253页。
④ 龚维敬:《当代垄断资本主义经济》,生活·读书·新知三联书店,1991,第245~249页。

四 程恩富、王伟光、余斌等新型帝国主义垄断特征的探讨

列宁时代之后的今天,在新的历史条件下的资本主义即新型帝国主义在垄断方面有了一些新的特征,尽管这些新的特征没有改变其本性。

(一)程恩富等阐述新帝国主义的五大特征和特性

从20世纪90年代中期开始,程恩富陆续发表了关于经济全球化的两重性定义、当代基本经济矛盾和金融经济危机中的若干具体矛盾、当代资本主义经济金融化等若干新观点。他认为,资本主义的历史演进形成了若干个不同的具体阶段。20世纪初,资本主义由自由竞争阶段发展到私人垄断阶段,列宁称其为帝国主义阶段。帝国主义时代经济政治发展不平衡规律发生作用,为了重新瓜分世界领土和对外扩张,列强结成不同联盟并展开激烈斗争,催生了两次世界大战。20世纪上半叶,整个欧亚大陆战争连绵,民族民主革命和共产主义运动高潮迭起。第二次世界大战后,一些经济相对落后的国家先后走向社会主义道路,形成资本主义和社会主义两大阵营的对峙。尽管马克思恩格斯在《共产党宣言》中宣布资本主义必然被社会主义替代,并在极少数国家得以实现,但整个资本主义和帝国主义体系垂而未死,尤其是20世纪80年代至90年代初以来,经历了新自由主义重构和冷战后的帝国主义发展的新阶段——新帝国主义阶段。

程恩富等在列宁所著的《帝国主义是资本主义的最高阶段》的基础上,概括了21世纪新帝国主义的五大特征和特性:一是生产和流通的国际化与资本集中的强化,形成富可敌国的巨型垄断跨国公司;二是金融垄断资本在全球经济生活中起决定性作用,形成畸形发展的经济金融化;三是美元霸权和知识产权垄断,形成不平等的国际分工和两极分化的全球经济和财富分配格局;四是"一霸数强"结成国际资本主义寡头垄断同盟,形成内外剥削和压迫的金钱政治、军事同盟和庸俗文化的经济基础;五是全球化资本主义矛盾和各种危机时常激化,形成当代资本主义垄断性和掠夺性、腐朽性和寄生性、过渡性和垂危性加深的新态势。

程恩富等认为,新帝国主义是资本主义从自由竞争、一般私人垄断、国家垄断发展到国际垄断的新阶段。从现阶段国际正义力量和国际阶级斗争的曲折发展来判断,21世纪是新帝国主义占主导地位的时代,是世界劳动阶级

进行新的伟大革命和建设的时代,是资本主义和新帝国主义向社会主义过渡的时代。①

(二)王伟光对新型帝国主义垄断新特征的探讨

王伟光认为,当代资本主义的经济基础是国际金融资本垄断,当前正处于国际金融垄断资本主义时期,帝国主义也进入了一个新的发展时期,成为新型帝国主义。其表现特征为以下八个方面。

第一,科技创新和生产力发展呈现前所未有的速度和质量,极大地推动了国际金融垄断资本的迅速聚集、集中和发展。

第二,垄断资本主义已经形成新的垄断形式——国际金融资本垄断,到了其最新的发展时期——国际金融垄断资本主义,国际金融资本主义是新型帝国主义。

第三,形成一小撮国际金融垄断资产阶级阶层,构成垄断资产阶级的最高统治集团即国际金融垄断资本主义统治阶级的最高层,这是国际金融垄断资本主义,即新型帝国主义的一个鲜明的阶级特征。

第四,国际金融垄断资本主义向经济空心化、虚拟化迅速发展,强化了国际金融垄断资本主义,即新型帝国主义的食利性、寄生性、腐朽性和垂死性。

第五,美国作为国际金融垄断资本的总代表,推动在全球化条件下国际金融资本向全世界扩张,操纵世界经济治理权和世界政治统治权,美国作为头号新型帝国主义国家企图建立单极世界,维持霸主地位。

第六,当代资本主义就是当代帝国主义,国际金融垄断资本主义就是新型帝国主义,新型帝国主义的帝国主义本性和特征并无根本改变,反而变本加厉地得到了强化。

第七,国际金融垄断资本主义,即新型帝国主义生产力与生产关系、经济基础与上层建筑的新转变,使其阶级阶层结构、阶级矛盾和阶级斗争发生了新的变化。

第八,国际金融垄断资本主义,即新型帝国主义的发展,在加强资本主

---

① 程恩富、鲁保林、俞使超:《论新帝国主义的五大特征和特性——以列宁的帝国主义理论为基础》,《马克思主义研究》2019年第5期。

义私人占有制和资本主义固有的内在矛盾的同时，也在其内部增加了新的社会因素，为新的社会形态的诞生创造了新的社会因素与条件。①

（三）余斌对新帝国主义垄断新特征的探讨

余斌认为，新帝国主义阶段出现在20世纪70年代，是帝国主义的最后阶段，主要依据是大资本开始脱离生产，主要凭借权力来攫取利益。②

余斌指出，第二次世界大战末期美国趁着英、法、德、日等旧帝国主义国家衰败，强化了其在帝国主义集团中的垄断和霸权地位，标志性事件就是1944年7月的布雷顿森林会议确定了美元霸权。然而，越南战争的巨大开支迫使美国政府和美国金融寡头联手滥印美元纸币来获取用于战争的物资。过剩的美元被源源不断地输送到国外以换购相对廉价的进口商品，在向国外输出通货膨胀的同时，美国的国际贸易收支自然出现大量逆差。当出口美国的国家要求美国用黄金兑现过剩美元纸币时，布雷顿森林体系就维持不下去了。该体系在1973年瓦解，美元纸币与黄金不再直接挂钩，美国私有中央银行——美联储也趁机摆脱了用黄金兑现美元纸币的责任，美元已经成为一张不能兑现的白条。从而，出现了不同于旧帝国主义的具有典型意义的经济特征——白条输出。新帝国主义出现了。

余斌还指出，旧帝国主义曾经利用发明专利权谋求自己在产业方面的竞争优势。新帝国主义有过之而无不及。对于新帝国主义的金融寡头来说，他们作为食利者本来就完全脱离了生产，不接触生产过程，对生产不感兴趣，知识租权恰恰给了他们一个不用生产就可以收租的好机会。随着新帝国主义攫取知识租权，知识产权就成为国际事务中最重要的因素，知识产权之争就从利益得失之争上升为所谓正义与邪恶的较量。

然而，纸币白条的发行权和知识租权已经不足以满足新帝国主义金融寡头们凭借权力掠夺的胃口，他们试图把控制人们的生存生活权作为他们最大限度地攫取利益的手段。碳排放权就是生存生活权，这是因为人们的呼吸和生产都需要排放二氧化碳。新帝国主义企图通过凭空规定这样一个权利来迫使全世界人民为了生存生活而向掌握这种权利及其分配的新帝

---

① 王伟光：《国际金融垄断资本主义是垄断资本主义的最新发展，是新型帝国主义》，《社会科学战线》2022年第8期。

② 余斌：《新帝国主义是帝国主义的最后阶段》，《世界社会主义研究》2021年第4期。

国主义者交纳封建性贡赋,实现其全球帝国之梦想,最终全面建成新帝国主义。

第六节　蒋学模、胡代光等关于分配理论的探讨

当代资本主义分配理论包含很多内容,不仅包括资本主义分配关系和分配制度的研究,也包含关于当代资本主义无产阶级贫困化和当代资本主义福利制度的研究。

一　蒋学模、仇启华、胡代光等的资本主义贫困化讨论

第二次世界大战后,随着资本主义经济现实的变化,我国经济学界深入讨论了无产阶级贫困化问题。在经济全球化的背景下,贫困化已经是个全球性的理论与现实问题,因此,从全球经济的视角来探讨贫困化的问题,更使这一理论研究步入了一个新层面。

（一）蒋学模关于无产阶级贫困化问题的理论分析

蒋学模认为,无产阶级贫困化是一种定向的趋势,而不是一种静态经济现象。相对贫困化虽然并不是不间断的过程,但从长期看,确实是一种必然趋势;绝对贫困化则不是一种必然趋势,所以不能把它称作规律。

他指出,在分析无产阶级相对贫困化时,必须分析无产阶级和资产阶级在国民收入中所占份额的变化。从这一对比中,可以明显看出资产阶级所占份额的迅速提升和无产阶级所占份额的急剧降低,无产阶级相对贫困化的趋势十分明显。关于绝对贫困化的主要标志问题,劳动力的价值规定包含着一个历史的和道德的因素,劳动力价格同价值之间的关系是一个相对量。劳动力价格低于劳动力价值,并不意味着就是劳动者生活水平的绝对降低,因此,用它来作为无产阶级绝对贫困化的标志,无疑是不妥的。[①]

（二）仇启华关于在垄断资本主义条件下无产阶级贫困化的理论分析

仇启华认为,无产阶级绝对贫困化是指整个无产阶级物质生活水平的绝

---

① 蒋学模:《关于无产阶级贫困化理论的几个问题——论当代帝国主义》,上海人民出版社,1984,第326~327页。

对下降或物质生活状况的绝对恶化。无产阶级相对贫困化是无产阶级在社会国民收入中所占份额的下降。[①]他认为，在国家垄断资本主义条件下，国家与垄断资本结合，以国家政策的形式系统地推行"福利国家"的一整套措施的结果是，无产阶级绝对贫困化程度较轻，甚至有时受到阻遏。这更给人一种假象，似乎资产阶级对工人的剥削减轻了。事实上，"福利国家"的推行并没有使工人阶级的雇佣地位有丝毫改变，反而使无产阶级受到剥削的程度加重了，无产阶级相对贫困化加深。同时，由于国家直接干预劳动力的再生产，工人阶级对资产阶级的依赖也加深了。

（三）胡代光关于在全球化背景下的贫富分化问题的研究

胡代光 2002 年在《经济全球化的影响和我们的对策》一文中指出，经济全球化产生了一系列负面影响。一是在民族国家内部和民族国家之间的社会与经济的不平衡，以及世界广大地区间的两极分化；二是对于全球生态系统的过度开发与破坏，发达国家的跨国公司把污染产业生产活动和污染技术利用转移到发展中国家，以便压低工资并迫使劳动者在恶劣的条件下工作；三是权力集中在几乎不受任何监督控制的少数几个经济单位的手里，如跨国以及跨地区的公司企业、全球信息通信网络等；四是工会权利将受到全球化的损害。

二 刘美珣、张泽荣等的当代资本主义分配制度研究

垄断资本主义分配理论是当代资本主义经济研究中的一个重要内容，尤其是第二次世界大战后垄断资本主义经济的变化，都通过其分配制度的变化而反映了出来。

（一）张泽荣等关于垄断资本主义分配关系的研究

张泽荣等认为，当代资本主义分配关系就其基本关系来讲，仍然是一种以资本为主体的资本统治劳动的经济。但是，同第二次世界大战前资本主义相比确实发生了很大变化。第一，资本结构的变化；第二，私人资本所有权关系有明显变化；第三，国民收入在各个社会成员之间的分配出现了明显的变化；第四，形成了一套比较完善的社会福利保障体系；第五，由于发展社

[①] 仇启华主编《现代垄断资本主义经济》，中共中央党校出版社，1982，第311~313页。

会福利制度，国家通过税收对居民的收入进行再分配的功能空前提升，被再分配的居民收入在居民收入总额中占有相当的份额；第六，从整个社会看，工资性收入与资本、经营性收入的相对关系普遍比较稳定，在有些国家也有工资性收入相对增大的现象；第七，从全社会来看，工薪者之间收入差距普遍较过去缩小；第八，两极分化依然存在。[1]

张泽荣指出，第二次世界大战后资本主义分配关系变化的根本原因是生产力的发展。生产力发展了，自然就产生了如何分配增大的那部分价值的问题，这就不能不引起分配关系的变化。此外，第二次世界大战后资本主义分配关系变化还有一些社会原因。[2]

（二）陈炳才关于垄断资本主义分配制度的研究

陈炳才认为，分配制度的特征，反映着分配制度的本质。近百年来，主要资本主义国家的分配制度发生了很大变化。其主要表现在：一是工资决定由单一的雇主决定演变为由雇主、工会、政府三方力量综合决定，各方在工资决定中的作用各有侧重；二是报酬形式已从简单的计时、计件工资转为多种形式并存或结合应用，工人的分配地位得到大大改善；三是社会收入差距基本趋于缩小，收入差距的矛盾仍然是财产及其收益差距过于悬殊；四是福利制度趋于完善；五是政府加强了对社会收入分配的管理和干预。[3]

陈炳才认为，当代资本主义国家的社会分配制度客观上带来了一些有益于资本主义制度生存和发展的效应，如劳资矛盾趋于缓和，劳资双方认同感增强，劳工生活水平得到很大提升。但是，资本主义社会分配制度也仍然存在一些难以解决的问题：一是依然存在严重的社会分配不公；二是工人实际收入提高缓慢，甚至出现较长时期的负增长；三是劳动力市场趋于僵硬；四是日益膨胀的社会保障和福利费用支出加剧了各方面的社会经济矛盾和困难。[4]陈炳才还分析了资本主义社会分配制度的趋向：第一，劳资谈判在工资决定中的作用将进一步缩小；第二，社会分配差异将进一步缩小，非工资

---

[1] 张泽荣主编《当代资本主义分配关系研究》，经济科学出版社，1994，第4~5页。
[2] 张泽荣主编《当代资本主义分配关系研究》，经济科学出版社，1994，第351~352页。
[3] 陈炳才：《当代资本主义的收入分配制度》，福建人民出版社，1994，第1~9页。
[4] 陈炳才：《当代资本主义的收入分配制度》，福建人民出版社，1994，第220~227页。

的激励功能提升；第三，实际收入和福利增长将进一步下降，甚至为负增长；第四，社会福利分配制度将进一步改革；第五，法律调节社会分配的作用越来越广，政府干预趋于灵活。①

三 姚廷纲、陈炳才等的当代资本主义福利制度剖析

20世纪80年代，我国学者开始较理性地对资本主义福利制度问题进行研究。

（一）姚廷纲关于资本主义福利制度的剖析

姚廷纲认为，从社会福利设施来看，战后各发达资本主义国家劳动人民的福利待遇确实有所提高。但是，这并不意味着这些国家已经真正成为"福利国家"，贫富差距已经消除，资本主义的剥削实质就此改变了。这是因为：一是福利政策完全出于利己目的；二是社会福利收入是劳动价值的一部分；三是资本主义的社会福利制度没有改变资本主义的剥削实质，也没有起到减轻剥削的作用；四是垄断资产阶级在实施社会福利制度时，会尽量使这种制度对高收入者和剥削阶级有利；五是各发达资本主义国家的社会福利制度条件苛刻，福利金额低微，没有起到缩小收入分配差距和消除贫困的作用。②

（二）傅骊元、吴大琨关于社会福利制度的分析

傅骊元批判了福利制度的税制改革将带来收入革命的论点。他认为，资本主义的税收制度是资产阶级维护其阶级统治的工具，资本主义国家的累进税不仅不会实现"财富和收入"的"公平合理"分配，恰恰相反，它使富者愈富，贫者愈贫。③傅骊元同时指出，高工资在本质上也并没有体现财富和收入的公平与合理。他认为，由于税收增加，物价上涨，货币不断贬值，即使职工的名义工资很高，也仍然入不敷出，多数工人的工资收入不能补偿劳动力的价值，工人的实际生活水平低于社会平均的消费水平，甚至自己和家庭的最低生活需要都得不到保障。

吴大琨1991年在《当代资本主义：结构·特征·走向》一书中认为，现

---

① 陈炳才：《当代资本主义的收入分配制度》，福建人民出版社，1994，第228~232页。
② 姚廷纲：《"福利国家"剖析》，载《论当代帝国主义》，人民出版社，1984，第473页。
③ 傅骊元：《现代资本主义经济与政治》，黑龙江人民出版社，1988，第143~146页。

代资本主义工资制度已经发展为社会福利和工资有机结合的一种制度。但是，新的"社会福利制度"和旧的资本主义工资制度既并存又结合，共同构成现代资本主义的工资制度。这是因为：第一，社会福利和工资具有共同的本质；第二，社会福利同工资一样，处于资本主义积累一般规律的支配之下；第三，"社会福利制度"没有改变可变资本和剩余价值之间，或者说工资和利润之间在质上的界限。①

（三）刘美珣、陈炳才等对资本主义福利制度的评析

刘美珣等认为，福利国家制度是适应社会化大生产的需要而发展起来的，是现代资本主义经济发展的必然产物；同时也是工人阶级长期斗争的结果。但是，福利国家制度的推行带来了各种新的矛盾，造成了资本主义经济的超负荷运转。所以，他认为福利国家制度标榜的所谓"收入均等化"不过是对资本主义社会收入分配不公平的原因的掩盖。福利国家制度本质上是一种改良主义的主张，它改变不了资本主义按资分配的原则。②

陈炳才指出，社会福利制度日趋完善是战后资本主义收入分配制度的又一特征变化。但是，目前，西方各国的社会福利制度都处于进退维谷之中，也因此而出现了诸多矛盾。一是社会保障支出占 GDP 比重提高，导致财政支出困难或财政危机加剧。二是加重了企业负担，提高了成本，降低了企业竞争能力。三是增加了浪费，降低了效率。③

---

① 吴大琨：《当代资本主义：结构·特征·走向》，上海人民出版社，1991。
② 刘美珣等：《当代资本主义经济特征》，清华大学出版社，1991，第 269~271 页。
③ 陈炳才：《当代资本主义的收入分配制度》，福建人民出版社，1994，第 225~227 页。

苏联俄罗斯篇

第十一章　十月革命前后俄国对马克思主义经济思想的探讨

俄罗斯 100 多年来经历了沙皇俄国、俄罗斯苏维埃联邦社会主义共和国（РСФСР）、苏维埃社会主义共和国联盟（СССР）等时期。

在伟大的十月社会主义革命前，俄国的资本主义经济发展落后，存在大量的封建残余。资产阶级同无产阶级的矛盾，沙皇专制制度和农奴制残余同人民大众的矛盾等国内社会矛盾突出。在这种背景下，马克思主义经济思想在与民粹主义的斗争中迅速在俄国传播开来。

伟大的十月社会主义革命打碎了帝国主义统治的锁链，从而开始了限制和缩小资本主义规律的作用范围的不可逆转的进程，更是促进了马克思主义经济思想在俄国的发展。这一时期的代表人物除了列宁及其最忠实的学生斯大林之外，还包括普列汉诺夫、布哈林、普列奥布拉任斯基、托洛茨基、沃兹涅先斯基等人。马克思主义经济思想的研究内容涉及生产力、垄断、经济危机及社会主义经济建设等诸多领域。

总的来说，经济学家的集体和个人在研究社会主义和共产主义经济理论的复杂问题上向来都是起着重大的作用的。因此，在研究政治经济学思想史的过程中，首先必须研究这些集体和个人对研究政治经济学问题所作的贡献。

第一节　马克思主义经济思想在俄国的传播

马克思主义经济思想在俄国的传播，是在与民粹派不断争论中发展起来的。19 世纪 80 年代，俄国进步的马克思主义者与民粹派进行了激烈的理论交锋，但揭示俄国资本主义产生与发展的规律和批判民粹派的任务最终是由列宁完成的。

一　民粹主义的兴起

1861 年，俄国废除了农奴制，为资本主义的发展创造了必要的条件。但是，这次改革是极不彻底的，它仍然保存了农奴制的残余。沙皇专制制度仍在维护地主、贵族和资本家的利益。在沙俄统治时期，工人和农民没有任何的政治权利，因此，俄国当时面临着资产阶级民主革命的任务。19世纪70年代，特别是80年代，俄国工人阶级就已开始觉醒，进行了反对资本主义和沙皇政权的斗争。工人运动的发展，为在俄国传播马克思主义和建立马克思主义团体奠定了基础。

19世纪80年代，在俄国生机勃勃地第一次出现的马克思主义思想，是在与民粹派不断争论中发展起来的。民粹派大体上接受的是马克思的社会学分析和对资产阶级社会的批判，而不是马克思的唯物主义观或对无产阶级革命的信念。

民粹主义是19世纪中叶在经济十分落后的农奴制经济占绝对优势的俄国出现的一种带有浓厚空想色彩的小资产阶级思想流派。这些思想家们对封建农奴制度深恶痛绝，同时又对资本主义十分不满。他们产生了一种企图绕过资本主义，直接走向社会主义的幻想。19世纪60~70年代的革命民粹主义，攻击沙皇专制制度，鼓吹农民革命；19世纪80~90年代的自由民粹主义逐渐蜕化，同资产阶级自由派合流，与沙皇政府妥协，鼓吹改良主义。

1867年《资本论》第1卷的出版，在俄国立即引起了对马克思经济思想的研究和激烈争论。争论围绕的主题：俄国是否已具备形成资本主义的历史条件？俄国是否会走上资本主义发展道路？参与这场辩论的有民粹派的理论家米海洛夫斯基，资产阶级社会学家契切林和马克思经济理论的普及者、经济学家季别尔以及"劳动解放社"的成员普列汉诺夫等人，这场辩论使《资本论》的基本思想迅速在俄国传播开来。

二 列宁对民粹主义的批判及其对马克思主义的发展

在1897年被流放到西伯利亚舒申斯克村期间，列宁撰写了许多经济著作，如《评经济浪漫主义》《我们究竟拒绝什么遗产》《农业中的资本主义》《俄国资本主义的发展》《市场理论问题述评》《再论实现论问题》。这些著作表明，列宁完成了从思想上彻底批判自由民粹主义的任务，揭露了"合法马克思主义者"在实现论、危机论上的错误。

19世纪90年代的自由民主民粹派虽然迫于现实已经不否认俄国资本主

义的存在，但是他们认为俄国现实中的资本主义是"偶然"出现的，是"人为的"，是政府执行错误经济政策的结果。因此，资本主义在俄国只不过是一些"温室植物"，是没有根基的。列宁在《论所谓市场问题》《什么是"人民之友"以及他们如何攻击社会民主党人？》《民粹主义的经济内容及其在司徒卢威先生的书中受到的批评》《俄国资本主义的发展》等著作中指出，资本主义生产方式的产生绝不是什么"偶然的""人为的"结果，更不是由什么"狡诈之徒"的活动及政府的错误政策造成的，而是由"商品经济本身的力量所必然引起的分化"造成的。列宁非常重视对这个论点的阐述。他觉得这一论点是工人社会主义理论不同于旧时农民社会主义理论的主要之处，因为旧时农民社会主义理论既不了解小生产者所处的商品经济环境，也不了解小生产者在商品经济基础上发生的资本主义分化。

对于俄国农业中资本主义的产生与发展。列宁从农民经济、地主经济、农业生产三个方面专门研究了改革后俄国农业资本主义演进的特点，由此构成了完整的关于农业资本主义的理论体系，进一步丰富和发展了马克思主义。第一，列宁从资本主义产生和发展的角度，深刻地阐明了农民村社经济结构的性质，发展了马克思主义，粉碎了民粹派的谬论。第二，对小农经济发展的特征——农民分化的详尽研究，是列宁对马克思主义的又一贡献。列宁的研究证明，资本主义同样在不断地分化着小农经济，只不过它在农业和在工业中具有不同的特点而已，从而彻底驳斥了修正主义者鼓吹的所谓马克思关于工业中资本积聚和集中的规律不适用于农业的"小农经济稳固论"。第三，列宁对俄国农民经济状况和阶级结构，对地主经济资本主义化的整个过程也进行了分析。他创造性地发展了马克思关于资本主义产生和发展的学说，彻底粉碎了民粹派否认农民分化并把地主经济理想化的企图。

对于俄国工业中资本主义的发展及其阶段，列宁根据马克思关于资本主义工业发展划分阶段的原理，按照历史发展的顺序，考察了俄国工业中资本主义发展的三个主要阶段，即小商品生产、工场手工业和大机器工业阶段。与农业相比，资本主义在俄国工业中获得了更为显著的发展。列宁根据马克思主义原理和大量统计资料，对俄国资本主义在农业和工业中的发展进行了全面的研究和分析，深刻地证明了改革后俄国的社会经济制度和阶级结构，从而无可辩驳地证明：资本主义无论在城市或农村都已成为占统治地位的生产方式，俄国按照经济特征和居民的阶级结构来说已经是一个资本主义国家，但是它与欧美发达资本主义国家相比，在经济上仍很落后，资本主义发展的速度也是缓慢的。原因在于：俄国仍存在很多农奴制残余，阻碍着资本主义的发展，并使生产者的状况恶化。资本主义生产的发展和资本主义生产的不发展都使生产者受累。

列宁通过对俄国资本主义的产生和发展的分析，完成了从思想上彻底粉碎民粹派的任务，同时也揭露了"合法马克思主义者"的资产阶级本质。列宁对俄国资本主义产生与发展的分析，不仅捍卫了马克思的经济学说，而且丰富和发展了马克思主义经济学。马克思在《资本论》中对小商品生产的分析没有构成专门的一部分。他考察"资本原始积累"时，曾指出其实质是直接生产者和生产资料的分离过程，这一过程的基础是对农业生产者的剥夺，使农民脱离土地，但除此之外，原始积累过程还有它的经济方面，即小生产者的资本主义分化。马克思在《资本论》中没有谈农业革命的纯经济原因，只研究了它的暴力手段。因此，马克思详尽考察了这一过程的后一方面，即对小生产者的强制剥夺，而没有专门考察前一方面，即小生产者在商品经济与价值规律作用的基础上发生的资本主义分化。列宁则专门考察了小商品生产者在商品经济发展和价值规律作用发展的基础上的资本主义分化，全面地分析了由小商品生产转化为资本主义生产的道路，以及它们之间的联系和区别，研究了这一分化过程的特点和形式，揭示了价值规律在其中的作用及其表现形式。这极大地丰富和发展了马克思关于资本主义生产方式产生和发展的原理。

自由主义民粹派否认俄国资本主义发展可能性的另一个重要理论根据就是认为，如果在无产阶级和资产阶级之外没有第三者或外国市场的存在，剩余价值就无法实现，资本主义也就根本无法得到发展。因此他们断言，要使剩余价值能够实现，就必须有非资本主义的生产者或国外市场的存在。在无国外市场，非资本主义的小生产又已完全转化为资本主义的时候，市场就不会再扩大，资本主义的发展就要停止。列宁利用马克思的再生产理论对自由主义民粹派的论调进行了批判。列宁为了驳斥民粹派，在《论所谓市场问题》中将资本有机构成提高问题引进了对资本主义扩大再生产的分析研究范围内，从而证明了在资本主义扩大再生产的过程中，第一部类比第二部类发展得更为迅速，这就使资本主义扩大再生产在很大程度上可以依靠由生产资料生产的扩大所造就的广大市场而得到发展。

总的来说，民粹主义的错误源自其忽视社会的物质生活条件的首要作用而陷入了唯心主义，也就是说，其与社会物质生活发展的要求是不相适应的。而列宁的论点的科学性也出于此：永远依据社会物质生活发展的要求进行科学的认识，无论什么时候也不脱离现实生活，不脱离工人阶级的利益，不脱离劳动人民的利益。

事实证明，在俄国革命的过程中，以列宁为代表的俄罗斯社会民主工党（布）创造性地坚持、运用和发展了马克思主义，把马克思主义推进到了一个新的发展阶段，即列宁主义阶段，这具有重要的历史意义和理论意义。

第二节 普列汉诺夫的经济思想

一 普列汉诺夫早期的"民粹派"经济观点

格奥尔基·瓦连廷诺维奇·普列汉诺夫（1856~1918年）出生于俄国一个乡村贵族之家，被誉为"俄国马克思主义之父"。他在自己的革命生涯初期，是一个革命民粹主义的信徒，后来转向马克思主义。1882年，普列汉诺夫将《共产党宣言》译成俄文，马克思亲自为该译本写了序言。1883年，普列汉诺夫创建了俄国第一个马克思主义团体"劳动解放社"，并写了被列宁誉为"俄国社会主义的第一个纲领"的《社会主义与政治斗争》一书。此后，他领导的"劳动解放社"陆续将马克思的著作译成俄文，为在俄国传播马克思主义和培养俄国马克思主义者作出了不可磨灭的贡献。作为一位优秀的马克思主义理论家，普列汉诺夫在批判民粹主义、马赫主义和第二国际修正主义的斗争中继承和捍卫了马克思主义。

普列汉诺夫早期曾是一个民粹主义者，在其活动的民粹主义时期，是"土地和自由党"的著名理论家，他在《土地和自由》杂志上发表了《经济发展规律和俄国的社会主义任务》的长篇论文，在《俄国财富》杂志上发表了《土地村社及其未来的设想》的论文。那时候，普列汉诺夫对于社会主义运动的理论问题还没有完全搞清楚，因而把马克思恩格斯和杜林都摆在一起，认为他们都是社会主义者。

普列汉诺夫提出了资本主义只有在西欧才是进步现象的观点，他认为在那里与俄国不同，没有村社，私有制占统治地位。资本主义在实行个人主义原则的社会中产生的时候，它是进步的，因为资本主义为生产的公有化准备了条件，培养了工人阶级。普列汉诺夫认为，资本主义对于俄国来说则是倒退的现象，因为在俄国，实行集体主义原则的土地村社占统治地位。资本主义树立个人主义，排挤比较高级的合作社形式——农民村社。他把作为社会制度高级形式的农民村社同资本主义对立起来，从这些不正确的前提出发，他认为俄国不仅可以而且必须避免资本主义发展阶段。民粹派土地和自由党人认为，他们在推翻沙皇制度以后，就为整个俄国首先是农民村社的社会主义改造创造了条件。普列汉诺夫认为农民是基本革命阶级，而城市工人是农民的同盟军。

民意党人恐怖活动的失败，宣告民粹主义在政治上已经破产。俄国城乡资本主义的发展破坏了民粹主义关于"村社社会主义"的理论基础，马克思主义在西欧取得的接二连三的胜利和在马克思主义旗帜下形成的无产阶级群众性政党力量的日益壮大，都促成了普列汉诺夫向马克思主义的转变。在1880年1月流亡西欧期间，普列汉诺夫更多地了解了西欧工人运动的情况和马克思主义的著作，在用这些著作的观点对俄国以往革命的经验教训进行总结后，他最终转向了马克思主义。后来，他在总结自己走向马克思主义的道路时说："马克思的理论，仿佛是一条引路线，引导我们走出矛盾的迷宫，我们的思想由于受到巴枯宁的影响而在那些矛盾中挣扎。由于这个理论的指引，我完全懂得了，为什么革命宣传在工人中比在农民中取得的效果大得不可比拟。俄国资本主义发展本身不能不使巴枯宁分子担忧，因为这种发展会摧毁公社。但这个发展本身对于我们现在却具有使革命运动获得成功的新的保证的意义，因为它意味着无产阶级数量增长和阶级意识的发展。"[①]

二 清算"民粹派"经济理论

19世纪80~90年代，普列汉诺夫运用马克思主义经济思想与自由主义民粹派在理论上进行了激烈交锋。

---

① [俄]普列汉诺夫:《在祖国的一年》，王荫庭、杨永译，生活·读书·新知三联书店，1980，第121页。

第十一章 十月革命前后俄国对马克思主义经济思想的探讨

(一) 关于俄国资本主义和社会主义的前景

民粹派认为,俄国资本主义是在国家庇护下发展的,不具有普遍性。普列汉诺夫则着力论证俄国资本主义的必然性。众所周知,在资本主义高度发达的物质基础上的社会主义革命是马克思主义的理论前提。普列汉诺夫正是基于这一前提,对民粹派提倡的"另一条道路"的选择——那种不受客观经济条件限制的社会主义革命——持强烈的批判态度。这与列宁的观点是一致的。

(二) 俄国的具体经济结构与社会结构的分析

俄国马克思主义者分析了农村公社已在资本主义的侵蚀下逐步解体的客观现实,从而在客观上否定民粹派走村社社会主义道路的可能性。在城市,随着资本主义工商业的快速发展,俄国工人运动在19世纪的最后10年里有了质的飞跃。马克思主义与工人运动的结合不仅完全可能,而且是必要而迫切的。

普列汉诺夫认为,完全不必要害怕资本主义的发展。因为他坚信资本主义越是有力地发展,资本主义社会固有的矛盾越会大大地尖锐化,社会主义革命的胜利就越会临近。普列汉诺夫1885年出版了他批判民粹主义最重要的一部著作——《我们的意见分歧》。这部著作全面地批判了民粹派的理论,特别着重批判了他们的经济主张。

普列汉诺夫批判了民粹派否认马克思主义的普遍意义,认为马克思主义不适用于俄国的谬论。普列汉诺夫指出,马克思的确是把西欧资本主义经济关系的发展史作为典型来研究的,但他是从这一典型中抽取了那些最一般的规律。普列汉诺夫指出了俄国不仅一定会走资本主义的道路,而且已经走上了发展资本主义的道路。俄国同西欧只有资本主义发展阶段上的区别,而没有根本的对立。普列汉诺夫还驳斥了民粹派借口市场问题来否认俄国资本主义发展的可能性,不过他并没有从商品生产发展的内在规律出发,说明商品生产的发展必然会同时为自己创造出市场。也就是说他并没有从商品生产的辩证法来驳斥民粹派,而是强调俄国可以用关税来为资本主义保护国内市场,强调每一个落后国家在发展初期、在国内市场饱和之前,都可以用欠税制度消除来自更发达的邻国的自己力不能胜的竞争。

普列汉诺夫在批判民粹派时还正确地说明了资本主义经济的历史作用。

他依据马克思的基本原理肯定地指出，技术的不断革命是资本主义的必然规律，它保证了资本主义能用自己的廉价商品摧毁一切闭关锁国的自给自足的古老经济。科学技术的不断进步使资本主义同以往那种停滞不前的封建经济形成了鲜明的对比。因此，他认为只有以历史的观点才能给资本主义生产方式以科学的评价。民粹派对资本主义的态度代表了小资产阶级对资本主义经济的看法，它反映了在资本主义发展中不断遭到破产威胁的小资产阶级的一种悲哀心理状态。

与列宁相比，普列汉诺夫更热衷于理论研究和思想论战，并且长期在国外的生活使他的思想与俄国革命的实际脱节。《联共（布）党史简明教程》中指出："……普列汉诺夫没有注意到，无产阶级在革命进程中能够而且应当引导农民前进，并且只有同农民联盟，才能战胜沙皇制度。再次，普列汉诺夫把自由资产阶级看作是能够给革命以援助——虽然是不可靠的援助的力量……普列汉诺夫的这些错误观点，就是他后来的孟什维主义观点的萌芽。"[①] 从1903年12月起，普列汉诺夫在政治上开始与孟什维克"合流"，变成了一个狂热的孟什维克，从而与以列宁为代表的布尔什维克分道扬镳。

三 生产力论与革命道路问题

1903年开始，普列汉诺夫在政治和理论上开始与列宁出现分歧，转向孟什维克，分歧的焦点恰恰就是俄国革命道路问题。普列汉诺夫认为，并不是在任何特定的时候都能按照社会主义原则来改造社会的。"社会主义制度至少要以两个必不可少的条件为前提：①生产力（所谓技术）高度发展；②国内劳动居民具有极高的觉悟水平。在不具备这两个必要条件的地方，根本谈不上组织社会主义生产方式……"[②] 普列汉诺夫把生产力作为无产阶级革命和建设社会主义的首要条件。他还说，在一国的资本主义尚未达到阻碍本国生产力发展的高级阶段的情况下，号召城乡工人和最贫苦的农民推翻资本主义是荒谬的。普列汉诺夫进一步认为，社会主义革命的生产力条件不仅在俄国不

---

① 联共（布）中央特设委员会：《联共（布）党史简明教程》，人民出版社，1975，第16页。
② ［俄］普列汉诺夫：《在祖国的一年》，王荫庭、杨永译，生活·读书·新知三联书店，1980，第121页。

具备，在其他发达的资本主义国家，社会主义革命的时期也还未到来。没有具备生产力发展前提的无产阶级革命将会造成饥饿、危机，以及旧制度和专制统治的复辟。

普列汉诺夫认为，在第一次世界大战期间，资本主义社会的生产力还未发展到最高程度，还未由此形成在人口构成中占多数的有觉悟的无产阶级，因此在俄国以及其他发达资本主义国家都还未具备无产阶级革命的必要前提，这时要进行无产阶级革命以夺取政权、建立社会主义，是不合时宜的，强要进行这样的革命就会导致无产阶级利益受到损害和历史上的黑暗统治和旧的制度复辟，因此他激烈反对十月革命。后来社会主义国家的历史证明，普列汉诺夫所重视的问题极为重要。

普列汉诺夫继承和发展了马克思主义的生产力理论，他在1907年所著的《马克思主义基本问题》中，把生产力与生产关系、经济基础与上层建筑之间的关系，归纳为五个方面：生产力的状况；被生产力所制约的经济关系；在一定的经济基础上生长起来的社会政治制度；一部分由经济直接所决定的，另一部分由生长在经济上的全部社会政治制度所决定的社会中的人的心理；反映这种心理特性的各种思想体系。普列汉诺夫提出的这五项内容比较全面和准确地概括了马克思在1859年1月写的《〈政治经济学批判〉序言》中关于生产力与生产关系、经济基础与上层建筑之间的相互关系。普列汉诺夫把社会结构分为这五个层次，就是要我们在分析社会现象和确定方针政策时不能忽视人民群众的心理状态在社会发展中具有的独立地位和特殊作用，要充分估计到它是连接生产力状况、经济政治制度同思想体系之间的不可或缺的环节，它是反作用于生产力和经济政治制度发展的重要因素。

普列汉诺夫从生产力是社会发展的决定性因素的高度，充分阐明了地理环境对人类社会发展，特别是对原始社会发展的重大作用。他指出，自然界本身是推动社会生产力发展的原始推动力，社会生产力的发展在很大程度上取决于地理环境的特定。但是人跟地理环境的关系并不是不变的，人的生产力越是增长，社会的人跟自然界的关系就变化越快，人也就能更加迅速地使自然界服从自己的控制。

普列汉诺夫是一位伟大的马克思主义者，对完善马克思主义经济思想作出了巨大贡献。但是也必须同时指出，无论是普列汉诺夫或是其领导的"劳动解放社",都未能在实践上将马克思主义经济思想同具体的实践联系起来。这正如列宁所指出的:"'劳动解放社'只是在理论上为社会民主党奠定了基础,并且迎着工人运动跨出了第一步。"[①]

第三节　布哈林的经济思想

尼古拉斯·伊万诺维奇·布哈林（1888~1938年），曾任联共（布）党和共产国际领导人之一，马克思主义理论家和经济学家。他在政治生涯中担任过联共（布）党中央委员会委员、政治局委员、共产国际执行委员会委员、主席团委员和政治书记处书记等职务，被列宁评价为"苏联共产党中少有的一位理论家"。他曾是斯大林在执政初期重要的政治盟友，曾协助斯大林将托洛茨基开除出党。1938年，布哈林在大清洗中以叛国罪被判处死刑，1988年获得平反。

布哈林率先研究帝国主义问题。他认为，这是垄断资产阶级的政权同垄断金融资本的结合物，即国家资本主义托拉斯。他认为世界经济是资本主义生产关系体系，国际分工形成世界经济，世界经济是资本国际化过程的产物，这包含三个方面：商品销售市场、原料市场和技术范围，它们都是工业化国家和农业国家之间的经济关系。这些关系构成以全世界为范围的异质生产关系和与之相适应的交换关系的体系。过渡时期经济理论在布哈林的经济理论体系中也占据十分重要的地位。因为它是对布哈林全部经济理论研究的总结，是对他生活和斗争在其中的经济关系的理论研究的总结。

一　对帝国主义的研究

从19世纪80年代开始，资本主义宗主国加速夺取殖民地，并将殖民地从政治上和宗主国连在一起，到19世纪和20世纪之交，世界已被宗主国分割完毕。第一个运用马克思的理论来研究帝国主义的是希法亭，他在1910年的《金融资本论》中认为，帝国主义是金融资本的政策。布哈林就是在这样的社会经济和意识形态条件下来研究帝国主义的。

---

① 《列宁全集》第25卷，人民出版社，2017，第140页。

第十一章 十月革命前后俄国对马克思主义经济思想的探讨

希法亭的理论对布哈林的影响很大。布哈林在1918年出版的《世界经济和帝国主义》中认为,帝国主义就是金融资本条件下的世界经济,这时的布哈林并不认为帝国主义是一个历史阶段。其后,列宁论帝国主义的著作陆续发表,布哈林开始接受列宁的观点,认为帝国主义是一个历史阶段。第一次世界大战时,资本主义国家政权干预或统制经济日益加强,由国家政权兴办的公营经济,尤其是军火工业迅速发展,这两者都意味着计划化和社会化的产生和发展。布哈林首创地认为,这是垄断资产阶级的政权同垄断金融资本的结合物,即国家资本主义托拉斯。

(一)世界经济和帝国主义

(1)世界经济的定义和内容。布哈林的帝国主义理论是他的世界经济理论的另一面。布哈林把世界经济定义为全世界范围的生产关系以及与之相适应的交换关系的体系。针对当时流行的关于"世界经济"的错误理解,布哈林根据其对世界经济的理解进行了批评:"当我们说世界经济时,我们是以经济联系的范围为分类标准,而不是以生产方式的不同为标准。因此,如果对马克思主义者进行责难……说马克思主义者预见到资本主义社会以后是社会主义社会,而没有预见到世界经济,这是荒谬的……(这)不过是把根本不同的分类混为一谈罢了。"[①]

事实上,布哈林认为,世界经济是由全世界范围内的异质生产关系等构成的生产关系体系,即资本主义生产关系和前资本主义生产关系相联系而构成的体系。他认为,国际联系在范围上的扩大,伸展到过去没有卷入资本主义生活漩涡的地区,可以说是世界经济在广度上的发展,并且国际经济联系越来越频繁地向纵深发展,是世界经济在深度上的发展。在历史上,世界经济发展的两个方面同时并进,在广度上的发展则主要是列强通过实行兼并政策完成的。

布哈林认为,世界资本主义即世界性的生产体系,呈现如下面貌:一方面是少数几个组成强国的经济体,另一方面是外围的半农业或农业体制的不发达国家。这就是那时的世界经济,即社会主义尚未产生前的世界经济。研究世界经济,就是要说明这个体系如何产生,并揭示这个体系内部的规律。

[①] [苏]布哈林:《世界经济和帝国主义》,蒯兆德译,中国社会科学出版社,1983,第9页。

（2）世界经济的形成及其三个方面。在布哈林看来，国际分工形成世界经济，世界经济是资本国际化过程的产物。由于世界分为工业化的文明强国和农业的不发达国家，前者就需要后者成为它的工业商品销售市场和工业原料的供应市场。随着商品流通的国际化，资本流通和劳动力流通也逐渐地国际化。资本流动的国际化，不像商品交换的国际化那样是双向的（工业品和农产品交换），而只是单向的，即资本从工业化国家流向农业国家（为追逐较高的利润率）。至于劳动力流动的国际化，由于新大陆缺乏劳动力，工资最高，当它还是个农业地区时，欧洲的工业国家和亚洲的农业国家就有劳动力流动到那里。

很明显，布哈林这些分析无论是在理论上还是在方法论上，都仍然具有局限性。从理论上看，如果说在国际分工的条件下，工业品和农产品在国际的流通，一般来说较少地受到政治条件限制，那么资本的国际流动，即资本从工业化国家输出到农业国家，就不是这样。对此，李嘉图比布哈林早100年就提出来了。[①] 而从方法论上看，按照上述理论，世界经济的三个方面就应该是随着资本主义的产生而形成的，这样就没有办法说明帝国主义和一般资本主义有何区别。

（3）金融资本和帝国主义。在布哈林看来，世界经济的变化是由垄断的形成所引起的。而资本家垄断组织的形成过程，是资本积聚与集中过程的逻辑的和历史的延续。这个过程发生在生产部门、流通部门，以及银行和工业之间，这样银行资本就可以向工业渗透，从而使资本转变为金融资本。经过这样的兼并，全社会的竞争和生产无政府状态就消失了。不仅如此，除了唯一的一个垄断工业和垄断银行相渗透的垄断经济外，再也没有其他经济的存在，国家政权就同这样的垄断经济相结合，成为国家资本主义托拉斯。

布哈林认为，商品销售市场和原料供应市场也由此发生了变化，出现了资本民族化的倾向。首先是国内市场，既然国内市场消灭了竞争，"生产者"就能提高商品价格、获得额外利润，进而可以在世界市场上以低于生产成本的价格销售商品，即实行倾销政策。而这也同时导致经济领土扩大，即把国

---

① ［英］李嘉图:《政治经济学及赋税原理》，郭大力、王亚南译，商务印书馆，1962，第115页。

家的有机体的分散部分结合起来，例如使殖民地与宗主国合并，组成一个具有共同关税壁垒的统一帝国。同时，在原料供应市场方面，随着资本主义发展的步伐愈迅速，经济生活的工业化与农村的都市化进程越发加快，工业与农业之间的不均衡就越加严重。这样，工业发达国家为占有落后国家进行的竞争也越加激烈。

资本的世界流动同样发生着变化。资本总是向利润率较高的落后国流动，从这点看，布哈林认为在资本主义发展的几乎全部历史中都可以看到资本输出，但要在金融资本条件下它才具有空前的特殊重大的意义。首先，垄断的存在使资本的利用受到限制，而非垄断经济创造的剩余价值，一部分被转移到"垄断组织的共同所有者手里"，因而利润下降严重，这驱使资本输出。其次，高关税的存在，使资本能够绕过关税进入高关税国家，成为生产资本，再反过来受高关税保护，而资本输出是资本民族化第三个方面的结果。

（二）对"超帝国主义"理论的批判

卡·考茨基曾经根据资本主义的发展趋势提出在帝国主义之后有可能出现"超帝国主义"阶段的设想。布哈林在《世界经济》一书中有专门一章"帝国主义的'必然性'和'超帝国主义'"批评考茨基的新理论。布哈林的观点概括起来就是一句话：超帝国主义在理论上是可以设想的，但是实际上是无法实现的。从理论上讲，帝国主义不过是国家资本主义托拉斯之间竞争的表现，因此这种竞争一消除，帝国主义政策的基础也就消除了，这就出现把被分解为各民族集团的资本变成统一的世界组织的过程，这个世界组织就是与无产阶级对立的世界托拉斯。但是，由于社会政治条件的限制，这种囊括一切的托拉斯不允许被成立。对于这个论断，布哈林作了详尽的论证。[①]

国际托拉斯的建立需要经济、政治上相等。对于相等问题，不能仅限于从静态即现状去考虑，还要从动态即发展的可能性去考虑。"在最近的将来，在我们即将目睹的历史进程中，世界资本主义将以吞并弱者的办法，朝着全世界的国家资本主义托拉斯的方向行进。一旦现在的战争结束了，又有新的

[①] 参见〔苏〕布哈林《世界经济和帝国主义》，蒯兆德译，中国社会科学出版社，1983，第106~197页。

问题不得不以剑来'解决',任何协议或合并都只能以新的规模来重演。如果欧洲统一起来,那还会出现以欧洲为一方,以美洲和亚洲为另一方的大规模斗争。"[①] 应该说,从第一次世界大战到第二次世界大战的历史充分证实了布哈林的这一判断。

布哈林认为,如果机械地看待社会进程,那么各国资本主义托拉斯通过彼此吞并,最后是有可能出现战胜所有对手的强国,这就可能出现"超帝国主义"时代。然而这种设想没有把工人阶级的力量估计在内。而从资本主义的角度看,集中过程必然同一个与之对抗的社会政治的趋向发生冲突,因此,它绝不能达到逻辑上的终点,在此之前就会崩溃,而只有在一个新的、纯粹的非资本主义形态之中才能完成。

超帝国主义固然没有出现,但帝国主义也没有崩溃。不仅如此,资本主义还得到了长足的发展。这就提出一个问题,到底应当如何评价资本主义这一新现象呢?

到1924年前后,资本主义出现了相对稳定的现象,这以后资本主义出现继续发展的趋势。对于这种情况,布哈林指出,如果不可能使社会发展脱离资本主义的轨道,那就需要认真考虑资本主义的发展前途,利用资本主义的相对进步性。在这里,对实践活动起决定性作用的有两个重要因素:第一,对于客观前提的估计,即对于该经济发展阶段的分析;第二,对当时无产阶级力量的估计。

历史证明,布哈林对资本主义经济继续发展可能性的论述在总体上是符合实际的。资本主义至今仍具有自我调节的能力,因为资本主义可以利用危机通过大规模的经济破坏对经济关系进行调整,更新固定资本,把最新科技成果用于国民经济。布哈林认为,资本主义矛盾的扩大再生产将导致资本主义的最终崩溃。资本主义的全面崩溃必将到来,这不是因为资本主义在其各部门中将变得越来越软弱,而是因为资本主义自身及其整个发展进程中产生的内部和外部的巨大矛盾,将导致越来越强烈的冲突,而当这些对抗力量冲突时,资本主义社会形态将被炸毁并灭亡。

资本主义矛盾的存在是一个客观现实,它过去存在,现在存在,将来也

---

① [苏]布哈林:《世界经济和帝国主义》,蒯兆德译,中国社会科学出版社,1983,第110页。

必然继续存在。因此，用矛盾的发展和扩大以至爆发和激变去解释资本主义的必然灭亡，是符合辩证法观点的。这样既可以看到并承认资本主义条件下经济发展的可能性和现实，也不至于因此而否认资本主义必然灭亡的前景。

二 布哈林的过渡经济理论

过渡时期经济理论是布哈林全部经济理论研究的总结，它也是布哈林对他生活和斗争在其中的经济关系的理论研究的总结。从方法论上讲，布哈林的过渡时期经济理论深受波格丹诺夫机械主义的影响，即将社会规律归结为自然规律，将社会现象归结为技术现象、生物现象和心理现象。而这被列宁所批判，他曾多次指出波格丹诺夫哲学的错误和危害性，并着重强调它的非马克思主义性质。具体来说，针对波格丹诺夫的机械主义理论，列宁极其强调生产关系的客观性和物质性，指出生产关系虽然不能被感性觉知，但它们是物质的。生产关系的物质性在于它们存在于人们的意志和意识之外。

在布哈林的过渡时期经济理论中，过渡时期特指从资本主义私有制社会到建成共产主义（其第一阶段是社会主义）公有制的时期，即从私有到共有的过渡期。这是因为，在马克思看来，生产资料公有制是由于要解决生产资料私有制的矛盾而产生的，但资本主义政治上层建筑会保护私有制，公有制不能自发产生，它的产生要以无产阶级夺取政权为条件，所以新政权的产生就是过渡时期的开始，在政权的作用下，私有制全部被公有制取代，就是过渡时期的结束。布哈林的过渡时期经济理论主要体现于其1920年出版的《过渡时期经济学》中，主要内容包括以下几点。

（一）社会主义革命的经济条件

社会主义革命需要有一定的经济条件，布哈林将它归结为世界资本主义的成熟性问题，并且指出它包含相互联系、相互制约的三个方面：第一，世界资本主义的经济技术基础及其组成形式。第二，工人阶级、小资产阶级和资本主义大资产阶级之间的力量对比。第三，无产阶级在文化、思想上的成熟性。在他看来，这些条件都已具备。毫无疑问，资本主义关系总的来说已经成熟到可以向社会主义关系过渡。

（二）关于社会主义工业化和农业社会主义改造问题

（1）社会主义工业化的重要性。布哈林极其重视苏维埃国家的工业化，将其看成建设社会主义的根本任务和中心环节，他认为国营工业是发展着的社会主义的基础，在任何条件下，不管执行什么样的经济政策方针，对于共产主义建设来说，根本的利益就是大工业的利益。他说大工业是全部技术发展的出发点；大工业是共产主义社会经济关系的基础；大工业是实现共产主义革命的社会力量即工业无产阶级的支柱。因此，按照发展生产力的路线而制定的经济政策的根本任务，就是要加强大工业。

（2）社会主义工业化的资金来源。布哈林坚决反对托洛茨基主张的用剥夺农民的办法来筹集工业化资金的意见，并断然驳斥了普列奥布拉任斯基的"社会主义原始积累"的错误理论。

布哈林指出，"社会主义原始积累"的观点完全背离了马克思主义。"社会主义原始积累"论歪曲了无产阶级专政下工农两个阶级关系的性质，以及工业和农业关系的性质。他指出，把工农两个阶级的关系看成剥削与被剥削的关系是极端错误的。布哈林指出，普列奥布拉任斯基在方法论上有两个错误。一是他把问题看成静态的，而不是动态的，问题的关键不局限于在工人阶级和农民之间瓜分现有的国民收入，因为如果任务只是把生产出来的剩余产品在工农之间分光，而工人要获取最大的一份，这样就再也谈不上再生产的问题，谈不到向共产主义迈进的问题，谈不到工农联盟的问题了。二是他孤立地看待社会主义工业，而不是把它同农民经济联系起来，他不了解社会主义工业中的积累是农民经济中的积累的函数。

布哈林尖锐地指出了"社会主义原始积累"论的实质和严重危害性。他说，如果实行这种"殖民地"路线，剥削农民，从农民那里攫取技术上可以达到的一切，那时，农民经济将会衰竭，需求缩减，销售发生危机，社会再生产过程进展缓慢，工业凋敝……总之，执行这条"殖民地"路线，在经济上将会导致社会主义工业和整个国民经济的崩溃和破产；在政治上将导致工农联盟破裂，至少是严重破坏。

布哈林认为，苏联社会主义工业化有三个主要资金来源：一是国营工业和国有化企业的利润；二是对农民和私人资本进行征税；三是争取外援。为了确保上述资金来源的可靠性，布哈林认为应该采取如下三个主要措施。第一，缩减一切非生产性开支，提高劳动生产率，以便增加国营工业和国有化企业的利润，这是增加社会主义积累的主要来源。第二，进一步加快经济的周转，资本利用率的提高。积累率决定于流通的效能和速度，为了加快经济的周转，就必须继续坚持列宁的新经济政策，必须保留并搞活市场，使之成为国家与农村经济之间联系的一种纽带，从而成为工人阶级和农民之间联系的一种纽带。第三，在发展个体经济的基础上，加快农业的发展。布哈林认为，农业是工业资金积累的重要来源。布哈林一方面批判了托洛茨基和普列奥布拉任斯基用提高工业品价格的办法来剥夺农民，从而为工业化积累资金的主张；另一方面他又批判了小资产阶级保守主义思想家要求为农业免除用于为工业积累资金的一切扣款的主张。他还进一步指出，农业不仅能为工业发展提供一般的资金来源，而且还能为工业的发展提供特种的资金来源——出口农产品能换取工业所需的外汇。

（3）工业化的速度问题。布哈林十分重视工业化发展的速度问题，认为这一问题在当时两种社会制度的竞赛中具有重要意义。值得注意的是，布哈林所主张的高速度同托洛茨基的"超工业化"的高速度是根本对立的。托洛茨基认为，必须加强工业化，而且要超过现在已经做过的一切，其办法就是每年最大限度地把资金从农业抽调到工业中来，以保证工业的最大发展速度。

布哈林认为，苏联工业问题并不是发展速度太慢，而是工业在其发展中遇到了发展的极限。造成这种发展的极限的原因：第一，工业内部各部门之间的发展没有形成恰当的比例；第二，工业生产的经常增长和基本建设的增长之间没有形成恰当的比例；第三，原料供应不足；第四，建筑材料不足；第五，粮食供应不足；等等。在这种情况下还要把资金从农业调往工业，继续盲目加快工业发展的速度，其结果必然是加大工业内部和国民经济各部门之间比例的失调，造成原料、材料和粮食供应的更大短缺，这无异于经济上的自杀。

布哈林是主张尽可能迅速地发展社会主义工业的，但他所主张的高速度与托洛茨基的高速度不同，其根本区别有两方面。一方面，布哈林所主张的工业高速发展不是一种短期行为，而是一种长期行为；另一方面，布哈林所主张的工业的高速发展，不是以损害农业的发展为代价而获得的，而是在农业高涨的基础上产生的。这一点不仅是他同托洛茨基在工业化上的区别之所在，也是社会主义工业化同资本主义工业化的一个主要区别。

（4）关于农业集体化的争论。布哈林是在1926年以后开始思考如何使苏联的个体农民摆脱落后的生产方式走上农业集体化道路的,相对于联共(布)中央正式通过的决策,布哈林强调要经过较长的时期才能实现农业集体化,因为切实可行的农业集体化需要具备三个条件:熟练的劳动者、农业上的一定积累和相当程度的机械化。但是,布哈林认为这三个先决条件在当时都不存在。因此,他认为苏联要在较短时间内实现大规模的、全面的农业集体化是不切实际的。

除此之外,布哈林还对社会主义工业化与农业集体化的关系进行过探讨,深刻地阐述了国民经济的平衡发展问题。

必须指出的是,列宁对此与布哈林有着完全不同的看法。1920年,列宁在对布哈林的《过渡时期经济学》进行评论时,极其强烈地批判了布哈林所接受的波格丹诺夫的方法论。具体来说,列宁完全不赞同布哈林将生产关系归结为技术关系的做法和用能量单位表示社会价值的意图。列宁指出:"……布哈林在波格丹诺夫所用的'涵义'上'使用了这些术语',他不想一想,波格丹诺夫这些术语及其涵义是以他的哲学,唯心主义和折衷主义的哲学为'基础'的……"[①]

(三)过渡到新经济政策后布哈林经济观点的发展

布哈林认为,任何一个国家的无产阶级在革命取得胜利以后都将面临一个极其重要的经济组织问题,即如何安排两种生产形式之间的比例:一种生产形式,无产阶级能够使之实现合理化和有计划地管理;另一种生产形式,无产阶级在自己的发展初期不能使之实现合理化和有计划地管理。如果无产阶级没有正确地规定这两种生产形式之间的比例,那么无产阶级就不可避免地将陷入窘境:生产力受到束缚而得不到发展,无产阶级不可能组织一切,因而它也就不可能用自己的计划去取代拥有自己的个体经济的小生产者、小农,经济周转也被堵塞了。其结果是,作为统治阶级的无产阶级就不可能给社会提供它实际上所需要的东西。这就意味着生产力的进一步下降,意味着人们经济生活水平的进一步下降。

这也就是说,战时共产主义时期的经济政策,不是以发展生产力为目的的政

[①] 中共中央马克思恩格斯列宁斯大林著作编译局:《列宁对布哈林〈过渡时期经济〉一书的评论》,人民出版社,1976,第64页。

策。当时的根本任务是赢得国内战争的胜利,为此必须立刻获得产品,以供应红军,供应国防工厂的工人,而为了把产品拿到手,甚至可以不惜以破坏生产力为代价。这种政策在农业中实施的情况最为典型。布哈林认为,一方面,新经济政策是一种独特的俄国现象,另一方面,新经济政策对于夺取政权的无产阶级来说,是一种正常的经济政策。因为即使在一些先进的工业国,也存在小生产者和个体农民。由此可见,新经济政策是各国无产阶级在革命胜利后都必须普遍采取的正常的经济政策。

布哈林的社会主义经济思想在一定程度上是对马克思主义经济思想的运用与发展。例如,在宏观经济理论方面,布哈林提出了国民经济平衡发展的理论,强调国民经济各部门之间必须保持适当的比例,以达到各部门之间的最佳结合。但是,布哈林的经济思想中也有着明显的错误,例如布哈林在其著作中将经济规律的客观性和它表现的自发性等同起来的机械论思想,干扰了苏联经济学的发展。在布哈林看来,似乎社会主义经济规律是没有客观性的,而只有生产关系的自发发展才具有客观性。而这与马克思主义关于社会规律性的客观性的学说完全相悖。

另外,布哈林的经济思想也阻碍了社会主义政治经济学的发展。在20世纪20年代,苏联经济学界的主流意见是认为政治经济学只应当研究资本主义的生产方式。例如,布哈林对社会主义政治经济学的历史主义认识就持赞同意见,他认为政治经济学的研究对象是历史上一定的资本主义生产方式,因此政治经济学就是一门历史的科学,而这与马克思主义经典作家的观点是完全相悖的。例如,恩格斯就指出:"政治经济学作为一门研究人类各种社会进行生产和交换并相应地进行产品分配的条件和形式的科学,——这样广义的政治经济学尚待创造。到现在为止,我们所掌握的有关经济科学的东西,几乎只限于资本主义生产方式的发生和发展。"[①] 由此可见,恩格斯明确指出狭义政治经济学和广义政治经济学的不同,即广义政治经济学是不限于研究资本主义社会形态的。因此,布哈林的有关观点助长了这种关于政治经济学研究对象的错误认识的泛滥。布哈林关于政治经济学的研究对象的错误认识也被列宁所完全反对。除此之外,布哈林还认为在社会主义条件下,社会经济

---

① 《马克思恩格斯选集》第3卷,人民出版社,1995,第492页。

不由市场的盲目规律所调节，而由自觉实施的计划所调整，因此政治经济学就是被叙述的体系并会被规范的体系所代替。这里的错误在于，布哈林混淆了客观性和自发性，因此才得出了在社会主义社会中，计划执行着经济规律职能的结论。而毫无疑问的是，布哈林提出的观点都是从主观主义出发得出的错误观点。

总的来说，布哈林的这些理论，由于政治因素等而未能发挥其中的有益部分在当时应发挥的作用。但也必须指出的是，布哈林的理论在当时的环境和条件下的实质，是过于夸大资本主义要素的威力，试图作出将国民经济命脉中的许多经济部门交给私人资本控制、允许私人资本参与混合股份公司等巨大让步。

第四节 普列奥布拉任斯基的新经济学

叶甫盖尼·阿列克谢耶维奇·普列奥布拉任斯基（1886~1937年）是20世纪20年代苏联"左"倾经济思想的代表，曾对苏联早期的经济学理论作出过开拓性贡献。十月革命后，他当选为俄共（布）中央委员，历任俄共（布）中央书记、党的机关报《真理报》编辑。1920年与布哈林合著马克思主义通俗小册子《共产主义ABC》，在向工农群众传播科学社会主义理论方面发挥了重要作用。从1923年起，普列奥布拉任斯基成为托洛茨基派的主要理论家，陆续写出不少反映该派思想观点的经济学著作。在1937年1月公审所谓的"反苏托派中心案件"中被诬陷，被作为"人民之敌"处决。1988年恢复名誉。

普列奥布拉任斯基是20世纪20年代苏联的主要经济学家之一。主要著作有:《无产阶级专政时代的纸币》(1921年)、《从新经济政策到社会主义》(1922年)、《论新经济政策下的经济危机》(1924年)。在他的著作中,《新经济学》较早系统地论述了苏维埃经济的性质、过渡时期的基本经济规律、计划和市场、货币和利润的作用，提出了实行高积累、高速度工业化方针和高度国家垄断、高度集权的计划管理体制的理论，该书在当时工业化争论中占有重要地位，对后来苏联经济思想的发展和高度集中的行政命令体制的形成都产生过一定的影响。

第十一章 十月革命前后俄国对马克思主义经济思想的探讨

一 社会主义原始积累规律

苏联如果进行工业化就必须依靠它不多的资源来支付工业化的费用，代价是在完成改变的过程中减少国内消费。这实际意味着负担的主要部分必然要落在农民身上。在这种情况下，普列奥布拉任斯基提出了"社会主义原始积累规律"。他首先根据积累来源的不同，区分了社会主义积累和社会主义原始积累。他说，社会主义积累就是把剩余产品加入发挥职能的生产资料中去，这种剩余产品是在已经形成的社会主义经济内部创造出来的。与此不同，我们把国家手中的主要源于或同时源于国营经济综合体之外的物质资源的积累叫作社会主义原始积累。他这里所说的源于国营经济综合体之外的物质资源，是指以不等价交换等手段从小农经济中获得的产品。

当无产阶级在一个经济落后的国家夺得政权之后，实现工业化所需要的资金从哪里来？普列奥布拉斯基指出，单靠国营工业自身的积累不能完全解决资金来源问题，这不是毫无道理的。苏联在20世纪20~30年代，即在整个工业化过程中，一直在争论工业化资金来源问题，就说明了这一点。但其根本错误在于：主张用最大限度从农民那里抽取剩余产品的办法来解决资金来源问题，并将之看作过渡时期最重要的规律。关于社会主义原始积累的方法，普列奥布拉任斯基区分为国家宏观经济政策和产业部门经济政策两个方面，通过对国家宏观经济和产业部门经济的分析，其提出了自己的社会主义原始积累方法。

针对国家的宏观经济政策，普列奥布拉任斯基提出了过渡时期苏维埃经济的社会主义原始积累的方式：对公民及手工业者、小资产阶级、私人资本主义的利润征税，发行公债、纸币，以及采取价格政策等。这些方法实际上就是国家利用各种手段从小农经济、私人经济那里为工业化积累资金。针对产业部门经济政策，普列奥布拉任斯基分别阐述了铁路、银行、国内贸易和对外贸易这几个部门的原始积累方法。

针对铁路系统，他提出，应对国有和合作社的发货者与私人发货者予以区别对待，应该给国有经济和合作社相应的更多优惠，以达到重新分配资金的目的。针对银行系统，他主张通过对银行系统的垄断，收集社会闲置资金，并进行重新分配。另外，要通过银行的信贷系统实现对国民收入的有侧重的再分配，也就是通过利用不同所有制经济主体之间的利息差额来实现社会主义的原始积累。针对国内贸易，普列奥布拉任斯基提出，可以对私人经济活动征税进行积累，还可以在商品交换的基础上进行社会主义原始积累。针对对外贸易，从商品出口方面来说，普列奥布拉任斯基主张实现国家对商业的垄断，从而控制流通领域，再运用价格政策来调节生产者产品的供给，使之满足国家的计划和安排。普列奥布拉任斯基还把关税分为不同的种类，分析了不同种类的关税对积累的影响。

普列奥布拉任斯基还谈到同非社会主义成分进行不等价交换在积累中起到的作用。实际上是主张国家工业品和非社会主义成分进行不等价交换，也就是说有意识地推行把多种形式的私有经济中相当部分的剩余产品归公的价格政策。普列奥布拉任斯基还特别地阐述了国营经济在生产基础上的积累问题。他认为工资规律是社会主义积累对工人的一种必然性要求，工资规律实质上是通过降低工人工资来克制工人这一庞大群体的需求，进而增加社会主义原始积累。

二 价值规律与社会主义原始积累规律对过渡时期经济的调节

普列奥布拉任斯基认为，在整个过渡时期，贯穿着社会主义原始积累规律同价值规律的斗争。一方面，社会主义经济的规律是社会主义积累规律，它的作用也可以扩大到完全异类的私有经济中；另一方面，简单经济和资本主义经济的规律是价值规律，它的作用也可以扩大到国营经济中。所以，苏维埃经济是在经济史上从未有过的两种不同的、本质上对抗的、具有不同调节类型的经济制度共处的舞台，也是两种规律斗争的场所。普列奥布拉任斯基具体分析了在不同市场交换关系中的两种规律的斗争。

（1）国营企业之间的市场关系。作为商品生产经济规律的价值规律的压力是从外部传导到国营企业内部的，一方面表现为要进行成本核算，另一方面反映在一般工资水平上，因为工人用于消费的商品必须从市场中购买，在这个领域，两种规律的对抗改变了价值规律的形态，或部分地消灭了价值规律。

（2）国营企业同私有经济的市场关系。作为卖方，国营工业的垄断占优势，这里价值规律是受到破坏的。作为买方，当国营部门向小生产采购的商品也有其他买主时，价值规律会发生作用。即使主要由国家购买，但如果这个垄断的买主规定的价格不能为生产者接受，农民可改种别的作物，这时价值规律也会发生作用。但是，对外贸易的垄断和工业企业的垄断掌握在国家手里，左右市场状况的是国家。这个领域是社会主义原始积累规律同价值规律斗争的领域。

（3）私有经济之间的市场关系。这里，价值规律是起作用的。但是，如果国营商业经营不善，要同私营商业竞争，就必须降低价格，这样又会影响国家的积累。因此，这个领域同样是两种规律斗争的领域。

根据两个调节者的理论，普列奥布拉任斯基主张无产阶级国家的经济政策要自觉服从原始积累规律，而同价值规律进行斗争。他认为，社会主义原始积累规律战胜价值规律、计划战胜市场之日，就是过渡时期结束、社会主义制度建立之时。

三　苏维埃经济中的价值规律

普列奥布拉任斯基主张通过社会主义原始积累规律与价值规律的斗争，最终消灭价值规律。他从八个方面阐述了苏维埃经济中的价值规律：价值规律与垄断资本主义、农业国在实行工业社会主义化时期的价值规律、商品与价格和市场、价值规律与剩余产品和工资、国营经济中的利润范畴、地租范畴、利息和信用制度、合作社。

在分析价值规律和垄断资本主义时，普列奥布拉任斯基认为，过渡时期多种所有制经济共存，商品生产和交换仍然存在，价值规律发挥作用的前提仍未消失。另外，苏维埃经济不得不加强同世界资本主义贸易，价值规律在资本主义世界仍然有发挥作用的空间，因此，要重视价值规律。

在分析农业国在实行工业社会主义化时期的价值规律时，普列奥布拉任斯基作了比较简单的阐述，他指出价值规律在国营经济内部很大程度上已经消失，但价值规律在国营经济外部仍会大大地发挥作用。关于"商品，价格，市场"，普列奥布拉任斯基作了详尽的阐述。

对于生产资料的生产和收购，他指出，价值规律在国营经济内部影响已非常小，因为国家既是垄断的卖者又是垄断的买者，在这统一联合的托拉斯内部，价格徒具形式，只起到资金在不同部门进行分配的作用。价值规律受到了社会主义原始积累规律的限制。

对于消费资料的生产,价值规律会发挥更大的作用。普列奥布拉任斯基首先指出了在消费资料的生产上,相较于生产资料的生产,私营经济发挥的作用比较大,在生产资料价格波动方面受价值规律的影响比较大,比较多或比较直接地依赖私营经济对国有产品有支付能力的需求,以及供求关系对零售价格的影响比较大。[①]但他同时认为在这里价值规律同样受到了很大的限制。因为国营经济对生产资料的生产和销售有无可比拟的控制力和组织性,这样用于消费资料生产的生产材料的采购将受到很大的制约。同时,由于受生产规模和技术水平的限制,私营经济在消费品生产领域的发展不会对国营经济构成威胁,并且随着国有大工业的发展和国家计划性的加强,私营经济可以成为社会主义原始积累的重要来源。另外,在出现商品短缺时,价值规律同样会发挥作用。

普列奥布拉任斯基接着分析了剩余价值、剩余产品和工资。他指出了剩余价值转变为剩余产品的三个前提条件:一是产品变为商品;二是存在两个阶级之间的剥削关系,生产资料所有者把工人的剩余产品据为己有的制度;三是在资本主义制度下,采用剩余价值形式的剩余产品能以实物形式存在。普列奥布拉任斯基认为,在国营工业部门采用剩余产品这个术语不仅可以体现剩余价值的概念和范畴,而且包含集体的扩大再生产的剩余产品的因素,同时包含后者日益在其中占优势的生产和分配的关系。实际上,普列奥布拉任斯基是把生产力和生产关系结合起来分析了这个问题。对于工资,普列奥布拉任斯基分析了社会主义原始积累规律和工资规律的矛盾,认为应当抑制工人的工资,以满足社会主义扩大再生产的需要。普列奥布拉任斯基认为这是由历史上的过渡性质引起的,是历史所处阶段的必然要求。

关于国营经济的利润范畴,普列奥布拉任斯基强调了国家计划和价格政策的巨大作用。对于地租范畴,普列奥布拉任斯基主张对存在剥削的阶级(如富农阶级)进行征税,以将其一部分剩余产品收归国家所有,间接地成为社会主义积累。同时,他认为,国家对国营企业征收的土地税,仅是借

---

① [苏]普列奥布拉任斯基:《新经济学》,纪涛等译,生活·读书·新知三联书店,1984,第125页。

用资本主义"地租"的说法而已,其实质是国家资金按计划在国家范围内再分配。

至于利息范畴,普列奥布拉任斯基认为利息范畴反映了过渡时期苏维埃经济多种所有制经济并存的情况,并认为这种利息实质是将私人资本主义范围的价值剩余转化为社会主义积累。对于国家的公债政策,国家要借用这种政策积累扩大再生产的补充资金,就需要拿出国营经济剩余产品的一部分作为利息给认购者以作为补偿。普列奥布拉任斯基据此认为,苏维埃经济是比资本主义信贷制度所能达到的计划性和统计更高级的一种计划性和统计。

对于合作社问题,普列奥布拉任斯基认为,它本身并不包含向社会主义过渡的积极因素,合作社如果在社会主义条件下存在,它必然会成为社会主义原始积累规律和价值规律斗争的舞台,国家会通过计划价格的政策来限制合作社的作用。

第五节 托洛茨基的经济思想

列夫·达维多维奇·托洛茨基(1879~1940年)是苏联无产阶级革命家、政治家、军事家、理论家,第四国际的主要缔造者。十月革命时,托洛茨基担任俄国社会民主工党(布尔什维克)中央政治局委员、彼得格勒苏维埃主席,是十月革命的主要领导人之一。十月革命后,他先后担任外交人民委员、陆海军人民委员、苏联革命军事委员会主席等重要职务。1927年,他被开除出党,随后被驱逐出苏联。托洛茨基在苏联历史乃至世界历史上都留下了深刻的印记。他作为苏联红军的缔造者之一,对苏联的军事建设作出了重要贡献。同时,他的政治观点和理论贡献也对后来的社会主义运动产生了深远影响。然而,他的政治生涯也充满了争议和悲剧。

托洛茨基1905年提出了不断革命的理论。在托洛茨基看来,俄国无产阶级完成了资产阶级革命后即开始了革命的社会主义阶段,这一阶段的革命只有在世界无产阶级的帮助下才能取得胜利。他激烈批评了斯大林领导下的俄共(布)中央的一系列决策,认为无产阶级政权变成了官僚制度。加速发展大工业,实现国家工业化,是托洛茨基经济政策的核心内容。他一向认为社会主义的唯一物质基础就是机器大工业，农业也只有建立在这样的物质基础上，才算是走上了社会主义道路。

一　对不断革命论的争议

在对马克思主义应用和发展过程中，托洛茨基也适应新的历史条件变化，加入了新的因素，这些观点也存在很多争论。

托洛茨基的不断革命论最基本的两个方面，即民主革命的不间断性与社会主义革命的不间断性，这两个基本要素从一开始就是不可割裂的。我们知道，1905年革命前，在认为行将到来的革命是资产阶级革命这一点上，布尔什维克与孟什维克不存在大面积地分歧。但是布尔什维克将苏维埃组织视为无产阶级政权的萌芽，并且认为苏维埃的力量和作用是否完全发挥将影响革命的是否成功；与此同时，孟什维克却认为苏维埃组织不是无产阶级政权的萌芽，也不是革命的领导机关，而仅仅是地方性的自治机关。1904年9月后，在组织上处于孟什维克和布尔什维克之间的托洛茨基尽管承认工农联盟的重要性，但却认为不可能建立这种联合专政，因而主张无产阶级专政。他认为，只能指望通过无产阶级专政政权的建立来完成资产阶级革命。通过执行资产阶级革命的任务取得农民大众的支持，反而会使建立无产阶级专政变得更容易一些。因此，托洛茨基积极反对1905年的革命起义，导致苏维埃组织在革命起义中没有发挥出应有的领导作用。

关于社会主义革命的不间断性，托洛茨基认为，无产阶级取得政权，只是社会主义革命的开始，而怎样才算社会主义社会建成呢？托洛茨基认为，只有使这个孤立的并且暂时还很落后的国家的生产力变得比资本主义更强大，才能最后真正建成社会主义即消灭阶级，然后才是国家消亡。托洛茨基认为，社会主义建设是在阶级斗争的基础上进行的，这种阶级斗争包括国内的和国外的两条战线，要使这两条战线上的斗争都取得胜利，才能建成社会主义。这也就是说，托洛茨基认为，落后国家俄国可能先进行无产阶级革命，但是仅仅在这一个国家是不可能建成社会主义（共产主义第一阶段）的。由于托洛茨基上述理论的局限性，并且其理论与当时苏联面临的具体的历史条件不相适应，托洛茨基在这个问题上的观点在1925年4月的俄共（布）第十四次代表会议上遭到否定。

第十一章 十月革命前后俄国对马克思主义经济思想的探讨

托洛茨基的理论与列宁主义的主张在很大程度上是相对立的。例如，农民问题就是列宁与托洛茨基战略论争的核心问题。在这个问题中，列宁与托洛茨基的分歧，即在是承认还是否定"工农民主专政"，如何看待资产阶级革命（而不是无产阶级革命）与农民的关系，如何评价（作为整体的）农民的地位、作用，以及在何等程度上评价其地位、作用上的意见分歧。

对于在资产阶级革命与农民的关系中农民（指当时的农民）的地位和作用，列宁给予了很高的评价。列宁认为，依靠革命胜利而建立起来的政权，应该是"工农革命民主专政"；托洛茨基则认为，革命胜利后建立起来的政权不应是"工农革命民主专政"，"而是农民支持的无产阶级专政"。这一点在关于"中农"问题的争论中有着鲜明的体现。列宁认为，必须要重视和肯定中农在苏维埃建设中的作用，而托洛茨基反对这一论点，因为在当时的苏维埃俄国的农村中，中农在比例上相比于十月革命前已经成为多数，这也就是说中农群体的情绪和态度对于苏维埃国内战争和苏联社会主义建设的命运至关重要。因此，在列宁的推动下，俄共（布）八大对中农群体作出了专门的决议，这使中农群体更接近和支持苏维埃政权。

二 托洛茨基与新经济政策

（一）工会问题的争论表明托洛茨基没有充分认识到新经济政策的必要性

在当时的俄共（布）中央委员会中，托洛茨基与列宁保持着相当的政治距离，对于工会问题的争论即这方面的证明。1920年，托洛茨基提出须将"工会国家化"并主张工会组织军事化，反对在工会组织中扩大民主和改委任制为选举制，这引起了苏维埃俄国工人阶级相当的混乱。究其实质，其行为是试图挑动非党工人去反对俄共（布）的领导，试图削弱乃至分裂工人阶级。

1925年1月17日，俄共（布）中央一月全会对工会问题的争论进行定性，该决议指出："关于如何对待反对战时共产主义的农民，关于如何对待非党工人群众，总的是关于党在国内战争已告结束的时期如何对待群众的问题。"这也就是说，托洛茨基挑起工会问题的争论在相当大程度上的根本目的是试图破坏当时俄共（布）中央政策的转变过程，实质是其本人没有充分认识到新经济政策的必要性。

（二）关于新经济政策与国家计划经济的关系

托洛茨基认为，无论是大小工业部门还是企业，如果没有规划，就绝不能合理地分配资源和力量。在市场存在的条件下，国营经济计划的编制和执行变得异常复杂。国营经济的计划要与农民的市场紧密地结合起来，使国营经济的发展越来越适应农民市场的需要。在经济组织上的成就，主要取决于能够在多大程度上通过对市场情况的了解和正确的经济预测，成功地根据明确的计划协调国营工业与农业的关系。

在1923年5月俄共（布）十二大上，托洛茨基论述了新经济政策与国家经济计划的关系。其一，在向社会主义过渡的社会中，计划问题实质上就是经济领导问题。计划并不一定是战时共产主义时期那种强硬的行政管理，计划与市场的关系是灵活的，不是硬性的，但协调是永远需要的。其二，社会主义计划不能以理论的或官僚主义的方式来武断地制订，不能包罗万象。其三，计划经济有三大基础，一是军队，二是交通，三是为交通、军队或国有工业其他领域服务的重工业。

（三）关于新经济政策与工业化资金来源问题

加速发展大工业，实现国家工业化，是托洛茨基经济政策的核心内容。他要求工业的发展应快于农业，而不是以农业为基础。他强调国家经济计划的作用，其在很大程度上是为实现高速工业化的目标服务的。托洛茨基这方面的思想反映了他对新经济政策条件下工农关系的看法。

托洛茨基认为，关于发展工业的资金来源，工业内部固然是一个重要来源，但在实际做法上已经过了头，即片面地强调工业内部的积累而限制了工人物质生活水平的提高。要加速工业的发展，增加资金积累，就得为更快地工业化而着手实行坚决的再分配国民收入的阶级政策，即通过国家预算、税收、信贷等办法把城乡资本主义分子的一部分收入，转为国家发展工业的资金。

新经济政策的基本指导思想之一，便是要与农民群众一起、在工农结合的基础上去发展国家工业。尽管托洛茨基在各个时期也对工农结合的问题发表过一些看法和意见，但是其在具体的实践中却阻碍了工业化的进程和发展速度。例如，1925年，全苏最高国民经济委员会宣布成立"恢复工业规定资金特设委员会"，托洛茨基及其支持者主导了这一委员会的工作。随后通过决议,决定按照"递减曲线"原则制订工业的基本建设投资计划。而在具体的工业部门,也是按照这样的原则制订的。这就在实质上完全歪曲了列宁的社会主义工业化思想,并在实际上降低了工业化的速度。也正因如此,这个决议没有得到俄共(布)中央的批准。

(四)新经济政策实施后农村社会主义改造问题

在新经济政策条件下,农村开始了分化过程。托洛茨基认为,要继续维护土地国有化。因为土地国有化可以而且应当成为苏维埃政权手中向农村资本主义蜕化过程作斗争、对农业进行社会主义改造的重要工具之一。托洛茨基认为,在税收政策上要贯彻阶级路线。要免除贫农和力量单薄农户的税收,对富农还要实行高额累进税,必须通过征借的形式从富农手中取得部分存粮。

托洛茨基认为,鉴于农村中已形成为数可观的雇农,要迅速进行劳动立法,以保护他们的利益。托洛茨基提出的农村政策,一是在政治路线上强调阶级政策和阶级斗争;二是在经济上强调搞大规模集体化,使小生产尽快过渡到大生产,走社会主义道路。

他所设计的农业发展道路还是公共的大农庄,由工业化、电气化提供先进的技术和机器装备,进行集体劳动。他一向认为社会主义的唯一物质基础就是机器大工业,农业也只有建立在这样的物质基础上,才算是走上了社会主义道路。但是,在实际的苏联社会主义经济的发展中,托洛茨基提出的"超工业化"、提高工业品的价格等政策,是不适合于当时苏联国情的。

因此,斯大林指出,"党的任务就是要埋葬托洛茨基主义这一思潮"[1],"不粉碎托洛茨基主义,就不能在新经济政策条件下取得胜利,就不能把目前的俄国变成社会主义的俄国"[2]。

第六节　沃兹涅先斯基与社会主义政治经济学的发展

尼古拉·阿列克谢耶维奇·沃兹涅先斯基[3]是20世纪30~50年代苏联主要经济学家之一,苏联科学院院士。曾任联共(布)中央政治局委员、苏联

---

[1]《斯大林全集》第6卷,人民出版社,1956,第309页。
[2]《斯大林全集》第7卷,人民出版社,1958,第31页。
[3] 旧译为尼古拉·阿列克谢耶维奇·沃兹涅辛斯基。

人民委员会副主席。他在1938~1949年长期担任苏联国家计划委员会主席，并深入领导了苏联伟大的卫国战争时期的经济工作，亲自主持了伟大的卫国战争后的经济重建工作。1950年因被诬陷，在"列宁格勒案"中被错误镇压，1988年恢复名誉和党籍。

沃兹涅先斯基的主要理论贡献是继列宁奠定社会主义政治经济学巩固的基础后，首次明确提出了社会主义政治经济学的概念，并积极推动这门学科克服希法亭和布哈林实质上否定建立社会主义政治经济学的可能性和必要性的对政治经济学对象的狭隘解释，发展了马克思主义经典作家在建设社会主义的经济理论方面的思想遗产，并在这个过程中丰富了社会主义经济规律的内容。沃兹涅先斯基认为，社会主义政治经济学是作为社会主义和共产主义建设与社会主义经营实践的强大思想武器而产生、形成和发展起来的，没有这个强大的思想武器，无疑也就不可能有成功的实践。他的主要著作和文章有《关于社会主义经济问题》《苏联卫国战争时期的战时经济》等，其中《关于社会主义经济问题》对研究20世纪30年代工业化时期的苏联经济有着重要的参考价值。

一 关于社会主义生产关系与生产力的关系

在20世纪30年代，沃兹涅先斯基认为，社会主义经济中的矛盾有以下五个维度：

——先进的社会主义生产关系和相对落后的生产力之间的矛盾；

——物质生产水平和社会主义有组织的生产者的需求之间的矛盾；

——劳动专业化、合作化的比例较低与生产资料公有制之间的矛盾；

——先进的政治制度与相对落后的科学技术之间的矛盾；

——社会主义国家与资本主义国家之间的矛盾。

沃兹涅先斯基对此提出，社会主义经济的内部矛盾要通过发展生产力进而增加物质生产的办法解决，而社会主义经济的外部矛盾则要通过推动国际共产主义运动的方式解决。这符合马克思所说的生产关系一定要适应生产力性质的规律是决定社会向前发展条件的普遍规律的论点。当然，其本人的思想观点也随着具体环境和条件的发展而出现了变化，其在1940年发表的《建设社会主义的三个斯大林五年计划》中明确指出："在苏联国内生产力和生产关系之间的矛盾已经没有了。不仅在苏联工业中，而且在农业中，在苏联整个国民经济中,社会主义的生产关系都完全适应我国正在迅速发展的生产力。社会最先进的政治组织形式——苏维埃政权——和落后的技术之间的矛盾已经消失。工农业之间的矛盾和比例失调现象也已经消失了。"① 这就是说,在苏联的社会主义经济内部,生产力和生产关系之间、上层建筑和经济基础之间、国民经济各经济部门之间都自动相适应了。

当然,这也暴露了沃兹涅先斯基的理论局限性,即其认为社会主义生产关系是无矛盾的,矛盾和问题只是在于生产力方面。然而事实并非如此,实践证明,社会主义生产关系不是在任何情况下都是"为生产力的发展和改造开辟了最广阔的天地"②,因此,如果认为社会主义生产关系总是比生产力先进,就会使人们在社会主义经济发展过程中不能科学地提出完善社会主义生产关系的任务而将社会主义生产关系的某种具体形式视为最好的形式而永久化,从而导致社会主义经济体制的僵化。

二 关于社会主义经济规律

在苏联成立后的相当长的一段时间里,苏联经济学界都是否定社会主义经济规律的存在的,是沃兹涅先斯基首先提出社会主义社会有自己的经济规律的。他在1931年出版的《关于社会主义经济问题》中提出,"有些自作聪明的人说,社会主义没有经济规律。这至少是胡说八道。大家知道,在苏联存在着社会主义生产关系的扩大再生产。这就是苏联生产力发展的经济规律","是否需要、是否应当研究社会主义经济的理论","毫无疑问,需要而且应当着手完成这一任务"。③

具体来说,沃兹涅先斯基认为,在无产阶级国家建立后,由于生产资料的公有化和资本主义基本矛盾的消灭等,人们就可以自觉地提出、创立、确定和改变"自己社会的发展规律"④。例如,他指出,经济有计划按比例地发展是社会主义经济运动的基本规律,社会主义生产关系的扩大再生产是社会主义社会的生产力发展的经济规律,无产阶级专政是社会主义经济发展的决

---

① 《沃兹涅辛斯基经济论文选》,人民出版社,1983,第353页。
② 《沃兹涅辛斯基经济论文选》,人民出版社,1983,第57页。
③ 《沃兹涅辛斯基经济论文选》,人民出版社,1983,第61页。
④ 《沃兹涅辛斯基经济论文选》,人民出版社,1983,第184页。

定性规律等。同时，他还分析和阐述了这些规律的客观性，即依托于社会主义的胜利事实和阶级消灭的政治事实。他指出，"……这些规律是以实际存在的条件和实现这些规律的可能性为依据的，是从建成共产主义的必要性和可能性出发的"①，"正因为占统治地位的无产阶级及其政党所确定的运动规律依靠了这种可能性和必要性，所以说这些规律是真正客观的规律"②。

沃兹涅先斯基认为，社会主义的各种经济规律处于一个统一的规律系统中，这些规律有着有机的联系，并互相影响。这也就是说，在经济和社会发展计划科学中发挥主要作用的是客观经济规律体系，而在这个体系中起决定性作用和主导作用的则是社会主义经济规律，它也是社会主义经济发展的主要调节工具，而它是通过计划的各个部分发挥其作用的。

因此，在这个基础上，沃兹涅先斯基积极捍卫计划性在社会主义经济中的作用，认为计划工作是社会主义条件下领导国民经济的中心环节和核心——社会会注意计划经济为社会主义积累和劳动人民物质福利水平的提高创造了广大的可能性来源。因此，他坚决主张中央高度集中的指令性计划调整一切经济活动的观点，并坚决维护"计划"在经济生活中的作用和地位。他认为，"任何想用无组织性和闹独立性来取代社会主义计划的企图，想把它当成一个没有任何约束力的文件的企图都是右倾机会主义的最恶劣的表现"③。总的来说，在计划工作方面，他主要有以下观点：

——社会主义经济按计划和比例发展是社会主义国民经济发展的基本规律；

——社会主义经济中不存在市场；

——国家计划是社会经济发展中的"法律"和占统治地位的事物；

——必须有全国性的计划。

总的来说，沃兹涅先斯基重视统一的全国性计划在社会主义经济建设中的巨大作用，并将其视为社会主义经济规律的核心观点，提出国家计划是社会主义经济规律的核心的观点，原因如下。

（1）国家计划对整个经济活动的强大影响是建立在苏联劳动人民、苏联

---

① 《沃兹涅辛斯基经济论文选》，人民出版社，1983，第194页。
② 《沃兹涅辛斯基经济论文选》，人民出版社，1983，第194页。
③ 《沃兹涅辛斯基经济论文选》，人民出版社，1983，第24页。

党和政府创造性的积极活动之上的，并且极其深刻地依赖于组织成为国家的苏联无产阶级的威望和实践，这是其有效性在社会经济活动中的基础。

（2）国家计划对整个经济活动具有强大影响的直接原因是其本身能够高效地集中一切物质资源去完成苏联党和政府所规定的经济发展总任务。这是其有效性在社会经济活动中的直接体现。

（3）国家计划对整个经济活动具有强大影响的根本原因是其对劳动力和物资进行正确分配、对计划中可能出现的亏空进行消除，以及正确调节物质生产和分配之间的比例的能力。这是其有效性在社会经济活动中存在的原因。

社会主义国民经济能够有计划地发展，物质基础是主要生产资料的公有制占统治地位，而组织基础则是共产党对社会实行的科学管理，这具有重要的历史意义和现实意义。例如，在伟大的卫国战争中，由于实行中央指令性计划经济制度，苏联经济相对于资本主义国家的经济更为迅速地转为了战时经济。这是因为在资本主义制度下，经济从和平时期向战时过渡的速度取决于利润的大小和国防生产是否对资产阶级有利，而在社会主义苏联，所有的经济部门都允许迅速地按照统一的计划从和平时期向战时过渡。对此，沃兹涅先斯基指出："苏联战时经济是建立在社会主义生产资料所有制占统治地位这一基础上的。基本生产资料集中在国家手中，保证了苏联国民经济迅速转上战时轨道。"[①]

除此之外，沃兹涅先斯基还强调了苏联在斯大林时期要完成经济发展中的首要任务即必须保持较高水平的甲类工业（重工业）的发展速度的现实原因："……苏联的社会主义再生产是在四邻都是资本主义国家的情况下不断发展的……当资本主义包围仍然存在的时候，必须严加戒备。只要帝国主义还存在，苏联就有受到进攻的危险，就有爆发新的第三次世界大战的危险。"[②]事实也的确如此，对于社会主义建设来说，并不是发展每一种工业都是具有极端重要的意义的。在当时的历史条件下，为了保证苏联经济相对于资本主义世界经济的独立性和国防能力以及全体劳动人民的物质福利水平的不断提高，就必须首先建立生产主要生产资料的工业，即冶金工业、燃料能源工业、化学工业以及制造业等。事实上，如果不优先生产资料的生产（甲类工业），

---

① 《沃兹涅辛斯基经济论文选》，人民出版社，1983，第441页。
② 《沃兹涅辛斯基经济论文选》，人民出版社，1983，第544页。

也就不可能实现扩大再生产。只有不断加快甲类工业的发展速度，才能使社会主义经济不断发展，才能使国民经济所有的经济部门中广泛地采用最新的科学技术，并在这一基础上使劳动生产率不断增长。同时，由于苏联社会主义工业化的实行，大量的由先进科学技术武装的产业工业被集中在了社会主义企业中，工人阶级在生产上的熟练程度和经济生活水平也得到了相应的提高，这就必然巩固了工人阶级的政治和经济地位，推动了资本主义生产关系残余被消灭的进程。

这正如斯大林所指出的："不是发展任何一种工业都算做工业化。工业化的中心、工业化的基础，就是发展重工业（燃料、金属等），归根到底，就是发展生产资料的生产，发展本国的机器制造业……处于资本主义包围中的无产阶级专政的国家，如果自己国内不能出产生产工具和生产资料……就不可能保持经济上的独立。"[①]

三　关于价值规律

在长期的经济工作中，沃兹涅先斯基对于价值规律的认识具有鲜明的时代特点，在20世纪30年代，他认为价值规律是资本主义社会的规律，是与社会主义不相容的。因此，他认为，推动社会主义经济本身的发展的是计划规律而不是自发的价值规律，在社会主义建成后，价值规律便在相当大的程度上失去了作用。他指出，"价值规律只能在社会主义生产和再生产关系的范围内……发生某种作用"[②]，他在当时的特殊的条件下甚至提出"要把苏维埃的过渡经济纳入一般商品经济的轨道"属于"敌人的痴心妄想"[③]。当然，在伟大的卫国战争时期（1941~1945年），在特殊的战时经济的条件下，沃兹涅先斯基也发展和阐述了经过改造的价值规律在社会主义经济中的生产、交换、分配等方面的有限作用，他认为，"生产费用和产品分配方面最起码的规律就是苏维埃经济中已经得到改造的价值规律"[④]，并进而指出，"苏维埃经济中的国家计划，利用价值规律来确定社会劳动和社会产品的生产和分配方面的必

---

① 《斯大林全集》第8卷，人民出版社，第112~113页。
② 《沃兹涅辛斯基经济论文选》，人民出版社，1983，第535页。
③ 《沃兹涅辛斯基经济论文选》，人民出版社，1983，第212页。
④ 《沃兹涅辛斯基经济论文选》，人民出版社，1983，第517页。

要比例关系……"①。

值得一提的是，沃兹涅先斯基产生这个对价值规律的新认识的观点的根本原因与当时他在联共（布）中央领导下编写新的政治经济学教科书有关——1941年1月在联共（布）中央对此书的未定稿的审查讨论会上形成了一致意见——当时在苏联经济学界中流行的否认社会主义制度下价值规律的作用的观点被认为是错误的，是同苏联存在的商业、货币、价格、工资、利润、地租、经济核算的事实相矛盾的，也就是说，商品货币关系是在当时的苏联经济生活中起巨大作用的，这就证明了价值规律在社会主义制度下仍然起作用的事实。

总的来说，沃兹涅先斯基在伟大的卫国战争时期以及战后重建时期认为，在苏联的社会主义经济生活中，价值规律不仅在产品生产方面发生作用，而且在产品交换方面和整个国民经济各个部门之间的劳动分配方面也发生作用。但是其同时也强调，社会主义条件下的价值规律与资本主义条件下的价值规律是有着以下根本区别的。

（1）在社会主义条件下，在创造使用价值的具体劳动和创造价值的抽象社会的必要劳动之间不存在矛盾，而这种矛盾在资本主义社会中是常态；

（2）在社会主义条件下，在生产价值和使用价值方面，各个生产部门之间没有对抗，而在资本主义社会中，由于其生产资料的私有制，这种对抗是必然产生的并将会引起生产中的无政府状态；

（3）在社会主义条件下，直接供个人消费使用的那部分社会产品的价值和扩大生产或积累用的那部分社会产品的价值之间没有矛盾；

（4）在社会主义条件下，产品价值和利润率之间的矛盾已经被消灭；

（5）在社会主义条件下，由于国民经济的计划性，价值规律已不可能像其在资本主义社会中通过引起各种矛盾和对抗的方式推动社会的发展。社会主义社会发展的根本动力是劳动人民日益增长的需求。

四 关于商品货币关系

对于商品货币关系，总的来说，沃兹涅先斯基认为，尽管在社会主义的

---

① 《沃兹涅辛斯基经济论文选》，人民出版社，1983，第517页。

一定阶段中,"由于生产资料和劳动的社会主义社会化的过程还没有完成"①,商品货币关系是必然存在的,但是其本身并不是社会主义固有的经济现象,而是"小私有者生产和资本主义生产的产物"②。

同时,沃兹涅先斯基也鲜明地强调了社会主义条件下的商品货币关系与资本主义条件下的不同。他指出,社会主义条件下的产品的社会性质和资本主义条件下的产品的商品形式是不同的,并且两者本身的流转过程也是有根本差异的。因为在社会主义条件下,商品的价值和使用价值之间是没有冲突的。而因为商品价格的基础是商品价值或生产费用,所以社会主义条件下的商品价格也不存在自发性的价格变动的现象。而货币作用也是如此,在社会主义条件下,货币的作用是个人进行商品交换的工具、国家施加经济影响的工具,以及在国民经济各部门中实行产品有计划的交换、分配和监督这个过程的工具。也就是说,不存在通过货币购买劳动力的情况,货币本身也就不会变为资本,反而在伟大的卫国战争时期,货币作为支付和积累手段,使劳动人民的储蓄被大量成功动员,补充了苏联在战争时期的国防基金。当然,沃兹涅先斯基也承认在当时苏联所处的社会主义阶段中仍然存在利用货币进行私人积累的现象,但他认为这是一种商品资本主义的残存现象,并同时提出,与这种现象作斗争是无产阶级革命的迫切任务。

总的来说,沃兹涅先斯基认为,随着社会主义的进一步发展,由于每个劳动者都是直接地成为集体劳动的一部分,商品货币关系是必然会被消灭的。因为这正如马克思恩格斯所指出的:"在一个集体的、以生产资料公有为基础的社会中,生产者不交换自己的产品;用在产品上的劳动,在这里也不表现为这些产品的价值,不表现为这些产品所具有的某种物的属性,因为这时,同资本主义社会相反,个人的劳动不再经过迂回曲折的道路,而是直接作为总劳动的组成部分存在着。"③ 这同时也符合1934年召开的联共(布)第十七次全国代表大会上提出的商品货币关系要保留到共产主义完全胜利时为止,也就是说,在整个社会主义时期,经济核算特别是对企业工作的经济核算都将保持自己存在的积极意义。

---

① 《沃兹涅辛斯基经济论文选》,人民出版社,1983,第69页。
② 《沃兹涅辛斯基经济论文选》,人民出版社,1983,第39页。
③ 《马克思恩格斯选集》第3卷,人民出版社,1995,第303页。

第十二章　苏联马克思主义经济思想

20世纪30年代之后，苏联的马克思主义经济思想主要集中于对社会主义经济建设的研究。苏联学者同时还对当时资本主义经济中的种种现象进行了探讨。在后斯大林时期，苏联学者对30年代以来形成的中央指令性计划经济体制及其主要指导思想进行了反思和进一步的发展，并对社会主义经济改革提出了一系列建议与设想。

这一时期的代表学者有奥斯特罗维季扬诺夫、瓦尔加、德拉基列夫、察戈洛夫（查果洛夫）、卡普斯金、布坚科、鲁缅采夫（鲁米扬采夫）、卢森贝等，本章重点介绍前7位苏联学者的经济思想。

除此之外，在斯大林逝世后，苏联的主要经济学活动中心正式成形，它们的代表性机构是苏共中央书记处经济局、苏联科学院中央经济数学研究所（代表人物：尼·费多连科院士、瓦·马卡洛夫院士）、苏联科学院经济研究所（代表人物：叶·卡普斯金通讯院士、列·阿巴尔金通讯院士）、苏联科学院世界社会主义体制经济研究所（代表人物：奥·博格莫洛夫院士）、苏联科学院经济和工业生产组织研究所（代表人物：阿·阿甘别吉扬院士、亚·格兰贝尔格通讯院士）、苏共中央社会科学院①（代表人物：瓦·米特维约夫通讯院士）、苏联国家计委体制分析研究所（代表人物：德·格维斯阿尼院士）、苏联国家计委经济科学研究所（代表人物：瓦·科莱琴科教授）、苏联部长会议国民经济学院（代表人物：鲍·布尼奇通讯院士）以及日丹诺夫国立列宁格勒大学和罗蒙诺索夫国立莫斯科大学等。

第一节　关于社会主义和资本主义的经济思想

列宁创建了社会主义政治经济学，并科学地确定了其研究对象，即社

---

① 苏共中央社会科学院承担原苏共中央高级党校职能。

会主义生产关系及其规律性。但许多经济学家对此持有异议。直到20世纪30~50年代，苏联学者才开始认真讨论政治经济学的对象问题，并在斯大林的直接领导下着手编写政治经济学教科书。苏联学者对社会主义经济制度进行了深入广泛的研究，提出了发达社会主义的理论，他们还对资本主义经济危机和总危机以及国家垄断资本主义进行了深入的研究。

一 奥斯特罗维季扬诺夫的《政治经济学教科书》

康斯坦丁·瓦西里耶维奇·奥斯特罗维季扬诺夫（1892~1969年），20世纪30~60年代苏联经济学界的领袖人物，苏联科学院院士，参加伟大的十月社会主义革命的老布尔什维克，曾任苏联科学院副院长，三次获得列宁勋章。奥斯特罗维季扬诺夫的主要研究领域为资本主义和社会主义的政治经济学。他对资本主义形成前和形成后的经济发展模式的研究在苏联经济学界具有奠基性意义。他提出的系统性分析社会主义条件下的客观经济规律的一般原则、发展社会主义政治经济学的逻辑和经济科学创造的路径方法论具有重大意义。

由奥斯特罗维季扬诺夫与德·特·谢皮洛夫[①]主编并于1954年出版的《政治经济学教科书》成功地给广义政治经济学对象作出了马克思主义的定义，总结并首次建立了社会主义政治经济学教程的严谨体系。教科书作者的出发点：政治经济学是所有社会形态统一的科学，它有一个同一的研究对象——在人类社会发展的各个阶段上的生产关系及其规律性。他们将该定义正确地用于社会主义政治经济学的研究对象上。《政治经济学教科书》由奥斯特罗维季扬诺夫主持集体编写，在20世纪50年代几乎成了所有社会主义国家通用的政治经济学教科书。《政治经济学教科书》不仅研究资本主义的生产方式，而且还研究资本主义前及社会主义的生产方式。这本教科书的出版标志着社会主义政治经济学发展中的1941~1954年阶段的完成，标志着社会主

---

① 德·特·谢皮洛夫（1905~1995年），苏联经济学家、法学家、政治家、苏联武装力量陆军少将，曾任苏共中央主席团候补委员、苏共中央书记、苏联外交部长。1957年卷入"莫洛托夫—马林科夫—卡冈诺维奇反党集团"案，因支持解除时任苏共中央第一书记尼·谢·赫鲁晓夫职务而在事件平息后被撤职，调任吉尔吉斯苏维埃社会主义共和国科学院经济研究所所长，后在苏联部长会议档案总局以高级研究员身份退休。

义政治经济学在社会科学体系中地位的确立，这个阶段的特征是提出并探讨了一系列重要的经济规律和范畴，并逐渐形成了系统性的社会主义政治经济学学科，即意味着形成政治经济学。政治经济学在以后时期的进一步发展是对已经形成的科学范畴体系的完善、深化和充实，这就是在此之后的这一经济思想发展的性质。

（一）关于非社会主义的生产方式

这部分以马克思恩格斯经济思想为基础，以《资本论》为依据，重点论述了资本主义以前的生产方式与资本主义生产方式。对于资本主义以前的生产方式，教科书分析了原始公社制、奴隶制及封建主义基本经济规律的主要特点，进而导出生产关系一定要适合生产力性质的经济规律。对于资本主义生产方式，教科书对资本主义所有制、价值与剩余价值规律、劳动力商品、工资问题、再生产、资本循环与周转、生产价格问题、经济危机及帝国主义问题进行了详尽的论述。

（二）关于社会主义的生产方式

这部分内容主要以斯大林所著的《苏联社会主义经济问题》为依据，总结了苏联社会主义改造和建设的经验，对政治经济学的社会主义部分第一次作了系统的表述，该部分内容包括三个方面。

（1）资本主义到社会主义的过渡时期。社会主义生产方式的发展和资产阶级社会中的阶级斗争的整个过程，不可避免地会使社会主义用革命手段代替资本主义。资本主义产生大机器工业即过渡到社会主义的物质前提。① 过渡时期无产阶级专政的经济政策是利用商品生产和市场，使社会主义成分战胜资本主义成分，建成社会主义经济。这一政策保证了社会主义工业和农业经济的结合，保证了国家的社会主义工业化和农业集体化。在过渡时期，随着社会主义成分的壮大和资本主义成分的缩小，体现剥削关系的资本主义经济规律逐渐退出了历史舞台。价值规律、商业、货币、信用日益在更大的程度上被无产阶级政权所利用，有利于社会主义的发展。

社会主义的物质基础是大机器工业。建立重工业对于建成社会主义具有决定的意义。农业集体化是建成社会主义的必要条件。农业集体化的本质在于逐

---

① ［苏］奥斯特罗维季扬诺夫等：《政治经济学教科书》，中央编译局译，生活·读书·新知三联书店，1960，第1页。

步使农户自愿地联合在生产合作社中。集体化使劳动农民摆脱剥削和贫困，给他们开辟一条走向物质富裕和精神富足的生活道路。苏联在从资本主义到社会主义的过渡时期结束时，资本主义已经在一切经济部门中被消除了。社会主义体系成了唯一的国民经济体系，社会主义社会的经济基础建立起来了。

（2）社会主义国民经济体系。社会主义的物质生产基础就是包括国民经济一切部门在内的大规模生产。在苏联占统治地位的是生产资料公有制，在社会主义制度下有两种公有制形式：国家所有制和合作社集体农庄所有制。与此相对应，也有两种社会主义经济形式：国营经济和合作社（集体）经济。社会主义经济规律是不以人们的意志为转移的客观规律，但这一经济规律是可以被社会主义社会认识和利用的。

国民经济有计划（按比例）发展的规律是社会主义经济中调节生产资料和劳动力分配的基本经济规律。它要求用计划来指导经济，按比例地发展国民经济的各个部分，最合理最有效地利用物力、人力和财力。国民经济有计划地、无危机地发展，使社会主义对资本主义有极大的优越性，保证了资产阶级制度所不能达到的资金节约，并为不断地、迅速地和全面地发展有利于人民的生产提供了充分的可能性。

社会主义社会没有私人劳动和社会劳动间的矛盾。社会主义劳动具有直接的社会性。在社会主义制度下，价值规律的作用范围受到限制。工资是工作者从国家按每个工作者的劳动数量和质量支付的那一部分社会产品中取得的、以货币形式表现出来的份额。社会主义国家根据社会主义的基本经济规律和按劳分配的原则，在每个时期有计划地规定各级工作者的工资，使工资水平随着国民经济的增长和劳动生产率的提高而不断提高。

社会主义农业体系，包括集体农庄、机器拖拉机站和国营农场，是农业生产的高级和最进步的组织形式。社会主义制度下的农业的作用，是确保全面满足居民对食品的需求和工业对原料的需要。商业是建立在经济核算的基础之上的，它比资本主义商业更为节约。社会主义制度下的对外贸易由国家垄断，它是为巩固和进一步发展社会主义经济服务的。苏联对外贸易的垄断保证了社会主义经济不被外国资本渗入，是苏联同民主阵营国家进行经济合作的手段。

过渡到共产主义的条件：必须建立能够提供丰富的消费品的共产主义的

物质生产基础；必须在生产资料的单一的共产主义所有制的基础上消灭城市和乡村间的重大差别；必须使社会达到较高的文化水平，以便减小脑力劳动和体力劳动间的重大差别，并把全体劳动者的教育和技术知识提高到工程技术人员和农艺师的水平。

（3）各人民民主国家的社会主义建设。在从资本主义到社会主义的过渡时期，人民民主国家经济的特点是存在三种基本经济成分：社会主义成分、小商品成分和资本主义成分。各人民民主国家根据客观的经济规律，依靠社会主义经济，在反对资本主义的斗争中执行建成社会主义的政策。人民民主国家的社会主义工业化是克服它们经济上技术上的落后、建成社会主义和保证人民福利增长的决定条件。要使社会主义在人民民主国家取得胜利，必须对农业进行社会主义改造。各人民民主国家的社会主义建设，显著地提高了劳动人民的物质生活和文化生活水平，减少了失业，提高了工人的实际工资和农民的实际收入。

社会主义阵营各国间的经济关系是崭新的社会主义类型的国际关系。社会主义阵营各国的经济关系是建立在完全平等、互利、尊重一切大小民族的国家主权、兄弟互助、一切经济联系的计划性和组织性之上的。社会主义阵营各国的一切经济合作形式的日益发展，能够迅速地发展生产力，不断繁荣经济以及增进人民的福利。

与此同时，在揭示了一系列社会主义客观经济规律的基础上，经济核算不但被视为核算和刺激完成计划任务的方法，而且被视为一定的政治经济学范畴所反映的客观经济形式，是社会主义生产关系的必要的环节。经济核算是反映社会主义客观生产关系的政治经济学范畴，这一观点正是由奥斯特罗维季扬诺夫在1952年3月所正式提出的。在苏共二十大后，奥斯特罗维季扬诺夫还主张扩大社会主义条件下的商品—货币关系的适用范围，并提出应当在指令计划中加入成本指标。

二 瓦尔加论资本主义及其经济危机

叶夫根尼·萨姆依里科维奇·瓦尔加（1879~1964年），国际主义战士，苏联斯大林时期的主要经济学家之一，苏联科学院院士。他曾参加1919年匈牙利革命，是匈牙利苏维埃共和国的主要领导人之一，后因受迫害，避居苏联。瓦尔加曾任共产国际执行委员会候补委员。在避居苏联期间,瓦尔加担任苏联科学院世界经济与世界政治研究所所长长达20年(1927~1947年)。其代表作为:《世界经济危机中的新现象》《世界经济危机:1848~1935》《第二次世界大战引起的资本主义经济的变化》《帝国主义经济和政治的基本问题》《二十世纪的资本主义》《现代资本主义和经济危机》《资本主义政治经济学问题概论》等。

瓦尔加认为,资本主义经济危机的根本原因在于资本主义制度本身,在于生产的社会化与生产资料的资本主义私人占有形式之间的矛盾。[①] 生产力与生产关系的矛盾为任何一个社会所共有,但在资本主义制度下,这个矛盾表现为生产无限扩大与群众购买力相对缩小并存。资本主义基本矛盾的表现形式是生产与消费之间的矛盾。

对于经济危机所带来的后果,以及资本主义制度能否对它进行某种程度的调节,长期以来,苏联对这个问题缺乏辩证的认识,而且一直坚持关于资本主义总危机的理论。瓦尔加研究战后资本主义的第一本书是1946年写的《第二次世界大战引起的资本主义经济的变化》,由于对资本主义提出了一些与传统观点不同的比较实事求是的新见解,而遭受尖锐的批评。瓦尔加在1948~1951年写了第二本专著《第二次世界大战后帝国主义经济与政治基本问题》,该书只不过是对斯大林的资本主义总危机理论,特别是《苏联社会主义经济问题》有关论点的讲解与阐明。斯大林的几个后来已被实践证明是错误的论点,如资本主义不会再有新的高涨,形成两个平行的对立的世界市场,资本主义国家间战争不可避免性等,在这本书中得到更大的发挥。第二次世界大战后,发达资本主义国家并没有发生世界经济危机,反而这些国家的工业生产有了迅速增长。1961年,瓦尔加又出版了《二十世纪的资本主义》。瓦尔加解释说,"这不是资本主义市场正常的扩大",又预言,"现在市场扩大已结束……资本主义生产增长速度将大为降低,越往后,生产过剩危机将大大地把资本主义生产拉向后退"[②]。该书根据苏共二十一大的文献,宣称20世纪

---

① [苏]瓦尔加主编《世界经济危机:1848~1935》,戴有振等译,世界知识出版社,1958,第46页。
② [苏]瓦尔加:《二十世纪的资本主义》,沈永等译,生活·读书·新知三联书店,1962,第117页。

苏联要在经济方面超过美国，并成为世界上经济实力最强大的国家，然后宣告 20 世纪是资本主义存在的最后世纪。很明显，以上的论点没有进行一点科学分析，只不过是对苏共文件和莫斯科声明中某些论点的一些重复。

瓦尔加在《二十世纪的资本主义》一书中详细地分析了资本主义总危机的三个阶段。资本主义总危机的第一阶段，是从世界上第一个无产阶级专政国家的建立开始的。十月革命的胜利使经济和政治罢工浪潮席卷整个资本主义世界，农民成为无产阶级的同盟军，殖民地国家反抗帝国主义的斗争此起彼伏，给帝国主义造成了致命危险。资本主义总危机的第二阶段是指 20 世纪 60 年代初之前的近 20 年时间。在政治和经济上，帝国主义大大削弱，社会主义迅速加强，世界社会主义体系形成。战后，资本主义发生了许多变化。第一，生产和资本的集中有了更大的规模，资本主义基本矛盾进一步发展；第二，国家垄断资本主义得到了发展；第三，金融寡头加强统治；第四，资本主义政治和经济的软弱性有所加深，主要表现为长期失业、传统工业部门的危机、市场狭窄、通货膨胀、资本输出困难等。同时，在社会领域，资产阶级和无产阶级内部都发生了巨大的变化。资本主义总危机的第三阶段，社会主义在亚欧许多国家取得胜利；全世界社会主义斗争的力量蓬勃增长；帝国主义在同社会主义的竞赛中不断被削弱；殖民主义体系迅速瓦解；整个资本主义世界经济体系的不稳定性增强；资本主义矛盾尖锐化；垄断组织和全民利益的矛盾加深；资产阶级的政治和思想陷入深刻危机。

瓦尔加研究第二次世界大战后资本主义的三本书前后观点的变化显示出苏联理论趋向衰落。

三　德拉基列夫论国家垄断资本主义

米哈伊尔·萨姆依诺维奇·德拉基列夫（1904~1981 年），是 20 世纪 50~70 年代苏联的主要经济学家之一。他长期担任罗蒙诺索夫国立莫斯科大学经济系外国经济教研室主任（1966~1975 年），主要研究领域为帝国主义理论和资本主义危机。

关于国家垄断资本主义的学说是列宁帝国主义理论的最重要组成部分之一。德拉基列夫对国家垄断资本主义问题的探讨主要体现在 1975 年出版的《国家垄断资本主义：共性与特点》一书中。

(一) 国家垄断资本主义发展的规律性

德拉基列夫指出:"国家垄断性质的加强是当代帝国主义的根本特点。生产的进一步社会化,资本主义经济垄断化达到最高形式,这是向国家垄断资本主义过渡的物质基础。"[①] 德拉基列夫进一步强调,资本主义生产方式在帝国主义阶段的内在对抗性,即狭窄的资本主义生产关系已容纳不下现代生产力的发展,这是国家垄断关系发展的基础。[②] 他认为,一方面,在资本主义国家,生产力的主要部分在金融资本的控制之下,为了增加垄断利润,它要求发展生产力;另一方面,为了这个目的,垄断组织又必须限制生产的发展,从而避免大量商品过剩。资本主义经济的矛盾如此深刻,国家对经济过程的广泛参与是必要的,要保证国家以现代化水平所确定的规模干预经济,国家的力量只能与金融资本进行有机的结合,而这种结合机制是为垄断组织的根本利益服务的,是为挽救整个资本主义服务的。

(二) 国家垄断资本主义的矛盾本质

德拉基列夫指出,国家垄断资本主义最深刻的根源在于生产力与生产关系之间日益加剧的冲突。在个别国家范围内,这表现为垄断组织与国家的主要阶层之间的对抗;在世界资本主义体系范围内,则采取帝国主义列强与被压迫国家之间、世界的垄断组织与被剥削国家人民之间的对抗形式;在整个世界范围内,社会主义制度为生产力的发展创造了十分广阔的天地,而资本主义制度则阻碍着生产力的发展。

资本主义国家垄断形式的产生,根源就在于这些对抗与矛盾,这种情形使国家垄断统治制度具有特别反动的性质。资本主义国家垄断形式最深刻的对抗性在于,金融寡头企图通过维持现代资本主义这种社会机体,与国家相结合,发展其经济职能,并使这些职能服从于自己的利益等办法来克服再生产过程中的矛盾。因此,国家垄断最终不能解救资本主义,它的灭亡是不可避免的,但是它却能够为社会主义提供更加成熟的物质基础。[③] 这表明了资

[①] [苏]德拉基列夫主编《国家垄断资本主义:共性与特点》(上册),黄苏等译,上海译文出版社,1982,第2页。

[②] [苏]德拉基列夫主编《国家垄断资本主义:共性与特点》(上册),黄苏等译,上海译文出版社,1982,第2页。

[③] [苏]德拉基列夫主编《国家垄断资本主义:共性与特点》(上册),黄苏等译,上海译文出版社,1982,第18页。

本主义国家垄断形式深刻矛盾本质的两重性,即国家垄断资本主义使资本主义的生产社会化达到最高程度,使社会主义的物质前提最迅速地成熟起来,但它只有在社会主义革命以后才能实现。

(三)国家垄断关系发展的不平衡性

德拉基列夫认为,垄断资本主义发展为国家垄断资本主义的过程是不平衡的,主要表现在以下几个方面:①国家在帝国主义发展不同阶段上的作用不同;②不同帝国主义国家中国家垄断资本主义具有各自的特殊性;③国家垄断资本主义各种形式如国家所有制、国家调节经济等在各国的发展具有不平衡性。[①] 国家垄断资本主义发展不平衡性的根源,在于帝国主义的基本特征和它的"过渡"性质所造成的这种内部矛盾。

资本主义国家垄断性质在所有帝国主义国家中都在加强,但这种加强是不平衡的,并在资本主义国有化的某些形式方面也存在重大差别,美国和西欧国家之间的区别尤为突出。

(四)国家垄断资本主义的基本内容

(1)国家垄断所有制。第一,国家资本主义所有制的法律形式特点。国家作为所有制的主体不同于资本的私人占有者,它不是以单个个体的形式表现出来的,而是作为特殊的管理机器表现出来的。每个单独的国家机构、国有企业和国家机关不同于个人所有者,对处在它们直接管理下的客体并不拥有特殊的莫大的权力。最高程度的法律社会化可以作为国库(对集中在国家预算中的货币所有权)的特征。某些国有企业如铁路、邮电企业通常在财产方面是不脱离国库的,因为它们的收入和支出直接纳入预算。国家所有制的另一种法律形式比较典型,在某些国家被称为政府公司或国家公司的公共公司,是目前帝国主义国家国营企业的主要法律形式。

第二,国家所有制的阶级政治内容。国家所有制从其阶级统治内容来看,日益用来满足金融寡头的利益。

第三,国家垄断所有制的经济基础。国家垄断所有制是这样一种剥削形式,其中整个资本家阶级对工人进行直接的剥削,全体工人阶级创造的剩余

[①] [苏]德拉基列夫主编《国家垄断资本主义:共性与特点》(上册),黄苏等译,上海译文出版社,1982,第19页。

价值直接地或者通过国有企业和非国有企业归各个私人所占有。

（2）国家垄断调节经济的手段和形式。在国家垄断资本主义体系中，除国家所有制以外，借助于国家预算和货币信贷政策措施的经济调节也占有重要的位置。德拉基列夫通过美国和西欧的案例探讨了国家预算和货币信贷政策在经济调节中的作用。

在美国国家调节经济的一系列措施中，财政方法占有很重要的地位，国家预算为调节经济服务，国家支出影响经济的主要方向，税收政策保证经济的稳定和刺激经济的发展。在联邦德国，有效的国家预算政策的主要任务是要避免急剧的周期性波动并调节经济增长，经济与政治交织在一起。西欧其他国家广泛地通过信贷政策进行反周期调节，每个国家的做法都有自己的特点，但也有许多共同的特征和原则。德拉基列夫认为，信贷反周期调节，不可能使资本主义经济摆脱其内部所固有的再生产过程发展的周期性形式，反而造成了通货膨胀的后果。

（3）国家计划化和经济预测。经济计划的出现和广泛传播，是资本主义总危机阶段条件下资本主义各国发展的最重要的新现象之一。这个政策的总目的，是要在资本主义制度内部矛盾加剧和世界社会主义实力日益加强的时候拯救这个制度，并使垄断资产阶级进一步发财致富。计划化的出现和发展反映了这样一个历史事实，即现代资本主义社会的生产力再也不能容纳在现存的生产关系范围内，并坚决要求向社会主义的生产组织过渡。资本主义的计划化是建立在维护私有制的基础上的，所以实行经济计划不可能消除资本主义生产的竞争和无政府状态。

（五）国家在现代资本主义社会中的作用

（1）推动现代垄断化过程。国家刺激生产和资本积聚的方法分为直接的和间接的两类。固定资本的加速折旧冲销，是大多数帝国主义国家对垄断组织掌握的实际财产进行积累和积聚的有效手段。按照所谓总原则征收的周转税对资本的积聚有强烈的刺激作用，特别是对康采恩。这些措施刺激了资本垄断性的积聚和集中，不仅符合本国垄断组织的利益，而且加强了某些部门在世界市场上的地位。由于垄断组织的出现，自由竞争的原则遭到了破坏，从而引发了反对垄断组织的运动。各国相继发布了"反托拉斯法"，但是要在资本主义社会彻底实行反托拉斯立法，那是根本不可能的。垄断积聚的过程同中小企业的利益存在尖锐的矛盾。在法国，垄断组织为了自己的利益，以分包合同制的形式使小企业的经营受控于自己。此外，企业主联盟是一种特殊的机器，这个机器最重要的职能就是保证垄断组织对国家政权经常施加影响。

（2）推动科技进步。第二次世界大战后，科技革命的飞跃发展改变了垄断组织在技术进步方面的职能，国家提供大部分经费促进科技进步，垄断组织的实力迅速增长，使它们不冒任何风险就能将技术革新付诸实施。

（3）调节资本主义再生产。国家投资使科学技术革命所引起的资本的大规模转移得以实现。经由国家调节，在经济危机时促进经济活跃，而在过度景气时则起抑制作用。

（4）调节农业生产及其结构。国家限制和削减生产以防止危机，并通过土地和产品集中到大农场主手中和实现所谓垂直一体化，把加工和流通环节合并成混合企业，从而加强垄断组织的统治。

（5）干预劳资关系。对劳动力再生产进行国家调节，对就业和失业问题施加影响，以及开展人才培训，使工人阶级的状况适应资本主义生产的要求。

（6）促进垄断组织对外经济扩张。国家通过对外贸易和对外投资的政策，在发达国家中逐渐消除相互限制，但又采取保护本国的调节措施。对发展中国家采取新殖民主义政策，把它们保留在资本主义体系中。

（六）国家垄断资本主义的国际形式

由于经济关系国际化和各国国家垄断资本主义的发展，以及社会主义力量和民族解放运动的蓬勃发展，发达资本主义国家开始联合起来，形成了国家垄断资本主义的新形式，调节国际经济关系。如国际协议、在国际组织或联盟范围内协调政策，有世界性的也有地区性的，涉及国际贸易、货币体系、国际信贷等各类经济关系。

四 察戈洛夫与社会主义政治经济学的方法论

尼古拉·亚历山德诺维奇·察戈洛夫（1904~1985年）[①]，是20世纪50~80年代苏联的主要经济学家之一，莫斯科大学"察戈洛夫"学派的创

---

① 旧译为尼·阿·查果洛夫（查果罗夫）。

始人，长期担任莫斯科国立大学经济系政治经济学教研室主任（1957~1985年）。察戈洛夫的理论贡献主要是阐述了在面对垄断资本主义的新现象和社会主义条件下的商品——货币关系、所有制理论的发展和矛盾时，如何运用马克思主义政治经济学的方法论。察戈洛夫还致力于构建广义上的政治经济学，即创造一种超越传统政治制度和阶级框架的中立理论体系。其主要代表作是《政治经济学教程》，也正是这本教材促使政治经济学教学中的结构发生了重大变化——正式分为社会主义政治经济学和资本主义政治经济学两个部分。察戈洛夫关于资本主义政治经济学的基本方法论和理论问题的研究是苏联时期马克思主义政治经济学理论发展中的最重要的成果之一。

简单来说，察戈洛夫有以下主要观点。

第一，察戈洛夫系统性地推动了社会主义政治经济学的发展，提出了过渡关系理论。即他认为，共产主义生产关系（包括作为其第一阶段的社会主义）的基础是整个社会经济生活中的一种系统性的生产管理形式。其主要特点是在完全遵循基本经济法则的基础上与社会主义的其他特征和属性相适应。他最早证明资本主义生产方式在本质上是全球性的，其发展就是世界经济的形成和发展。

第二，察戈洛夫在研究帝国主义的政治经济问题方面取得了重大成果。早在1956年，他就强调政治经济学需要着重研究帝国主义时代的垄断性质，而不是自由竞争时代的垄断。在其对帝国主义问题的研究中，他将帝国主义必将破坏商品关系的问题视为最重要的问题。具体来说，他认为商品生产关系被破坏的根本原因在于出现了新的、外来的、与现存的商品生产关系相异的关系。因此，他强调，帝国主义垄断的最重要特征是其对市场必将产生的系统化影响，即必将在包括垄断资本联盟在内的各经济单位之间的关系中出现计划性因素（即所谓的"市场计划"）。因此，察戈洛夫也认为正是这种现象的出现，将促使在帝国主义条件下的社会主义社会经济前提的形成和逐渐成熟。

与此同时，察戈洛夫提出，金融资本可以被定义为垄断资本的一种特殊形式，其特点是金融资本合并了以前具有单独功能形式的资本，类似于垄断资本本身，即通过整合以前单独存在的资本的方式形成的。同时，他还推动了垄断资本主义概念的发展，即他认为帝国主义不仅指经济基础的一种形式，而且还是政治等上层建筑的一种形式。

第三，察戈洛夫对资本主义政治经济学也作出了重要贡献。首先，他认为，国家垄断资本主义是一种历史维度上的新的垄断资本主义形式。其存在的意义是解决垄断资本主义本身所固有的矛盾并维持其统治。其次，察戈洛夫提出，国家垄断资本主义会给作为社会基础的生产关系带来某些变化，例如，出现了一种新的垄断类型——国家垄断企业，即这种变化的内容，而这在资本主义以前的发展阶段中并不明显。而正是在以上分析结论的基础上，察戈洛夫也成功发展了列宁主义关于向新的生产方式过渡的客观和主观前提的学说。

而在其主要研究领域——商品—货币关系的问题上，对于社会主义条件下的商品—货币关系，察戈洛夫认为，社会主义生产的产品虽然在根本上是直接属于社会的，但是也保留着商品的属性。他一方面强调社会主义制度下的商品—货币关系在社会主义经营实践中起着重要作用，另一方面也指出这种关系发挥作用的范围是受到限制的，因为它是为直接社会生产服务的。社会主义生产不可能是商品生产制度或商品生产的变种，社会主义是直接社会生产。这就是察戈洛夫的结论。同时，他认为，商品—货币关系之所以在社会主义阶段存在，客观上是因为这一阶段的经济的计划关系的不成熟。因为社会主义只是共产主义的第一阶段，其本身还处在发展阶段，而正是因为这种计划关系的不成熟，在国家计划系统的控制下，商品—货币关系才被允许在共同经济中和计划中存在，这是其存在的主观因素。察戈洛夫相信，计划和市场相结合而以计划起主导和指导作用是可能而且必要的。察戈洛夫指出，作为生产和消费（或经济形式）之间的关系和生产者与生产资料之间的关系是任何生产关系体系的核心，而无论其经济制度和阶级关系如何，具体来说，在社会主义条件下，经济体制的核心是计划，其基础是公有制，而商品—货币关系则是这个经济体制的非永久性的附属物，这些结论发展了马克思在现实经济实践框架内创造的关系系统，并保留了其合理内核——生产力与生产关系之间相适应的成熟程度的结论。但是与此同时，察戈洛夫强调，在社会主义得到充分发展后，没有也不可能再存在商品—货币关系，现实生活中存在的商品、货币和价格只是直接的公有制、经济计划关系的一种直接的表现形式。值得注意的是，察戈洛夫曾指出决不能将社会主义转移到商品市场经济的基础上,而实践也表明,向市场经济过渡的确在事实上否定了社会主义经济的计划性并瓦解了国家统一的国民经济综合体。

总的来说,察戈洛夫有以下理论贡献。

(1) 推动了政治经济学关于经济制度的研究方法论的发展,并使用这种方法论在其主编的教科书《政治经济学教程》中提出了新的社会主义生产关系理论体系;

(2) 主张市场、商品—货币关系与按比例发展的计划经济体系并不是互相排斥的关系,而是互补的关系;

(3) 提出的应重视对各类经济发展形式的研究的科学建议,推动了学术界对物质生产、商品经济等经济形式的历史多样性的研究。

尽管在具体的实践中,察戈洛夫的经济思想在20世纪80年代的苏联未能全部发挥其应有的作用,但是,因为计划(规划)、国家的作用和市场三种因素之间的关系是现代国家经济政策制定中最重要的问题,所以其在苏联以外的其他国家有着重要的影响力。例如,我国的改革开放中的经济改革在方法论上就在相当大的程度上吸收了察戈洛夫及其开创的学派的理论观点,也是对其理论正确性的间接确认。因为在传统的马克思列宁主义框架内,市场经济和社会主义意识形态是不相容的,而正是察戈洛夫首次提出了对这一观点的发展,即社会主义意识形态和具有资本主义要素的经济实践是能共同存在的。

五 卡普斯金关于社会主义经济制度的思想

叶夫根尼·伊万诺维奇·卡普斯金(1921~2005年),是20世纪70~90年代苏联的主要经济学家之一,苏联科学院通讯院士。长期担任苏联科学院经济研究所所长。主要研究领域为社会主义政治经济学和科学劳动关系组织问题。其主要代表作为《社会主义生活方式:经济角度》《发达社会主义社会的经济学:主要特征和发展模式》《社会主义经济制度的基本特征》(三卷本)《工资问题与改革》。

卡普斯金于1984年主持出版了《社会主义经济制度的基本特征》一书。本书论述了社会主义经济制度建立和发展的规律,研究了发达社会主义社会的根本特征及其积聚特点,探讨了在发达社会主义条件下社会主义经济规律起作用的特点以及社会有计划地积极利用这些规律的特点。

（一）社会主义经济制度的基本特征

卡普斯金认为，完善社会主义的物质技术基础和建成共产主义的物质技术基础，是社会生产由不大成熟的形式向比较成熟的形式过渡的统一过程，是苏联社会在其发展现阶段的一项重要任务。随着这一任务的逐步完成，要在此基础上来完善各种社会关系，而这一过渡的主要标准是社会劳动生产率达到崭新水平。发达社会主义社会物质技术基础建立以后，就可在成熟的社会主义生产关系的条件下建设共产主义的物质技术基础。共产主义形态高级阶段的物质技术基础的开始建设，乃是发达社会主义最重要的经济特征。

卡普斯金认为，发达社会主义的特征就是完成建立与社会主义相适应的物质技术基础。这就要求继续发展物质技术基础的各个方面，完善其结构，保证社会主义物质技术基础的各个方面具有综合性、平衡性和完备性。

发达社会主义阶段生产力体系中质的变化，集中反映在社会主义生产社会化的增长上，即反映在社会主义生产社会性与全部公有制关系的发展中。"发达社会主义的基本经济特征之一，是社会主义生产的全面社会化。"[①] 在发达社会主义条件下，生产关系要适合生产力的性质的经济规律的作用最终可归结为两个方面：一方面建立起形成无阶级社会结构的经济基础；另一方面消除所有其他社会经济差别，包括阶级内部和地区差别。社会在其社会经济发展的新的更高的阶段，意味着生产资料公有制的两种形式将要相互融合，并在此基础上消除工农差别、城乡差别和脑体劳动的差别。

生产社会化的新阶段的重要特征是苏联经济变成一个统一的国民经济综合体，以及生产资料全民所有制经济作用和社会作用的增强。统一的国民经济综合体是社会主义经济制度最重要的基本特点之一，是这一制度的最大优越性，它标志着生产资料全民所有制已达到高度成熟的水平。生产社会化达到这一水平乃是发达社会主义的突出特征。

成熟社会主义最重要的特征就在于：基本经济规律作用效率日益增长，经济政策和社会主义经营管理中利用基本经济规律的必要性加强。在生产资料公有制，首先是全民所有制的基础上，社会生产的最高目的是保证全体劳

[①] ［苏］卡普斯金：《社会主义经济制度的基本特征》第1卷，江西人民出版社，1989，第138页。

动者物质福利的增长和全面发展。"社会主义生产旨在满足人们日益增长的物质和文化需要，这是社会主义经济制度最重要的本质特征。"①

卡普斯金认为，反映社会主义生产关系总的特征的是直接社会关系。商品—货币关系则是直接社会关系的一种特殊运动形式，这种运动形式是与同社会主义相适应的直接社会劳动的发展水平，即与直接社会劳动还存在重大的社会经济差别相联系的。应该把商品—货币关系在社会主义条件下的特殊性与它的一般性结合起来进行分析。社会主义制度下商品—货币关系的存在，必须以价值规律的作用为前提，与资本主义社会不同，这里价值规律不具有普遍意义，而是由社会有计划地加以利用。

（二）社会主义的扩大再生产

卡普斯金认为，发达社会主义扩大再生产的特征是集约型的扩大再生产。集约化是生产力发展的一个合乎规律的阶段，这一阶段是与科学技术革命有机联系在一起的。现在，经济发展保持高速度，在越来越大的程度上取决于集约增长因素超过粗放增长因素。卡普斯金分析了社会主义经济集约化的主要途径，指出这与保证再生产过程一切方面的平衡、加速生产潜力的更新、有利于国民经济技术先进部门的结构变化等联系在一起。

在分析固定生产基金的再生产时，卡普斯金得出结论，用新技术设备取代旧技术设备的时间很长，不是因为机器物质磨损和精神磨损的时间长，而首先是因为更迅速地取代磨损掉的设备的新机器不足。关于提高人民福利的物质条件再生产问题，卡普斯金认为，发达社会主义阶段的特点是人民消费品生产增长速度与生产资料增长速度相接近，但这与第一部类产品优先增长规律不矛盾。卡普斯金发展了劳动力再生产集约化这一概念，认为这是解决保证国民经济获得必要劳动资源问题的主要途径。发达社会主义自然资源的再生产是保护自然界形态的扩大再生产，这是社会主义的特点。它不仅要求利用生态因素，还要求再生产出生态因素，保护生态的自然平衡。在再生产的地区比例和跨部门比例方面，卡普斯金提出发展农工综合体是社会主义再生产最迫切的问题。

卡普斯金强调必须重视社会主义再生产的效率问题，并将扩大再生产的

---

① ［苏］卡普斯金：《社会主义经济制度的基本特征》第1卷，江西人民出版社，1989，第246页。

经济效率定义为所使用的国民收入（包括消费基金）对保持简单再生产和扩大再生产的费用之比。社会主义再生产的效果应该保证社会主义经济的连续性。同时，还要重视新技术的社会效率问题。社会成果是指改善劳动条件、发挥劳动的创造性、增加劳动人民业余时间、使自然环境健康化等。应从社会效率促进或阻碍实现新技术所蕴藏的潜在经济效果出发，来评价新技术社会效果对其经济效率的影响。

（三）在有计划的经济管理中对经济规律的利用

卡普斯金认为，经济规律的作用是第一性的，经济规律的利用是第二性的。经济规律不是自动地、自发地发挥作用的，而要通过经济政策、对国民经济的集中的有计划管理、经济机制等来实现。这就需要研究出一套能直接保证社会主义经济规律得以充分发挥作用的具体经济形式。

生产关系质的规定性要求这一体系的基本特征固定不变，这是这一体系按原样再生产的必要条件。然而，不能由此得出经济规律不发展的结论。当然，规律的深刻本质是不变的，但是规律的表现形式和作用方式是不断发展的。充分利用经济规律在经济管理活动中的作用，其目的就是要最大限度地提高社会主义经济的生产效率。

六 布坚科关于发达社会主义的理论

安纳托利·巴甫洛维奇·布坚科（1925~2005 年），是 20 世纪 70~80 年代苏联以及当代俄罗斯的主要哲学家和政治学家之一，俄罗斯苏维埃联邦社会主义共和国功勋科学家。他曾长期担任苏联科学院世界社会主义体系经济研究所政治和意识形态问题教研室主任。其著作有：《现代修正主义的基本特点》《反对哲学和社会学中的现代修正主义》《战争与革命》。

布坚科指出，社会主义有几个相当长的阶段：第一阶段即建设发达社会主义阶段，始于过渡时期基本任务完成，结束于建成发达社会主义社会；第二阶段是发达社会主义社会的本身阶段，始于发达社会主义社会建成之际，终于发达社会主义长入共产主义之时。[①] 在社会主义阶段，有以下一些有规

---

① ［苏］布坚科：《发达社会主义社会概念的形成和内容》，载中国社会科学院情报研究所编译《苏联理论界论社会主义》，人民出版社，1983，第 185 页。

律性的过程：发达社会主义物质基础的建立；这种基础转变为共产主义的物质技术基础；发达社会主义社会的经济体制形成并不断完善；各阶级和社会集团逐步接近；无产阶级专政的国家转变成为全民国家并不断完善；无产阶级的民主转变为全民的民主并不断发展；共产党的作用加强，工人阶级的党转变为全民的党；等等。①

布坚科进而探讨了作为世界体系的社会主义。布坚科认为，社会主义成为世界体系，就其实质而言，绝不是社会主义范围的简单扩大。它标志着社会主义结构本身的质变：产生了一个新的社会历史现象——社会主义世界体系，它具有自己特殊的本质、自己的矛盾和发展规律，以及社会主义国家之间特有的相互关系原则和准则。

布坚科指出："社会主义世界体系是所有社会主义国家的社会经济共同体，这些国家由于它们的劳动人民所选择的社会主义道路的一致而团结在一起，它们在这条道路上用客观上相互依存的纽带和它们所固有的相互配合、人民根本利益和目标的一致、基本政治和经济结构类型的相同而联合起来，它们又是按照社会主义和共产主义建设规律壮大自己。"② 社会主义世界体系基本矛盾是同大工业一起发展起来的生产力、生产过程以及整个社会生活的民族国家组织形式之间的矛盾。这一基本矛盾的特点是非对抗性的，但也必须承认利益不一致性的存在。

布坚科把社会主义世界体系的形成和发展划分为三阶段③：第一阶段，从20世纪40年代初到40年代末，这是社会主义世界体系形成阶段，是用双边条约和协定联系在一起的社会主义国家的军事政治联合体；第二阶段，从20世纪40年代末到60年代初，这是逐渐加深经济、政治和军事联系的阶段，如经互会和华沙条约组织；第三阶段，从20世纪70年代初以来，这是进一步加深各兄弟国家经济、政治和军事合作的阶段，是进一步加深和完善合作和社会主义经济一体化的综合纲要，在社会主义世界体系的范围内发展经济一体化的阶段。

---

① ［苏］布坚科:《发达社会主义社会概念的形成和内容》，载中国社会科学院报研究所编译《苏联理论界论社会主义》，人民出版社，1983，第191页。
② ［苏］布坚科:《作为世界体系的社会主义》，苏艺等译，东方出版社，1987，第101页。
③ ［苏］布坚科:《作为世界体系的社会主义》，苏艺等译，东方出版社，1987，第249页。

关于社会主义世界体系的发展前景，布坚科认为，这取决于世界革命进程的横向发展和生产力国际化的纵向发展。这是世界社会主义经济整个结构的质的改造，是使其变为统一的世界共产主义经济的必要历史前提，而这种经济没有民族和国家的隔离状态，并按统一的计划进行管理。这就是世界社会主义经济发展的总的前景和总的方向。

七　鲁缅采夫与发达社会主义时期的政治经济学

阿列克谢·马特维耶维奇·鲁缅采夫[①]（1905~1993年），苏联党务活动家和主要经济学家、社会学家、汉学家之一，苏联科学院院士（后为俄罗斯科学院院士）、民主德国科学院通讯院士。他曾相继担任苏共中央科学部部长、苏共中央机关刊物《共产党人》总编辑、《和平与社会主义问题》总编辑、苏共中央机关报《真理报》总编辑，后因政治原因改任苏联科学院副院长，是第三版至第五版《政治经济学教科书》的主编，也是苏联社会学学科的开创者——担任苏联科学院社会学问题科学委员会首任主席并建立了苏联科学院社会学研究所。其主要代表作有:《论社会主义制度下经济规律的性质》《论共产主义社会形态的政治经济学范畴和规律》《毛泽东思想的起源和演变》等。

鲁缅采夫的主要观点为：国家所有制和集体农庄合作社所有制是社会主义全民所有制的唯二形式；政治经济学研究的是生产关系。他坚持社会主义生产是直接的社会生产，而不可能是商品生产制度或商品生产的变种的观点。从这一点来说，他坚持了经典马克思主义关于商品—货币关系在社会主义经济生活中尽管起着重要作用，但其作用范围是受限制的观点。

（一）鲁缅采夫捍卫了社会主义条件下商品—货币关系存在的必要性

鲁缅采夫认为，社会主义经济中存在商品—货币关系的原因是社会主义公有制关系和劳动性质的特点，而这些特点又是由生产社会性的一定发展程度和生产力水平决定的。在这个意义上，商品—货币关系是社会主义生产关系的一个本质特征。具体来说有以下原因。

（1）尽管全民所有制占统治地位，使得整个社会和集体农庄（国营农

[①] 旧译为阿·马·鲁米扬采夫。

场)之间的经济联系具有直接的社会性,但还必须监察集体农庄(国营农场)成员的劳动数量、质量和方向是否符合全体劳动人民的利益,而符合这个需求的联系形式即商品交换。

(2)在社会主义阶段(共产主义的第一阶段),从物质利益上关心劳动成果是把每个社会成员纳入社会劳动体系的重要手段;有计划的经济发展是通过社会对生产的直接调节实现的,而这种有计划建立的关系体系要求在计算产品生产所耗费的劳动数量的基础上交换产品,即实行等价的商品交换。与此同时,实行等价交换,也是促使劳动人民从物质利益上关心生产活动成果的保证。

(3)商品—货币关系在对外经济联系中也是必要的。在社会主义国家之间的经济关系中,尽管各国的社会性质是相同的,但它们并不是共同的所有者。而在社会主义国家与资本主义国家之间的产品交换,因为进行交换的是社会性质相对立的所有者,所以必须采取商品交换形式。

同时,鲁缅采夫强调必须坚持苏联社会主义政治经济学中对于商品—货币关系的一贯立场,并认为这个观点并未过时。即他认为,社会主义条件下的商品—货币关系所体现的是人与人之间在内容和形式上崭新的经济联系,其主要特点是它是以社会主义公有制为基础的,是在全社会范围内联合起来的生产者之间进行的有计划的、直接的社会联系的一种特殊形式。并且,商品—货币关系在社会主义条件下也是受到限制的,因为在社会主义条件下,劳动力不是商品,而生产资料也由生产者本身掌握。社会主义企业也不是商品关系的买卖对象。

(二)鲁缅采夫强调生产资料公有制必须在社会主义生产关系中占统治地位

鲁缅采夫认为,生产资料公有制是整个社会主义经济体制的基础。即只有生产资料公有制才能决定社会主义社会是劳动人民的社会这一性质、决定直接由社会调节生产以及决定在生产过程中和其他经济领域内各种经济关系的内容。只有通过生产资料公有制,劳动人民才能成为社会生产中享有充分权力的主人。具体来说,鲁缅采夫认为必须坚持这一原则的主要原因如下。

(1)只有生产资料归全体劳动者共同所有,才能消灭人剥削人的现象和在总体上消灭相互对抗的阶级。

（2）生产资料公有制奠定了社会主义经济的基础，即劳动力与生产资料结合的新方式，而正是这种新方式排除了以劳动力作为商品的买卖关系，从而消灭了人剥削人的现象。

（3）生产资料公有制决定了社会主义生产管理的基本经济职能，即保证合理地利用社会生产资料，以最小的劳动损害和物资消耗来最大限度地增加社会产品。而这也同时促使劳动人民本身能够从切身利益上关心社会生产的发展。

这也就是说，只有保证生产资料公有制的绝对统治地位，才意味着建立起了与资本主义不同的物质财富生产、分配、交换和消费关系的崭新体制。这样才能激发劳动人民作为国家主人的感受，并使自由、人权、民主和正义等概念具有了真正的实际内容。

第二节 后斯大林时期苏联经济改革理论

历史证明，理论活动本身是社会主义和共产主义建设最重要的动力，也是马克思主义作为一门科学具有生命力的证明。在1953年斯大林去世后，苏联先后进行了赫鲁晓夫改革[1]、柯西金改革、安德罗波夫改革[2]等大小规模不

---

[1] 赫鲁晓夫时期经济改革的重点是将经济管理体制从按行业集中管理改为按地区管理，以及下放联盟中央权力。主要措施有：取消联盟中央所属的各行业管理总局和联盟一级的部，在中央组建最高国民经济委员会并在地方组建地方国民经济委员会，同时将各级党委、苏维埃执行委员会（地方政府）等机构改为农业、工业两套班子。总的来说，赫鲁晓夫改革在一定程度上促进了苏联经济的发展，但是其改革也造成了巨大的混乱。尤其是其主导的农业改革对农业造成了巨大打击。1964年，苏共中央十月全会解除赫鲁晓夫的职务后，赫鲁晓夫改革的大部分措施被取消。

[2] 安德罗波夫改革由在1982年接任列·伊·勃列日涅夫担任苏共中央总书记的尤·弗·安德罗波夫主持进行，其改革的主要目的是整顿劳动纪律和改善治安状况以提高劳动生产率。主要采取的方法：①强化和扩大内务部门、克格勃部门（国家安全部门）的治安管理职能和相应的权限，并赋予军队部门以"联合纠察"的名义配合地方治安管理，即调动人力物力资源支持内务部门和克格勃部门的管理；②要求经济纪律部门和党的监察部门加强纪律监督，严惩旷工和怠工行为。总的来说，安德罗波夫在任总书记的时间过短，其很多思想并未贯彻到苏共全党，因此其改革的效果总体上相当有限。安德罗波夫改革的部分经济思想和措施被1985年开始的戈尔巴乔夫改革所继承，支撑其改革的相应的经济学家也构成戈尔巴乔夫时期改革的主要理论家群体。

等的改革，以不断对原有的经济体制进行调整和优化。这些改革进程是以一系列经济理论的突破作为理论基础的，从而形成了一系列关于改革的经济理论。

一 利别尔曼建议及其引发的一场大讨论

叶夫谢·格里戈里耶维奇·利别尔曼（1897~1981年），是20世纪50~60年代苏联的主要经济学家之一，长期任职于哈尔科夫国立大学。其提出的"利别尔曼建议"在苏联经济发展史上具有重要的历史意义。

1962年9月9日，利别尔曼在《真理报》上发表了题为《计划、利润和奖金》的文章，提出了改革苏联经济体制的建议。其基本目的是鼓励企业接受高指标任务、关心最大的生产效果，以解决企业缺乏生产动力、隐藏生产力的问题。达到这一目标的基本方法是加强利润的刺激作用。文章对长期存在的以上级计划的完成情况为出发点评价和奖励企业的方法持否定态度。建议根据企业的技术经济条件规定计划盈利定额，以此作为评价企业工作效果的唯一可靠基础。在这种体制下，国家只给企业下达按品种的产量任务指标，在产量品种计划经过协调和批准后，企业有权自行制订本企业的计划；企业根据统一批准的随盈利率而变化的奖金比率表，参与利润分配，从而提高企业生产经营积极性。利别尔曼建议以及围绕这一建议进行的讨论，对苏联20世纪60年代中期进行的经济体制改革起了一定程度的促进作用。

当时的理论界有相当多的人对利别尔曼的建议持否定态度。M.保尔指出，不能把利润视为"包治百病的灵丹妙药"；E.斯皮里多诺娃认为利别尔曼"把价值规律的作用过分夸大"；B.苏哈列夫斯基指责"利别尔曼的建议将导致国民经济比例的严重破坏"，"将会造成比例失调"。支持利别尔曼建议的学者有马雷舍夫、涅姆钦诺夫、利西奇金、列昂节夫、克隆罗德等。他们认为，经济改革的实质就是从占主要地位的行政管理方法过渡到经济管理方法，即利用价值规律和价值范畴，不再采用指令指标分解的强制方法。利别尔曼在1970年出版的《提高社会生产效果的经济方法》一书中，通过对20世纪60年代中期的大讨论和1965年苏联进行的经济改革的总结，进一步系统地阐述了自己的经济理论。

关于社会主义商品生产问题，他提出了"有计划的商品生产"概念，他

第十二章 苏联马克思主义经济思想

反对把计划关系看成主要的、把商品关系看成次要的观点，关键是如何把集中计划与商品货币关系结合起来。在共产主义社会第二阶段，商品货币关系才会消亡，但是，为了更快地达到这个阶段，现在应当尽最大努力运用商品货币关系。利别尔曼认为，这是一个辩证发展的过程，不能超越这个发展阶段。[①]

关于价值规律和利润的作用，他指出，企业利润和盈利的作用来源于社会主义社会经济关系的实质，利润和盈利是说明企业工作效果综合指标中的重要指标，但不是社会主义生产目的。关于价值规律，他认为，不应该分开来考察每个规律的实质和作用，在社会主义条件下，价值规律从来不能成为唯一的调节者。

关于企业间的横向合同计划问题，利别尔曼在1962年建议最大限度地发展与供货人的直接联系，提高供货合同的作用。1965年他在《计划、直接联系和盈利》一文中认为，制订国家计划是纵横两个过程的结合，一个是中央按生产部门纵向制订的集中计划，另一个是企业按供销关系横向制订的企业计划。国家纵向计划要靠企业横向计划来实现，企业横向计划要服从国家纵向计划的要求。1970年，他进一步指出，之所以要重视直接合同联系，是因为这个问题对于集中计划领导与消费者订货更好地相结合具有重大意义。应该提高供销效果，实行经济核算制，产品的集中调拨和分配应只局限于最重要的产品，使集中计划建立在供货单位和使用单位间的长期直接合同联系的基础上。把总的计划方向与消费对生产的逆向联系以及通过流通和消费领域进行一定的自我调节结合起来，是运用控制论管理社会主义经济的实质所在。

二 柯西金与苏联"新经济体制改革"

阿列克谢·尼古拉耶维奇·柯西金（1904~1980年），曾任苏联部长会议主席、苏共中央政治局委员。他是苏联历史上任期最长的总理，也是苏联最高领导人勃列日涅夫任内最重要的副手之一。1938年出任列宁格勒苏维埃主席（相当于市长）。1939年至1940年任苏联纺织工业人民委员，1940年被任命为苏联人民委员会（后改称苏联部长会议）副主席。1943年起还兼任俄罗

[①] Е.Либерман, хозяйственные методы повышенияэффекта социального производства, 1970, Ст, p.82.

斯苏维埃联邦社会主义共和国部长会议主席。1946年成为苏联共产党中央政治局候补委员，1948年成为正式委员。1964年继任苏联部长会议主席一职。在任期间推出"计划工作和经济刺激新体制"的改革，通称"新经济体制"。主导该改革的将国家对经济的计划权限下放和将提升经济效率作为改革核心指标的思想正是来自柯西金本人。

1964年12月，柯西金在第六届苏联最高苏维埃第五次会议上强调必须立即开始加强对生产的经济刺激。1965年，柯西金在苏共中央九月全会上发表了一份名为《关于改善工业管理、完善计划和加强工业生产的经济激励》的报告。在这个报告中，柯西金首次正式提出了"新经济体制改革"的核心观点，即应该充分推进科技成果转化为生产力，并进而提高劳动生产率，同时批评了当时苏联经济学界对于探讨如何提高社会生产效率的研究不充分的现象，该报告得到了苏共中央的审议通过。柯西金指出："目前，工业已经进入这样一个发展时期：工业增长的速度越来越决定于技术的进步和在生产中尽快地采用科学成就，然而我们在这方面却存在着重大缺点，这些缺点严重地影响了工业生产发展的速度和许多企业技术革新的速度。"[1] 因为柯西金同时以苏联部长会议主席的身份主持联盟中央政府的工作，所以他的经济思想能够迅速地转化为苏联社会经济生活中的具体实践并发挥相应的作用。

柯西金认为，提升企业经营的独立性、扩大企业管理人员的权限、采用新的经济核算系统并发挥提高利润和物质刺激的作用是加速苏联经济发展的根本条件。他提出了把科学技术革命的成就同社会主义经济制度的优越性有机结合起来的任务。对此，他认为应当从以下两个关键点对苏联社会主义经济运行进行改革。

——改革对企业工作的评价考核体系。将生产资料或生活资料的生产效率、盈利能力以及产品质量的不断提高列为评价考核体系的核心指标；建立对企业在产品供应和价格确定方面的监管制度和处罚机制。

——建立对企业的激励制度。将每个企业利润的一部分设为该企业所获得的国家投资外的单独的生产发展基金。

因此，在柯西金的主导下，苏联部长会议通过决定，采取以下措施展开

---

[1] 北京大学东欧研究所：《勃列日涅夫时期苏共中央全会文件汇编》，商务印书馆，1978，第76页。

第十二章　苏联马克思主义经济思想

改革。

——恢复被赫鲁晓夫时代改革打乱的按部门原则建立的经济管理结构。

——完善国家计划委员会系统的工作。即缩减指令性指标，并实行以销售额（生产额）、利润和盈利能力为核心的新指标体系。

——扩大企业的经营自主权和相应负责人员在支配本企业生产资料和管理本企业生产经营活动和内部活动方面的权限。

——加强经济核算。提升经济杠杆在经济管理中的作用，尤其是降低国家投资比重和扩大对企业的信贷规模。

——调整国家、企业和个人之间的利益关系，提升对个人的物质刺激的作用。

总的来说，柯西金的上述经济改革措施有力地促进了苏联经济的发展。在苏联第八个五年计划（1966~1970年）完成后，相比第七个五年计划完成时，国内生产总值增加了43%，国民收入增加了45%，工业生产总值增加了50%。在第八个五年计划期间，年平均经济增长速率达到7%。并且，苏联经济总量往往因为其价格水平由国家确定、被统计的服务业在经济总量中的占比远小于商品生产部门[①]，因此苏联经济的实际增长更是高于统计数字的。同时，1966~1970年，全苏价格指数仅上涨0.7%，而在戈尔巴乔夫改革时期（1985~1991年），全苏价格指数上涨；在购买力平价方面，1980年与1960年[②]相比，苏联增长55.15%，而同期美国增长47.75%，英国增加37.52%；在苏、美国民收入占比对比上，1960年苏联的平均国民收入占美国的58%，而到1980年时，这一比例上升至67%。[③] 以上数据有力地证明了苏联劳动人民生活水平的不断提高。并且，与此同时，苏联劳动人民的社会保障水平也在此期间得到了提高，例如第13个月工资（年度奖金）和五天工作日制度均是在此期间在苏联开始实行的。

[①] 例如，苏联的教育、医疗、交通运输、住房等领域均不存在市场价格，并且经互会体系的国家的进出口也不依赖于市场而运行，同时，科研投入也在苏联被视为一种中间消费而不是资本主义条件下的"知识产权"的资本活动。而苏联巨大的国防工业也未被纳入国内生产总值的计算体系。

[②] 1960年，柯西金任苏联部长会议第一副主席（即苏联第一副总理），实际主持苏联部长会议工作。

[③] 以上数据来自 СССР и страны мира вцифрах, https://su90.ru。

但是，柯西金主导的"新经济体制"改革在另一方面也对苏联经济的运行产生了消极影响。这是其改革的主要教训。因为作为改革的主要结果，利润率成为企业生产的主要指标。但是，利润本身是生产成本的一个相对百分比，也即取决于生产成本。简单地说，生产成本越高，利润率就越低，这意味着企业如果想扩大自己的生产发展基金，就必须提高利润率，那么就不应该努力提高而是应该降低生产成本。并且，在社会主义经济中，企业的利润只能用来增加工资，结果导致苏联劳动者的工资的增长速度开始超过劳动生产率的增长速度，因此在总体上造成并加剧了部分种类商品的短缺现象，以及导致了工厂技术、装备更新基金的下降和国家总的预算收入的减少。

总的来说，柯西金在1965年开始的"新经济体制改革"对于苏联经济的积极意义是大于消极意义的。他将经济中的竞争因素引入苏联经济的运行，对其本身产生了巨大的积极刺激作用。但是，由于在1964年10月后，苏联政治中的"勃列日涅夫（苏共中央）—柯西金（苏联部长会议）—波德戈尔内（苏联最高苏维埃）"的集体领导制度客观上的演变的影响和作为苏联最高领导人的勃列日涅夫主观上对柯西金个人的排斥因素，"新经济体制"改革最终未能发挥其应有的全部作用。1979年，在柯西金的推动下，苏共中央和苏联部长会议相继通过了《关于进一步完善经济机制及党和国家机关的任务》等文件，苏联再次在计划经济体制内进行的旨在优化计划经济体制效率和水平等的与1965年开始的改革具有直接和逻辑上联系的新改革，但是由于1980年10月柯西金病重，接替其担任苏联部长会议主席职务的尼·吉洪诺夫对深化经济改革在主观上缺乏热情，并且1979年开始的改革在客观上也没有突破1965年规划的改革框架，1979年的经济改革没有起到类似1965年开始的改革对经济产生的类似效果。

三　梅德韦杰夫的《政治经济学教科书》

瓦季姆·安德烈耶维奇·梅德韦杰夫（1929年至今），是20世纪80年代苏联主要经济学家和党务、国务活动家。曾任苏共中央政治局委员、苏共中央书记、苏共中央社会科学院院长。其主要代表作为《社会主义生产（政治经济学研究）》。梅德韦杰夫是戈尔巴乔夫时期苏共高层的自由主义的代表人物，曾主导取消苏联高等教育机构中要求必修的苏共党史课程和科学共产主义课程。

1988年，В.梅德韦杰夫担任主编，和 Л.阿巴尔金等人出版了苏联最后一版《政治经济学教科书》。教科书主要根据苏共中央1987年6月全会通过的经济体制改革方案中的指导思想，从理论上重新审视了过去关于社会主义政治经济学的一系列观点，是对当时苏联经济理论研究成果的总结和概括。教科书的社会主义部分系统地论述了社会主义的基本经济关系，包括社会主义所有制、计划性和商品货币关系；社会主义生产目的及其要素和效益；社会主义的分配和国民收入。教科书还详细分析了社会主义扩大再生产和集约型经济增长问题，论述了社会再生产、农业和工业企业及其经营活动和市场问题。教科书还探讨了社会主义社会经营机制问题，论述了社会主义计划工作、价格、经济核算、财政、信贷货币和经济管理组织等问题。

在经济改革的背景下，教科书重视对20世纪70年代以来经济政策的实质和意义的论述，特别是对合作制在社会主义经济建设中的作用作了说明，认为所有制形式要与生产力的状况相适应。教科书第一次详细分析了社会主义市场的重要性及其结构和调节供求的方法。

教科书注意从社会主义现实出发，承认社会主义存在各种矛盾，社会主义生产关系本身也可能出于种种原因而变得僵化、发生变形，从而成为社会主义生产力发展的障碍。关于社会主义经营机制，教科书认为有两种模式，一是以行政方式为主，二是以经济方法为主。经营机制改革的宗旨就是要废除行政命令式的管理方法，加强经济管理方法。教科书还批评了那种将计划和市场割裂开来，要么市场要么计划的观点。①

四 阿巴尔金的经济改革思想

列奥尼德·伊万诺维奇·阿巴尔金（1930~2011年），是20世纪70~90年代苏联和当代俄罗斯的主要经济学家之一。1986年接替卡普斯金院士担任苏联科学院经济研究所所长，1989年起至苏联解体，担任苏联部长会议副主席，深入参加了戈尔巴乔夫改革。其主要代表作有：《世界社会主义经济的发展的计划和比例》《社会主义辩证法：经济改革》《十字路口：对俄罗斯命运

---

① [苏]梅德韦杰夫主编《政治经济学教科书》，中国人民大学出版社，1989，第582~585页。

的思考》《俄罗斯社会经济思想史论》等。

阿巴尔金对于经济改革的主要观点包括：克服经济危机和解决国家经济结构改革的关键在于彻底变革经济关系，并为所有经济部门提供必要的自主权。与此同时，他主张经济部门自主管理权的扩大在相当程度上应该转化为额外的财政资源，成为社会财富的源泉。在戈尔巴乔夫改革的特殊历史条件下，阿巴尔金还在具体的改革方向上采取了所谓的"民主和公开性"的立场，即他认为必须维护和变革集中管理经济体制的方法，必须建立在生产管理和公共生活的所有领域中已经广泛发展起来的"公开性"原则的基础上。

（一）关于所有制及实现机制

阿巴尔金认为，在社会主义革命确立了生产资料公有制后，随着生产力水平的提高，需要不断调整和改造生产关系以适应生产力的变化，但这种变化不涉及占有方式，而是通过改造社会主义经营管理的形式和方法来保证。他强调，应把所有制和所有制的实现机制区别开来，管理方面的缺点绝不是公有制的缺陷，而是所有制的实现机制不完善。

阿巴尔金认为，各时期消极现象的出现，是因为在前一阶段形成的经济组织形式不再符合新的、变化了的条件。公有制的实现机制不完全符合生产力进一步发展的需要。要消除产生消极现象的原因，要求生产关系的经济组织体系和社会主义公有制实现机制发生质变。完善社会主义经营管理形式，并借助于这些形式使国民经济转向集约化发展的轨道，掌握科技革命成果，这就是现阶段提高所有制经济实现机制成效的主要方向。

在阿巴尔金看来，所有制的经济实现机制，说穿了就是运动和发挥职能的形式，只有通过所有制的潜在可能性才能转化为社会劳动的实际成果。所有制的物质承担者借以再生产和变动相互关系的具体的经济组织形式、方法和杠杆的总和，构成了这个机制的内容。根据科技革命的要求和社会需要的变化，改善生产结构，加快物质资源周转，完善分配比例，这一切都是提高社会主义所有制的经济实现机制效力的重要方向。

（二）利益的相互协调

阿巴尔金指出，过去占统治地位的观点都过于简单地看待经济利益，低估了利益体系中存在的客观矛盾。在社会主义条件下，社会的经济利益、劳动集体和劳动者个人的利益作为统一整体，构成了这一结构的框架。

阿巴尔金反对将企业工作效率的任何提高都等同于国民经济效益的增长，以及将职工个人的实际收入的任何提高等同于人民生活水平的提高的观点。经济利益之间的矛盾是客观存在的，解决的方法只能是通过找到相应的运动和发展形式的途径，并在运动中来解决。保证全民经济利益占首要地位和起主导作用是协调经济利益的重要任务，在这里必须使经济利益同步实现和目标一致，还要使物质刺激和精神刺激目标一致。经济核算是社会主义社会所固有的协调社会、劳动集体和职工个人之间利益的方法，它作为使利益挂钩和培养对事业的主人翁态度的有效手段，是不可替代的。

(三) 经济改革的构想

阿巴尔金指出，保证生产关系灵活迅速地适应不断发展的生产力水平，是社会向前发展、加速科技进步和社会经济进步的极其重要条件。历史经验表明，生产关系的社会主义性质本身不能保证社会不出现消极现象，因为在经济以粗放发展为主的条件下形成的生产关系渐渐地过时了，并已经开始丧失刺激作用，而某些东西已变成障碍。

社会主义必须保证不断完善具体的生产关系形式，以适合于不断发展的生产力水平，这要通过完善经营机制来实现。生产力发展本身既包括渐进的变化，也包括激进的变化，前者要求不断完善经营机制的某些方面，而后者则要求深刻改革整个经营机制。生产关系形式的彻底变革，归根结底是由生产力变化的深度决定的。只有那种能为科技进步的革命形式和保证向较高的效率突破开辟最广阔的自由发展天地的机制，才可能是完全适合苏联经济发展新条件的。

在对经营机制进行彻底改革的问题上，阿巴尔金认为，加强计划管理的集中原则和发挥企业和地方机关的主动性和自主性同样重要，关键是要有全新的方法使二者合理地结合起来，其标准只能是提高生产效率、节约时间以及取得有社会意义的最终成果，而不能单纯地讲多一点集中好还是少一点集中好。以取得最好的最终成果为目标来改革经营机制，是经营机制改革构想中的核心之一。消费是生产的最终结果，因此衡量经营活动的质量，就应该根据满足社会需要的程度来评价，如改革要以消费者为导向、加强物质刺激与最终成果的联系、广泛采用长期经济定额、实行完全经济核算、扩大生产企业和联合公司及地方机关的权利和自主性等，改革应当是综合的和彻底的。

（四）关于计划、经济核算和商品货币关系

对经济的有计划管理是社会主义经营管理的坚定原则。但在目前条件下，应当使计划转到以集约化增长和取得有社会意义的最终成果为目标上来。首先，作为统一整体的国民经济是计划工作的对象，解决国民经济的平衡及其结构、生产力的合理配置，统一的科技政策和财政政策等问题，是中央经济机关的特权。其次，要把国家计划任务下达到基层生产单位，在这里迫在眉睫的改革就是要发展企业间的合同关系并用长期经济定额来管理生产，在合同的基础上来制订产品产量计划。这两项原则应该作为根本改革经营机制的重要组成部分全面推广。企业与联合公司要对自己的工作承担全部责任，而国家对它们所承担的义务则概不负责，这恰恰就是经济核算制的实质所在。

阿巴尔金为社会主义制度下的商品货币关系赋予了新的内容。他认为，社会主义商品货币关系的新内容是由社会主义生产关系决定的。社会主义有必要积极利用商品货币关系，一方面可以用来完善社会劳动的计算方法，另一方面则是用来对经营活动进行经济刺激。

（五）对苏联解体后俄罗斯经济改革的评价

首先，这一时期旧的行政命令体制被废除，打破了国家所有制垄断；其次，建立了市场经济的基本要素和基础；最后，最本质的成就是社会意识发生了转变，人们将自己的生活同市场经济紧密地结合在了一起，企业也被推向了市场。

然而，"休克疗法"也带来了严重的消极后果。阿巴尔金认为，改革战略的选择是错误的。指望市场万能和取消国家对经济的调节与战后法、德、日等国的历史经验相矛盾，也不符合俄罗斯经济的实际条件。阿巴尔金认为，新的改革战略必须使市场机制与国家调控实现最优结合，发展实际经济部门，增加投资，外资虽然重要但不是主要因素。

值得注意的是，在苏联解体后的俄罗斯社会转型时期，阿巴尔金也是坚决反对俄罗斯在经济改革中对国际货币基金组织产生依赖的。

五 阿甘别吉扬的经济改革理论

阿贝尔·格泽维奇·阿甘别吉扬（1932年至今）是20世纪70~90年代

苏联和当代俄罗斯的主要经济学家之一，苏联科学院院士（1974年）。在1985~1991年苏联改革期间，他是时任苏共中央总书记米·谢·戈尔巴乔夫的首席经济顾问。

20世纪80年代初，阿甘别吉扬、布尼奇等人向苏共中央递交了一份强烈要求根本改革经济体制的秘密报告，猛烈抨击了旧体制的缺陷，并提出了经济体制改革的全面设想，这在苏联国内外引起了巨大震动。这些经济学家被称为"西伯利亚改革学派"。

（一）经济改革的构想

阿甘别吉扬指出，经济发展的新质量和加速发展战略，首先是要根本改变经济增长的因素和源泉，即不再依靠粗放性的因素和寻求新的资源，而是要使国民经济走上依靠提高效率和劳动质量的集约式发展轨道，经济增长的主要源泉应该是科技进步。其次，要加强经济发展的社会方向，以满足人们各种不同的需要为条件，提高人民生活水平。加速社会经济发展不是一时的运动，而是长期战略。要加速社会经济发展，必须实行全面而彻底的经济改革。

经济改革的方向是广泛的和全面的，主要包括以下三个方面的措施。①使国民经济转向集约发展的轨道。应实行新的结构和投资政策，加强技术革新，节约资源，更新生产设备，提高产品质量。②采取广泛的措施加强经济发展的社会导向，让人民富裕是首要任务。③对经济管理体制进行根本改革，从行政命令式管理方法转向以经济方法为主，通过经济利益、广泛利用社会主义消费品市场和生产资料市场进行管理。阿甘别吉扬认为，改革的最终目标首先是从生产者支配消费者的短缺经济转向满足消费需要的社会生产。

经济改革的另外一个重要任务就是使苏联有效地参与国际分工。苏联在国际贸易和经济联系中的份额与其经济实力不相适应，出口结构严重落后，动力能源占比过大，进口结构也不合理，粮食和金属采购比重过大，机器设备采购比例也不小，而许多机器设备都是在苏联国内生产的。必须摆脱这种状况，实行经济开放，加速发展国际经济联系，将更多的资源用于提高人们的生活水平。最后就是应当从以行政管理方法为主的命令式经济转向自治经济，使广大劳动群众积极参与经济管理。

（二）关于经济管理改革的主要内容

阿甘别吉扬认为，旧的经济管理体制不符合加速社会经济发展的新条件，它纵容粗放式发展而阻碍经济集约化和科技进步，其主要特点是以行政方法为主，经济方法处于从属地位。

根本改革管理体制，就是要根本改变管理方法，从行政方法转向经济方法，发展经济民主。基层生产单位（企业）要实行完全经济核算，发展经济民主。实行经济方法，就要迅速提升价格、财政信贷和劳动激励的作用。同时，使企业的工资基金、物质鼓励基金直接取决于最终劳动成果。

在经济民主化方面，实行企业自治，自行编制和确定计划，自行选举企业领导人，实行经济核算，自筹资金，劳动者福利取决于劳动成果和生产率水平。转向经济管理方法的关键是经济定额的合理性，这是企业经营活动的调节器。为了避免行政管理的干预，不能制订个人定额和集团定额，应当制订总的经济定额。发展批发贸易，就是要扩大社会主义市场，繁荣和深化商品货币关系，使社会主义企业在市场上成为真正的商品生产者。要使社会主义市场有效评价企业生产的产品的社会效益，应保护企业竞争、消除垄断，发展合作经济和个体经济。计划应当集中于经济定额、价格、财政信贷条件和激励以及有限的国家订货，计划的对象是国家利用集中资金的方面，如建立新的部门、大的项目和主要基础设施等。

（三）关于社会主义商品生产和市场

阿甘别吉扬认为，如同资本主义一样，商品生产和商品货币关系是社会主义固有的。商品生产是由于生产者的独立性和社会分工而产生的，这些社会主义商品生产和商品货币关系存在的因素和条件将会长期存在。

社会主义条件下的商品生产、市场和商品货币关系具有一系列不同于资本主义的新特点。它们不是一般范畴，土地和自然资源是国家财富，不允许买卖；由于不存在失业，社会经济基础是社会主义所有制，不存在劳动力市场，不允许发展资本市场，不存在交易所、股票和商业信贷等。同时，社会主义市场是可以调节的。

六 布尼奇的经济机制理论

巴维尔·格里戈里耶维奇·布尼奇（1929~2001年），苏联和俄罗斯的主要经济学家之一,政务活动家,曾任莫斯科市政府经济科学委员会主席、苏联最高苏维埃经济改革委员会副主席,是苏联总统米·谢·戈尔巴乔夫和俄罗斯总统鲍·尼·叶利钦的经济顾问,苏联科学院通讯院士。他长期在奥尔忠尼启则莫斯科管理学院工作。主要代表作为《改善基本资金使用的方法》《经济改革：措施与问题》《苏联市场经济稳定问题研究》。

（一）对旧经济机制的批判

布尼奇认为,过去在理论上和实践上利用被"改造的"价值规律,削弱了商品货币关系的作用,助长了平均主义。在理论上存在五个方面的教条：①社会的物质任务具有比价值任务更高的意义,且能够自满自足；②只能在短期业务策略方面赋予企业自主权,而长期的战略方面只能由上级来决定；③预算计划规模必须完整地达到,必要时应当牺牲企业计划；④国家应向企业拨付一切固定基金和流动基金；⑤社会主义合作所有制应当被拔高到国家所有制,实现国有化,或者直接取消。

布尼奇指出,旧的经济机制是建立在社会主义一般基本原则和特殊的命令行政制度基础上的。对社会一般的基本原则不能否定,需要改革的是在特殊时期形成的经济管理体制。建立新的经济机制,要求进行多方面的激进改革,最理想的是各方面的改革能够同时进行,但这是不可能的,只能逐步向前推进。

（二）基层经济单位实行自筹资金

布尼奇认为,自筹资金的实质不仅在于一切费用自负盈亏,而且还在于获得的盈利留归企业。自筹资金明确要求个别地再生产出每一种资源,创造真实利润并将其利用,也就是在上缴预算、支付银行等扣除之后的留归企业的利润。这表明,企业的一切成本都要从"自有"资金中支付,折旧基金、流动资金、劳动报酬基金和积累基金,由集体挣来并归集体所有。

所以,自负盈亏是自筹资金的要素和必要条件,但非充分条件。自筹资金与自负盈亏相比,可以认为是经济核算发展的更高一步。自筹资金与经济核算相比,显然经济核算的概念更广泛,它除自筹资金外,还包括集体的自主性（自我计划、自我供应,吸收群众管理经济直至向自治过渡以及企业内部的组织结构）；经济核算活动的法律前提；法人权利、合同责任等。

布尼奇进一步指出,实行自筹资金,必须进行配套改革。具体包括：处理好自筹资金与集中管理的关系、重新看待基层经济单位的储备基金、改革内部核算、处理好企业与部门管理机关的关系，以及劳动就业和预算拨款制度的改革。

（三）关于社会主义国家经济改革的一般性与特殊性

布尼奇认为，社会主义国家的一致性还表现在共同的改革内容上。改革服务于社会主义，是包括经济、政治、文化、意识形态、法律等在内的全面改革。在经济改革问题上，都承认在国有经济占主导地位条件下的生产资料所有制形式多元化，出发点都是商品货币关系是社会主义的有机组成部分。价值规律起调节作用，鼓励竞争，国家要用经济方法来影响生产。同时，社会主义发展也有多样化的特点，如生产力水平、生产关系及历史传统等。

关于计划和市场的问题，布尼奇认为，社会主义和资本主义的真正区别不在于否认市场或计划，而在于计划和市场用来为谁服务。商品经济在资本主义之前和之后都是为人类服务的，是一系列社会形态所必需的。

第十三章 当代俄罗斯对马克思主义经济思想的探讨

苏联解体后，俄罗斯的马克思主义经济思想并未消失，而是涌现许多不同的流派，这些流派在不同程度上发展了马克思主义经济思想。同时，俄罗斯经济转轨的失败反而为马克思主义经济思想带来了新的生机。

第一节 久加诺夫论全球化和俄罗斯的命运

根纳季·安德列耶维奇·久加诺夫（1944年至今）是俄罗斯联邦共产党中央委员会主席，也是俄罗斯联邦国家杜马共产党派系的负责人。1990年6月，他在俄罗斯联邦共产党的成立大会上当选为中央委员、中央政治局委员及俄共书记。自1993年起，他一直担任俄共中央委员会主席。他曾是第一届至第五届国家杜马共产党派系的代表和负责人，拥有哲学博士学位，并出版了大量书籍，如《我相信俄罗斯》（1995年）、《俄罗斯与现代世界》（1995年）、《全球化与人类的命运》（2002年）等。

俄罗斯联邦共产党中央委员会主席根·安·久加诺夫认为，全球化是帝国主义的最高阶段。他总结了全球化时代帝国主义的基本特征，提出了全球化和新帝国主义等理论，对20世纪90年代俄罗斯的制度变迁提出了严厉批评，并主张在社会主义的基础上实现俄罗斯的复兴。

一 关于全球化的实质

久加诺夫认为，"全球化"这一术语既反映了当代进程的某些重要特点，同时又掩盖了现实的其他一些同样重要和本质的东西，它把社会矛盾归结为地理矛盾：西方—东方，南方—北方，这些矛盾的实质自然被有意识地简单化了，仿佛具有"永恒的"、别无选择的属性。他认为："在更具体意义上的全球化是一体化世界经济发展的进程，各个国家的经济在一体化世界经济中只是统一的世界整体的一个环节。这一进程以不断发展和深化的国际分工为基础。"①

久加诺夫认为,目前的全球化是帝国主义发展的新时期,伴随这一时期的是帝国主义固有的矛盾进一步激化。资本主义对生态环境进行毁灭性的破坏,东西方之间经济社会发展差距日益扩大,在经济上国际分工不断深化,行业内部和跨行业的合作得到加强,作为一切都相互联系的统一有机体的全球经济正在形成,经济一体化促使国家间走向更紧密的联系,取消了商品、资本和劳动力流动的壁垒。

久加诺夫指出,信息革命的发展为当代全球化进程奠定了技术基础,世界信息空间的建立是全球化的基本条件。掌握信息、控制信息流成了实现极权控制和取得全球统治权的主要工具,这就是全球主义的特点。久加诺夫将全球化进程总结为千百年来人类经济、政治和文化一体化进程中的极不平衡的、有着尖锐的社会经济矛盾的过程。20世纪,尤其是当今21世纪全球化的特点,恰恰是由发展十分不平衡以及在斗争的总背景下烙下印记的新特点所构成的。

久加诺夫认为,帝国主义全球化是为奴役、瓜分和重新瓜分世界及其资源的斗争。这是联合起来的帝国主义反对世界"边缘地区"的斗争,也是不同帝国主义集团之间的斗争。

二 全球化是帝国主义的最高阶段

久加诺夫指出,列宁的帝国主义理论有助于我们更深刻地理解全球化这一综合历史进程及其内在的规律和特点。②

(一)关于全球化时代帝国主义的基本特征

列宁在1916年所著的《帝国主义是资本主义的最高阶段》一书中指出了帝国主义的五个方面的特征。久加诺夫全面分析了这五个方面的特征在当今全球化过程中得到的进一步加强及其表现。

久加诺夫指出,按照列宁的逻辑,可以把全球化所追求的"世界新秩序"称作帝国主义的最高阶段。他总结了全球化时代帝国主义的基本特征,

---

① [俄]久加诺夫:《全球化与人类命运》,何宏江等译,新华出版社,2004,第9页。
② Г. Зюганов, Нам попути Коммунисты и молодежьв современной России, 2002, p.66.

有以下几点：①金融资本可能彻底支配工业资本；②市场变成不等价交换、掠夺的工具；③全球化"国际分工"新模式得到加强，加剧了全球不公正和社会不平等；④跨国公司和金融工业集团的政治影响飞速增强，它们妄图获得无限主权和国际关系体系中的法人地位；⑤各国政府失去对世界经济进程的控制，以拒绝国家主权概念和建立全球化政权结构（如世界政府）为目的，对国际法基本准则进行修改；⑥信息文化的扩张成为侵略和破坏传统价值观的手段，推行最低劣的、原始水平的精神统一；⑦寄生性，跨国公司利用推广高新技术和垄断资源而获得主要利益，使世界其他地方不可避免地走向贫困和衰落；⑧腐朽，并在本质上阻碍技术进步。

由此看来，资本主义并未克服剥削关系及随之而来的一切矛盾，只不过是改变了自己的形式，使这些矛盾进一步全球化了。这些矛盾的发展和加剧，不能不导致新一轮的暴力，暴力是帝国主义借以捍卫自己私利的唯一手段。

（二）关于全球专政的"大棒"

久加诺夫认为，当前加速进行的全球化对地缘政治产生了重要影响。大众传媒对地缘政治进程的影响有了质的增长。大众传媒在当代社会中不再像过去那样起辅助作用，而是成了能对各国人民历史命运产生最重要影响的独立的地缘政治因素。这种手段在苏联解体和东欧剧变中起到了重要作用。

20世纪初，当美国刚刚成为世界主要帝国主义国家之时，就表露出谋取统治全世界的野心。在军事上，用北约的强大实力威胁他国；在金融上，通过国际货币基金组织和世界银行用债务绞索进行威胁；甚至试图把联合国变成"美国式全球化"的工具。

久加诺夫告诫说，到20世纪后半期，华盛顿已公开宣布自己的"神圣"目标：取得绝对的全球领导地位，即实现全球专政。西方把"冷战"的胜利当作加速实现其全球计划的信号。但美国垄断世界的单边主义与许多大国的存在不相容，冲突难以避免。

（三）关于新帝国主义引发战争

久加诺夫指出，随着全球主义的来临，帝国主义国家扶持的"世界新秩序"完全失去了保证人类和平和安全的能力。世界新秩序的内部矛盾不断加剧，于是它迅速转化为新的世界战争。在美国式全球化时代，帝国主义政策的暴力方法和非暴力方法不断交替使用。

在帝国主义走向全球主义的道路上，世界社会主义体系应运而生，这一体系在几十年中遏制了帝国主义的侵略，保护了地球上千百万个生命。但在联合起来的帝国主义取得了"冷战"的胜利后，帝国主义之间的矛盾就不可避免地显现出来。他指出："苏联解体后，资本主义使人类陷入了严重的全方位危机。世界经济处于停滞状态。资本主义导致大众的贫困现象日益严重……同时，它也导致了医学发展的独特成就仅服务于少数人。总的来说，地球上死亡率的增加是资本主义野蛮和畸形社会分化的直接后果，这也导致了国际安全机制遭到破坏——局部冲突、冷战和热战的威胁正在增加。"[①] 久加诺夫认为，新的世界战争是不同帝国主义集团之间为重新瓜分世界而进行的斗争的继续。在"旧帝国主义"的行列中，存在几个经济统治的中心，如北美、欧盟和一系列东南亚国家，它们之间的竞争日趋白热化。久加诺夫列举了它们之间的矛盾，包括民族资本和跨国资本之间的矛盾，出口商与生产者之间的矛盾，"新经济"和"旧经济"之间的矛盾，实际资本和虚拟资本之间的矛盾，"合法"买卖与"非法"买卖之间的矛盾。

三 关于社会主义选择

俄共纲领认为，人类面临着其整个历史上最艰难的未来发展道路的选择：第一条道路是，确立发达的资本主义国家对全球的统治；第二条道路是，在生产力、生产方式和消费方式质变以及科技进步人道主义取向的基础上，在确保全球生态平衡的前提下，不断提高地球上所有居民的生活水平。换句话说，在当代，人类的一体化可以通过帝国主义的全球化和社会主义的国际化这两种不同形式来进行。久加诺夫在2021年4月举行的俄共第十八次全国代表大会上所作的政治报告中提出，"对全人类来说，一个关键的选择正在等待解决。问题很清楚，要么是资本把人类大众变成全球获利机制的附属品，要么是社会主义将人的和谐发展作为社会的目标"[②]。共产主义纲领性目标是消灭阶级，消除民族的阶级分裂，消灭产生族际矛盾和对抗的基础。而资本主

[①] Г.А.Зюганов, Политический отчётЦентрального Комитета КПРФ XVIII съезду партии.https://kprf.ru/party-live/cknews/201822.html?ysclid=l96s99pn6h491155600.

[②] Г.А.Зюганов.ПолитическийотчётЦентральногоКомитетаКПРФXVIIIсъездупартии. https://kprf.ru/party-live/cknews/201822.html?ysclid=l96s99pn6h491155600.

义则把世界分成了剥削者民族和无产者民族，从而引发了族际矛盾。

在国家命运问题上，社会主义的国际主义和资本主义的全球主义的立场同样是截然对立的。共产主义的前提是国家作为从社会分离出来的特殊的公众权力机关，将自然地逐步"消亡"，并随之让位于社会自治。而全球主义的前提是强行消灭民族国家及其主权，以强化超国家权力、世界国家和世界政府，强化资本主义国家的职能，尤其是镇压和宪兵职能。

资本主义的全球化包含向新的更公正的社会制度过渡的萌芽和物质的可能性。但若要使这一可能性变为现实，就应使其脱去现有的资本主义社会外壳，必须从根本上取代现行资本主义的生产模式和消费模式，建立全新的技术制度，发展新型的人类生产力。社会主义只有在截然相反的道路上大力推动生产力，依靠科技进步的最新趋势有计划地发展，才能恢复创新精神。俄共纲领把这条道路称作社会主义的最优化发展，并从分析当代科学技术发展趋势出发，勾画了社会主义最优化发展社会的后工业技术基础的某些概貌。同时，俄共纲领也描绘了这种社会主义最优化发展的制度基础。技术进步的不平衡和多样性以及由此必然产生的多种技术成分，决定了要在相当长的时期内保持多种经济成分和所有制形式的多样化，即公有制、个体劳动所有制以及某种程度上的私有制，决定了这些所有制之间在商品货币关系基础上的竞争。

四 关于俄罗斯的命运

（一）俄罗斯的抉择与道路

久加诺夫认为，对于俄罗斯而言，不是深陷资本主义制度的泥沼并一步步解体、消失，就是在社会主义的基础上复兴。这就是当今所必须作出的抉择。对此，久加诺夫指出，"如今，克里姆林宫就站在了这样的一个岔路口。它面对的是全球化主义者的无情逻辑——要么我们必须清醒过来，要么就必须变得顺从"[①]。

久加诺夫指出，现在同1917年一样，再次面临民族国家存亡的问题，必须在这方面采取一系列措施，除此之外别无选择。首先，转换社会经济方针，以便促进本国生产，恢复劳动集体的财产权和劳动者的各项社会权利；其次，

---

① Г.А.Зюганов.Политический отчётЦентрального Комитета КПРФ XVIII съездупартии. https://kprf.ru/party-live/cknews/201822.html?ysclid=l96s99pn6h491155600.

自上而下建立苏维埃形式的人民政权，保证各级政权受到各级立法的监督；最后，恢复俄罗斯在国际上的独立地位和真正的主权，需要采取具体的实际步骤，在自愿基础上重建统一的联盟国家。总而言之，俄罗斯目前需要解决与100年前解决过的类似的课题。但是也有差别，差别就在于，如果1917年的社会主义革命既可以用和平手段也可以用非和平手段完成的话，那么现在我们认为俄罗斯的民族国家的生存和复兴直接取决于保持国内、族际和国际的和平。久加诺夫认为，左翼力量和人民爱国力量现在面临一项战略任务，不是以国内战争形式，而是以和平方式保证把政权归还人民，找到摆脱社会经济浩劫的出路。

（二）"改革"绝境中的俄罗斯经济

第一，久加诺夫认为，当前俄罗斯政府的经济政策完全没有控制住自2014年乌克兰危机以来的经济下行压力，因此应当采纳并改为实行俄共主张的"小康生活十步曲"方案，以保证俄罗斯的经济复兴。同时，他认为，由于今天的俄罗斯已经转变为以原材料和服务业为经济支柱的结构单一的国家，在现行的经济结构条件下展开经济复苏工作是十分困难的，尤其是易受外部经济环境所影响。因此，久加诺夫主张将具有战略意义的行业国有化，以将国家的财政资源交还给国家和社会。第二，他认为应当改善上层建筑中的组成，并在实践中重建国家计划系统，因为在目前俄罗斯的统治集团的领导下，整个国家的经济在实质上是被暴发户劫持了的，而这完全不符合国家利益。第三，他认为应当积极促进劳动生产率的提高并在这个过程中提高科技成果—生产力的转换效率，因此在实践中应当恢复苏联传统的教育体系以重建经济活动和科学技术进步之间的系统性联系。第四，他主张政策的制定必须考虑到战略性的长期利益，而不是短期利益。

久加诺夫批评了"改革者"的神话：国家放弃对经济的调节和干预，让经济自由发展，这样在俄罗斯已经出现了西方模式的自由市场。他在俄共十八大上强调，"正是这个统一俄罗斯党占多数的国家杜马年复一年地通过新自由主义指导下的预算。他们在新世纪以来的二十余年中，没有推动国家在经济和社会领域的发展，反而将国家推向了灭亡的道路"[①]。他认为，国家让

---

① Г.А.Зюганов.Политический отчёт ЦентральногоКомитета КПРФ XVIII съезду партии. https://kprf.ru/party-live/cknews/201822.html?ysclid=l96s99pn6h491155600.

第十三章 当代俄罗斯对马克思主义经济思想的探讨

经济"自由发展"的观点是错误的，20世纪90年代俄罗斯的冒牌市场制度一开始就不是刺激生产的手段，而是经济"血液循环"系统中的血栓。俄罗斯的"市场改革"表现为，经济还没有走完自由市场的阶段，就一下子跌入了犯罪垄断阶段。①

在人为的、虚假的市场结构崩溃之后，从其废墟上出现了自发的、真正具有市场性质的趋势。许多门类的俄罗斯国产商品逐渐比进口商品更具竞争力。久加诺夫认为国家需要"抓住"这个有助于本国生产的时机，把积累的资金投入发展科学、培训业务水平高的干部、掌握新工艺和新材料、降低消耗和提高产品质量等方面。

同时，久加诺夫指出，俄罗斯经济迫切需要解决的严重问题是经济美元化，美元在经济中成了基本的价值尺度。这种情况下的卢布贬值，其结果是俄罗斯产品的竞争力不是得到提高，而是降低了。居民储蓄的卢布购买力下降，大规模地抛售卢布而增加对美元的需求，导致卢布进一步疲软。俄罗斯生产力现在是极度畸形的，高技术工业和科学研究像结核病人那样在衰竭，经济原料模式最终得以定型。由于没有国内市场，出口几乎是活资金的唯一来源。随着世界经济的进一步衰退，俄罗斯出口收入必然下降。所以，应当依靠本国的自然财富，克服原料型经济发展模式，使俄罗斯经济走上后工业发展的轨道。

第二节 布兹加林的新马克思主义

亚历山大·弗拉基米诺维奇·布兹加林（1954~2023年），是苏联和俄罗斯的主要左翼经济学家之一，罗蒙诺索夫莫斯科国立大学功勋教授（经济系），莫斯科财经政法大学社会经济研究院院长，曾任苏共二十八届中央委员会委员。其主要代表作为:《全球资本》《转型时期的经济》《21世纪社会主义》等。

布兹加林主要研究方向为转轨经济学理论、经济制度比较分析、后工业社会经济问题，是20世纪90年代俄罗斯新马克思主义理论的提出者。

---

① Г.Зюганов，Россия и современный мир,1995，p.88.

一 对20世纪苏联马克思主义的认识

布兹加林认为,应当继承古典马克思主义及其现代国际流派的成就,同时应当批判斯大林教条主义,在20世纪经验的基础上发展一系列理论。苏联马克思主义的主要缺陷就是教条主义和对居支配地位的经济和政治力量的辩护。布兹加林强调,只有以批判的和创造性的态度对待先人和实践,才能使科学更具有生命力、活力和创造力。

布兹加林指出,马克思恩格斯的思想只有在一定条件下才能适用于当今世界。应当批判地分析苏联创造性马克思主义的遗产,无论是关于未来社会主义经济、社会和政治制度的意识形态化(实质上乌托邦式的)观念,还是各种相当深刻的分析认识,都是以辩护形式出现的。后者总结了全新的苏联型社会关系体系,或者说建设非资本主义社会组织丰富经验的许多特点。至于乌托邦方面,不仅发展了辩护,而且发展了关于未来社会制度的一些理论总结。

二 对后工业化趋势的解释

布兹加林认为,目前全球转型时代的内容是经济社会形态或者说由物质生产和异化的社会经济关系所统治的整个时代长期曲折衰落的过程。这一过程要求创新活动和后工业技术的进步为新社会关系的诞生创造条件,同时还要适应全球资本通过对自身基础的自我否定和发展过渡形式而实现的进步,这不可避免地会产生矛盾,导致出现各种建立后资本主义制度("现实社会主义")的企图。

布兹加林认为这一进程在世界上已经开始了,虽然还极不平衡。此外,它还标志着资产阶级社会制度发展的一个新时代的开始,这个时代被称为"公司资本的全球霸权"。他认为经济形态的衰落在以下几个重要方面揭示了现代社会理论的发展趋势。

(一)从物质资源和狭隘的物质需要转向文化价值

布兹加林分析认为,有限的资源被新型"资源"所取代,这些新型"资源"成为公共的而不再被称为资源,即公共的文化价值。众多的再生产资源被实质上独一无二的"资源"所代替。文化世界的"资源"是不可消费的,只是作为一种现象而进入创新性的对话。所以,就其实质而言,物质生产另一面的"资源"否定了资源和物质生产需要的基本性质。

（二）活动的内容从重复性转向创造性

根据在物质生产条件下占统治地位的重复性活动的特点，我们可以假定创新是物质生产另一面的本质特点，并应当具备消灭重复性活动特点的性质。创新活动的结果不仅是文化价值的创造，而且是人在创新活动中的自我发展。这里劳动内容本身发生了变化，变成了人的创造和自我发展的过程。创新活动的成果、科学理论等只是"次要"结果或副产品而已，因为进行创新活动的人只追求一种利益，即自我实现的利益。布兹加林得出结论认为，在自由王国进行重复性劳动所必须花费的时间是劳动时间，而人进行创新活动、交往和发展的时间以及作为各种形式的个体的时间是闲暇时间。相应地，自由王国发展的程度取决于这个社会所支配的闲暇时间和劳动时间的比例关系。

作为后工业社会进步的主要手段的创新性个体的"生产"与作为工业社会进步的主要手段的生产资料的生产，有着惊人的相似性。换句话说，在自由王国"文化人"的形成类似于经济必然王国中生产资料的生产，尤其是教育将会成为文化世界范围内社会活动的"第一方向"。相应地，创造文化价值的活动将成为"第二方向"。

（三）创新领域的"生产"

创新活动物质要素的发展应当成为新物质生产的主要方面。这里所说的不仅仅是科学、艺术等活动的设备、场所、资源以及教育等，我们应该更广泛地思考问题。创新领域成为进步的社会基础将决定以下几点：①物质生产的质变，并将其作为共同创新世界的"奴隶"；②形成个体创新潜力和创造文化价值的空间和时间，成为所有社会成员生命活动的主要领域；③社会创新过程是创新领域发展的社会形式；④走出"服务社会"的误区。这些要求都是无条件的、客观的。建立能够真正符合这些要求的社会关系是未来社会所面临的另一个问题，也是自由王国缔造者的又一个挑战。目前正在发生着结构变革，它导致物质生产反面世界的诞生，其客观进程是自由王国新社会关系起源和发展的客观基础。

（四）自由王国的素描

布兹加林把"自由王国"的发展划分成两个阶段：形式上的劳动解放阶段和实际上的劳动解放阶段。在第一阶段，劳动解放和全社会的创新活动在社会领域只是形式上的；社会主要成员劳动的内容仍然是重复性的。只有从它开始，从社会解放开始才能走向全社会的创新；在社会解放之外，创新只能属于少数部分，被迫经常屈从于异化制度。也只有随着创新活动内容广泛性和深入性的发展，解放才会成为现实，那时活动的内容与它的社会形式会真正地相互适应。

三 全球资本霸权的矛盾与"反全球化"的前景

（一）什么是全球化

布兹加林揭示了所谓"全球游戏人"的全球统治机制的实质。一方面，"全球游戏人"在经济、军事、政治方面是最有实力的机构，垄断着现代世界经济发展最重要的资源。另一方面，全球化要求世界经济、政治和信息游戏的所有参加者在新自由主义带有的（针对跨国公司和穷国的）"双重标准"和表面上反垄断的"自由"竞争的框架内实现形式上的平等。对实力最强的游戏人来说，这种"自由环境"是最有利的，因为这里没有真正能限制跨国公司的力量。同时，布兹加林还警告，资本和商品在跨国公司内部和外部自由流通的全球化进程会导致尖锐矛盾的形成。其中矛盾的一极是有组织的并极具流动性的资本，由强有力的跨国机构所代表；另一极是公民、雇佣劳动者，他们不是统一的，哪怕是形式上统一的机构也没有，二者在经济和社会地位上有着深刻的差别。

新马克思主义者提醒，全球化是极不平等的进程，它伴随着极端贫困世界的保持和新生，并且越来越远离全球化的中心。这种极端贫困世界不仅普遍存在于亚洲和非洲，而且也存在于发达国家。

（二）反全球化运动的积极纲领

反对资本主义全球化的运动从理论和实践上证明，"全球游戏人"统治的反对派是存在的，而且绝不仅是孤立主义和宗教激进主义。新马克思主义者强调，他们并不批判技术、经济、文化和人民的一体化进程，这实际上是客观的和进步的。他们批判的是这一进程的社会形式——今天全球官僚资本的霸权和统治。

（1）加强世界各国反对新自由主义扩张力量的团结。

（2）作为战略任务，提出向其他"游戏人"的另一种一体化转变。一般意义上来说，就是人民、公民及其民主建立的代表性组织的一体化，而非全球官僚管理的公司机构的一体化。

（3）当今世界一体化的最低要求是在国际层面上发展社会市场经济原则。

（4）积极纲领的另一方向的全球化是发展现有的现代高效局部生产（如绿色农业）的形式，以克服人为过度发展的国际分工。

（5）在"知识革命"条件下，非常重要的是发展知识、信息普及和自由传播的原则，放弃知识私有制，克服复杂的国际和国家准则制度，因为这些制度导致了"全球游戏人"对技术的垄断。

综上所述，新马克思主义认为，当今世界"全球游戏人"统治的反面不是孤立主义，而是更体现民主、社会和环保取向的一体化模式。

四 对"自由马克思主义"辩护的抨击

俄罗斯极端自由主义学者 E. 盖达尔和 B. 马乌在 2004 年发表了《科学理论与世俗宗教之间的马克思主义（自由主义者的辩护）》一文，对马克思主义进行了评价。同年，布兹加林发表了《我们需要自由主义的马克思主义吗？》，对自由主义者的马克思主义"辩护"进行了严厉的抨击。

布兹加林认为，盖达尔和马乌接受的并非整个马克思主义，这实际上是对马克思主义所有遗产的全面批评。盖达尔和马乌多次批评马克思主义关于历史发展遵循生产力发展水平决定占统治地位的生产关系的思想。马克思主义特别强调生产力和生产关系之间的辩证关系，而非"自由马克思主义者"所解释的单方面决定关系。需要指出的是，与"自由马克思主义者"不同，马克思及其继承人不仅把生产力解释为物质财富，更重要的是将其视为人类的生产能力，强调的是劳动者创造潜力的开发、科学发展以及社会和自然的对话等。关于"铁律"和历史的直线发展，马克思在资本主义的发展阶段，强调了历史发展的实质是为自己开辟道路的客观规律。但马克思主义从未忘记区分实质性的规律及其多种多样的表现形式，也从未忽视主观因素的积极作用以及偶然性、必然性和自由之间的辩证关系。

布兹加林指出，盖达尔和马乌总是忘记消灭"必然王国"并向"自由王国"过渡的问题。马克思之后的马克思主义的发展，布兹加林将其划分为两类：传统的马克思主义和"改良的"马克思主义。但是盖达尔和马乌"忘记"了还有创造性的和批评的马克思主义的广泛存在，这种马克思主义既不同于斯大林主义也不同于社会民主主义。

自由主义者认为，马克思恩格斯预言了资本主义发展的必然性，预言了无产阶级将完成世界社会主义革命，在全社会范围内实行计划和国家所有制。但这并没有发生，而苏联进行的努力也以失败而告终。布兹加林认为，这种对马克思主义的认识是不正确的。苏联和其他国家的社会主义建设并没有遵循马克思主义理论，苏联实行的"计划"和"全民所有制"是典型的"庸俗社会主义"，这也是马克思恩格斯坚决反对的。

盖达尔和马乌多次重复自由主义者对马克思主义的批评，认为产业工人阶级作为革命的力量，在资本主义条件下的生活状况越来越差，要求取代这一制度不符合实际情况。在他们看来，工人阶级从19世纪末至今生活条件得到了改善，他们不是革命的力量，并且在后工业经济时代作为阶级已完全消失了。

显然，把由资本积累规律所决定的无产阶级的绝对贫困化视为主要趋势是错误的，这也说明了其历史知识的局限性。同样非常明显的是，《资本论》所研究的资本积累规律告诉我们，不能把绝对贫困化看作主要趋势。因为，科技的不断发展是资本的特性之一，它决定了资本积累的最佳方式是同时提高劳动力的报酬。需要注意的是，增加工人阶级的福利并非资本家"理性选择"的自动结果，因为这种选择往往是在无产阶级坚决的阶级斗争压力下做出的。

第三节　新社会主义思潮

苏联解体后，世界范围内的马克思主义理论发展进入了一个深刻反思和积极探索的阶段，社会主义理论和实践日益呈现多样化特点。在对社会主义的反思和探索过程中，出现了各种各样的关于社会主义的新观点、新学说。其中，"新社会主义"思潮在近几年影响较大，尤其是在俄罗斯国内，引发了一场关于社会主义的大讨论，并出现了一些自称为"新社会主义"的思潮和流派。

"新社会主义"认为,在俄罗斯独立以来的发展实践中,面对三个可供俄罗斯政府选择的发展战略,苏联的社会主义模式已被排除在外,而俄罗斯20世纪90年代的自由资本主义与真正的"文明自由主义"相去甚远,因此只能走被称为"新社会主义"的"第三条道路"。"新社会主义"与传统社会主义的出发点不同,它的主要任务不是对资本主义进行批判,而是着眼于对现实社会主义的反思,并通过这种反思来构建一种新的社会主义模式。"新社会主义"的重点不在于揭露资本主义体制的弊端,而是从苏联社会主义模式的挫折和失败中,总结经验教训,从社会主义与资本主义长期共存的实际出发,来探索未来社会主义的发展道路。

新社会主义者赞同人道主义原则、自由原则、市场经济的公平原则,以及产权多样化,但主张逐步向集体所有和社会共有过渡。然而,新社会主义尚缺乏坚实的理论基础,其理论仍处于发展阶段,许多观点仍存争议。

一 库拉什维利的新社会主义理论

库拉什维利认为,新社会主义的经济制度和生产关系可以定义为以合作生产关系之劳动工具的公有产权和工人不受剥削的劳动竞争为基础。这看起来与旧社会主义很相似,而库拉什维利也毫不掩饰自己对苏联的旧社会主义的好感。什么是新社会主义?他下了一个定义:"这是非多种成分的、非国家主义的、非官僚主义的、国家自治的、计划与市场相结合的、彻底民主的社会主义。"[1]

库拉什维利认为旧社会主义存在两个相互关联的缺陷,即实施人民(国家)所有制的官僚体制和非民主主义,以及政治体制的假民主主义。新社会主义则坚决地彻底铲除了这些缺陷。同时新社会主义还具有自己的新特点:个体自由与社会平等的结合;人权和自由优先;公民社会优先,最低限度和足够的国家调控;各民族自治,民族间兄弟般的团结合作;公共产权优势,劳动集体自治;市场调控;按劳分配;个人的社会保障;人民政权;多党制;法治国家;父权。

库拉什维利认为,新社会主义的两个基本特征是市场与自治。新社会主

---

[1] В.Курашвили, Социализм и демократия для 21 века, 1997, p.88.

义的市场不同于资本主义的市场，它去除了资本主义市场的丑恶；新社会主义的自治首先指生产自治，即工人与生产工具的所有权和对生产的管理相结合；库拉什维利认为新社会主义应该实施生产产品全权所有的原则，而工资基金的分配实行自治，这要比实行工资表和官僚管制好。

二 彼得罗夫的新社会主义理论

彼得罗夫认为社会主义是这样一种生活组织，在这个组织中，所有的一切都为大多数人的利益服务，人们有广泛的权利和机会展现自我，并受到社会保护。新社会主义继承了旧社会主义社会公平的原则。新社会主义者认为，苏联存在许多新社会主义所不能接受的东西，比如要求思想统一、观点强迫一致，一党垄断，导致劳动积极性丧失，等等。彼得罗夫总结和发展了新社会主义的三类问题：市场社会主义、生态社会主义和自治社会主义。彼得罗夫认为俄罗斯要在保留旧社会主义一切好的东西的基础之上，继续向前走：以劳动自由、产权多元化和社会倾向的市场经济为基础进行社会发展。

彼得罗夫说，从原则上讲，新社会主义的根本不同之处在于超越了私有产权和以其为基础的雇佣劳动力。彼得罗夫认为新社会主义实际就是民主社会主义，没有民主的社会主义是难以想象的，就如同民主按照自身的发展规律最终会走向社会主义一样。而这也是新旧社会主义的重要区别之一。彼得罗夫还指出，要想在新社会主义中达到新的生活质量，应该以进化发展、改革、生活合理化和提高管理效率为基础。同时，彼得罗夫还特别强调了社会同心和克服心理对抗，并提出了社会平衡的概念，认为新社会主义的创造性活动、对待一切生活问题、解决矛盾和冲突的基本原则正是社会平衡。社会平衡吸收了各阶层居民的利益平衡，使各种所有制共存，实行多党制和精神世界的多元论，并且可以通过民主的权力和自治体系来反映各种利益。

三 瓦尔塔扎洛娃的新社会主义理论

瓦尔塔扎洛娃对俄罗斯 21 世纪的新社会主义充满了热情。她认为新社会主义在俄罗斯是有历史渊源的，比传统文明更具优势。瓦尔塔扎洛娃努力发展着一种被她称为"俄罗斯社会思想"的俄式理想，其中包含了强国、社会公平、团结、人的尊严、服务、世界统一、认识的系统性和献身精神。瓦尔塔扎洛娃认为，如果俄罗斯能够加强和巩固这一精神，那么在 21 世纪俄罗斯将会变得相当地社会主义。

瓦尔塔扎洛娃把所有的国家分成以资本主义为主的西方文明和包括计划自由主义在内的传统文明两种模式，俄罗斯当然属于后一种，也因此俄罗斯更容易进入 21 世纪的人文主义状态，也就是新社会主义。瓦尔塔扎洛娃认为，一个社会的构成越是传统，它就越具备社会主义的精神和道德潜质。

瓦尔塔扎洛娃试图与马克思和列宁的思想决裂，"生产力"和"生产关系"被她以"资源环境"和"动机环境"等新名词所替代。在瓦尔塔扎洛娃的理念中，俄罗斯是一个能够以自己的特殊方式在 21 世纪达到社会主义和人文主义境界的特殊文明。

四　杜金的新社会主义原则

杜金在对新社会主义的理论渊源进行深入分析之后，指出了新社会主义的理论基本原则。[①]

（1）社会经济制度应该以社会自身的历史、文化、种族、地理、宗教和国家特性为依据，以社会的传统体制为根基。对社会经济发展的总体评价应该包括质量标准的综合指数，把文化、心理、卫生和教育等因素也考虑进去。

（2）从历史和地理的具体情况出发，在各主体经济自由的原则与社会调控杠杆之间找到一个理智的平衡点。

（3）在马克思主义的斗争原则与自由主义的平衡原则之间应该能够找到一个中间方案，比如在国家、民族层面上的平衡，以及在阶级、工会或者个别社会组成层面上的健康竞争。

（4）经济模式应该以社会模式为支撑，强调"经济发展""经济的伦理倾向"等因素。不愿意融入以竞争原则为基础的经济体制，即转向另一种非货币交换的体制，转向以互助、团体、联盟和同一性为基础的社会机体。

（5）既不像自由主义那样偏重个体，也不像马克思主义那样偏重国家，而是偏重既不属于私有部门也不归国家直接控制的经济社会制度（如劳动集体、合作社等）。

---

① В.Дугин, Социалистическая идея: уроки 20 века, 1997, p.97.

（6）广义的经济区域化，旨在努力使农业自给自足，并在实际经济领域实施保护主义，为基础研究和高技术研究设立公共基金。

（7）不应该仅仅以数量因素作为经济模式的基本参数，还应引进诸如有限全球资源的价值、工业生产的环境后果的价值、经济活动对周边环境的破坏等质量因素。

（8）必须遵守"大空间自给"的原则，努力创建关税和货币统一的、最广阔的共同空间联盟（第一步是独联体国家，然后是俄罗斯的地缘政治同盟者）。

（9）"各种速度的社会主义"，允许在同一国家内根据部门的所有性质，在私有和公有关系之间采取灵活的比率。

杜金认为，如果说自由主义和资本主义的基本法则是市场，教条社会主义的主要原则是计划，那么新社会主义的重要法则是"经济从属于社会"。

五 雅洛斯拉夫采夫的新社会主义之路

雅洛斯拉夫采夫认为，通向新社会主义的道路就是民主社会主义。民主社会主义是一个多层次的社会，其经济是具有社会倾向的，国家依据人民的利益来管理市场，强调团结和社会公平。在雅洛斯拉夫采夫看来，民主社会主义的实质是不以毁坏人类命运为代价来无限制地发展生产力，是另外一种文明，在这里，对人的友爱和利他主义战胜了自私和利己主义。民主社会主义与官僚权利体系和资本主义是对立的，这是一种建立在新基础之上的社会主义。

雅洛斯拉夫采夫指出，在民主社会主义中，经济、市场和国家的发展因素不能够成为目的本身，它们永远只是在道德和文明价值观下自由发展和个体自我实现的手段。而社会公平、社会平等和民主原则是民主社会主义的最根本的原则。

（1）社会公平原则。雅洛斯拉夫采夫认为，公平指这样一些社会关系，它们能够保证：按照劳动的质与量来公平地支付报酬；每个人都有机会公平地发展并实现自己的才能；教育机会平等；保障机会平等；社会保障平等；保障人权；保障公民的民主权利和自由；要想实现真正的民主和自由就必须坚持社会公平与平等。雅洛斯拉夫采夫指出，在以按资本分配利润为原则的社会中，社会关系不可能是公平的。

（2）社会平等原则。雅洛斯拉夫采夫认为，民主社会主义的社会平等不是指经济平均政策，而是指公民在法律面前人人平等，社会保障平等，以及权力实施的机会平等。

（3）民主原则。雅洛斯拉夫采夫认为，政治民主是指多元与多党制；保障公民能够直接或者通过自己选举的代表来参与社会生活的一些决定；保障公民在法律面前人人平等。雅洛斯拉夫采夫指出，没有社会平等和社会公平就不可能存在真正的政治民主。

（4）经济效率原则。雅洛斯拉夫采夫认为，经济力量有赖于加强向科技含量高和高技术自动化生产的过渡。这能使经济发展达到新的更高的科技水平。如果人得不到相应的发展，这些科学知识就不能得到应用，这些技术的社会性也就无法体现。整个社会发展的效率取决于每个人热爱自己事业的程度。在这个社会中，劳动不再是对人的奴役，而是对人的解放。

六 罗斯库托夫对自由主义者歪曲马克思主义的批评

罗斯库托夫2004年撰写了《马克思主义及其自由主义的庸俗化者》一文，对E.盖达尔和B.马乌对马克思主义进行的自由主义辩护给予了严厉的批评。

罗斯库托夫指出，盖达尔和马乌在《马克思主义：科学理论与"圣教"之间》一文中分析了马克思主义的几乎所有理论，唯独没有涉及最主要的，即关于资本主义私有制必然在全世界被消灭的学说。罗斯库托夫认为，盖达尔和马乌没有很好地理解马克思关于社会经济形态实质及其发展机制的学说。

罗斯库托夫认为，盖达尔和马乌对马克思关于劳动者贫困化是资本主义发展手段这一理论的评价，也说明他们完全没有理解马克思研究资本主义体系的方法。无产阶级福利的改善，并不是因为资本主义实质的"人道化"，而是工人阶级有意识地组织了经济和政治斗争的结果。罗斯库托夫指出，这种改善不是由于资本主义、市场体制，而是由其他的原因造成的。

市场经济的辩护士迫不及待地利用社会主义制度危机的因素，说服人民相信资本主义的合理性和市场经济制度无可置疑的效率。但是，危机正好说明了资本主义积累一般规律的正确性。的确，俄罗斯和独联体其他国家的市场关系已占据统治地位，走上了市场经济道路，资本主义"繁花似锦"：失业，劳动报酬降低到最低生活水平，工资持续拖欠，金融投机，居民贫困化，疾病和死亡率上升，在民主自由的幌子下实际丧失了社会权力。这都是西欧20世纪的普遍现象。

罗斯库托夫批评盖达尔和马乌庸俗化了马克思主义的生产力理论，把生产力概念狭隘地解释成"技术基础"，用人均GDP来衡量生产力水平。实际上，这一规律讲的是生产关系不仅要适合生产力的水平，还要适合其发展的性质，其内容除技术之外，还包括劳动力和社会劳动的组织，其中涉及劳动的合作与分工。正是这些才是生产力诸要素中最重要的，决定着主要的经济关系——所有制形式，而盖达尔和马乌对此却只字未提。

盖达尔和马乌认为，处在大致相同的生产力发展水平的不同的国家可以具有不同的社会形式[①]。罗斯库托夫认为，这是对社会发展辩证法错误的解释。第一，每个国家的经济都有着不同的生产力发展水平，其中一种是占统治地位的，并保证掌握这一生产力的阶级占据统治地位。第二，"处在大致相同的生产力发展水平的"国家具有大致相同的社会形式。亚细亚生产方式和古代奴隶制明显的区别可以用不同的生产力以及与之相适应的生产方式来解释，这就说明了有些地方是灌溉设施和灌溉农田经营，而有的地方只能是小块土地耕作。

七 格拉季耶夫对社会公正与经济增长问题的探讨

格拉季耶夫认为，苏联解体后，俄罗斯陷入了野蛮的资本主义。他赞成市场经济，但同时反对那种"猖狂的"自由化，认为国家对高新技术领域的支持是必需的，完全放弃国家干预十分危险，他提出要发展以国家所有制占主导、多种所有制形式并存为基础的经济。

格拉季耶夫指出，"休克疗法"绝不是什么不偏不倚的政策，而恰是在为某种特定的经济利益服务的。也就是说，这一理论一方面便于为在"改革"的几年中形成的俄罗斯寡头统治集团谋取利益，另一方面也便于国际资本在实行这一理论时谋取利益。二者的利益紧密交织在一起，寡头在为自己捞取

---

① 此处的社会形式指亚细亚生产方式、奴隶制、封建主义等。

利益的同时，实际上也充当了向国际资本转让对国民财富控制权的桥梁。①

格拉季耶夫认为，俄罗斯经济发展所存在的问题和威胁主要有两个方面：一方面，国家科技工业潜力和人力资本潜力正在不断退化；另一方面，在21世纪初期又一次错过了扭转局面、促进经济快速增长的机会，而且俄罗斯仍然还处在世界市场的边缘。

为了振兴俄罗斯经济，格拉季耶夫提出了自己对经济发展规律、俄罗斯经济增长的客观可能性与制约因素，以及经济增长政策的目标等问题的看法。格拉季耶夫认为现代经济增长以科技进步和主要生产要素的知识化为特征，发展中国家要想缩小与中心国家的技术差距，就一定要在国家的支持下建立起附加值高的、有竞争实力的产业，否则它们将被迫接受自己所处的"臣服"与"依附"的地位。格拉季耶夫认为，俄罗斯经济目前仍旧具备相当雄厚的科技生产潜力和足以遏制经济倒退的资源储备，但是俄罗斯当前的投资机制粗糙而低效，政府不再把促进生产视为己任，而作为新兴市场经济制度以扩大再生产能力的银行体系和证券市场在俄罗斯并没有发挥应有的作用，没能起到将储蓄转换成投资资本的功效，不能担当起使俄罗斯经济步入良性循环的使命。

格拉季耶夫在比较了经济发展目标与俄罗斯社会经济发展的客观可能性之后，诊断了主要障碍的原因，分析了现代世界经济体系发展的主要规律，并提出了一系列在社会、劳动关系、技术和制度建设等领域的任务。②

---

① [俄]格拉季耶夫：《俄罗斯改革的悲剧与出路》，佟宪国等译，经济管理出版社，2003，第69页。
② С.Глазьев, Обучение рынку, 2004, p.237.

欧美篇

第十四章 20世纪初叶马克思主义经济思想的传播与论争

1867年《资本论》第1卷出版后近一个半世纪以来，欧美马克思主义经济思想取得了长足的发展。在20世纪二三十年代大萧条之前，德国和苏联（俄国）的马克思主义经济学家垄断了马克思主义经济思想的理论探讨。但是，20世纪30年代以后，理论分析的重心开始转向西方，以至于西欧和北美在第二次世界大战之后成为马克思主义经济思想研究的中心。

第一节 卢森堡、考茨基、希法亭等人对劳动价值论的探讨

19世纪末20世纪初，欧美爆发了关于马克思劳动价值论的大论战。这场大论战的始作俑者是庞巴维克，继之者有伯恩施坦等，卢森堡、考茨基和希法亭与庞巴维克、伯恩施坦等展开了激烈的争论。

一 伯恩施坦对马克思劳动价值论的"修正"

19世纪与20世纪之交，生产力的发展，使资本主义经济关系发生了新的变化。马克思在19世纪50~60年代形成的一些基本原理，面临着新的实践的检验。如何认识和理解马克思劳动价值论等理论原理的现实意义和科学价值，成为那一时期事关马克思主义历史命运的重大问题。以爱德华·伯恩施坦为代表的修正主义者，试图对马克思提出的劳动价值论的理论原理进行"修正"。在伯恩施坦看来，马克思的劳动价值论存在以下几个方面的"失误"。

首先，伯恩施坦认为，马克思的价值论抽象了商品的使用价值，抽象了劳动的具体形式，也抽象了价格与价值相背离的现象，最后"价值就失去了任何衡量性，成了纯粹的思维的构想"①。

---

① ［德］伯恩施坦:《社会主义的前提和社会民主党的任务》，殷叙彝译，生活·读书·新知三联书店，1965，第89页。

其次，伯恩施坦认为，古典经济学家和后来的一些社会主义者对劳动价值理论已作了充分论述。马克思只是对劳动价值论作了更为系统的规范。除此之外，在经济思想史上已经存在的劳动价值论，"在马克思的体系中原则上也没有什么不同"[1]。

再次，伯恩施坦认为，马克思的劳动价值论和庞巴维克、杰文斯的"边际效用价值论"并无二致。所不同的只是，马克思"抽象"了商品的其他一切特征，使商品仅仅成为一定量的简单人类劳动的化身；"边际效用价值论"同样也"抽象"了商品的其他一切特征，不过留下的是商品的"效用"这一特征。

最后，伯恩施坦认为，恩格斯在《资本论》第3卷增补的《价值规律和利润率》中对劳动价值论所作的历史的和逻辑的说明，同样"缺乏令人信服的证明力"。伯恩施坦以对马克思劳动价值论的否定为起点，进一步否定马克思剩余价值理论的科学性。

二 卢森堡和考茨基对伯恩施坦的"修正"的批判

卢森堡认为，伯恩施坦把马克思的劳动价值论看作"纯粹的思维的构想"，这表明伯恩施坦根本不懂得，马克思对劳动价值论的"抽象"是存在于商品经济中的、一种"现实的社会存在"[2]。卢森堡还对伯恩施坦反对马克思提出的基本原理的手法作了揭露。她指出，伯恩施坦在宣扬修正主义理论时，"先是向马克思学说的各个基本原理进攻，最后是把整个体系从最上层到基础统统毁掉，因为这个学说是一个牢固结合的建筑物"[3]。

在伯恩施坦的《社会主义的前提和社会民主党的任务》发表后不久，考茨基就发表了《伯恩施坦和社会民主党纲领》，对伯恩施坦的修正主义理论作了详细批判。考茨基强调，伯恩施坦对马克思方法论的"修正"，最集中地表现在对马克思劳动价值论的曲解上。[4]

---

[1] [德]伯恩施坦:《社会主义的前提和社会民主党的任务》，殷叙彝译，生活·读书·新知三联书店，1965，第91页。
[2] [德]卢森堡:《卢森堡文选》（上），人民出版社，1984，第116页。
[3] [德]卢森堡:《卢森堡文选》（上），人民出版社，1984，第144页。
[4] 参见中国人民大学马列主义发展史研究所《马克思主义经济思想史》，中共中央党校出版社，1991。

首先，伯恩施坦是背离唯物史观和辩证法的基本原理来理解劳动价值论的本质规定性的。考茨基认为，尽管供求的变动会引起价格的种种波动，但每一种商品的价格绝不是任意变动的，它都具有保持一定的波动幅度的趋势。决定这种一定波动幅度的趋势的就是它的价值，它在交换中或出售中作为交换价值表现出来。因此，价值绝不是"纯粹思维的事实"，而是"真实的事实"。形形色色的关于价值的"纯粹思维"都与论证者的"一定的目的"相联系；与这"一定的目的"相联系，形成相应的方法论基础。

考茨基认为，在马克思经济学理论中，劳动价值论所应用的目的就是提供理解当代生产方式的钥匙。脱离当代生产方式，就失去了价值理论思维的现实基础与基本事实，也就不可能形成科学的价值理论。只有这一科学的劳动价值论，才能真正作为"理解当代生产方式的钥匙"。

其次，伯恩施坦也是背离辩证法的基本法则来理解劳动价值论的本质规定性的。伯恩施坦把辩证法看作马克思理论中的"陷阱"，因此他就不可能理解马克思劳动价值论中体现的辩证法思想，也就只能按折中主义的方法来肢解马克思的劳动价值论，来调和并最终放弃马克思的劳动价值论。

三 希法亭对庞巴维克的反击

希法亭是第一个对边际效用学派进行系统批评的马克思主义者。他在《驳庞巴维克对马克思的批评》（1904年）一书中，从三个方面对庞巴维克进行了批判。

（一）对价值范畴性质的阐释

希法亭反驳了庞巴维克对马克思价值范畴内涵的"责难"，对马克思价值范畴的内在规定性作了阐释。

第一，希法亭认为，抽掉使用价值具体时，也就抽掉了使用价值一般。使用价值对出售者不再具有使用价值时，才被交换出去，这完全适用于发达的商品生产。

第二，商品是相互独立的、商品生产者之间通过商品联结起来的社会关系的表现。希法亭由此认为，商品作为自然物，它是自然科学研究的对象；作为社会物，它是政治经济学，即一门社会科学的研究对象。政治经济学的对象是商品，即作为社会联系标志的物的社会方面的内容。于是，经济学的基本概念同唯物史观的基本概念也就同一了。

第三，希法亭指出，庞巴维克认为复杂劳动可以简化为简单劳动的论述是一种"谬误"，是对价值规律本身的否定。熟练劳动力的产生，一系列的简单劳动是必不可少的。因此，受过训练的劳动是潜在的，只是在熟练劳动力开始劳动时，才表现为社会的劳动。

（二）对转形问题的探索

庞巴维克对马克思劳动价值论攻击最多的是生产价格理论。庞巴维克的第一个"指责"：马克思自己也承认商品不是按各自价值交换的，因此价值规律不能证明个别商品之间交换的比例。对此，希法亭从以下几个方面作了反批判。希法亭认为，第一，马克思证明生产价格总额等于价值总额具有重要意义。这意味着，全部利润也就是从生产中产生的，总利润也只能是总社会剩余价值。第二，在简单商品生产向资本主义商品生产过渡时，社会产品的分配已发生变化。剩余价值转变为按为了推动创造剩余价值的劳动所需预付的资本量来分配。第三，马克思所关心的是生产过程中新创造的价值，以及这种新创造的价值在工人和资本家之间的分配关系。只有在按资本主义方式生产的个别商品的价格发生了一定的合乎规律的转形之后，直接适用于社会产品及各个部分的价值规律才得以贯彻。第四，价值和生产价格的可通约性，是由于两者都是劳动的不同量的表现形式，在质上是相同的，都是物化劳动的表现形式。

庞巴维克的第二个"指责"：马克思认为价值规律支配价格的运动，但劳动只是价格的决定因素之一，而不是唯一决定因素。希法亭认为庞巴维克的错误在于没有理解马克思的意思。

庞巴维克的第三个"指责"：马克思设想转形过程是一个历史过程，这不符合经验事实。希法亭认为，前资本主义竞争和资本主义竞争之间有着重要区别。资本主义竞争使价值转化为生产价格，这是因为它能使资本和劳动随意从一个部门转移到另一部门，这种转移只有在没有法律和实际阻滞时才可发生。

庞巴维克对马克思的第四个"指责"：马克思把生产价格看作间接地由价值规律调节，这是不完善的。庞巴维克认为生产价格最终可分解为不同生产阶段的工资总额和按这些工资支出计算的利润总额，而工资总额又等于消耗的劳动量与工资率水平的乘积，但工资率与价值规律则是格格不入的。希法亭认为，庞巴维克的推理犯了"双重错误"：一是庞巴维克忽略了不变资本；二是新价值有多少分摊到可变资本上，完全由劳动力的价值决定，余下的就是剩余价值。

（三）对马克思价值理论的方法论的探析

希法亭认为，生产价格变化的现象表明：孤立地考察商品或资本，不可能理解资本主义社会的现象。只有所处的社会关系及其变化，才能制约并阐明个别资本的运动，因为这些个别资本本身不过是总资本的一部分。但是，心理学派的经济学家没有看到这种社会联系，因而必然会对那种旨在揭示国民经济现象的社会制约性的理论产生误解，他们总是从自己个人主义的观念上来理解和表述这种理论。

希法亭认为，心理学派试图通过把经济本身排除在研究范围之外，来建立一种理论。他们不是选择经济的、社会的关系作为其体系的出发点，而是选择人与物之间的个人关系作为出发点。继而把这种从心理学观点来看的关系，看作自然和不变的规律。他们排除了生产关系的社会规定性，让经济事物按照规律发展的思想让位于他们的心理状态。这种经济理论意味着对经济学的否定。

四 多布对劳动价值论的探讨

20世纪30年代初，马克思劳动价值论在欧美不仅受到"边际主义"旗帜下形形色色的主观价值论的攻击，还受到以瑞典经济学家卡塞尔和缪尔达尔为代表的"新思潮"的挑战。这一时期，英国著名的马克思主义经济学家多布以批评"新思潮"为出发点，对马克思劳动价值论进行了新的探索。多布认为，要驳倒"新思潮"，首先应搞清楚经济学的体系结构同价值理论之间的关系。任何科学理论体系的建立，都是从对一种比较模糊的、未加区分的领域内的事物的"描述和分类"开始的，进而才能在以后的分析中，得出适合这一科学理论体系的"普遍原则"，这一原则对整个理论体系的构造起着决定性的作用。在政治经济学中，能够起这种"普遍原则"作用的，首先就是价值理论。多布认为，在政治经济学中，只有劳动价值论才是唯一的"充分的"价值理论，能够执行上述所说的"描述和分类"的功能。

从形式上看，在政治经济学体系的"方程组"中，"充分的"价值理论必须处于起关键性作用的"自变量"的地位。这种"自变量"要具备两个充分条件：第一，在解开整个"方程组"的过程中，这种"自变量"在任何特殊情况下都不能依靠其他"自变量"得出自己的解；第二，这种"自变量"必须表现出某种数量关系，但是，"这种数量不能是价值本身"。多布认为，只有劳动价值论才能作为起关键性作用的"自变量"，才能解开整个政治经济学的"方程组"。从内容上看，"充分的"价值理论，必须具备能预测现实世界的"实在性"的如下特征：第一，对于"充分的"价值理论来说，价值"必须转化为实际的维度，这些实际维度在事实上是能够加以理解和认识的"，而各种主观价值论中的决定因素都是"非实际的"，只是主观的心理欲望这一类因素；第二，作为"充分的"价值理论，不仅在政治经济学理论的抽象层次上是正确的，而且在不断接近于现实世界的具体层次上，在经过适当的"修正"之后，也应该是正确的；第三，"充分的"价值理论还必须像政治经济学中的其他理论原理一样，根植于人们为取得自身生存资料而同自然进行斗争的不同的生产方式中。显然，这种联系只能是劳动。因此，只有劳动价值论才是政治经济学理论体系中唯一的"充分的"价值理论。

第二节 鲍威尔、斯滕伯格等的帝国主义理论

自列宁提出"帝国主义是资本主义发展的最高阶段"这一论断以后，西方马克思主义经济学家对此进行了广泛的研究，具有代表性的理论成果包括以下几点。

一 卢森堡的帝国主义理论

卢森堡是在研究资本积累理论时论述帝国主义问题的，其基本思想有五点。

第一，实现剩余价值和顺利地进行资本积累需要"非资本主义领域"，需要对外扩张，进而构成了帝国主义。她还根据资本积累的实现条件，把资本主义的发展分为三个阶段："资本对自然经济的斗争，资本对商品经济的斗

争，资本在世界舞台上为争夺现存的积累条件而斗争。"[①] 她所指的第三个阶段就是帝国主义阶段。

第二，帝国主义会引起大国之间的争夺以至战争。卢森堡指出，"帝国主义是资本的世界竞争阶段"[②]，资本积累"涉及资本主义与非资本主义生产方式之间的关系，而这些关系是开始在国际舞台上出现的。它的主要方法是殖民政策，国际借款制度，势力范围政策和战争。在这里是完全赤裸裸地暴露公开的暴力、欺诈、压迫和掠夺"[③]。

第三，帝国主义和现代战争的关系。她认为："今天执着武器面对面登场的……是这样的国家，正因为它们同样具有高度的资本主义发展，所以逼着要发生冲突。"[④] 在分析现代军国主义的性质时指出："最足以暴露今天的军国主义的这种特殊性质的，首先是军国主义在一切国家中因为比赛而普遍高涨，所谓受着本身内在的机械动力的推动而普遍高涨，这是一二十年前还完全没有的现象。"[⑤] 在这里，已经注意到现代战争与帝国主义之间的关系，这是由这种特殊生产关系的内在本质决定的，因而她认为，帝国主义时代的战争是不可避免的。

第四，帝国主义是被压迫民族工业化和解放的时期。"正如通过战争、社会危机和社会整个机构的破坏，商品经济代替了自然经济，资本主义生产又代替了简单商品经济一样，现今在经济上落后的国家及殖民地，也通过革命与战争，达到了资本主义的自主。"[⑥]

第五，帝国主义是资本主义发展史上的最后阶段。她认为："如果资本主义发展得这样迅速，以致地球上人类所生产的一切东西都只是以资本主义生

---

① ［德］卢森堡：《资本积累论》，彭尘舜等译，生活·读书·新知三联书店，1959，第290~291页。
② ［德］卢森堡：《资本积累论》，彭尘舜等译，生活·读书·新知三联书店，1959，第334页。
③ ［德］卢森堡：《资本积累论》，彭尘舜等译，生活·读书·新知三联书店，1959，第364页。
④ ［德］卢森堡：《社会改良还是社会革命》，徐坚译，生活·读书·新知三联书店，1958，第24页。
⑤ ［德］卢森堡：《社会改良还是社会革命》，徐坚译，生活·读书·新知三联书店，1958，第25页。
⑥ ［德］卢森堡：《资本积累论》，彭尘舜等译，生活·读书·新知三联书店，1959，第334页。

产方式生产出来的……那么,到了这个时候,资本主义存在的不可能性就鲜明地暴露出来了。"①

二 鲍威尔的积累模型

鲍威尔假设一个经济体系开始由 200000 个单位的不变资本和 100000 个单位的可变资本组成,剥削率为 100%。显然,有机构成从第一年的 2 上升到第四年的 2.3;而利润率从 0.333 下降到 0.303;净产出(v+s)的增长率固定为 5%;不变资本增长率固定为 10%;可变资本增长率为 5%。由于剥削率不变,剩余价值增长率与不变资本增长率相同。第一年总剩余价值中的 5000 用于可变资本的积累,20000 用于不变资本的积累,这样积累率为 25%,第三年积累率上升为 27%。只要不变资本增长率大于可变资本和剩余价值的增长率,这种积累率的增长势头就会持续下去。按鲍威尔所说,固定资本以 10% 递增,生产资料产出则少了 7000(235000 而不是 242000),生活资料则多了(195000 而不是 188000)。这样部门 Ⅱ 积累偏多,而部门 Ⅰ 积累偏少。鲍威尔认为,部门 Ⅱ 的资本家应该积累一部分剩余价值于部门 Ⅰ,以增加其产出,同时减少生活资料的生产。在 10000Δc_2 中,5334 应投资于部门 Ⅱ,余下的 4666 投资于部门 Ⅰ;同样,2500Δv_2 中的 1333 应投资于部门 Ⅱ,余下的 1167 投资于部门 Ⅰ。

鲍威尔得出结论并对前一部分卢森堡关于资本积累的论述进行了批评,认为不仅第四年而且以后每一年,产品总价值和总剩余价值均可实现,卢森堡认为的总剩余价值中的积累部分不能在内部实现的说法是错误的。

三 考茨基的超帝国主义理论

考茨基在第一次世界大战期间提出了他的"超帝国主义"理论,主要包括以下内容。

第一,考茨基认为:"帝国主义就是每个工业资本主义民族力图征服和吞并愈来愈多的农业区域,而不管那里住的是什么民族。"② 显然,这一定义否

---

① [德] 卢森堡:《国民经济学入门》,彭尘舜译,生活·读书·新知三联书店,1962,第 260 页。
② [德] 考茨基:《土地问题》,梁琳译,生活·读书·新知三联书店,1963,第 2 页。

定了垄断的意义,歪曲了帝国主义的本质和它的基本经济特征。

第二,考茨基把帝国主义看作"一种特殊类型的资本主义政策"①,即为了获取农业地区的原料和粮食而推行的一种扩张政策。按照考茨基的看法,帝国主义只是一种暂时的扩张政策,因而不是资本主义的一个必然的发展阶段,帝国主义在经济上的到来也就不具有必然性。

第三,关于帝国主义的根源,考茨基认为:"帝国主义是高度发展的工业资本主义的产物。"②考茨基把帝国主义的根源看作工业生产发展比农业发展更迅速,而不是生产力发展到一定阶段所引起的生产关系的变化。

第四,考茨基从错误的帝国主义概念出发,阐述了他的"超帝国主义"理论。他认为,从纯粹经济的观点看,资本主义并非不可能再经历一个新的阶段,即把卡特尔政策应用到对外政策上的超帝国主义阶段。所谓的"超帝国主义"阶段,就是全世界的帝国主义国家彼此联合、消灭了战争的新时期,将是一个实现了国际联合的金融资本和平共同剥削世界的新时期。

四 斯滕伯格的"新帝国主义"理论

1926年,斯滕伯格借鉴了卢森堡的资本积累理论,指出当时的资本主义繁荣是不能持久的。斯滕伯格认为剩余人口是资本主义生产的必要条件,如果没有剩余人口,就不会产生剩余劳动和剩余价值。对于斯滕伯格而言,技术对于剩余价值的生产并不是必要的。因为非资本主义社会可以提供廉价的劳动力,而且在一定的历史环境中,机器对劳动的替代效应可以被海外市场所"过度补偿"。单位产出所需活劳动固然减少了,但非资本主义市场需求的增加可能会增加对劳动力的雇佣。

斯滕伯格列举了六种资本主义过剩人口的源泉。其中两种源自资本主义体系的内部:人口增长和机械化。马克思也曾关注过这两种。更重要的是另外四种"外生的"因素,马克思曾研究过其中的两种——工匠和入城农民,但是马克思忽视了另外两种"外部的和外生的"因素——来自非资本主义地区的移民和资本向这些地区的流出。资本流出一方面有利于输出国就业,因

---

① 《机会主义、修正主义资料选编》编译组:《第二国际修正主义者关于帝国主义的谬论》,生活·读书·新知三联书店,1976,第107页。
② [德]考茨基:《帝国主义》,史集译,生活·读书·新知三联书店,1964,第2页。

为需要更多的劳动力来生产这些资本品；另一方面，殖民地的生产又会与资本输出国竞争，从而减少它们的就业。"资本主义进程愈快，非资本主义地区，如印度，工业化进程愈快，那么资本主义国家工人生活得就会更艰辛，因为他们会被机械代替。"① 斯滕伯格进一步区分了早期和晚期帝国主义。在帝国主义初期，技术进步和资本输出的"过度补偿效应"还是很强的，这时候，失业水平是最低的，而工人工资水平是最高的。这可以说是工人的"蜜月期"。实际上，"蜜月期"成了修正主义的理论，但斯滕伯格认为这种"蜜月期"是不能持久的，因为实际工资水平的持续上升会威胁到资本积累本身。

斯滕伯格又从剩余价值实现的角度考察了帝国主义的本质。他认为，必须考虑到资本主义现实的两个重要特征，即生产资料部门有机构成比生活资料部门高，以及两个部门的资本有机构成会不断提高。斯滕伯格认为，不论是卢森堡、鲍威尔还是布哈林，在这一点上都没能很好地拓展马克思的分析。如果考虑到了这两个特征，就会发现在一个封闭的资本主义体系中，生活资料部门中的剩余产品确实无法实现，进而海外市场就成为必需的了。斯滕伯格分析了这种现象的根源，他指出："分配制度的不合理造成资本品和消费品之间不成比例，而这又是通过资本品和消费品领域投资不成比例表现出来的。"②

第三节 格罗斯曼等论大萧条

20世纪20年代末至30年代初的大萧条是资本主义历史上最为严重的一次经济危机。马克思主义经济学家针对大萧条提出了两个问题：它对资本主义制度的未来和社会主义的前途意味着什么？如何用马克思的危机理论对它作出始终如一的解释？欧美马克思主义经济学家对这次危机的本质有着不同的看法。

一 格罗斯曼的"崩溃"理论

格罗斯曼在1929年大萧条爆发前夕出版的《资本主义制度的积累和崩溃

---

① M.C. Howard, J.E.King, *A History of Marxian Economics:Volume I,1883-1929*（London: MacMillan,1989）,p.278.

② M.C. Howard, J.E.King, *A History of Marxian Economics:Volume I,1883-1929*（London: MacMillan,1989）,p.289.

的规律》一书中，试图对资本主义"崩溃"理论作出新的探讨。他认为，对资本主义经济"崩溃"趋势的研究，必须从对资本主义生产的内在本质规定性的研究出发，而不能从仅停留在商品流通或商品交换的表面现象的研究上。与别的"崩溃"论者不同，格罗斯曼坚持从"积累"这一"资本的内在本质"出发，探讨资本主义经济危机和"崩溃"问题。他以鲍威尔的再生产图式（200000c+100000v+100000m=400000）为出发点，假定在再生产过程中，不变资本以10%的速度增长，可变资本以5%的速度增长（即假定劳动力以5%的速度增长），剩余价值率为100%。这样一直持续下去，经过若干阶段以后，用于资本家个人消费的剩余价值也将不复存在，更重要的是，资本主义积累也将由于缺乏用于积累的剩余价值而不能继续下去，资本主义制度必然由此走向"崩溃"。[①]

但是，格罗斯曼也认为，资本主义最后的"崩溃"只有在一些反作用趋势不再存在的情况下才可能实际地发生。国内市场的反作用趋势主要表现在：第一，随着第一部类的技术进步，现存的生产资料和追加的生产资料变得便宜，从而减少了用于不变资本积累的剩余价值量；第二，由于第二部类中的技术进步，劳动力价值变得相对便宜（也可以通过使实际工资降到劳动力价值以下的方式），以此来提高剩余价值率，能增加剩余价值量；第三，在总剩余价值中，地租和商业利润部分趋于下降，而产业利润部分则趋于上升。世界市场的反作用趋势表现在：第一，国际贸易中的不平等交换，即技术上和经济上较发达国家，在损害落后国家利益的前提下，占有它们的超额剩余价值；第二，利用国家的力量，推行"新重商主义"政策，加强对原材料的垄断控制，以此提高本国的利润率；第三，通过资本输出，在国外取得较好的投资机会，以减少国内的过剩资本积累。这些反作用趋势并没有改变资本主义走向"崩溃"的大方向。他相信，在达到"崩溃"这一点之前，将会出现一次比一次更为严重的经济危机。格罗斯曼同时指出，"崩溃"不是自动发生的，只有工人阶级的联合斗争，才可能加速和引致资本主义制度的"崩溃"。

格罗斯曼还指出，如果危机既不表示一次周期性商业循环的下降趋势，

---

① 中国人民大学马列主义发展史研究所：《马克思主义经济思想史》，中共中央党校出版社，1991，第365~367页。

也不表示这一衰退由于受到康德拉季耶夫长波的影响而得到加强,那么期望实现积累率或产出和就业复苏就是毫无根据的。因此,人们可以认为资本主义注定要陷入持久的停滞或接近经济崩溃。

在大萧条之初,格罗斯曼的"崩溃"理论并未受到关注。纳夫塔利和考茨基等人认为,这次大萧条并不是合乎理性的危机,既不是资本主义制度的彻底崩溃,也不是世界革命的来临,而只是像每一次危机所表现的那样,这次危机仅仅是具有历史特性的资本主义制度的典型危机。

二 鲍威尔和科里的消费不足理论

鲍威尔根据德国当时的实践,把大萧条看作新的"官僚主导的垄断资本主义"的征兆。鲍威尔认为,欧洲在1932年以后的有限的工业复苏,是建立在不断膨胀的军事开支基础上的,并伴随着国家对对外贸易、国内价格、工资构成的严格控制。倒闭的银行被国有化,政府通过特殊的就业手段获得了对作为"后备军"的失业者的控制。鲍威尔相信,回归到自由竞争和自由贸易的资本主义是不可能的,国家经济权力的提升是不可逆转的。新的制度只提供了经济计划的可能性,而不是现实性;它只可能抑制资本主义的基本经济矛盾,而不可能解决这些矛盾。因此,一场新的世界大战将不可避免。[①]

1936年,鲍威尔提出了一个更加成熟的消费不足理论。鲍威尔首先从资本家的储蓄倾向大大高于工人阶级的储蓄倾向的假定出发:"群众消费的发展与社会生产发展之间的关系,取决于工资和利润之间的比例关系。工资总量增长得越慢,利润总量就增长得越快;那么群众消费也就增长越慢,社会生产部门也就增长越快。"[②] 鲍威尔得出结论:只要消费的增长落后于收入的增长,实际积累就将超过必要的积累,因此"社会的固定资本的增长就会超过满足消费增长而进行的生产所需的固定资本;消费落后于生产能力"[③],最终会导致一场消费不足危机爆发。科里在承认"衰退不是崩溃"的同时,把大

[①] [加拿大] M.C. 霍华德、[澳] J.E. 金:《马克思主义经济学史》,顾海良等译,中央编译出版社,2003,第5页。

[②] [加拿大] M.C. 霍华德、[澳] J.E. 金:《马克思主义经济学史》,顾海良等译,中央编译出版社,2003,第12页。

[③] [加拿大] M.C. 霍华德、[澳] J.E. 金:《马克思主义经济学史》,顾海良等译,中央编译出版社,2003,第12页。

萧条看作经济不稳定和停滞趋势不断发展的证明，预示着资本主义制度"最后的、永久性的危机"。科里把资本有机构成提高和危机理论联系起来。他引用官方统计数据证明，美国的资本有机构成不论在长期（1849~1914年）还是在大萧条准备期都在持续增长："1923~1929年间，制造业中的固定资本增长为可变资本的4倍，即24.4%与5.7%。"科里承认这可能会被剥削率的增长所抵消，利润率只有在非常例外的情况下才会下降。科里引用美国的统计资料证明，当时失业率已经居于高位，实际工资处于停滞状态，终于导致1929年的大危机。他以此证明大萧条的基础是消费不足，而不是过度积累。[1] 科里赞同鲍威尔的观点，但是他把技术进步、资本有机构成的提高、劳动生产率的提高与剥削率的不断提高联系起来："剥削率的提高限制了工人的购买力和消费。工资总是落后于利润，工资从相对量上也落后于产出和利润。这大大限制了市场的发展，使生产资料和消费资料失衡，从而推动周期性危机和崩溃。"[2]

三　波洛克的比例失调论

法兰克福学派的波洛克对20世纪20~30年代的大萧条的分析经历了一个逐渐深入的过程。起初，他强调资本家会反对经济计划，因为计划将使他们成为领取年金的人，暴露其寄生的本性，威胁其特权地位的合法性。不久以后，他以罗斯福"国家产业复兴法案"为主要例证，开始强调国家经济作用在不断增强。他指出，无论是新的世界战争还是经济的彻底崩溃，都不能认为是不可避免的。假如国家管制进一步增强，政治制度发生相应转变，有计划的、稳定的资本主义经济完全是有可能的。权力越来越集中在经济寡头手中，中间阶级将失去其独立性，而技术性失业和劳动力市场的分割将挫败工人罢工，毁灭无产阶级抵抗的意志。波洛克在1933年得出结论："走向终结的不是资本主义，而仅仅是其自由主义阶段。无论在经济上、政治上还是文化上，大多数人都将拥有越来越少的自由。"[3] 在1941年之前，波洛克一直

---

[1] L. Corey, *The Decline of American Capitalism* (New York: Covici Friede Publishers, 1934) pp.74-93.

[2] L. Corey, *The Decline of American Capitalism* (New York: Covici Friede Publishers, 1934) p.117.

[3] [加拿大] M.C.霍华德、[澳] J.E.金：《马克思主义经济学史》，顾海良等译，中央编译出版社，2003，第2~6页。

在探讨一种新的国家资本主义。在这种新的国家资本主义中，市场不再控制生产和分配，经济规律已经失效。国家具有以"虚拟市场"为工具来调节行会生活、保证充分利用资源的功能。国家资本主义"意味着从经济主导的时代向实质上的政治时代转变……权力动机取代了利润动机"[①]；利润成为次要的，资本家降为靠年金生活的人。波洛克区别了新制度的两个变量。在民主的国家资本主义中，国家由民众掌握；而在极权主义国家中，它成为高层工商管理人员、国家主要官僚（包括军队中的官僚）、（单一）政党的最高集团组成的"新统治集团"的工具。因此，与资本主义历史上的自由竞争阶段相比，危机更为严重，复苏更为缓慢。

四 莫斯科斯卡对消费不足论和"过度积累"论的综合

纳塔莉-莫斯科斯卡把日益严重的危机看作永久性危机的信号，而永久性危机则表明资本主义即将垮台。莫斯科斯卡在1929年曾提出"过度积累"的概念，但她试图用消费不足这一术语对消费不足和"过度积累"这两种分析进行综合，反对用比例失调说明萧条的理论，也反对该理论关于在垄断资本条件下个别计划增强和通过价格机制继续发挥有效规制作用的观点。莫斯科斯卡对其所谓的新、旧比例失调理论进行了比较。新的理论强调工资与利润之间、消费与储蓄之间，以及投资品产业和消费品产业之间的不平衡。"假如说旧的理论是在生产中寻找危机产生的原因，那么新的理论则转向分配……低工资与高利润削弱了消费能力，促进了积累。"[②] 莫斯科斯卡的危机理论可以概括为：资本家之间的竞争要么绝对降低实际工资，要么降低相对于利润的实际工资。而剥削率随之上升，资本家越来越难以寻找到实现其产品中包含的剩余价值的充分的消费需求。只要实际工资增长远远落后于劳动生产率的提高，劳动力市场就会失衡。这就会导致商品市场的失衡，进而导致生产与消费之间的比例失调进一步发展。结果是流通成本增加，因为资本家无助地试图运用各种促销方式来创造需求。

---

① [加拿大] M.C.霍华德、[澳] J.E.金:《马克思主义经济学史》，顾海良等译，中央编译出版社，2003，第2~6页。
② [加拿大] M.C.霍华德、[澳] J.E.金:《马克思主义经济学史》，顾海良等译，中央编译出版社，2003，第11页。

第十四章 20世纪初叶马克思主义经济思想的传播与论争

五 斯威齐和多布的折中主义

对于大萧条，斯威齐强调群众性消费不足和投资机会减少的影响，并指出资本主义发展新阶段已经到来。与欧洲的马克思主义者相比，斯威齐的看法是"经济主义的"，他较少关注国家日益增长的经济作用。斯威齐认为，资本积累率提高过快导致失业大军枯竭和工资提高，使剥削率下降，进而造成利润率下降，投资机会减少，形成危机；而后失业率上升，工资下降，利润率上升，投资引致积累增加，这样整个循环周而复始地进行，这正是短期波动的原因。①在解释长期停滞的原因时，斯威齐完全赞同鲍威尔1936年的模型。②

多布将四种危机理论进行了综合。首先，多布指出，魁奈的"经济表"和马克思的再生产图式要说明的有两点：第一，总产出和净产出之间以及收入分配之间的关系；第二，阐明生产资料部门和消费品部门之间的关系。因此，"危机产生前，市场机制无力协调这种比例关系，只能通过危机中价格变动的压力来强制恢复事前的平衡"③。其次，多布还指出，技术进步使机器更有效率，这将会提高资本有机构成——用机器代替工人。在这种情况下，其他条件如实际工资等均不变，不变资本和可变资本之间的比例上升，利润率是必然下降的。同时，在繁荣阶段，投资规模扩大，且"在相对过剩人口规模很小并被生产规模扩大所吸收，或社会中间阶层无产阶级化很慢、停滞，或工人组织强大以抵抗工资下降时"④，资本积累规模扩大已无剩余劳动力可用，而且工人工资持续上升，剥削率下降，利润率下降，这两种情况下的利润率下降都会使投资机会减少，进而经济产生衰退以至造成危机。因此，资本有机构成提高和"过度积累"也是危机产生的原因。最后，多布指出，消费需求不足也是危机产生的一个重要原因，但是在资本主义条件下，消费是建立在资本家和工人之间一种敌对的分配关系基础之上的。这大大削弱了大

---

① [美]斯威齐:《资本主义发展论》，陈观烈等译，商务印书馆，2000，第168~170页。
② [美]斯威齐:《资本主义发展论》，陈观烈等译，商务印书馆，2000，第201~206页。
③ M. Dobb, *Political Economy and Capitalism* (London:Routledge & Kegan Paul Ltd,1940), p.102.
④ M. Dobb, *Political Economy and Capitalism* (London: Roudedge & Kegan Paul Ltd,1940), p.113.

部分人口的消费能力，因此消费总是不足的，这是导致危机产生的一个重要原因。

危机理论是马克思主义经济思想中的一部分，马克思经济学为科学解释大萧条提供了成熟的理论框架。如果说马克思主义对大萧条的解释还存在种种分歧的话，那也只是理论丰富的困境所致，分歧也由此产生。不论是消费不足论、比例失调论，还是"过度积累"论，都可以说是马克思对资本主义生产关系的分析的具体表现。只是这几种危机理论的侧重点不同，不同的危机理论对大萧条的解释均显得有点片面和偏重现象分析。

第四节 关于社会主义经济计算问题的论争

苏联社会主义制度出现后，社会主义经济成了现实的重要课题。1920年，奥地利经济学家路德维希·冯·米塞斯发表了《社会主义共和国中的计算问题》一文，挑起了一场有关社会主义经济的论战，论战的中心问题是，社会主义计划化是否能跟市场机制结合起来，从而社会主义是否能够合理地分配资源和组织生产。

一 米塞斯对社会主义经济的否定

20世纪20年代初，奥地利学派的米塞斯和德国社会学家韦伯等人对没有市场价格的社会主义提出异议，其中影响最大的是米塞斯。米塞斯对社会主义经济的否定实际上涉及三大问题：经济计算问题、责任心和进取精神问题（即激励问题）及与上述两个问题相关联的知识问题（即信息问题）。米塞斯从经济计算角度提出的所谓"社会主义"行不通的论据被称为"米塞斯论据"或"经济计算论据"。米塞斯强调经济计算的重要性，他认为任何经济要运转都必须有一个经济计算的工具。经济计算提供了一种估价，这种估价以现在与未来预期为条件，它使生产者选择产业。当经济估算失败时，资源的使用也是无效率的。米塞斯认为，只有在资本主义市场经济条件下，经济计算作为辨认效率所起的作用才能发挥出来。他认为，在一个不断变化的经济中，经济活动超出了人类控制的能力，人们的经济计量往往建立在对未来的预期之上，市场是判断这种预期正确与否的唯一途径，而市场的判断力是通过利润表现出来的。在资本主义经济中,由市场决定供求均衡和价格的过程,就是合理的计算过程,它能达到资源的最优配置。这种市场活动只有在私人财产制度下才会产生实际的刺激作用,使其发挥正常的功能。他认为,社会主义经济没有私有财产制度和自由市场,凡是没有自由市场的地方,就没有确定价格的机构,就没有经济计算。因此,就不可能解决资源最优配置问题。米塞斯的结论是,社会主义缺乏一个正常运转的效率机制,尽管它能够存在,然而却不能实现资源的最优配置,所以是不合理的。米塞斯指出,社会主义者之所以没有认识到这一点,主要囿于两个错误观念:一是将客观使用价值置于首位;二是认为物品对一个人的效用可以由别人客观地加以判断。[1]

二 泰勒模式

1928年,美国经济学家泰勒发表了《社会主义国家中对生产的指导》,该文对米塞斯的观点进行了批判。泰勒的论述是建立在帕累托和巴罗内分析的基础之上的。泰勒在帕累托和巴罗内的分析基础上,放弃了"根据书面统计材料"进行社会主义经济计算的思路,提出完全由中央计划局来搜寻生产资料的均衡价格。社会主义国家与资本主义国家不同的是,社会主义国家只有唯一的生产者,即国家主管一切经济资源的使用。国家以货币购买公民的生产性服务(发放货币工资),再以生产的商品出卖给公民(消费品是商品),国家与公民之间是一种交换关系。这样,公民就有了一定的货币收入,并掌握有关商品的价格信息,国家则保证公民收入水平与一定的分配形式相适应,并使商品价格等于生产商品的资源成本(即资源的实际消耗)。由此,社会主义也能进行合理的经济计算,实现资源的优化配置。

泰勒批评了米塞斯关于社会主义缺乏市场机制,不能进行经济计算,从而不能合理配置资源的观点。他认为社会主义与市场机制并不抵触,社会主义完全可以利用价格体系进行计算。他进一步论证了巴罗内的"试错法",即以生产要素的供求状况为指示器,对生产要素价格进行调整,最后

---

[1] Lvon Mises, *Economic Calculation in the Socialist Commonwealth* (Harmondsworth: Penguin, 1972), p.56.

确定其均衡价格。有了确定的生产要素价格,就可以精确计算产品的资源成本,从而能够合理地配置资源。这种通过供求形成价格,价格引导资源配置的方式,就是市场机制配置资源。因此,泰勒的分析比帕累托和巴罗内更进一步。

泰勒模式假定,社会主义不存在生产资料市场和劳动力市场,但存在消费品市场和消费者的选择自由。在泰勒模式中,计划者的困难并不严峻,他建议生产部应该采用瓦尔拉斯"试错法"通过市场来解决,因此,计划者根本不需要事先计算需求曲线。泰勒模式与巴罗内的方法的另一个区别是,巴罗内建议生产部应当先确定产品的市场数量,而后再努力寻找供求均衡时的价格,而泰勒则建议计划者首先应确定产品的价格,然后通过供求机制自发试错来寻找均衡价格。

三 兰格模式

20世纪30年代中期,哈耶克重提米塞斯的观点,并对米塞斯的观点进行了重要修正。哈耶克认为,合理的社会主义经济尽管在理论上是可以设想的,但在实践中是不可能的。因为运用经济均衡方程,一个中央的计划机构在理论上是能够对社会资源进行最优配置的,但是在实践中,要解出这一经济均衡方程必须具备两个条件:一是必须有完善的市场机制;二是必须考虑生产品的质量、价格、生产系数及物品、劳务等一系列方程式,及时掌握反映这些经济要素的动态数据。由于社会主义经济实践中无法满足这两个条件,社会主义资源的合理配置并不具有现实可能性。

新古典学派经济学家由此提出了实现社会主义条件下一般均衡的第二种方法,即所谓"竞争解决法",其典型代表是兰格的"市场社会主义"模式。

"兰格模式"的理论要义包括:第一,社会主义实行生产资料公有制,但不一定废除小私有制,一个社会主义经济能在自己的制度中部分地容纳这种制度;第二,社会主义实行计划经济,但这种计划经济不是自然经济,而是商品经济,可以有一个消费品和劳动服务的真正市场;第三,在社会主义经济中,生产"不再由利润最大化的目标指引",消费者的偏好是生产和资源分配中的指导标准,因而保持消费者选择自由和职业选择自由;第四,价格决定过程在社会主义条件下与市场竞争的情况有相似之处,但由中央计划当局发挥作用。①

兰格模式假定存在一个完全竞争的消费品和劳动服务市场，主张排除配给制，将制定价格作为平衡供需数量的唯一方法。消费品和劳动力价格由市场机制决定；不存在生产资料市场，生产资料的价格由中央计划当局决定。如果这种价格偏离市场均衡价格，便会从商品数量的剩余或短缺中得到反映，于是再修正会计价格。这种会计价格只起到选择指数的作用，它不经过市场的实际交换而进入市场领域。

该模式中包含中央、企业和家庭三个决策主体。中央计划当局通过制定两条规则来制约企业的行为：一是选择平均生产成本最小的要素组合，二是必须把生产规模定在产品的边际成本等于价格的水平上。企业在尽量满足消费者偏好的目的支配下，根据中央计划当局规定的规模，决定最优的生产要素组合、生产规模和结构；家庭则对消费品和职业进行决策。消费者能自由选择消费品，以使其收入获得最大满足。劳动者能自由选择职业，工资由市场的供求决定，劳动者把劳动贡献给出价最高的企业。

四　勒纳模式

20世纪30年代初，美国经济学家勒纳同样利用新古典的一般均衡理论对社会主义经济计算问题进行了研究。他提出了一种以公私混合经济为基础的社会主义模式。他认为社会主义的根本目的不是消灭私有制，而是扩大民主，但把福利国家等同于社会主义的主张在理论上并无新意。具体做法包括：①必须有一个出售消费品的自由市场，从而使生产出来的一切货物都能达到最适度的配置；②必须有一个向生产经营者出售生产要素的自由市场，以形成统一的生产要素市场价格；③制定一条每个生产经营者都得遵守的简单"规则"，来确定每种要素在不同产品间最适度的分配。这条"规则"即如果任何要素的边际产品价值大于这种要素的价格，就扩大产量；如果它小于这种要素的价格，就缩小产量；如果两者相等，就依同一速度继续生产。

这样，以巴罗内的"试错法"为起点，经过泰勒、兰格和勒纳的系统阐发，就形成了第一个完整的市场社会主义理论模式，即兰格—泰勒—勒纳模

---

① ［波］兰格：《社会主义经济理论》，中国社会科学出版社，1981。

式。这一模式的建立不仅初步证明了社会主义同样可以做到资源的最优配置，标志着市场社会主义理论的形成，同时还表明社会主义可以实现公平和效率的统一，比资本主义有更大的优越性。

五　多布的意见

在社会主义计算问题的争论中，反市场理论者多布处于第三方。多布不仅对米塞斯和哈耶克的观点进行了批判，而且对兰格—泰勒—勒纳模式也提出了批评。他认为，市场社会主义忽视了社会主义与资本主义制度之间的本质差别，特别是没有理解计划经济在协调投资等重要方面的决定性意义。多布把资本主义市场称作一种无政府的体系，个人的决策完全是在价格的引导下事后作出的，每一个事件都是个人互不相干的盲目决策的后果，只有在这些决策实际生效后，价格波动的结果才能提供关于实际状况的证据，并据此对设备投资进行调整，而这样一种调整往往会经过很长时间才能发生。因为国民收入分配所决定的储蓄和投资的比例以及不同经济部门之间的相互依赖，储蓄与投资的决定无法分离，所以应当由计划当局统一决策。依靠长期的经济决策，社会主义经济可以实现稳定持续的增长，在现在和未来之间达到平衡。资本主义市场存在的另一个重要缺陷是它的短视性，与此相反，在社会主义经济中，这种弊端将被克服，对于现在和未来将保持一种平衡的态度，资本积累率的规则将不再是矛盾的，资本的积累率将高于资本主义经济，经济的增长也将以更快的速度达到资本的饱和点。

多布的结论是，支配社会主义经济的法则在本质上不同于资本主义。在资本主义经济中，事先的不可预见的经济因素支配着决策过程，生产者在给定的资源、技术和需求条件下按照价值关系进行生产；而在社会主义经济中，行动和事件是由已知的因素决定的，服从于有意识的社会控制，生产者运用自己掌握的物质手段实现既定的目标。社会主义计划经济比资本主义市场经济具有更高的经济效率。多布赞成的社会主义经济是苏联式的计划经济，这种计划经济并不完全排斥市场的存在。在强调集中计划经济的前提下，多布也承认社会主义经济需要保留一部分消费品市场和劳动力市场，需要有一定程度的分权。多布对市场的批评主要集中在市场的自发性和消费者主权的局限性两个方面。

第十五章　20世纪中叶马克思主义经济思想的发展

第二次世界大战结束后，许多马克思主义经济学家预测，一场经济衰退很可能像大萧条一样，在短暂的平静后发生。而事实是，原先预想的危机并没有发生，整个资本主义世界又步入了快速发展的"繁荣"期，马克思主义者面临着发展马克思主义经济思想，为解释资本主义发展过程中出现的新情况、新问题提供新的理论武器的压力。对于资本主义世界出现的新情况，欧美的马克思主义者和非马克思主义者进行了激烈的争论，同时也对资本主义发展新阶段的性质和特征进行了深入研究，马克思主义经济思想也获得了相应的发展。

第一节　斯威齐的资本主义发展理论

20世纪30年代以后，西欧和北美逐渐成为马克思主义经济思想研究的中心。在此之前，除了布丁的《卡尔·马克思的理论体系》和20世纪30年代中期科里关于危机理论的论著外，美国没有出现任何有特别重要意义的关于马克思主义经济思想的探讨。斯威齐在1942年发表的《资本主义发展论》拉开了马克思主义经济思想在美国传播与发展的序幕。《资本主义发展论》一书的主要内容包括以下几个方面。

一　马克思研究方法的两个特点

第一，抽象演绎方法。斯威齐指出，这一方法是李嘉图学派的特征。同时，马克思还相信并且运用现代理论家所称的"连续近似"方法，这是一种动态分析方法，它从极度抽象一步步趋向具体，通过连续的分析步骤层层推进，使一系列假设简单明了，从而使理论能够涉及并解释广泛的现实经济现象。

第二，历史性特征。斯威齐指出，马克思认为社会现实是一个处于特定关系中的变革过程。换言之，社会现实是一个历史进程，从原则上说，它是没有终结的，不会停止的。这一社会变革过程并不是完全的机械运动，它是人们活动的结果，而人们的活动又受到他们生活在其中的社会种类的限制。

二 马克思经济思想的要点

斯威齐在该书中对马克思经济思想进行了简要的介绍，并把马克思经济思想归纳为五个方面：①资本主义商品生产的特点；②资本主义剥削的特点；③商品的价值构成；④剩余价值率及其决定因素；⑤资本有机构成及利润率下降。

三 转形问题

斯威齐对鲍特凯维茨的转形问题解法颇为推崇，在该书中进行了介绍，并提出了自己的几点看法。

第一，关于总生产价格和总价值之间的关系。斯威齐指出，如果金生产部门的资本有机构成低于社会平均水平，金的生产价格就会低于它的价值。当我们假设 $z=1$ 并且所有别的商品都用金来表示其价格时，总生产价格必然大于总价值。这是因为：金的生产价格本来是小于其价值的，设 $z=1$，夸大了金的生产价格，当所有其他商品用它们与金的交换比例来表示其价格时，全社会的生产价格都被夸大了；也可以这么理解，转化后金的生产价格小于它的价值，说明金的购买力缩小了，货币购买力的缩小意味着所有商品价格的上涨，于是总生产价格大于总价值。

第二，关于利润率是否下降的问题。鲍特凯维茨认为，平均利润率与部门Ⅲ无关，仅由生产同工人阶级消费相关的那些部门的资本构成决定，即部门Ⅰ、Ⅱ，进而指出部门Ⅲ资本有机构成的提高在提高社会总资本的有机构成时，并不会造成利润率的下降。斯威齐认为，仅此一例，足以说明并不是所有社会总资本的有机构成的提高都如马克思所说的那样会造成社会平均利润率的下降。

四 资本积累和经济危机

斯威齐把经济危机区分为两种：由利润率下降而形成的危机和由剩余价

值实现困难导致的危机。在斯威齐的论述中，他针对每类危机又提出两种明显的危机理论，共提出四种危机理论。其中，由利润率下降而造成的危机，是由技术进步推动的资本有机构成提高快于剥削率的提高而造成的；或者是由积累率提高过快导致失业大军的枯竭和工资提高使剥削率下降而造成的。由剩余价值实现的困难而导致的危机，既可能源于不同生产部门的比例失调，也可能源于消费不足导致的总需求不足。斯威齐赞成第二种理论（用于解释短期波动）和第四种理论（用于解释长期停滞的理论），而否定第一种和第三种理论。

五 帝国主义理论

斯威齐在《资本主义发展论》一书中主要从四个方面对帝国主义问题进行了阐释。

第一，帝国主义阶段的经济特征：先进资本主义国家相互争夺世界工业品市场；垄断资本占据统治地位；资本输出成为世界经济关系的一个典型特征。

第二，帝国主义阶段的社会特征：大财产所有者在垄断资本的作用下互相融合；随着有产者利益的一致，工人的利益也趋于一致；中产阶级逐渐发展成为另一个基本阶级。

第三，帝国主义的政策。斯威齐指出，如果没有资本输出和军事扩张以及与之相适应的帝国主义政策，一个先进的资本主义国家将会蒙受低利润率和消费不足的危害。如果军事扩张超过一定界限，特别是互相间的军事竞赛导致实际的武装冲突，那么工人就要承担实际工资下降的后果。随着帝国主义竞争的加剧，结果只能是战争。在战争中，工人阶级失去的要比得到的更多。

帝国主义的发展增强了国家对经济活动的干预，阶级矛盾的激化也要求扩大国家的功能和权力。推动国家干预阶段过程的另一个理由是资本的集中和垄断的发展。国家被迫介入垄断竞争，并试图以它的活动来替代"供求规律"。而且，所谓"自然垄断"的战略地位如此稳固，以至于国家认为有必要抑制其垄断权力。

第四，帝国主义阶段的议会制度。随着国家权力和国家经济作用范围的扩大，议会制度的作用在削弱。在帝国主义时期，在牢固的阶级阵线和日益严重的社会冲突中，议会越来越成为代表各种对立阶级和利益集团的派别之间斗争的战场。

第二节 多布、曼德尔等对战后繁荣问题的探讨

一 多布对新费边主义的批判

多布认为，新费边主义者对资本主义在第二次世界大战后10年的持续繁荣进行了两个方面的解释：一是"管理革命"，认为管理革命使工业的控制权从资本家那里转移出来，掌握在新的管理精英手中，他们的行为使投资决策波动更小，从而刺激了私人投资的增长。多布认为，"管理革命"被新费边主义者夸大了，实际上这种"革命"远不彻底。二是所谓"收入革命"降低了所有发达工业国家之间的经济不平等水平，增强了平均消费倾向，从而刺激了总需求。多布认为，收入平等化的进展实际上极其缓慢。虽然，20世纪30年代以来，工资总额的绝对数和相对数都在增长，但是用"收入革命"来概括这种变化显然是在夸张。[①]

多布提出另外两个因素也促成了第二次世界大战后的复苏。一个因素是"内部积累"，它的资金来源是企业的利润留成，而不是银行提供的外部基金；另一个因素是不断加快的技术创新，它同促进技术发生革命性变革的工业"自动化"进程相联系，提高了投资率，减少了投资在面对需求变化时的波动。[②] 多布指出，大规模的军费开支是战后经济产生通货膨胀压力的一个最主要原因，但技术创新的刺激是仅次于它的一个影响因素，即使在军费开支不增加的情况下，技术创新也起到了促进私人企业投资的作用，无论是在内涵上还是在外延上都扩大了生产力。这个新阶段是"危机更为频繁，但也是更为短促和浅度的"阶段。没有证据表明资本主义的矛盾已经被克服。

多布断言，资本主义没有发生任何变化是错误的，认为资本主义已经进入一个全新的制度同样是错误的。国家作用的增强、技术的加速进步，以及

[①] L. Corey, *The Decline of American Capitalism* (New York: Covici Friede Publishers, 1934).

[②] M. Dobb, *Papers on Capitalism, Development and Planning* (London: Routledge and Kegan Paul, 1967).

金融资本的崩溃都是重要的发展，但是这些不能"在任何意义上证明'新阶段'言论的有效性，或者在任何基本方面改变我们对资本主义作为一个制度的评价和对其未来的估计"①。

二 曼德尔的"新帝国主义"和"新资本主义"理论

第二次世界大战后，"非殖民化"趋势对传统的帝国主义理论提出了挑战。帝国主义国家在1945年以后的20年中逐步放弃了对亚洲、非洲和加勒比海等大部分地区的形式上的控制，以希法亭和列宁为代表的帝国主义理论很难对这种现象作出正确的解释。

20世纪60年代，曼德尔从不同角度阐述了这一问题。非殖民化是宗主国资产阶级向殖民地资产阶级作出的一个不可避免的让步，但这一过程是同核心国家与外围国家之间经济关系的重大变化相一致的，其中，生产资料的输出比以前更为重要。曼德尔指出："宗主国资本家为了延长对殖民地国家的剥削，不得不越来越多地把直接统治改为间接统治。殖民地国家一个接一个变成了半殖民地国家，即取得了政治独立但经济仍受控制的国家。一般来说，在这些新的独立国家里，尽管少数响亮的国有化运动打击了帝国主义，但帝国主义仍然保持着它的大部分原有经济阵地。只有在资本主义也被取缔了的国家里，帝国主义才被连根拔除。"② 曼德尔把这种"间接统治"称为新帝国主义。间接统治制度不仅是宗主国资产阶级在殖民地资产阶级面前不可避免的让步，它还适应了这两个阶级关系中的阶级变化。列宁本人就以土耳其、埃及和中国为例，证明纯粹名义上的国家主权掩盖了实际的依赖关系。达特曾指出，帝国主义并没有绝迹，它只不过采取了一种不同的伪装。曼德尔所说的"新帝国主义"的新阶段已经出现。

第二次世界大战结束后的10余年内，资本主义经历了四次经济衰退，但没有发生严重危机，更没有遇到像大萧条那样的危机。因此，在改良社会主义者中，普遍流行着一种观点，即资本主义与社会主义之间的区别越来越模糊。应该如何看待这种观点呢？日本的都留重人认为资本主义的基本特征包

---

① S. Tsuru, *Has Capitalism Changed?* (Tokyo: Iwanami Shoten, 1961).
② 〔比〕曼德尔：《论马克思主义经济学》（下卷），廉佩直译，商务印书馆，1979，第105页。

括四个方面：利润是经济活动的动力；利润由私人资本控制；利润在很大程度上用于积累；经济人有持续的压力，通过售卖商品来实现利润。这些基本特征一个也没有发生显著的变化。尽管大公司存在所有权和控制权的分离，但它们仍然追求安全的、长期的利润最大化；国家通过公司所得税只能获得一小部分剩余产品；不断升高的提留比率降低了利润的消费倾向；销售面临的压力空前强烈。都留重人的结论是，至少对美国来说，资本主义生产方式的基本特征仍然存在。[①]

斯威齐和巴兰支持和充实了都留重人的观点。斯威齐强调，在垄断资本主义条件下，技术进步与投资之间的联系在不断减弱。他驳斥了一种过分简单化的观点，即不认为不断扩大的国家支出有利于美国资本主义，并认为它将不可避免地导致某种结果。斯威齐认为，资本主义国家既不是中性的调解人，也不是联合的统治阶级的驯服工具。经济政策的制定是不断斗争的主题，至少从美国的情况来看，增加公共支出的反对者总的来说占据了上风。[②]

曼德尔在1964年出版的《马克思主义经济理论导论》中宣称，国家干预的增强已经催生了所谓的"新资本主义"。"新资本主义"的显著特征是经济计划以及对有组织的工人阶级采取容忍和妥协的政策。曼德尔指出，第二次世界大战后主要资本主义国家经济的长期繁荣是与晚期资本主义（曼德尔把资本主义分为自由竞争资本主义、古典帝国主义和晚期资本主义三个历史阶段）的全部特点紧密相关的。晚期资本主义经济的倾向是确保消费和投资都能比自由竞争时期或者垄断资本主义的第一阶段时期有更大的稳定性；晚期资本主义的倾向是减少周期性的波动，而周期性波动的减少归根结底是国家日益加强干涉经济生活的结果。

曼德尔认为，1940~1966年阶段是"具有潜在扩张倾向的长波，是在不断发展中的工业循环"。其原因在于：第一，工人阶级遭到了有历史意义的失败，使得法西斯主义和战争能够提高剩余价值率；第二，由此引起的资本积累的增加（投资活动）以及技术革新步伐的加速和固定资本周转期的缩短，导致了在第三次技术革命中和在国际范围内，资本扩大再生产市场的长期扩张，尽管还存在地理方面的限制。但是，这反映了资本家认识到没有规制的

---

① S. Tsuru, *Has Capitalism Changed?* (Iwanami Shoten, 1961), pp.83-91.

② S. Tsuru, *Has Capitalism Changed?* (Iwanami Shoten, 1961), pp.83-91.

市场机制是不可行的。据此,曼德尔得出如下结论:国家干预经济生活、管制经济、经济规划、指导性计划,从社会的观点来看,这些绝对不是中性的。它们是由资产阶级或资产阶级统治集团掌握的干预经济的工具,绝不是资产阶级和无产阶级之间的公断人。①

曼德尔最后总结道:"遭受经济衰退的资本主义,绝不是什么没有危机的资本主义;这只不过是这样一种资本主义:它所遭受的危机,同1929~1933年发生的危机相比,灾难性要小一些罢了……从绝对数量上讲,这种衰退所带来的损失和浪费是可观的,它仍然是批判资本主义的永久见证,仍然经常号召人们用更加合理的经济制度和社会制度来代替资本主义。"②

三 法兰克福学派的非经济分析

法兰克福学派无疑是最具影响力、最有特点的批判理论之一。其突出特点在于,从一开始就拒绝采取一种标准的或学说式的立论基础,不拘一格地阐发其独立的理论见解,进而形成了独特的批判风格。法兰克福学派一般被列入"新马克思主义"一派。当然,新马克思主义严格来说并非马克思主义。尽管他们自认为是马克思主义者,但是按照正统的马克思主义或各种决定论的马克思主义的标准,他们偏离得太远了。但不可否认的是,他们确实与马克思主义有着惊人的相似之处和一致性(最起码不应简单地将法兰克福学派与其他西方马克思主义流派混为一谈),这种一致与差别之根本就在于如何看待晚期资本主义的发展。从某种意义上讲,法兰克福学派正是抓住了马克思主义最本质的东西,用马克思主义的辩证法对资本主义的结构矛盾和危机进行了令人耳目一新的经验分析。但是,如果说马克思主义的批判是经济的,那么法兰克福学派的批判则是非经济的、人本主义的。

波洛克对生产自动化影响的研究进一步发展了上述观点。波洛克预期新技术会拉大业已存在的差距,即以一小部分高素质的管理者、工程师、专家为一方和以大量靠工资生活的工人为另一方之间的差距。其中的原因不仅在

---

① E. Mandel, *An Introduction to Marxist Economic Theory* (New York: Pathinder Press, 1970).
② 〔比〕曼德尔:《论马克思主义经济学》(下卷),廉佩直译,商务印书馆,1979,第105页。

于两个群体之间的个人素质差异,而且在于他们的技术和管理培训程度不同。"手"的活动,现在一般被限制在完成相当初级的操作,或者按简单的指令操作,他们没有必要理解这样操作的真正目的。波洛克指出,自动化的长期影响可能包括演化为一个建立在独裁主义和军事原则基础上的"社会新形式",在这个社会里,由高素质专家组成的"经济总参谋部"将毫无挑战地统治该社会,资本家将失去其经济作用①。

对于马尔库塞和波洛克来说,第二次世界大战后资本主义的变化已经使工人阶级变得破碎和被动。这种悲观的观点,在 1961~1962 年遭到深受法兰克福学派影响的希腊经济学家卡丹(Paul Cardan)的反对。卡丹认为,传统马克思主义所指出的"科层资本主义"的经济矛盾已经被成功克服。马克思对利润率下降的分析有着致命的缺陷,同时,随着工人生活水平的不断提高,消费不足也已经避免。国家干预把周期性波动限制在很窄的限度内,结果是在实际上已经永久实现了充分就业。无论是体力劳动者还是脑力劳动者,只要他们适应环境,就能够面对永无止境的就业前景。除了细小的波动外,生产年复一年地以相当高的百分比扩张②。马克思主义政治经济学的根本错误是它假定资本主义社会中的代理人完全是"客观具体的",不论是马克思的剥削理论还是他对经济危机的分析,都假定资本家和工人都不可能对经济运行产生影响。但是,这与资本家有能力组织国家管理、不存在危机的积累不相符合,也与工人阶级在资本主义经济的所有方面——从工资水平和投资的节奏,到生活结构和技术变化的性质——所展开的持续斗争不相符合。在生产中阶级冲突的存在,证明具体化是有界限的。卡丹所认为的现代资本主义真正的基本矛盾是它需要借助于工人的参与(没有工人的参与就不可能进行能够获取利润的生产),同时又需要限制这种参与(唯恐他们组织起来废除资本主义本身)。

哈贝马斯否认"有组织的或国家控制的资本主义"已经能够完全消灭经济危机。利润率下降趋势的基本规律仍然在起作用。但危机改变了表现形式,通货膨胀、国家财政经常面临的压力、个人富裕与公共贫穷之间不平等状况

---

① F. Pollock, *The Economic and Social Consequences of Automation* (Oxford: Blachwell, 1957).

② P. Cardan, *Modern Capitalism and Revolution* (Bromley: Solidarity, 1965).

的恶化等取代了传统的生产萎缩和就业下降。阶级关系已经具有政治性,以至于"经济过程不再可能被看作经济制度的内在运动"。由国家提供公共产品,尽管这对降低固定资本价格和提高剥削率至关重要,但是,这也对劳动价值论提出了质疑,即它不能被直接运用于教育、技术或科学等领域。工资的决定也与价值规律严重背离,它变得具有准政治性,表现为通过集体谈判而达成的阶级妥协[①]。

这一结论把意识形态问题提到了政治经济学的核心位置。哈贝马斯坚持认为,国家干预增长的后果之一是"资产阶级公平交易的基本意识"瓦解了,取而代之的是正式的民主政治观念,以及计划者中的技术精英的实际统治。这会导致两种类型的政治危机:一种是"合理性危机",这源于该制度不能兑现它向民众所承诺的成功的经济管理;另一种是"合法性危机",即它不能保持公众对它的忠诚。在社会文化领域中,这将导致"激励危机",因为该体制不能"产生必要数量的行为激励意图"。

第三节 科里、多布等对凯恩斯经济学的回应

凯恩斯的《就业、利息和货币通论》(以下简称《通论》)是大萧条后最重要的理论成果,其主要观点形成了后来的凯恩斯主义。凯恩斯主义针对资本主义经济危机提出了一些富有成效的政策主张,相反,马克思主义者在这一点上却存在不足。同时,第二次世界大战后主要资本主义国家的长期繁荣,也给一些马克思主义者试图在凯恩斯主义和马克思主义之间进行"沟通"留下了空间。但一些坚定的马克思主义者对凯恩斯主义也进行了有力的批判,当然,马克思主义经济思想也受到了凯恩斯主义者激烈的批评。

一 科里与法兰克福学派论凯恩斯主义

在《通论》一书出版之前,科里就对凯恩斯的理论作了激烈的抨击。科里对凯恩斯主义的批判集中于这两个问题:一是投资取决于利润率的变动,而不是像凯恩斯所说的那样取决于利息率;二是凯恩斯对萧条时期货币的解

[①] J. D. Habermas, *Legitimation Crisis* (London: Heinemann, 1976).

释混淆了原因和结果。科里认为凯恩斯夸大了投资的重要性而轻视了消费。"过度储蓄是循环过程中的一个因素,因为它并不造成资本投资(和生产)的不足,而是把本该进入消费的货币转化成了投资,从而造成消费不足。"[①] 科里还从方法论上对凯恩斯的分析方法进行了批判:凯恩斯的理论"强调了交换这一次要因素,而没有强调生产这一首要因素"[②]。这是凯恩斯主义的一个致命弱点。

德国社会民主主义者莱德勒指出,凯恩斯与马克思存在三点相似之处:一是凯恩斯采纳了劳动价值论;二是关于利润率下降的观点;三是消费和投资之间应保持一定的比例关系,从而承认了马克思关于第一部类和第二部类之间的比例关系。莱德勒认为,凯恩斯肯定了个体的心理因素,忽视了阶级的存在,并且认为资本主义会自动地向合理的方向发展,这显然是一种盲目的乐观主义。莱德勒进而指出,除非受利益和感情驱使,否则思想不能改变任何事物。凯恩斯提出了要求进行一场权力和财产革命的思想运动,但是我们难以相信,通过劝告的方式能够使人类接受一种新的经济社会制度。

法兰克福学派的曼德尔鲍姆和波洛克对凯恩斯的批判更为激烈。他们认为,凯恩斯对流动偏好的强调是错误的,因为货币的错位是症状而不是原因。凯恩斯夸大了利息率变动对投资的影响,同时忽视了技术进步对利润率及投资的影响。《通论》这本书没有谈及不同部门投资比例失调所造成的影响。另外,凯恩斯对萨伊定律的驳斥,之前马克思早已讨论过了,而其有效需求不足理论也可以在马尔萨斯那里找到,他对主观倾向的依赖则表明其分析的肤浅。甚至他的自由主义也只是表明:他对重商主义的赞成和对通货膨胀造成实际工资下降的肯定,都暴露出他的集权主义倾向。曼德尔鲍姆和波洛克断言:"凯恩斯的修正程度超过了古典教条,但他没有指出更光明的前途,而是指向了更黯淡的未来。"[③]

---

① L. Corey, *The Decline of American Capitalism* (New York: Covici Friede Publishers, 1934), p.188.
② L. Corey, *The Decline of American Capitalism* (New York: Covici Friede Publishers, 1934), p.214.
③ [加拿大] M.C.霍华德、[澳] J.E.金:《马克思主义经济学史》,顾海良等译,中央编译出版社,2003,第94页。

二 斯特雷奇的"沟通"

斯特雷奇试图在凯恩斯和马克思之间进行"沟通"。斯特雷奇在《凯恩斯先生和下降的利润率》一文中指出，在关于利润率这一中心问题上，马克思的利润率下降理论和凯恩斯的资本边际效率下降的观点十分相似。凯恩斯的确忽视了技术进步和利润率之间的关系。然而，凯恩斯和马克思都认为，要增加就业就需要扩大投资，而且都认为资本积累导致了利润率的下降。因此，利润率下降趋势是"凯恩斯先生背后的战车。非常有趣的是，一位一流的资产阶级经济学家竟把利润率下降趋势重新确立为他所描绘的资本主义社会的核心"。[1]

如同莱德勒和达雷尔，斯特雷奇对马克思的利润率下降理论和凯恩斯的资本边际效率下降理论的认识是很肤浅的。但是在20世纪30年代末期，一些马克思主义的同情者也试图在凯恩斯和马克思之间进行"沟通"。威尔逊像斯特雷奇一样，认为凯恩斯的资本边际效率同马克思的利润率密切相关，但是凯恩斯以长期因素作为比马克思更为成功的分析的中心论据。樊弘认为，凯恩斯错误解释了马克思的再生产图式。这些解释没有接受萨伊定律的合理性，但相当详细地论述了与凯恩斯的有效需求分析相容的宏观经济均衡条件。沃德强调了马克思与凯恩斯之间在消费不足观点上的相似，但也指出了《通论》的相对肤浅和主观主义。沃德把马克思对资本主义发展过程的成功预言，同凯恩斯缺乏对这些内容的预言进行对照，认为凯恩斯理论缺乏预言性内容是他未能将制度变化融入其理论中的不可避免的结果。

马克思主义经济思想对凯恩斯主义的形成和发展有着直接或间接的影响。以罗宾逊为代表的激进的凯恩斯主义者创立了一种凯恩斯主义的马克思主义形式。早在1937年，史密斯就指出，马克思的商业周期理论与投资支出的波动是相联系的，而这恰恰是凯恩斯在《通论》中得出的结论[2]。第二次世界大战后，克莱因用参数值不同的经济计量模型来表述马克思主义和凯恩斯主义体系，并对它们进行经验检验，他认为马克思的理论显现出

---

[1] J. Strachey, J. M. *Mr. Keynes and the Falling Rate of Profit* (Modem Quarterly.1, 1938), p.340.

[2] H. Smith, *Marx and the Trade* (Review of Economics Studies.4, 1937), pp.192-204.

相当的优势，从而扩充了樊弘的著述。有效需求的长期分析由经济增长理论来解释，许多凯恩斯主义者论证了哈罗德—多马模型和马克思增长模型之间的紧密相似之处。

三 斯威齐和多布对凯恩斯的批判

尽管斯威齐1946年认为《通论》对有效需求分析的许多观点马克思主义者也能得出，但他认为凯恩斯是新古典理论培育的一个"囚犯"。斯威齐认为，凯恩斯从来没有把资本主义制度看作一个整合了资本主义经济、政治、技术和文化的总体。因此，凯恩斯认为阶级斗争不过是"令人讨厌的混乱"，忽略了资本主义国家中阶级的作用，只把国家看作一个在紧要关头突然出现以扭转局面的角色。凯恩斯甚至比他的一些新古典理论派的同行们更少关注垄断的力量，丝毫没有论及垄断在宏观经济中的意义。

1950年，多布对凯恩斯进行了更加系统、更为深刻的批判。多布强调了《通论》与新古典理论的决裂及其对传统的经济均衡假设的否定。但他指出，凯恩斯一直想改革资本主义，因此不能把凯恩斯看作"民主社会主义"理论家；凯恩斯提出的"投资社会化"，可以理解为对生产社会化的替代。多布坚持认为，凯恩斯的经济方法过于宏观，因而导致他忽视了不同部门之间必要的均衡，并进而忽视了计划的必要性。凯恩斯同情生产资本家，反对借贷资本家，他也不同情工人，他把资本主义国家的特点描述成一个中立的仲裁者，从而看不到政府经济政策的政治局限。多布断言，军费开支大概是资本家乐意接受的政府介入反萧条的唯一形式，而且在资本主义制度下充分就业是个乌托邦式的梦想。他认为，凯恩斯建立在投资边际效率思想上的利润分析，是整个《通论》"最庸俗的观点"。

值得注意的是，斯威齐和多布的批判都没有触及《通论》中最重要的关于危机的有效需求不足理论。斯威齐公开承认自己是消费不足论者，而多布对此持保留意见。他们缺乏对利润率下降的分析，不管利润率下降理论有何优点和缺点，它的确从萧条的原因和为防止与缓和危机而进行政府干预两个方面，为主流凯恩斯主义提供了一种可供选择的明确的分析方法。把需求不足看作根本原因，就误把症状当成了病因。资本主义经济的核心是生产，而不是交换。既然政府支出只是构成利润源泉的剩余价值的"排水渠"，因此

第十五章 20世纪中叶马克思主义经济思想的发展

它也就不能提供长期的解决危机的办法,而资本主义具有内在的和不可避免的危机趋势。

四 米克的"辩护"

在"学院派经济学"力图"沟通"马克思主义经济学和凯恩斯经济学的同时,一批马克思主义经济学家竭力维护马克思主义经济学的科学性,并对非马克思主义经济学进行了系统的批判,米克就是其中杰出的代表。作为第二次世界大战之后成长起来的马克思主义经济学家,米克在1956年出版的《劳动价值学说的研究》一书中,以马克思的劳动价值论为中心,详尽地考察了劳动价值学说的发展史,从而说明"劳动价值学说不仅在马克思时代是真正的科学,在今天来讲也是真正的科学"[1]。

米克在正面维护劳动价值学说的同时,把对马克思劳动价值学说的攻击分为三类。

第一类是所谓纯庞巴维克式的攻击,它从价值的边际效用说这一观点出发。这一类攻击承认经济学的一般理论体系必须以某种价值学说作为基础,但又指责马克思选取了一个站不住脚的学说,说它既不符合事实又不能深入洞察表面现象的里层,因此马克思的整个体系完全垮台了。庞巴维克指责马克思不恰当地排除了效用等自然属性充当商品交换"共通物"的可能性。米克认为:"然而问题是,这些共同属性中有没有一种能够像上面所讲的那样用量来表示,它'包含在'商品之中而又与它'有所区别'。在马克思看来,非常明显,它们事实上都不能满足这些条件,所以,如果重量、体积等都排除掉了,那么剩下的唯一有关的'共同属性'就是劳动生产物的性质。"米克指出:"假设马克思要迟二三十年写作《资本论》的话,那时边际效用说正在流行,他可能在这个时候要详细申述他的理由,为什么商品作为使用对象的'共同属性'事实上不可能满足价值学说的正式条件。就我们所考虑的特殊论证来说,他或许适当地强调两点:第一,商品的效用是不能直接测度的量;第二,除非十分不合理地将欲望和满足等同起来,否则效用就不可能当作独立的决定因素。"[2]

---

[1] [英]米克:《劳动价值学说的研究》,陈彪如译,商务印书馆,1979,第3页。
[2] [英]米克:《劳动价值学说的研究》,陈彪如译,商务印书馆,1979,第180页。

第二类攻击也抱着需要某种价值学说的见解,并且认为马克思的价值学说是站不住脚的,但不同意马克思的整个体系因此而完全崩溃的看法。这类批评认为,当劳动价值学说为边际效用学说所替代或与之调和一致时,马克思的一些基本定理还是不错的。这一类攻击以伯恩施坦为代表。伯恩施坦认为,马克思的"价值"是个"纯粹抽象的概念",完全不能用作适当的交换比率学说的基础,剩余劳动的经验事实,"无须演绎的证明"。所以必须为边际效用说所代替或补充。米克认为"剩余劳动的证明"并不在于马克思的交换比率是否正确。一些人靠别人的劳动为生,这是经验中的简单事实,并不需要价值来证明它。可是在分析说明这个实际经验时,马克思关于物化劳动的价值概念,可以有效地作为一种解释工具。

第三类批评以兰格、施勒辛格和罗宾逊为代表。他们认为,在马克思经济思想体系中,价值学说并非必要,而且劳动价值学说没有用处,甚至是马克思体系的毒瘤。同时认为,马克思主义经济思想在阐释经济发展现象时远胜于资产阶级经济学,但这种优越性与"过时了的"劳动价值学说全不相干。米克重点对当时流行的第三类批评进行了批判。

米克最后得出两点结论。第一,在马克思首要分析的资本主义经济中,价格同他所说的"价值"并不完全符合,这个"矛盾"导致了资产阶级经济学家对劳动价值学说的批判。这是资产阶级误解了马克思经济学方法的性质的结果。第二,大多批评家认为要用近代价值学说或价格学说弥补劳动价值学说的缺陷。这是对经济现象的马克思主义分析的攻击,而且是对另一种分析的捍卫,这种分析将生产关系抽象掉了。

第四节 米克、吉尔曼等论垄断与利润率问题

一些经济学家认为,由于存在各种反作用力量,利润率下降的趋势已经暂停,资本主义的持续繁荣将结束,这引发了一场关于利润率下降规律的争论。有的人对这个规律表示质疑,有人认为根本不存在利润率下降趋势这个规律,有人用统计资料加以验证,也有人从不同角度论证了利润率下降规律的正确性。

第十五章 20世纪中叶马克思主义经济思想的发展

一 斯威齐对利润率下降规律的质疑

关于利润率下降规律的质疑由来已久。在斯威齐之前，克罗齐、鲍特凯维茨、莫斯科斯卡、鲍威尔等都从不同视角讨论过这个问题，可以说在利润率下降理论中几乎所有的问题都被提及。1942年，斯威齐在《资本主义发展论》一书中否定了作为一般规律的传统利润率下降理论，因为其无法说明为何有机构成一定比剥削率提高更快。斯威齐从以下几个方面对利润率下降规律提出了自己的看法。他认为："利润率下降的趋势，是马克思根据下面这个假定推论出来的：资本有机构成提高时剩余价值率保持不变。资本有机构成提高的假定，其正确性看来是毋庸置疑的。但是，同时又假定剩余价值率不变，这是否恰当呢？"[①] 斯威齐认为，资本有机构成的提高是和劳动生产率的增长同时产生的。如果剩余价值率保持不变，这意味着，如果劳动生产率增加了一倍，工资所代表的实物量和剩余价值所代表的实物量也都增加了一倍，即劳动者从自己的劳动生产率的提高中所得的好处与资本家一样。斯威齐认为，马克思的分析中暗含的这个假定是不合理的。因为，劳动生产率提高产生的产业后备军会抑制工资增长，由此促进剩余价值率的提高。马克思把不变的剩余价值率与上升的劳动生产率相提并论，显然是忽视了这种影响。一般情况下，提高资本有机构成是与提高剩余价值率同步进行的。如果资本有机构成和剩余价值率都为变数，那么利润率将按什么方向起变化，就变成未定的事情。"我们只能说，如果剩余价值率的增长百分数小于可变资本对全部资本的比例，那么，利润率就会下降。"[②] 但是斯威齐指出，这个观点站不住脚。"相反，似乎我们应该把这两个变数看作是大体上同等重要的东西。因此，马克思对利润率下降趋势规律的系统表述方式是没有很大的说服力的。同时，我们还可以说，曾经有人想证明资本有机构成的提高必然要伴以利润率的提高，这种打算同样也是难以置信的。"[③] 斯威齐认为，除了通常所说的一些对利润率造成影响的因素，在资本主义社会中还存在一些压低或抬高利润率的力量，包括：①工会；②旨在造福工人的国家活动；③雇主的组织；

---

① [美] 斯威齐:《资本主义发展论》，陈观烈等译，商务印书馆，2000，第118页。
② [美] 斯威齐:《资本主义发展论》，陈观烈等译，商务印书馆，2000，第120页。
③ [美] 斯威齐:《资本主义发展论》，陈观烈等译，商务印书馆，2000，第122页。

④资本输出；⑤垄断的形成；⑥旨在造福资本的国家活动。斯威齐的论述对后来布劳格的相关研究有直接的影响。布劳格认为，马克思利润率下降规律不符合辩证法方法论原则。因为马克思指出利润率是趋于下降的，但又指出同时存在几个因素造成这一趋势，如劳动生产率比工资率增加更快、节约、资本主义的技术引进以及外贸扩展等。既然如此，这些因素的共同作用，利润率到底是下降还是上升就不一定了。

斯威齐（包括巴兰）对马克思的利润率下降规律提出了质疑，并从不同角度对此进行了论证。在后来的《增长的政治经济学》一书中，巴兰明确提出用剩余增长的规律代替利润率下降规律。他们认为，资本主义经济已经经历了一个根本的变化，因此，剩余增长规律代替利润率下降规律，成了从竞争资本主义向垄断资本主义的结构改变的最本质的东西。

二 迪金森和米克对利润率下降规律的批评

迪金森运用新古典经济学的分析工具对马克思的利润率下降规律提出了批评，认为只有在极特殊的条件下，利润率才会下降；否则，一开始它将随着资本有机构成的提高而提高，只有当资本积累超过某一临界点时，利润率才会下降。因此，迪金森断言，虽然利润率下降是无法逃脱的，但它可能被延迟到"遥远未来的某个时间"。这是对马克思经济学和新古典经济学有独创性的、被后人广为模仿的，但最终失败的一次综合。

米克在1960年发表的《下降的利润率》一文中避免了这种错误。米克没有使用代数归纳法，而完全依靠大量的看似合理的统计数字来说明问题，在这些例子中技术进步既提高了有机构成，也提高了利润率。他的结论与迪金森的很相似。米克断定，如果从很低的有机构成开始，根据马克思的前提，利润率的变动"趋势"是先上升，经过一段时间以后开始下降。最初的上升越大，并且向下的转折越迟，那么，最初的剥削率就越低，与有机构成的既定提高相联系的劳动生产率的增长就越大，而随着第一部类而转移的第二部类的劳动生产力增长就越快。这最后的结果有些令人吃惊，因为第一部类劳动生产力的增长使不变资本各要素更廉价，并因此抵消了假定的有机构成的提高。这指出了米克方法中的一个缺陷。像莫斯科斯卡、柴田敬和迪金森一样，米克把资本有机构成看作一个随着时间的推移具有内在增长趋势的参数。

然而，它应该被看作一个内生变量，它的价值是从一个与技术变化特点有关的假设推导出来的。事实上，如果不变资本的单位价值下降得足够快，技术进步和有机构成的下降可能是联系在一起的。

1957年，萨缪尔森在《工资与利息：对马克思经济模型的现代分析》一文中假设没有连带生产或稀缺的自然资源，且实际工资保持不变，那么，如果一项技术革新确实被资本家所采用，利润率一定会上升；如果利润率不能上升，资本家使用旧技术也能过得不错。假定已知资本家的行为是理性的，那么不可能同时存在技术进步、实际工资不变和利润率下降的情况。因此，如果技术进步没有增加实际工资，那么它一定提高了利润率。日本的经济学家置盐信雄对此提供了精确的证明，这个观点也被命名为置盐定理。

在迪金森和米克看来，利润率的变动依赖于有机构成、劳动生产力和剥削率之间的关系，而且他们相信，利润率在开始下降之前，会在相当长的时期内呈上升趋势。按照萨缪尔森和置盐信雄的观点，技术进步引起利润率下降这种后果只有在同时实际工资上升时才会出现。马克思曾认为，机械化取代了工人，而且由此造成的失业只会"妨碍工资的增加"。

三 吉尔曼和罗松对利润率下降规律的统计验证

美国学者吉尔曼1957年出版的《下降的利润率：马克思的规律及其对二十世纪资本主义的含义》一书，根据官方资料对美国1849~1952年制造业的资本有机构成、剥削率和利润率进行了统计验证。吉尔曼发现，在1919年前后利润率变动趋势发生明显的断裂：1919年之前，资本有机构成和剥削率明显上升，但利润率变化不明显；1919年后，这三个比率几乎都没有发生变化。因为马克思用价值来表示这些概念，而这些价值数据在实际生活中很难计算，所以吉尔曼用公布的价格数据来替代。他用工资支出代替可变资本，用物质成本（不考虑折旧、损耗等分摊）替代不变资本。剩余价值则是用产品价值减去上述含义的c+v，或生产中的价值增值减去上述的v。

吉尔曼的一系列分析使用的都是市场价格而不是价值，他是唯一用系统的统计资料来对马克思的利润率下降规律进行验证的人。一些西方学者认为，在吉尔曼之前或之后没有人能去做同样的统计检验，这是有道理的。把价格还原到价值被认为非常困难。一些学者提出，应如何消除价值向价格转化过程中所造成的偏差？应如何消除因供求、竞争而造成的价格对价值的偏离？英国学者罗松提到了这一点：现在常用的统计资料并不适于去测试马克思的假定，因为它们建立在不同的概念之上。不得已，罗松主张用资本产出率来代替马克思所说的技术构成这个概念。他认为，这虽然不是最好的办法，但资本产出率的提高可以反映出第二次世界大战后技术构成因固定资本部分的增加而不断提高，虽然有机构成并不按同一比例在提高。罗松则认为，利润率下降不是由资本有机构成的提高造成的，而是由国家或政府开支的增加、贸易条件的恶化和工人阶级力量的增强所造成。罗松是用统计资料说明英、美、法等 11 个国家资本产出率在不断提高，但是他认为，与这种提高同时发生的劳动生产力提高并未使资本品的总价值也在增加，相反，因为单位产品价值的下降，每个工人所使用的物资设备在增加，但资本有机构成却并未提高。吉尔曼和罗松的统计验证，并未得出资本有机构成提高和利润率下降的结论。

四 克莱因、曼德尔和耶夫的辩护

克莱因在 1947 年发表的《有效需求和就业理论》一文中，把马克思的利润率公式 $s/(c+v)$ 改写为 $s[(1-c)/(c+v)]/v$ 之后，用第一次世界大战后资本主义经济繁荣阶段资本积累受益下降造成了 20 世纪 20 年代末 30 年代初的大危机这一事实，来说明马克思关于有机构成提高造成利润率下降的观点的正确性。克莱因指出，从改写后的利润率公式看，资本积累意味着资本有机构成的提高，进而意味着利润率的下降。这个理论的一个主要假设是剩余价值率不变，这一假设被认为是牢靠的。这个理论可以被有效地用来解释两次世界大战之间的情况。克莱因以上的论述是以剩余价值率不变为前提的，并且忽略了各种起反作用的因素。针对不变的剩余价值率假设，罗宾逊认为，如果工资水平到处都一样，那就只有在各部门资本有机构成都一样时，利润率和剩余价值率才可能在各部门都一致。一旦各部门资本有机构成不一致，利润率和剩余价值率就不可能同时做到一致。

曼德尔对技术进步和利润率变动之间关系的考虑与置盐信雄、罗宾逊等人不同，他认为："当新技术刚被采用时，它给率先使用者带来超额利润。这当然是使用它的原因，在这一点上，置盐信雄是正确的。但是，由于过度积

第十五章 20世纪中叶马克思主义经济思想的发展

累的影响，商品的价值降低了，超额利润消失了。那些使用新生产技术的人只能获得平均利润。而且，这个平均利润率比过程刚开始时的低。由于不了解过程的这一面，置盐信雄就不能理解一个客观规律（价值规律）是如何不顾个别资本家的主观意向而起作用的。"[1] 也就是说，曼德尔用社会必要劳动时间随着新技术一次又一次地普遍使用而一次又一次地降低这一点，来说明最先使用新技术的个别资本家所获得的超额利润的暂时性，以及整个社会资本家平均利润率的降低过程，并把这种过程看成价值规律的客观作用。在这里，曼德尔没有考虑不变资本价值和实际工资变动的影响，因此，其分析显得有些粗糙。

曼德尔坚持利润率下降规律的正确性，但他试图对马克思的理论进行修补，把资本有机构成提高与实现困难结合起来说明利润率下降规律。他在1962年写的《论马克思主义经济学》中对利润率下降规律重视不够，只是复述了马克思的观点，并以斯坦德尔和库兹涅茨的数例加以说明，另外还从剩余价值率提高、不变资本价格下跌、资本主义生产基础的扩展和剩余价值量增大等方面分析了对利润率下降起反作用的限制因素[2]。

曼德尔否认资本产出比率——基本上代表马克思的资本有机构成——长期保持不变或下降的观点，因此，他认为利润率的波动主要是由于剥削率的改变。而剥削率的变化取决于阶级斗争，而不是技术变化。曼德尔强调，资本主义的内在矛盾，不仅要在生产领域去找，而且要在流通领域去找。再生产，像马克思在《资本论》第二卷中清楚地表述的那样，是生产过程和流通过程的统一。

资本逻辑学派的重要代表耶夫（Davis S. Yaffe）在1973年发表的《马克思的危机、资本和国家理论》一文中指出，由于存在反作用趋势，利润率下降不是线性的，某些时期只是以潜伏的形式出现，而在其他时期则表现得或强或弱，并以一个危机周期的形式表现出来。一旦发生"绝对过度积累"，再增加积累并不会增加所生产的剩余价值总量，经济增长就会停止。在耶夫

---

[1] 转引自朱钟棣《西方学者对马克思主义经济理论的研究》，上海人民出版社，1991，第235页。
[2] ［比］曼德尔：《论马克思主义经济学》（下卷），廉佩直译，商务印书馆，1979，第164~167页。

看来，这就是马克思危机理论的全部。从逻辑上说，它与竞争和有效需求是没有关系的，因为在不考虑竞争的条件下，资本主义本身具有生产过剩和危机趋势。到此为止，该论述一直假设所有的商品在实际上是以它们的价值出售的，不存在价值实现上的困难；这样得出的是资本主义危机趋势，而资本的生产过剩在没有如此条件的情况下也能推导出来。

耶夫把资本主义危机看作与利润率下降的长期趋势相对立的最强有力的反作用趋势。受相反趋势的影响，"崩溃"停滞的趋势采取了循环的形式，而现实中的危机不过是这一相反趋势的极端情况。

耶夫认为马克思错误地把流通过程从资本主义生产过程这个整体中分离出来。资本过度积累是商品生产过剩的原因，而后者并不是资本主义生产过程的限制因素。政府活动不可能阻止利润率下降趋势，因为它本身是非生产性的。资本主义制度仍具有危机趋势。

第十六章　20世纪末叶马克思主义经济思想的复兴

在20世纪60年代之后马克思主义经济思想的复兴中，欧美的马克思主义经济学家对马克思主义经济思想的基本范畴、不发达理论、社会主义新模式等进行了广泛而深入的研究，形成了不同的马克思主义经济思想流派。

第一节　罗松、谢赫等对马克思主义经济思想基本范畴的探讨

劳动价值论是马克思主义经济理论的基石。以这个理论为基础，马克思建立了剩余价值理论，深刻地揭示了资本主义社会不合理的剥削关系。正因为如此，自马克思逝世后的100多年间，有关劳动价值论、剩余价值理论及其相关问题的争论迭起。

一　罗松论复杂劳动的还原问题

复杂劳动向简单劳动还原的问题，被西方学者认为是马克思劳动价值论首先要解决却未能解决好的问题。劳动价值论的批评者提出了以下几个问题：①关于如何确切计量这个还原或折算时的倍加系数；②即使有可行的折算办法，但这种还原或折算，也无法计算工人因天赋才能的不同而创造出来的不同价值；③直接求出利润率而绕过复杂劳动向简单劳动还原问题，从而证明还原问题是一个多余的问题。[①]

一些马克思主义者把复杂劳动按所收到的较高工资来还原为较大数量的简单劳动。但这明显陷入了循环论证，这在逻辑上是行不通的，也是和马克思的分析传统不相容的。然而，如果不按工资率来确定倍加系数，对熟练程度不同的工人就会有不同的剥削率，这显然与马克思的假设不一致。庞巴维克和希法亭进行论战时曾提出过这个问题，森岛通夫（Michio Morishima）认

[①] 参见朱钟棣《西方学者对马克思主义经济理论的研究》，上海人民出版社，1991，第41页。

为庞巴维克实际上提出了一个两难问题,并对这个两难问题进行了详细的数学论证。米克1973年在为《劳动价值学说的研究》写第二版导言时认为,马克思对复杂劳动向简单劳动还原的问题的处理是零碎的、不完整的。针对以上批评,罗松在1980年出版的《资本主义、冲突和通货膨胀》一书中,详细探讨了复杂劳动向简单劳动的还原问题。他认为,马克思主义者对庞巴维克及其追随者所作批评的回答,可以分成两派。一派主张采用"生产成本法",另一派则提倡"间接劳动还原法"。前一派根据马克思"每种劳动力的再生产都有它自己的生产成本"这个观点,假定各种工人创造价值的能力恰与各自劳动力再生产的成本成比例,再把这个比例作为还原时的倍加系数。罗松对此提出批评:①它没有恰当地对庞巴维克按工资折算的提议作出回答;②它没有重视教育部门在劳动力再生产中的作用。

"间接劳动还原法"最初由希法亭提出。希法亭根据马克思"每个商品的价值由生产它所必需的全部社会必要劳动时间来决定"这一观点提出自己的看法,认为熟练工人劳动力再生产中的这个"社会必要劳动时间"不仅包括生产这个工人生活必需品时所需的劳动时间,也应包括教育这个工人使他掌握一定的文化知识和生产技能所需的全部直接的和间接的劳动时间。熟练工人创造的价值可分为两个部分:非熟练工人创造的价值和转移并物化在技术中的价值。后者也可以分解成前一时期的非熟练劳动与熟练劳动两个部分。依此类推,最终可以把熟练劳动分解为各个时期非熟练劳动的加总。熟练劳动便等于一系列非熟练劳动之和。罗松对希法亭的以上观点深为赞赏,他指出,一旦采用希法亭的方法,熟练劳动向非熟练劳动的还原,就可摆脱对工资水平的依赖和庞巴维克所批评的循环论证。罗松进一步指出,教育部门作为一个非生产性行业虽然不直接创造价值,但教育部门全体教职员工所进行的劳动,尤其是超出这些教职员工本身劳动力再生产所需要的剩余的劳动,会物化在知识、技术之中,在后一生产时间,甚至后几个生产时期中,通过所培养出来的熟练劳动工人而创造出更大的价值。

艾尔斯特认为罗松的还原方法具有摆脱工资变动影响的优点,但是还存在两个问题。第一,是布劳格和罗默等强调的所谓无法培训的技术问题,艾尔斯特认为这是真正的异质劳动,罗松的还原方法无法解决;第二,是并非来自劳动者的技术而是来自工作性质的异质劳动,这指的是工作中各种不同性质与不同程度的不愉快所构成的各种不同的异质劳动及其所带来的不同的工资报酬,罗松的还原方法同样无法解决。

二 谢赫对新李嘉图主义者关于价值决定问题的反批评

谢赫在《代数学的贫困》一文中对斯蒂德曼等新李嘉图主义者认为利润率的决定先于价值决定的观点提出了两点反批评。第一,市场价格和生产价格是不同的,实际的个别利润率与理论上分析的全社会统一的利润率之间也存在差异。斯蒂德曼所说的资本家根据生产价格和全社会统一的利润率,在多种可供选用的生产技术中,选定那些能降低成本与价格从而把个别利润率提高到全社会统一利润率之上的生产方法或生产方法组合,其前提是资本家必须事先知道生产价格和全社会统一的利润率是多少。但是,在资本主义实际生活中,资本家只知道市场价格和实际的个别利润率,根本无从得知生产价格和全社会统一的利润率是多少。因此,斯蒂德曼所认为的"资本家对生产技术的选择决定商品价值"这一逻辑分析从一开始就站不住脚。第二,资本家在选择生产方法时,自然要对各种生产技术进行考量。他们不但要预计工厂、设备、原材料和劳动力未来的价格,也要对相应于所选择技术的生产过程及这种生产过程特定的投入产出关系作出事先的估计。当然,还要对未来产品的销售状况作出预测。也就是说,资本家在计算未来的利润、考虑选用哪些生产技术或生产技术的组合时,要考虑未来的剩余价值生产的准备条件、剩余价值的生产过程以及剩余价值的实现条件。所以谢赫认为,甚至在观念中,剩余价值也在支配着利润。同时,为把未来可能得到的利润变成实际所获,实际价值和实际上的剩余价值就必须生产出来并得到实现。因此,又在实际上,剩余价值支配着利润。

谢赫的两点反批评实际上是建立在本质和现象这对范畴的分析基础之上的。因此,他坚持了马克思在分析问题时所遵循的逻辑顺序,即价值决定价格、剩余价值决定利润。当然,本质和现象是相对的。对于价值(剩余价值)而言,生产价格(平均利润)是现象;而对于市场价格(个别利润)而言,生产价格(平均利润)又成了本质。上述谢赫的第一点反批评就体现了这个思想。第二点说明了,即使资本家先选定某种技术,也是这种技术选用的生产过程中商品价值的决定在先,利润率的决定在后。而选定技术时的利润率只是一种预期利润率,是存在于资本家头脑中的而非现实的利润率。谢赫在这一点上捍卫了马克思的价值决定理论。

三 森岛通夫和凯特福斯对联合生产和固定资本问题的探讨

西方的一些马克思主义者认为,在联合生产中,按照马克思加总计算商品价值量的方法,会得出负价值,这又导致了对价值定义的重新考虑。

斯蒂德曼曾提出过一个纯联合生产(不存在固定资本)的实例来说明联合生产与负价值之间的关系。斯蒂德曼所提出的在纯联合生产条件下负价值的出现,是对马克思主义经济学的一种挑战。森岛通夫和凯特福斯批评斯蒂德曼的负价值概念和马克思的价值概念毫无相同之处:实际上,如我们所知,一个商品的价值被定义为生产它时所耗费的全部直接的与间接的人类劳动,它应当为非负数。我们如何能去行使或耗费一个量上为负数的劳动呢?森岛通夫和凯特福斯对固定资本问题的论述与诺伊曼提出的固定资本理论有关。在固定资本和产品价值的关系上,存在两种计算方法。一是古典、新古典学派和马克思所认可的把固定资本看作一个存量的方法,然后根据使用年限,按比例将其价值折旧到产品价值中去。二是诺伊曼在 20 世纪 30 年代提出的簿记方法。这种方法把固定资本看作流量,具体来说,每一个生产期初,固定资本作为一种投入,把期末未转移到产品价值中去的固定资本的剩余部分看作产出。这一期末产出的固定资本,是下一期初投入的固定资本,依此类推,直到固定资本的经济生命结束为止,这个生产过程也是一种联合生产。森岛通夫和凯特福斯认为诺伊曼的簿记方法新意在于三个方面。①老方法根据固定资本使用寿命确定的固定折旧进程,直到其物质寿命结束前,其经济寿命可能未到终点;诺伊曼的新方法能根据不同年限机器不同的效率,或新技术新机器出现的外界条件,加速或减缓固定资本价值向产品价值的转移。因此,经济寿命和物质寿命有区别,很可能经济寿命已尽的机器在实物上还能使用。②老方法不能指出资本存量的年龄构成。例如,两个企业都使用某种可用三年的机器,其中一个企业有三台用了两年的这种机器,另一企业只有一台新的尚未使用的同类机器。老方法不能在固定资产账户上反映机器年龄的区别,新老机器都按最初的购入价格记账。但实际上,在第三年的生产期中,第一个企业的生产能力大于第二个企业;到了第三年末,第一个企业的这三台机器却都要被更换。而新的方法按机器剩下的价值来记账,能反映出两个企业机器的这种不同的年龄构成。③新方法还能反映出固定资本在时间和空间上的区别。每个生产阶段所使用的机器都被看成和当初购入时的新机器不同的产品;空间上位置不同的机器,也被看成不同的固定资本,因为机器的搬迁另需运输费和安装费。

四 森岛通夫和凯特福斯的价值定义

斯蒂德曼在联合生产条件下,通过联立方程组和加总计算价值的方法所得出的负价值和负剩余价值,被森岛通夫和凯特福斯称作"假价值"。他们认为,价值应被定义为最少劳动量的耗费,这时所得到的价值,才是真"价值"。

从表面上看,"真价值"和"假价值"只是计算方法不同。但实际上,这样做,一方面能使社会劳动可真正投入生产效率最高的部门,使边际产品的价值真正反映了最少劳动量的耗费;另一方面,在产量和劳动投入量的动态变化中,绝不会出现负值。不过,森岛通夫、凯特福斯和斯蒂德曼均用边际产品劳动耗费量代替马克思所说的平均劳动耗费,价值量的决定因此发生了本质意义上的变化。此外,他们对马克思加总计算价值量的方法都持否定态度。

森岛通夫和凯特福斯为了使自己的"真价值"能站得住脚,从马克思的著作中找到了两个关于价值量决定的定义。第一个是商品价值由它所物化或内含的劳动决定。即"这些物现在只是表示,在它们的生产上耗费了人类劳动力,积累了人类劳动。这些物,作为它们共有的这个社会实体的结晶,就是价值……使用价值或财物具有价值,只是因为有抽象人类劳动体现或物化在里面。那么,它的价值量是怎样计量的呢?是用它所包含的'形成价值的实体'即劳动的量来计量"①。森岛通夫和凯特福斯认为,这是马克思主张价值应定义为商品内包含或物化的劳动、价值量应按照 c+v+m 来加总计算的根据。第二个定义是商品价值由边际产品的劳动耗费决定。"社会必要劳动时间是在现有的社会正常的生产条件下,在社会平均劳动熟练程度和劳动强度下

---

① 《马克思恩格斯全集》第 23 卷,人民出版社,1972,第 51 页。

制造某种使用价值所需要的劳动时间……可见，只是社会必要劳动量，或生产使用价值的社会必要劳动时间，决定该使用价值的价值量。"① "因此，在考察棉纱的价值，即生产棉纱所需要的劳动时间时，可以把各种不同的在时间和空间上分开的特殊劳动过程，即生产棉花本身和生产所消耗的纱锭量所必须完成的劳动过程，以及最后用棉花和纱锭生产棉纱所必须完成的劳动过程，看成同一个劳动过程的前后相继的不同阶段……因此，生产资料……的价值……是产品价值的组成部分。"② 这两段文字被森岛通夫和凯特福斯认为，是商品价值由边际产品所引起的劳动耗费量的变化决定的依据。他们认为，上述两个定义只有在边际产品的条件下才相等。这两个定义的缺陷很明显：在技术选用或联合生产条件下，会导致同一种商品有多个价值量或产生负价值。

马克思主义认为，决定价值的并不是生产一个物体所用去的时间，而是生产中所能用去的最少时间，这个最少时间由竞争来促成。这成了森岛通夫和凯特福斯上述"真价值"及"约束条件"的依据。森岛通夫和凯特福斯把用"最少量劳动耗费"所下的真价值定义，硬说成来自马克思，有点牵强附会。不但斯蒂德曼对此提出了批评，金也指出，森岛通夫和凯特福斯把马克思说成"真价值"概念的最初提出者，言过其实。马克思总是用平均的而不是最少的劳动需要量来决定价值。森岛通夫和凯特福斯在《价值、剥削和增长》一书中认为，平均劳动耗费只是必要劳动时间的规定之一。在特殊情况下，例如需求比供给过于微弱时，必要劳动时间也可规定为最少劳动耗费。这样就在最少劳动量耗费与必要劳动时间之间建立起某种联系。他们认为《资本论》第3卷中对第二种社会必要劳动时间的分析，是马克思在《哲学的贫困》之外再次表达将最少劳动量作为社会必要劳动时间来决定价值的思想。森岛通夫和凯特福斯对价值定义的再思考，放弃了马克思的价值加总计算方法。

五 米克、鲍莫尔等的价值转形理论

马克思主义认为，资本主义经济发展到一定阶段，生产价格规律将取代

---

① 《马克思恩格斯全集》第23卷，人民出版社，1972，第52页。
② 《马克思恩格斯全集》第23卷，人民出版社，1972，第213页。

价值规律成为基本经济规律。"转形问题"随之产生，成为欧美马克思主义经济学研究的重要命题和热点问题。

（一）米克对转形问题的解答

米克于 1956 年和 1977 年分别提出了两种解法，这两种解法均建立在劳动价值论基础之上，且都继承了鲍特凯维茨传统。应该注意的是，米克 1977 年提出新的解法时，已放弃了劳动价值论，转向斯拉法体系去寻求转形问题的答案，因此在米克看来，这种解法已不是解决转形问题的正确途径。

米克 1977 年在所著的《斯密、马克思及其后来者》一书中，提出了下面这个以价值为计量单位的三个部门的投入产出关系式：

I. $k_{11}+k_{12}+k_{13}+s_1=a_1$
II. $k_{21}+k_{22}+k_{23}+s_2=a_2$
III. $k_{31}+k_{32}+k_{33}+s_3=a_3$
$e_1 \quad e_2 \quad e_3$

前三行表示部门 I、II、III 生产过程中投入的价值加上剩余价值等于该部门的价值，前三列表示每个部门产值等于该部门产品在三个部门中的使用加上可被资本家用于消费或投资的那部分价值，即 s 是剩余价值，e 是剩余产品的价值。因此，等式：

$e_1+e_2+e_3=s_1+s_2+s_3$

成立。把上述价值体系转化为生产价格体系：

I. $(k_{11}p_1+k_{12}p_2+k_{13}p_3)(1+r)=a_1p_1$
II. $(k_{21}p_1+k_{22}p_2+k_{23}p_3)(1+r)=a_2p_2$
III. $(k_{31}p_1+k_{32}p_2+k_{33}p_3)(1+r)=a_3p_3$

由该生产价格体系，无论价格—价值系数 p_1、p_2、p_3 为何数值，均可得总利润 $\sum p_i$：

$$\sum p_i = a_1p_1+a_2p_2+a_3p_3-(k_{11}p_1+k_{12}p_2+k_{13}p_3+k_{21}p_1+k_{22}p_2+k_{23}p_3+k_{31}p_1+k_{32}p_2+k_{33}p_3)$$
$$=a_1p_1+a_2p_2+a_3p_3-[(a_1-e_1)p_1+(a_2-e_2)p_2+(a_3-e_3)p_3]$$
$$=e_1p_1+e_2p_2+e_3p_3$$

因此，全社会资本家获得的总利润恰好使他们能够购买全社会的剩余产品，其价值等于（且决定于）整个社会产生的全部剩余价值。也就是说，不必再作一个总利润等于总剩余价值相等的假定，但仍需要一个"不变性"假定，以便决定与价格比率不同的绝对价格水平。这只要假定其中一个部门为计价单位，使其 $p=1$，即可求解，并使这一体系具有确定性。

（二）鲍莫尔和利伯曼对萨缪尔森"逆转形"的驳斥

萨缪尔森认为从价值向生产价格的转化是不现实的，但从价格到价值进行"逆转形"则是可行的。先将生产价格与成本支出之间的差额加总，可得到总利润；在马克思的例子中，各个资本额相等，所以各部门的利润率也相同，按照可变资本数额即可得到剩余价值量；将剩余价值量与成本量相加便可得到价值量，"逆转形"即告完成。在萨缪尔森看来，"逆转形"的意义在于证明：分析的起点应是价格而不是价值。

萨缪尔森认为价值与生产价格之间的对应关系是转形过程所要说明的问题，因此，其结论自然只能是马克思转形理论的失败。实际上，马克思的转形理论所要说明的恰恰不是价值和生产价格之间的比例关系，而是后者对前者的偏离。鲍莫尔对此进行了驳斥，他说："马克思并未打算用转形分析来表明如何从价值中推导出价格的证据……恰恰相反，马克思却承认这两组多少是各自得到的量值在实质上和体系上是不同的，转形计算的附带目的是要决定这些背离的性质。但是这个目的和作为目标本身的对定价问题的任何说明，实际上对马克思并没有什么重要性，因为主要转形不是从价值到价格，而是正如马克思恩格斯所屡次强调的，它是从剩余价值转化为'庸俗经济学家'所承认的各种非劳动收入范畴，即利润、利息和租金。"[1] 虽然鲍莫尔关于马克思转形理论的目的不在于说明生产价格的说法是不能让人接受的，但是他关于价值向生产价格的转化就是剩余价值分配过程的见解有力地驳斥了萨缪尔森的观点。

---

[1] 外国经济学说研究会：《现代国外经济学论文选》第6辑，商务印书馆，1984，第86页。

针对萨缪尔森的"逆转形",利伯曼也进行了批判。他指出,萨缪尔森否定劳动价值论,将剥削率看作来源不明的社会纯收入的分割比率,这必然模糊了资本主义社会的剥削关系。应该把真正的剥削率看作被雇佣的工资劳动者所付出的全部劳动时间中有偿劳动部分和无偿劳动部分之间分割的比率,其本质就在于通过价值和生产价格关系所表现出来的那种看似不变的社会生产关系。揭露阶级现象背后的社会关系,是马克思的价值理论和转形理论的基本要求和意义所在。

(三)森岛通夫对转形问题的解答

森岛通夫认为马克思的转形理论应由两部分组成,一部分是关于剩余价值转化为平均利润,另一部分是关于商品价值转化为生产价格。关于剩余价值转化为平均利润,马克思混同了价值和价格:利润率应是利润与所使用的资本的价格的比例,而马克思用的却是剩余价值与不变资本和可变资本额的比例。不过他认为,这并不影响马克思的基本观点,即利润来源于剩余价值。关于价值转化为生产价格的问题,从马克思的计算公式中无论如何也得不到他的价值转化为生产价格的结论,即使假定存在均衡增长的条件也不行,除非在以往已经指出的条件和萨缪尔森新提的条件(资本的内部构成相同)外,再满足另外一个条件,即各产业之间存在彼此"线性依赖"这样一个极其特殊的关系,所以马克思的公式不能一般地将价值正确转化为生产价格。为此,森岛通夫把这一理论的要点归纳为五点:①所有商品的生产价格总额等于它们的价值总额;②一个商品的成本价格总是小于其价值;③所有商品的利润总额等于总剩余价值;④除了周转期间的差别外,商品的生产价格等于其价值只能出现在资本有机构成偶然相等的场合;⑤构成较高的资本生产的商品价值低于其生产价格,构成较低的资本生产的商品的生产价格高于其价值。从上述前三点可以看出,马克思时常将价值与价格混同,他指出这两者是不同的,但也有相同的时候,那就是剥削率和利润率相同且均为零时,即没有剥削,没有利润,价值与价格成比例,这就是斯密所谓的在原始未开化状态下的价值只由劳动决定的情形。但是在资本主义条件下,利润率为正数应是一种常态,也就是说,不具备实现上述第一和第三点的可能性,森岛通夫实际上是否定了马克思的转形原理,因为两个不变性方程是论证生产价格是价值转化形式的基本理论依据。

（四）谢赫的"反馈式"扩展

谢赫（Awar Shaikh）认为，只要严格按照马克思的转形程序，并对其进行扩展，就可以计算出正确的生产价格。他认为马克思的转形程序是一种一般的程序，因此这种程序只是从"直接价格"向"间接价格"转化的第一步。所以，庞巴维克和萨缪尔森等人对马克思转形理论的批评是错误的，同时鲍特凯维茨和塞顿等人所提出的解法也是不能让人满意的。

谢赫指出："在所有的时候和所有的地方，生产价格都是价值的外部形式和价值在流通领域的反映。马克思指出转形所起的作用是转换了这种外部形式，引进了一些新的确定因素和新的变化来源，但在这样做的同时却并没有改变其内部固有的联系。"[①] 价值向生产价格转化的实质，只是剩余价值在竞争条件下在资本有机构成不同部门之间重新分配的结果，因而不可能发生价值总量的变化，价值总额必然等于生产价格总额。基于这些理解，谢赫强调马克思的转形程序没有大的问题，只需把他的第一步转形程序坚持下去，即可得到总价值等于总生产价格的结论。谢赫采用鲍特凯维茨的三部门模式论述了马克思的转形程序，形成了他关于转形问题的"反馈式"扩展。这不是对马克思转化理论的替代，相反是对马克思转化程序的成功运用。他得出四个结论：第一，转化不是从价值到价格的转化，而是从价值的一种形式到另一种形式（生产价格）的转化；第二，这是一种纯粹形式的变化，不涉及整个体系的任何实质的变化，转化仅仅是剩余价值在各个资本家之间的分配；第三，马克思的转化程序反映了利润率平均化的内在性质，马克思的转化程序能够在简单的方式下被扩展到"正确的生产价格"；第四，在"正确的生产价格"下，货币利润率和价值利润率相背离，但是，如同生产价格和价值背离一样，货币利润率和价值利润率的背离是有规则的和有限度的。

（五）DFL 模型 [②]

20 世纪 80 年代初，迪梅尼尔提出了关于转形问题的所谓"新解释"。他

---

① 转引自［英］斯蒂德曼等《价值问题的论战》，陈东威译，商务印书馆，1990，第 264 页。

② DFL 模型中的"DFL"是三位学者名字的缩写，即 Duménil, Foley and Lévy。安瓦尔·谢克的《资本主义》（Capitalism）一书第 322 页有这样一句话：The question was previously analyzed in an excellent paper by Park (2001) utilizing a framework developed by Duménil, Lévy and Foley。

认为，总产品的总生产价格一般来说不等于总价值，这一公式应建立在纯产品的基础上。而且，可变资本和剩余价值不应以劳动时间计量，而应以在市场购买时所花费的"货币价值"来计量，一旦如此，马克思的两个不变性方程就成了同义反复。福利和利佩茨也提出了类似的观点，只是福利和利佩茨的方法和思路与迪梅尼尔有所不同。他们关于转形问题的见解被称作DFL模型。这里仅对迪梅尼尔的"新解释"作一总结。迪梅尼尔是把马克思的劳动价值论和生产价格理论作为他的"新解释"的理论基础的。他对此作了肯定的评价之后，指出必须消除一些误解才能解开转形之谜。迪梅尼尔正是在对这些误解进行批评中展开他的"新解释"的。

第一是对价值和生产价格关系的误解。迪梅尼尔指出，实际上价格的变化并没有越出由价值决定的范围，因为这里出现的只是劳动时间的再分配。人们通常把价值规律与交换规律混同了。价值规律只有一个，即劳动时间是价值尺度；但在马克思体系中，交换规律有两个：一个交换是基于价值，另一个是基于生产价格。

第二是对纯产品和总产品关系的误解。迪梅尼尔对纯产品和总产品关系的论述是其"新解释"的核心部分，也是DFL模型的核心内容。迪梅尼尔指出，几十年来关于转形问题的讨论多集中在能否同时满足两个不变性方程上。他进一步指出，社会产品价值量和价格量的相等，必须建立在纯产品而不是总产品的基础上。劳动价值论的基础在于一定时期内花费的总劳动同与纯产品相关的生产之间的联系。纯产品的价格等于该时期的总收入，即工资加利润。如果像马克思那样，坚持认为这些收入的价值不过是转移到了新产品上，那么这些收入在新的生产过程中又会被重新估价。以价格体现价值不仅体现在现在的产品上，还会表现在前一时期的产品上，所以总价值和总价格中会存在重复计算。为此，应当以该时期的总收入和总劳动量相等来表现价格量与价值量的相等。

应该注意的是，迪梅尼尔在其"新解释"中，在计量可变资本和剩余价值时，采用的是所谓的"劳动时间的货币表示"（MELT）。福利曾给MELT下过一个明确的定义：一定时期内以即期价格计算的纯产品与生产中活劳动耗费的比值。迪梅尼尔认为，一旦采用MELT，两个总量相等便成了同义反复。

第三是对剥削与交换关系的误解，这涉及"利润量等于剩余价值量"这个等式。价值是在生产过程中创造的，剩余价值则既是生产过程的结果，也是决定归于工人报酬的价值份额的依据，而这个份额是同正常的交换规律相关的。因此，价值规律、剩余价值规律和交换规律正确的顺序应是价值规律→交换规律→剩余价值规律。

另外，沃尔夫、凯勒利和罗伯茨采用一般静态均衡分析框架，从不同角度对转形问题的解法进行了讨论，后来他们的方法被称为 WRC 模型。

六 弗里曼和克里曼的动态性的期间分析

20 世纪 80 年代至 21 世纪初兴起的"跨期单一体系"（Transitional Single System，TSS）学派也提出了自己的转形理论。[1] 在价值论方面，TSS 学派的弗里曼和克里曼等人认为，过去对于价值论和转形问题的研究是一种静态论和均衡论的，因而是不充分的。作为一种新的尝试，他们设想在各生产要素的投入与产出之间根据不同的特点加入动态性的期间分析，这可能产生供求的不均衡，并可以此来探索对劳动价值论进行重新思考的研究方向。TSS 学派首先对价值概念进行了"修正"，并由此导出"时间机制"和"单一机制"这一对概念。实际上，在不同历史时期讨论特定的价值量是没有意义的，因为价值只能在特定的社会条件下来界定和比较，而不同历史时期的技术条件和劳动生产率都是不一样的。同时，TSS 学派关于预付资本价值量的分析是自相矛盾的。一方面，他们认为特定的价值量不会随着技术和劳动生产率的变化而变化；另一方面，他们又认为预付资本价值量由投入品的即期价格决定，但是不同时期的价格显然是不同的，它会随着供求条件的变化而变化。

TSS 学派认为，根据他们的"时间机制"和"单一机制"，马克思的所有结论都可以得到证实。从这一点来说，TSS 学派的理论要比鲍特凯维茨以来的其他转形理论更容易让人接受，但 TSS 学派改变了价值定义本身的做法显然是错误的。实际上，TSS 学派的理论也是对 MELT 的一次具体运用，不过他们把 MELT 运用到了不变资本的价值确定上，这与 DFL 模型不同，但和 WRC 模型相似。

---

[1] 参见程恩富主编、朱奎著《马克思主义经济思想史》（欧美卷），东方出版中心，2006，第 182~188 页。

七 沃尔夫、凯勒利和罗伯特的后现代主义价值论

沃尔夫、凯勒利和罗伯特认为,即使价值是抽象的人类劳动,也应该注意到,在劳动通过市场的价格关系被组织起来的这一社会的、文化的脉络里,价值处于多重决定的关系之中。

沃尔夫、凯勒利和罗伯特指出,人们普遍认为马克思和李嘉图在理论发展上具有连续性,但认为李嘉图没有把资本主义看作一个特殊的社会生产制度,而马克思恰恰相反,他不但提出劳动力在资本主义社会中成为商品,而且在他的理论中还认为在资本主义社会中价值发生了向生产价格的转化。沃尔夫、凯勒利和罗伯特也认识到他们的观点与马克思的价值概念相去甚远,但他们还是试图到马克思那里去寻找证据,并用来为他们的观点辩护,但又常常误解马克思的本意,因此他们关于不变资本价值等于生产价格的观点是站不住脚的。首先,他们认为不变资本转移到新产品中去的价值在量上等于其生产价格,否则社会再生产无法进行,但他们并未对此作出合理解释,而他们这种非实证分析的方法本身就是错误的。其次,如果不变资本转移的价值在量上等于生产价格,而一般来说商品的价值和生产价格是不等的,这就意味着,不变资本自身可以创造价值或毁灭价值。这显然是对劳动价值论的否定,与他们对劳动价值论的认识也是相违背的。

沃尔夫、凯勒利和罗伯特等人虽然正确地指出了马克思和包括李嘉图在内的古典经济学家价值理论的根本区别,同时也指出了马克思创立生产价格理论的重要意义,但是,他们对不变资本转移价值、可变资本创造价值的性质作出了错误的处理。因此,沃尔夫、凯勒利和罗伯特利用他们的后现代主义价值论对转形问题的处理也必然是错误的。

八 拉加德对"下降的利润率"规律的重新审视

拉加德对"下降的利润率"规律的论述非常有新意,他认为该规律的标准解释在逻辑上不能推导出资本有机构成的提高,应将利润率递减与其相反趋势有机联系起来,用剩余价值积累的一个动态模型来分析剩余价值增长率与资本折旧率对利润率的影响。拉加德的重新审视可以概括为五点。①利润率递减作为资本主义生产方式的一个规律,应该从纯资本主义生产方式的层

次上来研究，也就是说不能掺杂外部因素。②"下降的利润率"规律是基于《资本论》第3卷第十三、十四和十五章的一种解释。该规律从根本上说是以资本有机构成的提高为基础的，只有在证实了资本有机构成必然提高之后，才能来研究这些相互对抗的趋势在何种程度上是有效的。但是，利润率递减规律的标准解释不能说明有机构成的必然提高。③剩余价值积累和人口增长之间的张力。资本主义生产形式的竞争结构使每个资本家为了生存而尽量降低成本。劳资的对立和劳动力使用的生理限制，使资本家不可能随心所欲地占有全部剩余价值，也不能把加大劳动强度作为降低成本的唯一途径。对每个资本家来说，增加劳动力的手段在于其筹措资金的能力。这就意味着资本家不仅要追求更大的剩余价值量，同时还要积累剩余价值。④资本有机构成的提高取决于剩余价值在追加的不变资本和可变资本之间的分配。有两种追加可变资本的方法，一是提高现有工人劳动力的价值，二是保持劳动力价值不变，增加工人数量。提高劳动力的价值会引起利润率的下降，这可以用来解释为何资本有机构成停滞会使利润率下降规律失效。拉加德指出，既定人口提供的剩余劳动量的增加、不变资本各种要素价格的下降以及资本折旧，这些都是和"下降的利润率"规律相对抗的因素。⑤国家与利润率下降之间的关系。他指出，既然利润率递减规律是以总资本的剩余价值总量为基础的，显然，当国家将剩余价值从这一部分转移到那一部分时，并不会影响该规律的存在。另外，即使当剩余价值率趋于无穷大时，利润率也会下降。因此，国家采取的降低劳动力价值的措施并不能从本质上阻止利润率的下降。

拉加德的结论：我们不应带有目的地解释"利润率的下降"规律。该规律并没有说某一天利润率会低到使资本主义自动消失的地步，该规律没有直接地但隐含地指出，利润率不可避免地呈锯齿形而非直线形下降。利润率递减规律表明，资本主义不能克服现有劳动时间的限制，资本主义生产方式是受价值规律根本控制的商业生产方式，也完全受作为资本价值增加尺度的劳动时间的控制。最终，两个劳动时间之间的联系决定了资本家把利润率作为其决策的主要标准。

九 舍曼"阶级冲突论中的剩余价值理论"

马克思的剩余价值理论，指出了在资本主义社会劳动力市场平等交换掩盖下的资本家和工人之间权利不平等的实际情况，科学论证了资本家凭借在政治和经济方面的优势总是可以无偿占有工人剩余劳动的事实。但是资本家及其利益相关者对剩余价值理论一直是百般抵制和歪曲攻击。当代特别是欧美也有一些经济学家并没有因为有新情况出现就否定马克思的剩余价值论，而是针对新情况、借助新的工具，在马克思范式的基础上对剩余价值的生产和分配作出了新的分析。如罗默、亨特（E. K. Hunt）、里奇坦斯坦因（P. Lichtenstein）、索耶（M. Sawyer），他们无一例外地从纯技术扣除的角度，用规范的数学形式对剩余价值的产生作了说明，却放弃了阶级分析方法。正是因为看到了技术扣除论的理论弱点，很多经济学家不仅继承了马克思剩余价值理论的主要内容，而且继承了马克思的阶级分析方法，舍曼就是其中的重要代表。

舍曼指出，尽管可以假定劳动力价值和剩余价值是由平均技术水平决定的生产率产生的，但依工人和资本家力量对比的不同，实际的生产率及实际的劳动力价值和剩余价值都是可变的。因此，劳动力的平均价值和剩余价值都是在对劳动力的一定供求条件下，由资本家和工人之间的冲突决定的。为了说明劳动力价值和剩余价值，必须系统研究这些条件和冲突。

从长期看，生产率主要受技术水平的影响，但技术水平又部分地是由反映阶级冲突关系的政府政策决定的；从短期看，机器和劳动的生产率都要部分地取决于它们的利用程度，而这种利用程度则极大地取决于阶级冲突的状况及由此状况的作用所产生的经济周期。此外，生产率还部分地是由工人的努力程度（即劳动强度）决定的。即使有规定了工资和劳动时间的合同，每工作小时的劳动强度还是要受阶级冲突的影响，在一些场合，劳资矛盾的相对缓和可以产生劳资双方都能接受的一般标准；在另一些场合，劳动矛盾的激化则可能使劳动强度变得不确定。为了获取高额利润，资本家总是竭力加大工人在一定技术条件下的劳动强度，因为工人的剩余劳动是利润的重要来源。加大工人劳动强度的手段就是赚取利润的方法。如果工会力量弱且失业率高，劳动强度就可能增强，剩余价值就可能增多；如果工会力量强且有充分就业的条件，工人就可以抵制劳动强度的增加，参与分享经济剩余，这样资本家得到的剩余价值就少。

第二节 沃勒斯坦、阿明等的不发达政治经济学

1952年，巴兰发表的《论落后地区的政治经济学》首次论及了不发达经济学，1957年，他在《增长的政治经济学》一书中对这一理论作了进一步的阐述。[①]20世纪后期兴起的不发达政治经济学，尤其是依附理论，都不同程度地受到巴兰学说的影响。

一 沃勒斯坦的世界体系理论

沃勒斯坦认为，人类历史虽然包含着各个不同的部落、种族、民族和民族国家的历史，但这些历史不是孤立地发展的，而是相互联系着发展和演变的，总是形成一定的"世界体系"。沃勒斯坦认为资本主义生产方式是一种"市场导向的生产"，其中不同的劳动控制方式是在不同条件下追求利润最大化的结果，每种方式都是世界经济分工的一个构成要素。他以16世纪以来世界体系变迁的历史来构建他的理论体系。他把世界资本主义经济分为三种形态：处在顶层的是由富裕的强国构成的中心区，边缘区由第三世界的大部分国家构成，在这两者之间的半边缘区其特征表现为中心区和边缘区的凸形结合。三个不同的区域承担不同的经济角色：中心区利用边缘区提供的原材料和廉价劳动力，生产加工制成品向边缘区销售牟利，并控制世界体系中的金融和贸易市场的运转；边缘区除了向中心区提供原材料、初级产品和廉价劳动力外，还提供销售市场；半边缘区介于两者之间，对中心区部分充当边缘区的角色，对边缘区部分充当中心区的角色。三种角色都必不可少，不同的角色是由不同的劳动分工决定的。

沃勒斯坦认为，在资本主义世界体系中，始终充满复杂的阶级斗争和政治斗争。这个体系还总是经历着由扩张引起的供过于求的"过剩危机"，出现一次次周期性的振荡。这个体系具有自我调节机制，然而它本身固有的不平等和由此引起的各种紧张关系始终不能消除，致使它如今已进入"混乱的

[①] 参见程恩富主编、朱奎著《马克思主义经济思想史》（欧美卷），东方出版中心，2006，第208~210页。

告终"时期,势必要被一种具有更高生产效率和更合理的"收入分配制度"的新的世界体系所取代。

二 伊曼纽尔的"不平等交换"理论

马克思曾在《资本论》第3卷中指出,在国际环境中,"处在有利条件下的国家,在交换中以较少的劳动换回较多的劳动,虽然这种差额,这种余额同劳动和资本之间进行交换时通常发生的情况一样,总是会被某一个阶级装进腰包"[1]。伊曼纽尔在《不平等交换——对帝国主义贸易的研究》一书中建立起了系统的"不平等交换"理论,该理论以五个基本论点为基础:①资本可以在国际自由流动,而劳动力则不能自由流动;②国际资本的自由流动导致了利润率的国际平均化;③工资是独立的变量,国际劳动力的不流动性导致了国民工资的差异;④进入国际交换的商品对某些国家来说是独一无二的,因而这些商品具有"不可通约的使用价值";⑤发达国家与不发达国家之间,国民工资的差异超过了劳动生产力的差异。依据这五个基本论点,伊曼纽尔按照马克思价值转化为生产价格的思路,在国际生产价格形式的基础上,区分了发达国家与不发达国家在国际贸易中的两种不平等交换形式——广义的不平等交换形式和狭义的不平等交换形式。广义的不平等交换指的是"仅仅在工资相等而资本有机构成不相等时由价值转化为生产价格所引起的"不平等交换;狭义的不平等交换则是指"工资和资本有机构成都不相等"的情况下的不平等交换。伊曼纽尔的"不平等交换理论"虽存在许多需要进一步完善的地方,但他的理论对马克思主义不发达政治经济学具有重大作用。第一,伊曼纽尔在运用马克思主义政治经济学基本原理的基础上,对国际贸易中超额利润的来源问题作了新的解释。他认为,在国际贸易中,当代发达国家获取的超额利润并不是由发达国家雇佣工人的剩余劳动创造的,而是不发达国家雇佣工人剩余劳动创造的价值的转移形式。第二,伊曼纽尔的"不平等交换"理论拓宽了马克思生产价格理论的内容,把马克思分析一国生产价格的方法扩展到对国际生产价格的分析中,并根据当代国际经济发展的新情况,对马克思提出的两个前提条件作了修正,提出了价值在国际的转移和不平等交换的新见解。他

---

[1] 《马克思恩格斯全集》第25卷,人民出版社,1974,第265页。

在当代资本主义条件下,以生产价格为基础来考察国际贸易中的不平等交换关系,为研究马克思主义不发达政治经济学、开阔马克思生产价格理论研究视野提供了新的思路。

三 阿明的"边缘资本主义"理论

"依附理论"是20世纪60年代中期以来,马克思主义不发达政治经济学发展中的一种重要理论。70年代以后,世界政治经济格局发生了一系列变化。发展中国家以种种形式团结起来,提高了与发达国家谈判的地位,"依附理论"的不足逐渐暴露出来。在这种情况下,"依附理论"发生了分化,产生了"依附的发展""边缘资本主义"等新的经济发展理论。

"边缘资本主义"理论是阿明对"依附理论"的一种补充和发展。这一理论的主要内容有四个方面。第一,关于"中心"和"边缘"关系的解释。阿明认为,与世界资本主义体系分为"中心"和"边缘"两大部分相对应,资本积累也分为"中心型"和"边缘型"两大模式;在世界资本主义体系内部,"边缘"生产的剩余不断流向"中心",造成了中心资本主义国家的发达资本积累和边缘资本主义国家的不发达积累。

第二,对边缘资本主义社会形式一般特征的说明。阿明通过对美洲边缘形式、阿拉伯和亚洲的边缘形式、非洲边缘形式的起源的考察,论述了边缘资本主义社会形式的四个一般特征:农业资本主义在国民生产部门中占统治地位;国内产生的主要从事商业的资产阶级从属于占统治地位的外国资本;当代边缘国家特有的官僚政治趋于发展,而无产阶级化的过程还未完成。这些特征反映了当代边缘资本主义国家共同的经济、政治和阶级的特征。

第三,对边缘资本主义发展阶段的考察。阿明认为,边缘资本主义的发展可分为三个阶段:殖民主义阶段、进口替代工业化阶段和"边缘"真正走自力更生道路阶段。

第四,对边缘资本主义发展途径的分析。阿明认为,在世界资本主义体系中,边缘资本主义要求得真正发展,就必须和世界资本主义"脱钩",即摆脱本国社会经济的发展战略受制于"全球化"的态势。但是,"脱钩"并不是"闭关自守",也不是游离于世界科学技术发展和潮流之外,而是要根据价值规律建立一个具有民族基础和民众内容的、经济选择合理性标准的体系。

实现这种"脱钩"的方式就是进行社会主义革命,这是边缘资本主义发展的必然趋势。

第三节 罗默等的分析马克思主义

分析马克思主义缘起于20世纪70年代,在80年代获得迅速发展。分析马克思主义的代表人物主要有科恩、布伦纳、埃尔斯特和罗默。科恩对历史唯物主义的技术观点重新进行了系统阐述,同时强调理性是人类行为的决定力量,在稀缺条件下,它将以发展生产力的形式发生作用。布伦纳提出了另一种不同的历史唯物主义的观点,即理性选择在这一观点中发挥了更为重要的作用。罗默和埃尔斯特坚决遵循"微观基础"的方法论,把个人的理性选择作为理解整个社会经济现象的基础。

一 科恩的"技术决定论"

在科恩的历史唯物主义理论中,生产力既是经济发展的原动力,又是重要的决定因素。在1978年出版的《卡尔·马克思的历史理论》中,他对历史唯物主义作了传统的解释。科恩通过他对所谓的"发展论题"和"首要论题"的论证,构建了他对技术决定论的辩护。发展论题建立在三个命题之上:①人类在某种程度上是理性的;②人类面对的是资源稀缺;③人类具有使自身处境改善的能力。命题②导致生存斗争的存在,命题③保证了减缓稀缺性的创新将发生,而命题①则意味着会出现创新。因此,生产力必然趋于不断发展。

科恩的首要命题是,不同的生产关系在不同发展阶段有导致生产力发展的不同能量。首要命题与发展命题密切相关,其基本论点如下:①生产力的发展具有自然趋势;②任一社会结构不可能同一切生产发展水平都相适应;③只要时间足够,生产力将达到一个不再同它从前在其中发展的生产关系(经济结构)相适应的发展水平;④生产关系将发生变化,以适应生产力的继续发展;⑤生产关系的性质是由生产力的发展水平决定的。

根据以上的分析,科恩的思想与不发达经济学并无多大关联,但他的思想强化了那些对巴兰、弗兰克和沃勒斯坦等人作出的批判观点。但是,科恩的观点明显与落后地区的残酷事实相冲突,用发展命题无法理解第三世界的经济发展状况。科恩并没有清楚地说明他的命题所适用的经济类型,即这些命题是与地方经济有关,还是与地区、国家的经济有关,或是与作为整体的世界经济有关。实际上,科恩倾向于以国家或地区的经验来理解历史唯物主义,这一点,与考茨基和希法亭的观点相近,与卢森堡的观点相反。如果首要命题是适用于世界经济的,而且这种世界经济的经济关系对于以牺牲外围地区为代价的、集中于中心国家的全球积累是有利的,弗兰克和沃勒斯坦是会接受首要命题的。因此,科恩没有很好地将历史唯物主义用于对不发达经济学的分析。

二 布伦纳:不存在历史唯物主义决定论

布伦纳用财产关系来解释经济的发展,认为一个社会的生产力发展与否,是由该社会的财产关系决定的。财产关系与经济发展的因果关系是"财产关系的形式→个体经济行为者再生产的规律→经济发展或不发展的长期模式"①。布伦纳的逻辑为:①前资本主义的财产关系阻碍生产力的发展;②只有资本主义的财产关系才能促进现代经济的增长。资本主义之所以出现整体上的增长,是因为全部直接生产者与生活资料相分离,剥削者不能通过超经济强制榨取剩余产品来维护自己的生计。直接生产者和生产资料相分离,从而在资本积累过程中产生了无产阶级。显然,布伦纳和马克思、巴兰使用了同样的论据,但得出了截然相反的结论。与生产力的消极落后的情况相反,在布伦纳看来,生产关系随时可以改变。他说:"在还没有出现比在封建制度下经济行为者已经使用的更新的技术时,资本主义就有可能出现。"②布伦纳否定了科恩的"首要命题"。但是,能带来生产力发展的某种财产关系又是如何产生的呢?对此,布伦纳提出了一个"基本假设"——"资本主义财产关系的兴起是前资本主义个体行为者的再生产规律运行和前资本主义冲突所造成的无意识结果"③。布伦纳为自己的论点找到了"论据"。他对英国从封建主义向资本主义的过渡作了考察,并令人信服地证明,并不是贸易的出现,

---

① J. E. Roemer, *Analytical Marxism* (Cambridge University Press, 1986), pp.26-27.
② J. E. Roemer, *Analytical Marxism* (Cambridge University Press, 1986), p.47.
③ J. E. Roemer, *Analytical Marxism* (Cambridge University Press, 1986), p.151.

而是一系列农民和地主的斗争构成了过渡的"原动力"。布伦纳试图把阶级斗争作为在初始条件中唯一不同的因素分离出来，因此，任何发展形式的不同必然归因于此。布伦纳进而指出，外围地区的阶级结构说明了它们在世界经济中的地位，否认对落后地区进行剥削是发达资本主义所必需的，因为资本主义有其自身的内在的增长动力。显然，布伦纳认为，财产关系决定生产力，而财产关系又是阶级冲突的无意识结果。布伦纳夸大了阶级斗争对社会形态转变的作用，认为历史发展没有规律可循，有什么样的财产关系，就会跟着出现什么样的经济水平。这样，历史就变成纯粹偶然的组合，或者可以设计一种完美的财产关系，只要如此，就会有翻天覆地的经济发展。

三 罗默论"剥削"

罗默坚持认为，生产力的分布、具体的生产关系、阶级地位和剥削形式，原则上是可以相互独立的。因此，如果它们实际上被联系起来，就需要按照相关个人的理性选择加以解释。罗默为此提供了一系列的理论模型。一方面，罗默指出，即使没有剩余生产和阶级的存在，马克思用劳动价值定义的剥削也可能存在。另一方面，他还认为，没有剥削，也可能存在阶级划分；剥削者事实上也不见得比被剥削者更富有；在不存在劳动力市场的情况下，剥削可以通过商品市场和信用市场而实现。

罗默证明：资本主义剥削也不必定包含雇佣劳动。设想现有一个由两类不同禀赋的人——富人和穷人——组成的经济体。在现有可资利用的技术条件下，穷人使用其贫乏的资源不能生产出自己所需的全部消费品。为了生存，他们被迫把自己的劳动力出卖给富人，而富人则把这些劳动力连同他们更加充足的其他生产资料储备一起用于生产过程，结果就产生了作为雇主的资本家阶级和作为雇工的无产阶级。在一般均衡条件下，当所有经济人都追求经济行为的最优化、全部市场都处于出清状态时，前者通常会剥削后者。但是，不涉及雇佣劳动的另一种情况也可能产生剥削。穷人不再在劳动力市场上受雇于人，而可能租用富人拥有的生产资料。这样，他们就可以自行生产，或独立经营，或采取联合经营的方式；通过向富人租用生产资料，剥削经由信用市场产生。在这里，存在一个出租资本的资本家阶级和一个租用生产资料的无产阶级。实际上，罗默证明了这两种情况之间存在严格的一致性：无论是穷人租用资本，还是穷人被资本家雇佣，剥削都可以在同样程度上发生。由此，罗默认为，雇佣劳动和资本主义剥削并不是必然联系在一起的。

当然，罗默并不赞同资本主义剥削不重要的结论，也没有得出雇佣劳动是次要的看法。相反，他认为，资产的不平等分配是产生剥削的主要原因；劳动力市场之所以比信用市场更为突出，是因为资本家通过诸如提高劳动强度这样的剥削方式能够获得一定利益。而在信用市场中则不可能产生这种情形。罗默指出，马克思经济学太过于夸大劳动过程的重要性。特别是许多马克思主义者都错误地认为，生产过程对劳动力的这种支配是产生剥削和阶级对抗的主要原因。在罗默看来，生产资料所有权的不平等，在每一种情形中都是主要因素。它制约着经济人的理性选择，以至于这些选择总是引发包含剥削和矛盾冲突的资本主义阶级关系，即便在不存在对劳动过程的统治权的情况下也是如此。

罗默对马克思的劳动价值论是持否定态度的，并进而认为建立在劳动价值论基础上的剥削理论也是错误的。[①] 罗默强调，在生产资料供给稀缺的情况下，资本主义剥削的主要根源于生产资料所有权的不平等。他反驳了剥削只能产生于劳动过程中的观点，并对那些把劳动过程看作至关重要的马克思主义者提出批评。

第四节 诺夫、韦斯科普夫等论社会主义新模式

20世纪70年代以来，出现了大量批判早期马克思主义者的著作，这些著作通过对社会主义经济结构形式的论证和分析，提出了被认为是理性的和切合实际的社会主义蓝图。20世纪90年代，社会主义新模式或者说市场社会主义新模式的出现，是对现代苏联"共产主义体系"崩溃、社会民主主义衰落、新自由资本主义危机进行反思的必然产物。

一 诺夫的"可行的社会主义"

英国的马克思主义经济学家诺夫构建了"可行的"社会主义模式。在可

---

① M. C. Howad, J. E. King, *Hie Political Economy of Tax* (London: Longman, 1985).

行的社会主义体系中，诺夫提出了系统的政治体制框架和经济体制设想，尤其是在经济体制上，从微观的企业管理、市场机制、分配关系到宏观的所有制结构、国民经济结构和社会发展，以及对外经济关系等都作了详尽的论述，并对当时的苏联社会主义模式进行了较客观的评价。诺夫认为，马克思关于社会主义的理论存在缺陷，表现在：①马克思认为，未来社会是丰裕的社会，不存在稀缺，人们的各种需求都可充分满足，因而不存在私人利益，人将是没有私利纠缠的新人；②马克思的劳动价值论不适应社会主义社会；③马克思关于未来社会分工将消失的想法是一种幻想；④马克思认为，未来社会由于消除了商品货币关系，商品拜物教将不存在，由社会计划统一安排全社会的生产，各种关系将变得简单明了。诺夫分析了几种具有代表性的社会主义模式——苏联模式、匈牙利模式、南斯拉夫模式，指出它们存在的问题，断言这些模式都不是可行的社会主义模式。诺夫基于以上分析，提出了他的"可行的社会主义"模式，其基本框架：①在所有制关系上，坚持国有财产、社会化共有财产及合作社财产占主导地位；②政府向民选的议会负责，政治上是民主代议制；③中央对微观经济的管理仅限于信息、科技及组织业务；④除了中央直接管理的部门、专卖部门以及私营企业有限制的领域外，经理部门要向劳动大军负责；⑤货物与劳务的市场与分配，尽量由有关方面洽商确定，明确承认竞争是必要的，是消费者得以选择的先决条件；⑥工人有选择就业的自由；⑦国家要确定所得政策、税收政策，限制垄断权力及市场竞争程度；⑧承认物质上的不平等，但要加强精神鼓励；⑨统治者与被统治者、管理者与被管理者的区别还不能取消，但要实行最大限度的民主协调。

就经济体制而言，诺夫设想的社会主义经济，包含以下合理成分，具体表现在：①国营企业仍是必要的，由中央监督管理；②建立拥有充分自治权的社会化企业；③合作社企业是典型的集体所有制企业，自负盈亏；④一定规模的私营企业存在是必要的，但要进行一定的制度约束和管理；⑤除了私营企业外，还存在较大范围的个体经济（即个体户）。

诺夫指出："当外部条件特别重要的时候，中央的干预是必不可少的。中央通过制度法规、提供财政补助、运用行政手段及纠正地区不平衡的方式来实施。其次，在国民经济总值中，要确定用于投资的份额，以区别于经常消费的份额……还有一项远不是轻松的任务，就是在分配个人所得与投资时，要与过度的通货膨胀作斗争,尽可能保证重点投资符合未来的需要。也就是说,计划的远景是平衡的,中央要发挥一项重要功能,就是在现在与未来之间,保持平衡。"①

诺夫还研究了社会主义国家对外贸易的必要性,并对马克思没有来得及研究社会主义国家的对外贸易深感遗憾。他认为:"现今世界上,有些地方还不是社会主义,有些社会主义国家也是各自分开的。然而,几个社会主义国家进行联合,是可能的,也是符合理想的。一个社会主义共同市场,密切合作,或许再有共同货币,也是值得向往的。人们希望,苏联式的国家垄断对外贸易,将来不会用了,代之而起的是一个国际交换市场。"②

究竟社会主义在什么范围内可以建成?是"一国建成社会主义"还是在"世界范围"内建成社会主义?他认为:"一个社会主义联邦,一个共同市场,一个社会主义经济共同体,是极其符合需要的。"③诺夫认为,这种可行的社会主义"会给更多的人,提供更好的机会,改善生活条件及工作条件,减少失业危险,也减少内部纷争的危险。提供足够的热情与鼓舞,去办事业、搞改革,致力于提高社会生活水平……这种社会主义至少会把阶级斗争减少到最低限度,为宽容的生计创造条件。使消费者在合理的物质生活之中享有一定的政治自主权,开展广泛的爱好。这是不是保证经济上的乐观主义?当然不是。经济核算还是有的,而种种自由试验,也会冒着风险"④。

二 罗默的"证券社会主义"

罗默在其著作《社会主义的未来》中指出:"我这本小册子的任务,是提出并捍卫一种把市场体制的力量和社会主义的力量结合起来的新模式。这种新模式既要考虑效率又要考虑平等。"⑤这种把市场体制的力量和社会主义的力量结合起来的市场社会主义新模式的优越性在于把效率和平等有机地结合起来。市场经济在资本主义条件下经历 200 多年的发展,取得了完备形态,对生产力起很大促进作用,有较高的经济效率,但资本主义私有制造成了剥

---

① [英]诺夫:《可行的社会主义经济学》,郭于红等译,华夏出版社,1991,第294页。
② [英]诺夫:《可行的社会主义经济学》,郭于红等译,华夏出版社,1991,第296页。
③ [英]诺夫:《可行的社会主义经济学》,郭于红等译,华夏出版社,1991,第317页。
④ [英]诺夫:《可行的社会主义经济学》,郭于红等译,华夏出版社,1991,第323页。
⑤ [丹]罗默:《社会主义的未来》,余文烈等译,重庆出版社,1997,第2页。

削和贫富两极分化的不平等，因此市场资本主义有效率但不平等。市场资本主义有效率主要是充分发挥了市场的积极作用，而不能归功于资本主义私有制。罗默对苏联计划经济的失败进行总结，他认为"苏联型经济"的失败归因于其三个特征的结合：①大部分产品由行政机关配置，在这种情况下生产者没有互相竞争的压力；②政治部门直接控制企业；③"无竞争、非民主的政治"。① 他还从经济学角度揭示了苏联计划经济模式失败的原因，他指出："我对中央计划经济为什么最后失败提出一种解释：简单地说就是，它们未能解决委托—代理的问题。"② 基于对计划经济的批判，罗默试图利用某些资本主义成功的微观机制设计出与发达资本主义经济一样运行得有效率的社会主义机制。在这种模式中有四个"法人"行为者：成年公民、"公有公司"、共同基金和国库。每个成年公民从国库获得等量证券（coupon），他只能用这种证券购买共同基金的股票，而这种股票是不能用现金来购买的。成年公民可以自由地用手中的共同基金的股票换取证券，再到其他的共同基金投资。罗默的"证券社会主义"模式由"真正的"竞争性市场机制定价，以保证资源配置效率，并通过精心设计和改造的"证券"制度来保证公民在间接占有产权和分享企业利润上机会平等。因此，罗默的市场社会主义的实质是利用资本主义成功的微观机制以解决效率问题，同时改变资本主义的财产关系和分配关系以解决平等问题，从而达到效率和平等的较圆满的结合。但是，罗默的模式既保留了利润最大化原则，也保留了资本主义企业的劳资关系，没有从根本上触动资本主义企业的内部结构，并且原封不动地保留了资本主义企业的决策结构、劳资雇佣关系及其运行目标。罗默把市场社会主义概括为：生产资料、消费品和劳动力通过市场配置调节，面向市场的社会主义企业追求利润最大化的目标，其是通过证券社会主义形式实现平等分配的经济理论模式。罗默认为，如果平等分配证券，企业股份只有通过证券才能交易，而且用制度强制不能用钱交换，那么就不可能出现支配集团集中股份的现象。罗默的证券社会主义暴露出两个问题：如何防止证券市场的黑市交易和这些非市场制度如何保持对经济弱者的中立。证券社会主义也照样会发生剥削的

---

① ［丹］罗默：《社会主义的未来》，余文烈等译，重庆出版社，1997，第33页。
② ［丹］罗默：《社会主义的未来》，余文烈等译，重庆出版社，1997，第6页。

问题，然而，以罗默证券社会主义为代表的第五代市场社会主义理论是市场社会主义理论发展和实践过程中合乎逻辑的产物。

三 扬克的"实用的市场社会主义"

美国的扬克在1992年出版的《修正的现代化社会主义：实用的市场社会主义方案》一书中系统地提出了自己的理论主张：①将当代资本主义国家中大规模经营的私人所有制企业转为公共所有，实行生产资料公有制，以消除当代资本主义中生息资本所有权收益分配的不平等现象；②公有企业仍然以像资本主义私人企业那样的方式经营运作，借以保持经济效率；③公有企业的利润将以社会红利的形式分配给社会全体成员，个人所得红利份额是与他所挣得的劳动收入（工资和薪金）成比例的。

从实用的市场社会主义的理论主张中可以看出，扬克的理论目标无疑是构建一种公平和效率相结合的社会主义模式。显然，这一理论至少有以下两方面的积极意义。第一，论证了在公有制基础上的社会分配公平。实用的市场社会主义主张将当代资本主义大规模经营的企业转为公有，借以消除当代资本主义社会中因为资本为私人资本家控制所带来的严重的社会贫富分化现象。这种主张表示了在所有制关系层面探求获得社会公平的途径的理论努力，尽管其倡导的公有制与我们理解的公有制有所不同。第二，论证了实行资本公有制也能带来较资本主义生产更高的经济效率。在实行公有制的条件下能否还有较高的经济效率，是赞成和反对市场社会主义两个派别展开激烈争论的焦点之一。实际上，在市场社会主义理论发展的历史上出现的几次辩论，基本上都是围绕这个问题展开的。扬克对资本主义生产的经济效率是极为欣赏的，但他进一步指出，如果资本公有制实行得恰到好处，实用的市场社会主义甚至能取得比资本主义生产更高的经济效率。

综上所述，扬克对自己倡导的新型社会主义模式在公平和效率两个方面的论证，在某种程度上捍卫了公有制原则，反驳了资产阶级思想家在当今社会条件下对社会主义的全面诋毁，否定了资本主义的生产方式是目前为止最好的创造社会物质财富的方式的武断之说，同时鲜明地提出并详细思考了社会分配公平问题，这些使实用的市场社会主义的理论设计具有不可忽视的积极意义和参考价值。同时，我们也应注意到扬克的实用的市场社会主义理论和其他流派的市场社会主义理论一样存在一个致命的弱点：把公有制的建立看作脱离历史前提和条件的简单事情，而不了解每一种所有制的产生和灭亡都有其历史的必然性。这必然导致扬克的理论带有空想的色彩。而且，他所倡导的公有制越是设想得详细周密，其空想色彩也就越加浓厚。另外，扬克的理论虽然对资本主义私有制提出了否定，同时也指出了当代资本主义的一些弊病，但由于其改良性质，它不可能直指资本主义生产方式的症结，因而也不可能设计出真正科学替代资本主义的方案。

四 米勒的"合作制市场社会主义"

米勒的模式十分强调协调和解决价值目标冲突，力图寻求切实实现社会主义核心价值——效率、福利、共有、公平和民主的途径。米勒主要是从社会学和政治学的角度来进行经济、政治和社会整体的市场社会主义理论建构的，因而其模式更具系统性。米勒以工人合作社为基本经济组织形式建构了一种市场社会主义的经济模式，其基本构成包括：①生产企业以工人合作社的方式构成，每个合作社必须实行民主管理，每个工人都有平等的投票权，所有劳动者共同决定本企业的每一件事情，企业的重大决策必须取得全体工人的一致同意；②工人合作社从外部投资机构租用和借贷资本，并且在该模式中不存在会导致收入分配差距扩大、违背平等目标的传统意义上的资本市场；③每个合作社面向市场进行生产经营，并自行决定生产什么、生产方法和价格，在市场上相互竞争并取得利润，纯利润形成一个基金库，作为企业投资和收入分配的源泉，那些不能为其内部成员提供维持生活最低收入的企业要宣告破产；④国家通过间接发挥经济调控功能来弥补市场机制的缺陷，以保证经济服从广泛的平等目的。

米勒的模式是以英国和西欧普遍存在的工人生产合作社为蓝本而设计的"市场社会主义的纯模式"，目的就是要证明市场社会主义仍然忠实于社会主义的基本目标，并且可以把市场的效率长处与社会主义的人道和平等目标结合起来。虽然这一模式也有缺陷，但毕竟是提供了一种"代替当代资本主义和苏联模式的社会主义以及西欧流行的社会民主主义的可行方案"[①]。

---

① 吴宇晖：《市场社会主义——世纪之交的回眸》，经济科学出版社，2000，第102~103页。

五 韦斯科普夫的"民主自治的市场社会主义"

韦斯科普夫把自己所倡导的独具特色的模式称为"以民主企业为基础的市场社会主义"或"民主自治的市场社会主义",主要包括以下几方面内容:①企业必须实行民主自治的原则,把企业的控制权平等地授予直接影响企业管理的人们,把一些重大的经济决策事项纳入平等的社会决策范围;②资本收入公平合理地分配给每一个成年公民;③各级政府都要制定积极的经济政策,以期达到经济发展的社会合理目标。

韦斯科普夫把市场社会主义与流行于欧洲的民主社会主义进行比较后认为,市场社会主义优于民主社会主义的地方在于以下四点。第一,市场社会主义主张把资本主义的财产所有权转归社会或集体所有,而民主社会主义只是主张约束资本家的财产所有权。第二,市场社会主义采取的是"未雨绸缪"的战略,通过所有制的改造实现社会主义的目标,而民主社会主义实行的是"亡羊补牢"战略,通过税收和补贴手段纠正初次收入分配的不平等,这种方法易受政治性挑战的损害。第三,市场社会主义在市场运行之前干预市场体系,而民主社会主义却在事后干预市场体系。这使民主社会主义在政治性挑战面前更容易被削弱和瓦解。第四,民主社会主义的福利政策大大影响了效率的提高,而仅仅对私有制的限制又很难保证社会公平的实现。市场社会主义将寻求市场经济与公有制的结合,从而既提高效率,又实现社会公平。

第五节 安德森等对新自由主义经济学的批判

当代西方新自由主义作为一种经济思潮,指从20世纪30年代以来形成的与凯恩斯主义相对立的各种新自由主义流派和学说的总称。20世纪80年代以来,新自由主义经济思潮重新兴起并占据了统治地位。就在新自由主义大行其道的同时,欧美马克思主义经济学家也从理论和实践的角度对新自由主义经济理论展开了批判。

一 布迪厄和福斯特论新自由主义的本质

法国的布迪厄认为,新自由主义已成为当代世界居支配地位的话语体系，这种监护人理论纯粹是一种数学上的虚构，从一开始就建立在抽象的基础上。在狭隘的和严格的理性概念的名义下，它把理性取向的经济和社会条件同构成它们的应用条件的经济和社会结构混为一谈，它执着于自己所创造的经济法则和社会法则之间的对立——前者建立在竞争和效率的原则上，后者服从于正义原则的统治。新自由主义的实质：新自由主义话语不是一种普通的话语体系，而是一种"强势"话语，这种话语在一个由各种强力关系构成的世界中完全站在强力者一边。新自由主义是通过服从那些支配经济关系的力量所作出的经济选择来做到这一点的。它也因此将自己的符号力量加之于这些强力关系。布迪厄进一步分析了新自由主义的后果——金融市场的全球化与信息技术的进步相结合，确保了资本空前范围的流动，这使那些关心短期投资回报的投资者有可能不断地比较各个最大公司的盈利率，同时惩罚那些相对失败的公司；竞争的方式包括：建立个人业绩目标、个人业绩评估和持久评估体系，为体现个人能力和业绩而增加工资或发放奖金。

布迪厄深刻地指出，一个达尔文式的世界就这样出现了，它是在科层制的各个层级上一切人反对一切人的斗争，每个人在充满不安全感、遭受痛苦和压力的条件下，对其工作和组织形成了依附。这些制度安排和劳动后备军的并存成功地构建了一个生存竞争的世界。这些制度安排产生了不安全感，而后备军的存在则很容易地由那些不确定的社会过程以及持久的失业威胁所促成。

关于新自由主义产生的社会基础和理论基础，布迪厄的观点是，新自由主义的乌托邦不仅在那些靠它为生的银行家、大公司的所有者和经营者中，而且在那些从这种乌托邦中获得自身存在合理性证明的高级政府官员和政治家那里，激起了对自由贸易的强有力的信仰。

福斯特梳理了新自由主义的历史背景、发展脉络及其霸权的形成过程。古典自由主义随着19世纪末20世纪初垄断资本主义的兴起而退缩，并由于包括第一次世界大战、俄国革命、大萧条、法西斯主义泛滥和第二次世界大战在内的世界危机的不断发生而加速消亡。福斯特指出，经济自由主义的中心思想是以每个人的私利为基础组织起来的市场社会是人类的自然状态，只要没有外部障碍阻挡，这种社会必定会通过看不见的手走向繁荣。

福斯特指出，今天的自由主义将全球化视为自由市场制度的自发产物。

人们现在被告知,除了新自由主义"别无选择";我们生存于全球的"竞争性秩序"中,国家抵挡不住全球化的力量;市场不再是国家的,而是全球的;由此公司也应当变成全球的,而不仅是多国的和跨国的。其实,当前的新自由主义全球化只不过以功能主义的方式反映了资本主义普遍化的更为根本的趋势。今天资本主义已经如此普遍,资本主义的矛盾正在以新的方式积累并表现出来。

二 拉莫内"呼唤乌托邦"①

拉莫内认为,越来越多的人开始意识到,一切由市场主宰的世界正变得越加不人道,越加让人无法生活下去了。利欲熏心的泛滥正破坏着伦理道德的基础,在服从市场意志的名义下,公民地位本身正陷于摇摇欲坠的境地。群众的奋起反抗将体现不可或缺的时代要求,但左翼内部产生的四种新信念有可能破坏对社会进行激进改造的希望:①没有市场经济,任何国家都不可能获得重大发展;②生产资料和交换资料的全盘国有化会导致浪费和匮乏;③为平等而实行的紧缩本身不能成为治理国家的纲领;④思想自由和言论自由要以一定的经济自由为必要条件。

拉莫内接着指出,经济自由主义的理论在20世纪走了一条马鞍形的曲折道路。在东西方两大阵营的较量中,真正的胜利者却是新自由主义的经济理论。经济自由主义被世界的富国推崇为全球化的建设蓝图,而共产主义和社会主义却被贬斥为乌托邦的空想。然而以下事实则表明,在新自由主义占主导地位的世界经济中也存在严重的矛盾:①金融经济和现实经济之间形成了不协调的局面;②从20世纪60年代兴起的分子生物学和信息科学,不但把以往的技术体系搞得支离破碎,而且危及人们的伦理观念;③贫富不均的现象已变得惊人地严重;④竞争的逻辑正上升为社会的天然准则,竞争使"共同生活"和"共同利益"成为毫无意义的空话。

不过,拉莫内同时也指出,美国在实行新自由主义的供给学派政策后,经济看起来有了相当发展。但如果对美国的统计数字稍加分析,就不难看出这只不过是表面的繁荣。美国推行新自由主义经济政策后,实际上也埋下了

---

① 张慧君:《法国学者拉莫内评西方的新自由主义》,《国外理论动态》1999年第4期。

股市泡沫、私人债务部门债务膨胀、经济账户赤字不断扩大等隐患。同时，第二次世界大战之后至20世纪70年代，由于冷战的需要，美国政府及国际货币基金组织采取了支持西方各国发展的宽松态度，较少干涉各国经济主权和经济决策。自美英向世界推销"华盛顿共识"后，日本、德国等发达国家重视工业生产、国家干预经济的政策开始受到美国政府的阻挠。对于新自由主义理论及政策，西方一些国家出于推进经济全球化的需要，对货币、资本和商品市场进行了进一步的自由化改革，对相当多的国有工业和基础设施进行了私有化。全球化、自由化和私有化的结果，使大多数政府控制其国内经济、金融活动的能力被大大削弱了，全球经济的金融泡沫更迅速、更大规模地扩展开来。

拉莫内最后指出，在展望未来的时候，人们需要有一种能使世界变得更加合理、更加和谐的"空想"，人们迫切期待着这种空想的政治预言家的诞生。这正是呼唤"乌托邦"的意义之所在。

三 麦克切斯尼论新自由主义

麦克切斯尼在1999年发表的《诺姆·乔姆斯基和反对新自由主义的斗争》一文中，结合美国的实际对新自由主义进行了系统的分析和批判。①新自由主义是我们时代得到明确界定的政治经济范式，它指的是允许少数私人利益者最大限度地控制社会生活以实现他们个人利益最大化的政策和程序。②多数公众，尤其是美国公众，在很大程度上并不了解"新自由主义"一词。在美国，新自由主义被表述为自由市场政策，它支持私有企业和消费者的选择，鼓励个人承担责任和创办企业，宣扬消除无能、官僚、寄生的政府的影响。③新自由主义的经济政策使社会经济不平等程度大幅提高，对世界最贫穷国家和人民的剥削的明显加剧，造成了灾难性的全球环境、动荡的全球经济，同时也为富人提供了前所未有的发财机会。④正是在对非市场力量的压制中，新自由主义既作为经济体系又作为政治和文化体系在顺利运转。法西斯主义貌视正式形式的民主，它以种族主义和民族主义为基础，进行高度动员的社会运动。与之不同的是，新自由主义在实行正式的选举民主制时才运行得最好，但与此同时，人民不会获得必要的信息、参与的机会和公共论坛。正如新自由主义巨擘弗里德曼在《资本主义与自由》中所述，赚取利润是民主的核心，任何追求反市场政策的政府都是反民主的。⑤新自由主义的选举政治与社会生活几乎没有什么关系，因此人们也就没有必要去关心它。新自由派的民主因而产生了一个副产品——以漠不关心和玩世不恭为标志的非政治化的公民。⑥麦克切斯尼最后还认为，新自由主义还损害了以公民为中心的政治文化。一方面，由新自由主义政策造成的社会不平等破坏了民主所必需的法律平等；另一方面，新自由主义削弱了人民之间的相互联系，而有效的民主需要这种联系。新自由主义民主本着市场凌驾一切的原则，创造出消费者而非公民，创造出大型超市而非社区，结果只能造成一个由倍感无力、精神不振的个体组成的原子化的社会。

第六节 赫尔曼等对资本主义新现象的解释

西方资产阶级学者总是利用资本主义某些新发展、新变化，提出一些似是而非的论点，企图掩盖资本主义的实质和固有矛盾，为资本主义辩护，美化资本主义。对此，欧美的左翼学者赫尔曼等人，从不同角度对资本主义的新变化进行了分析，以证明这些变化仍是在资本主义生产方式范围内进行的，资本主义经济制度并没有发生根本性的变化。

一 哈贝马斯、巴奎和赫尔曼论经济全球化

哈贝马斯1998年在《超越民族国家？——论经济全球化的后果问题》一文中详细地分析了经济全球化的后果。他指出，在全球化的经济框架中，民族国家要想保持其"所在地"的国际竞争力，只能采取一种有害于社会团结、使社会的民主稳定性面临严峻考验的"削减"政策。这种困境集中表达为两个论点：①富裕社会的经济问题来自——以"全球化"这个关键词所表达的——世界经济制度的结构性转变；②这场转变限制了民族国家行动者的行动余地，留给他们的选择不足以有力地"缓解"跨国市场流通所产生的不受欢迎的社会和政治副作用。哈贝马斯认为根本不存在一个全球性的世界市场。世界经济无非一种"国际性的"交换体系，其中各个民族国家是主要行动者，它们立足于各自的国民经济，并借助外贸关系相互竞争。

巴奎的分析要比哈贝马斯更全面，包括经济全球化的起因、后果和走

向。巴奎认为，对每个国家来说，与世界经济一体化总是意味着在商品提供和商品需求方面的一体化。迅速成长的发展中国家不仅要增加出口，而且也要增加进口。这个国家的消费者由于福利的增长，会对来自富裕西方的、花样繁多的高价产品产生需求，而生产者由于他们生产实践的技术水平日益提高，就需要越来越多地使用西方的生产资料。后起国家加入国际分工的一体化并不会导致原来领先的那些国家贫困化和大规模失业。这背后可能存在一种规律性。也就是说，一大批国家发生急剧的经济赶超过程的时代同时也是典型的世界经济一体化的时代，是结构迅速转变和劳动生产率迅速提高的时代。由于日益增加的竞争压力，所有参与竞争的国家都努力在国际分工中寻找自己的新位置，或者更准确地说，所有参与竞争的国家的企业都要对自己的生产潜力进行新的结构组合，使自己在正在显现的新的分工中长期保持最佳的市场前景，而这在今天涉及的自然是富裕工业国家要求高知识产品的那部分市场。巴奎认为以上结构转变具备三个特征：第一，发展中国家一系列的结构转变归根结底无非为改善经济政策而作出的合乎逻辑的结论；第二，这种结构转变对各行业的特殊作用无法预见，因为行业内部分工越来越复杂了；第三，结构转变对于参与者自然是一个痛苦的适应过程，特别是在劳动力市场上。有一种设想认为，由于世界经济结构的转变，我们这里对于劳动力的需求总的来说已变得越来越小。归根结底，世界经济的结构转变导致富裕工业国家中单纯体力劳动的贬值。

与哈贝马斯和巴奎不同的是，赫尔曼以跨国公司为着眼点，分析了经济全球化给世界带来的负面影响。他认为，全球化带来了对生产力的破坏、社会的灾难和对稳定的威胁，但全球化给社会经济和政治带来的严重威胁却是人们未曾注意到的，这表现在两个方面。①全球化带来的经济失败是严重的。赫尔曼认为，跨国公司操纵着全球化的过程，其头面人物试图使人们相信全球化已经取得了巨大成功。但这是一种谬论。虽然生产率增长缓慢，但全球化有助于降低工资、纯利润率增长，这对于社会上层显然具有好处。②全球化是对民主的进攻。赫尔曼认为，近年来的全球化并不是民主选择的结果，而是受商业利益驱动，政府在其中起到了推波助澜的作用。全球化是精英的工具，是与他们的利益一致的。全球化不断地削弱民主，部分是由于意外因素的作用，但更因为控制劳动力成本和相应缩减福利政策要求商业界少数人对国家进行严格的控制,从而使其失去了满足多数人要求的能力。

赫尔曼还指出,另一种重要的反民主力量是限制政策选择的全球金融市场的力量。由于不满意政治控制水平,商界极力争取由国际货币基金组织和世界银行牵头的国际协议和政策行动,这就进一步损害了民主政府代表他们选民利益采取行动的能力。这些协议和国际金融机构的第一个特征是明确地采纳那些跨国公司所希望的政策;第二个特征是否认非社团公民及其当选政府的民主权利;第三个特征是不但依赖于新自由主义力量,而且依赖于对现代经济历史经验的误读。全球化的倡导者认为,自由贸易是通向经济增长之路,但这种主张也被长期的历史经验所驳倒:没有一个国家或地区,过去或现在,能在没有政府对弱小工业的大规模保护和津贴以及采取避免外部强大力量支配的方法的情况下,实现经济持续腾飞和从经济落后向现代化的转变。

二 阿尔特发特论资本主义劳动关系的新变化

德国的马尔·阿尔特发特1995年发表了《面临金钱与自然界挑战的劳动社会》一文,分析了新科技产业革命以来进入后工业社会的西方资本主义社会的劳动关系。阿尔特发特认为,自20世纪70年代中期西方工业国家结构危机开始以来,劳动关系就已发生了引人注目的社会的、经济的和技术的变化,一些趋势已经揭示了未来劳动社会的发展前景。①在劳动生活进程中,工作机会越来越少,失业人数越来越多;手工劳动越来越少,脑力劳动越来越多;物质生产越来越少,非物质的服务越来越多。②在经济生活全球化的过程中,生产地点失去了地域的约束,人们的劳动岗位不断变动,终身学习成为雇员的任务。③高技术将主宰2000年以后工厂的发展前景,由此产生以下后果:旧的熟练技术贬值;现代化机遇一方面要求人们更多地协调合作,另一方面又更多地强调个人责任,推动了浓厚的个人主义文化;在电脑的统治下,拥有管理职权的人的工作内容更加丰富多彩,而另一部分人的工作则日益单调无聊。因此,后福特主义劳动社会的发展趋势应注意三个问题。①劳动与金钱的关系。在目前全球化的经济中,资本不仅具有取代劳动的趋势,而且趋向于在全球竞争中利用最好、最安全的投资可能性。②劳动与自然的关系。在生产方式技术变革过程中,人的生物能越来越多地被矿产能源和它所推动的生产和运输系统所取代。未来劳动社会也将依赖对非生物能源的顺利获取。③劳动与政治的关系。政治不得不屈从于资本主义市场本身的逻辑，作为增值行为的劳动固然是不可缺少的，但是随着生产工具的改进，劳动也日益过剩。在资本主义条件下，充分就业只是一种例外，并非正常现象，这个判断对于充分就业政策也是适用的。

福特主义劳动管理方式的瓦解，把工会推入了一场"方向危机"。作为社会民主主义的一个根本制度的劳资工资自治制度正受到威胁。

第七节　施韦卡特、迪德里奇等论资本主义的未来

苏东剧变以后，欧美学术界开展了一场关于资本主义的前途和未来的大讨论，自由主义思想家、西方马克思主义者和左翼激进思想家展开了广泛而激烈的论争。如沃勒斯坦和奥尔曼的"崩溃"论，施韦卡特对市场社会主义的重新表述，迪德里奇的"新的历史蓝图"，罗默和巴德汉等的新市场社会主义理论。

一　沃勒斯坦和奥尔曼的"崩溃"论

资本主义世界体系正在走向崩溃，这是沃勒斯坦在《资本主义全球体系处于崩溃中》一书中的主要观点。中产阶级在剧烈的变动中的地位会随之上升或下降，他们当然不喜欢下降，而且他们也是全球体系中的政治基石和福利国家的引擎，是稳定发展的主要力量。资本主义体系让人失望，所以宗教大师教育大家不要再相信这些世俗的追求，要回归生命的本质，才会找到真正的安全、稳定。事实上，全球宗教激进主义的盛行，主要是因为它们与每个社会所需的社会救济工作都有关系，它们取代了国家的角色，当国家机器出了故障无法提供救助时，这些团体就代为提供，所以今天国家的角色非常尴尬。在解决世界体系的问题上，沃勒斯坦一直认为科技的作用被高估了。事实上，资本主义创造出来的垄断部门才是重点。资本主义的运作是靠创造出先导产业，先导者变成垄断者才是领导全球的权力基础。科技只是为了创造垄断而被发明。资本主义体系因为自己的需求创造科技，但是科技不能领导资本主义。作为韦伯"实质理性"的忠实信徒，沃勒斯坦认为，必须先把

过程和前提想透彻，才会有实质性的解决方案。资本主义体系的生产方式必然会破坏世界的均衡，因为它们主要考虑的就是获利，但是世界上迄今没有相对的理性力量与之相抗衡。这样，整个人类的重大发展，就在少数资本家的短期投资考虑下决定了，成了整个资本主义的推动力量。奥尔曼在对待资本主义未来这个问题上同沃勒斯坦的基本观点是一致的。他认为，西方资本主义虽然产生了大量的财富，但仍然在走向崩溃。因为资本主义尽管可以生产大量的物质财富，但它却不知道往哪里走。一些西方马克思主义者则认为，资本主义这架客机本身就是不好的，不仅是迷失了方向，而且是在走向崩溃。

二 施韦卡特"经济民主"的市场社会主义

施韦卡特面对西方知识界纷纷扬起的"社会主义死了""共产主义亡了"的"讣告"，仍然坚持自己的观点，修订并增补《反对资本主义》一书，对"经济民主的市场社会主义"观点提出了新的补充和论证。在对资本主义的认识上，施韦卡特强调，按照马克思的观点，资本主义只是人类历史的一个特殊阶段，与人类早期的经济制度相比，资本主义制度在技术和组织的持续创新上还是有活力的。但是应该看到，随着资本主义制度的成熟，它的内部矛盾也日益加剧，所有这些都注定了资本主义制度本身必然要出现危机，同时，也为更好的制度取代它提供了可能。将来能够替代资本主义的应是一种什么样的制度呢？施韦卡特认为，这就是"经济民主"的市场社会主义。具体来说，它主要包括以下两个方面。

一方面，是企业的民主管理。企业民主是最直接的民主。企业的最终管理权属于企业的全体工人，他们拥有一人一票的表决权。这样做的好处在于，让工人自己控制工作条件、实现企业管理民主化、工人选择企业的管理者，从而避免了资本主义和以往苏联体制中存在的"民主赤字"。

另一方面，是"投资的社会控制"。让工人集体控制社会剩余价值的分配，社会控制投资，而不是由市场控制。它主要包括两个问题：一是投资资金如何产生？二是投资资金如何分配？关于第一个问题，主要是采用税收形式募集投资资金，即国家投资资金主要来自企业的税收，而不是私人储蓄。至于投资资金的分配，施韦卡特认为，源于公共储蓄的投资资金可以直接分配，但这种分配应该通过公共银行体系按照促进共同利益的标准进行，这样做的目的在于克服市场分配的缺陷，但也不能完全排除市场分配，况且，制定这种标准也非常困难。

三 迪德里奇"新的历史蓝图"

墨西哥学者迪德里奇认为，当今人类生活在一个十分脆弱的社会体制中，在全球资本主义的内部，经济、意识形态和政治等普遍地处于动荡之中。尽管人们正"痛苦地寻找未来的出路"，但资本主义是必然要灭亡的。在未来的设想方面，迪德里奇认为，卢森堡于1918年底在"斯巴达克联盟"纲领草案中提出的倡议仍然有意义，即社会主义社会的实质是广大的劳动群众不再是被统治的群体，而是享有整个政治生活和经济生活，并自觉、自由、自决地主导它的群体。从对未来社会的政治生活的描绘看，迪德里奇提出了达到未来社会的途径。他认为，新蓝图的实现必须扎根于群众。在当前的科技水平之下，可以形成"一个以非集中形式运作的通讯和支持性的电子互联网络"。互联网是在经济上可以承受的世界性通信的"唯一手段"，但是他认为，创立世界民主化运动的主要障碍不是技术性和机构性的，而是理论—纲领性的。为此他倡议，通过全球性的集体行动制定一个新蓝图的纲领性文件——《世界民主社会宣言》，来勾画出可能和必需的演变道路，从而跨出迈向友爱社会的一步。

此外，迪德里奇描绘了达到未来社会要经过的阶段的内容和任务。第一阶段，即当前的过渡阶段，其目标是保障和深化人类文明从资本主义时期到人类民主历史时期发生质的飞跃，从而实现真正的民主。"真正民主是这个过程的顶峰"。第二阶段的目标是促使主、客观结构发生逐步的和深思熟虑的演变，使剥削、压迫和冷漠行为的结构和模式消失殆尽。第三阶段，即历史进程的最后阶段，是一个没有市场、没有国家，各种不同的文化相互和谐共存的时期。

迪德里奇认为，新的历史蓝图的最终实现涉及全球社会，是在全球层面上的统一实现，而不是局部的、区域的事情，因为一个非资本主义蓝图要在一国范围内在中期内生存是不可能的。他认为最近几十年的历史演变证明，在一国范围内建设社会主义的理论是不能成立的。资本主义如同癌症一样，是一个系统问题，而不是一个地方性问题。因此，他倡议应该在国家和地区的层面上采取行动，来完成全球意义上的革命。

四 罗默和巴德汉的"新市场社会主义"

以罗默和巴德汉为代表所提出的新市场社会主义设想，可以说是资本主义未来的一个替代物。新市场社会主义模型建立的目的有两个：实现早期市场社会主义模型的目标（效率和公平），同时避免其缺陷，尤其是新信息经济学的批评。新市场社会主义模型的建立有四个基石：①认为苏联体制的失败是由于轻视市场的作用，缺乏竞争和激励；②与资本主义的最新发展有关，主要体现在资本主义在解决现代企业所有权与控制权分离和股权分散化产生的代理问题方面的进展，斯堪的纳维亚社会民主模式的成功，以及日本的银行对经理监督模式的成功运用说明，效率和公平可以兼顾；③认为国有制效率低下；④委托代理理论。建立在这些理论基础上，新市场社会主义模型具有与早期市场社会主义模型不同的特征。首先是存在实际市场和竞争，不仅存在消费品、服务和劳动市场，还存在资本市场，所有的价格都由市场决定。其次，用公有制代替了早期市场社会主义模型中的国有制。新市场社会主义主要包括内部控制和外部控制两种模式，前者包括工人所有或工人管理企业，后者产权属于不同机构。

巴德汉和罗默的模型存在一个基本矛盾：一方面，模型中存在实际市场与自由竞争；另一方面，使用新古典理论作为分析框架，显然，在这个问题上并没有超越兰格模型。因此，对早期市场社会主义模型的批评大多也适用于新市场社会主义模型。

新市场社会主义的另一个问题是，关注微观效率而忽视了宏观经济稳定性问题。"原子决策"连同期货市场和风险市场的缺乏一起产生了不确定性，进而导致投资"协调失灵"和经济波动。结果市场不能出清，资源浪费，失业也会继续存在。在这个意义上，新市场社会主义模型与早期市场社会主义模型相比可以说是个倒退。

最后，新市场社会主义理论还存在方法论上的重大缺陷。斯蒂格利茨和新古典理论一样，把信息看作客观的知识。由此，他质疑完全信息假设，认为它没有反映出受非对称信息支配的现代经济的实际运行情况。在斯蒂格利茨看来，不完全信息可以得到但代价高昂；而哈耶克不仅质疑新古典理论中的完全信息假设，他还认为信息是主观的、分散的、不完全的、经常冲突的、个人拥有的知识。也就是说，斯蒂格利茨把信息看作客观的知识，得到需要代价；哈耶克则认为信息只能通过竞争过程得到，两人的概念存在差异。

新市场社会主义同样没有考虑到信息的社会性。市场过程是一个高度社会化的过程，主要包括人与人之间的关系。信息产生于市场过程之中，因此信息必然具有社会性。新市场社会主义主要强调分配问题而不是社会财产关系。后者的变化被纯粹看作一种手段，作为一种公正分配的工具，它与作为一种社会生产体制的任何社会主义观念无关。在新市场社会主义模型中，资本主义和社会主义都被看作模型而非社会生产体制。罗默和巴德汉的主要任务仅仅是模型的构建，即构建一个社会主义模型和一个资本主义模型，然后进行比较，以判断出哪个效率更高、分配更公正，其分析框架都是相同的，所有历史的、社会的因素都被忽略了。可以说，罗默和巴德汉的模型只是一个考虑了激励问题的兰格模型，他们为此改变了兰格模型的一些假设，但方法论及实质均未改变。

新市场社会主义理论缺乏社会性分析，直接导致了对社会变革的可能性及其动力分析的不足。新市场社会主义未认识到为社会变革提供物质条件的资本主义和社会主义之间的本质区别和联系。这样，新市场社会主义就纯粹成了一种抽象的主观设想。

第十七章　21世纪初马克思主义经济思想的新动向

21世纪初,欧美马克思主义经济思想界加强了对马克思主义经济思想的理论研究和对现实问题的探讨,马克思主义经济思想得到了新的发展。

第一节　莱伯威茨论未来的财产关系

2003年5月,加拿大西蒙·弗雷泽大学经济系教授莱伯威茨（Michael A. Lebowitz）在古巴哈瓦那召开的"马克思著作与21世纪挑战"的会议上,探讨了未来社会——共产主义中的财产关系问题:在公有制下如何避免所谓"公共财产悲剧"的问题。莱伯威茨提出,不管考虑的是中央指导型的"真正社会主义"还是市场主导型的"真正社会主义",具体经验都是富有教育意义的——它们都存在各生产集团因其拥有对特定生产方式的特别使用权而获得利益的一致模式;并指出共产主义社会的"生成"是在这个社会自觉处理它诞生之初所固有的"缺陷"时开始的。

莱伯威茨认为,马克思财产公有制度设想的前提假设避开了一个关键问题:视财产公有为常识的人是如何发展出来的?[①] 关于社会主义和社会主义计划的理论讨论所犯的最为严重、最为一致的错误,就是假定存在充分发展的共产主义社会所产生的人。这一假设,再加上早已假设不存在任何可能与社会整体利益相对立的自利行为,那么,监督个人或团体的行为（包括对监督者的监督）,制裁违背社会利益的行为,确保信息的准确性,就是可能的。此类不正当的、反社会的行为,诸如隐瞒计划所需的准确信息（如苏联的企业管理者在计划编制中所表现的）,被假定为不存在。总之,计划的编制或对联合生产者的行为的协调将不会出错。假定存在这样的人,假定监督、鼓

---

① ［加拿大］莱伯威茨:《共产主义建设中的人与财产》,载《海派经济学》第5辑,上海财经大学出版社,2004。

励或执行在生产资料公有制基础上的联合生产活动不存在困难,相应地,也没有成本。但是这样的人不是从天上掉下来的,也就是说,我们需要明确区分充分发展的共产主义和从资本主义社会诞生的共产主义。

莱伯威茨进而提出,生产方式所有权回报与劳动力所有权回报的适当比率是多少?在共产主义低级阶段所特有的所有制的矛盾中,两类鲜明对立的分配原则——按贡献分配(它意味着不平等)与"均等化"或平等主义——之间存在的冲突,有其内在的根源。尽管从劳动力私人所有制来看,朝向平等主义的倾向可能会被指责为"原始共产主义""吃大锅饭""小资产阶级平等主义",但是必须认识到,这种倾向乃是建设共产主义社会的基本条件——生产方式公有制——的产物。同时,如果共产主义(像所有有机系统一样)起初必须建立在历史先决条件而非它自身的产物基础上,那么,抨击因贡献不同而产生的收入不均等实际上是在抨击视这种差别为常识的现有生产者。

源自所有制的两个方面的倾向不仅是对立的(是在这两个极点之间摇摆的根据),它们还是相互影响、相互贯通的。因此,莱伯威茨认为,来自公有制这一方面的使收入均等化的努力会刺激劳动力私人所有者做出反应,改变他们生产活动的质量、数量和配置。作为生产方式的共同所有者和劳动力的私人所有者,如果生产者将其收入看作主要是前者的回报,只有极少部分来自后者,他们只会放弃其个人财产到一定程度,即为保护其来自集体财产的收益所必需的程度(就此而言,他们是"搭便车者")。在这些条件下,可以预料他们的活动会转向个人交易,并从中可以获得更大的个人回报(即第二职业和"地下"或"额外"经济)。同样地,一旦他们觉得自己的贡献的等价物被剥夺,他们可能会为了补偿而以间接的、隐蔽的手段获取额外的资源,并为此自我辩解。相反,在这一经济中所存在的严重不平等是与联合的维持背道而驰的,可能会使生活较差者认为自己没有得到从生产方式公有制中应得的好处。于是,他们可能会寻找理由去尽力补偿自己,通过不被认可的途径提高自己的收入,以此来维护自己应占有公有制更大份额的权利。从这方面来看,可能产生诸如公共财产悲剧的集体无理性模式的因素,这将存在于共产主义社会低级阶段所特有的两种所有制结合中。

源于生产方式公有制这一方面的朝向收入均等化的倾向,实质上是一种劳动力转化为公有财产的趋势。但是，相反方向的主要倾向是要将生产方式转变为私有制；后一种倾向有其特殊的存在形式，因为生产方式由离散单位组成，而各生产者团体拥有不同的使用权。莱伯威茨认为解决的办法之一就是：对租金征税。对租金进行准确征税，并向社会成员——不管他们是否占有特殊的生产方式——分配税收所得，可以同时使两个原则得到保障：生产方式公有制和按贡献分配劳动收入。但是，在前南斯拉夫，事情并非如此简单。对市场经济这种效果的反对引发了强烈的政治反应，以至于前南斯拉夫在20世纪70年代采用了以自主经营企业为基础的社会计划，但是，在处理收入并非集体劳动成果"而是来自在市场中更为有利的地位（如超额利润、租金等）"这个问题上，却进展甚微。

莱伯威茨指出，在市场这样的自发的社会机制和生产者进入特定企业和行业存在障碍相结合的情况下，租金的出现不足为奇。只要企业（比如农业合作社）从更有利的市场位置获益，市场的神秘化就必定会产生这样的观念：更高水平的收入是可以获得的，它产生于特殊生产者的特殊贡献（由此形成他们自己的权利）。但是，在理论上，产生这种情况（租金）的原因并不是市场，相反是专门市场——特殊生产单位的成员资格市场——的缺失。例如，如果企业的职位是由国家"拍卖"的，那么可以推测，在任何情况下生产者超出其实际贡献的收入部分都会被生产者对这些职位的竞争所消除。所以，对租金征税的逻辑就是"拍卖"企业成员资格将消除租金的逻辑。

一个明显存在生产方式公有制与劳动力私有制之间矛盾的社会如何解决其内在的问题（特别是那些因生产方式不同而产生的使用权问题）？莱伯威茨认为，或许解决办法存在于马克思在巴黎公社时期所接受的有关国家的设想之中。对马克思来说，巴黎公社揭示了一种政治形式，在这种形式中，劳动可以获得经济上的解放。这就是社会再吸收国家力量作为它自己的生存力量，而不是作为控制力量并受制于它，人民群众再吸收国家力量形成他们自己的力量，而非有组织地镇压他们的力量——这是他们的社会解放的政治形式。这将组织成一个自立自治的共同体。这种无条件的、分散化的生产者民主，是生产者变革他们自己和环境的手段，是他们使自己适合于重新建立社会的途径。这样的国家是不是也能够处理以公有财产和自身利益相结合为特征的社会主义所产生的特殊问题呢？

莱伯威茨进一步指出，单独的共同体自身并不能够解决劳动力私人所有制与生产方式公有制相结合所产生的问题。在这种对地方共同体作为生产方式所有者的强调中，因对特殊生产方式拥有不同的使用权所产生的问题并没有消失，而只是转移到了设置了这些生产方式的共同体之中。简单地说，一些共同体获得了租金——这些共同体的成员得到了超出其贡献的收入。尽管在这些共同体中联合得到了加强，但是，富裕共同体与贫穷共同体之间的差别、占有利位置的共同体与不占有利位置的共同体之间的差别，强化了这些内部关系。

莱伯威茨提出：如何消除这些差别而又不再产生前述的大量问题？他认为，如果差别由外在的国家通过税收来拉平，那么高于社会的国家在税收上所遇到的信息不对称问题又会再次产生；如果人口在共同体之间自由流动可以消除对生产方式拥有不同的使用权所产生的后果，那么公共资源可能会转化为开放的可获取资源，有重新产生公共财产悲剧的可能性。不管导致地区间不平等的根源是什么，如果问题留给市场来自然解决或强制解决，发展趋势都将是共同体内部联合的瓦解。各个共同体内部的联合关系有必要也必须被安置在一个支持它们的更大的系统中。

莱伯威茨得出结论：尽管如何按照共产主义社会各种要素的产生方式（"经济上的、道德上的和知识上的，依然带有旧社会的胎记"）来组合它们是一个偶然性问题，但以联合和共产主义财产（地方的、国家的和国际的）为基础的社会的全面发展必然是一个过程。共产主义社会的"生成"是在这个社会自觉处理它诞生之初所固有的"缺陷"时开始的。如此，不管是在一个国家内部还是在国家之间，这个过程的有机发展，是从邻居和共同体的层面上开始的，但只有通过在富裕的共同体与贫穷的共同体之间直接建立联合的途径，它才能得以继续。

第二节　斯奎帕尼提论后现代主义马克思主义经济学

美国学者爱纳斯图·斯奎帕尼提 2000 年发表了《经济学中的后现代危机与后现代主义革命》一文，明确界定了经济学中的现代主义和后现代主义的区别，并以此分析了传统马克思主义经济学和新马克思主义经济学分别所具有的现代主义和后现代主义特征。①

斯奎帕尼提认为，现代主义经济学具备以下四个特征：①确信经济学是一门关于"理性人"的个体存在的社会科学；②是一种实体论的价值论；③社会结构均衡论：理性主体之间的关系不可能产生混乱，这种社会的理性均衡观点意味着人类行为可以产生社会秩序；④人类主体能根据积极而普遍的既定目标塑造世界。

简单来说，现代主义即"决定论"和"实在论"。一方面，理性人之间的交互作用必定带来一种均衡的状态，在这种状态中所有的行为都是相互协调的；另一方面，经济运动必须被视为由理性人活动所引起的，这样，除去外部冲击的影响，一种经济制度的运动被看作因果决定性的。实在论和决定论有着密切的关系，因为假定一种经济制度被严格决定就是认为经济现象背后有人类本性或内在特性。

斯奎帕尼提认为，传统的马克思主义经济学和新古典主义、福利经济学一样都具有现代主义经济学的上述四个基本特点。斯奎帕尼提指出，传统马克思主义经济学的要点在于劳动价值论，而该理论的基础就是"劳动创造价值"。劳动不仅仅生产商品，作为社会必需的、抽象的劳动，它还"创造"价值和社会关系，因为价值是一种社会关系。因此，马克思主义的价值论本身就是一种实体主义理论，其要求是对劳动作出明确的区分。最后，马克思发展了一种一般均衡论。由于市场的无政府状态、投资活动的不确定性和阶级冲突，再生产的均衡是不稳定的，至少在短期内是如此。然而从长期来看，"价值规律"必然获胜。

但是，斯奎帕尼提指出，劳动价值论的确定性与生产价格的不确定性不相容，以及劳动价值论的主要弱点——其不适合于研究资本主义经济（理由在于：它对展现在收入分配中的阶级关系的变化漠不关心），这些因素导致一些马克思主义经济学家对劳动价值论产生怀疑。

马克思设想的导致资本主义经济关系自我灭亡的四大基本规律：利润率下降规律、资本的积聚与集中规律、日益恶化的危机趋势规律、资本积累的一般规律，无疑也是一种历史目的论。斯奎帕尼提认为资本主义的未来无

---

① 陈志刚：《后现代主义的马克思主义经济学》，《国外理论动态》2001年第7期。

法预测。他指出，马克思主义元叙事所遭受的理论批判和历史性挫败是毁灭性的。

斯奎帕尼提在分析了传统马克思主义经济学的现代主义特征之后，又分析了后现代主义的马克思主义经济学。他指出，后现代主义经济学具有这样的趋势：无人本主义本体论，舍弃实体主义的价值论，解释社会关系结构时不诉求一般均衡理论，把历史解释成一种目标开放的过程。今天，重建政治经济学的最大希望主要寄托在这些共同拒绝旧的现代主义教条的经济学家身上。

斯奎帕尼提认为，马克思主义比新古典主义经济学更能向后现代主义的重构敞开。因为，事实上，马克思的理论非常关注无序、不确定、结构变异、历史时间中的演化过程与意识形态等内容。因此，当代马克思主义能在对现代主义的批判上作出根本的贡献不是偶然的。后现代主义的马克思主义经济学力图弥补马克思经济学的两个主要不足：一是为克服劳动价值论、综合方法和某些阶级分析工具中的整体主义的神秘性，许多人试图把某些形式的在方法论上的个人主义引入马克思理论中；二是为克服运动规则中的决定论和历史目的论，一些与长期结构动力学颇为相近的尝试日趋流行。

首先，在经济学上，后现代主义的马克思主义否认有所谓的"历史主体"；其次，认为个体浸淫在其中的社会关系是由体制化行为所构成的；再次，认为没有所谓的市场本质，市场也是体制性地构成的；又次，认为集中式计划既不优越于也不劣于竞争性协作，计划经济像市场经济一样，在某种程度上也是产生不确定结果的非中心的、无序的体制；最后，并不认为社会主义就是集中式计划，也不认为它是人类历史的必然结果（因为历史是开放的）。历史没有内在的目的追求，未来并非必然是完美无缺的，历史演化的进程不是单一方向的。

斯奎帕尼提指出，今日的政治经济学危机可以与18世纪中叶现代经济学诞生时的危机相比，传统政治经济学的根基正在动摇。其中最显著的原因是波及所有当代思想形式的反基础主义的、怀疑论的氛围，其次是现实社会主义的崩溃与现实资本主义非人性面纱的揭示。

第三节 科茨论新自由主义与全球化

科茨在《马克思主义反思》杂志2002年夏季号上发表了《全球化与新自

由主义》的文章，认为全球化趋势和新自由主义的兴起之间有很大的相关性。全球化所表征的跨国经济活动的增强，使各国大公司一方面面临更大的竞争压力，另一方面又可以较自由地摆脱国内限制，这导致大公司既必须又有可能降低劳工标准和环境标准，这种趋势构成了新自由主义产生的背景。新自由主义可能使资本主义面临一个停滞、动荡甚至社会崩溃的未来，但是资本主义短期内无法重新回归管制主义国家以应对危机，而只有在世界发生重大动荡和社会主义运动兴起以后才有这种可能。

科茨认为，新自由主义问题重重。首先，从长期看，由于新自由主义制度具有降低实际工资和公共开支的明显倾向，它导致了总需求不足这一问题。其次，新自由主义模式放弃了国家反经济周期的财政和税收政策，由于缩减社会福利计划和放宽了对金融部门的公共管制，它在宏观层面上造成了不稳定，并使该体系容易受到大的金融危机和萧条的冲击。最后，新自由主义模式加剧了阶级冲突，可能会打击资本家的投资积极性。

当今的全球化在几个方面使资本主义更加具有竞争性。第一，贸易的快速增长改变了大公司所面临的处境。第二，快速增长的对外直接投资在许多情况下将生产设施置于国外。第三，日益一体化和开放的世界体系将主要资本主义国家的大银行和金融机构置于彼此的竞争之中。科茨认为，全球化看起来是使大企业从干预主义国家的支持者变成反对者的一个因素。全球化造成了这个结果，其部分原因是全球化催生了与国内市场在货物和劳工方面联系有限的跨国公司。全球化产生了与美国"残酷剥削致富"时代相似的世界资本主义。大公司在缺少规范规则的体系中彼此争斗，并购包括跨国并购不断，但始终没有什么世界性的产业建立起寡头统治的结构。

如果新自由主义作为主导意识形态和政策继续进行统治，人们可以推断：世界资本主义将面临一个停滞、不稳定甚至最终导致社会崩溃的未来。但是，从促进新自由主义的因素来看，人们可以发现国家管制资本主义将有可能在某一时刻回归。未来的一种可能性是在世界范围内少数垄断寡头能对市场进行更为专制的统治，出现受到控制的竞争。但是，如果国家社会主义在一个或更多的大国中重新出现，这可能会推动资本主义世界回到管制主义国家。不过，这种发展同样是不可能的。新自由主义的全球资本主义的宏观经济回报不稳定，这将会在未来某一时刻引发大的经济危机，即虚弱的调节机构无法控制的危机。最终，日益加剧的剥削和新自由主义的全球资本主义所引发的其他问题将会激发社会主义运动。如果社会主义运动在一个或更多的资本主义大国中复兴，并开始对资本主义提出严峻的挑战，国家干预主义将作为一种回应卷土重来。这种发展将会导致世界废除资本主义，用以人的需要为基础的制度而非以私有利润为基础的制度取代资本主义。

第四节　德罗奈论金融垄断资本主义

法国学者德罗奈对金融垄断资本主义的特性系统地进行了分析，20世纪70年代，国家资本主义陷入了深刻的危机之中，这场危机的结果没有导致革命，而是使垄断资本主义进入了金融资本急剧膨胀的新阶段。

德罗奈认为，马克思曾认为资本主义在本质上是一种生产方式，是社会财富通过商品的堆积得以扩大和膨胀的形式。然而，近50年来，其他类型的活动变得更加重要。资本主义依赖的商品生产不再仅仅涉及所谓"物质"产品。"商品性"的和"非商品性"的服务业（即私营服务业和公共事业）发展十分迅速，被用以满足企业及家庭日益增长的需要。现代资本主义虽然没有放弃物质生产，但从资本使用价值的角度看，其结构要素即物质商品生产，正逐渐被信息和服务所取代。特别是在发达国家中，主要商品形态如今不再是金属、机器等物质产品，而是知识、符号和复杂的活动。但是，经济结构的变化并不改变资本的所有制关系，当今社会依旧建立在资本对劳动的剥削基础之上，价值和剩余价值的私有化仍然是主导的生产关系，但资本的增殖方式与以往有着巨大的不同。①当代资本主义的"纯价值"结构。在工业资本主义社会中，资本的生产过程就是利用设备和劳动力制造有用的产品，并通过市场出售产品获得金钱回报的过程。企业的终极目的是实现利润。但在今天，资本却以互为补充的双重面目出现：金钱和金融证券。这一变化意味着，资本的增殖不再仅仅通过价值和使用价值的转换来实现，资本的金钱"价值"形式在资本的增殖过程中逐渐占据主导和统治的地位。②商品的价值结构，由于资本价值结构的变化，也发生了相应的变化。金融垄断资本主义中的新商品不再具有"物质"的特性。③金融垄断资本主义与资本增殖。人们普遍认为金融垄断资本主义具有"寻租"的性质，也就是说，证券持有人不从事生产,而是通过金融交易而获得资本的租金,如同资本原始积累时期的高利贷者一样。资本的增殖过程在短期内对社会和经济机体具有一定的破坏性,它不但破坏自然的平衡,而且导致工厂的倒闭,因此有害于人类的幸福和文明。但金融垄断资本主义又是促进新技术发展的强劲动力。如果把金融资本与经济发展简单地对立起来,那显然是错误的。今天,资本的增殖过程需要金融资本的介入,单纯依靠改进技术来提高劳动生产率,远不能满足资本增殖的要求,加强对劳动力的剥削也是增加剩余价值的一种方式。正是在这个意义上,我们不能把金融垄断资本主义简单地归结为它的"寻租"性质。德罗奈得出以下结论。①金融垄断资本主义反映着现代社会发生的四大变化:经济财富的巨大积累;为满足社会的物质需要,必须发展崭新的技术;社会变革在一定程度上表现为雇佣劳动的异质性;企业未来面临的风险更大。②服务和信息同样是创造财富的商品。③在金融垄断资本主义的条件下,发达国家与发展中国家之间的差别和对立更加突出。④贸易和生产的全球化是一个不可逆转的进程,它在冲破旧格局的同时必定会创造出改造资本主义的新生力量。⑤金融资本的跨国流动使剥削过程趋向世界化。⑥被剥削者和被统治者必须处理好与国家的关系。①

第五节 理查德·沃尔夫和斯蒂芬·雷斯尼克的多元决定论

美国学者理查德·沃尔夫和斯蒂芬·雷斯尼克创立的多元决定论,其核心内容之一是对马克思的《资本论》进行新的解读。其研究工作围绕两个核心内容展开:一是引入剩余劳动来明确划分阶级的概念,并以此作为新切入点进行社会分析;二是多元决定论的概念,该概念是非决定论分析计划的逻辑展开。其主要观点如下②。

第一,多元决定论与经济决定论。他们认为,马克思主义经济学理论主要从经济与社会关系的视角进行分析。因此,"经济学"涵盖所有社会形态内包括商品与服务的生产以及生产者与消费者之间分配的循环过程。"非经济"则指其他所有构成"社会"整体的循环过程。非经济循环主要有三种:自然、

---

① [法]德罗奈、张慧君:《金融垄断资本主义》,《马克思主义与现实》2001年第5期。
② 张新宁、郭治方:《马克思主义经济学研究在美国》,河南人民出版社,2016。

文化以及政治方面。自然循环指事物物理特性的转变（生物、化学等方面）。政治循环指对个人与组织行为的控制（立法、司法与行政等）；文化循环则指意义的构建与传播（口头表达、书面写作、音乐、祷告、学习等）。

为区分马克思主义理论与其他理论，他们对几种不同理论进行分析，以清楚地了解各理论如何分析社会经济循环与非经济循环的关系。其他的理论通常会把一方看作原因，把另一方看作结果。有一些理论甚至认为经济学是整个社会发展的原动力。"金钱万能""金钱社会""有钱能使鬼推磨"都表达了金钱决定一切的观点。人们经常坚持"不是爱情，不是政治，也不是宗教信仰或是自然"，"而是经济"促使事情的发生。政客们也经常这样互相抱怨一些政治事件："实在是愚蠢！经济才是问题的关键。"这是典型的"经济决定论"。新古典主义理论与凯恩斯主义理论也坚持决定论：一些基本原因决定社会的运转方式与历史发展。经济决定论者将社会事件的根本及最终原因归结于经济。马克思主义通常与经济决定论相提并论，这种观点的持有者主要是非马克思主义者与反马克思主义者。

第二，多元决定论与循环。多元决定论认为，社会层面的经济因素与非经济因素相生相成。这种决定作用是双向的，不是单方面的。诸如经济条件与婚姻家庭的关系：经济状况影响着人们的家庭决策，而婚姻家庭对经济决策的作用也不可忽视。经济状况制约国家的外交政策，外交政策反过来也影响经济发展。简言之，马克思的多元决定论并不认为经济对非经济因素起优先决定作用。"社会各因素之间都是相互决定的。"无论经济还是任何其他社会因素，都不能单独决定整个社会的发展。包括经济在内的各个社会因素，都与其他因素存在多元决定关系。多元决定否定了经济决定论的观点。任何社会因素的存在都归因于所有其他社会因素的相互作用。每一个社会因素的产生都是其他社会因素相互作用的结果。多元决定意味着每一个社会因素既是原因又是结果。在构成（也可称为引发）其他社会因素的过程中，每一个社会因素都发挥着自己的作用。与多元决定论相反，新古典主义认为一些社会现象（如稀缺性与优先性）只是原因，不是结果。这些原因现象具有存在优先性，它们先于其他现象产生，并决定其他现象的产生。凯恩斯经济理论与经济结构的观点与此一致。

多元决定论认为，经济是由自然、政治及文化等社会层面所决定的，它受这些多元决定因素在各个方面的影响与推动。反过来说，经济始终处于一种紧张与变化状态之中。天气变化会促使一些生产与分配的发展，同时也会阻碍另一些生产与分配的进行。政局变化会推进一些生产与分配的发展，同时也会阻碍另一些生产与分配的进行。文化模式的变化会推进一些生产与分配的发展，同时也会阻碍另一些生产与分配的进行。这些变化是无法控制的，人们不能预知它会在同一地点、同一时间只朝着同一方向促进经济发展。事实上，经济发展过程中充满着各种互相矛盾的影响因素与不确定性。这也反映了经济发展过程中的多元决定因素。

多元决定论认为社会现象都处于不断变化之中。变化是所有物体存在的常态。一成不变的物体是不存在的。任何事件、个体、机构与关系都是变化着的。理论、政府、经济、自然和音乐等所有活动都是在不断变化中产生、改变直至消失的。这些变化有时是无法察觉的，有时是革命性的。为了突出强调社会形态中各种现象的不断变化，马克思主义理论认为永远处于运动中的状态为"循环"。循环也因此成为马克思主义社会分析理论的基本元素。个体、关系、活动、机构与组织只是循环的特定组织形式（四种基本类型：经济、政治、文化与自然）。社会也因此被认为是多种循环的整体，每一个个体都由其他因素构成，同时也是组成其他现象不可或缺的要素。

多元决定论阐释了构成社会各循环的逻辑关系。它是将社会各部分连接为整体的纽带。它的核心是马克思理论的两种基本因果关系。第一种我们已经注意到：任一循环中的变化都会诱发其他循环的变化，同时也反过来对第一种循环产生影响。马克思主义理论将这一点对多元决定的启发总结为：影响社会每一个循环的不断变化共同构成了社会整体。

第三，阶级循环。马克思的社会阶级结构是一个特殊的阶级演变系统。他们认为，马克思主义理论对社会形态的分析通常始于对阶级循环以及构成社会阶级结构的探究。在此基础上分析社会阶级结构如何在其他非阶级循环的多元决定作用下构成社会结构。总的来说，马克思主义理论旨在深入探索阶级循环如何参与到对社会其他非阶级循环的多元决定过程中。因此，阶级是马克思主义理论的研究切入点。马克思主义理论研究的宗旨，核心就在于深入理解阶级观。马克思主义的阶级观就如同新古典主义的个体本质论以及凯恩斯主义下的社会结构概念和心理倾向作用一样。每个理论都从自己的研究切入点出发，探究经济如何在社会形态下运转以及与其他社会方面的相互作用。

作为马克思主义经济学理论的研究切入点，阶级观可以归结为剩余劳动生产与分配的经济循环。阶级作为一种单一的循环已经被扩展为多种循环。阶级不仅指剩余的生产，还指它的分配。阶级循环与自然循环、政治循环、文化循环以及其他经济循环——非阶级循环等构成社会形态的所有循环，彼此间共同存在、相互作用。阶级循环受其他所有非阶级循环的多元决定。与其他循环一样，阶级循环是相互矛盾、不断变化的。同样，它们对其他非阶级循环也发挥多元决定作用，从而构成矛盾统一、不断变化的社会。马克思主义理论将阶级作为其研究切入点，通过两个相对的视角分析社会的错综复杂性：阶级与非阶级。多元决定论通过分析社会阶级与非阶级层面的关系来探讨各种问题。

第六节　埃里克·欧林·赖特的阶级理论

美国学者赖特在1979年出版的《阶级、危机和国家》一书中坚持马克思主义的传统观点，即阶级是由生产领域中的社会关系来决定的。同时，他赞同马克思的基于是否占有生产资料而形成的剥削关系是阶级划分的基础的观点。但除了是否占有生产资料这一因素外（他称此为资本资产），他又发展了马克思在《资本论》中的分类方法，提出另外两个造成剥削的因素：组织资产和技术资产。

赖特强调，这一概念需要在形式上区分为两个不同的子概念：在一种生产方式中的矛盾定位和在生产方式之间的矛盾定位。在前一种情况下，矛盾定位可以在单一系列的标准中加以说明；在后一种情况下，这种地位的矛盾特性则需要两个各自根源于不同生产关系的不同系列的标准来说明。赖特坚信，阶级关系内的矛盾定位这一概念对于处理发达资本主义社会中的"中间阶级"问题的各种可选方案而言，是一项进展。赖特意识到，阶级关系内的矛盾定位这一概念在实践中可能会引发只依赖支配关系而不是剥削关系的倾向，从而用支配来取代剥削作为阶级概念的核心。赖特批评了这种倾向，认为这是一个严重的缺点，其原因有二。首先，向以支配为核心的阶级概念的转变，削弱了阶级定位分析和客观利益分析之间的联系。"支配"这一概念就其本质而言并不意味着参与者具有任何独特的利益，父母支配孩子，但这并不意味着父母和孩子之间具有本质上对立的利益。使这些利益相互对抗的是父母与孩子的关系是否同时也是剥削性的。剥削本质上意味着一系列对立的物质利益。其次，以支配为核心的阶级概念倾向于滑向"多种压迫"的方法去理解社会。按照这种观点，社会被描绘成众多的压迫，其每一种形式都根源于不同的支配——性别、种族、民族、经济等——每种都不具有优先于其他形式的解释地位。这样，阶级就变成许多压迫中的一种，不再具有在社会和历史分析中独特的核心地位。此外，将阶级从核心地位中替换出去的做法可能会被看作一项成就而不是一个问题。然而，如果人们要保留与阶级概念相符的马克思主义的传统核心，那么以支配为核心的阶级概念的确引起了真正的问题。

赖特分析了以剥削为核心的独特的阶级概念相比阶级的可选方法所具有的几个重大优势。[①] 第一，以剥削为核心的概念提供了一个更加一致的方式来描述不同类型的阶级结构之间的质的区别。这种评估既定社会阶级关系的抽象标准在各种不同性质的社会中都是一致的，并且还要顾及所研究的任一既定社会的阶级结构的特殊性。根据以剥削为核心的阶级概念，形成了一系列精细且具说服力的概念，这些概念在各个社会形态中进行辨别的潜在可能性也得以提高。因此，这个概念就避免了专有的性质，而在其他大多数阶级概念在应用于历史上不同的社会类型时，这种专有性质会造成困扰。第二，以剥削为核心的概念为分析当代资本主义社会"中间阶级"的阶级特征提供了一个更加一致的策略。矛盾定位的矛盾性质比以前更为明确，并且在既定的阶级结构中，这些定位同两极化的阶级之间的关系被更加清晰地指明。第三，以剥削为核心的阶级概念提供了比以支配为核心的阶级概念更为清晰地与利益问题的联系。这反过来又为对阶级结构的客观属性与阶级构成、阶级联盟和阶级斗争问题之间的关系进行更加系统化的分析提供了基础。第四，与支配概念相比，新的阶级概念是更加系统化的唯物论。阶级源自对生产力

---

① ［美］埃里克·欧林·赖特:《阶级》，刘磊、吕梁山译，高等教育出版社，2006，第131~132页。

各方面的实际所有权的模式。不同类型的剥削关系——它界定了不同类型的阶级——全都同生产力的这些不同方面的本质属性联系在一起。第五，新的阶级概念比备选概念更具有历史一致性。正是生产力的发展赋予了社会划时代变革的方向，无论这种方向在何种意义上存在。由于阶级—剥削关系在这里根据特定类型的生产力来界定，这些生产力的发展规定了阶级体系的历史道路。

第七节　大卫·哈维的新帝国主义论

大卫·哈维于2009年出版《新帝国主义》一书，运用马克思主义基本理论分析了美国的超级大国之路、帝国主义国家内部的多重矛盾、资本主义国家的剥夺性积累以及反资本主义和反帝国主义斗争等问题。

关于美国的超级大国之路，哈维把这个过程分为三个阶段[①]。第一个阶段是1870~1945年，即资产阶级帝国主义的兴起。哈维认为，1846~1850年间，资本主义爆发了第一次严重的过度积累的危机，欧洲地区经济出现崩溃，由此而引发了遍及整个欧洲的资产阶级革命。为了解决第一次资本主义危机，欧洲国家采取了两项措施：一是进行长期的基础设施投资，二是进行地理扩张，开拓跨大西洋贸易，这使欧洲的剩余资本到国外寻找出路，从而在全球范围内掀起了大规模的投机性投资和贸易的浪潮。在这个过程中，在民族资本占据首要地位的帝国计划的背后，民族主义、侵略主义、爱国主义，尤其是种族主义被调动起来——此时，资本主义企业的范围与民族国家发挥作用的范围基本上实现了一致。哈维认为，尽管帝国主义的早期阶段主要表现为英国霸权和至少有限的自由贸易，但在这段时间里，以国家为基础相互竞争的帝国主义，即完全通过种族主义手段并通过构筑民族在国内推行法西斯主义、在国外推行军国主义的帝国主义，已经逐步消亡。在与其他帝国主义国家争霸的过程中，美国逐步建立了自己与众不同的帝国主义模式。内战结束后，美国资本主义得到飞速发展，与世界其他国家相比，无论是在科技领域还是在经济领域，美国都取得了领先地位。第二个阶段是1945~1970年，是

[①] [美]大卫·哈维:《新帝国主义》，初立忠、沈晓雷译，社会科学文献出版社，2009。

美国霸权的历史。第二次世界大战后，美国成为迄今为止最为强大的国家。它控制了整个世界的科技和生产，美元取得了国际货币体系的支配地位，其军事力量远远超过世界上任何一个国家。美国唯一真正的对手是苏联，但与美国相比，苏联在第二次世界大战中损失了大量人口，而且其军事能力和工业能力都遭受了严重的削弱。在这个阶段，在美国全球统治和霸权的支配下，资产阶级的统治进入了第二个历史阶段，发达资本主义国家的经济取得了飞速增长。在美国的领导下，各资本主义强国之间达成了一种全球性的默契，以避免相互之间爆发毁灭性的战争，并在资本主义日益一体化的背景下，共同分享在核心地区的利益。通过非殖民化和"发展主义"，资本积累的地理扩张成为世界其他地区的普遍目标。扩大再生产似乎运转得非常之好，其次生效应甚至延伸到所有非共产主义国家。第三个阶段是1970~2000年，是新自由主义霸权阶段。在这个阶段，由于在生产领域受到威胁，美国转而通过金融领域来维持自己的霸权。但是为了保证这一体系的有效运转，美国必须向国际贸易开放所有市场，尤其是资本市场。它还需要改变资产阶级从生产活动到金融资本机构的权力与利益之间的平衡关系。哈维认为，从国际层面看，金融资本越来越具有易变性和掠夺性。一次次的资本贬值和资本损失作为一剂良药（通常是在国际货币基金组织结构调整计划的名义之下），被用来应对在扩大再生产过程中无法保持资本积累平稳进行的情况。美国国内资产名义价值的繁荣，以及以大幅提升生产率和遍布各地的网络公司为基础的"新经济"的崛起，使美国经济保持了较快的增长速度，并以此带动世界其他地区获得了可观的资本积累速度。消费主义这一保持美国内部和平的黄金法则，在美国和其他发达资本主义核心区域得到了令人惊讶的繁荣。然而，这一体系也遇到了严重的困难，其中一个重要因素是急剧恶化的国际收支状况。这次威胁根源于美国试图依靠金融资本这一不稳定的基础来维持其霸权。哈维认为："如果金融化有可能揭开优势从一个霸权国家向另一个霸权国家转移的序幕，那么美国在20世纪70年代转向金融化将有可能是一种特殊的自我毁灭的行为。"[1]

---

[1] ［美］大卫·哈维：《新帝国主义》，初立忠、沈晓雷译，社会科学文献出版社，2009，第60页。

第八节　安德鲁·克林曼①对资本主义生产大衰退根本原因的分析

安德鲁·克林曼于2007年出版的《马克思资本论的再生：对矛盾神话的反驳》，是一部政治经济学研究的杰作，对马克思价值理论的学术争论进行了回顾与反思。2013年，克林曼出版了《大失败：资本主义生产大衰退的根本原因》一书，在国外马克思主义经济学界引起强烈反响。美国著名马克思主义经济学家伯特尔·奥尔曼认为，克林曼的这本书是"用马克思主义经济学观点解释经济危机的最优秀的作品之一"。

始于2008年的国际金融危机，进而引发为全球性的经济危机，并导致资本主义国家经济进一步衰退。克林曼认为，其根本原因是马克思主义资本有机构成变化而引起的一般利润率下降趋势规律所揭示的道理。为资本主义经济危机创造条件的利润率的下降，无须持续到经济危机爆发的时刻，而只需要造成一个极低的利润率就可以了。这一极低的利润率作为危机和衰退的根本条件，通过两个中间环节实现其作用，这就是低盈利能力和信用制度。利润率下降引起积累率的下降，进而造成一个或长或短的投机热潮和大量无法偿付的债务，最终导致经济危机的爆发。

克林曼认为，资本主义经济危机周期性爆发的根本原因是利润率下降这一客观经济事实。利润的产生使为利润而投资成为可能。所以，毫不奇怪，利润的相对缺乏导致了资本积累率（即在生产性资产上的新投资与现有资本数量之间的百分比）的持续下降。停滞的投资反过来导致产出和收入增长缓慢。克林曼说："所有这一切导致了日益严重的债务问题。收入增长的迟缓使得人们更加难以偿还他们的债务。利率的下降，再加上支撑公司税后利润率的所得税率的降低，导致了税收的大幅下降，增加了政府预算赤字和债务。为了应对经济的相对停滞，政府一再采取刺激债务过度扩张的政策。这些政策以不可持续的方式人为拔高了盈利能力和经济增长，从而多次导致泡沫破裂和债务危机。最近这场危机则是其中最为严重和最为剧烈的。"② 克林曼通

---

① 又译为安德鲁·克莱曼。
② ［美］安德鲁·克莱曼：《大失败：资本主义生产大衰退的根本原因》，周延云译，中央编译出版社，2013，第4页。

过测算后认为,美国的平均利润率在1941~1956年为28.2%,1957~1980年为20.4%,1980~2004年则降至14.2%。①越来越低的利润率,导致了资本积累率的显著下降和经济增长速度的显著下降。为了维持税后利润和掩盖经济的不景气,资本主义国家不断增加借款,并且采取下调利率、政府担保贷款、对大多数房屋销售取消资本利得税以及其他一些措施,促使抵押贷款大规模增加,同时资本主义国家还帮助本国和外国债权人摆脱困境。克林曼分析到,这些政策虽然成功地维持了需求,使需求没有回落到与新价值的生产和利润率相一致的水平,但是,其间出现了日益严重的债务危机和泡沫破裂——第三世界债务危机、1987年股市崩溃、美国储蓄与信贷危机、东南亚金融危机、互联网泡沫破裂,最终产生了自大萧条以来最大的债务危机和泡沫破裂。

克林曼进一步分析到,利润率下降背后的低盈利能力和信用的扩张是经济危机的直接诱因。对于低盈利能力,克林曼说:"如果利润率远远低于平均水平的企业相对较少,而利润率只是略低于平均水平的企业占有较大的比例,那么随着平均利润率的下降,无法继续生存的企业的比例就会以越来越快的速度增加。"②因此,盈利能力相同幅度的短期下降,在平均利润率较低时具有比平均利润率较高时严重得多并且广泛得多的后果。这种低盈利能力使经济更不稳定、更易发生危机和严重衰退。因此,平均利润率的下降将会带来持续的失稳效应,即使它在很久以前就已经停止继续下降也是如此。关于信用体系问题,马克思认为,信用市场在经济危机理论中扮演着至关重要的角色。马克思曾说:"如果说信用制度表现为生产过剩和商业过度投机的主要杠杆,那只是因为按性质来说可以伸缩的再生产过程,在这里被强化到了极限。它所以会被强化,是因为很大一部分社会资本为社会资本的非所有者所使用,这种人办起事来和那种亲自执行职能、小心谨慎地权衡其私人资本的界限的所有者完全不同。"③克林曼表示,这句话包含丰富的思想。前半句暗示着,信用体系助长了泡沫的形成,从而加剧了繁荣和萧条。它使得一定时间内的

---

① 〔英〕克里斯·哈曼:《关于新自由主义理论研究的反思》,唐科译,《国外理论动态》2008年第10期。
② 〔美〕安德鲁·克莱曼:《大失败:资本主义生产大衰退的根本原因》,周延云译,中央编译出版社,2013,第17~18页。
③ 《马克思恩格斯全集》第25卷,人民出版社,1974,第498~499页。

经济增长快于根据诸如盈利能力和新价值生产等基本经济形势所能实现的增长。但也正是这一原因，最终的经济收缩也将比没有它时更加严重。马克思使用"弹性"这个词是恰当的。克林曼进一步分析道，这句话的后半句涉及现在所说的道德风险——也就是说，由于你不是那个承担过度冒险所带来的损失的人，你就不会"小心谨慎地权衡"你的投资行为是否太过冒险。道德风险经常被引证为促成最近这场危机的一个关键因素。如果利润率下降，市场中出现欺诈和不道德现象，那么普遍助长这种欺诈的是狂热地寻求新的生产方法、新的投资、新的冒险，以便保证取得某种不以一般平均水平为转移并且高于一般平均水平的额外利润。最后，这会导致信用体系崩溃，债务不能偿还，引发经济危机，进而导致经济停滞。

第九节 大卫·莱伯曼关于资本主义未来发展模式的设想

莱伯曼通过一个图解来阐明他对社会主义道路的理解，并对社会主义建设提出七点建议。莱伯曼在肯定马克思关于社会发展的两个阶段理论的基础上，提出了后资本主义社会发展的三个阶段，即前导社会主义、成熟社会主义和完全共产主义。莱伯曼通过介绍"多层民主迭代协调"（Multilevel Democratic Iterative Coordination, MDIC）模型，分析了成熟社会主义的一些基本问题。莱伯曼认为，所谓"协调"不是"计划"，而是针对商品和服务的设计、生产、分配和消费等各领域做出正确的决策。"多层"指的是这些系统活动的向心程度，所有活动围绕一个中心展开。基于此，可以构建一个简单的两层 MDIC 模式：中央政府和地方企业。"迭代"暗示着新型的协作活动通过在企业和中央两级反复协调而逐步汇成一个整体。"民主"意味着必须保证全民参与重要的、合理的创新活动，并由此实现进一步的发展目标，其中包括参与权和自由辩论的权利保障。MDIC 模式的关键一点是，"集权化"和"非集权化"并不是相互对立的原则——中央政府和地方企业是互相促进、相辅相成的：企业通过制订计划为中央提供必要的信息，中央为企业提供稳定的宏观环境，保证计划得以实施。这就是 MDIC 模式的核心，也是成熟社会主义的中心所在。

莱伯曼认真研究了占领华尔街运动，并提出了资本主义未来发展的三种模式：①改良主义；②外部的革命；③内部的革命。

改良主义模式是基于对资本主义悲观前景的无奈，常见于当代资本主义社会中。一些学者经常这样描述资本主义社会的危机，即它时常运用一些被形容为"孕育愤怒""过度两极分化""公私失衡"等的政策来推动发展。我们需要激情和活力来推动发展，如占领华尔街运动，去驾驭一个旨在均衡发展、掌控不均、消除有害的外部效应、实现"共享繁荣"的政治制度，这是建立政治民主的基础和保障。这个运动应该关注以下方面的改革：建立公平税收制度，政府要为就业负最终责任，为医疗、教育、儿童和妇女照顾、环境可持续发展提供充沛的资金保障。诸如产权制度、财富分配制度、权力制度等相应的制度改革应当建立在实现上述改革目标的基础之上。占领运动在以下改革目标上是相当明确的：职业联合；改革运动方式；改善组织机构；将激进分子作为民主党的基础。

外部革命模式认为资本主义是受完全的、自我的体系所支配的，这种制度将减少社会下层和团体（如99%）在国家的权力并将他们排除在外。这种制度是"他们的"，而不是"我们的"。这是他们强加给我们的，而我们却在他们的体制之外。用一种偏激的比喻来分析，设想小鸡被关在笼子里面，被农民为自己的利益而随心所欲地掌控。小鸡的唯一解决办法是破坏鸡笼，走出笼外，在大自然自由地生活。没有任何一种笼子会被"改良"，这是他们最好的解决方案。即便农民们也许会喂给小鸡更多的鸡食，他们仍是为自己的利益着想，包括他们会杀鸡吃鸡，这是为了这个制度能够循环持续地维持下去。给小鸡们更多的鸡食，只是为了达到安抚的效果，削弱它们破坏牢笼的斗志。一些推理相应地产生。长期目标（破坏笼子）与短期目标（提供更多的鸡食）相对立，长期目标仍然源自现有的制度体系，而在大自然生活、"远离鸡笼"等梦想在现有社会体系中仍是遥不可及的事情。唯一清楚的是，小鸡在鸡笼里毫无抵抗能力，没有任何事情改变或是有可能被改变。

内部革命模式认为社会制度并不是从外部强加给下层阶级的（就像鸡笼强加给小鸡一样）。进一步理解，这种制度建立在剥削阶级和被剥削阶级的辩证统一关系之上；这种制度以商品生产为纽带，并不孤立于整个复杂的理论和实践系统，而是环绕在商品生产（生产力发展或人类对大自然的"新陈代谢"）周围（在这里，正如我们所看到的，鸡笼暗指开始被破坏，小鸡们并不是生产者，而是被生产出来的商品）。再进一步分析，资本主义这个制度给人以更加深刻的印象：它不仅仅是一种剥削结构，是剩余价值的无偿占有，而且在这种结构上有一种更高的社会联系，当早期简单的联系逐渐变得一无是处的时候，这种更高的社会联系会变成一种社会存在。因此，在这种制度下的崇尚"鸡笼主义"的"农民们"将面临一个关键的两难处境：一方面，他们可能会被当作一个核心矛盾的始作俑者，他们为了获得更高的生产率从而获得更多的产品需要赋予"小鸡们"更多的权利；但另一方面，他们同时需要剥夺"小鸡们"的权利以使其处于自己的控制之中。这种权利剥夺要依据这样的事实，在农民和小鸡之间寻求一种平衡，它使建立在真实的、看起来永恒的、不以人的意志为转移的自然市场关系更加神秘化和失去个性化。这同时也意味着，当农民们对小鸡们的剥夺出现越来越多的问题时，农民们必须出售一些鸡食给小鸡们。当然，这在更深的意义上意味着鸡笼的框架将被逐步打碎。这种制度的核心特征是其先天的不完善。

因此，站在内部革命这种模式的立场上，改革具有两种改良主义模式所没有意识到的特征。第一，它们与生俱来就不稳定。伴随着巨大的人民压力、战争动员和深层的民主建构，可以把改革看作这个制度很自然的、反对自身的自我调整，这也像是山野中小猫为了避免被捕获而采取的策略。小猫的反抗可以舒缓内在的压力，而后提供更多的基本经验来应对群众运动。包括凯恩斯主义在内的很多措施已经被采纳，这或多或少地被理解为具有社会主义的一些倾向，其他形式的打击资本主义私有特权的措施在政治上也变得可行（尽管仍在资本主义社会和政治关系的框架下），所有这些越来越像是受到惊吓的山野小猫的反抗。这只小猫（这里暗指清醒地划破黎明前的黑暗）在一定程度上无疑成为在政治领域改革方面具有决定性的意义，将使用包括军事、文化、意识形态在内的力量去获得成功。这最终将在改革上实现美好的革命前景。第二，改革具有必然的、固有的授权功能。当劳动人民获得工作、教育、医疗保险、退休保障和与平均生活标准相一致的社会地位（例如，应当理性地认识生产力和生产关系的相互作用关系），他们就具有很强的社会性。一些障碍摆在面前，具有决定意义的是劳动阶级将用真实的能力去摆脱旧有规则和社会特权阶级的束缚，进行自我管理，决定商品的生产和建立自我管理的组织。

莱伯曼说，不想去尝试、去架构即将到来的内部革命模式的本质，其要点已经被设计（但依然承诺不会超过上述动物的比喻）。很显然，有一种可行的方案是在改良主义和内部革命两种方案之间进行某种融合。这种融合很有可能获得比较宽阔的视野和广泛的政治力量，镶嵌在占领华尔街运动之中。反过来说，外部革命模式容易导致误入歧途，是一种孤单的和乌托邦式的观点，将会分裂工人阶级，最终打击其积极性。它对未来的设想是抽象的、脆弱的，容易受到"务实"者的批评；它与当前劳动阶级的现实需求背道而驰，因为它害怕"选举"和"背叛"，威胁到那些来自领导层及其追随者的真实诉求。当然，在改良主义模式中，部分领导层依然存在选举和背叛的可能性。革命就意味着当前的斗争从来都不是自动完成的，更多的是依靠内部革命联盟参与者的动力。[①]

---

① David Laibman, "Whither the Occupy Movement: Models and Proposals", *Science and Society*, Vol.76, No.3 (2012).

日本篇

第十八章 生成期的马克思主义经济思想

从明治维新到第一次世界大战前，日本在进入马克思主义启蒙期的同时，以《资本论》的介绍为发端，马克思主义经济思想开始传播。两次世界大战之间，共发生三次大论战。由此，日本的马克思主义经济学形成了两大学派——讲座派和劳农派。

第一节 幸德秋水、片山潜等人对马克思主义经济思想的传播

明治维新以后，在人们刚刚从封建时代觉醒的日本，人们开始试着去触摸由资本主义化带给自己的新的权利，这比追求新知更为迫切。在这一社会转型的特殊时期，社会活动多于研究活动。这种状态一直持续到第一次世界大战结束。日本的马克思主义经济思想产生于社会主义运动之中，并伴随着社会主义运动的发展而发展，最终作为一门科学而独立出来。在此期间，日本的马克思主义经济思想还处于萌芽状态或者说启蒙期。

一 明治初期的日本社会状况与社会主义思想的引进

18世纪后期的日本，随着商品经济的发展，新兴的地主阶级和商业资本家对幕府制度产生了强烈的不满。同时，西方殖民主义列强也大举入侵日本。日本人民受到双重的压迫和剥削，民族矛盾和阶级矛盾被迅速激化。

此时，随着日本资本主义手工工场和商业的发展，资产阶级改革运动也在许多地方兴起。幕府彻底倒台以后，明治天皇按照改革派的愿望，实行了一系列改革。主要内容包括废除封建领地制度，改设府县地方政府，限制封建等级特权，扶持资本主义工商业等。这就是历史上有名的"明治维新"。

明治初年，日本政府提出的三大口号是"富国强兵"、"殖产兴业"和"文明开化"。日本的社会主义思想启蒙几乎是与资本主义的发展同步进行的。明治维新之初，日本在引进西方学说的同时，也接触到了社会主义思想。在

社会主义思想的传播中，虽然马克思主义经济学著作如《资本论》第 1 卷很早就传到了日本，但是并不广为人知。马克思主义经济思想萌芽开始在日本出现，是在 1903 年幸德秋水的《社会主义神髓》一书出版以后。

二 启蒙期的思想潮流与安部矶雄

在日俄战争前后，日本的思想体系基本上表现为两个潮流。一个是基督教社会主义体系，以安部矶雄、村井知至、片山潜、山川均为代表；另一个是中江兆民的自由民权体系，以法国的自由平等主义为特征，以幸德秋水、酒井雄三郎为代表。

此时，在日本已经出版了许多关于社会主义的启蒙著作，如安部矶雄的《社会主义论》、片山潜的《我们的社会主义》，都属于基督教社会主义体系；而无政府主义者幸德秋水的《社会主义神髓》，则属于中江兆民体系。他们的思想体系虽然不同，但是社会主义思想的来源却基本相同，都是源于美国的社会主义者。

当时基督教社会主义的中心人物是安部矶雄。1901 年，安部矶雄与幸德秋水、片山潜等人创立了日本最早的社会主义政党——社会民主党。社会民主党纲领由"理想纲领"和"行动纲领"构成。"理想纲领"的奋斗目标是停止军备、废止阶级制度，以及实现土地和资本的公有化等；而"行动纲领"则为废除贵族院制度，缩小军备，实行普选和八小时工作制等。

这一纲领是数年来社会主义研究的集大成者。作为其终极目标，"理想纲领"所要实现的是人类同胞主义、和平主义、平等主义和博爱主义，具有明显的基督教社会主义的色彩。而"社会主义"不过是在遥远的将来应该实现的"人类全体"的普遍的、抽象的"理想"。

这一特征在安部矶雄的《社会民主党宣言》中表现得更为明确。该宣言书强调，如何打破悬殊的贫富差距是 20 世纪最大的问题。社会民主党的抱负是，根据世界大势和经济发展的趋势，从纯粹的社会主义和民主主义出发，打破贫富差距，争取全世界和平主义的胜利。

而相对于这一远大理想，现实的行动纲领却需要在资本主义的框架内来实现，这就出现了理想和行动的背离。这种背离，是当时第二国际各党的共同特征。对于日本来说，这一特征也反映了日本资本主义的发展阶段中劳动者阶级尚未成熟，资产阶级民主主义革命的课题还在相当广泛的范围内存在于这种政治现状之中。

从马克思主义的观点来看，日本社会民主党的纲领或宣言显然是存在缺陷或局限性的。但是，其历史意义却是不可低估的。因为，由此可以看出，日本的知识分子开始尝试把社会主义运动从理论研究的阶段推向"多数人民"的有组织的政治运动，这是一种需要极大的勇气的挑战。

安部矶雄与幸德秋水、片山潜等人虽然把日本的社会主义运动搞得轰轰烈烈，不过，从研究上来看，这一阶段仍然还属于社会主义思想启蒙时期，尽管也发生过论战，但是尚未达到对经济学进行专门研究的程度。日本的马克思主义经济学研究是从导入《资本论》开始的。

福田德三曾写过研究马克思经济理论的论文，该论文被收录在《社会主义研究指南》中，它是最早用日文撰写的关于马克思主义经济理论的正式研究成果之一，然而，遗憾的是，他后来走上了否定马克思主义经济理论的道路。

据考证，《资本论》第1卷早在1887年就已经传入日本。不过，在日本用日文对《资本论》的最初介绍却始于1907年，由山川均进行。当时，《大阪每日新闻》对山川均所撰写的《马克思的〈资本论〉》一文进行了连载。据说，日文中马克思主义经济学词语的形成就是从山川均开始的。

接着，1909~1910年间，安部矶雄曾经翻译了《资本论》的开头部分。而在1915年创刊的《新社会》上，山川均和高畠素之还连载过考茨基的《资本论解说》。1920年6月至1924年7月，高畠素之陆续将《资本论》分为10册翻译成日文并出版，这是《资本论》日文版的最早版本。

三 幸德秋水和他的《社会主义神髓》

在中江兆民的影响下，幸德秋水成了彻底的民主主义者。幸德秋水的处女作是1901年出版的《二十世纪之怪物帝国主义》。在这本著作中，幸德秋水认为帝国主义的政策以爱国心为经，以军国主义为纬，他提出以正义博爱之心克服偏颇的爱国心，以科学的社会主义消灭野蛮的军国主义，以亲如兄弟的世界主义扫荡刈除掠夺性的帝国主义。然而，他当时对社会主义还缺乏深刻的认识。到了他1903年出版的《社会主义神髓》一书，幸德秋水开始对科学社会主义有了进一步的认识。在《社会主义神髓》中，幸德秋水考察了产业革命给近代社会带来的发展和贫困问题，他认为生产资料的少数人垄断是造成贫困的主要原因，并阐述了马克思的历史唯物主义原理。在分析资本主义的基本矛盾的基础上，他强调了社会主义的优越性。《社会主义神髓》一书虽然没有详述马克思经济学，但仅从剩余价值出发，就阐述了资本主义社会崩溃的必然性，并认识到社会主义社会是人类社会发展的最高阶段。这本书在日本是最早涉及马克思经济理论的著作，作为社会主义启蒙著作起到了巨大的宣传作用，被公认为当时日本社会主义理论研究的最高成果。①

幸德秋水的《社会主义神髓》和片山潜的《我们的社会主义》被称为明治时期社会主义启蒙书的"双璧"。两书都从进化论的角度来说明历史的发展，不过片山潜提倡通过同盟大罢工来实现社会主义革命，而幸德秋水主张通过仁人志士的活动来实现社会主义，这种想法很可能就是幸德秋水后来走上无政府主义道路的根本原因。

四　片山潜和他的《我们的社会主义》

1901年5月，片山潜参加发起和组织了日本社会民主党。这一时期，片山潜为了宣传社会主义写了许多文章和著述。其中最著名的有《我们的社会主义》《日本的劳动运动》等。在《我们的社会主义》中，片山潜非常详细地阐述了从资本主义到社会主义的发展过程，首先概述了社会主义和资本主义，之后就进入了资本主义发展史的记述，内容包括初期资本家、机械的发明、工场制度、两极分化、资本家间的竞争、劳动者的穷困、失业者的增多、资本家奢侈的生活、资本家的末日。随后从经济、社会、文化、政治等方面说明了社会主义的优越性，强调了社会主义革命中劳动者所负有的使命。在该书中，还谈到了资本主义必然灭亡、社会主义必然胜利的客观规律和社会主义革命的必要性。《日本的劳动运动》一书对日本工人运动的兴起和发展情况作了介绍和总结，是了解日本工人运动史的重要著作。这时的片山潜还不是一个完全的马克思主义者，而是处在由基督教的改良主义向科学社会主义转变的过程中。

1914年片山潜流亡美国。他在旅美日侨中组织了社会主义研究会，从事

---

① ［日］幸德秋水：《社会主义神髓》，马采译，商务印书馆，1985。

马克思主义著作的翻译和研究工作，曾翻译了《社会主义从空想到科学的发展》和《共产党宣言》等著作。1917年十月革命胜利后，片山潜受到极大的鼓舞。他阅读了列宁的《国家与革命》《无产阶级革命与叛徒考茨基》等论著，对马克思主义的国家观和无产阶级专政的学说有了新的认识，从而最终摆脱了社会改良主义的影响，转变为一个马克思主义者。1919年，片山潜加入了美国共产党。

五 第一个把《共产党宣言》介绍到日本的人：堺利彦

马克思主义的介绍者和开展日本马克思主义经济学研究的先驱者可首推堺利彦。尽管他所作的贡献主要是文献的翻译、介绍和出版，但这些基础工作为马克思主义经济学的发展创造了重要条件。堺利彦是第一个把《共产党宣言》介绍到日本的人。

1904年10月幸德秋水和堺利彦联手翻译了《共产党宣言》的前两章，并刊登于《平民新闻》第53号上。这一时期，站在人道主义、博爱主义或精神主义的基督教社会主义立场上的安部矶雄、西川光二郎，与站在唯物论的社会主义马克思主义立场上的堺利彦、幸德秋水开始产生了对立。

堺利彦的研究成果从1906年春天到夏天在《社会主义研究》杂志的第1期至第5期发表，其中第1期上刊登了《共产党宣言》（译文）。需要强调的是，这一次是包括第3章"社会主义的和共产主义的文献"在内的所有内容。第2期介绍了无政府主义研究。第3期介绍了社会主义者和社会主义的发展历程。第4期刊登了恩格斯的《社会主义从空想到科学的发展》（译文）。这部作品除第一章以外全部由堺利彦一人翻译完成。在作品中，他把"剩余价值"全部译成了"剩余价格"，这反映出当时的堺利彦对于"价值"和"价格"这两个概念还不能作很好地区分。第5期介绍了第二国际内部的诸多潮流。虽然总共只出版了这五期，但从他对议会主义思想与社会主义间关系所产生的疑问和为创办杂志所付出的努力来看，其中隐藏着他为明治时期的社会主义研究者们提出的新的研究方向，即如何通过研究世界社会主义运动的诸多潮流来探索日本社会主义运动的方向问题。换句话说，堺利彦的社会主义研究为明治时期的社会主义研究指明了方向。

除上述马克思恩格斯的作品之外，堺利彦还着手翻译了考茨基的《伦理与社会主义》、列宁的《国家与革命》的若干重要部分等。1922年，他翻译了《工资劳动与资本》，1930年翻译了《工资、价格与利润》。1907年，森近运平和堺利彦还出版了《社会主义纲要》一书。首先，该书对社会的经济基础以及生产方式的变迁作了说明，从现代经济论的角度分析了"物"的使用价值和"价格"的关系，并通过对劳动量决定价格、劳动力的出卖、劳动的生产费用和"剩余价格"的阐述，明确了经济恐慌的必然性和阶级斗争的必要性；其次，它记述了社会主义的主张，特别阐述了在农业问题、妇女问题、国际问题上所表现出的社会主义优越性；最后，该书还介绍了世界社会主义运动的历史和现状。

1917年，堺利彦在论文《欧洲战争的经济原因》中曾分析资本家制度所表现出来的要求和平或发动战争与其发展的阶段有十分密切的关系。他回顾了资本家制度发展的历史，将其分为三个阶段。第一阶段是好战的时代，战争多次爆发；第二阶段是和平的时代，通过内部整顿进入全盛期；第三阶段又进入战争的时代，意味着开始走向衰亡。

1923年6月，堺利彦因第一次共产党事件被拘捕。出狱后，堺利彦离开了日本共产党，思想转变为社会民主主义左派的立场。1927年，他与山川均共同创办了杂志《劳农》；1928年，与铃木茂三郎等人结成无产大众党。1933年1月，堺利彦去世，他留下的最后一句话是："我能够在倾听诸君坚决反对帝国主义的声音的时候死去，感到光荣！"

六 山川均的研究与社会活动

从早期的活动来看，山川均对马克思主义和马克思经济学在日本的传播作出了巨大的贡献。然而，在他后来的政党活动中，却又被共产国际批判为取消主义者，并被日本共产党开除。此后，他成为在日本马克思主义经济思想史上占有重要地位的"劳农派"的创立者之一。

第一次世界大战后，日本的社会形式发生了剧烈的变化，资本主义的快速发展、资产阶级的崛起、工会的快速成长使得社会主义的思想运动开始成为大众的政治运动，马克思主义研究的文献也不断增多。山川均也为此作出了不少贡献。例如，堺利彦、山川均的《唯物史观解说》和《马克思传 附恩格斯传》，山川均自己的《列宁与托洛茨基》《资本主义的策略》等。另外山川均还翻译了《马克思资本论大纲》《马克思经济学》《马克思学说大系》等。

随着时代的发展，作为马克思主义思想宣传者的山川均开始转向实践。1922年，山川均与荒畑寒村、市川正一等人一起参与筹划、创立日本共产党。同年，山川均基于"到大众中去"的口号发表了有名的《无产阶级运动的转变方针》，主张在日本阶级意识已经觉醒的少数社会主义者，不应该离开自己的队伍——工人阶级和人民大众，应该带着社会主义思想回到人民大众中去。该论文发表以后，社会反响强烈，被称为"山川主义"，这一理论也被称为"方向转换论"。

在1923年6月对共产党员大拘捕的时候，山川均赞成解散共产党，这与他的"方向转换论"有关。对于他来说，"方向转换"意味着思想已经彻底纯化的少数"先锋"再次返回到人民大众中去。共产党建党的必要性并不包括在他的"方向转换论"中。山川均的观点被共产国际批判为取消主义路线，1928年他被日本共产党开除。但是，山川均并没有停止社会活动。他与荒畑寒村和堺利彦等又创办杂志《劳农》，并由此形成了劳农派，对马克思主义经济学进行深入探讨。

在关于资本主义的论战中，山川均认为日本资本主义的特征在于官僚军阀的支持。明治维新的原动力主要来自新兴的资产阶级，受世界发展趋势的影响，日本资产阶级政权确立时，日本的资本主义已经直接进入第三阶段即帝国主义阶段。他还认为，资本主义在从消费品工业向机械工业发展的过程中，自由贸易主义会转变为保护政策主义，自由竞争主义将转变为独占主义，和平主义也从而转变为帝国主义、军国主义。山川均还认为，无论哪国的资本主义大多都会经历类似的发展阶段，但是最先进入资本主义的国家则能够最有次序地进行阶段性发展，相反，较晚一步进入资本主义的国家其发展阶段将会被缩短，结果导致两个阶段的重合或省略。从这个角度出发，山川均认为德国和俄国的经验是日本应该重视的。例如，俄国革命是建立在俄国的特殊条件下的，并不能说明它是一种唯一的、普遍的革命方式。以上可以看出，山川均对帝国主义阶段的资本主义的特有问题，是通过着眼于先进国和后进国资本主义发展状况的不同以及各国所拥有的特殊条件来进行分类分析和考虑的。

山川均对日本马克思主义经济学研究的贡献，樱井毅归纳为两点：第一，发挥了马克思主义经济学的解说及普及的启蒙家作用；第二，明确了日本资本主义的特殊性与一般性的区别。①

第二节　讲座派与劳农派的经济思想

日本对马克思主义经济学的研究，基本上开始于第一次世界大战以后。在这一时期，日本的马克思主义学者，不仅不断深化对马克思经济学的理解，而且试图运用它来解释一些社会经济现象，解决一些无产阶级政党的方针路线问题。在两次世界大战之间，日本的马克思主义经济学界共发生了三次激烈的大论战。前两次主要是在马克思主义经济学和近代经济学之间的理论论战，而第三次则是发生在马克思主义阵营内部，涉及日本共产党的行动纲领的政策性论战。论战的结果是形成了马克思主义经济学的两大学派——讲座派和劳农派。

一　关于价值理论的论战

这场论战是围绕《资本论》第1卷的价值理论与《资本论》第3卷的生产价格理论之间是否存在矛盾的问题展开的。一方以小泉信三、高田保马和土方成美为主要代表，认为马克思经济学不能成立；另一方则是捍卫劳动价值论的山川均、高畠素之、河上肇和他的弟子栉田民藏、山田盛太郎等人，在最后阶段，向坂逸郎也跻身其中了。

小泉信三1922年2月在《改造》杂志上发表了一篇题目为《劳动价值说和平均利润的问题——对马克思价值说的批判》的文章。小泉信三承袭了庞巴维克的观点，认为马克思《资本论》第1卷的价值理论和《资本论》第3卷的生产价格论是相矛盾的。其理由是，工资由再生产劳动者的商品的费用来体现，而这些商品的费用是用价格来表现的，并不是用价值来表现的，从而劳动本身与《资本论》第1卷的原理是相矛盾的。因为劳动的价值并不是由劳动者再生产所必需的劳动量来决定的。② 小泉信三强调，马克思的价值

---

① ［日］日高普ほか：《日本のマルクス経済学－その歴史と論理》，大月書店，1967，第138页。
② 显然小泉信三的问题在于没有能够区分开劳动和劳动力。

理论不仅自相矛盾，而且还陷入了循环论证。他的理由是，按照生产价格理论，商品的生产价格是由各种生产要素的费用来决定的，而这些要素的价格又是由生产所需要的资本以及劳动力的费用来决定的。他还说，如果生产价格论比价值论重要的话，那么，意味着商品交换是按照与生产商品所需要的劳动时间无关的价值来进行的。

栉田民藏从希法亭的著作里得到启发，认为《资本论》第1卷的价值理论和《资本论》第3卷的生产价格论分别适用于不同的经济发展阶段。对应于《资本论》第1卷的价值理论的是资本主义以前的"简单商品生产"阶段；对应于《资本论》第3卷的生产价格论的应当是发达资本主义经济。栉田民藏还指出，在"简单商品生产"社会，劳动和资本在不同产业之间流动，因此不会出现利润的平均化。对此，小泉信三反驳说，在行会（guild）及其类似的制度下，劳动和资本在不同产业之间的流动被阻止，同时也造成了垄断价格，这不符合马克思价值论所要求的自由竞争条件。

不过，小泉信三和栉田民藏的论战，不久就转化为栉田民藏与河上肇之间的论战，后来又发展为河上肇与福本和夫之间的论战。栉田民藏与福本和夫主要针对的是河上肇的唯物史观问题。

1925年1月，栉田民藏在《大原社会问题研究所杂志》上发表了他批判河上肇的第一篇重要论文《关于马克思价值概念的考察》，所针对的是河上肇的"价值人类牺牲说"。这在日本是第一次从唯物史观的角度探讨价值理论问题，被后人评价为划时代的文献。不过，后来的研究者所注意的主要是栉田民藏所提出的如下观点：对《资本论》第1卷的价值规律的理解，历史地看应该考虑简单商品生产的社会。其后一个月，福本和夫也在《马克思主义》杂志上发表了一篇批判河上肇的论文《唯物史观的构成过程》。福本和夫认为，当前的价值理论论战无视方法论，只从实证的角度来考虑问题是片面的。他强调，为了分析资产阶级社会内部的构造，从最简单的范畴——商品开始这一点，具有重要的方法论上的意义。这样，价值理论的论战就由对《资本论》的诠释发展到在唯物辩证法的基础上如何把握马克思经济学的问题。

从1928年开始，河上肇的《资本论入门》陆续分册出版。虽然高桥贞树将该书评价为"世界上最出色的资本论解说"，但是由于河上肇把《资本论》

中最基本的概念"商品"的意义理解为对"资本家的商品"的抽象，存在不符合"逻辑—历史的方法"的问题，这一讨论一直持续到第二次世界大战后。

二 关于地租理论的论战

这场论战主要针对的是马克思的级差地租理论，是马克思经济学的反对者与拥护者之间的论战，发生在1928年4月~1933年1月。一方以反对马克思经济学的近代经济学者土方成美、二木保几为主要代表。其主要论点有两个。一是所谓"平均原理"和"边际原理"的问题。他们认为，马克思在谈到市场价值一般的时候指出市场价值是在平均条件下决定（即由平均原理决定）的。但是马克思在谈到级差地租理论时，却说农产品的市场价值是由最劣等的条件下的个别价值决定（即由边际原理决定）的。这是矛盾的。二是"虚假的社会价值"的源泉问题。他们强调，如果农产品的市场价值是由边际原理决定的，那么由此而生的级差地租就属于"虚假的社会价值"，难以认为是剩余价值。另一方则主要是马克思主义经济学者猪俣津南雄、栉田民藏、河上肇以及向坂逸郎。他们强调，农产品的市场价值是由最劣等的条件下的个别价值决定的问题，属于方法论上的由抽象到具体的分析手法问题，与市场价值在平均条件下决定并不矛盾。他们虽然一致认为应该把级差地租作为剩余价值来认识，但是关于其源泉问题，却没有能够达成一致意见。

这次论战是从土方成美1928年的《从地租论可见马克思价值论的破产》一文开始的。在这篇短文中，他对于"虚假的社会价值"一词特别在意。土方成美认为《资本论》第1卷中的价值规定与《资本论》第3卷中的价值规定相矛盾。他强调，承认没有价值的价格，就是承认价格与生产产品的劳动无关，这说明劳动价值学说存在缺陷。河上肇主要通过"部门内竞争"和"部门间竞争"的理论进行了驳斥。

二木保几在《马克思价值论中平均观察与边际原理的矛盾》一文中，虽然主要讨论了"平均观察与边际原理的矛盾"问题，但是，在涉及"虚假的社会价值"时，实际上支持了土方成美的观点。二木保几对价值的认识停留在生产过程中的价值量的规定上，没有看到由于市场竞争所形成的市场价值，即在市场上由社会所评价的价值，他不能理解"不是该部门所创造，而是从其他的部门转移来的价值"。二木保几认为，在平均观察的条件下，剩余利

第十八章 生成期的马克思主义经济思想

润和负的利润互相抵消,从而地租消失。反之,如果让级差地租成立,则商品的价值量由生产商品的社会必要劳动量决定的法则将被否定。

猪俣津南雄在《谁让马克思矛盾了?》一文中对二木保几的观点进行了批驳。在猪俣津南雄看来,为了使边际生产价格成为控制市场的生产价格,则它必须同时也是平均生产价格。边际生产价格距离平均生产价格越远越难以控制市场。他还说,无论在历史上,还是在理论上,市场价值都先于市场生产价格。然而,当前者居于支配地位的时候,不能实现等量劳动等于等量价值。当后者即市场生产价格居于支配地位的时候,那么不能实现等量资本获得等量利润,换言之,也就是不能实现利润率的平均化。在猪俣津南雄眼中,虚假的社会价值,对于某一地主是正的,而除此之外的整个社会则是负的。[①]

高田保马在《马克思价值论的价值论》一文中,继续了土方成美和二木保几的讨论。高田保马认为,尽管一切地租都是剩余价值,但是因为地租是"虚假的社会价值",从而不是价值,由此可知也不是剩余价值。高田保马还认为,如果基于土地的性质的地租,作为超额利润来支付,那么全体地租会被抵消为0,于是就否定了地租的存在。

对高田保马的回答,主要来自栉田民藏。栉田民藏1931年首先在《级差地租和价值规律》一文中说,关于马克思的级差地租,必须注意的是,市场价值总额总是大于生产价格总额,而市场价值源于个别价值的平均,即便虚假,从全社会来看,也必须是现实的价值。栉田民藏1931年在另一篇论文《马克思批判者的"马克思地租论"》中还说,作为类比,在某一资本家那里,如果其个别价值低于市场价值,其差额,也应该视为一种"虚假的社会价值"。

向坂逸郎在多年后回顾这场关于地租理论的论战时,站在"土地的限制性限制了竞争"的立场上,在《马克思地租论》一文中说,土地的自然限制性,使价值规律在竞争中发生偏离。最次等土地农产品的个别价值作为市场价值,在整个农业部门的所有产品中被实现。因此,该部门所有商品的个别价值总额不等于市场价值总额。关于"虚假的社会价值",他认为,"虚假的

[①] [日]杉野圀明:《地代論争と虚偽の社会的価値》,《立命館経済学》第45卷第6号,1997年2月,第98~121页、第100页。

社会价值"绝不意味着地租并非剩余价值，社会所能支付的最终只能是人类劳动，不过是土地的特殊性使剩余价值在竞争中发生了变化而已。他在《为了地租理论的发展》一文中进一步指出，从全社会来看，最终工人阶级支付给土地所有者的东西的分量和限度是很清楚的。从社会来的必要的财富用从自然取得的进行支付的只有劳动。在商品生产中，所耗费的劳动作为抽象劳动体现在价值形态上。

向坂逸郎也不赞成河上肇的观点。他曾经针对河上肇的论断说，在农业部门，全部商品的个别价值的总额，与市场价值的总额不相等。因此开始出现"虚假的社会价值"，相当于级差地租的部分就由"虚假的社会价值"所构成。但是，这绝不意味着级差地租并非剩余价值。在土地生产物中竞争的特殊性，带来一定的特殊的调整性的市场价格，以等价交换的形式，在现实的价值的基础上进行不等价交换。从而，在社会上，由于需要与土地产品进行交换，而为了维持其存在，必须付给土地所有者以级差地租，这是一种价值的无偿让渡。级差地租，虽然不直接表现为农业工人被农业资本家剥削的劳动，但是，从社会整体来看，仍然可以归结为工人阶级的剩余劳动进入了土地所有权者手中。①

河上肇不同意向坂逸郎的观点。1931年，他在《关于地租论的诸多争论》一文中说，向坂逸郎把"虚假的社会价值"视为剩余价值的转化形态，是一种误解。向坂逸郎认为，马克思之所以提出"虚假的社会价值"的概念，是因为在农产品场合，市场价值比个别价值的平均要大，在产品自身中包含着没有被对象化的价值。作为假象，体现为虚假的部分，应该不属于资本家在生产过程中直接从劳动者那里所剥削的剩余劳动，在这一意义上，它不属于剩余价值。总之，"虚假的社会价值"，必须与农业资本家从他的工人那里直接剥削了的剩余劳动相区别。

三 关于日本资本主义的论战

这是一场围绕着明治维新及日本资本主义性质的两派（讲座派和劳农派）之间的大论战，被称为日本资本主义论战，也称为封建主义论战。这场

---

① [日] 向坂逸郎：《地代の"戦闘的解消"》，《中央公論》1931年第10号，第25~26页。

理论论战与日本共产党内的路线斗争直接相关。

该论战的时代背景是1927年的金融危机和1929年的世界经济大萧条。这两次危机加剧了日本的经济危机,使工农运动重新高涨。这场论战,主要是围绕着三个方面来进行的。一是对日本资本主义现阶段的认识问题;二是日本农业的性质,特别是地主和佃户以及地租的性质问题;三是明治维新的性质以及幕末(指江户幕府末期)的日本经济发展阶段问题。争论涉及历史、现状和诸多理论问题。

在理论上,双方并非没有一致之处。例如,双方都认识到日本的资本主义在很短的时间里就发展到了帝国主义阶段,并且在研究方法上都反对对直接套用西方的资本主义模式于日本。劳农派对讲座派的指责主要有三点。一是认为讲座派的理论根据只是根据自己的政治需要而提出的,并没有充分考虑现实,有把理论强加于现实的倾向;二是讲座派忽视了日本资本主义内部的动力和变化;三是讲座派在夸大了日本资本主义与欧美的差异同时没有充分认识到二者之间的共同点。

从实践角度看,双方争论的焦点在于:讲座派强调日本资本主义中存在封建残余,即存在半封建地主制的统治和以其为基础的绝对主义天皇制,主张在社会主义之前,必须进行资产阶级民主革命;而劳农派则强调金融资本的统治作用和农业的资本主义化,主张应立即进行社会主义革命。

四 "讲座派三太郎":山田盛太郎、平野义太郎和野吕荣太郎

山田盛太郎的研究以《资本论》第2卷第3篇的再生产图式及其对日本资本主义分析的应用为中心。其代表作《日本资本主义分析》由他投给《日本资本主义发达史讲座》的3篇论文构成。该书第1篇探讨生产循环、家族工业;第2篇分析循环机制、军事工业;第3篇则论述基础、半封建的土地所有制。

分析甲午中日战争和日俄战争时期产业资本的确立过程,得出日本资本主义属于一种特殊类型的结论,这是《日本资本主义分析》一书的主要特征。山田盛太郎认为日本型资本主义具有和欧美各国不同的性质,他称之为军事的半农奴制资本主义。他的见解发表时,恰逢日本学界正在进行封建论战,即日本资本主义论战的时代。

山田盛太郎强调，英国的资本主义是作为自由竞争的典范而产生的，德国和美国的资本主义则是作为集中垄断的典范而出现的，俄国和日本的资本主义则是作为军事的农奴制—半农奴制的典型国家而登场的，无论哪一种，在世界历史上都具有划时代的意义。

山田盛太郎认为，重工业的发展与贫穷的农民经济互补，构成日本经济的两个轮子。不过，日本经济的主要基础在于农村。因为对海外进行侵略需要维持强大的军事力量，所以有必要发展以军需工业为中心的重工业。为此所需的资金来自财政，从农村的高额地租征收来的税金构成其财源。这一点的实现还在于封建的乡村社会的存在。农民被束缚在封建的地主—雇农关系中，这样就为在财源上支撑工业和军事提供了可能性。而农民的低生活水平，使他们的收入被压得比产业工人的工资更低。反过来，军力不仅仅用于向海外侵略，而且也具有能够平息贫穷的农民们的叛乱的功能。这就是山田盛太郎的见解。

一般来说，随着资本主义的发展，地租应该受到市场的控制。然而，在日本，高额地租不能反映市场价格，这以军部的存在为背景，由地主的政治力量，即"超经济的强制"所决定。所以，山田盛太郎对日本资本主义的评价是"半封建的"或"半农奴制的"。

平野义太郎的《日本资本主义社会的机构》在关于日本资本主义的论战中影响很大。该书共分为4篇，第1篇为伴随明治维新的新的阶级分化和社会政治运动，第1篇又分为上下两编，上编为伴随明治维新的新的阶级分化，下编为伴随明治维新的社会政治运动；第2篇是资产阶级民主主义运动史。第3篇是明治维新之际的政治支配形态；第4篇是综合索引及参考文献，书后附有欧洲和日本的大事年表和日本资本主义年表。

"讲座派三太郎"中当时最为活跃的是野吕荣太郎。1925年末，野吕荣太郎写出了他的毕业论文，这实际上就是《日本资本主义发达史》一书的第1稿。野吕荣太郎在研究上的显著特征在于科学地运用马克思主义理论，对日本资本主义进行了创造性的具体分析。当时，高桥龟吉把社会主义的命题机械地用于日本社会的研究，套用列宁的帝国主义五大特征来评价日本，认为日本达不到这些标准所以不是帝国主义国家，日本到海外去（侵略）不过是因为国内市场狭小而去海外开辟市场而已。猪俣津南雄认为日本的资本主义已经足够发达,当前日本社会变革的任务应该是社会主义革命。野吕荣太郎指出了猪俣津南雄的认识错误。野吕荣太郎运用列宁的学说,认为日本在19世纪的最后10年完成了第一次产业革命,在日俄战争之后,进入了帝国主义阶段。之后是钢铁和军备等重工业的重要性日益增大的第二次产业革命时期。但是,日本的资本主义发展速度过快,加之国际经济环境特殊,于是日本资本主义具有一定的特殊性。这主要表现在:在地主和雇农之间存在半封建的纽带,并且这种纽带被融入资本主义的经济体制当中并被强化。另外,日本的实业家和大地主与欧洲不同,并没有作为独立的政治势力登场,而是依存于天皇制官僚和军部的支援。此时,世界经济已经结束自由放任的时代,开始进入关税政策和帝国主义对立的时代,日本国内也正朝着卡特尔和政府的工业保护的方向发展。其结果是,日本的资本主义没有能够像其他国家那样创造出民主主义,而是形成了绝对主义或者专制主义的政治秩序。于是,在日本,新兴的工业资本家和金融资本家们,在军国主义的卵翼下受到保护。这些观点,在1932~1933年所刊行的《日本资本主义发达史讲座》中又进一步被深化。

五 劳农派的中坚:河上肇和栉田民藏

1903年,河上肇到东京帝国大学农科大学担任讲师。其间,他先后写了《经济学上的根本观念》《经济学原论》《日本尊农论》等著作。当时的河上肇主张谋求"经济与道德的调和""商工业与农业的调和",提倡"尊农论",企图以此来解决日本在由传统社会向现代化社会过渡中所遭遇的社会道德与经济问题。河上肇的《社会主义评论》也是从道德理想主义的立场来认识社会主义的。这时的他,既批判政府当局镇压社会主义者,也不完全赞成社会主义。

1917年,河上肇出版了《贫乏物语》一书。该书一开头就指出,在世界上最富裕的国家里,大部分人的收入低于必要生活费。关于这种现象,当时主要有两种解释。一种是马尔萨斯的学说,认为原因在于生产力的发展跟不上人口增长的速度,但河上肇认为,这不能解释贫富不均;另一种解释认为,贫困不过是财富不平等分配的结果,但河上肇认为,这种见解是肤浅的,没有理解近代商品经济的真正作用。河上肇认为,真正原因在于企业迎合富人的需求，生产了大量不必要的奢侈品。

栉田民藏的研究，不仅在唯物主义方面，还包括价值和生产价格理论、地租理论等许多领域，尤其在日本资本主义和农业问题的研究上有突出贡献。《贫乏物语》一书，遭到了栉田民藏全面而深刻的批判。河上肇接受了栉田民藏的批判，开始清算《贫乏物语》的立场，并由此迅速走向马克思主义。①

《社会问题研究》的出版是河上肇走向马克思主义的起点。河上肇刚开始研究《资本论》时缺乏唯物史观的基础。就在关于价值理论的论战方兴未艾之际，栉田民藏在《马克思的唯物史观的地位》一文中批评河上肇说，只从经济学的角度研究马克思的《资本论》是不正确的，还应认真研究作为其基础的唯物史观。河上肇接受了栉田民藏的批评，先后又写作了《唯物史观研究》和《社会组织与社会革命》等。1925年，福本和夫批评河上肇说他还不理解马克思所继承的黑格尔的辩证法。

接受了栉田民藏和福本和夫的批判，1926年，河上肇发表了题为《关于唯物史观的自我清算——改正过去发表的见解和谬误，兼答福本和夫的批评》的长文，表明他已基本上掌握了马克思主义哲学。

六 福本和夫的经济思想

福本和夫在探讨经济学方法论时，首先对唯物辩证法的分析方法提出了疑问，并想从经济学体系中确定《资本论》的方法论及其研究对象的地位，明确日本资本主义的发展阶段。他把日本无产阶级运动的出现理解为源于当时的特殊社会状况。1925年，他在论文《无产阶级运动的"方向转换"和"资本的现实运动"》《理论斗争开展的社会根据》《方向转换》中反复强调了这一观点。福本和夫对于日本社会状况特殊性的认识，主要表现在对日本资本主义发展、衰亡过程的理解，以及对于无产阶级运动发展的理解。在关于"方向转换"的论文中，他认为日本资本主义的发展虽然落后于世界资本主义发展，但却正在迅速向世界资本主义社会靠近，并已步入衰亡过程。落后，但发展速度快，消亡也快，是日本资本主义的特殊性。同时，这也意味着刚刚诞生不久的日本无产阶级运动也具有特殊性。即日本的无产阶级运动不会

---

① ［日］日高普ほか：《日本のマルクス経済学－その歴史と論理》，大月書店，1967，第216页。

经历欧洲那样的由工会组织逐渐向社会主义运动转化的长期发展，而是匆匆忙忙地就进入了社会主义的政治斗争中。福本和夫强调了在日本资本主义发展、衰亡的特殊背景下，日本无产阶级运动的发展也呈现特殊的复杂性和仓促性，并在此基础上讨论了实践的重要性。

一般认为，唯物辩证法对社会的应用就是历史唯物主义，对资本主义的分析就是《资本论》。对此，福本和夫大胆地提出了自己的不同见解。他认为，为了明确唯物辩证法或历史唯物主义，首先必须明确近代有产者社会，所以现有的社会科学研究几乎都是围绕着近代有产社会进行的，《资本论》就是这些"近代有产社会"研究方法的集大成者。

福本和夫研究马克思经济学的第一篇论文就是《论经济学批判中马克思〈资本论〉的范围》。在这篇论文里，他涉及了马克思经济学方法论问题，这在日本还是首次。福本和夫是为了阐明《资本论》方法的基本构造，开始着手研究对马克思"经济学方法"的解释的。福本和夫对抽象法的理解，具体地说就是"材料→直接的具体→抽象的抽象→最简单的范畴→媒介的具体→材料"的分析过程。也就是说，现实资本主义这一"材料"通过向下运动抽象出最单纯范畴的诸多规定，接着通过追踪它们相互间内在的联系，必然会回归到，也就是通过向上运动返回到"材料"。然而，刚开始是直接的具体，而运动的结果则是媒介的具体。

福本和夫对马克思经济学体系内容的研究成果，主要在于他通过对世界资本主义的历史过程的理解，提出了所谓"社会变革过程图式"。

福本和夫的图式是从纯经济过程开始，说到国际统一战线的革命开始，再说到国际关系变革的革命完成。它是在简单商品经济基础上，通过马克思的向上体系导出了资本主义的历史过程。这样展开世界革命表达式的福本体系会通过认识日本资本主义的现状，试图在实践论中寻找体系的归结。

福本和夫把日本资本主义的发展分成三个阶段。第一阶段是1897~1918年，这一时期是日本资本主义社会内部矛盾暴露的萌芽期，是开始"自我批判"的时期，是日本资本主义发展的兴隆期。这里所谓的"自我批判"就是周期性发生的经济危机，周期性经济危机的发生标志着资本主义的确立。第二阶段是1918~1925年，这一时期是资本主义社会的衰亡期。第二次世界大战后特别是世界经济危机以后的时代，日本资本主义进入了衰亡期，矛盾暴露到了极点。第三阶段从1925年开始至今，是所谓理论斗争时期，是工会组织斗争向社会主义政治斗争转换的准备期，是工会组织主义与马克思主义的政治斗争主义展开对立斗争的时期。这一时期资本主义的自我批判进一步深刻化，逐渐步入完成阶段。

七　左翼分支：猪俣津南雄

猪俣津南雄于1925年出版了他的处女作《金融资本论》，该书的基本思想源于希法亭的《金融资本》。猪俣津南雄强调，如果不理解金融资本，就不能理解现代经济，也不能理解现代的政治，更不能理解现代的社会运动和革命运动。一般地把握现代资本主义，仅仅依据《资本论》是不够的。他认为，第一次世界大战后日本的禁止黄金出口政策、垄断的强化、资产阶级的反动化、"国家资本主义信用"的进展、中国革命的发展、日本的海外派兵等，都是由于日本资本主义急剧向金融资本阶段转化，并成为世界连锁的一环而产生的。因此，可以期待《金融资本论》会给所有想从对旧日本进行革命的立场出发，竭力想正确把握主观与客观形势的人提供一种强有力的、不可或缺的理论武器。猪俣津南雄认为，在马克思之后，关于资本主义后期发展过程的研究，除了列宁的《帝国主义论》外，最好的书就数桑巴特的《现代资本主义》和卢森堡的《资本积累论》了。猪俣津南雄对其内容进行了提炼并加以必要的解释，构成了《金融资本论》一书。

1926年，猪俣津南雄发表了《资本主义崩溃的理论根据》一文，将对于资本主义的认识推进了一大步。在此之前，福田德三根据杜冈－巴拉诺夫斯基的观点，主张资本主义会永远存在，并认为马克思关于资本主义灭亡的理论前后不一致。而河上肇则接受了卢森堡1912年的《资本积累论》中的见解，认为资本主义不能长期存在，必须以非资本主义环境为前提。猪俣津南雄认为卢森堡和河上肇关于资本主义的历史局限性与资本积累的关系的认识存在三重错误。一是把由于在扩大再生产中买取剩余生产物所需的货币而产生的局部相对困难问题，在理论上绝对化了。二是上述错误认识是由于对马克思的辩证方法缺乏认识而产生的。在没有把握住对立物的统一体这一点上，河上肇和卢森堡犯了与福田德三和杜冈－巴拉诺夫斯基同样的错误。三是生产和消费的矛盾，在纯粹的资本主义社会会伴随着资本积累的发展而发展，构成重大政治危机的物质基础,并与其他条件共同发生作用,导致资本主义的崩溃。猪俣津南雄在另一篇论文《帝国主义的理论及衰落的过程》中,强调消费资料购买力对生产增长的制约作用,与布哈林的均衡积累论以及帝国主义论比较接近,并且将之进一步单纯化和公式化了。①

关于帝国主义的研究成果,1928年猪俣津南雄汇总成《帝国主义的研究》。关于日本金融资本的构造和政策,有1930年的《没落资本主义的"第三期"》和1931年的《日本的垄断资本主义》两书。在1932年的《远东的帝国主义》一书的最后两章,猪俣津南雄还站在马克思主义经济学的立场上讨论了日本帝国主义与中国的问题。

八 劳农派的"派中之派":土屋乔雄和向坂逸郎

土屋乔雄和向坂逸郎也是劳农派的重要代表。土屋乔雄作为经济史学家,其著述中对日本经济史资料的利用特别出色。土屋乔雄的第一部专著是1927年出版的《封建社会崩溃过程的研究——江户时代的诸侯财政》。在该书中,他从加贺藩及萨摩藩的财政史料出发,得出江户时代已经是封建社会末期的结论。土屋乔雄认为江户时代已经不是纯粹的封建社会,业已发生资本主义的萌芽。

土屋乔雄对讲座派的主要批判就在于指责讲座派对史实和经济现实缺乏充分认识。尤其是,土屋乔雄对于山田盛太郎所提出的日本农业的"半农奴制"一说,持有极大的异议。土屋乔雄认为,山田盛太郎的"半农奴制"的根据源于古书中的"徭役",这在历史上也只在偏僻的山村偶尔存在,怎么能把20世纪的日本农业说成"半农奴制"呢?土屋乔雄也反对山田盛太郎的"半封建制"一说,并且质问山田盛太郎,难道能说20世纪30年代的日本与17世纪或18世纪的日本相似吗?

土屋乔雄认为,从江户后期开始,在地主和佃农之间已经渗入了商品经济关系,那时,虽然禁止土地买卖,但实际上已经在进行,不少耕种小块土地的农民,失去了自己的土地。由此而形成的"新地主"包括一部分城市居民,他们把到手的土地用于商业投资。总之,土屋乔雄认为,早在明治维新

---

① [日]守屋典郎:《日本マルクス主義理論の形成と発展》,青木書店,1967,第57页。

以前，日本已经出现了资本主义萌芽。土屋乔雄的结论得到了讲座派服部之总的支持。宇野弘藏也反对山田盛太郎的"半封建制"说，认为这在概念规定上是毫无益处的。宇野弘藏强调，农民的贫困不能说明农村的封建性质。农村滞留相对过剩人口的原因在于日本的工业化是以有机构成高的重工业为中心的，而重工业的劳动用量相对较少。

而向坂逸郎则强调，山田盛太郎将日本的农村经济理解为相对静止的状态，而土屋乔雄的认识则是动态的。向坂逸郎认为讲座派忽视了农村内部所发生的深刻变化，特别是农民正在陆续转变为无产者。向坂逸郎还对山田盛太郎在《日本资本主义分析》一书中关于日本工人工资水平的观点提出了异议。讲座派的结论是，日本工人的工资水平比印度低。在这一点上，向坂逸郎和土屋乔雄都认为，这一结论不过是讲座派为了证明自己的偏见而提出的假证据。

向坂逸郎在1928年"3·15事件"[①]之后，成了《劳农》杂志的论客之一，特别是就地租问题发表了不少意见。在此期间，向坂逸郎作为改造社《马克思恩格斯全集》编撰和翻译工作实际上最重要的指导者，完成了世界上最早的《马克思恩格斯全集》的刊行。接着，他又承担了该出版社《经济学全集》中与马克思主义经济学有关的部分，并亲自执笔参加了《资本论体系》和《马克思经济学的发展》的撰写。

《资本论体系》分为上、中、下三册，分别为《经济学全集》的第11卷、第12卷和第13卷。上卷中一部分内容是由栉田民藏等撰写的，向坂逸郎承担的部分占70%左右，是对《资本论》第1卷的全面解说；中卷是关于《资本论》第2卷的解说，资本的循环和周转由宇野弘藏撰写，再生产图式由山田盛太郎撰写；下卷是由向坂逸郎独自执笔的，是关于《资本论》第3卷的解说。这部《资本论体系》的研究水平，不仅远远超过了堺利彦或者山川均等人的认识，而且被认为比河上肇的解读更为准确。向坂逸郎1951年与山川均共创社会主义协会，站在正统派马克思主义的立场上，对日本的劳动运动和日本社会党左派产生了很大影响。进入20世纪70年代以后，向坂逸郎无法理解高度经济增长之后日本社会的变化，一味坚持其战前的观点，终于导致与日本社

[①] 所谓3·15事件，是指1928年3月15日黎明，日本政府（田中义一内阁）对日本共产党等突然发动的大搜捕事件，被拘捕人数超过1500人。同样的事件，在翌年4月16日黎明又发生了一次。由此，日本共产党的活动被彻底镇压下去了。

会党决裂。

向坂逸郎不仅是马克思主义经济学的研究家，也是一位文献搜集家。他所搜集的马克思主义文献，连当时苏联的马克思列宁主义研究所的研究员们都惊叹不已。

九 大原社会问题研究所

大原社会问题研究所对于马克思主义思想在日本的传播起过非常重要的作用。说它是日本马克思主义的大本营，或者社会主义运动的基地，也一点不过分。

大原社会问题研究所创立于1919年2月，是日本第一个社会科学研究所。所名之所以冠以"大原"二字，是因为创立者是仓敷纺纱股份公司经理的大原孙三郎。

河上肇参与了大原社会问题研究所的筹建工作，不过，具体工作都是由东京帝国大学教授高野岩三郎承担的。在高野岩三郎的领导下的研究所，先后招聘来了栉田民藏、晖峻义、久留间鲛造、大内兵卫和宇野弘藏等人。其中，宇野弘藏还创立了一个马克思主义经济学派，即宇野学派，该学派至今仍然很活跃。

在大原社会问题研究所里，对社会主义或工人运动进行研究的人越来越多，其成果主要发表在《大原社会问题研究所丛书》《大原社会问题研究所指南》，以及1923年创刊的《大原社会问题研究所杂志》上。其中关于马克思主义特别是马克思经济学的研究甚为活跃，产生了不少日本马克思主义研究史和经济学研究史上的传世之作。特别是，栉田民藏、大内兵卫、久留间鲛造等人发表了大量关于历史唯物论、价值论、地租论、经济危机理论的研究成果，并且翻译出版了《剩余价值学说史》《资本论》首章以及《哲学的贫困》。支撑这种研究活动的是图书资料。栉田民藏、久留间鲛造等人从德国和英国收集到了大量珍贵的图书资料，整理成了《日本社会主义文献》《日译马克思恩格斯文献》。

第十九章　发展期的马克思主义经济思想

第二次世界大战后至 20 世纪 80 年代末，日本马克思主义经济思想的研究获得了进一步发展。该时期成立了日本经济理论学会，并形成了诸多在国际上有很大影响的马克思主义经济思想流派，如宇野学派和数理经济学派。

第一节　宇野学派等的经济思想

第二次世界大战之后的日本马克思主义经济学家主要在战前积蓄的研究业绩和新的理论动向这两极之间开始研究活动。各派仍坚持各自观点继续论战，并在各派内部派生出新的分支。1952 年以后，双方首先围绕"新讲座派"的《日本资本主义讲座》继续展开论战。由此，逐渐形成了各大学派，尤其是以宇野弘藏为首的宇野学派在日本国内外马克思主义经济学界产生了重大影响。

一　"讲座派"和"劳农派"论战的继续

第二次世界大战前，在"讲座派"和"劳农派"两大派之间展开关于日本资本主义的争论，在第二次世界大战后又重新开始。不过，却不再明显地体现为"讲座派"和"劳农派"两大派的对立，争论的范围也扩大了许多。

第二次世界大战结束初期的论战主要集中在农地改革的问题上。战前的讲座派和劳农派争论的主要焦点是，日本的农业是否可以定义为封建性质。但是 1945 年以后的农地改革摧毁了封建制度，所以这一点已经不再作为主要焦点而存在。随着农地改革计划的具体实施，部分马克思主义学者开始把注意力转移到列宁对于俄罗斯农业改革进行的分析上面来，试图从中得到些许灵感或方向。

在关于列宁的"两条道路"（普鲁士道路与美国式道路）的学说是否适合战后的日本的争论中，有一种观点值得注意，即认为日本的农地改革是在

第十九章　发展期的马克思主义经济思想

农业经济不景气的时候自上而下强制推行的，结果是放弃了美国式的道路而选择了普鲁士道路，旧地主的地位不仅没有被弱化反而得到了加强。本来，农地改革开始实施后，许多人曾经期待着会随之增加无数独立自由的小农户，但是随着农地改革实施的进展，显然这种见解越来越不能成立了。井上晴丸作为论战的主要参与者，在相关议论中的立场，逐渐转化为对农地改革的全面否定论。在战后讲座派的代表性著作《日本资本主义讲座》（1953~1955）中，井上晴丸提出了农地改革根本没有改变日本的半封建性质的论点。他说，得以延续的半封建土地所有制，不但作为日本反动势力自身的力量，而且还把美帝国主义的支配权力作为最终力量而保持下来。[1]

上述见解得到了讲座派内部广泛的支持，近藤康男等人认为，旧式地主及其家族仍然在村落里保持着相当的势力和权威，农地改革实际上支持了为数众多的富农阶层。更重要的一点是，农地改革只是将可耕地进行了再分配，至于山林等资源仍然像战前一样保留在原有的所有者手里，所以结果是仍让地主保留了山野的占有权和水利供给的垄断权，为数不多而又分散的自耕农不得不继续依存于地主。[2] 以上的分析观点被日本共产党所接受，成为日共1950~1955年开展地下活动、制定战略战术的重要理论根据。但是到了20世纪50年代后半期，随着日本工业的高速增长带来了引人注目的新问题，日本农业的半封建性质问题就逐渐无人问津了。

劳农派的经济学者们对农地改革的评价与讲座派是不同的。在劳农派的学说里，农业领域里资本主义的生产关系早在一个世纪之前就已经出现了，经历了多年的不断发展，已经不存在是否需要考虑战后改革到底是不是民主革命，或者与列宁的"两条道路"有何关系的问题。按照劳农派的看法，农地改革是将封建残余从农业中彻底清除了土地改革，同时也是将农民的利益尽可能予以保留的改革。例如大内兵卫在1946年发表的论文中指出，农地改革本身不会改变日本农业的"东洋"性质，也不会给零散的土地所有和低下的生产力带来任何变化。不过，大内兵卫在《农地制度改革的意义》和《农村民主化没有捷径》两文中强调，虽然农地改革结束了地主对农民的剥削，但是也使

---

[1] ［日］井上晴丸:《植民地的隷属与半封建的土地所有制度·日本资本主义讲座》（第10卷），岩波书店，1955，第113页。

[2] ［日］井上晴丸:《日本農業资本主義化問題》，《経済評論》1947年第8~9号。

工业资本对零散农民的剥削变得更加容易。工业资本不仅对农业机械和化学肥料实行垄断价格,还将农业部门和廉价劳动力作为其原材料加以利用。

论战不仅限于日本国内的问题,表现在国际经济问题上的是关于贸易问题的论战,这就是在名和统一和赤松要之间发生的关于"不等价交换论"的论战。

名和统一在20世纪30年代发表了《国际贸易中的价值问题》一文,试图在国际经济领域运用劳动价值理论来探讨国际贸易问题,并且提到了不等价交换的问题。名和统一研究的基本构想是,把劳动价值理论扩展到国际经济领域,以说明为什么有的国家富裕而有的国家贫困。根据李嘉图的比较优势理论,生产力的差异构成了国际贸易的基础,通过国际的商品交换,所有国家都可以得到好处。但是名和统一认为,从劳动价值理论来看,不同国家生产力的差异通过贸易关系,使发达国家和不发达国家之间进行着不等价交换。因为发达国家的劳动者比不发达国家的劳动者劳动生产效率高,相对于不发达国家来说,发达国家出口的商品中包含的劳动量比较少,因此价值从落后国家隐蔽地流向先进国家。

名和统一的不等价交换论首先受到了赤松要的批判。赤松要的批判主要集中在1950年的《世界经济的构造和原理》一书中。赤松要认为,即便承认国际的交换是剥削与被剥削的过程,也只有在一国的产品在和他国产品进行比较时,价值被人为地降低的情况下,这种剥削才会发生。如果不存在这种扭曲的条件,先进国家的产品所具有的高价格,只是反映了其产品所需要的更加复杂的劳动技术和劳动强度。马克思所说的"剥削"在此种情况下是不适用的。赤松要还指出,国际分工导致的"低转换"(指经济效率的降低)也会产生剥削。

针对赤松要的批判,名和统一进行了反击。他在1950年的《外国贸易和利润率》一文中强调,"原本的复杂劳动"和"模拟的复杂劳动"应该区别对待。马克思确实讲过,复杂劳动所生产出来的产品要比简单劳动生产出来的产品更有价值。但是名和统一指出,一般地说,先进国家和落后国家间劳动生产力的差别,并没有反映劳动者熟练程度的不平等,而是反映了在工业国的机械体系中体现的先进技术的成果。作为技术自身先进性的结果,先进国家的劳动被假定为比落后国家的劳动更复杂。

到了20世纪60年代,日本和其他发达国家在工资水平和生产力水平上的差距都缩小了很多，不等价交换理论也就失去了当初的活力。随着跨国公司等新鲜事物的出现，研究者的注意力也转移到国际经济的其他方面去了。

二 宇野弘藏的经济理论

20世纪50年代后期开始，特别是在"非斯大林化"时期，当讲座派的权威逐渐消失的时候，劳农派出身的宇野弘藏的经济思想风靡一时。宇野弘藏学说的最大特点是，把经济学研究划分为"原理论""阶段论""现状分析"三个阶段，并主张只有以"原理论"为基准，以"阶段论"为媒介，才会有科学的"现状分析"。

日本马克思主义经济思想界，无论战前还是战后，一直在围绕各种问题不断地论战。宇野理论的一个重要目的就是，把马克思主义经济学从这种错综复杂的逻辑学、语言学陷阱中拯救出来。

按照宇野弘藏的观点，（讲座派、劳农派）对日本资本主义的分析产生混乱的主要原因在于，马克思主义学者没能清楚地区分原理论、阶段论、现状分析三者的差异。在对资本主义进行分析时，应该采用多元方法。首先，最根本最抽象层次的就是"原理论"，由此产生了"纯粹资本主义"的概念。所谓纯粹资本主义经济体系是一种理论抽象，在现实中是不存在的。因为历史上所有的社会都包含着大量非资本主义的政治、经济、文化因素，资本的流动作为经济社会的基础，现实的资本主义被这些因素所扭曲、所掩盖。把这些抽象掉就是纯粹资本主义。这种理论上的抽象物可以作为一种基准，用来分析现实社会中所存在的多种多样的资本主义。宇野弘藏本人强调，他（以及马克思）所说的纯粹资本主义是以历史唯物主义为基础的，并非空穴来风。宇野弘藏说，纯粹资本主义社会所展示的是17~18世纪以来资本主义自身的发展，而不是由于某些指导性的概念在观念上想象出来的。200年来资本主义的发展以及随之进行的经济学的研究，都是以客观为基础的。[①]

其次，比"原理论"稍微具体的第二个分析层次，宇野弘藏把它叫作"阶段论"。在这个层次里，假定资本主义经过了若干连续的发展阶段。各个阶段的社会发展有所不同，与纯粹的资本主义相比，有相同的地方，也有不

---

① [日]宇野弘藏:《経済学原理論の研究》，岩波书店，1959，第59页。

同的地方。不同之处就在于，"阶段论"里的资本主义开始有了一些较为具体的东西。纯粹资本主义这个概念，是使用高度抽象的方法把焦点集中于价值规律而抽象出来的，像股份公司或者国民国家等制度性的因素全部被抽象掉了。而"阶段论"虽然也采用了"一般化"这种高度抽象的方法，但是却加入了某些制度性因素。

最后是"现状分析"，在这个层次里，将过去和现在的经济体系都看作充满无限复杂矛盾的事物来进行解释。这种解释就是经济学的终极目的，但是它必须建立在"原理论"和"阶段论"的基础之上。①

由此看来，按照宇野弘藏的方法，"原理论"应当属于"科学抽象法"的纯粹运用；而"阶段论"则是通过时间脉络来体现由抽象到具体的变化，这就不仅仅是逻辑的方法，历史的方法也交织在其中了；至于"现状分析"，则"具体"到了"现实"，处于逻辑的方法和历史的方法的结合部。

宇野弘藏构筑了自己的理论框架之后就开始批评马克思的理论缺乏首尾一贯性。宇野弘藏站在他的"原理论"的立场上，认为《资本论》不过是试图从19世纪中期英国的复杂现实中抽象出纯粹资本主义来进行分析，但是，由于马克思又把这种抽象出来的理论模式直接用于分析现实世界的种种经济现象，于是就产生了研究上的漏洞。②

宇野弘藏在《经济原论》中试图对马克思经典著作中涉及纯粹资本主义的分析进行重新构建，目的是纠正他所认为的漏洞。宇野弘藏的思路是，首先从马克思主义的资本主义分析中找出本质性的理论要素，然后再通过要素的重新构建，赋予其逻辑上的首尾一贯性。该书分为流通论、生产论、分配论三部分。书中强调，马克思将劳动价值论的部分放在流通论中阐述是不正确的，应该放在生产论里进行讨论。其理由是，宇野弘藏认为，价值规律并非普遍存在的一般规律，只在资本主义社会可以观察到其全面展开。也就是说，劳动作为价值形成的唯一源泉，这一理论的本质，只有在资本的生产过程中才能够被理解。其原因在于，劳动力成为商品，不同产品之间的交换成

---

① ［日］宇野弘藏：《経済原論》，岩波書店，1964，第12~13页。
② ［日］テッサ・モリス・スズキ：《日本の経済思想江戸期から現代まで》，藤井隆至訳，岩波書店，1991，第195~197页。

第十九章　发展期的马克思主义经济思想

为可能，支撑经济体系的最重要的剩余劳动的出现，并成为自己不断扩大的动力，这些现象只有在资本主义社会才会成为可能。①

三　现状分析论与构造改革论

大内力把"国家垄断资本主义"这个概念和宇野弘藏的"现状分析"有机结合了起来，不过把"国家垄断资本主义"概念与宇野弘藏的"现状分析"融合并不是一个简单的课题。宇野弘藏把资本主义的发展分为三个阶段（重商主义、自由主义和帝国主义），他认为，1917年以后是资本主义的崩溃期，运用阶段论已经不能解释这个时期的现象。所以，如何把国家垄断资本主义这个新概念吸收到宇野弘藏的旧理论里，成为一个问题。关于这个问题，大内力把阶段论和世界史明确地区分开来，他指出，"国家垄断资本主义"不是宇野弘藏所规定的三阶段中的一段，而是世界史上资本主义崩溃期中独特的一种形态。这样一来，"国家垄断资本主义"的研究和宇野弘藏的现状分析理论几乎可以对等起来了。宇野弘藏认为俄国十月革命后第一个社会主义国家的出现意味着资本主义崩溃的开始。但是大内力的分析是，外来的危险因素只能是资本主义崩溃的特征之一，而经济危机是资本主义的内在问题。大内力认为，20世纪30年代的资本主义经济危机是国家垄断资本主义粉墨登场的决定性因素，从纳粹德国的经济政策到罗斯福新政，国家对经济进行干预这一新形态的诞生，正是从经济危机里学习到的经验。②

大内力说，从20世纪30年代起，日本的国家垄断资本主义就已经开始发展，但是当时种种社会的、政治的原因，阻碍了其进一步的成熟。所以，战后改革最本质的作用是全部清除这些阻碍性因素，创造出了一个更适合国家垄断资本主义发展的体制。

大内力以解散财阀和农地改革为例。他认为，解散财阀加速了日本大企业由家族支配向职业经理人管理的转换，农地改革为实行保护主义的农业政策奠定了基础，这也是有积极意义的。对于所有先进的资本主义国家来说，保护主义的农业政策都是解决慢性的生产过剩的一个必要的方法。

---

① ［日］宇野弘藏：《経済原論》，岩波書店，1964，第53~65页。
② ［日］テッサ・モリス・スズキ：《日本の経済思想江戸期から現代まで》，藤井隆至訳，岩波書店，1991，第201~203页。

到了20世纪60年代中期,"构造改革论"登上了历史舞台,特别是由于该理论后来被社会党所采纳,更是名声大振。该理论的主要代表是长洲一二。

构造改革这个想法,起源于非斯大林化时期的意大利共产党,类似于宇野学派的"现状分析",构造改革论也将重点放在对国家垄断资本主义的研究上,但是其诠释的方法和大内力等人的方法不同。对于国家垄断资本主义的基本矛盾,即生产资料的私有制和生产的社会化这一点的理解,长洲一二的观点和宇野学派是一致的。

现代资本主义生产和劳动的社会性高度发展,为了实现私人支配、占有其成果这个目的,资本的存在形态和再生产的构造都不得不依靠"国家"这个最社会化的产物。通过巨大的财政、公共信用、管理货币制度、贸易和外汇管理、国有企业等手段,庞大的国家经济机能深入再生产的过程中,如果不以此为媒介,资本主义将不可能存在,这种资本主义的最新发展阶段只能是"国家垄断资本主义"。[1]

长洲一二于1965年出版了《国际时代的日本经济》一书。该书的出版表明,随着日本经济环境的变化,其理论研究也进入了新阶段。在这里需要强调的是,农业领域里已经不存在"封建残余"、悲惨的劳动条件以及微薄的工资等现象。长洲一二的焦点集中在高速经济增长时代的问题上。构造改革派理论家的目的是把劳动者和中产阶级从高度增长的政策中唤醒。因为到了20世纪60年代中期,大部分日本人开始意识到,一味地追求GDP的增长而忽视生活质量,导致了通货膨胀和环境污染等社会问题。1973年,长洲一二又出版了《构造改革论的形成》一书,对构造改革论的发展作了总结。构造改革论的许多想法都是与政策相关的,有很强的可行性。

四 见田石介和他的《〈资本论〉的方法》

见田石介主要站在哲学的立场上研究《资本论》。见田在经济学方面的研究,首先以他1958~1961年的几篇论文为基础,通过进一步深化写成《〈资本论〉的方法》一书。该书于1963年出版。之后至1970年,他一方面研究了与经济学的基本概念相关的个别课题,撰写了一些从方法论的视角来进行

---

[1] [日] 守屋典郎:《日本マルクス主義理論の形成と発展》,青木书店,1967,第209~213页。

研究的论文，这些论文后来收在《价值和生产价格的研究》一书中；另一方面则致力于对宇野理论的彻底批判。见田石介认为，宇野理论是想把马克思主义经济学偷换为资产阶级庸俗经济学的一种尝试。有关论文，大部分收在《宇野理论与马克思经济学》中。1971年，当见田石介因为退休转到日本福祉大学之后，他开始进行黑格尔逻辑学的方法与《资本论》的方法的对比研究。

《〈资本论〉的方法》共分4章。第1章是作为辩证法基础的分析和综合；第2章是价值、商品、资本的概念；第3章是简单的分析、综合的限制性；第4章是辩证法的本质。该书所说的"方法"，首先指《资本论》的阐述方法，即我们常说的"由抽象到具体的方法"，见田石介将之称为"向上之路"；而《资本论》的研究方法，即我们常说的"由具体到抽象的方法"，见田石介将之称为"向下之路"。他还探讨了辩证法的唯物论基础，并认为，马克思所说的经济学的科学的正确方法指以分析为前提，其本身就是一个分析过程的综合方法。见田石介还考虑了这种方法与逻辑的、历史的方法的关系。接着，见田石介讨论了辩证法的方法论本质以及综合方法与辩证法的关系。

见田石介的"向上之路"及"向下之路"与福本和夫的"向上运动"及"向下运动"无疑是一脉相通的。不过，在见田石介那里，他把从商品到资本的一般概念视为一个阶段，而把从资本以后展开的关于内在多样性的分析视为另一个阶段。他认为前一阶段所采用的方法是一般科学所用的综合方法，而后一阶段所采用的方法则是辩证法。见田石介的这一见解，与宇野弘藏的价值论比较接近，但是，被认为比河上肇和栉田民藏要进了一步。河上肇虽然比栉田民藏分析得更为深入一些，但是在辩证法解释方面明显不足。而栉田民藏的见解侧重于商品的分析，他从商品出发，说明把资本的性质抽象掉的简单商品规律，在其逻辑中，他承认"历史的简单商品社会"，从而导致对日本农业的封建性质认识不足，这也是他和劳农派接近的理论原因。

见田石介与宇野弘藏在历史方法与逻辑方法运用上存在不同。宇野弘藏的"纯粹资本主义"可以认为是一种纯粹的理论抽象，当然有其现实基础。而见田石介的方法则体现了历史方法与逻辑方法的交错，呈现一种很复杂的思维。

见田石介在《宇野弘藏氏的经济学方法》一文中认为，宇野理论关于各国的资本主义或资本的各个阶段,不能从资本一般的理论上升到逻辑层次上来,也就是说,在这里出现了逻辑断层。他说,宇野理论的特色就在这里。

见田石介在《〈资本论〉的方法》一书中,还对列宁和宇野弘藏的帝国主义论作了比较分析。他认为列宁的帝国主义论,把帝国主义作为资本主义的一种特殊形态,把垄断作为帝国主义的本质特征的与竞争相对立来考虑,把帝国主义作为资本主义发展的必然结果来认识。而宇野弘藏的帝国主义论,则否认资本主义包含帝国主义,从理论上来看,宇野理论不承认帝国主义也是资本主义的一种形态。

五 久留间鲛造及其《马克思主义经济学词典》与富冢良三的质疑

在日本马克思经济思想发展史上,有一部巨著非常引人注目,这就是久留间鲛造长达 15 卷的《马克思主义经济学词典》。

久留间鲛造的工作,用当今的术语来说,属于人工分类检索,因此会存在两方面的问题:一是分类是否合理,是否能够囊括所有的方面;二是检索是否能够毫无遗漏,对于人工检索来说,这显然是不可能的。围绕着久留间鲛造的巨著所发生的论战,都属于这类问题,而问题主要集中在"经济危机的必然性"上。

该词典最初是以德语和日语对照的方式编撰的,共 15 卷。后来又出版了仅用日语的"普及版",共 8 卷。德语、日语对照版的第 1 卷为竞争,第 2~3 卷为方法,第 4~5 卷为唯物史观,第 6~9 卷为危机,第 10 卷为第 1~9 卷的索引,第 11~15 卷为货币,另外还有 1 卷是阅读指南。而在仅用日语的"普及版"中,第 1 卷为竞争,第 2 卷为方法,第 3 卷为唯物史观,第 4~5 卷为危机,第 6~7 卷为货币,第 8 卷是索引。

该词典虽然论述了危机的可能性,也涉及了可能性向现实性的转化,但并未在此基础上进一步探讨危机的"必然性"。关于这一点,久留间鲛造的理由是,马克思本人从来没有使用过"必然性"这个词。另外,他也不知道那些使用"必然性"这个词的人们究竟想表达什么意思。还有,虽然危机从 1825 年开始周期性爆发,但是 1870 年以后已经逐渐看不到严重的周期性危机了。

久留间鲛造的巨著《马克思主义经济学词典》的不完整性,终于引发了一场论战。首先对久留间鲛造发起质疑的是富冢良三。1974年，富冢良三发表了《论危机论体系的展开方法》和《论再生产论和危机论的关联》，强调研究经济危机的必然性对于马克思主义的危机论体系来说是非常必要的。富冢良三主张，危机向现实性发展的基础在于其必然性，在认识上比久留间鲛造进了一大步。

富冢良三指出，在内容上最难理解的是"向生产资本再转化时，由于生产资本各要素的价值变化引起的危机"这一点。即使歉收等原因导致的全面的生产过剩的危机即使存在，其根源也在于资本主义生产方式的本质，难道不应该这样认为吗？富冢良三强调了危机从可能性转化为现实性的内在必然性问题。在这一点上，富冢良三的追索是非常有价值的。不过，富冢良三没有搞清楚《资本论》第2卷第3篇与第3卷第3篇第15章之间的内在联系，以至于迷惑于经济危机的必然性与生产和消费的矛盾以及利润率下降的规律的关系上。

六　都留重人和有泽广巳：政策制定的参与者

都留重人在原则上对市场经济持反对态度，对制度学派和美国式民主主义有认同感，而对马克思经济学的亲和感最强。他的著述甚丰，仅著作就有几十部。除译著之外，早期大部分是关于经济理论和经济政策（尤其是产业政策）的，后来开始关心环境问题，是日本提出环境经济问题的第一人。他1968年出版的《现代资本主义和公害》由于将公害的定义、公害的形态（产业公害、都市公害、政治公害）及公害的费用负担进行了综合分析，在日本影响深远。

为了使日本经济摆脱瘫痪状态，日本政府于1946年成立了经济安定本部，负责制定和实施有关经济政策。经济安定本部负责策划和起草所有的经济政策，综合协调和监察政府各部门工作，拥有比其他政府部门更强大的权力。都留重人、山本高行、稻叶秀三被称为"安本三雄"。1947年，都留重人执笔了日本第二次世界大战后第一本经济白皮书。

有泽广巳因为战后提出了"倾斜生产方式"而闻名于世。战后，日本开始恢复国民经济的时候，面临着非常严峻的局势。1946年，他曾经预测，"1947年3月左右，将会出现存量枯竭，生产下降，通货膨胀加剧"的现象，即所谓"3月危机"说,而其根源则在于受到了煤炭和钢铁瓶颈的限制。为了避免这一危机,在日本外务省内成立了"煤炭小委员会",有泽广已任委员长。正是在这一"煤炭小委员会"上,有泽广已提出了有名的"倾斜生产方式"。

当时在讨论中陷入了一个怪圈:"煤炭的增产要以钢铁增产为前提,而钢铁的增产又要以煤炭增产为前提。""倾斜生产方式"就是为了解决这一难题而提出的。其基本思路是通过"进口重油—增产钢铁—向煤矿倾斜供应钢铁—增产煤炭—向钢铁产业供应煤炭"的方式,扩大煤炭和钢铁的相互循环,等生产恢复到一定水平之后,再依次向其他部门分配,以谋求经济整体的复苏。内阁于1946年12月27日通过了"倾斜生产方式"。

第二次世界大战后,除了都留重人和有泽广已外,山田盛太郎、大内兵卫、小仓武一、东佃精一、近藤康男等也都参与了战后民主化政策的制定和实施,活跃在国家和地方各种委员会中。

七 日本经济理论学会和四大学派的形成

如果说战前在日本曾经存在马克思经济学发展的土壤的话,那么战后的发展首先应该归功于相关的学会组织。日本经济理论学会是1958年夏开始筹办,于1959年5月成立的,它是从经济学史学会中独立出来的。日本经济理论学会的成立可以说是马克思经济学在日本经过战后的动荡期之后得到稳定发展的一个象征。会刊原来为《经济理论学会年报》,每年1卷,共发行了40卷,从第41卷开始改为季刊,即《季刊·经济理论》。

第二次世界大战前,马克思经济学的研究实际上已经与经济史的研究密不可分,经济理论学会成立以后,研究对象也就自然而然地从基础理论扩大到了现实分析。不用说,从前与学说史相关的一些马克思经济学命题也包含在经济学史学会的研究范围中,对马克思经济理论感兴趣的学者们在经济理论学会里会合在一起了。

日本的经济学界有一个特点,就是在有近代经济学和马克思经济学对立的同时,马克思经济学派内部也存在几个持不同观点的学派。马克思经济学在取得"市民资格"后,随着研究人员的增多,在关于正统马克思理论的继承关系上形成了几个学派。大致可以分为"正统派""宇野派""市民社会派""数理经济学派"这四大学派。

（1）"正统派"把马克思经济学看作马克思"主义"经济学，其被认为是理论和实践、科学和意识形态、逻辑和历史上相一致的学派，这个学派包含了日本马克思经济学的许多内容。"宇野派"和"市民社会派"以外的马克思经济学均被看作此学派的范畴，其本身也致力于成为"忠实于马克思的学派"。另外，关于马克思理论形成史的研究也是属于此学派的。

（2）"宇野派"的主要特点是把《资本论》的方法归结为原理论、阶段论、现状分析的三段论。宇野派理论体系是针对战后欧洲关于资本主义变化的论战和日本昭和初期日本资本主义论战（讲座派对劳农派）而产生和发展的，在战后批判斯大林思想的环境下成熟起来的。

（3）"市民社会派"是在继承战前的古典经济学的基础上，以平田清明为中心而形成的学派。该学派在理念上强调个人，重视从前被忽略了的市民社会论，反对受斯大林思想影响的教条主义，这一点和宇野派的立场是一致的。

（4）"数理经济学派"在国际上声望最高，其中的代表人物为置盐信雄和森岛通夫。

这些学派的形成一方面显示了日本马克思经济学的兴盛，但另一方面也因为学派间缺乏亲和性而成为马克思经济学发展停滞的原因之一，这也是欧洲能够有马克思主义复兴而日本却没有发生的原因之一。这主要在于以下三个方面。第一，反教条主义姿态的强弱不同。欧美是彻底地反教条主义的，而且不只是彻底地反对斯大林修正主义，在对待列宁主义的态度上也是彻底的。第二，与新古典经济学的关系不同。欧美的学院里流行的是新古典派，具备新古典理论基本素养的学者数量众多，马克思经济学只是作为不让新古典派一边倒的一种存在。而在日本，马克思经济学一直都是在大学里作为地位巩固的、已经被"制度化"的经济学而存在，并不是作为与近代经济学保持平衡的一种存在。第三，马克思解释的多样性程度不同。日本的马克思经济学在对经典著作解释方面做得很出色，所以有《资本论》解释学这一称呼。欧洲的马克思主义复兴产生了一些独创性的研究，如结构主义的《资本论》解释，关于利润低下的论争和长期波动论的重新评价，以及从属的储蓄论、剥削发生的机制理论和定量决定理论等。在日本以外的发达国家，马克思主义复兴之前的马克思经济学是完全被排除在正统的学院理论之外的。直至英国有了"社会主义经济学者会议"、美国有了"激进派经济学者联合",才显示出马克思主义复兴的生命力。

作为日本的经济学派,所谓大冢史学、大河内理论、杉本理论等,也有它们的一席之地。大冢久雄以比较经济史学为中心而在学术界活跃,他综合了韦伯的宗教社会学和马克思的历史唯物论的方法,构筑了所谓"大冢史学"。大河内理论指的是其构建的社会政策论。他构建了不同于施穆勒以后的学院派社会主义的社会政策论和社会主义的社会政策论的独特的理论体系,从资本主义社会的内在必然性论述社会政策的必然性,强调社会政策的阶级性格,并认为社会政策的对象是劳动力而非劳动者,劳动保护立法的实质也是为了保全劳动力,因此认为社会政策的诸形态取决于与劳动力的紧张关系。大河内理论在方法上和马克思的方法论有相同之处,同时和韦伯的理论也有相似之处,可以说是具备了在马克思理论不得不后退一步的时代背景下日本社会科学的一般特征。因此,服部英太郎和岸本英太郎等,批评大河内的理论欠缺"生产关系和阶级斗争的视点"。

杉本荣一理论的核心在于对马克思经济学《资本论》的解释学的批判和对近代经济学的数量分析的期待,他主张经济学研究要把近代经济学和马克思经济学统一起来。

第二节 数理经济学派的经济思想

日本马克思经济学的国际声誉,是数理经济学派打造出来的。其代表人物主要是置盐信雄和森岛通夫。数理经济学派最初以所谓"马克思的基本定理"走向世界,接着,在20世纪70年代关于转形问题的第二次大论战中,森岛通夫是拥护马克思阵营的代表;而反对马克思阵营的代表是萨缪尔森。由此,森岛通夫在世界上名声大振。另外,把数理分析手法导入马克思经济学,不但使马克思经济学本身的研究得以升华,而且,也使超越学派的对话成为可能,这一点,置盐信雄的努力尤为突出——第二次世界大战后日本的马克思经济思想,正是从新古典学派等的理论中汲取了现代分析手法才取得蓬勃发展的。

第十九章　发展期的马克思主义经济思想

一　置盐信雄的经济理论

在置盐信雄对劳动价值论的研究中,最有名的就是所谓"马克思的基本定理",即只有剥削率为正的时候,平均利润率才为正值,也就是说,正的剩余价值是正的利润的存在条件。这与斯蒂德曼的结论正好是针锋相对的[①]。置盐信雄曾经用过多种方法来证明这一定理[②]。

置盐信雄对"马克思的基本定理"的证明只不过是将马克思关于利润与剩余价值关系的结论用数学形式表现出来而已。此后,置盐信雄还考虑了利润平均化以后,即在生产价格条件下以及市场价值条件下的利润与剩余价值关系,但是由于置盐信雄没有能够解决转形问题,他后面的考察便失去了基本前提。总之,置盐信雄关于"马克思的基本定理"的研究,是一个系列。其中在世界上影响比较大的还有所谓置盐定理,该定理的主要内容是,当技术变化从初始状态向新的状态变动的时候,在实际工资率不变的前提下,平均利润率会增大。

该理论是这样提出的:如果没有技术革新,实际工资率的上升,肯定会带来平均利润率的下降,而新技术的引进会减缓平均利润率的下降。[③]

置盐信雄还利用迭代法探讨了所谓的转形问题。在阐述他的迭代转形法时,他先举了一个包含3个部门(实际上是3大部类)的例子,然后才进行n个部门的一般讨论。不过,置盐信雄的3个部门迭代转形法与他对n个部门的一般讨论实际上并不相同,他的3个部门迭代转形法拘泥于鲍特凯维茨的3大部类方法;而他对n个部门的一般讨论则克服了鲍特凯维茨方法的局限性。

置盐信雄模型的数学结构看上去虽然复杂,但思路其实很简单,就是先

[①] 斯蒂德曼认为,负的剩余价值会与正的利润并存,也就是说,当利润率为正的时候,剩余价值率有可能是负的。参见 Steedman Ian, *Marx after Sraffa* (London: New Left Books, 1977);中文版参见斯蒂德曼《按照斯拉法思想研究马克思》,商务印书馆,1991。

[②] 具体证明参见程恩富主编、张忠任著《马克思主义经济思想史》(日本卷),东方出版中心,2006,第154~155页。

[③] 具体证明参见程恩富主编、张忠任著《马克思主义经济思想史》(日本卷),东方出版中心,2006,第155~157页。

按照马克思的转形公式（即成本价格不进行生产价格化的转形公式）计算第1步的生产价格，然后将成本价格按照第1步的生产价格计算，由此得到第2步的生产价格……这样一直迭代计算到平均利润率形成为止。[①]

置盐信雄的迭代模型的问题主要在于其"成本价格生产价格化"不是通过交换关系自然形成的，而是硬性指定的。而所指定的"生产价格"并非真正的市场生产价格。所谓迭代，不过是马克思的转形公式（即成本价格不进行生产价格化的转形公式）的反复运用，并没有从根本上解决问题。

与置盐信雄在同一年，安瓦尔·谢赫（Anwar Shaikh）也采用把马克思的半转形方法一层一层转化下去的手法，提出了与置盐信雄的迭代模型类似的"反馈式"转形方法。但是也与置盐信雄一样，没有从根本上解决问题。1984年，虽然谢赫对他的转形方法作了一些理论补充[②]，但对于转形模型的构筑来说，并没有取得什么实质性进展。

二　森岛通夫的转形理论

在20世纪70年代的转形问题论战中，森岛通夫发表了多篇论文，主要内容基本都收在他1973年的《马克思的经济学》（主要是第7章静态转化问题）和1978年的《价值、剥削和增长》（主要是第6章转化问题：马尔柯夫过程）两书之中。森岛通夫认为，《资本论》各卷之间并没有矛盾，它们之间的关系构成了一个从单一部门模型到多部门模型、从特殊到一般的完整的理论体系。[③]

森岛通夫指出："在转形问题中，马克思并不打算在价值与价格之间建立一种比例性，而是相反，要揭示个别的剥削和个别的利润是不成比例的，除非假定一些限制性很强的条件。我们认为马克思想要建立如下两个肯定命题和一个价格否定命题：第一个是 $e>\pi$，它涉及剩余价值率到均衡利润率的转化；第二个是 $P_{i,w}>\lambda_i$（$i=1,\cdots,m$），它涉及从价值到以劳动计的均衡

---

① 参见程恩富主编、张忠任著《马克思主义经济思想史》（日本卷），东方出版中心，2006，第159~163页。

② Anwar Shaikh, "The Transformation from Marx to Sraffa: Prelude to a Critique of the Neo-Ricardians", in Ernest. Mandel (ed.), *Marx, Ricardo, Sraffa*, Verso, 1984.

③ M.Morishima, G. Catephores, *Value, Exploitation and Growth* (McGraw-Hill, 1978), p.201.

价格的转化；第三个是 $\pi_i \neq aS_i$ ($i=1,\cdots,m$)，它涉及剩余价值到利润的转化……前两个命题的成立，不需要任何保留和任何外加的假定，而第三个仅被一个例外所限制，这就是：所有各产业部门的资本价值构成相同。"[1] 森岛模型成立是以所有部门资本有机构成相同为前提的，显然这缺乏说服力。不过，森岛通夫在《价值、剥削和增长》中放弃了这一假定，转而认为总生产价格等于总价值及总生产利润等于总剩余价值无条件成立。[2] 森岛通夫从逻辑—数学方面考察转形问题，并提出以马尔柯夫过程结果为依据的一种解法，即从价值开始，依照多次迭代之后导向正确、一致的生产价格计算。森岛通夫指出，马克思确实意识到投入品和产出品这两者都必须按照价值计算转化为按照价格计算，但马克思并没有完全转化它们；相反，马克思是按照一种迭代公式，利用别的方法，通过连续方式来转化投入和产出的。[3]

森岛通夫在形式上得到了马克思"生产价格总额等于价值总额"和"利润总额等于剩余价值总额"的结论，其解法对以后的进一步研究产生了重要影响。

三 森岛通夫的扩大再生产理论研究

置盐信雄和森岛通夫都对马克思再生产理论做过许多研究。不过，因为置盐信雄研究马克思再生产理论的基本前提是把两大部类的对比关系假定为不变的，这是不具有一般性的，所以其结论也有相当大的局限性。[4]

森岛通夫倒是注意到了这一点，但是，他认为马克思的扩大再生产体系是不稳定的。他明明看到了"在马克思的经济理论中有明显的均衡增长倾向"，并承认，这种倾向看上去远比新古典经济学家所主张的收敛性更强，因为不均衡增长的状态仅仅一年就消失不见了。然而，他认为这种现象是不正常的，出现这种奇怪的结果，并不是由于马克思所选择的数据特殊，而是

---

[1] ［日］森岛通夫：《马克思的经济学》，袁震岳译，上海人民出版社，1990，第111页。
[2] 程恩富主编、张忠任著《马克思主义经济思想史》（日本卷），东方出版中心，2006，第168~171页。
[3] M.Morishima, G. Catephores, *Value, Exploitation and Growth* (McGraw-Hill, 1978), p.160.
[4] ［日］置塩信雄ほか：《経済学》，大月書店，1988，第94页。

由于其投资函数的特殊性。①

马克思的投资函数有什么特殊性呢？森岛通夫共指出了三点：①第Ⅰ部类的资本家按其剩余价值的一定比例进行积累；②该积累额被投资到第Ⅰ部类，并按照$k_i:1$的比例转化为不变资本和可变资本；③第Ⅱ部类的资本家以保证生产资料的供求平衡为前提进行投资。

森岛通夫认为，资本家的投资活动被限定在自己所在的部类里，是不合理的；只让第Ⅱ部类的资本家担任调节者，也是不合理的。为了克服这些问题，他便对马克思的假定作了两点修改：①两大部类的资本家具有相同的储蓄偏好；②他们对两大部类的投资机会具有同等关心。

但是，森岛通夫的两个假定，都只是"假定"而已，并没有真正导入模型中。他的第一个假定，实际上只是使两大部类的积累率相等，这与具有相同的储蓄偏好是有所不同的。因为即便有相同的储蓄偏好，当市场不利的时候，并不妨碍其在本部类减少投资，而当市场有利的时候，也并不妨碍其在本部类增加投资。可是在模型中使两大部类的积累率相等，两大部类的积累率就都变成了相同的常数，意味着两大部类的投资比例都成为不能调节的了。这样，既不会存在竞争，价值规律也不能发挥作用，这种模型还有什么意义？他的第二个假定，本来具有让两大部类之间发生交互投资的意思，但是实际上在模型中对此毫无体现。

在《资本论》第2卷第21章例1之2中，两大部类第1年的经济增长率虽然不同，但是从第2年起却变得一致了，并且保持这种一致不变。森岛通夫（1973年）也看到了这一现象，但是，他却认为是不正常的，把问题归结为马克思的投资函数的特殊性。

作为模型的假定条件，森岛通夫的模型只是在"两大部类的积累率相等"这一点上，与马克思的模型不同。可是，就仅仅这么一点点不同，他就把马克思模型中的调节功能给抹掉了。

进一步说，森岛通夫使两大部类的积累率硬性相等，在马克思的再生产体系下是不能成立的。我们知道马克思再生产模型是收敛的。这种收敛表现

---

① ［日］森嶋通夫：《マルクスの経済学価値と成長の二重理論》，高須賀義博訳，東洋経済新報社，1974，第117~128页。

在两大部类的增长率趋于相同，即 $g_1=g_2$。可是如果硬性使两大部类的积累率相等，则会有 $g_1=\dfrac{e\alpha}{1+k_1}=\dfrac{e\alpha}{1+k_2}=g_2$，从而得出趋于 $k_1=k_2$ 的错误结论①。因为一般情况下，两大部类的资本有机构成是不同的；并且，在马克思的再生产体系中，两大部类的资本有机构成是不变的。所以，在"两大部类的积累率相等"的假设下，永远不会有两大部类的增长率相同，即永远不会发生收敛，永远发散，这就是森岛通夫所说的不稳定。马克思的再生产体系本来是极为稳定的，不稳定只是来自森岛通夫自以为是的篡改，与马克思没有任何关系。

森岛通夫强调，马克思的再生产研究本来是从假定两大部类的积累率相同出发的，但是马克思只是让第Ⅱ部类的资本家担任调节者。这里存在两个问题。第一，森岛通夫没有理解调节过程在再生产体系中的地位和作用，马克思仅仅让第Ⅱ部类的资本家担任调节者固然是不合理的，但森岛通夫把调节过程去掉更不合理；第二，均衡积累率可以从模型中求出来（这才意味着是市场所决定的），森岛通夫强行使两大部类的积累率相等，这样就把变量之间的内在联系完全破坏了。

所以，可以说森岛模型已经不再属于马克思的再生产体系。森岛通夫进一步得出的一些结论，如模型不稳定等，均与马克思的再生产理论无关。

四　劳动价值论研究的新进展

关于劳动价值论的研究，在日本影响最大的就是前述置盐信雄的价值模型。不过，因为置盐模型不能说明具体劳动向抽象劳动、个别价值向社会价值的转化过程，所以显得有很大的局限性。

关于置盐价值模型，以新兴的日本分析马克思主义学派为中心，引发了一场论战。2001 年，高增明发表了《分析马克思主义》一文，由此引发了一场大讨论。同年 9 月，模原均针对高增明"马克思主义经济分析中不需要劳动价值"的观点提出质疑，指出高增明所说的"劳动价值"有"劳动的价值"之嫌，而劳动本身是没有价值的，马克思的劳动价值学说认为商品价值的实体是劳动，而不是反过来。接着，模原均强调，高增明所定义的劳动价值，

---

① 这是一个矛盾，其解决在于打破两大部类剩余价值率相同这一假定。否则，就只有在 $g_1 \neq g_2$ 的前提下才会有均衡积累率。

是指生产商品1单位直接或间接所必要的劳动时间，没有与社会化过程挂上钩，因此仅代表私人劳动，与马克思的价值概念不是一回事。按照高增明的定义计算的劳动价值必然会失去资本主义和商品经济的特征，由此而构筑的数学模型也必然不能在经济分析中充分发挥作用。高增明对其劳动价值无用论的证明借用了置盐信雄的结论，而置盐模型是以劳动时间为直接尺度的，将抽象劳动等同于活劳动，这并不能代表马克思的理论。

吉原直毅则认为，置盐信雄等人的劳动价值定义是基于斯密和李嘉图等古典经济学派的思想导出的，这与马克思的出发点是一致的，不能认为毫无关系。吉原直毅强调，问题在于复杂劳动的存在，进一步说则是不同质劳动的存在。之后，有一位自称为惠[①]的人继续质疑把社会必要劳动时间解释为直接或间接投入劳动时间的问题，还有人提到吉原直毅把斯密的见解与李嘉图的观点混淆了的问题。但是吉原直毅在回答中仍然坚持应该把社会必要劳动时间重新解释为由各种商品生产所直接或间接投入的劳动时间作为共同的尺度或度量标准。接着，惠氏又进一步指出"过去劳动加上活劳动等于商品价值量"这一方程式不能成立的问题，并提到内在的价值尺度与外在的价值尺度被混同了的问题。这时，久留米大学副教授松尾匡也参加进来，站在模原均和惠氏的相同立场上，强调置盐信雄的方程式只能适用于社会主义社会的协作生产，对于一般商品生产来说，价值形态是长期均衡的结果。模原均则进一步把分析引向了与市场价值相关的部门内竞争问题。吉原直毅总结说，争论的核心在于，抽象劳动是在逻辑上先发生在交换过程之前（或独立于交换过程），在生产过程中确定；还是逻辑上在交换过程中才开始形成，或者说抽象劳动可以归结为决定于交换过程的一个函数。吉原直毅赞成前者，持有这种观点的还有佐藤良一；而模原均等人的观点属于后者，持有这种观点的还有头川博等。最后，模原均把问题归结为，考虑到定量化处理的局限性，应该对模型和现实、社会必要劳动时间的含义、价值对象性以及相对价值形态等问题作进一步讨论。

以上的争论，固然主要产生于对置盐信雄的价值模型的疑问，究其根源，则在于迄今为止的劳动价值论数学模型化仍然不够完善，以及对马克思

---

① 按照日本的习惯，惠应该是女性的名字，不是姓氏。

本意的理解还存在各种偏离。模原均等人的观点基本属于所谓正统派别，持有这种观点的还有伊藤诚等人，伊藤诚比较关心在社会主义经济条件下劳动价值论的作用问题。因为置盐模型不能说明具体劳动向抽象劳动、个别价值向社会价值的转化，所以又出现了考虑到具体劳动的价值模型①。

在 20 世纪 90 年代后期，欧美的一些关于劳动价值论的最新研究也传到了日本。目前在西方的马克思劳动价值研究领域中颇为活跃的是所谓的"新解释"。和田丰 1999 年的《欧美转形问题论战的现状》及 2000 年中央大学经济研究所编的《现代资本主义和劳动价值论》对此作了介绍，而伊藤诚在 2004 年《转形问题的"新解释"与货币的价值及交换价值》一文中，则进行了批判性讨论。2000 年，张忠任提出了转形后"总计一致的 2 命题"能够同时成立的一般静态转形数学模型。②

五　剩余价值理论的研究动向

三土修平于 1992 年发表的《剥削论的回顾与展望》一文认为，在方法论上，马克思的剩余价值理论是"由抽象到具体"，而置盐信雄的"马克思的基本定理"则属于"由具体到抽象"。接着，三土修平对马克思的工资理论提出了两点质疑。一是关于劳动力价值的决定机制问题。商品的价值由生产和再生产这种商品所耗费的社会必要劳动时间决定；劳动力商品的价值由生产和再生产劳动力所耗费的社会必要劳动时间决定。由此看来，关于劳动力商品的价值决定是由一般商品的价值决定演绎出来的。马克思在阐述劳动后备军理论的时候，又谈到把劳动力商品的价值压向生存水平（工资由生存费用决定）的机制。但是，马克思在阐述一般商品的价值决定的时候却没有涉及类似的机制，三土修平对此持有疑问。二是从工资的生存费用决定说出发，很难解释伴随经济增长的实际工资提高。三土修平认为，置盐信雄的"马克思的基本定理"与工资的生存费用决定说没有发生关系，所以能够避开上述两个难点。但是，置盐信雄的"马克思的基本定理"也没有涉及生产资料所有制问题，不过是把利润成立的状态解释为"存在剥削"。三土修平提出问

---

① 参见和田豊《価値の理論》，桜井書店，2003。
② 参见程恩富主编、张忠任著《马克思主义经济思想史》（日本卷），东方出版中心，2006，第 185 页。

题：利润这一收入范畴的成立本身是否一定就意味着对工人阶级不利呢？他的回答是否定的。他举例说，当同时兼有股东和工人两种身份的时候，作为工人，他提供剩余劳动，但是作为股东，他又会取得剩余价值。如果一个社会当中，所有的人都是这种情形，怎样来认识"剥削"呢？在这种情况下，三土修平认为只有庞巴维克的时差利息说才能予以解释。

随后，三土修平分析了马克思主义学派的代表人物之一约翰·罗默的"剥削"理论。三土修平在讨论了一个用两种不同的技术生产小麦的例子之后，认为罗默的研究超越了置盐信雄的"马克思的基本定理"，因为罗默从所有权分布出现偏离时会发生剥削的观点出发，提出了剥削的发生机制理论及其数量的决定理论。三土修平借用李嘉图关于国际贸易的比较利益说的分析方法来讨论两个集团的比较生产费用问题，然后提出，假定广义的资产（土地、资本、知识等）在社会成员中按照某种原则分配会达到某种状态。现在，如果由于这一初期资产的分配原则被扭曲了而不能实现那种状态，一部分人通过另一部分人的牺牲而获益，这不限于资本主义经济的劳资关系，在各种社会都会以多种方式存在，可以将之称为"剥削"。在罗默那里已经有了"封建的剥削""资本主义剥削""社会主义剥削"等说法。罗默用剥削的一般概念进行了统括。针对罗默的剥削定义中的撤出原则，三土修平在他的比较生产费用分析中，认为当把物质资源的等分作为撤出原则的时候不存在剥削，但是，当把技术知识的等分作为撤出原则的时候则存在剥削。

总之，三土修平认为剥削理论已经经历了三个发展阶段。第一阶段就是马克思的剥削理论，属于从劳动价值论出发的剥削理论，因此，解决转形问题，从价值来解释生产价格就成为研究的重点。第二阶段的研究重点在于试图证明即便价格不是由价值决定的，利润的源泉也是剩余劳动。三土修平在这里说的实际上就是置盐信雄的"马克思的基本定理"，因为该定理的证明是从利润的存在出发来反推剩余价值的存在的。第三阶段的研究重点则转化为剥削背后的所有权问题。三土修平强调，罗默那种包括主体的选择来构筑所有理论的研究方法，是马克思没有充分展开的一个领域，也是今后剥削理论的研究方向。

吉原直毅在1999年出版的《分析马克思主义》一书中对罗默等分析马克思主义学派的剥削理论，包括数学公式，进行了全面介绍，并从资源配置的角度对分配理论的研究动态作了全面考察。2001年，他发表了《马克思派剥削理论的再验证：70年代转形论战的轨迹》一文，运用数学手段做出了一些新的尝试，然而，却得出了置盐信雄的"马克思的基本定理"不能成立，进而马克思的剥削理论也不能成立的错误结论。这一结论随即遭到了松尾匡的激烈批判[1]。

吉原直毅在置盐信雄的基础之上提出了"不同消费下的马克思基本定理"[2]。吉原直毅认为，"不同消费下的马克思基本定理"在诺伊曼经济模式中不能成立，只在列昂捷夫经济模式中能够成立。吉原直毅通过反例否定了"不同消费下的马克思基本定理"在诺伊曼经济模式中的可能性之后，便把问题归结为鲍尔斯（S.Bowles）和吉尼茨（H. Gintis）于1981年，以及萨缪尔森和罗默于1982年所提出的所谓"一般化了的商品剥削定理"，吉原直毅对该定理的内容作出如下阐述。

假定为单纯的列昂捷夫经济。当生产任意商品k的1单位所投入的商品k的总量比1小时，商品k的剥削率是正的。这时，劳动的剥削率是正的，与商品k的剥削率是正的，是等价的，都是正的利润率的必要条件。

对此，松尾匡一针见血地指出，按照这种论点，利润的源泉就不局限于劳动，可以是任何商品。松尾匡举例说，例如生产1单位香蕉所投入的香蕉总量比1小时，意味着利润的源泉就是香蕉，也就是说，受剥削的不是劳动者而是香蕉。之后，松尾匡从两种体系（体系1像孤岛上的鲁滨逊那样，人类从经济系统的外部投入劳动，从经济系统取得纯产品；体系2是从经济系统的外部投入资本，从经济系统取得剩余生产物的体系）出发，分析了列昂捷夫体系和联合生产体系，并考察了效用最大化能否实现的影响，最后强调，社会归根结底是人类的社会，劳动价值论及马克思基本定理不容轻易否定。

大西广把柯布-道格拉斯生产函数导入"剥削理论"的分析中，按照新古典派增长论的马克思模型，分析了时间偏好率的不同，与初期资产分配的差别（平等与不平等）的交互影响。他运用柯布-道格拉斯生产函数给出了

---

[1] ［日］松尾匡：《吉原直毅氏による「マルクスの基本定理」批判》，《季刊経済理論》第41卷第1号，2004年4月，第57~62页。

[2] 参见程恩富主编、张忠任《马克思主义经济思想史》（日本卷），东方出版中心，2006，第189~190页。

到达均衡解的路径的方程式,并求出了各种条件下的均衡解。他反对分析马克思主义学派的罗默所主张的"初期资产差别是产生阶级和剥削的根本原因"的见解。大西广认为,在假定资本的边际生产力递减的增长模型中,纵使存在初期资产差别,从长期来看,阶级分化与剥削会趋于消亡。并且,时间偏好率的差别虽然会带来长期的资产差别、阶级分化以及剥削,但是这反映的是个人的取向,没有什么不公平的。大西广还站在历史唯物主义的立场上,通过数学分析指出,资本主义的初期投资过小,而后期投资过剩。为了避免经济增长偏离最优路径,在资本主义初期应该提倡"投资国家",而在资本主义后期应该提倡"消费国家"。

总的来说,从理论研究上来看,正如三土修平在20世纪90年代初曾强调过的那样,所有制理论正在成为剥削理论的重要研究方向。由此也可以看出,罗默所主张的"剥削理论"实际上关心的是"正义"问题,这一观点在日本影响深广。2004年,佐藤隆撰文从所有权、分配的正义等角度,对"剥削理论"进行了进一步的探讨,最后还涉及了所有权或者基本收入与市场社会主义的关系。[①]

"剥削理论"在日本马克思主义经济学界仍然是一个非常重要的研究领域,受欧美分析马克思主义学派的影响比较深,定量化的研究趋势比较明显,总的来说取得了相当的进展。不过,在对剩余价值的源泉的认识与剩余价值的分配的决定要素问题的探讨上,似乎存在一定的概念混淆或者本末倒置的现象。

---

① 佐藤隆:《搾取、分配の正義、所有権》,《季刊経済理論》第41卷第1号,2004年4月,第3~12页。

第二十章　创新期的马克思主义经济思想

苏东剧变以后，日本的马克思经济学研究也曾一度走入低潮。不过，到了20世纪90年代中期之后，马克思主义经济学研究又开始活跃起来，并很快迈上了新的台阶。接着在进入21世纪以后，出现了马克思主义经济学著作的新的出版热潮。一方面，马克思经济学经典著作重新受到重视，一些已经绝版的马克思经济学研究的优秀著作也开始重版；另一方面，全球化、环境、社会福利、贫困等现实问题日益受到关注，研究领域全方位开拓。与此同时，在分析手法上，从封闭走向开放，不仅重视数学手段的应用，而且也开始尝试引进或者吸收生态学、应用经济学等其他学科的研究成果，使马克思主义经济学正在成为一个具有跨学科凝聚力的研究领域。在这一时代潮流中，旧的学派逐渐多元分化或者融合，新的学派开始无序形成，呈现一种鲜活的学术局面。

第一节　宇野派和两大学统的新发展

一　伊藤诚的经济理论

伊藤诚的研究包括经济思想史在内，几乎囊括了马克思经济学领域的所有方面，但是，主要可以归纳为以下几个方面：价值和资本的理论，经济危机的理论，以及资本主义、社会主义和市场经济的研究。

劳动价值理论，尤其是"转形问题"，一直是他非常关注的课题。早在1978年，他就在与樱井毅及山口重克共同编译的《论战：转形问题》一书中，向日本学术界全面展示了围绕转形问题的两次世界性的大论战。该书极大地推动了日本的转形问题研究。接着，1981年伊藤诚在《价值和资本的理论》一书中，也开始着手研究这一问题，尤其是对转形的计算单位问题有着非常深刻的分析。在这里，伊藤诚批评了大岛雄一对迪金森（Dickinson H. D.）的错误的接受，这显示了伊藤诚坚实的劳动价值论基础。这是一个原则性的问题，因为迪金森混淆了转形过程和价格形成过程。在《价值和资本的理论》一书中，伊藤诚还提出了"股票资本论"问题，从经典著作出发，从所有权和经营权的分离、资本的商品化以及价值规律等多个角度进行了探讨。

在那两年之后，他与樱井毅及山口重克又推出了《价值论的新展开》一书，全面探讨了劳动价值论。1986 年伊藤诚发表了《最近欧美的价值论论战回顾》，他 2004 年的一篇论文还是这方面的，题目是《转形问题的"新解释"与货币的价值及交换价值》[①]。

在苏东剧变以后，日本的马克思主义经济学研究一度处于低潮。这时，伊藤诚在中国看到了希望，于是在 1995 年出版了《市场经济与社会主义》一书。在该书中，伊藤诚指出，按照斯密的学说，商品交换源于人类本来的偏好，市场经济的源泉就在于基于人类本来偏好的商品交易行为。伊藤诚将这种见解称为"市场经济内在说"。将市场经济排除在外的社会主义构想是违反人类本性的，尤其是妨碍了由交换偏好而形成的社会分工的自然发展。而哈耶克等新自由主义对苏联型计划经济的批判也主要是基于这种观点。伊藤诚还说，马克思主张商品交换的源泉在于共同体之间的接触，他将之称为"市场经济外在说"。而宇野理论把马克思的"市场经济外在说"在理论体系上进一步明确化了。伊藤诚在批判了斯密的"市场经济内在说"及哈耶克等的新自由主义的缺陷之后强调，市场经济是有可能与外来的各种生产关系结合在一起的。如果解除了只有独立的私人劳动产品才能成为商品这一限定，那么，超越了资本主义的社会主义的可能性就不仅仅是排除了市场经济的经济秩序这一种构想所能囊括的。从而，联合体的社会劳动产品也能够以商品形态进行交易的市场社会主义构想也就能够成立了。伊藤诚还分析了作为社会主义思想来源的近代以前和近代的自然权思想，他认为前者把联合体社会的实现放在第一位，而后者把个人的自由和人权的扩充放在第一位。马克思主张，每个人的自由发展是一切人的自由发展的条件，提倡自由人的联合体。而在苏联的集权型计划经济模式下，即便能够实现经济生活上的平等，也伴随着压抑个人自由和人权的倾向，这与马克思的设想判若云泥。而反社会主

---

① ［日］伊藤誠：《転形問題の「新解釈」と貨幣の価値および交換価値》，《国学院経済学》第 52 卷第 1 号，2004 年 2 月，第 1~24 页。

义的新自由主义主张政治上的民主与自由的市场经济是一体的、不可分的。这种观点也站不住脚。正如马克思所指出的，资本原始积累是以掠夺农民的土地为基础的，以强大的国家权力和政治暴力为杠杆才形成了资本主义市场经济。这与政治上的民主恰好处于相反的方向上。而当今的一些第三世界国家，往往是在专制的政体下才走上市场经济道路的。总之，社会主义利用市场经济，在理论上与马克思的理论并不矛盾。

中国的社会主义市场经济体制改革开始以后，有一些研究者将之误解为资本主义化，并称公有制与市场经济是不能整合的。伊藤诚指出，市场经济具有自古以来的宽广的历史性，而资本主义市场经济只是一个特殊的历史阶段。从市场经济宽广的历史性来看，生产手段的私人所有并非其必不可少的前提。实际上，马克思在阐述构成市场经济的商品、货币、资本等要素的时候，并没有涉及资本主义生产关系。而宇野弘藏在将这些要素进一步深化的过程中，也没有直接考察作为价值实体的劳动的社会关系，而是从纯粹的流通理论出发来构思的。这里隐含一种很重要的理论认识，即市场经济的基本结构，具有比资本主义更宽广的历史性。于是，这也就为通过社会主义市场经济实践所形成的理论和实践，提供了重要的基础。这种实践是指社会主义经济以生产资料公有制为前提，以各种公有企业为主体，利用市场经济的调节作用和刺激的各种尝试。

不过，对于社会主义市场经济体制中的劳动力商品问题，伊藤诚指出，在理论上，在社会主义市场经济体制下，不可能像资本主义那样实现劳动力的商品化，而必须把劳动者作为社会的主人翁来认识，以其生活保障和稳定为基本前提来构筑劳动力市场。

此外，伊藤诚还把宇野三阶段论中的现状分析论运用于现代世界经济论研究，并把现代资本主义概括为"逆流资本主义"。他把现代资本主义的特征看作新自由主义下的全球化资本主义，并认为在所处的帝国主义阶段上利用假设的方法对现代资本主义的危机与再生的变化进行再剖析是十分必要的。①

20世纪80年代，主要资本主义国家依据新古典微观经济学加速改变政策

---

① ［日］伊藤誠:《マルクス経済学の方法と現代世界》，桜井書店，2016，第178页。

基调，使凯恩斯主义被新自由主义所替代，新自由主义被视为合理、高效的自由竞争市场原理。这里所谓的"逆流"，指的是在形式上又回到了按照古典经济学观点进行的唯市场化、唯私有化、唯自由化的变革。在伊藤诚看来，在现状分析时不能忽略对帝国主义发展阶段的考察，而百年来，帝国主义有从新自由主义型的国家垄断资本主义阶段向全球资本主义阶段转变的趋势。伊藤诚指出："在进入帝国主义百年的时间里，强化国家经济职能的倾向被逆转，为了对抗社会主义，资本主义国家战后逐渐向带有社会民主主义色彩的福利国家逆转，而在市场原教旨主义的指导下，社会的各种规定被放松乃至废止，以此来释放资本的再生活力。"[1]

伊藤诚从劳动力商品化日益严重的视角阐释了逆流资本主义的产生。第二次世界大战后，在资本主义高速增长期的尾声阶段，就出现了劳动力商品价格高涨的状况。为了降低劳动力成本，资本主义世界展开了新一轮的技术革命风暴，这场风暴涉及各个产业以及经济生活领域。伊藤诚认为，微电子技术和信息情报通信技术应用的高度化和普及化，为新自由主义的政策基调奠定了物质基础。随着自动化的发展，虽然生产效率有所提高，但实际的雇佣工人数量被大幅削减，许多工作已经不再需要熟练的劳动技能和劳动经验，大量劳动者可以轻易地被少量劳动者或机器所替代，劳动者的实际工资被压制甚至是被迫降低。这种倾向继续发展的结果就是由相对人口过剩所形成的产业后备军进一步被扩充，其表现是廉价的小时工、短期工、派遣劳务等非正式雇佣劳动形态成为主要的雇佣形式，而且女性劳动者被当作非雇佣劳动者的倾向也进一步加剧。在伊藤诚看来，如果女性劳动者必须要通过非雇佣劳动的形式才能支撑家庭的生活费用，那么就充分说明马克思关于劳动力价值中需要包含维持家庭子女所必需的生活资料价值的基本原理的适用性被进一步验证。[2]

对"逆流假说"进行阐释的同时，伊藤诚又利用现状分析论对"历史终结论"进行了批判。苏联解体后，弗朗西斯·福山曾宣称马克思所设想的社会主义已经失败，同时自由民主主义以及与其相适应的自由主义经济才是人类社会走向繁荣的正确道路，也即著名的"历史终结论"。虽然苏联的解体

---

[1] ［日］伊藤誠:《マルクス経済学の方法と現代世界》，桜井書店，2016，第178~179页。
[2] ［日］伊藤誠:《マルクス経済学の方法と現代世界》，桜井書店，2016，第179~180页。

助长了新自由主义的迅速扩散,但是伊藤诚指明:"即使这样,也决不能说明新自由主义下的全球化资本主义实现了高效且合理的经济秩序。"① 他运用现状分析论,以日本现代资本主义发展现状为主要研究对象,从侧面对福山的"历史终结论"进行了反驳。

第一,唯市场化必然造成产业空洞化。日本在经济高速增长期掀起了第二次产业雇佣的高潮,此时日本经济常年保持平均4%的实际增长速度,但日本为避免美日之间的贸易摩擦,采取了扩大内需的经济政策。这直接导致房地产和金融市场投机行为的盛行,以至于从1990年开始产生了长达20余年的泡沫危机,而产业空洞化现象也日益明显。伊藤诚认为,伴随着投机泡沫的破裂、内需的不足、劳动条件的恶化、资产者和无产者的贫富差距进一步加大等问题,产业空洞化问题也进一步恶化。②

第二,劳动力商品化的问题不断加深。从伊藤诚对于劳动力商品化的分析可以看出,新自由主义加深了劳动力商品化的问题,而劳动力商品化的问题又造成社会的病态发展。日本的劳动力商品化加速了以传统的家族共同体为社会经济纽带的断裂。伊藤诚深刻地批判了新自由主义下劳动力商品化所带来的逆生产社会化。他指出:"日本的资本主义从家庭共同体向核家庭分解,核家庭又向单个个人解体,以家庭为单位的消费生活单位被瓦解,雇佣劳动的劳动形式朝着个人为主的方向发展,由此作为人类社会的基础的社会共同体被进一步摧毁。"③

第三,自然资源与环境危机不断显现。日本学者高度关注新自由主义下的核能开发、全球气候变暖等资源与环境危机等问题,并进一步批判发达资本主义国家对于资源与环境问题的转嫁以及在环境治理和环境污染程度上不相匹配等问题。伊藤诚就此指出:"美国曾主导的 TPP(跨太平洋伙伴关系协定)在实质上是单方向推广新自由主义的市场开放政策,而且该政策对相关区域的自然环境以及农业发展造成了极大的冲击,但是安倍经济学对于这样的危害却视而不见。"④

---

① [日]伊藤誠:《マルクス経済学の方法と現代世界》,桜井書店,2016,第184页。
② [日]伊藤誠:《マルクス経済学の方法と現代世界》,桜井書店,2016,第185页。
③ [日]伊藤誠:《マルクス経済学の方法と現代世界》,桜井書店,2016,第185页。
④ [日]伊藤誠:《マルクス経済学の方法と現代世界》,桜井書店,2016,第185页。

二 关根友彦对宇野理论的国际传播

1980年,关根友彦将宇野弘藏的《经济原论》全书译成英语在英国出版。从此,宇野理论在世界上广为人知。此时,关根友彦自己的政治经济学思想"资本辩证法"也开始萌芽。关根友彦研究宇野理论,并谋求与瓦尔拉和黑格尔的思想结合起来,形成一种国际通用的方法,这就是他的"资本辩证法",也是关根友彦对经济学的理解的核心。

1984~1994年,关根友彦确定了他的研究领域:资本辩证法、脱资本主义论以及广义经济学。不过,关根友彦强调,他的这三个研究领域全都立足于宇野理论。

关于纯粹资本主义的概念,关根友彦在1975年谈到纯粹资本主义这一想法时,是将前资本主义性质的经济关系进一步剖析和舍弃,把朝着自立化方向发展的自由主义阶段的现实的资本主义作为基础而形成的。也就是说,关根友彦认为,纯粹资本主义的概念来自对自由主义阶段资本主义的抽象。不过,关根友彦还认为,纯粹资本主义不是实在的东西,以它为基准可以评价现实的资本主义。因此,当现实发生了变化,没有必要拿理论去迎合现实。现实如果离开理论(基准)已经很远,说明现实已经"变得不是资本主义"的了。既不必担心理论会变旧,也不必担心理论落后于现实。他强调,宇野理论很重要的一点就是,理论只是基准而不是工具。理论总是灰色的。宇野理论提供"灰色的"经济原论,即"用资本定义资本主义",这与把理论作为工具的自然科学是不同的,并且与认为现实经常是资本主义的独断也是没有关系的。

正是从这一立场出发,关根友彦提出了他的"脱资本主义论",将现代经济定义为"处于解体期的资本主义"。关根友彦认为,资本主义的本质在于"劳动力的商品化",离开了这一点,价值规律就无法发挥作用。而在现代经济中,市场原理以外的因素作用过强,劳动力的价值决定已经成了问题。他说,从经济周期来看,可以把繁荣期进一步分为三种状态:复苏期、中等繁荣期以及过热期。只有在中等繁荣期,各个部门的增长或利润率才会出现均衡,劳动力的供求也基本达到平衡,劳动力的价值得以决定,劳动力才能商品化。但是,现实的资本积累过程未必会经过这一中等繁荣期,资本主义市场的一般均衡成了一个理论上的概念。统计资料显示,景气循环远远偏离了朱格拉周期,已经找不到中等繁荣期存在的迹象。因此,劳动力的价值无法确定,难以认为劳动力能够商品化。所以他认为现代资本主义正处于解体期。

在关根友彦看来,迄今为止的经济学都属于"狭义经济学",无法充分解释包括环境问题在内的诸多社会现象。这就需要"广义经济学"。为此,首先必须回答的是"社会是什么?"在近代哲学中,康德可谓集大成者,但在他的体系中,并没有"社会"这一范畴。黑格尔的法哲学和马克思的唯物史观虽然可以弥补这一空白,但是并不充分。他说,哲学家西田几多郎曾经用自己独特的方法来探索过这一难题,但是很难说在多大程度上超越了黑格尔或马克思。他似乎没有意识到社会科学的方法与自然科学的方法的区别。宇野弘藏的经济学理解提供了一种全新的认识。为此,宇野弘藏曾同哲学家梅本克己交换过意见,但是双方的认识很难统一,没有能够充分沟通。关根友彦把"广义经济学"问题作为今后的重要研究课题。

三 小幡道昭对宇野理论的继承与超越

小幡道昭属于宇野学派,但不是盲目的追随者。就像他赞成宇野弘藏所说的"有必要对《资本论》进行正面的批判性研究"的观点一样,他对宇野弘藏的《经济原论》也正在进行批判性的研究。小幡道昭强调,他不把马克思的《资本论》或宇野弘藏的《经济原论》作为权威来"尊重"或者"拥护",而是不断从内部批判其界限。宇野派之所以成为宇野派,就在于它拥有不断创出新的理论以及不断自我批判的能量。现在小幡道昭对宇野派批判的中心问题,是从原理论的视点明确纯粹资本主义论的界限,批判认为纯粹资本主义论所具有的资本主义的本来面貌是唯一的这一观点,把焦点放在对资本主义的变化、多样化的解释上,以谋求原理论的再构筑①。

在《马克思经济学的现代课题》丛书第2集第1卷《资本主义原理的再构筑》中,小幡道昭着重阐述了从现实分析的角度坚持原理是不变的观点是可以理解的,不过我们必须知道,原理论究竟怎样才能解释资本主义(现象)

---

① [日]小幡道昭:《原理論における外的条件の処理方法―山口重克「段階論の理論的必然性」によせて―》,《経済学論集》(東京大学)第65卷第2号,1999,第37~50页。

的变化和不变（本质）。为此，我们有必要区分以下两种见解：①原理论并非原封不动地解释资本主义历史的发展，而是通过批判伪装成客观主义的模写论的认识论，以商品经济的内在动力为基础而构筑的抽象理论；②当资本主义发生了变化，对原理论的内容并没有影响。前者可以称为批判性原理论，后者可以称为超越性原理论。超越性原理论把历史变化在"理论"的外部记录下来；而批判性原理论，则并非把历史事实按原样处理，而是把个别的现象抽象化，将贯穿其中的一般性提取出来，通过分析实际观察到的现象的决定因素，把其中能够从特定的前提推导出来的侧面抽出来，重建与实际现象不同的世界。从而，是将现象照原样反映，还是将其某个侧面予以抽象，乃是问题之所在。

小幡道昭强调，无论如何，随着资本主义的发展，抽象化的对象扩大了范围。当新的现象发生后，也会诱发对它的理论关注。于是，便会对这种新的现象进行抽象化，其结果，如果能够用既存的原理论进行解释，那么便有可能发展既存的原理论。不过，这却意味着原理论的扩张或深化。超越性原理论不过是拘泥于陈腐的本质和现象的二分法，把原理论还原于落后于时代了的本质论，有一种作茧自缚的感觉。原理论的不变性和独立性需要通过实证研究来重新确认。

实际上，小幡道昭在这里提出了一个问题，就是100多年前，马克思根据当时的现实抽象出了资本主义的理论模式，现在现实发展了，我们是否应该根据发展了的现实抽象出资本主义的新的理论模式？

将多元的社会要素在理论上进行联系，这是一种综合性，也是20世纪马克思经济学的显著特征。这与把近似或预测作为根据的其他经济理论不同，它带有捕捉历史的多样化的使命。

他还说，应该认识到，原理论也分为好多层次，既有与资本主义的变化距离相对较远的领域，如价值论、劳动过程论、再生产图式等；也有与资本主义的变化关系密切的领域，如货币论、信用论、景气循环论等。

小幡道昭认为，为了解释资本主义的多样性，应该考察市场因素和非市场因素的交互作用如何左右着整体构造的领域。这样，我们就会认识到，如今的资本主义体现一种二重性，即表层上的单一化与深层的不均质性的扩大。

小幡道昭于1988年出版了他的第一部专著《价值论的展开——无规律

性、阶级性、历史性》。该书通过对价值概念的深入剖析，探讨了作为资本主义经济特征的无规律性、阶级性和历史性。其中，阶级性和历史性与我们所熟知的含义基本相同，而所谓"无规律性"则是指小幡道昭反对资本主义经济只是偶尔发生偏离而通常处于稳定状态的观点，他认为市场通常处于不断的变动之中，是"不断的不均等的平均化"。他在肯定这种变动是积极的，具有自我调整的功能的同时，也强调了资本主义生产的无政府性，指出市场不断的变动正是资本主义生产的无政府性的具体表现。他解释说，在该书中采用"无规律性"这一不常见的说法，是为了明确上述不断的变动是市场的内在独立属性。

小幡道昭对价值理论的研究一直没有间断，2001年，他提出了同种商品是否有相同价值的问题。他认为，交换价值具有偶然性和相对性，这与内在的价值规定性是矛盾的。使用价值可以通过重量或长度等属性进行评价，价值则不具备这种属性。那么，价值在商品生产者之间是如何被评价的呢？除非无差别的商品存在于自己的周围，否则个别商品只能作为同种商品的一部分受到评价。内在的价值只能说明在纵向的价格关系中隐含着交换比率的确定性，但从横向的市场分散性来看，并不意味着商品一定能够按照其内在的价值售出。小幡道昭还指出，有些商品在市场上的流入和流出较少或较慢，如贵金属。他把这类商品称为转卖型商品，认为它们具有资产的性质，被贩卖的往往只是其中的一部分。然而，这些商品的个别价格却会决定该类商品的整体价值。例如，某一等级的土地中有一部分以特定价格出售，这一价格就成为该等级土地的评价值。小幡道昭似乎只看到了个别而没有看到一般，他好像没有考虑一般存在于个别之中的事实。价值并不是通过一次或几次偶然的交换就可以决定的，而是需要经过千百万次的交换才能形成。

四　大谷祯之介与现代资本主义社会系统

日本马克思主义正统派代表性学者——大谷祯之介在日本马克思主义经济学界提出了"社会经济学"的概念与范畴，为马克思经济学的存续与发展提供了广阔的空间。大谷祯之介所发表的《图解社会经济学》一书通过全新视角创作了解读《资本论》的235幅图，揭示出商品转化为货币、货币转化为资本、剩余价值转化为利润、利润转化为平均利润、平均利润转化为各种具体形式的利润等由量变引起质变的全过程，体现了日本马克思主义经济学注重论述与图示、规范与实证相结合等特点。

资本主义仍然是当今世界的重要特质，因此，对于现代资本主义的剖析依然是经济学等社会科学的首要任务。大谷祯之介认为，"现代社会的诸多问题当中，最根源的还是'资本主义是什么，是什么社会形态，是如何运动'"①。而经济学与其他社会科学本质区别在于，经济学是关于资本主义经济基础的理论，它把资本主义的生产方式作为研究对象，因此，经济学是其他在意识形态基础上所形成的法的、政治的上层建筑等相关科学的基础。

大谷祯之介在日本马克思主义经济学界提出"社会经济学"的概念与范畴，为马克思经济学的存续与发展提供了广阔的空间。大谷祯之介指出："社会经济学是以劳动作为基础、把社会作为根基的经济学。"②他认为，近代以来经济学有两大流派，一派是社会经济学，另一派是主流经济学。其中，社会经济学特指马克思经济学，是依据劳动价值论把现代社会中所形成的经济的、政治的、法的、伦理的、社会意识的作为一个总体即经济基础来进行探究的；与此相对的主流经济学指1870年以后所产生的边际学派以及后继的近代经济学（如新古典派、凯恩斯学派、新自由主义经济学派等），其反对劳动价值论，仅仅企图通过数理法则来解释现代社会经济的某些侧面。③随着凯恩斯学派、新自由主义经济学派各自破绽的暴露，近代经济学经历了产生、发展与危机的衰落过程，而相比较而言，马克思经济学体现出在现代资本主义批判等方面明显的科学性与真理性。

社会经济学，即马克思经济学，坚持劳动价值论，把劳动视为人类社会的本源，并认为劳动是可以给人类带来喜悦的源泉。社会经济学认为，更好地劳动是人类所永恒追求的目标与对象，也就是说，劳动对于人类来说具有永恒的魅力。但在资本主义社会中，劳动不仅不是幸福的源泉，反而常常成为痛苦的源泉。这是大谷祯之介等日本学者对现代资本主义批判的核心内容。人类只有通过劳动从事生产才能创造出物质财富，有了物质财富才能够从生产和生活两个层面进行消费。劳动过程与生产过程又是紧密联系的，劳动的

---

① ［日］大谷祯之介：《図解社会経済学》，桜井書店，2001，第5页。
② ［日］大谷祯之介：《図解社会経済学》，桜井書店，2001，第9页。
③ ［日］大谷祯之介：《図解社会経済学》，桜井書店，2001，第6页。

三要素（劳动对象、劳动手段、劳动者），也即构成生产力的三要素，是理解马克思经济学的核心概念之一，也是阐释现代资本主义社会不可或缺的三要素。劳动生产力又与社会生产力紧密相连，随着人类的发展，付出同样的抽象劳动量应该可以生产出更多种类和数量的产品，这也意味着人类改造自然界能力的提升。但是，对于"生产力的发展会造成环境恶化"的谬论，大谷祯之介强调，不能与自然界相协调发展的改造自然的能力就不能看作生产力的发展。

大谷祯之介指明社会发展的一般法则是"生产力的发展→生产关系的矛盾与冲突→新生产关系的产生与发展→革命思想的形成与发展→政治革命→经济革命→生产力的发展"[1]，而这在一般法则之中又隐含各个社会自身发生、发展、消灭的法则。他进一步指出："经济学的根本任务就是彻底揭示资本主义社会的经济运动法则，即其发生、发展、消灭的法则。"[2]

大谷祯之介高度认同马克思关于"两个必然"的论证，认为在现代资本主义生产方式的矛盾运动中，出现了向未来社会主义过渡的以下三个不可逆转的条件。

首先是资本主义的生产关系成为生产力高度发展的桎梏。在马克思看来，在生产社会化的客观要求下，被资本主义生产方式训练、结合与组织所形成的无产阶级具有很强的反抗精神。按照马克思的设想，社会生产力发展到一定高度，必然会产生向社会主义过渡的各种因素。大谷祯之介认为，在资本主义生产方式自身发展过程中产生了股份资本、金融资本、联合大企业等扬弃资本主义私人占有的因素，特别是在巨大的生产力推动下，即使再发达的资本主义国家，离开国家治理和经济计划也都不可能存在。其次是认为现代资本主义的发展中出现了马克思所说的"资本的文明面"[3]，资本主义的生产越来越发挥着重要的历史性作用。最后是资本的文明化产生了可以自觉限制资本的个人。大谷祯之介认为，随着生产力的高度发达以及社会变革的进一步发展，人们逐渐可以自觉地从事生产活动，那时限制人全面而自由发

---

[1] ［日］大谷祯之介：《図解社会経済学》，桜井書店，2001，第39页。
[2] ［日］大谷祯之介：《図解社会経済学》，桜井書店，2001，第39页。
[3] 《马克思恩格斯全集》第25卷，人民出版社，1974，第925页。

展以及阻碍国际联合的资本终将被历史的车轮所淹没。①大谷祯之介的上述观点过多地关注到现代资本的文明化运动倾向。而实际上,不能把资本主义主导的全球化完全看作资本文明化的重要体现,对于现代金融资本所体现的更为严重的寄生性、腐朽性应予以深入批判,同时对其存在界限应深刻揭示。

五 大西广的"资本"主义论及其数理分析方法

大西广的研究继承了关西地区马克思经济学研究的传统。大西广对从20世纪70年代后半期开始活跃的"新自由主义"与"左翼"进行了区分。正是站在这一立场上,大西广对苏东剧变(市场化)采用马克思主义的历史规律进行了阐释,出版了《资本主义以前的"社会主义"和资本主义以后的社会主义——工业社会的成立及其终结》一书。该书的特征主要在于:站在政府规模缩小属于历史规律的要求的立场上,把苏联、东欧的市场化作为一种历史的进步来理解;把苏联、东欧的计划经济体系作为"国家资本主义"来理解。其理论根据则在于:机器的登场即大工业的成立必然带来资本主义这一历史唯物主义观点。在那之后,大西广开始将其结论(关于机器大工业与资本主义的必然性)基于"生产力的技术特性决定社会体系"的想法向数学模型的方向推进。

由此,大西广的研究范围开始向马克思理论的数学化方向发展,基本上可以分为两个方面,即列宁的"帝国主义论"的计量经济模型化和马克思历史唯物论的数学模型化。前一模型主旨为:按照列宁的不平衡发展论,并不意味着后进国家的停滞,而是后进国家的经济增长率会超过先进国家。实际上,在东亚已经存在这种现象。在这个过程当中,后进国家和先进国家之间会发生贸易摩擦。这虽然是一种无硝烟的战争,但这种市场争夺作为一种国际纷争也相当于列宁所说的围绕着市场瓜分的各国间的再瓜分战争。大西广认为,现在的东亚最能体现列宁的理论。大西广把这一想法运用到了日本、中国和美国的环太平洋10个国家、地区的国际投资互联计量经济模型中。

现在大西广正在着手建立另一个数学模型,其要点在于:没有机器的历史时代资本积累没有效果,作为产业革命产物的机器发明给资本积累带来了

---

① [日]大谷祯之介:《图解社会经济学》,樱井书店,2001,第240~242页。

新的意义。这在柯布－道格拉斯型生产函数上表现为生产资本弹性的一个跳跃。这一跳跃的结果,反映出消费资料生产函数和生产资料生产函数这两个方程式体系的解在无限期间内,在消费最大化过程中的一条路径。计算的结果是,产业革命刚刚完成时的劳动分配率非常低,此后慢慢上升,最后除去折旧之外的全部国民生产物都转为消费。也就是说,到了这一阶段,已经不再需要资本积累。此时,以资本积累作为第一历史使命的社会就终结了。把资本主义定义为"资本积累作为第一历史使命的历史时代",并将其历史直至终结予以数学模型化,在大西广之前还没有人尝试过。他在2002年发表的《马克思理论的最优经济增长论的解释——作为最优迂回生产系统的资本主义数学模型》一文,反映了以上研究成果。大西广正在尝试把这一模型进一步扩充为由资本家和工人构成的两个阶级的模型,他正在寻找两个阶级之间剥削消亡的条件以及妨碍剥削消亡的条件。这一成果已经形成论文《关于市场与资本主义关系的历史唯物主义理解》,并于2005年发表。

柯布－道格拉斯生产函数是大西广对马克思经济增长分析的主要手段。采用这一分析手段,除了以上主要结论外,大西广还得到了一些相关研究成果。例如,2003年他和藤山英树合写的《资本对"马克思派最优增长论"中的劳动的"剥削"》,得出了与"分析马克思主义学派"不同的结果。即在一定条件下,不仅"富者"和"贫者"有可能利益共享,而且"贫者"剥削"富者"也不是不可能的。而在他和山下裕布2003年合写的《新古典派增长论型马克思模型中的资产差别与时间偏好率差别》一文中,关于分配问题,他通过动态模型探讨了"平等社会的最优路径"和"不平等社会的最优路径"。

关于资本和劳动的最优组合问题,大西广反对所谓对等价值创造说(即认为劳动和资本两生产要素在价值创造中对等地发挥作用的观点)。因为资本也是劳动的产品,归根结底所有的产品都可以理解为劳动的产品。他强调,在同一产品的生产中,适当选择资本和劳动的比例,能够使总投入劳动量最小,才是最优的。大西广理论的核心就是提倡社会应当以总投入劳动量作为行动的选择基准。这在实际上属于生产的技术效率与经济效率的问题[①]。

---

① [日]三土修平、大西広:《新しい教養のすすめ経済学》,《昭和堂》2002年第3章。

虽然定量分析是大西广的专长，但是在方法论上他主要立足于历史唯物主义。因此，他对经济史的研究也有一定的兴趣。他在2003年发表的《北美印第安研究的到达点和恩格斯的〈起源〉》一文中，通过大量的原始资料进行分析，得出了与恩格斯不同的结论。

第二节 研究的新领域与新动向

日本马克思主义经济思想对新研究领域的开拓已经全方位展开，几乎涵盖了经济学的所有领域，甚至包括对环境、信息、服务业等方面的理论探讨。进入21世纪以来，日本马克思主义经济学家还对当前产生的重要理论与现实问题进行了深入研究。

一 宫本宪一等对新研究领域的开拓

关于环境问题的研究，日本马克思主义经济学开始得比较早。他们在20世纪60年代就已经针对城市问题和环境问题率先进行了经济学分析，其中最早的著作是，伊东光晴、柴田德卫、长洲一二、野口一郎、宫本宪一、吉田震太郎于1964年所著的《舒适生活之日本》。在关心环境问题的经济学者当中，贡献最大的当数宫本宪一。宫本从20世纪60年代起一直关注环境问题，他继承了都留重人的学术观点，又影响了日本另一位经济学家宇泽弘文也来关注环境问题。于是，这三位经济学家也成了日本对环境研究最早产生影响的学者。

宫本宪一在《社会资本论》中把过去所说的"基础设施"作为具有社会意义的资本来认识，强调在资本主义的都市里，资本和劳动力相对集中，劳动者作为劳动力再生产的一般条件而需要共同消费手段，这种共同消费手段需要用社会性资本或公共权力来供给。但是，为了提高资本的利润率，社会倾向于节约社会的共同消费手段。劳动力人口越集中或者劳动力的价值越高，社会的共同消费手段越有必要，而资本积累则会相对节约。在宫本的《日本的城市问题——政治经济学的考察》一书中，他直接把城市问题定义为"市民，尤其是劳动者阶级，由于所必需的社会共同消费供给不足而发生的问题"。

第二十章 创新期的马克思主义经济思想

而对于经济高度发展过程中出现的公害问题，马克思主义学者也提出了很多解决方法。庄司光和宫本宪一1964年所著的《可怕的公害》一书将经济学和自然科学结合起来分析公害问题；都留重人1968年编写的《现代资本主义和公害》综合讨论了公害的定义、公害的形态（产业公害、都市公害、政治公害）及公害的费用负担问题。

从理论上来看，龙世祥作出了一些引人注目的新贡献。2002年，他在《循环社会论：以环境产业和自然欲望为关键词》一书中提出了"第零次产业"理论。所谓"第零次产业"即环境产业。龙世祥认为，传统经济学属于狭义经济学，广义经济学应该包括自然。龙世祥基于他的广义经济学理论又提出了"三维价值空间"的理论。他认为，传统经济学抽象掉了自然，而自然是价值的条件，劳动是价值的源泉。劳动价值论的前提是承认没有价值的自然和没有自然的价值。[①]龙世祥赞成"价值的主观性和客观性相统一"的观点，提出广义价值即三维价值的概念。广义价值用向量来表示：广义价值＝劳动价值／使用价值／自然价值。

然后，他通过一个映射（市场）将之一维化，表示为 $E+C+V+M_2$，这里 M_2 是广义的剩余价值，而传统的剩余价值则表示为 M_1。$E=M_1-M_2$ 则为对自然的补偿。也就是说，龙世祥把传统的剩余价值 M_1 分解为 $M_1=E+M_2$ 了。[②]

在20世纪90年代，尤其是进入21世纪之后，日本的马克思经济学者运用马克思经济学的理论探讨了一些新现象，又开辟了一些新的领域。这主要表现在对服务业和信息产业的一些理论认识上，代表性学者包括饭盛信男、刀田和夫、野口宏、北村洋基、栉田丰、栗山浩一等。

在日本经济理论学会第50次年会（2002年10月）上，原田实就服务业和信息产业是否创造价值的问题作了报告。针对饭盛信男、刀田和夫和栉田丰等人的相关观点，原田实指出，饭盛信男认为机械修理劳动、医疗劳动和运输劳动，分别生产修理服务、医疗服务和运输服务这类产品。特别是饭盛信男认为，对于运输业来说，运输服务是由货物来消费的。人类以外的东西

---

① ［日］龍世祥:《循環社会論：環境産業と自然欲望をキーワードに》，晃洋書房，2002，第8页。
② ［日］龍世祥:《環境産業と産業構造：調和型循環社会形成の産業論的理念・方法》，晃洋書房，2004，第28~35页。

也能够消费服务吗？这令人无法理解。原田实认为，这种错误的认识根源在于，将服务业也视为必须生产产品、生产和消费在时间和场所上必须一致的观念上。刀田和夫也犯了服务业必须生产产品的错误。而椙田丰则主张服务劳动是形成劳动力商品价值的价值形成劳动。其理由是，如果把劳动力作为肉体和精神能力的总体来认识，则服务劳动就为劳动力的形成提供了"服务产品"，或者说"服务产品"构成了劳动力的一部分。首先是关于制作软件的劳动是否创造价值的问题，原田实指出，在考虑软件设计劳动是否进入生产过程的问题时，问题不在于软件设计劳动是否进入软件的生产过程，而在于使用该软件生产产品时软件设计劳动是否进入生产过程。原田实认为，显然此时软件设计劳动是不进入生产过程的，而是在生产过程中软件的价值被转移。其次是怎样理解软件的价值问题。精神劳动的产品，一旦被创造出来并保存于物质形态，除了保存费用外，无论多少人，无论多长时间，都能使用。米田康彦从软件的复制几乎不需要费用的观点出发，认为软件没有价值或价值难以断定。松石胜彦和野口宏等人则从软件可以无偿地无限复制的观点出发，认为以劳动时间为基础的价值规律的科学性受到了挑战。而北村洋基则认为，软件产业也同其他产业一样，要受到市场价值规律的支配，如果该产业的利润率高出了平均利润率，参与软件开发的企业就会增多，直至软件产业的利润率与平均利润率一致。

二 研究的新动向[①]

（一）关于社会经济学和规范理论的探讨

松井晓认为，虽然社会经济学以马克思经济学为中心，但在方法论、实证分析的对象和规范理论方面，它并不局限于马克思经济学。[②]

（1）关于方法论。与近年的制度经济学乃至演化经济学的兴起有关，新古典经济学和社会经济学在方法论上的差异，主要在于个人主义和集体主义的不同、经济人和社会人的不同，也就是说，区别主要在于主体合理性假定

[①] 参见程恩富主编、张忠任著《马克思主义经济思想史》（日本卷），东方出版中心，2006，第237~256页。
[②] ［日］松井晓：《社会経済学と規範理論「創造」の経済学へ》，《季刊経済理論》第41卷第1号，2004年4月，第4~15页。

和利己性假定上。

（2）关于实证分析的对象。新古典经济学的对象以市场经济为中心，但并不忽视非市场经济，只是非市场经济被作为市场交换的延伸来理解。关于马克思经济学的对象，其核心是资本主义中的剥削、阶级、贫困化以及经济危机问题。而社会经济学的研究对象则超出了《资本论》和现代资本主义理论的范围，有必要从总体上把握现代社会的各种危机。所谓现代社会的四大危机包括：①贫困、不平等、经济不稳定；②战争、纷争；③环境、资源问题；④管理社会、人类的异化。社会经济学主要追求研究对象范围的扩大以及理论的体系化。

（3）关于马克思经济学和规范理论。基于资本主义经济规律的必然性的规范理论和伦理学受到相对轻视，即便是严格区分了科学和意识形态的宇野学派也同样受到轻视。马克思主义经济学着眼于经济危机论，经济增长构成其评价基准。可是现在，倡导超越经济增长的论调开始抬头，评价经济体制和制度的规范性基础变得不再重要。于是，用现有的危机理论无法进行合理解释。为了构筑新的危机论，必须站在规范理论的立场上。在社会主义的体制中，经济增长也成了中心目标，而正义和权力从属于这个中心目标，这在一定程度上也是一种功利主义的表现。从自然环境、资源的制约性来看，马克思经济学也不得不关注规范理论。

（4）社会经济学和规范理论。对于社会经济学的多元化倾向，规范的观点有可能使其体系化。考虑到实证分析的基准，规范的观点能够提供对于现代社会来说什么是本质性的危机，以及什么是重大问题的判定基准。从历史的变化的视点来看，与自由主义乃至新古典派的规范理论不同，在社会经济学领域中，与前述说过的重大危机和经济社会的变化倾向（例如信息化、全球化等）相关，作为经济结构和上层建筑的社会规范如何互相影响、现在又怎样进行变化等方面的问题受到重视。关于选择性的体制、制度和运动构筑规范的基础问题，他从自由、平等、共同等规范的观点来考虑其基础，谈及了社会民主主义、市场社会主义、自由管理型企业、联盟、合作社、生态主义、内发式发展论等。

（5）关于社会主义的规范理念。松井晓认为，有关社会主义的规范理论的课题主要有以下几个问题。在马克思主义中，规范理论、道德应该如何定位？应当如何看待功利主义、非功利主义呢？共同体主义、生态学，还有历史唯物论与规范论有何种关系？哈耶克的社会正义幻想论与规范论和演化的社会理论有怎样的联系？为了再构筑社会主义的规范理论：社会主义理念实际上对人类社会来说是自然的理想，作为近代的理念，社会主义的产生是必然的，不过，我们自身必须将其体系化，社会主义的理念是自由、平等和共同的实质化，不否定自由主义而是应该进行扬弃。

（二）关于全球化和原理论[①]

小幡道昭指出，全球化主义迫使原理论如何进行反省呢？迄今为止的原理论认定了帝国主义阶段的特征为"局部性"，对于资本主义的多样性的解释，所谓类型论的研究方法构成其核心。这种方法把劳动力商品化等一些不变的条件作为资本主义的前提，然后构筑出只用市场因素才能说明的资本主义模型，以此为基准推断构成现实资本主义的非市场因素。现实的资本主义被看作市场因素和非市场因素的混合经济，而其多样性则用非市场因素来解释。这种研究方法，只是用单一的资本主义模式回答了"资本主义是什么"这样一个问题。面对多样性的类型化，原理论需要如何修正呢？他强调，资本主义变化论的研究法之所以成为问题，在于原理论中外在条件的处理方式。资本主义是通过市场进行社会化再生产的社会，或多或少会遗留下一些光靠市场处理不了的窗口。用不同的非市场因素去填充这些规定的窗口，资本主义的情况会出现不同。窗口的局部变化也会导致整体构造发生变化。原理论以劳动力商品化为前提，但是这一前提在现实当中不一定是不变的。必须考虑如果将这一前提条件作为可能的变动因素，会给原理论带来何种影响，由此可以重新构筑原理论。

（三）关于资本主义是否能存在下去

久留间健于 2004 年对其 2003 年出版的《资本主义是否能存在下去——增长至上主义的破产》一书的观点作了进一步展开。[②] 久留间健用"资本主义能够存在下去吗"来表明其唯物史观立场。第二次世界大战后，资本主义

[①] ［日］小幡道昭：《グローバリズムと原理論》，《季刊経済理論》第 41 卷第 1 号，2004 年 4 月，第 16~27 页。

[②] ［日］久留間健：《資本主義は存続できるか》，《季刊経済理論》第 41 卷第 1 号，2004 年 4 月，第 28~37 页。

经历了从高增长经济到低增长经济的时期，长期避开了严重的危机而发展。但追求无限生产力发展的结果是，终于遇到了很大的界限。这扩大了市场的逻辑和人类社会的逻辑之间的冲突。久留间健虽然对用单纯的唯物史观说明从远古到现在的人类社会历史抱着怀疑的态度，但是他认为以"生产力和生产关系"为基础的唯物史观，来论述资本主义是相当合适的。资本主义追求生产力的无限发展，在很短的时期内创造了巨大的生产力。但在这种资本主义的活力中，同时也蕴含了其发展的界限。久留间健不认为唯物史观是"自动崩溃论"。由市场的界限所决定的资本主义困境，不单是资本主义体制的危机，也意味着人类社会的危机。久留间健指出，他早在第二次世界大战后资本主义危机理论仍然盛行的时候，就已经认为日本资本主义开始了新的发展，甚至预见到增长会持续相当长的时期。他认为作为支撑战后经济增长的各种条件的平行条件，各国的不兑换制度以及国际性美元体制所具有的金融货币的特殊性质，使现在的资本主义已经具有不容易发生危机的弹性构造。久留间健试图揭示新的资本主义的弹性构造及其界限。这种问题意识与想揭示凯恩斯政策的意义和界限的问题意识相联系。现代资本主义不会轻易陷入困境，对于想弄清其根源和界限的这两种前后相继的问题意识来说，久留间健考虑"资本主义能否存在下去"问题的背景是战后资本主义的发展终于碰到了它的界限，企业社会的逻辑和人类社会的逻辑的对立正在急速扩大，他认为通过这种冲突可能会产生新的社会。他甚至感到"马克思的时代就要到来了"。这里，他所说的"马克思时代"指"对把追求利润作为基本原理、把追求经济增长作为资本主义的应有状态持有怀疑态度的人增加了的时代"。

（四）关于市场和资本主义关系的历史唯物主义理解

大西广强调，正确理解"市场"这一范畴，可以使我们正确地认识"资本主义"，甚至是重新认识"资本主义"。[①] 这主要是因为很多所谓的"马克思主义"理论都将这两个范畴混淆在一起未加区分，把"社会主义"市场化与资本主义化等同起来，并依此来划分某种社会形态是否为资本主义。大西广把"资本主义"视为产业革命以后的以资本积累为社会第一要务的社会体系的出发点。这种出发点可能会被认为与马克思的观点有所不同，但是把

---

① 〔日〕大西広:《市場と資本主義の関係についての史的唯物論的理解について》,《季刊経済理論》第42卷第1号，2005年4月，第4~11页。

"资本积累的社会体系"称作"资本主义"的这种命名方法的合理性却是不可否认的。从这个意义上讲,拥有"市场"的现存的社会体系如果用这种方式来命名的话,也可以称为"市场(主义)",非要用"资本主义"来定义的话就显得很不自然了。

那么,在这种理解的基础上,"市场"又处于什么样的位置呢?根据以上定义,即使没有"市场",只要是进行资本积累的社会就可以称为"资本主义"社会。即便如此,"市场"和"资本主义"之间却不是没有任何本质联系的。比如,市场竞争的激化会引起劳动者之间竞争的激化,从而导致工资的下降。同时,为确保生产效率的提高,也会引起资本积累比例的上升。我们把这样的体系称为"私有的资本主义"或者"市场的资本主义"。从这个意义上讲,认为"市场"与"资本主义"毫无关系的想法是错误的。重要的是,"市场"是作为能够实现资本积累的必要条件和体制出现的。也就是说,总体而言,"市场"虽然不是定义"资本主义"的决定性条件,但是在某种意义上,是非常适合资本积累,并能促进资本积累的重要条件。

大西广指出,作为生产手段的所有制,即使不是"私有"经济体制,也可以进行"资本积累"的例子也是存在的。马克思在生产资料"私人所有"这方面的局限性却是事实。在一定条件下,"私人所有"也有促进"资本积累"的效果。

(五)现代资本主义雇佣关系的变化和个人主义

森冈孝二指出,对于资本主义来说,劳动市场及雇佣关系是最本质的。没有雇佣关系的企业,即使具备看上去属于资本主义企业的其他属性,也不是资本主义企业。[1]

市场个人主义应用于劳动市场及雇佣关系之后,劳动力就被作为一般商品那样处理,于是就要求并推进了人才服务的合法化。在日本,主张放松劳动市场管制的八代尚宏认为,"劳动力不是商品","为了保护劳动者的尊严,劳动市场的管制是理所当然的"。森冈孝二认为八代尚宏的观点只适合过去对工厂劳动者实行集体统一工作方式的时代,而不适合占现代劳动者大部分的具有多种技能的白领一族。因此,雇佣政策应该以劳动者个人的利益为中

---

[1] [日]森岡孝二:《現代資本主義における雇用関係の変容と市場個人主義》,《季刊経済理論》第42卷第1号,2005年4月,第22~33页。

心考虑，工作方式应该让劳动市场的个人自由决策。于是，他期望尽可能撤销对工资和劳动时间的管制，以及推进多种形态的人才服务的自由化。

森冈孝二进一步探讨了关于雇佣关系的市场个人主义的变化的现实基础问题。他说，雇佣关系的市场个人主义变化表现在没有雇用期限的正式劳动者的减少和有雇用期限的非正式劳动者的增加。所谓非正式劳动者，主要可以分为如下三种类型：直接雇佣劳动者（包括兼职劳动者、临时工、合同职员等），派遣劳动者（可分为两种类型：雇佣关系和使用关系的分离，常用型和登录型），个人承包（包括自营形态的劳务合同、自由演员、伪装雇用[①]等）。而专职的正式劳动者也没有过去稳定了，个人的业绩开始在提工资和晋升方面越来越重要。关于影响就业的因素，森冈还详细分析了信息技术革命、全球化、消费社会的进展、股票至上主义经营的抬头等各种社会变化所带来的影响。

森冈孝二指出，为劳动条件的维持和改善曾经发挥过很大作用的工会，在最近 20 年，其组织力和交涉能力显著下降。今后，与市场个人主义的雇佣重组相对抗的新的劳动运动和社会运动可能会以多种形式登上历史舞台。

第三节 研究特征和总体定位

在明晰日本马克思主义经济学者对现代资本主义批判的研究体系并对其进行必要展望之后，日本学者的相关研究特征也随之显现。而对于日本学者相关研究特征的科学总结将有助于进一步明确日本马克思主义经济学研究在国外马克思主义经济学研究中的定位。通过与西方马克思主义经济学相对比，我们可以得出日本马克思主义经济学的相关研究既在纵向上形成了自身独特的研究体系，又在横向的比较中展现出诸多的趋同性特征。

一 对现代资本主义批判的四个研究特征

通过上述研究，我们可以得出 21 世纪日本学者对现代资本主义批判的四个理论特征，分别是传承与创新、原文与应用、论述与图示、批判与改良相结合。

---

① 在电脑关联业务、建设关联业、运输业，会把工人伪装成独资业主并与之签署业务委托合同，却不签订雇佣合同。这样，雇主随时可以解雇工人，而不用支付任何解雇预告费之类的东西。

（一）传承与创新

现代日本马克思主义流派基本上继承了本学派的原有理论，例如，现代宇野派继承了宇野的三阶段理论，其终极目标是在原理论、阶段论、现状分析的三阶段论的基础上谋求向社会主义过渡；正统派继承了讲座派的二阶段革命论（分为市民社会革命和社会主义革命二阶段）以及劳农派主张的直接向社会主义过渡的一阶段革命论等。以下以现代宇野派理论的传承与创新来说明日本学者在对现代资本主义批判中的"传承与创新"的特征。

宇野三阶段论是独具日本特色的政治经济学理论体系，是近代以来日本马克思主义经济学思想史上的重要方法论，也是众多日本学者对现代资本主义展开批判的理论基础。宇野弘藏毕生致力于发展和创新《资本论》。宇野理论中的原理论虽基于《资本论》，但也有别于《资本论》的构成，其根本区别在于原理论中流通形态论的确立。原理论分为流通论、生产论、分配论，在其结构中把流通论放在最开端，并成为该理论最醒目的特征。原理论致力于在理论上对资本主义社会进行统一的把握，使《资本论》中所展现的一般原理与历史的、具体的过程相分离，并以此来挖掘纯粹资本主义的基本形态。在原理论的基础上，还需要以阶段论界定资本主义生成、发展、没落的构造，并需要以现状分析论对资本主义的发展现状进行深入分析与探究。宇野理论认为，若无限地延长对现实的纯化倾向，就可以清晰地看到资本主义发展的界限。宇野理论的继承者们在继承宇野理论的同时，又发展了阶段论与现状分析论。其中，阶段论是宇野三阶段论的桥梁，也是日本学者对现代资本主义批判的鲜明特征。

在阶段论的传承与创新方面，举例如下：柴垣和夫运用资本主义生成、发展、衰退的阶段论方法，深刻地分析了第二次世界大战后日本资本主义的再生、发展、衰退的三个阶段；加藤荣一以阶段论为基准，将划分阶段的标准聚焦在资本主义制度内的福利制度的产生与发展上，进一步将资本主义的发展分为"前期资本主义""中期资本主义""后期资本主义"三个阶段；柴垣和夫通过纠正宇野三阶段论中关于现代资本主义的发展是不可逆的认识，指明可以运用"局面"来代替"阶段"的转换进行研究，并提出现代资本主义发展的三局面理论；小幡道昭在指明宇野理论的两大现代适用性之外，还提出应把资本主义全球化运动看作 21 世纪资本主义世界的主要发展动向，而新自由主义仅仅是这种动向的表面特征之一。

在现状分析论的传承与创新方面，举例如下：伊藤诚高度重视对现代资本主义界限的厘清，并认为新自由主义必然使劳动力商品化的程度进一步加深，自然资源与生态环境也只能被作为获得利润的手段，从总体上看已经触及资本主义发展的界限；伊藤诚还利用现状分析论对"逆流假说"进行阐释，并对"历史终结论"进行批判；河村哲二等宇野理论的继承者坚持对三阶段论进行守正创新的原则，对21世纪多国籍跨国公司领衔的全球资本主义的发展进程进行了重新的审视。

（二）原文与应用

日本学者对于《资本论》等马克思主义经济学经典著作的研读较为透彻，并善于运用原文对现代资本主义展开批判，充分体现其对原文应用的准确性。以下列举五处在正文中所体现的"原文与应用"相结合的案例。

第一是伊藤诚通过引用马克思的"孤立的工人，'自由'出卖劳动力的工人，在资本主义生产的一定成熟阶段上，是无抵抗地屈服的"[①]这一观点，来论证在日本这种"无抵抗地屈服"仍然是一种常态，日本工人运动的组织力和斗争性逐渐减弱。

第二是鹤田满彦通过引证马克思关于生产力的发展表现的两方面内容，来说明经济合作与发展组织（OECD）所统计的数据的表面性和虚假性。马克思认为，生产力的发展表现在"再生产劳动力所必需的必要劳动时间的缩短"和"一定量资本所使用的劳动力的数量（即工人人数）的减少"两个方面。[②] 由此，鹤田满彦指出，现代日本劳动者劳动时间的缩短，实际上体现了非正式雇佣劳动者的增多。"一切节约归根到底都是时间的节约"[③]，但非雇佣劳动所带来的劳动时间的不稳定，并不是马克思所指明的真正意义上的"再生产劳动力所必需的必要劳动时间的缩短"[④]，反而是变相地延长了劳动时间。

第三是北野正一通过引证马克思关于生产过剩的论述，来研究现代资本

[①] 《马克思恩格斯全集》第23卷，人民出版社，1972，第331页。
[②] 《马克思恩格斯全集》第25卷，人民出版社，1974，第275页。
[③] 《马克思恩格斯文集》第8卷，人民出版社，2009，第67页。
[④] 《马克思恩格斯全集》第25卷，人民出版社，1974，第275页。

主义的生产过剩。马克思说:"资本的生产过剩,仅仅是指可以作为资本执行职能即能够用来按一定剥削程度剥削劳动的生产资料——劳动资料和生活资料——的生产过剩;而这个剥削程度下降到一定点以下,就会引起资本主义生产过程的混乱和停滞、危机、资本的破坏。"① 北野正一认为,在资本主义生产方式下,经济的正常运转需要相应的剥削程度,即剩余价值量要随着资本量的增加而增加,但在实际上,追加资本只能生产出与追加生产之前一样多甚至是更少的剩余价值量,这也必然会产生生产过剩。

第四是不破哲三引用马克思关于资本主义生产的论述——"资本主义生产所生产出的商品量的多少,取决于这种生产的规模和不断扩大生产规模的需要,而不取决于需求和供给、待满足的需要的预定范围"②,用来说明现代资本主义的生产方式依然是为了生产而生产,最终必然导致生产过剩。

第五是不破哲三引用马克思给纽文胡斯的信,强调对未来社会的研究如作纯学理的详尽预测必然会削弱当前斗争的力量。马克思说:"对未来的革命的行动纲领作纯学理的、必然是幻想的预测,只会转移对当前斗争的注意力。"③ 此外,不破哲三还引用恩格斯写给卡内帕的书信中恩格斯所指明的"要用几句话来概括未来新时代的精神,而又不堕入空想主义或者不流于空泛辞藻,几乎是不可能的"④。

(三)论述与图示

日本学者的研究还充分体现在对现代资本主义批判中论述与图示相结合的特征。其中,大谷祯之介在《图解社会经济学》一书中通过规范与实证相结合的方法所绘制出的解读《资本论》的235幅图可以说最具代表性。大谷祯之介在日本马克思主义经济学界提出"社会经济学"的概念与范畴,为马克思经济学的发展提供了广阔的空间。在大谷祯之介看来,社会经济学又特指马克思经济学,其是以劳动作为基础、把社会作为根基的经济学,是依据劳动价值论把现代社会中所形成的经济的、政治的、法的、伦理的、社会意识的作为一个总体即总体的经济基础来进行探究的。

---

① 《马克思恩格斯全集》第25卷,人民出版社,1974,第285页。
② 《马克思恩格斯全集》第24卷,人民出版社,1972,第88~89页。
③ 《马克思恩格斯文集》第10卷,人民出版社,2009,第459页。
④ 《马克思恩格斯文集》第10卷,人民出版社,2009,第666页。

如大谷祯之介通过"生产方式、社会构成体、社会系统"的图示来论述：社会有机构成体是由社会经济构造的基础和法的、政治的上层建筑所构成，由社会发展一定阶段上的生产力所决定的生产关系的总和又构成社会的经济基础，此外，社会的意识形态还要不断地适应经济基础；通过"资本主义生产方式的资本原始积累"的图示来论述资本主义原始积累的一极是资本的积累，另一极是劳动力商品不断形成的历史过程；通过"资本主义生产方式下的各种收入以及真正的来源"的图示来论述在资本主义生产方式下所形成的新价值是由活劳动所创造的，也即劳动者的活劳动是工资、企业所得、利息、地租等所有收入的源泉；通过"社会总产品的两个价值构成以及新价值"的图示清晰地展示出在社会总产品中价值的两个构成部分以及新价值的部分。

此外，其他很多日本学者也注重论述与图示的结合，如西部忠通过"全球资本主义的发展倾向"的图示来论述伴随着"私、个"领域的扩大，"公、共"领域的缩小，市场的作用不断扩大，共同体和国家的作用不断缩小；新井大辅通过"信用制度的变迁"图示来演绎出与马克思所处时代不同的现代信用制度；后藤康夫通过"劳动过程的基本范畴再构成"图示对劳动过程的基本范畴进行再构造；米田贡参照马克思简单再生产平衡公式，通过"国民经济的构造转化"图示来重构资本有机构成较低的平衡公式。

（四）批判与改良

发展现状批判是日本学者对现代资本主义批判的核心内容。日本学者对总体的现代资本主义发展现状、日本的现代资本主义、美国的现代资本主义等进行了深入批判。在现代资本主义研究方面，日本学者对新自由主义、现代资本主义金融危机、劳动力非正式化与金融化、新自由主义的减免税收政策、西方经济指标体系、全球气候变暖、核能危机以及贫富差距加大等方面进行了批判。在对日本的现代资本主义研究方面，日本学者对日本的新自由主义、日本的劳动力问题、泡沫经济破裂后的日本现代经济等进行了批判。在对美国的现代资本主义研究方面，日本学者批判了美国通过金融霸权操控全球化，美元的过剩与对他国货币的打击、美国对世界知识产权的掌控、美国主导全球性金融危机、美国通过挑起贸易摩擦打击日本经济等方面。

在对现代资本主义发展现状进行批判的基础上，日本学者试图探索出超越资本主义的社会主义替代方案，其中又体现出明显的改良特征。如北野正一在批判凯恩斯主义关于刺激企业投资政策以及新自由主义关于唯市场化竞争政策的基础上,提出四项投资社会化的改良方案:防治环境污染与改善投资的社会化;增强日本区域性金融实力,加强地方治理能力;对农林牧副渔等生态系统的产业进行再建;建立以追求共同利益为生产目标、以公平共享为分配目标的 V 型企业。

二 在国外马克思主义经济学研究中的定位

作为"脱亚入欧"的发达资本主义国家,日本既具有资本主义发展的一般特征,又具有自身独特的发展规律,即宇野理论中所谓的"纯化"与"不纯化"的结合。日本马克思主义经济学相较于西方马克思主义经济学而言,具有自成体系的研究框架,因此不能把日本马克思主义经济学完全等同或者完全置于西方马克思主义经济学的范式内去研究。当然,近年美国主导的新自由主义思潮对日本的经济、社会、文化等层面都产生了很大的影响,"公"的成分被逐渐削弱,传统的终身雇佣制、年功序列制等企业管理方式也被瓦解。由此,日本马克思主义经济学也受到了西方学界相关思潮的影响,具有一些共性的特征或趋向。综上所述,与西方马克思主义经济学相比,日本马克思主义经济学在现代资本主义批判层面既在纵向上形成了自身独特的研究体系,又在横向比较中具有诸多的趋同性特征。以下主要从这两个方面进行论述。

一方面,日本马克思主义经济学形成了自成体系的研究框架、研究方法及研究特色。日本学者的现代资本主义论以现代资本主义为研究对象,主要研究现代资本主义的发展与变化过程以及超越资本主义的探索等内容。经过深入研究与论证,21 世纪日本学者对现代资本主义批判的理论框架可以用"三个超越"来概括,分别是"基于资本主义、超越资本主义""基于本土、超越本土""基于学派、超越学派"。在这个研究框架内,"基于资本主义、超越资本主义"是"三个超越"的逻辑中枢,"基于本土、超越本土"和"基于学派、超越学派"是这个中枢的"两翼"。而从总体上来说,这个中枢也存在"批判有余、超越不足"的畸形缺陷。在相关研究方法中,宇野三阶段论可以作为近代以来日本马克思主义经济学研究史上独具特色的方法论,也是日本学者对现代资本主义展开批判的重要理论基础。宇野三阶段论可分为原理论、阶段论和现状分析这三个有机组成部分,其中的现状分析也可以看作现代资本主义论，三者结合形成独具日本特色的政治经济学理论体系。在研究特色中，日本学者在现代资本主义批判的相关研究中凸显出"四对结合"的理论特征，分别是传承与创新、原文与应用、论述与图示、批判与改良的相互结合。其中，21世纪以来，日本马克思主义经济学在三个层面依然保有并发展其鲜明的研究特色。其一是对日本的两极分化、非雇佣劳动者激增、社会保障减弱、生态环境破坏、少子化加剧等国内现实问题和矛盾的反映，以及对美国在金融、经贸、政治、军事等层面对日本所带来的各种压迫进行了深入的揭露；其二是日本学者在马克思主义的文献考据和文本解读等方面的厚积薄发优势依然在现代资本主义批判中得以充分体现；其三是从两条线推动日本马克思主义经济学的发展。现代宇野派作为带有独特研究理论的学派、正统派作为带有党派性质的学派，成为21世纪日本马克思主义经济学研究的代表性主体。两大学派依然保持本学派的特色，共同构成新时期日本马克思主义经济学研究的两大主体，并共同推动着日本马克思主义经济学的发展。此外，21世纪以来，日本各个学派间虽然观点仍有明显分歧，但在马克思主义经济研究的框架内，特别是在资本主义批判的层面上，各个学派具有诸多共性研究，多元化地推动日本马克思主义经济学的发展。在这一点上，与西方马克思主义经济学有异曲同工之处。当代西方马克思主义经济学也普遍接受了马克思主义多样性的发展现实，"往日在马克思主义研究中常见的那种分庭抗礼、明争暗斗现象少见甚至不见了，而代之以推己及人、相辅而行的局面"[①]。

另一方面，21世纪以来，日本马克思主义经济学与西方马克思主义经济学在现代资本主义批判中具有明显差异性的同时，在对去意识形态化以及超越资本主义的未来社会探索中又具有两个层次的趋同性特征。

具体来说，日本马克思主义经济学与西方马克思主义经济学的差异不仅在于纵向上具有三阶段论等独具特色的理论体系，在横向上也有明显不同。这种差异体现在日本马克思主义经济学还未走上后现代主义或后结构主义之路。从日本学者对新自由主义、现代资本主义金融危机、劳动力非正式化与金融化、减免资产者的税收政策、西方经济指标体系等资本主义生产方式以

---

① 陈学明：《论当代西方马克思主义》，《西南林业大学学报》（社会科学）2017年第1期。

及由此产生的经济问题进行重点批判的分析就可以看出：日本学者对现代资本主义的批判大部分依然坚持马克思主义从生产方式出发展开批判的理论逻辑。而西方马克思主义经济学作为"后马克思主义"的范畴可能在理论上仍坚持马克思主义对资本主义的批判维度，但从实际的研究方法、研究内容、研究目的与研究结果来看，很多已经放弃或者背离马克思主义从生产方式出发展开批判的理论逻辑[1]。如西方后现代主义以及新马克思主义城市学派的最典型的代表——大卫·哈维、曼纽尔·卡斯特等学者，把马克思主义对资本主义的批判引向"空间批判"的领域。这种后现代主义化的倾向也导致一些现代西方马克思主义学者逐渐远离马克思主义[2]。具体来说，大卫·哈维在哲学空间转向、地理学辩证转向的理论基础上，通过吸收马克思的历史唯物主义理论、黑格尔的辩证法思想和列斐伏尔的空间哲学，创立了历史地理唯物主义理论[3]；曼纽尔·卡斯特从阿尔都塞学派的结构马克思主义方法出发，并结合阿兰·杜兰的社会运动理论，开创了"集体消费"和"城市社会运动"的全新理论范畴[4]。

此外，传统的马克思主义经济学中所蕴含的博大精深的政治经济学理论却被后马克思主义看作纷繁浩杂的革命主体思想，其所含有的意识形态性也被西方学者所广泛怀疑。从这一视角出发，部分日本马克思主义经济学理论具有一些趋同性，如日本学者所继承的宇野三阶段论中"去主义""去意识形态化"的修正弊端以及在维系生产资料私有制前提下的改良措施等。

除日本宇野派的"去意识形态化"的趋同之外，在对未来社会的探索层面也体现出两个层次的共性特征。第一个趋同性观点是全盘否定苏联模式，否定社会主义公有制以及在国民经济中起主导作用的国有制。相当一部分日本学者不认同国有制是社会全体劳动者共同占有生产资料的公有制形式，不认同生产资料以国家所有的形式存在的必要性，在实质上否定了社会主义国有化以及社会主义改造。日本学者的这种局限性认识的根源在于日本作为发

---

[1] 周凡：《后马克思主义：批判与辩护》，中央编译出版社，2007。
[2] 陈学明：《论当代西方马克思主义》，《西南林业大学学报》（社会科学）2017年第1期。
[3] 熊小果、李建强：《"历史—地理唯物主义"的失真——大卫·哈维实证主义地理学视阈下空间理论的局限》，《上海交通大学学报》（哲学社会科学版）2016年第3期。
[4] 杨建刚：《阿尔都塞学派的兴起与西方马克思主义文论的变革》，《山东社会科学》2018年第1期。

达资本主义国家，没有进行过社会主义革命和建设的实际经验，所以容易使日本学者忽视社会主义革命性与建设性的统一。如小松善雄就认为苏联模式是把国家所有制与全民所有制这两个不同概念等同起来，并认为只有国家所有制转变为全体人民的共有制才是真正的社会主义社会。日本学者的这种错误认识与许多西方马克思主义学者也有共识。他们认为，苏联社会主义模式完全扭曲了马克思对未来社会所有制的设想，将消灭生产资料私有制歪曲为国家所有，将社会主义公有制等同于国家所有制[1]。第二个趋同性观点是提出所谓的多元化生产资料所有制实现形式。这种所谓的多元化实现形式要么是对马克思关于消灭私有制、重建个人所有制的理论进行改良，要么是在不触及所有制改革前提下提出劳动者的联合方式。日本学者所提出的向未来社会主义过渡的改良路径是在不涉及生产资料所有制的根本性变革的前提下，采用合作社的组织形式、地方自治的行政形式、民主市场经济的实现手段、科学劳动的技术路线等改良方式进行探索。如小松善雄提出自发建立工人持股制的工人生产及消费合作社；伊藤诚提出地方自治体建构；不破哲三提出民主市场经济过渡路线；后藤康夫提出以科学劳动为主轴的发达资本主义国家的过渡路线。而西方马克思主义学者也是在批判苏联等社会主义国家公有制的基础上，更多强调国民个人的控制权而不是公平的占有权，重视个人应具有占有财产的能力。如艾瑞克·弗洛姆就针对生产资料社会公有制提出"关键点不是占有生产资料，而是参与管理和决策"[2]的所谓人道主义改良方案；约翰·罗默认为公有制仅仅是一种实现手段，"可能有许多所有制形式比传统的生产资料国家所有制形式更服从于社会主义的目标"[3]，强调生产资料在社会中需要实现绝对公平地被国民所控制，并进一步主张公有制与未来社会没有必然的关联。日本马克思主义学者和西方马克思主义学者在实现社会公有制方面所提出的利用共同控制的所谓多元化探索，虽然对构建未来社会有所启发，但由于其缺乏科学社会主义的实践性和真理性，其实质是与马克思主义基本原理背道而驰的。

---

[1] 彭朝花：《西方马克思主义未来社会构想及其当代价值》，中共中央党校博士学位论文，2018。

[2] ［美］艾里希·弗洛姆：《健全的社会》，孙恺祥译，上海译文出版社，2011，第277页。

[3] ［美］约翰·罗默：《社会主义的未来》，余文烈译，重庆出版社，2010，第6页。

参考文献

一 重要文献

《马克思恩格斯全集》第1卷，人民出版社，1956。
《马克思恩格斯全集》第4卷，人民出版社，1958。
《马克思恩格斯全集》第3卷，人民出版社，1960。
《马克思恩格斯全集》第6卷，人民出版社，1961。
《马克思恩格斯全集》第13卷，人民出版社，1962。
《马克思恩格斯全集》第16卷，人民出版社，1964。
《马克思恩格斯全集》第18卷，人民出版社，1964。
《马克思恩格斯全集》第21卷，人民出版社，1965。
《马克思恩格斯选集》第1卷，人民出版社，1972。
《马克思恩格斯选集》第4卷，人民出版社，1972。
《马克思恩格斯全集》第23卷，人民出版社，1972。
《马克思恩格斯全集》第24卷，人民出版社，1972。
《马克思恩格斯全集》第25卷，人民出版社，1974。
《马克思恩格斯全集》第42卷，人民出版社，1979。
《马克思恩格斯全集》第46卷上册，人民出版社，1979。
《马克思恩格斯全集》第47卷，人民出版社，1979。
《列宁全集》第1卷，人民出版社，1955。
《列宁全集》第2卷，人民出版社，1984。

《列宁全集》第 3 卷，人民出版社，1984。

《斯大林全集》第 8 卷，人民出版社，1954。

《斯大林文选》下卷，人民出版社，1962。

《邓小平文选》第 3 卷，人民出版社，1993。

《邓小平文选》第 1 卷，人民出版社，1994。

《邓小平文选》第 2 卷，人民出版社，1994。

《毛泽东选集》第 2 卷，人民出版社，1952。

《毛泽东选集》第 5 卷，人民出版社，1977。

《党的十九届五中全会〈建议〉学习辅导百问》，党建读物出版社，2020。

习近平:《把握新发展阶段，贯彻新发展理念，构建新发展格局》,《求是》2021 年第 9 期。

习近平:《高举中国特色社会主义伟大旗帜　为全面建设社会主义现代化国家而团结奋斗——在中国共产党第二十次全国代表大会上的报告》，人民出版社，2022。

习近平:《论把握新发展阶段、贯彻新发展理念、构建新发展格局》，中央文献出版社，2021。

《中共中央关于党的百年奋斗重大成就和历史经验的决议》，人民出版社，2021。

二　专著

[美]埃里克·欧林·赖特:《阶级》，刘磊、吕梁山译，高等教育出版社，2006。

[美]艾里希·弗洛姆:《健全的社会》，孙恺祥译，上海译文出版社，2011。

[美]安德鲁·克莱曼:《大失败:资本主义生产大衰退的根本原因》，周延云译，中央编译出版社，2013。

[苏]奥斯特罗维佳诺夫等:《政治经济学教科书》，生活·读书·新知三联书店，1960。

北京大学苏联东欧研究所:《勃列日涅夫时期苏共中央全会文件汇编》，

商务印书馆，1978。

〔德〕伯恩施坦：《社会主义的前提和社会民主党的任务》，生活·读书·新知三联书店，1965。

〔苏〕布哈林：《过渡时期经济学》，余大章、郑异凡译，生活·读书·新知三联书店，1982。

〔苏〕布哈林：《世界经济和帝国主义》，蒯兆德译，中国社会科学出版社，1983。

《布哈林文选》（中册），人民出版社，1983。

〔苏〕布坚科：《发达社会主义社会概念的形成和内容》，载中国社会科学院情报研究所编译《苏联理论界论社会主义》，人民出版社，1983。

〔苏〕布坚科：《作为世界体系的社会主义》，苏艺等译，东方出版社，1987。

陈炳才：《当代资本主义的收入分配制度》，福建人民出版社，1994。

《陈独秀文章选编》上卷，生活·读书·新知三联书店，1984。

陈翰笙：《中国田地问题》，载《解放前的中国农村》第2辑，中国展望出版社，1985。

陈征、严正：《〈资本论〉创作史研究》，福建人民出版社，1983。

程恩富：《经济全球化与中国之对策》，上海科学技术文献出版社，2000。

程恩富、冯金华、马艳主编《现代政治经济学新编》（完整版），上海财经大学出版社，2008。

程恩富、胡乐明主编《当代国外马克思主义经济学基本理论研究》，中国社会科学出版社，2019。

仇启华：《现代垄断资本主义经济》，中共中央党校出版社，1982。

〔日〕大谷祯之介．図解社会経済学．桜井書店．2001。

〔美〕大卫·哈维：《新帝国主义》，初立忠、沈晓雷译，社会科学文献出版社，2009。

〔苏〕德拉基列夫：《国家垄断资本主义：共性与特点》（上册），王苏等译，上海译文出版社，1982。

〔俄〕德韦杰夫：《政治经济学教科书》，中国人民大学出版社，1989。

逄先知等：《毛泽东传》上卷，中央文献出版社，2003。

傅骊元:《现代资本主义经济与政治》,黑龙江人民出版社,1988。

傅骊元:《现代资本主义经济与政治》,黑龙江人民出版社,1988。

高峰:《发达资本主义经济中的垄断与竞争——垄断资本理论研究》,南开大学出版社,1996。

[俄]格拉季耶夫:《俄罗斯改革悲剧与出路》,经济管理出版社,2003。

龚维敬:《当代垄断资本主义经济》,生活·读书·新知三联书店,1991。

谷书堂:《社会主义经济学新论》,人民出版社,1995。

[日]和田豊.価値の理論.桜井書店.2003。

胡乐明等:《资本主义经济危机与经济周期:历史与理论》,中国社会科学出版社,2018。

黄安淼:《当代资本主义的发展与马克思主义》,中国人民大学出版社,1994。

[加]霍华德、[澳]金:《马克思主义经济学史》,顾海良译,中央编译出版社,2003。

季崇威:《对外开放在我国经济发展战略中的地位》,见《论中国对外开放的战略与政策》,社会科学文献出版社,1995。

简新华、余江:《中国社会主义市场经济理论的创新和发展》,人民出版社,2022。

蒋学模:《关于无产阶级贫困化理论的几个问题——论当代帝国主义》,上海人民出版社,1984。

[日]井上晴丸.植民地の隷属と半封建的土地所有制度.日本資本主義講座(第10卷).岩波書店.1955。

[俄]久加诺夫:《全球化与人类命运》,何宏江译,新华出版社,2004。

[苏]卡普斯金:《社会主义经济制度》第1卷,马文奇等译,江西人民出版社,1989。

[德]考茨基:《帝国主义》,生活·读书·新知三联书店,1964。

[德]考茨基:《土地问题》,生活·读书·新知三联书店,1963。

[波]兰格:《社会主义经济理论》,王宏昌译,中国社会科学出版社,1981。

李炳炎、卓炯:《经济学的革命》,广东经济出版社,2000。

李琮:《当代资本主义的新变化》,经济科学出版社,1998。

[英]李嘉图:《政治经济学及赋税原理》,郭大力、王亚南译,商务印书馆,1962。

李平心:《研究中国农村经济的方法论》,载《解放前的中国农村》第1辑,中国展望出版社,1985。

林岗、张宇:《马克思主义与制度分析》,经济科学出版社,2001。

刘涤源:《垄断价格机理研究:垄断价格机构的理论探索和实证分析》,中国物价出版社,1995。

刘国光:《论全方位的对外开放观》,载《刘国光经济文选(1991—1992)》,经济管理出版社,1993。

刘美珣等:《当代资本主义经济特征》,清华大学出版社,1991。

[日]龍世祥.環境産業と産業構造:調和型循環社会形成の産業論の理念・方法.晃洋書房.2004。

[日]龍世祥.循環社会論:環境産業と自然欲望をキーワードに.晃洋房.2002。

[德]卢森堡:《国民经济学入门》,生活·读书·新知三联书店,1958。

[德]卢森堡:《卢森堡文选》上册,人民出版社,1984。

[德]卢森堡:《社会改良还是社会革命》,生活·读书·新知三联书店,1958。

[德]卢森堡:《资本积累论》,生活·读书·新知三联书店,1959。

[丹]罗默:《社会主义的未来》,重庆出版社,1997。

马健行等:《〈资本论〉创作史》,山东人民出版社,1983。

马健行等:《垄断资本概论——马克思主义的帝国主义理论·历史与当代》,山东人民出版社,1993。

[比]曼德尔:《论马克思主义经济学》下卷,廉佩直译,商务印书馆,1979。

[苏]梅德韦杰夫:《政治经济学教科书》,周新城等译,中国人民大学出版社,1989。

[英]米克:《劳动价值学说的研究》,陈彪如译,商务印书馆,1979。

[英]诺夫:《可行的社会主义经济学》,华夏出版社,1991。

〔苏〕普列奥布拉任斯基:《新经济学》,纪涛、蔡恺民译,生活·读书·新知三联书店,1984。

〔俄〕普列汉诺夫:《马克思主义的根本问题》,张仲实译,生活·读书·新知三联书店,1950。

〔俄〕普列汉诺夫:《在祖国的一年》,杨永、王荫庭译,生活·读书·新知三联书店,1980。

漆琪生:《中国国民经济建设的重心安在》,《东方杂志》1935年第32卷第10期。

钱俊瑞:《资本主义与社会主义纵横谈》,世界知识出版社,1983。

〔日〕日高普ほか,日本のマルクス経済学－その歴史と論理（上、下）.大月書店.1967。

〔日〕三土修平、大西広.新しい教養のすすめ経済学.昭和堂.2002。

〔日〕森岛通夫:《马克思的经济学》,袁镇岳等译,上海人民出版社,1990。

〔日〕森嶋通夫.マルクスの経済学価値と成長の二重理論.高須賀義博訳.東洋経済新報社.1974。

商德文:《列宁经济思想发展史》,经济科学出版社,1992。

〔日〕守屋典郎.日本マルクス主義理論の形成と発展.青木書店.1967。

〔英〕斯蒂德曼等:《价值问题的论战》,商务印书馆,1990。

〔美〕斯威齐:《资本主义发展论》,陈观烈译,商务印书馆,2000。

孙冶方:《社会主义经济的若干理论问题》(续集增订本),人民出版社,1983。

《孙冶方选集》,山西人民出版社,1984。

陶大镛:《现代资本主义论》,江苏人民出版社,1996。

陶大镛:《中国工业化前途》,载《新民主主义经济论纲》,北京师范大学出版社,2002。

滕维藻:《战后资本主义生产集中和垄断的新发展》,载《论当代帝国主义经济》,红旗出版社,1982。

〔日〕テッサ·モリス·スズキ.日本の経済思想江戸期から現代まで.藤井隆至訳.岩波書店.1991。

田光、陆立军:《〈资本论〉创作史简编》,浙江人民出版社,1992。

《托洛茨基言论》(上册),生活·读书·新知三联书店,1966。

[苏]瓦尔加:《二十世纪的资本主义》,沈勇译,生活·读书·新知三联书店,1962。

[苏]瓦尔加:《世界经济危机:1848—1935》,戴肯振译,世界知识出版社,1958。

外国经济学说研究会:《现代国外经济学论文选》第6辑,商务印书馆,1984。

王亚南:《中国经济原论》,广东经济出版社,1998。

卫兴华等:《经济体制改革若干理论问题探讨》,中国经济出版社,1988。

魏埙主编《政治经济学(资本主义部分)》,陕西人民出版社,1991。

文魁:《新格局与新秩序中的分配》,陕西人民出版社,1991。

《沃兹涅辛斯基经济论文选》,人民出版社,1983。

吴大琨:《当代资本主义:结构·特征·走向》,上海人民出版社,1991。

吴宣恭:《社会主义所有制问题》,载《政治经济学若干问题研究》,经济科学出版社,1991。

吴易风:《马克思主义经济学和西方经济学——吴易风文选》,经济科学出版社,2001。

吴宇晖:《市场社会主义——世纪之交的回眸》,经济科学出版社,2000。

项启源:《论我国社会主义初级阶段的历史定位》,经济科学出版社,2001。

杨承训:《市场经济理论典鉴——列宁商品经济理论系统研究》,天津人民出版社,1998。

杨培新:《承包制——企业发达必由之路》,中国经济出版社,1990。

杨培新:《我国经济体制改革的新思路》,生活·读书·新知三联书店,1988。

姚廷纲:《"福利国家"剖析》,载《论当代帝国主义》,人民出版社,1984。

于光远:《政治经济学社会主义部分探索》(一),人民出版社,1980。

于俊文:《马克思恩格斯经济学史纲》,甘肃人民出版社,1984。

［日］宇野弘蔵. 経済学原理論の研究. 岩波書店.1959。

［日］宇野弘蔵. 経済原論. 岩波書店.1964。

［日］宇野弘蔵. 経済原論. 岩波書店.1964。

［美］约翰·罗默：《社会主义的未来》，余文烈译，重庆出版社，2010。

张沁悦、马艳、邬璟璟：《基于SSA新进展的SSSA和CSSA理论创新》，载《外国经济学说与中国研究报告》，2015。

张新宁、郭治方：《马克思主义经济学研究在美国》，河南人民出版社，2016。

张薰华：《〈资本论〉中数量分析》，山东人民出版社，1993。

张泽荣等：《当代资本主义分配关系研究》，经济科学出版社，1994。

张忠任：《马克思主义经济思想史》（日本卷），东方出版中心，2006。

赵涛：《经济长波论》，中国人民大学出版社，1988。

［日］置塩信雄. ほか. 経済学. 大月書店.1988。

中国人民大学马列主义发展史研究所：《马克思主义经济思想史》，中共中央党校出版社，1991。

中央编译局：《第二国际修正主义者关于帝国主义的谬论》，生活·读书·新知三联书店，1976。

朱奎：《马克思主义经济思想史》（欧美卷），东方出版中心，2006。

朱钟棣：《西方学者对马克思主义经济理论的研究》，上海人民出版社，1991。

卓炯：《论社会主义商品经济》，广东人民出版社，1981。

《〈资本论〉研究资料和动态》第1集，江苏人民出版社，1981。

左大培：《混乱的经济学》，石油工业出版社，2002。

В. Дугин Социалистическая идея: уроки 20 века, 1997.

В. Курашвили, Социаллизм и демакратия для 21 века, 1997.

David Laibman. "Whither the Occupy Movement: Models and Proposals." Science and Society 2012: 76 (3).

E. Mandel. An Introduction to Marxist Economic Theory. New York: Pathinder Press, 1970.

F. Pollock. The Economic and Social Consequences of Automation. Oxford:

Blachwell, 1957.

H. Smith. Marx and the Trade. Review of Economics Studies. 4, 1937.

J. D. Habermas. Legitimation Crisis. London : Heinemann, 1976.

J. E. Roemer. (ed.), Analytical Marxism. Cambridge: Cambridge University Press, 1986.

J. Strachey, J. M. Keynes and the Falling Rate of Profit. Modem Quarterly. 1, 1938.

L. Corey. The Decline of American Capitalism. New York: Covici Friede Publishers, 1934.

M. C. Howad, J. E. King. Hie Political Economy of Tax. London: Longman, 1985.

M. C. Howard & J. E. King, A History of Marxian Economics: VolumeI, 1883-1929, London: MacMillan,1989.

M. Dobb. Papers on Capitalism, Development and Planning. London: Routledge and Kegan Paul, 1967.

M. Dobb. PoEtical Economy and Capitalism. London: Routledge & Kegan Paul Ltd., 1940.

M. Morishima and G. Catephores: Value, Exploitation and Growth. McGraw-Hill, 1978.

P. Cardan. Modem Capitalism and Revolution. Bromley: Solidarity, 1965.

S. Tsuru. Has Capitalism Changed? Tokyo: Iwanami Shoten, 1961.

三 期刊论文

陈志刚:《后现代主义的马克思主义经济学》,《国外理论动态》2001年第7期。

程恩富:《当前共同富裕讨论中须明确的若干主要观点》,《晨刊》2022年第2期。

[日]大西広.市場と資本主義の関係についての史的唯物論的理解について.季刊経済理論.第42卷第1号,2005年4月。

[法]德罗奈:《金融垄断资本主义》,《马克思主义与现实》2001年第5期。

丁晓钦、谢长安:《从积累的社会结构理论看当代资本主义的发展阶段》,《马克思主义与现实》2017年第3期。

侯为民:《共同富裕取得实质性进展的若干理论问题》,《当代经济研究》2021年第12期。

侯为民:《论社会主义基本经济制度范畴中的分配因素》,《经济纵横》2020年第9期。

简新华:《发展和运用中国特色社会主义政治经济学引领经济新常态》,《经济研究》2016年第3期。

[日]井上晴丸.日本農業資本主義化問題.経済評論.1947年第8~9号。

[日]久留間健.資本主義は存続できるか.季刊経済理論.第41卷第1号.2004年4月。

[英]克里斯·哈曼:《关于新自由主义理论研究的反思》,唐科译,《国外理论动态》2008年第10期。

马艳、严金强:《论SSA理论对马克思主义研究方法的继承、发展与创新》,《上海财经大学学报》2015年第1期。

[日]森岡孝二.現代資本主義における雇用関係の変容と市場個人主義.季刊経済理論.第42卷第1号,2005年4月。

[日]杉野圀明.地代論争と虚偽の社会的価値.立命館経済学.第45卷第6号,1997年2月。

[日]松井暁.社会経済学と規範理論「創造」の経済学へ.季刊経済理論.第41卷第1号.2004年4月。

[日]松尾匡.吉原直毅氏による「マルクスの基本定理」批判.季刊経済理論.第41卷第1号.2004年4月。

苏星:《试论工业公司》,《红旗》1983年第14期。

[日]向坂逸郎.地代の"戦闘的解消".中央公論.1931年第10号。

[日]小幡道昭.グローバリズムと原理論.季刊経済理論.第41卷第1号.2004年4月。

[日]小幡道昭.原理論における外的条件の処理方法—山口重克「段階論の理論的必然性」によせて—.経済学論集(東京大学).第65卷第2号.1999年。

［日］伊藤誠.マルクス経済学の方法と現代世界.桜井書店.2016。

［日］伊藤誠.転形問題の「新解釈」と貨幣の価値および交換価値.国学院経済学.第52巻第1号.2004年2月。

张慧君:《法国学者拉莫内评西方的新自由主义》,《国外理论动态》1999年第4期。

Е. Либерман, хозяйственные методы повышения эффекта социального производства, 1970, С т .

Г. Зюганов, Россия и современный мир, 1995, 88.

Mises L von. Economic Calculation in Socialism Connomwealth. in: Nove,Nuti eds. Socialist Econcomics. Harmondsworth: Penguin ,1972 , p. 56.

图书在版编目(CIP)数据

马克思主义经济学说史 / 程恩富主编；张福军，张新宁，张杨副主编. -- 北京：社会科学文献出版社，2024.9
中国社会科学院大学系列教材
ISBN 978-7-5228-3721-5

Ⅰ.①马… Ⅱ.①程… ②张… ③张… ④张… Ⅲ.①马克思主义政治经济学－经济思想史－高等学校－教材 Ⅳ.①F091.9

中国国家版本馆CIP数据核字（2024）第110879号

·中国社会科学院大学系列教材·

马克思主义经济学说史

主　　编 /	程恩富
副 主 编 /	张福军　张新宁　张　杨
出 版 人 /	冀祥德
责任编辑 /	吕霞云
文稿编辑 /	茹佳宁
责任印制 /	王京美
出　　版 /	社会科学文献出版社·马克思主义分社（010）59367126 地址：北京市北三环中路甲29号院华龙大厦　邮编：100029 网址：www.ssap.com.cn
发　　行 /	社会科学文献出版社（010）59367028
印　　装 /	三河市东方印刷有限公司
规　　格 /	开　本：787mm×1092mm 1/16 印　张：33.75　字　数：547千字
版　　次 /	2024年9月第1版　2024年9月第1次印刷
书　　号 /	ISBN 978-7-5228-3721-5
定　　价 /	128.00元

读者服务电话：4008918866

版权所有 翻印必究